라이프 코치 전문가 되기 「원서 3판」

예술과 과학의 전인적 접근 방법 기반

3RD EDITION BECOMING A PROFESSIONAL LIFE COACH
THE ART AND SCIENCE OF A WHOLE-PERSON APPROACH

Patrick Williams · Diane S. Menendez 공저
김유천 · 이송이 공역

학지사

우리는 이 세 번째 개정판을

코칭 직업의 발전과 개인적 · 직업적 발전에 함께해 온

모든 교사, 멘토, 코치와 학생에게 헌정한다.

역자 서문

지금 우리 모두에게 필요한 것은 코칭이다. 코칭은 우리 삶과 관련된 하나의 운동(movement)으로 지금 현시대에 큰 흐름이 되었다. 현대 사회는 불확실성, 연계성, 복잡성이 더욱 더 증가하고 있으며 이에 따라 코칭이 더욱 필요하게 되었다. 개인과 사회, 비즈니스 측면에서 코칭을 통한 변화가 요구되는 시대이다. 코칭은 개인의 지속가능성을 위해서 더욱 그 중요성이 증가하고 있다.

지금까지 코칭은 비즈니스 측면에서 조직의 성과 및 구성원의 성과 향상을 위한 코칭이 주를 이루어 왔다. 그러나 점차적으로 조직 차원뿐만 아니라 개인 차원의 코칭이 더욱 요구되고 있다. 저자 패트릭 윌리엄스(Patrick Williams)는 "사람을 대상으로 코칭 한다면 모든 코칭은 라이프 코칭이다."라고 한다. 지금 시대는 라이프 코칭의 시대가 되었다. 사람은 누구나 자기 실현에 대한 기대를 하고 있고 행복해지기를 원하고 있다. 라이프 코칭이 이에 대한 접근을 하도록 도와줄 수 있다.

코칭은 이미 오래전부터 실제적으로 사용되어 오고 있었다. 코칭이라는 영역으로 활성화가 이루어지기 시작한 것은 1980년대부터라고 할 수 있으며, 이후 1990년대에 들어서면서 본격적으로 코칭이 대중화되었으며, 2000년대에는 코칭 관련 연구 및 코칭 관련 단체가 상당히 증가했다. 이런 과정 속에서 라이프 코칭에 대한 관심과 라이프 코칭에 대한 필요성은 더욱 증가하고 있다.

역자는 동국대학교 일반대학원 상담코칭학과에서 코칭전공 심리학 1호 박사학위를 받고, 동국대학교 대학원에서 코칭 전공 석사 및 박사 과정을 맡아 코칭 연구 및 강의를 하면서 라이프 코칭 관련 전문 도서를 탐색하게 되었다. 라이프 코칭에 관하여 이론적으로 깊이 있고, 실제로 적용 가능한 도서를 찾게 되었고 그러던 중에 패트릭 윌리엄스의 도서 『라이프 코치 전문가 되기[Becoming a Professional Life Coach: The Art and Science of a Whole-Person Approach (3rd ed.)]』를 알게 되어, 바로 라이프 코칭에 최적화된 도서라는 생각으로 번역까지 주저 없이 실행하게 되었다.

패트릭 윌리엄스는 그동안의 라이프 코칭을 진행하고 연구한 결과를 바탕으로 이 책을 구성했다. 저자는 우선적으로 전인적 관점(whole person approach)에 관점에서 라이프 코칭을 바라보고 있다. 또한 코칭을 예술과 과학(art and science)의 종합적 관점으로 바라보고 있다. 독자 여러분은 패트릭 윌리엄스의 코칭에 대한 탁월한 통찰력과 코칭의 전인적 및 종합적 관점을 적용한 라이프 코칭을 경험하게 될 것이다. 여러분은 이 책을 통하여 저자의 통찰력과 관점을 새롭게 알게 되고 라이프 코칭을 자연스럽게 따라 할 수 있게 될 것이다.

지금까지 코칭은 상당히 역동적으로 발전해 왔다. 앞으로도 코칭의 상승세는 멈추지 않을 것으로 보인다. 향후 코칭이 지속가능하기 위해서 코치 실무자(코치) 및 코칭 연구자들은 코칭을 숙련하는 여정을 계속해야 할 것이다. 이 책이 이러한 코칭 여정에 기여할 것이라 확신한다.

코칭 실무자 및 전문코치에게는 이 책이 라이프 코칭에 대한 이론을 기반으로 한 실제적 사례와 구체적 방법 등을 제시하고 있어서 전문 라이프 코치로서 라이프 코칭을 바로 적용하는 데 도움이 될 것이다. 코칭 연구자에게는 코칭심리학을 제창한 호주의 앤소니 그랜트(Anthony Grant) 교수가 이야기하였듯이 코칭 연구와 코칭 실무를 함께 살펴보는 과학자/실무자 모델에 따라 라이프 코칭을 연구하고 적용하는 데 적합할 것이라 생각된다. 또한 자신의 라이프 및 라이프 코칭에 조금이라도 관심 있는 독자라면 스스로 셀프 라이프 코치가 되어 라이프 코칭을 살펴보고 실행 가능한 부분을 따라 적용하다 보면 셀프 라이프 코치가 되어서 스스로의 행복을 찾고 원하는 바를 이루게 될 것이다.

코칭은 현재 행복을 잘 살펴보게 하고 앞으로 더욱 행복해지도록 하는 것이라 생각한다. 아무쪼록 코칭을 직업으로 하여 라이프 코칭에 적용하고자 하는 전문 코치이거나 코칭을 연구하는 학자, 연구자 및 대학원, 학부 과정에서 학습하고 연구하는 분들에게『라이프 코치 전문가 되기』가 라이프 코칭을 이해하고 적용하는 데 일정 부분 기여할 수 있기를 기원한다.

번역 작업을 하면서 저자의 의도를 완벽하게 전하지 못한 부분도 있을 수 있다. 하나의 언어를 다른 언어로 바꾼다는 것은 아무래도 여러 제한이 있다. 역자 역시 저자의 본래 의도를 드러내지 못한 듯하여 많은 고민을 하기도 했다. 저자의 의도를 제대로 드러내지 못한 부분은 독자들의 너그러운 양해를 바란다. 이와 함께 독자들께서 번역된 언어를 넘어서 나름대로 해석하여 의미를 더하실 수 있다고 믿는다.

번역을 혼자 했다면 여러 어려운 장벽에 막혀 앞으로 나아가지 못했을 것이다. 다행히 공동 번역에 흔쾌히 참여해 주신 동국대학교 일반대학원 상담코칭학과 및 미래융합대학원 융합상담코칭학과 이송이 교수님 덕분에 용기 내어 번역 작업을 할 수 있었다. 진심으로 감사드린다.

끝으로 책을 출판할 수 있도록 승인해 주시고 지원해 주신 학지사 김진환 대표님께 진심으로 감사드리며, 편집과정에서 세세한 부분까지 살펴봐 주신 학지사 정은혜 선생님과 번역 계약 등의 과정을 진행해 주신 윤상우 선생님, 이수정 선생님과 민희정 선생님께도 감사드린다. 또한 동국대학교 일반대학원 상담코칭학과 및 미래융합대학원 융합상담코칭학과 교수님 및 선생님들에게도 감사드린다. 저자 및 독자를 포함하여 이 책이 출판되기까지 모든 인연에 감사드린다.

남산자락

동국대학교 연구실에서

김유천

추천사

“코치로 일하는 데 관심이 있는 사람이라면 반드시 읽어야 할 책이다!『라이프 코치 전문가 되기』는 코칭의 역사에 대한 증거에 기반하여 전체 개요와 함께 코칭의 기본 이론, 모범 사례 및 코칭 직업의 최신 발전 사항을 제공하고 있다. 이 책은 코칭 프로그램의 초석이 되는 유능한 코치가 되기 위한 포괄적이고 읽기 쉬운 가이드이다.”

–**엘렌 닐리 리터** 박사(Dr. Ellen Neiley Ritter), BCC,
라이프 코치 교육 연구소 학생처장

“이 책은 기업 및 교육생 수천 명의 코치에게 추천한 책 중 상위 5위 안에 드는 책이다. 왜 그럴까? 코칭의 존재감, 마음가짐, 기술의 본질을 매우 실용적이고 응용적인 방식으로 가르쳐 주기 때문이다. 많은 예시와 실습 및 코칭 대화가 있으며, 모두 행동과학의 토대에 기반을 두고 있다. 그뿐만 아니라 코치 자신의 개인적인 성장과 발전을 위한 풍부한 창고와 같다.”

–**마이클 알로스키 박사**(Michael Arloski, PhD), PCC, NBC–HWC,
리얼 밸런스 글로벌 웰니스 설립자 겸 CEO

“훌륭한 코치가 되기 위해 필요한 핵심을『라이프 코치 전문가 되기』가 바로 짚어주고 있다. 이 책은 예술과 과학, 실용과 영감이 조화를 이루고 있다. 이 책은 코치 교육을 위한 결정적인 교재이며, ‘존재감(beingness)’을 위한 새로운 역량을 개발하는 데 필수적인 자기 개발에 참여하는 사람들이 꼭 읽어야 할 책이다.”

–**프랜 피셔**(Fran Fisher), 마스터 인증 코치, ICF 2022
서클 오브 디스팅스 어워드 수상자

"이번 『라이프 코치 전문가 되기』는 전인적 접근의 예술과 과학에 초점을 맞추고 있다. 패트릭 윌리엄스(Patrick Williams)와 다이앤 메넨데즈(Diane Menendez)가 라이프 코칭의 기초와 기본에서 시작하여 고객이 목표를 달성하고 개인적인 성취를 이룰 수 있도록 돕는 방법까지 다양한 측면을 다룬 종합적인 책을 집필한 것에 대해 축하를 보내야 한다. 많은 코치가 스스로에게 매우 유용한 기법을 발견할 수 있을 것이다!"

—**스티븐 팔머 박사**(Stephen Palmer, PhD), 국제 코칭 심리학 협회 회장

독자 참고 사항: 이 책은 코칭, 상담, 정신건강 분야에서 활동하는 전문가를 위한 일반 정보 자료로 작성되었다. 이 책이 적절한 교육이나 임상 감독을 대신할 수 없다. 임상 실습 및 프로토콜의 표준은 시간이 지남에 따라 변경된다. 어떤 기술이나 권장 사항도 모든 상황에서 안전하거나 효과적이라고 보장할 수 없으며, 출판사나 저자는 모든 측면에서 특정 권장 사항의 완전한 정확성, 효능 또는 적절성을 보장할 수 없다.

이 책에 기술된 환자의 이름과 신원 정보는 변경되었다. 이 책에 표시된 모든 URL은 발행 시점에 존재했던 웹사이트를 링크하거나 참조했다. 출판사는 자신이 만들지 않은 웹사이트, 앱 또는 기타 콘텐츠에 대해 책임을 지지 않으며, 이를 보증하거나 추천하는 것으로 간주해서는 안 된다. 또한 저자는 타사 자료에 대해서도 책임을 지지 않는다.

감사의 글

코칭이라는 직업은 건강, 부, 사랑, 행복의 영역에서 사람들이 코칭이라는 독특한 관계를 통해 혜택을 받는 방식에 영향을 미치면서 계속 진화하고 있다. 나는 내 자신의 커리어가 걸어온 길과 이 분야의 초창기부터 코칭 기술이 어떻게 발전해 왔는지에 대해 계속 감탄하고 있다. 1998년에 설립된 라이프 코치 교육 연구소(Institute for Life Coach Training)가 엘렌 리터 박사(Ellen Ritter, PhD)의 관리하에 오늘날까지 계속 번창하고 있다는 사실이 매우 자랑스럽다.

공동 저자인 다이앤 메넨데즈(Diane Menendez)에게: 이 책에 대한 나의 원래 비전을 키워 주고 다양한 판본의 내용, 품질, 깊이에 도움을 주어서 감사하다. 내가 오늘날의 코치(그리고 멘토이자 교사)가 될 수 있었던 것은 내 책과 프로그램 등을 통해 훌륭한 코치가 되기 위한 길을 걸어온 수천 명의 학생과 동료가 있었기 때문이다. 이 책을 통해 혜택을 받은 독자들은 내 삶의 큰 부분이며, 전 세계 사람의 삶을 개선하는 데 코칭이 어떤 역할을 할 수 있는지에 대한 증거이기도 하다.

패트릭 윌리엄스(Patrick Williams)

2022년 11월

서문

코칭은 사람들의 삶과 비즈니스를 개선하여 도움을 받는 방식을 변화시키는 직업으로 계속 발전하고 있다. 원격 학습과 원격 근무가 보편화되고 세계가 끊임없이 변화하는 상황에서 코칭은 그 어느 때보다 더 필요한 직업이다. 이번 제3판에는 현재 코칭과 관련된 많은 변화와 업데이트된 정보를 포함하고자 했다. 우리의 입장은 문제가 아닌 사람을 코칭한다면 모든 코칭은 라이프 코칭이라는 것이다(Reynolds, 2020). 현재 코칭에는 코치에 대한 특별한 지식이 필요한 전문 분야가 많이 있지만, 코칭이 순전히 문제 해결이나 조언 제공에 그치는 것을 원하지 않는다. 고객이 현재 어떤 상황에 처해 있는지, 원하는 변화가 나타나기 위해 어떤 사람이 되기를 원하고 필요한지에 초점을 맞출 때 새로운 아이디어, 통찰력, 깨달음이 고객에게 전달된다. 코칭은 고객이 새로운 생각을 탐색하고 평소에는 입 밖으로 표현하지 못했던 것을 헌신적인 경청자(코치)와 함께 말할 수 있는 기회를 갖는 파트너십의 대화이다. 과정으로서의 코칭은 탐구적이고 통찰력이 있다. 코칭은 코치가 변화를 더 잘 탐색하고자 하는 고객(선택된 변화이든 선택되지 않은 변화이든)과 파트너가 되는 협력적인 방법이다. 모든 변화는 결국 선택되어야 하며, 숙련된 전문 코치와의 코칭 대화를 통해 고객이 겪고 있는 변화에 대해 더 깊이 탐색할 수 있다. 이러한 코칭 대화는 고객이 어떤 사람으로 변해 가고 있는지, 그리고 앞으로 어떤 변화가 일어날지 파악하는 데 도움이 된다.

운영 체제로서의 라이프 코칭

지난 수십 년 동안 강력하고 개인화된 커리어로 부상한 개인 및 전문 코칭은 인생 전환에 도움을 구하는 사람들이 원하는 미래를 설계하는 데 함께할 전문가를 찾는 방식에 대한 패러다임을 바꾸어 놓았다. 코치의 세부 전문 분야가 무엇이든 라이프 코칭은 전인적인 고객 중심 접근 방식이라는 기본 운영 체제를 기반으로 한다. 고객의 전 생애를 코칭하는 것은 배경에 작동하는 운영 체제(operating system)가 있는 것이다. 고객이 창의력 코칭, 비즈니스 코칭, 리더십 개발 또는 균형 잡힌 삶을 원할 수도 있지만 모든 코칭은 라이프 코칭이다. 1990년 이전에는 기업 문화를 제외하고는 코칭에 대한 언급이 거의 없었다. 멘토링과 임원 코칭은 많은 최고 관리자와 CEO가 동료로부터 비공식적으로 또는 공식적으로 컨설턴트나 심리학자를 임원 코치로 고용하여 활용하던 서비스였다. 코칭의 역사에 대해서는 나중에 자세히 설명하겠지만, 지금은 라이프 코칭이 점점 더 대중화되고 널리 퍼지고 있는 이유를 살펴보기로 하겠다. 국제코칭연맹(ICF)은 1992년에 설립되었지만 1996년 첫 대회가 열리기 전까지는 실질적인 존재감을 드러내지 못했다. 국제코칭연맹은 1990년대 초부터 코칭에 관한 언론 보도를 상세히 기록해 왔다. 1993년에 2건의 신문 기사가, 1994년에 4건(호주에서 나온 기사 포함), 1995년에 7건의 기사가 게재되었다. 대부분의 기사는 미국 내 출판물에 실렸다. 그러다가 1996년에는 코칭을 주제로 한 기사, 텔레비전 인터뷰, 라디오 방송이 60건 이상 나오면서 코칭에 대한 홍보가 크게 증가했다. 그 이후 매년 미국, 유럽, 호주, 캐나다, 일본, 싱가포르 등의 국가에서 수백 건의 기사와 생방송으로 언론 보도가 증가했다. 이러한 보도는 굿모닝 아메리카, 투데이, CNBC, BBC를 비롯한 전국 및 지역 라디오와 텔레비전, 그리고 전 세계 여러 매체를 통해 이루어졌다. 1990년대 이전에 출간된 코칭 관련 서적은 기업 및 성과 코칭에 관한 책이 유일했다. 이제 라이프 코칭 및 모든 전문 분야에 관한 양질의 책이 많이 출간되고 있으며, 최근의 세계적인 베스트셀러를 포함하여 수많은 책이 출간되고 있다. 이 글을 쓰는 현재 150여 개국에서 50,000명 이상의 공인 코치가 국제코칭연맹의 회원으로 활동하고 있다. 코칭의 역사를 이해하면 현재 및 예비 라이프 코치에게 자신의 직업을 이해할 수 있는 프레임워크와 미래의 기회에 대한 통찰력을 제공할 수 있다. 또한 이 프레임워크는 라이프 코치가 여전히 진화하고 있는 직업의 큰 맥락에서 자신을 올바르게 자리매김하는 데 도움이 된다. 오늘날 코칭의 다양한 환경을 살펴보면, 코치라는 직업은 전 세계적으로 널리 알려져 있으며, 사람들이 코칭에 접근할 수 있는 전문 분야와 다양한 방법으로 가득 차 있음을 알 수 있다.

이 정도 분량의 책을 읽은 사람이라면 누구나 이러한 교훈을 실용적으로 활용하기 위해 좀 더 공식적인 학습 구조가 필요하다는 사실을 알고 있을 것이다. 내가 라이프 코치 교육 연구소(ILCT)를 만들었을 때만 해도 전 세계에서 12번째로 인정받은 코치 교육 프로그램이었으며, 지금은 수천 명의 코치가 있다. 이 교재의 초기 버전은 다년간의 코치 교육을 바탕으로 만들어졌으며, 지금은 더욱 발전했다. 고유한 전문직으로서 코칭의 진화와 코칭에 영향을 미친 지류에 대한 매우 포괄적이고 학술적인 역사를 알아보려면 비키 브록 박사(Dr. Vikki Brock)의 『코칭 역사 소스북(Sourcebook of Coaching History)』을 참고하기 바란다.

라이프 코칭의 뿌리

코칭은 독특한 패러다임을 가지고 있지만, 그 근원과 이론, 전략은 새로운 것이 아니다. 코칭의 토대는 대부분 수십 년, 심지어 수 세기 전으로 거슬러 올라간다. 삶의 개선, 자기계발, 의미 탐구에 대한 관심은 초기 그리스 사회에서 시작되었다. 이는 "성찰하지 않는 삶은 살 가치가 없다."라는 소크라테스의 유명한 명언에 잘 나타나 있다. 그 이후로 우리는 삶을 성찰하는 여러 가지 방법을 개발해 왔는데, 그중에는 유용한 방법도 있고 그렇지 않은 방법도 있으며, 이론에 근거한 것도 있고 근거에 기반한 방법도 있으며, 지어낸 방법도 있고 쓸모없는 방법도 있다. 그러나 그럼에도 불구하고 변하지 않는 것은 의식주와 같은 인간의 기본적인 욕구를 추구하지 않던 사람들이 자아실현, 성취감, 영적 연결과 같은 더 높은 욕구에 관심을 기울이기 시작했다는 사실이다. 고대 그리스에서도 지금과 마찬가지로 사람들은 항상 개인적인 의미를 탐구하고 찾고자 하는 강렬한 열망을 가지고 있었다. 오늘날 코칭은 새로운 현상으로 여겨지지만, 그 토대는 현대 심리학과 철학에서 찾을 수 있다. 코칭은 이전에 나온 관련 분야의 이론과 연구를 차용하고 이를 기반으로 하는 새로운 분야이다. 따라서 코칭은 여러 분야의 다양한 이론을 종합하여 행동 변화에 적용하는 학문이다. 오늘날의 코치 양성 학교는 사설이든 학문적 기관이든 이론적 토대와 가르치는 내용을 뒷받침하는 철학을 명확히 해야 한다. ILCT는 설립 초기부터 대학원 수준의 교육에 준하는 풍부한 콘텐츠와 이론적 기반을 갖춘 커리큘럼을 제공하겠다고 선언했다. 초기 참가자들은 치료사, 상담사, 심리학자, 산업-조직 실무자, 정신건강의학과 의사 등 도움을 주는 전문가들로 구성되어 있었기 때문에 참가자들의 공통적이고 다양한 교육, 코칭 실무에 대한 심리학과 철학의 영향, 코칭의 성인 학습 모델 사용에 대해 논의할 필요가 있다는 것을 알고 있었다. 그렇게 탄생한 커리큘럼은 코칭으로 전환하는 상담사들에 의해, 그리고 그들을 위해 작성되었다. 이후 비슷한 교육적 배경과 더 큰 인간의 잠재력의 성취를 위한 심리적 지향점을 가진 다른 지원 전문가들에게까지 그 범위가 확장되었다.

심리학의 기여

그렇다면 심리학 분야는 코칭에 어떤 영향을 미쳤으며, 주요한 영향은 무엇일까? 1879년 심리학이 사회과학으로 등장한 이래로 심리학 이론에는 네 가지 주요 흐름이 존재해 왔다. 프로이트주의, 행동주의, 인본주의, 초개인주의가 바로 그것이다. 최근 몇 년 동안 세 가지 다른 힘이 작용하고 있는데, 이는 원래의 네 가지 힘에 대한 적응 또는 진화라고 생각된다. 인지-행동 심리학은 행동주의와 인본주의 학파의 혼합에서 성장했다. 긍정 심리학은 인지 행동적 접근법을 활용하고 인본주의 심리학이 강조하는 다양한 이론, 즉 비기계적 관점과 병리가 아닌 가능성에 대한 관점을 고객에 대한 본질적 접근법으로 재구성한다. 심리학의 각 혁명과 함께 인간 본성에 대한 이미지도 변화해 왔다. 심리학은 감각과 지각과 같은 의식과 정신 기능을 연구하는 학문으로 시작되었다. 『웹스터의 새로운 세계 사전(Webster's New World Dictionary)』은 심리학을 "(a) 마음과 정신적 · 정서적 과정을 다루는 과학, (b) 인간과 인간의 행동에 관한 과학"으로 정의한다. 심리학에 대한 초기의 많은 영향은 철학적 전통에서 비롯되었으며, 초기 심리학자들은 철학자들이 사용하던 자기 성찰의 방법을 채택했다. 자신의 욕망에 대한 성찰과 행동, 생각, 감정을 알아차리고 관찰하는 것은 고객의 인식을 높이기 위한 핵심 관행이며 코칭에 대한 전인적 접근 방식의 초석이다.

초기 심리학에서는 내적 성찰주의자들(introspectionists)이 활동했다. 독일의 빌헬름 분트(Wilhelm Wundt)와 미국의 에드워드 티치너(Edward Titchener)는 인간 마음의 작용을 이해하는 방법으로서 자기 성찰을 초기에 옹호했던 두 사람이다. 그러나 그들은 곧 내성적 성찰이 신생 심리학을 검증하는 데 부적절하다는 사실을 깨달았다. 의식과 정신 기능은 객관적으로 연구하기 어려웠다. 당시 심리학은 오늘날 코칭과 마찬가지로 성장통을 겪고 있었다.

심리학의 주요 이론가

다음은 심리학의 성장과 심리학의 주요 사상가들이 코칭 혁명의 발판을 마련한 과정을 간략하게 살펴보고자 한다. 윌리엄 제임스(William James)는 미국 심리학의 아버지라고 한다. 제임스는 실험실 결과보다 아이디어를 선호했으며, 의식에 관한 저술과 인간이 더 높은 의식 상태를 경험할 수 있다는 견해를 밝힌 학자로 가장 잘 알려져 있다. 그는 뇌의 기능, 공간에 대한 지각, 심령 및 초자연적 능력, 종교적 환희, 의지, 주의력, 습관 등 다양한 주제에 대해 글을 썼다. 그는 점차 심리학에서 멀어졌고 말년에는 철학을 강조하여 하버드 대학교에서 자신의 직함을 '철학 교수'로 바꾸었다. 그럼에도 불구하고 제임스는 심리학 분야의 성장에 막대한 영향을 미쳤으며, 그의 저서는 오늘날에도 여전히 널리 읽히고 있다. 그의 가장 역사적인 저서 중 하나인『종교적 경험의 다양성(The Varieties of Religious Experience)』(James, 1902/1994)은 영성과 초개인적 의식에 관한 많은 내용을 담고 있는 저서이다. 지그문트 프로이트(Sigmund Freud)는 심리학의 첫 번째 세력인 프로이트주의 접근법에 영향을 미쳤다. 미국의 심리학이 정체성을 찾고 과학계의 인정을 받기 위해 고군분투하고 있을 때, 유럽의 심리학은 프로이트의 이론에 의해 재편되고 있었다. 프로이트는 자신의 사상과 이론으로 의학계에 큰 반향을 일으켰고, 마침내 '말하는 치료'라는 획기적인 정신분석학으로 정신의학계에서 인정을 받게 되었다. 프로이트는 무의식, 이드, 자아, 초자아 등의 용어와 무의식, 전이, 역전이, 방어기제, 저항과 같은 개념을 우리에게 선사했다. 그의 이론은 병리학에 기반을 두고 있지만 행동에 영향을 미치는 무의식적 욕망과 무의식적 메커니즘을 추구할 수 있게 해 주었고, 곧 미국에서도 받아들여지기 시작했다.

프로이트 사상이 유럽과 미국에서 자리를 잡아 가면서 윌리엄 제임스와 다른 학자들은 측정 가능한 행동에 초점을 맞추기 시작했다. 많은 미국 심리학자는 프로이트 이론을 검증할 수 없는 또 다른 주관적인 정신의 사이비 과학으로 몰아붙이기 시작했다. B. F. 스키너(B. F. Skinner)와 존 왓슨(John Watson)이 이끄는 행동주의가 심리학의 두 번째 주요 세력으로 부상할 시기가 무르익었다. 수백 년 전에 셰익스피어는 "인간이란 참으로 대단한 작품이다!"라고 말한 바 있다. 행동주의자들은 이 말을 문자 그대로 받아들여 20세기 초에 인간을 기계처럼 연구해야 할 대상인 호모 메카니쿠스(Homo Mechanicus)로 간주했다. 호모 메카니쿠스는 마음이 무시된 기계였다. 1950년대에 에이브러햄 매슬로(Abraham Maslow)와 칼 로저스(Carl Rogers)는 프로이트주의와 행동주의의 기계론적 · 환원주의적 이론과 달리 인간 경험의 개인적 · 존재론적 · 현상학적 측면에 초점을 맞춘 인본주의 심리학이라는 심리학의 세 번째 세력을 창시했다. 매슬로는 결국 정신, 신체, 영혼을 포함하는 네 번째 힘인 초개인적 심리학을 제시했다. 이 이론은 초개인적 영역을 탐구하는 방법으로 난해한 수행과 약물에 의해 자연적으로 유도되는 의식의 변화된 상태와 환각제인 LSD[스탠 그로프(Stan Grof), 티모시 리어리(Timothy Leary), 리처드 알퍼트(Richard Alpert), 일명 바바 람 다스(Baba Ram Dass)의 작품 참조]를 탐구했다. 이 연구는 인간의 마음에 대한 지식을 넓히고 지각과 가능성의 창을 확장하기 시작했다. 칼 융(Carl Jung)은 상징주의, 고대의 지혜, 영적 원형, 인생 리뷰, 동시성, 초개인적 의식, 삶의 단계, 개별화, 그림자(선과 악 모두), 영적 탐구 등을 소개했다. 융은 프로이트에서 벗어나 인간의 동기에 대한 보다 총체적이고 영적인 이해를 추구했다. 그는 "외부를 바라보는 사람은 꿈을 꾸고, 내부를 바라보는 사람은 깨어난다."라는 말을 남겼다. 이는 오늘날 코칭에 대한 강력한 인용문이다. ILCT는 코치와 고객과의 업무 동맹의 일환으로 고객의 발달 단계 또는 방향을 검토하는 것을 포함하는 고객에 대한 접근 방식을 강조한다. 알프레드 아들러(Alfred Adler, 1927~1998)는 사회적 연결, 사회적 존재로서의 인간, 관계의 중요성, 출신 가족 테마, 중요성과 소속감, 라이프스타일 평가, 빅퀘스천('만약에?'), '마치 행동하기'에 대해 연구했다.

정신통합(psychosynthesis)의 아버지라 불리는 로베르토 아사지올리(Roberto Assagioli)는 우리의 다양한 측면을 종합하여 더 높은 수준의 의식에서 기능하는 능력에 대해 썼다. 그는 하위 인격, 내면의 지혜, 상위 자아, 관찰하는 자아와 같은 개념을 소개했다. 카렌 호나이(Karen Horney)는 초기의 영향력 있는 페미니스트 정신과 의사였다. 그녀의 주요 이론은 비합리적 신념, 안전의 필요성, 이성-감정 이론에 대한 초기 영향, '자기 도움'이라는 목표의 모델링과 관련이 있다. 그녀는 아들러와 동시대인이자 칼 로저스의 초기 영향을 받은 인물이다. 게슈탈트 치료의 창시자인 프리츠 펄스(Fritz Perls)는 가치와 행동(욕구) 사이의 내적 갈등과 관련된 성격 문제를 다루었으며, 탑독, 언더독, 양극성(흑백 사고), 빈 의자 기법, 순간 인식과 같은 용어를 도입했다. 게슈탈트 이론은 또한 정신, 감정, 신체, 영성 등 고객의 전인적 경험을 중요하게 여겼다. 펄스는 커트 르윈(Kurt Lewin)의 변화 이론과 피겨 그라운드 관점에 대한 그의 연구에 영향을 받았다. 칼 로저스는 고객의 내면에 해답이 있다는 고객 중심 접근법을 개발했다. 그는 '무조건적 긍정주의'와 '인본주의 심리학'이라는 용어를 사용했다. 그는 경청, 성찰, 의역의 연습과 침묵과 성스러운 공간의 가치를 소개했다. 공감적 경청은 로저스에게 있어 핵심이었으며, 코칭이라는 직업의 핵심이기도 하다.

에이브러햄 매슬로는 욕구와 가치의 위계를 소개했다. 그는 존재 욕구 대 결핍 욕구, 상위 자아, 초개인적 잠재력에 대해 고찰했다. 그는 인본주의 심리학 및 초개인적 심리학의 아버지로 여겨진다. 매슬로는 흔히 욕구 위계 피라미드의 창시자로 알려져 있지만, 실제로 그러한 피라미드를 만든 것은 아니다. 그것은 1960년대에 인간관계 컨설턴트들이 만든 것이다. 그러나 자아실현과 존재 욕구 대 결핍 욕구에 대한 매슬로의 연구는 오늘날 코칭 이론에 계속 영향을 미치고 있다(Kaufman, 2020). 버지니아 사티어(Virginia Satir)는 가족 치료의 어머니로, '가족 치료의 콜럼버스'라고 불리기도 한다. 그녀는 건강한 가족생활에는 애정, 감정, 사랑을 개방적이고 상호적으로 공유하는 것이 포함된다고 믿었다. 그녀는 가족의 관계와 상호작용을 제한하는 역할을 하는 구조자, 희생자, 중개자 등의 가족 역할을 설명하는 것으로 잘 알려져 있다. 그녀의 연구는 관계에 대한 초기의 체계적 관점이며 비즈니스 맥락에서 코칭에 큰 영향을 미쳤다. 빅터 프랭클(Viktor Frankl)은 제2차 세계대전 중 자신의 개인적인 경험을 바탕으로 로고테라피를 개발했다. 실존주의 철학과 자신의 실존적 위기에 영향을 받은 프랭클은 나치 수용소에서 『인간의 의미 찾기(Man's Search for Meaning)』를 썼고, 나중에 화장지에 메모한 내용을 바탕으로 이 책을 출간했다. 그는 감옥에서 빼앗길 수 없었던 유일한 자유는 생각하고 꿈꾸고 창조할 수 있는 마음과 자유였다고 말한 것으로 유명하다. 프랭클은 심리학에 역설적 의도, 즉 "저항하는 것은 지속된다." 또는 "에너지를 쏟는 것이 나타나는 것"이라는 개념을 도입했다. 오늘날 코치는 고객이 원하는 것에 집중하고 원하는 결과를 창출하도록 돕는다. 의도의 중요성과, 일과 삶에서 의미를 찾는 것의 필요성을 보여 주는 예로 코치들이 프랭클을 인용한다. 밀턴 에릭슨(Milton Erickson)은 최면 요법뿐만 아니라 언어학과 고객의 이중 결합을 연구했다. 그의 연구를 통해 우리는 가능성에 초점을 맞추고 역설적인 행동을 포함하여 변화에 대한 흔하지 않은 접근 방식을 찾는 법을 배운다. 에릭슨은 미국 최면 요법의 아버지이자 그레고리 베이트슨(Gregory Bateson)과 함께 리처드 밴들러(Richard Bandler)와 존 그라인더(John Grinder)가 창안하고 토니 로빈스(Tony Robbins)가 대중화한 신경 언어 프로그래밍(NLP)의 초기 영향력 있는 인물이다. 에릭슨의 제자인 제프리 자이그(Jeffrey Zeig)와 빌 오핸론(Bill O'Hanlon)은 패턴 중단, 혼란 기법, 강제 선택, 긍정적 경로 가정, 비트랜스 최면, 무의식적 역량 등을 소개했다. 리프레이밍은 이들의 연구에 기반한 또 다른 중요한 코칭 도구이다. 대부분의 코치는 상황에 대한 고객의 관점을 바꾸기 위해 리프레이밍을 사용한다. 1970년대에는 문제에 초점을 덜 맞추는 대신 해결 중심의 접근 방식이 등장했다. 무엇이 효과가 있는지 발견하는 데 에너지를 쏟는 것을 강조했다. 이 분야에서 잘 알려진 세 명의 실무자는 김인수 버그(Insoo Kim Berg)와 그녀의 남편인 스티브 드 셰이저(Steve de Shazer), 그리고 빌 오핸론이다. 오핸론은 해결 중심 치료법을 개발했으며, 이는 현재 해결 중심 코칭으로 재구성되었다. 버그는 피터 사보(Peter Szabó)와 함께 해결 중심 이론과 단기 코칭 세션을 결합한 『지속적인 해결을 위한 짧은 코칭(Brief Coaching for Lasting Solutions)』(2005)을 저술했다. 페르난도 플로레스(Fernando Flores)는 언어 행위 이론에 관한 J. L. 오스틴(J. L. Austin)과 존 설(John Searle)의 연구 결과를 바탕으로 대화를 통한 인간 상호작용에 적용한 철학자이다. 언어가 실제로 어떻게 행동을 이끌어 내는지 탐구하면서 플로레스는 우연히 가장 유용한 코칭 도구 중 하나인 요청하기를 고안해 냈다. 플로레스는 베르너 에르하르트(Werner Erhard)와 그의 에르하르트 세미나 교육 초기에 영향을 미쳤으며, 이 교육은 나중에 랜드마크 에듀케이션이 되어 코치 U의 초기 커리큘럼에 영향을 미쳤다.

마틴 셀리그먼(Martin Seligman)은 인간의 성취를 위한 강점 기반 접근법으로 긍정 심리학을 장려했다. 긍정 심리학은 코칭과 교육뿐만 아니라 상담에도 적용된다. 약점보다는 강점을 구축하고 활용하는 데 일관되게 초점을 맞추고 있다. 셀리그먼의 연구는 이론을 뒷받침하기 위해 최신 학술 연구를 집중적으로 활용하는 데 집중했기 때문에 코치에게 매우 유용하다. 긍정 심리학은 하나의 운동으로 발전해 왔다. 라이프 코칭은 긍정 심리학을 응용한 것으로 볼 수 있다. 여기에 언급된 이론가들 외에도 생애 발달 심리학에 대한 방대한 연구를 통해 코치에게 도움이 될 수 있는 발달 단계에 대한 이해가 형성되었다. 하버드 졸업생들의 50년 생애 발달에 대한 초기 연구를 수행한 다니엘 레빈슨(Daniel Levinson)은 해당 연령대 남성의 발달에 대한 훌륭한 통찰력을 얻었다. 캐롤 길리건(Carol Gilligan)은 소녀와 여성을 대상으로 한 연구를 통해 여성의 사고와 행동이 전 생애에 걸쳐 남성과 어떻게 다른지에 대한 통찰력을 얻었다. 로버트 케건(Robert Kegan)은 인간의 생애 발달에서 의식 수준의 발달을 평가하는 이론과 방법을 개발했다. 켄 윌버(Ken Wilber)의 심리와 삶에 대한 통합적 접근 방식은 초개인적 접근 방식을 기반으로 기존의 이론과 방법을 뛰어넘었다. 본질적으로 그의 통합 심리학은 현존하는 모든 다양한 치료법을 검토한 다음 가장 적합한 발달 단계에 연결하고 있다. 예를 들어, 프로이트 심리학은 유아기(2~7세)에 발생하는 장애와 가장 관련이 있다. 융 심리학은 중년기까지 거의 다루어지지 않는 초기 성인기의 실존적 문제에 가장 적합하다. 초개인적 상담은 건강한 자아 구조를 가지고 있지만 삶의 의미에서 더 높은 자아의 부재를 느끼는 사람들에게 가장 적합한 치료법이다. 윌버는 프로이트, 피아제(Piaget), 에릭슨, 콜버그(Kohlberg), 반두라(Bandura) 등 여러 주요 심리학자의 초기 발달 모델을 종합한 후 융, 길리건, 오로빈도(Aurobindo), 워시번(Washburn), 케건, 파울러(Fowler), 언더힐(Underhill) 등 수십 명의 심리학자를 추가하여 출생부터 완전한 비이원적 깨달음에 이르는 모든 단계를 통합하는 발달 모델을 만들었다. 현대 심리학에서 발전한 이러한 도구와 기타 놀라운 도구는 고객이 원하는 방향으로 변화할 수 있도록 코치를 지원한다. 긍정 심리학의 연구에서 알 수 있듯이 매일 새로운 도구가 개발되고 있다.

코칭의 특징은 다른 분야의 도구를 종합적으로 활용한다는 점과 혁신에 대한 성향이 있다는 것이다. 최근의 연구를 통해 코칭은 자체적인 증거 기반 이론을 개발하고 있다. 심리학자가 철학자의 이론을 차용한 것처럼 코칭은 이전의 이론을 차용하고 있다. 코칭이 전문직으로 성장함에 따라 코칭 동맹(coaching alliance)이라는 독특한 관계 안에서 효과적인 전략과 도구에 대한 자체적인 집중 연구 기반을 개발하고 있다. 코칭 직업은 코칭을 전제로 한 건전한 학문적 · 학술적 이론에 기반을 두고 있으며, 앞으로 나아가면서 이론과 증거 기반 연구의 검증을 통해 더욱 강화될 것이다.

긍정 심리학의 영향

일반적으로 사람들은 심리학을 병리학에 관한 것이라는 암묵적이고 당연한 이해와 함께 하나의 용어로만 불러 왔다. 그러다가 1998년에 긍정 심리학이라는 용어가 등장했다. 미국심리학협회(American Psychological Association: APA)의 회장인 마틴 셀리그먼이 학계와 전 세계에 긍정 심리학이라는 용어를 공식적으로 소개하면서 이 용어는 뉴스거리가 되었다. 그가 연설한 미국심리학협회(APA) 연례 콘퍼런스 연설의 제목은 '인간의 힘 키우기: 심리학의 잊힌 사명'이었다. 이 연설에서 그는 긍정 심리학의 토대를 마련하기 위해 태스크포스를 구성했다고 발표했다: 즉, 낙관주의, 용기, 직업윤리, 미래 지향적 사고, 대인관계 기술, 즐거움과 통찰력, 사회적 책임감 등 개인의 가장 긍정적인 자질에 대한 이해와 구축을 강조하는 새로운 방향의 과학이다. 그는 제2차 세계대전이 끝난 이후 심리학이 모든 사람의 삶을 보다 만족스럽고 생산적으로 만드는 것이었던 본래의 뿌리에서 너무 멀리 떨어져 정신질환 치료라는 중요하지만 전부는 아닌 영역으로 너무 많은 비중을 두었다고 생각하는 견해를 밝혔다. 셀리그먼의 연설 이후 심리학계는 그의 심리학에 대한 대대적인 인정과 재조명이 이루어졌다. 이러한 변화는 '좋은 삶(good life)'을 조명하고 정의하는 데 초점을 맞추었다. 사실, 이 새로운 이니셔티브에 긍정이라는 단어를 추가한 것은 병리를 치료하는 과정에서 대부분의 심리학자가 건강한 수준에서 기능하지만 그럼에도 불구하고 삶의 경험을 개선하고자 하는 강한 열망을 가진 인구의 상당 부분을 간과했다는 사실을 효과적으로 인정한 것이었다.

2년 후, 셀리그먼과 미하이 칙센트미하이(Mihaly Csikszentmihalyi)는 2000년 밀레니엄 에디션의 『미국 심리학자(American Psychologist)』 서문에서 다음과 같이 썼다:

> 우리는 무엇이 삶을 가치 있게 만드는지에 대한 지식이 부족하다. 심리학은 사람들이 역경의 상황에서 어떻게 생존하고 견뎌 내는지에 대해 꽤 많은 것을 이해하게 되었다. 그러나 우리는 정상적인 사람들이 더 좋은 조건에서 어떻게 번성하는지에 대해서는 거의 알지 못한다. 제2차 세계대전 이후 심리학은 주로 치유에 관한 과학이 되었다. 심리학은 인간 기능의 질병 모델 내에서 손상을 복구하는 데 집중한다. 병리학에 대한 거의 배타적인 관심은 성취감을 느끼는 개인과 번성하는 공동체를 소홀히 한다. 긍정 심리학의 목표는 인생에서 최악의 상황을 복구하는 데만 몰두하던 심리학의 초점이 긍정적인 자질을 구축하는 데로 바뀌는 것을 촉진하는 것이다. 주관적 차원의 긍정 심리학 분야는 웰빙, 만족감, 만족(과거), 희망과 낙관주의(미래), 흐름과 행복(현재) 등 가치 있는 주관적 경험에 관한 것이다. 개인적 차원에서는 사랑과 소명, 용기, 대인관계 기술, 미적 감수성, 인내, 용서, 독창성, 미래 지향성, 영성, 높은 재능, 지혜 등 긍정적인 개인적 특성에 관한 것이다. 집단 차원에서는 책임감, 양육, 이타주의, 예의, 절제, 관용, 직업윤리 등 개인을 더 나은 시민으로 이끄는 시민적 덕목과 제도에 관한 것이다.

셀리그먼이 긍정 심리학 연구에 전념하고 삶을 만족스럽게 만드는 요소에 대한 지식을 구축하기 위해 지원하면서 심리학은 정신 또는 영혼에 대한 연구라는 본래의 의미로 돌아가기 시작했다. 과학적 연구에 대한 이러한 헌신은 많은 심리학자, 심리치료사, 상담사, 코치, 일반 대중이 믿었지만 증명하지 못했던 것, 즉 개인이 지속적으로 성장하고 행복하며 만족스러운 삶을 살기를 원한다는 믿음을 강화했다. 셀리그먼은 1960년대부터 심리학을 연구해 온 오랜 연구 경력을 가지고 있다. 그의 연구는『진정한 행복(Authentic Happiness)』(2002)에서 '좋은 삶'과 행복을 구성하는 요소에 대한 연구를 발표했다. 그는 긍정 심리학이 긍정적 정서에 대한 연구, 긍정적 특성과 미덕에 대한 연구, 긍정적 제도에 대한 연구라는 세 가지 원칙에 기초한다고 주장했다. 셀리그먼은 이 책을 위해 에드 디너(Ed Diener), 크리스 피터슨(Chris Peterson), 리사 애스핀월(Lisa Aspinwall), 샌디 머레이(Sandy Murray), 소냐 류보미르스키(Sonja Lyubomirsky), 토마스 조이너(Thomas Joiner), 조지 베일런트(George Vailant), 바바라 프레드릭슨(Barbara Fredrickson), 미하이 칙센트미하이 등 긍정 심리학 분야의 저명한 연구들을 검토하고 요약했다. 연구 자료가 풍부할 뿐만 아니라 많은 연구가 다문화를 대상으로 진행되어 연구 결과에 신뢰성과 적용 가능성을 더했다. 이러한 연구를 통해 밝혀진 것은 성인의 삶에서 만족감과 만족감의 증가를 예측할 수 있는 세 가지 기본 결과였다. 안정적인 대인 관계에 있을 때, 단순한 직업이 아닌 소명이나 천직으로 삶을 영위할 때, 자신보다 더 크고 위대한 무언가를 믿고 있을 때 삶의 만족도가 높아진다는 사실이 밝혔다. 흥미롭게도, 연구 결과 부유함, 건강, 교육 수준과 진정한 행복 사이에는 유의미한 상관관계가 없는 것으로 나타났다. 셀리그먼과 그의 동료들은 삶의 여러 측면에 대한 개인의 특성, 신념, 감각을 연구하기 위해 수많은 설문조사와 설문지를 만들어 행복, 특유의 강점, 웰빙과 관련된 다양한 주제에 대한 데이터를 수집하고 이를 쉽게 이용할 수 있도록 했다. 온라인(https://www.authentichappiness.sas.upenn.edu/)에서 확인할 수 있는 이러한 평가의 샘플에는 다음이 포함되어 있다:

- 진정한 행복 목록(Authentic Happiness Inventory): 전반적인 행복 측정
- 일반 행복 척도(General Happiness Scale): 지속적인 행복 측정
- 그릿 설문조사(Grit Survey): 인내력 측정
- 낙관주의 조사(Optimism Test): 미래에 대한 낙관주의 측정
- 행동하는 가치(VIA) 인성 강점 설문조사[Values in Action(VIA) Survey of Character Strengths]: 스물네 가지 인성 강점 측정
- 직장생활 설문지(Work-Life Questionnaire): 직장생활 만족도 측정
- 자비로운 사랑 척도(Compassionate Love Scale): 타인을 지지하고 이해하는 성향 측정
- 삶의 의미 설문지(Meaning in Life Questionnaire): 삶의 의미 측정

이러한 평가는 삶을 의미 있고 행복하게 만드는 요인, 관행 및 태도에 대한 이해를 더하는 지속적인 데이터를 제공하며, 성취감을 느끼게 하여 개인이 번영할 수 있도록 도와준다. 또한 이러한 평가는 누구나 이용할 수 있고, 개인별 결과에 대한 맞춤형 정보를 제공하며, 동시에 평가를 받는 모든 사람은 긍정 심리학에 정보를 제공하는 연구 데이터 풀의 일부가 된다. 셀리그먼이 긍정 심리학을 발표하기 전에도 긍정적인 정서에 대한 연구가 진행 중이었다. 1980년대에 당시 박사 과정 중이었고 지금은 '긍정 심리학 운동의 천재'로 불리는 바바라 프레드릭슨은 기쁨, 행복, 감사, 희망, 사랑과 같은 긍정적 정서를 연구했다. 이 연구를 통해 긍정적인 감정이 사람들의 장점을 끌어내고 개인이 자신의 자원을 구축할 수 있게 함으로써 미래를 변화시킨다는 사실을 입증했다. 또한 "긍정적인 감정을 경험할 수 있는 능력은 인간의 번영을 연구하는 데 있어 핵심이 되는 인간의 근본적인 힘일 수 있다."라고 제안했다.

몇 가지 차이점: 긍정 심리학과 코칭

긍정 심리학 연구를 통해 사람들은 만족스럽고 좋은 삶을 살기를 원하고, 자신의 강점, 기술, 재능을 활용하기를 원하며, 더 긍정적이고 부정적인 것을 피하기를 원하고, 의미 있는 관계를 원하고, 자신을 발전시킬 수 있는 직업이나 일을 원하고, 세상에 긍정적인 변화를 일으키기를 원한다는 코칭의 많은 신념과 운영 원칙이 확인되었다. 하지만 무엇이 다른가라는 질문은 여전히 남아 있다. 각 분야에서 강조하는 바가 같은 것일까? 셀리그먼은『긍정 심리학 핸드북(Handbook of Positive Psychology)』(Snyder & Lopez, 2002)의 한 장에서 "긍정 심리학의 목표는 심리의 변화를 촉진하는 것이다. …… (그리고) 우리는 정신 질환의 치료와 예방에서 힘을 키우는 것을 최우선 과제로 삼아야 한다."(p. 3)라고 말한다. 이 장 전체에서 그는 긍정 심리학이 "다양한 주요 정서 장애"(p. 5)를 예방할 수 있다고 주장하며, 긍정 심리학이 "심리 치료에 더욱 효과적인 접근법이 될 것"(p. 6)이라고 했다. 이러한 관점에서 볼 때 긍정 심리학의 실천은 예방과 치료에 중점을 두며, 이는 제대로 작동하지 않는 것을 진단하고 고치는 의료 모델에 속한다. 이러한 강조점은 전문가 또는 서비스 제공자가 권위자가 되고, 소비자는 권위자에게 답을 구하는 사람이 되는 것으로 이어진다. 코칭에서는 고객이 자신의 삶을 설계하고 창조하는 사람이라는 점을 강조한다. 이러한 관점에서 고객은 자신의 삶에 대한 전문가로 간주되며 유능하고, 능력 있고, 창의적이며, 수완이 있다고 믿어진다. 동시에 코치는 코칭 프로세스에 대한 전문가일 뿐이다. 즉, 코치의 책임은 고객이 달성하고자 하는 것을 발견하고, 명확히 하고, 일치시키고, 고객의 자기 발견을 장려하고, 고객이 생성한 전략과 아이디어를 이끌어 내고, 고객에게 책임과 의무를 부여하는 것이다. 코칭 과정을 통해 고객은 학습을 심화시키고, 성과를 개선하며, 삶의 질을 향상시킬 수 있다. 따라서 코칭은 고객이 만족스러운 삶의 자질이라고 생각하는 것을 달성하면서 자신의 성장과 발전을 촉진하는 결과를 선택할 수 있도록 인식을 형성하는 데 중점을 둔 학습 및 개발 모델이다. 긍정 심리학 문헌에서 저자는 자신이 하는 일을 '개입(interventions)'이라고 자주 언급한다. 여러 사전에서는 개입을 "① 결과를 수정할 의도로 개입, 간섭 또는 중재하는 행위, ② 어떤 상황, 이슈, 문제 등에 관여하여 일어나는 일에 영향을 미치는 일"로 정의한다. 이는 전문가가 개인에게 무엇이 옳고 적절한지 알고 있다고 믿고 개입하여 상황을 바꾸기 위해 무엇을 해야 하는지 알려 준다는 것을 의미한다. 또한 이는 환자(의료 모델에서 자주 사용되는 용어)가 지시와 조언이 필요한 존재로 간주된다는 것을 의미한다. 따라서 의사는 결과에 대한 기득권을 갖게 된다. 코칭의 우수성에 대한 교훈을 고수하는 코치는 조언을 제공하지 않기 때문에 개입하지 않는다. 코치는 고객이 자신 안에 모든 답을 가지고 있으며 코치의 역할은 고객이 그러한 답, 재능, 특기, 강점 등을 발견할 수 있도록 돕는 것이라고 믿는다. 코칭에 사용되는 발견의 형태는 소크라테스 방식을 기반으로 한다. 즉, 코치는 깊은 경청, 강력한 질문, 인지하고 있는 것에 대한 직접적인 의사소통을 통해 고객의 사고와 행동을 지원하고 도전하여 인식이 향상되도록 한다. 따라서 고객은 원하는 것을 달성하기 위해 취할 단계를 설계할 때 정보에 입각한 선택을 더 잘할 수 있다. 어떤 사람들은 고객과 함께 일할 때 긍정 심리학의 접근 방식과 코칭의 접근 방식 간의 차이를 최소화하기를 원하지만, 이러한 차이는 중요하다. 코칭은 상담사가 아니며 코치는 상담사 역할을 수행하지 않으며 원하지도 않는다. 코칭 교육은 이 두 분야의 중요한 차이점을 강조하고 코칭을 배우는 사람들이 코칭의 틀 안에서 일관성을 유지하도록 지속적으로 멘토링하고 코칭 슈퍼비전을 한다. 또한 코치는 고객이 필요할 때 다른 전문가의 도움을 받도록 권장한다. 실제로 ICF의 핵심 역량에는 다음과 같이 명시되어 있다: "핵심 역량 #1: 윤리적 지침과 전문적 기준을 제시한다—(6) (코치는) 코칭, 컨설팅, 심리치료 및 기타 지원 전문직 간의 구분을 유지한다, (7) (코치는) 적절할 경우 고객을 다른 지원 전문가에게 소개한다." 따라서 고객이 원하는 서비스를 명확하게 선택할 수 있도록 다양한 전문직 간의 차이점을 지속적으로 유지하여 고객이 자신에게 가장 적합한 서비스를 선택할 수 있도록 하는 것이 코칭 직업과 코치의 청렴성에 가장 중요하다. [긍정 심리학에 대한 맥락을 제공한 동료 린 마인케(Lynn Meinke)에게 감사와 경의를 표한다.] 저명한 긍정 심리학 연구자인 알렉스 린리(Alex Linley)는 이를 경영진과 직원 모두에게 서로 도움이 된다고 말한다. 그는 회사가 근무 환경의 질을 개선하여 직원들이 더 부지런하고 생산적으로 일하도록 동기를 부여하는 동시에 회사에 대한 충성심을 유지하도록 하는 프로토콜과 전략에 누가 매력을 느끼지 않을 수 있겠는가라고 한다. 그는 "긍정 심리학은 수익과 생산성이라는 중요한 결론에 대해 이야기한다. 하지만 동시에 직원 복지와도 관련이 있다."라고 말한다. 이는 긍정 심리학의 원리를 통합한 코칭 접근법의 산물이다.

코칭의 미래

한 가지 더 생각해 보겠다: 우리는 고객과 함께 일하면서 더 많은 훈련과 경험을 쌓을수록 우리의 기술과 역량이 변하는 것이 아니라 코치로서의 '존재감(beingness)'과 정신이 다른 수준에 도달한다는 것을 알게 되었다. 숙달은 행동이나 말보다 자신이 누구인지에 관한 것이다. 상담 분야의 연구에 따르면 상담사와 내담자 간의 관계가 내담자의 성공에 가장 중요한 요소라는 사실이 반복적으로 밝혀지고 있다. 치료적 접근 방식이나 기술은 상담사가 강력한 관계와 신뢰와 자신감의 환경을 조성하고 유지하는 능력보다 덜 중요하다. 그것이 바로 숙달이다! 어디에서 훈련이 필요할까? 어떤 새로운 기술, 기법 또는 개인적 강점을 습득하고 싶은가? 도전하라. 우리 모두에게 도움이 될 것이다.

우리는 사람들이 도움을 구하는 방법과 이유에 대한 근본적인 변화를 목전에 두고 있다. 우리는 상담사가 많은 고객의 삶에서 중요한 역할을 해 왔으며, 특히 중증 정신질환자에게는 여전히 우리 사회에서 필요할 것이라고 믿는다. 또한 자신의 강점을 파악하고 이를 활용해 장애물과 도전을 극복하고 가능성을 추구하는 방법을 배우는 가장 일반적인 방법인 코칭이 개인 개발을 위한 일반적인 전략이 될 것이라고 믿는다. 오늘날 사람들은 빠른 변화의 속도, 관계 유지의 어려움, 삶의 목적을 이루고자 하는 열망으로 인해 그 어느 때보다 멘토, 코치, 가이드와의 연결이 필요하다. 이것이 바로 1970년대의 인간 잠재력 운동이 의도한 바라고 생각한다. 지난 수십 년 동안의 심리학 연구와 이론은 사람들이 어떻게 변화하는지, 삶의 어려움에 어떻게 적응하는지, 어떻게 자아실현적인 인간으로 발전하는지에 대한 이해에 많은 기여를 해 왔다. 이러한 지식은 이제 심리 상담이나 치료에 흔히 수반되는 의료적 모델의 낙인이나 진단명 없이도 새로운 라이프 코칭 분야에 적용될 수 있다. 개인적으로 코치를 고용하거나 회사 또는 지역사회 기관에서 제공하는 코칭을 받고 개인 코치를 갖게 되어 코칭이 개인과 우리 문화를 변화시킬 수 있는 보편적인 서비스가 되기를 희망한다. 우리는 코칭이라는 직업이 곧 상담보다 더 커질 것이라고 믿는다. 대중은 상담과 코칭의 차이점을 알게 될 것이며, 언제 상담사를 찾아야 하고 언제 코치를 찾아야 하는지 명확히 알게 될 것이다. 코치는 상담사를 지칭하고 상담사는 코치를 지칭하게 될 것이다. 코칭은 경영진과 고소득 전문직 종사자뿐만 아니라 모든 사람이 이용할 수 있도록 사회에 스며들 것이다. 관계 코치, 육아 및 가족 코치, 웰빙 및 건강 코치, 영성 개발 코치, 커리어 코치 등 다양한 전문 코치가 등장할 것으로 예상된다. 전체 직업은 모든 코칭을 아우르는 라이프 코칭이라는 개념을 발전시킬 것이다. 고객이 비즈니스 또는 직업적 도전에 대한 특정 코칭을 원하든, 관계 변화나 건강 문제와 같은 삶의 전환을 위한 코칭을 원하든, 순수한 라이프 디자인 코칭을 원하든, 모두 라이프 코칭에 해당한다. 코치는 고객의 요청이나 필요에 따라 전문 코칭을 소개하는 역할도 할 수 있다. 코칭 직업은 역동적인 성장과 변화를 경험하고 있다. 코칭은 앞으로도 사회, 경제, 정치 과정과 발전적으로 상호작용하고, 다양한 분야의 지식 기반을 활용하며, 지적 수준과 진로 성숙도를 높이고, 북미 주류뿐만 아니라 국제적으로도 입지를 다져 나갈 것이다. 이러한 행동이 코칭의 미래를 대표한다면, 코칭은 생존과 성장을 지원하는 방식으로 변화할 것이다. 라이프 코칭은 도움이 되기 때문에 존재하며, 변화를 일으킬 수 있기 때문에 번창할 것이다.

변혁적 코칭과 거래적 코칭 비교

내부로부터의 코칭 부분을 읽고 이해할 때, 이 책의 의도는 전체 라이프 코칭의 개념을 추가하고 거래적 코칭보다 더 변혁적인 코칭 대화를 장려하기 위한 것임을 명심하길 바란다. 다시 말해, 고객과의 측정 가능한 목표와 결과만을 강조하고 싶지는 않다. 그보다는 고객이 어떤 사람이 되어야 하는지, 그리고 고객이 원하는 것을 이루기 위해 어떻게 변화해야 하는지에 초점을 맞추고자 한다. 변혁적 코칭(transformational coaching)은 고객과의 작업에서 더 깊이 들어가는 개념, 즉 문제가 아닌 사람을 코칭하는 개념을 포함한다(Reynolds, 2020). 코칭은 아름답고 잔잔한 바다에서 스노클링을 하는 것과 같다. 스노클링 장비를 착용하고 수면 바로 아래를 보면 산호초와 다양한 색과 특징을 가진 물고기의 아름다움을 발견할 수 있다. 어떤 사람들에게는 처음 스노클링을 하는 것이 무섭기도 하다. 숨을 쉬는 방식이 조금 다르고 수면 아래를 들여다보는 것은 스릴이 있거나 불안할 수 있다. 코칭에서 더 깊이 들어가는 것은 80피트까지 스쿠버 다이빙을 하는 것이 아니라 수면 아래에서 무엇이 드러나고, 공유되고, 현재의 도전이나 의도에 맞게 맥락화될 수 있는지를 살펴보는 것이다. 팻 박사(Dr. Pat)의 멘토 코칭에서는 고객이 코칭 대화에서 드러나는 것에 대해 어떻게 반응하고, 배우고, 호기심을 느끼는지 알아차리도록 유도하는 경청과 연상시키는 질문을 하는 방법을 가르친다. 코치는 "이러한 도전을 공유하면서 무엇을 배우고 있는가?"라고 질문할 수 있다. "어떻게 변화하고 있는가, 아니면 어떻게 변화해야 하는가?" "이러한 미래 상태가 달성되면 어떤 상태가 되겠는가?"라고 질문할 수 있다. 거래적 코칭은 좀 더 공식적이고 결과에 초점을 맞춘다. 예를 들어, 식습관 및 운동 변화를 약속하는 경우, 고객이 무엇을 했고 진전이 있었는가? 또는 새로운 직장으로 전환하는 경우, 고객이 무엇을 했고 변화를 이루기 위해 또 무엇이 필요한가? 모든 코칭이 변화를 가져올 수 있는 것은 아니지만, 고객과 더 깊이 들어가면 고객이 달성하고자 하는 목표에 대한 진정한 이유를 알 수 있다. 거래적 코칭은 행동에 관한 것이지만, 변혁적 코칭은 고객의 존재를 포함한다.

차례

역자 서문

추천사

감사의 글

서문

제1부: 코칭의 기초

제1장 코치로서 경청하기

제2장 코칭의 언어

제3장 발달적 변화 과정으로서의 코칭

제2부: 기본을 넘어서

제4장 고객 임파워링하기

제5장 고객 기대치 넘어서기

제6장 고객과 함께 모멘텀 창출하기

제7장 고객을 전인적으로 코칭하기: 마음, 몸, 감정, 정신

제3부: 내면으로부터의 코칭

제8장 목적의 힘

제9장 라이프 디자인하기

제10장 당신의 인생 여정을 방해하는 것은 무엇인가

제11장 진정한 북쪽으로 인생의 방향 잡기

제12장 이야기 실천하기

제13장 온전히 최선을 다해 플레이하기

제14장 당신은 얼마나 부유한가

제15장 마인드셋이 근원이다

제16장 사랑은 우리에게 필요한 전부

부록 A: 코칭과 팬데믹 이후의 글로벌 스트레스에 대한 성찰

부록 B: 코칭에서의 감정

부록 C: 전문 코칭 역량의 중요성

참고문헌

찾아보기

세부 차례

○ 역자 서문 _ 5
○ 추천사 _ 9
○ 감사의 글 _ 11
○ 서문 _ 13
운영 체제로서의 라이프 코칭
라이프 코칭의 뿌리
코칭의 미래

제1부 코칭의 기초 (Coaching Fundamentals)

전문 코칭 _ 37
운영 체제로서의 라이프 코칭 _ 38

제1장 코치로서 경청하기(Listening as a Coach) • 39

코치로서 경청의 세 가지 유형 _ 41
유용한 경청 템플릿 _ 46
경청이 아닌 것 _ 52
결론 _ 53

제2장 코칭의 언어(The Language of Coaching) • 55

기본 코칭 모델 _ 55

코칭 대화의 흐름 _ 57

마무리 단계 _ 65

코칭 세션의 녹취록 _ 65

무대 설정하기: 첫 번째 코칭 대화 _ 77

체계적 구조 사용 _ 93

성찰질문: 특별한 종류의 도발적 질문 _ 102

코칭 대화에서 은유 사용 _ 107

제3장 발달적 변화 과정으로서의 코칭 (Coaching as a Developmental Change Process) • 111

사례 연구: 조지 _ 112

인간의 삶과 변화에 대한 관점: 심리학, 철학, 인간 발달 _ 117

켄 윌버의 변화의 네 가지 사분면 _ 120

성인 의식의 발달 수준 _ 124

세 가지 전통적인 발전 단계: 외교관, 전문가 또는 성취자 _ 130

추론 활동의 사다리 _ 140

코치와 리더 고객을 위한 연습: 회의 준비하기 _ 145

추론의 사다리를 기반으로 한 고객을 위한 성찰적 질문 _ 147

전통적인 성인 발달 이후 _ 147

치과의사 조지의 사례: 전환 단계 _ 151

성인 발달이 중요한 이유 _ 152

새로운 전환 만들기 _ 159

제2부 기본을 넘어서
(Beyond the Basics)

제4장 고객 임파워링하기(Empowering the Client) • 167

코치는 언제 임파워링 스킬을 사용하는가 _ 169

올바른 대화 유형과 올바른 기술 선택하기 _ 171

제5장 고객의 기대치 넘어서기(Stretching the Client) • 187

코칭 연속체 _ 187

도전 과제 해결을 위해 고객의 기대 수준 넘어서기 _ 193

다양한 도전 방법 _ 194

고객을 도전하게 하고 기대를 넘어서게 하는 기술 _ 195

제6장 고객과 함께 모멘텀 창출하기(Creating Momentum with the Client) • 209

'성장하기 위해 알아야 한다'는 원칙 _ 209

현장 작업을 통해 '올바른 행동'에 집중하기 _ 210

코칭 세션 내에서 행동을 촉진하는 기술 _ 214

제7장 고객을 전인적으로 코칭하기: 마음, 몸, 감정, 정신
(Coaching the Whole Client: Mind, Body, Emotions, Spirit) • 221

체화된 삶을 살기 _ 223

도구: 감각 인식을 높이기 위한 바디스캔 _ 227

도구: '생각 경로' _ 229

현존하기(Being Present) _ 231

복식 호흡 _ 232

센터링 _ 233
비언어적 작업: 여덟 가지 흐름, 네 가지 요소 _ 237
하트매스를 통한 마음 호흡 _ 238
코칭, 감정 및 긍정 심리학의 부상 _ 240
코칭에 감정 활용하기 _ 244

제3부 내면으로부터의 코칭 (Coaching from the Inside Out)

도입 _ 253
온전한 참여의 중요성 _ 256
학습을 방해하는 무의식적 장애물 _ 256

제8장 목적의 힘(The Power of Purpose) • 259

내면의 깊은 곳에서부터 살아가기 _ 259
삶의 목적 _ 260
삶의 목적을 아는 것의 중요성 _ 262
삶의 목적을 발견하는 방법 _ 263
목적에 충실한 삶: 삶의 목적을 갖고 작업하기 _ 267
기타 참고 자료 _ 274

제9장 라이프 디자인하기(Design Your Life) • 275

충만한 삶 살기 _ 275
삶은 만들어 갈 수 있다(Life Can Work) _ 278
고객과 함께 현대적 삶의 균형 휠 활용하기 _ 281
고객과 함께 라이프 디자인 사용하기 _ 286
자주 묻는 질문: 라이프 디자인 _ 289

제10장 당신의 인생 여정을 방해하는 것은 무엇인가 (What Gets in Your Way?) • 291

에너지 소모 요인 _ 291

욕구 사항 파악 _ 298

제11장 진정한 북쪽으로 인생의 방향 잡기 (Steering Your Life by True North) • 313

가치, 행동, 습관 일치시키기 _ 313

핵심 가치 확인하기 _ 318

당신의 가치로 살아가기 _ 321

가치가 즐거움에 의해 주도되는가 혹은 고통에 의해 주도되는가 _ 325

도움되는 습관 _ 327

새로운 가치 개발하기 _ 328

제12장 이야기 실천하기(Walk the Talk) • 331

개인 성실성 _ 331

피사: 피사탑과 그 성실성 _ 333

개인 성실성을 만들기 위한 간단한 규칙 _ 334

느슨한 끝의 영향 _ 339

개인적 기준 설정하기: 실행 가능한 시스템 _ 340

제13장 온전히 최선을 다해 플레이하기(Play Full Out) • 347

선택에서 존재하기 _ 347

일하거나 어슬렁거리는 동안 휘파람 불어 보기 _ 351

놀이와 선택권이 있는 삶에는 적절한 경계가 필요 _ 352

경계 만들기 연습 _ 356

정중하게 거절하는 방법에 대한 기본 _ 361

제14장 당신은 얼마나 부유한가(How Wealthy are You?) • 369

개인 준비금 _ 369
어느 정도면 충분할까 _ 370
풍요로운 세상에 살아가기 _ 371
우리가 원하는 것과 동기화하기 _ 372
실용적으로 만들기 _ 375

제15장 마인드셋이 근원이다(Mind-Set is Causative) • 385

마인드셋의 근원은 어떻게 만들어지는가 _ 389
윌버의 4사분면 모델을 사용한 관찰 구분하기 _ 391
마인드셋 작업하기 _ 395

제16장 사랑은 우리에게 필요한 전부(Love is All We Need) • 409

사랑의 표현에 대하여 _ 410
자신을 사랑하는 법 배우기 _ 412
사랑은 선택이다 _ 413
용서의 힘 _ 418
사랑에 대한 성찰과 새롭게 보기 _ 421

부록 A: 코칭과 팬데믹 이후의 글로벌 스트레스에 대한 성찰
(Reflections on Coaching and Post-Pandemic Global Stress) _ 429
부록 B: 코칭에서의 감정(Emotions in Coaching) _ 431
부록 C: 전문 코칭 역량의 중요성(The Importance of Professional Coaching Competencies) _ 438

○ 참고문헌 _ 439
○ 찾아보기 _ 449

제**1**부

코칭의 기초

COACHING FUNDAMENTALS

'코칭의 기초' 제1부에 포함된 3개의 장은 코칭을 전문직이자 성장과 변화의 과정으로 이해하는 토대를 마련하는 것이다. 이와 관련된 내용의 정의는 다음과 같다.

전문 코칭

ICF(International Coaching Federation)는 코칭을 "오늘날과 같이 불확실하고 복잡한 환경에서 특히 중요한 개인적·직업적 잠재력을 극대화하도록 영감을 주는 것으로 생각을 자극하고 창의적인 프로세스에서 고객과 협력하는 것"으로 정의하고 있다. 코치는 고객을 자신의 삶과 일의 전문가로 존중하며, 모든 고객이 창의적이고 수완이 풍부하며 온전하다고 믿는다. 이러한 토대 위에 서 있는 코치의 책임은 다음과 같다.

- 고객이 달성하고자 하는 목표를 발견하고, 명확히 하고, 그에 맞춰 조정하도록 하기
- 고객의 자기 발견을 장려하기
- 고객이 스스로 해결책과 전략을 생성하도록 유도하기
- 고객이 원하는 결과와 변화에 대해 책임감과 의무를 갖도록 지원하기

이러한 프로세스는 고객이 일과 삶에 대한 관점을 획기적으로 개선하는 동시에 리더십 기술을 향상하고 잠재력을 발휘하도록 돕는다.

운영 체제로서의 라이프 코칭

라이프 코칭은 훈련된 코치가 사람들이 과거를 극복하는 것이 아니라 미래를 설계하도록 돕는 강력한 인간관계이다. 라이프 코칭은 개인과 직장, 가족 등의 시스템 모두의 강점을 동원하고 잠재력을 개발하는 변화의 과정이다. 이러한 관계는 일반적으로 장기적이며, 코치는 고객이 삶의 모든 측면에 대한 비전과 목표를 세우며, 또한 이러한 목표를 달성하는 데 도움이 되는 다양한 전략을 세울 수 있도록 지원한다. 코치는 지원, 책임감, 무조건적인 긍정적 존중이 제공될 때 고객이 뛰어난 능력과 스스로 해결책을 발견할 수 있는 개인의 힘을 가지고 있다는 것을 인정한다(Williams & Davis, 2007). 제1부에서는 '코치로서 경청하기(Listening as a Coach)'에 대한 심층적인 논의와 코칭에 특화된 언어에 대한 논의, 그리고 다양한 발달 단계에 있는 고객에 대한 코치의 이해를 뒷받침하는 인간 발달 이론에 대해 설명하고자 한다. 이 섹션에서는 대부분의 코칭 상황과 접근 방식에 적용되는 일반적인 원칙을 제시한다. 코칭에 익숙하다면 기본 원칙을 다시 접하게 될 것이다. 또한 코칭에 대한 사고와 실천 방식을 풍부하게 해 줄 새로운 것을 발견할 수 있기를 바란다. 인간 발달 이론은 코칭의 맥락을 알려 줌으로써 상당한 도움이 되는 것으로 입증되었으며 코치 교육에서 그 가치가 점점 더 커지고 있다.

제1장

코치로서 경청하기

LISTENING AS A COACH

프란츠 카프카(Franz Kafka)는 세심한 주의를 기울이는 것의 가치를 잘 알고 있었다. 경청(listening)은 놀라울 정도로 간단한 기술이지만 그 힘을 간과하는 경우가 많다. 코치로서의 경청은 일상적인 경청과는 매우 다르다. 아무리 잘한다고 해도 일반적인 대화 경청에는 코치가 대화에 의도적으로 집중하는 것이 부족하다. 코치는 고객이 '원하는 것'이 무엇인지 경청하는 것 외에 의제는 없지만 도움을 주고자 하는 의도가 포함된 매우 다른 수준의 주의력을 가지고 경청한다. 현대 상담의 아버지라고 불리는 칼 로저스가 증명했듯이, 무조건적인 긍정적 존중과 함께 적극적인 경청은 엄청난 긍정적 변화를 가져온다. 고객에게 온전히 집중하고 인내심을 가지고 경청하는 코치의 능력은 고객에 대한 근본적인 수용을 이끌어 낸다. 이러한 경청과 수용의 질적 수준은 고객이 세션에서 자신의 취약성을 자연스럽게 드러낼 수 있도록 한다. 고객은 코치로부터 받는 경청 경험을 거의 경험하지 못했다. 이것이 코칭이 치료가 아님에도 불구하고 코칭이 치료처럼 느껴지는 이유를 설명해 주기도 한다. 코치들은 종종 이를 고객이 강력한 경청의 영향을 경험할 수 있는 성스럽고 영감을 주는 공간(space)을 만드는 것이라고 말한다. 이 공간은 고객의 개인적인 것을 펼칠 수 있도록 지원한다. 코치가 인내심을 갖고 집중하여 경청하거나 영감을 주는 공간을 조성하는 능력이 떨어지면, 고객의 신뢰는 약화된다. 코치가 현존하지 못하거나 인내심을 가지고 집중하지 못하여 경청하는 능력이 떨어지게 되면 다음과 같은 형태가 나타난다.

- 고객의 말을 끊거나 고객이 문장을 마치자마자 말하기 시작하여 고객이 자신의 말을 듣고 자신이 한 말의 영향을 느낄 수 있는 공간을 허용하지 않음
- 고객이 문장의 마지막 몇 단어를 끝내는 동안 말을 시작함—고객이 계속하여 자세히 설명할 수 있는 선택권을 허용하지 않음

- 피상적으로 참석함, 고객의 목소리 톤이나 보디랭귀지가 제공하는 신호를 놓치는 경우, 대면 세션 중에 눈을 마주치지 않거나 낙서를 하는 경우
- 멀티태스킹을 함, 전화 코칭 중 고객이 이야기를 소리로만 듣는 경우
- 코치의 내면의 생각이나 감정에서 비롯된 행동으로 고객의 진술과 무관한 무작위적이거나 안절부절못하는 움직임

순간에 현존하는 법을 배우는 것은 코치가 모델이 되고 강조해야 할 중요한 부분이다. 코칭이 가져다주는 선물 중 하나는 세션 중에 온전히 집중하는 법을 배우는 것이다. 다양한 분야의 도움 전문가들이 경청 기술을 업무의 필수 요소로 활용하고 있다. 남을 돕는 직업에 종사하는 사람들은 단순하게 고객의 말을 경청하고 집중하는 것이 얼마나 가치 있는 일인지 알고 있다.

> 당신은 방에서 나갈 필요가 없다. 테이블에 앉아서 기다리라. 들을 필요도 없이 기다리기만 하면 된다. 당신은 기다릴 필요도 없다. 그저 조용하고 고요하고 고독해지는 법을 배우라. 세상은 당신에게 가면을 벗을 수 있도록 기꺼이 자신을 내어줄 것이다. 선택의 여지가 없다. 그것은 당신의 발밑에서 황홀경으로 굴러갈 것이다.
>
> —프란츠 카프카

하지만 코치는 코칭의 목표를 지원하는 코칭 관계의 목표를 뒷받침하고 이러한 목표를 달성할 수 있는 기회를 극대화한다. 코치와의 관계가 핵심이다. 마이클 알로스키 박사가 그의 저서 『마스터 건강 및 웰니스 코칭(Masterful Health and Wellness Coaching)』(2021)에서 강조했듯이, "코칭의 경험은 관계 및 사람 대 사람 연결의 힘에 대해 가르쳐 주며, 코칭과 심리 치료의 증거에 따르면 이것이 성공을 결정하는 중요한 요소라는 것을 보여 준다."(p. 115) 수천 건의 연구 결과에 따르면, 코치 또는 치료사의 기술이나 스킬셋에 관계없이 결정적인 것은 관계라는 사실이 밝혀졌다. 경청은 모든 인간관계의 근간이 되는 것처럼 코칭의 초석이다.

광범위한 교육, 훈련 및 경험을 갖춘 모든 전문가와 마찬가지로, 우리는 경청하는 습관을 개발한다. 대부분의 도움 전문가는 본능적으로 고객의 감정에 귀를 기울이고, 마찬가지로 본능적으로 고객을 성찰하고 조사하며 치료적 변화를 위해 함께 노력한다. 코치도 고객의 감정에 귀를 기울인다. 더군다나 코치는 고객의 삶의 다른 영역까지도 똑같이 주의를 기울인다.

코치로서 경청의 세 가지 유형

코치는 경청의 세 가지 주요 형태인 무엇에 대한 경청인가, 무엇을 듣기 위한 경청인가, 무엇으로 하는 경청인가(Whitworth et al., 1998, pp. 9, 257)를 사용한다. (이 내용은 최신판『Co-active Coaching』에서 업데이트되었지만 1998년 판에 언급된 원래 설명이 여전히 마음에 든다.)

[무엇에 대한 경청인가](Listening To, 1단계 경청)

첫 번째 유형의 경청은 무엇에 대한 경청으로 많은 사람이 적극적 경청(active listening)이라고 하는 것이다. 상대방이 말하는 것과 말하지 않는 것에 귀를 기울이는 것이다. 말의 내용과 그 말 너머에 있는 것, 즉 이야기 뒤에 숨겨진 이야기에 귀를 기울이는 것이다. 이는 우리 대부분이 학생, 학부모, 파트너로서 쉽게 배울 수 있는 경청의 종류이다.

적극적 경청의 기본 기술에는 들은 내용을 언제, 어떻게 미러링할지 아는 것이 포함된다. 미러링(mirroring)할 때 코치는 고객이 말한 내용을 다시 반복하여 고객이 충분히 들었다고 느낄 수 있도록 한다. 능숙한 미러링은 고객이 자신의 말을 스스로 들을 수 있도록 한다. 하지만 뛰어난 코치는 기본적인 미러링을 넘어선다. 미러링을 처음 접하는 사람들은 때때로 고객의 주의를 끌 수 있는 미묘한 해석을 제공하기보다는 자신이 들은 내용을 앵무새처럼 되풀이하는 실수를 저지르기도 한다. 초보 코치는 때때로 너무 자주 미러링하여 고객의 흐름을 방해하기도 한다. 또한 코치는 고객의 신체 움직임, 제스처, 호흡 패턴, 목소리 톤, 말의 속도, 멈춤, 시선 움직임을 관찰하면서 경청한다. 코치는 말과 비언어적 행동의 일치에 주의를 기울임으로써 고객이 미처 의식하지 못했던 경험의 차원을 감지하기 시작할 수 있다.

[무엇을 듣기 위한 경청인가](Listening For, 2단계 경청)

두 번째 유형의 경청은 무엇을 듣기 위한 경청이다. 로라 휘트워스(Laura Whitworth)가 이를 잘 설명하고 있다. "코치는 고객의 말과 태도에서 고객의 비전, 가치, 헌신,

목적에 귀를 기울인다."(Whitworth et al., 1998, p. 257) 경청한다는 것은 무언가를 찾기 위해 듣는 것이다. 코치는 고객과 함께 만들어진 관계 동맹(alliance)에서 비롯된 목적과 초점을 가지고 의식을 하면서 경청한다. 이 동맹에는 고객의 목표와 욕구가 포함되며, 많은 코치는 이를 '고객의 어젠다'라고 한다. 코치는 코치의 어젠다가 아닌 고객의 어젠다를 경청한다. 우리는 이것을 '큰 인생에 대한 경청'이라고 부르기도 한다. 예를 들어, 특정 고객의 어젠다에 일과 삶의 균형 개선이 포함되어 있다고 가정해 보자. 코치는 단순히 균형을 유지하는 것 이상의 가능성을 확장하여 고객이 상상할 수 있는 가장 진정성 있고 설계된 삶을 만들기 위해 귀를 기울인다. 코치는 시간을 재조정하고 자신을 위한 시간에 집중하는 것과 같은 명백한 개선 사항 너머의 더 큰 그림, 더 풍부한 가능성에 귀를 기울인다. 고객은 어떤 삶을 만들어야 균형이 당연한 것이 될 수 있을까? 코치는 "고객의 전개를 지원할 수 있는 확장된 용기를 제공할 수 있는 제시된 목표를 담을 수 있는 것은 무엇인가?"라고 질문하듯 경청한다. 경청에는 고객이 영적 가능성과 의미, 고객을 자신보다 더 큰 무언가와 연결하는 목적을 어떻게 지향하는지 등 고객 자신이 서 있는 가장 큰 맥락에 귀를 기울이는 것도 포함될 수 있다. 그러나 유용하지 않은 경청의 한 종류는 '해결책(solution)'을 찾는 경청이다. 코치로서 우리는 문제 해결자가 아니며, 전문가도 아니다. 코칭, 상담, 컨설팅과 같은 직업에 종사하는 사람들은 종종 다른 사람들에게 가장 좋은 것이 무엇인지 알아야 하거나 알아야 한다는 인상을 받는다. 차이를 만들고자 하는 그들의 충동은 자신의 가치를 강요하려는 성향과 혼동될 수 있다. 초보 코치뿐만 아니라 자신의 개발과 내면의 삶에 많은 관심을 기울이지 않은 코치라도 특히 자신의 가치를 고객에게 덧씌우는 경향이 있다. 이러한 성향이 코치와 고객의 관계를 어떻게 왜곡하거나 탈선시킬 수 있는지 직접 경험한 노련한 코치는 고객에게 무엇이 최선인지 알고 있다는 확신을 버려야 할 필요성에 대해 더 명확하게 인식한다. 코치는 자신의 프로세스를 관찰하는 법을 배우고 전문가가 되어 해답을 알고 있다는 것을 버려야 한다. 코칭은 문제, 병리, 과거, 고통, 장애물 등을 듣는 것이 아니라 가능성, 목표, 꿈, 열망에 귀를 기울이는 것이다. 코칭은 고객이 가진 강점과 도구를 발견하고 활용하고 확장하는 것이지, 문제를 뿌리 뽑고 해결하는 것이 아니다(이는 고객의 역량을 약화시킬 뿐만 아니라 코칭 관계에서 적절한 초점도 아니다). 해결책을 찾기 위해 경청하는 것은 사실 코칭 프로세스의 장애물이다: 고객을 문제로, 원하는 결과를 해결책으로 바꾸어 버리기 때문이다. 인위적인 의제를 겹쳐서 코칭 프로세스를 왜곡하게 한다. 그러한 의제는 다음과 같다.

- 코치가 열정을 가지고 무언가를 조언하거나 가르치려 하는 것: 코칭에는 때때로 순간의 짧은 가르침의 순간이 있지만, 이러한 것은 매우 드물게 사용해야 한다. 특정 분야에 전문성을 가진 코치는 이 분야의 기회에 대하여 경청하지 않으려고 하는 것을 경계해야 한다. 어떤 코치는 영양과 관련하여 열정을 가지고 있었으며 코칭 대화에 자신의 영양 관련 지식을 적절하지 않은 곳에 사용하려는 경향이 있었다. 일반적으로 코치는 고객이 무언가를 배워야 할 때 고객을 리소스로 안내하는 것이 좋다. 신입 코치는 영양에 대해 더 자세히 알아야 하는 고객에게 특정 텍스트나 웹사이트를 쉽게 추천했을 수는 있다. 그는 코칭을 가르치는 것으로 대체하여 고객에게 서비스를 제공하지 않은 것이다.
- (종종 너무 빨리) 답을 찾는 것: 코치는 답을 강요하지 않아야 한다. 신입 코치는 현재 상황에서 벗어나 길을 찾으려는 고객의 절박함에서 벗어나기 어려울 수 있다.
- 코치가 성공했다고 느끼도록 하는 것(고객의 요구가 아니라 코치의 욕구를 충족시키는 것): 이것은 명백한 실수이다. 이 경우 코치는 고객의 요구가 아니라 자신의 내부 대화 또는 자신의 필요에 귀를 기울이고 있는 것이다.

고객과 함께 사용하는 은유(metaphor)는 마치 로스앤젤레스에서 뉴욕까지 비행기를 타는 것과 자동차 운전하는 것의 차이점을 고려하는 것이라고 할 수 있다. 자동차 운전은 모험, 예상치 못한 인사이트, 새로운 만남을 가능하게 한다. 비행기를 타는 것은 더 예측 가능하고 효율적이다. 그러나 고객을 목표까지 바로 '비행(flying)'하게 되면 중요한 단계를 건너뛰고 고객의 삶에 성장이 뿌리내릴 가능성이 줄어들게 된다. 업무 영역에서 코칭할 때 경청하는 것은 고객 업무의 근본적인 결과의 특별한 상호의존성에 주의를 기울이는 것도 포함된다. 마이클 오브라이언(Michael O'Brien; 2002. 4. 10. 개인적 교신)은 이를 '업무 삼각형'이라고 한다([그림 1-1]).

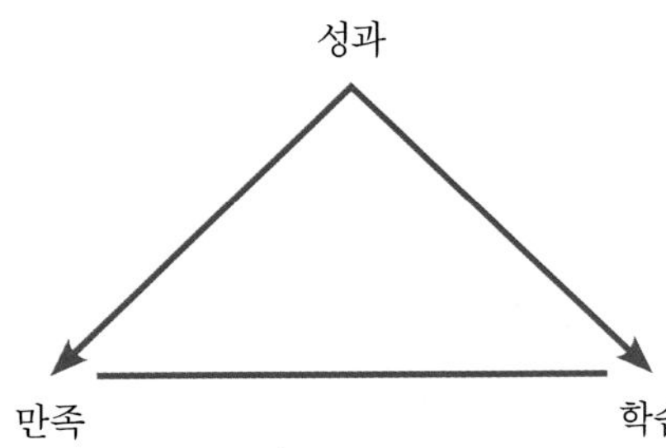

[그림 1-1] 업무 삼각형

업무에 관한 대부분의 대화는 성과에 초점을 맞춘다. 고객은 이러한 습관을 코칭에 가져올 수 있다. 코치는 고객의 업무에 대한 만족도와 학습이 어떻게 성장하는지 경청하는데, 이는 성과를 유지하는 데 매우 중요하기 때문이다. 개인이 학습하지 않으면 시간이 지남에 따라 성과가 저하될 것이다. 고객의 주된 업무 경험이 지루함이나 스트레스라면 학습과 성과 모두 저하될 것이다.

[무엇으로 하는 경청인가](Listening with, 3단계 경청)

코치는 세 번째 유형의 경청인 온몸으로 경청을 한다. 함께 경청하는 방법에는 여러 가지가 있다. 우리가 찾은 가장 좋은 방법은 온몸으로 경청하는 것이다. 여기에는 마음으로 경청하기, 직관으로 경청하기, 몸으로 경청하기가 포함된다. 마음으로 경청함으로써 코치는 고객과 공명하고 어떤 감정이 떠오르는지 알아차릴 수 있다. 심장 기반 의식의 개념은 1991년 심장에 '전뇌' 또는 '내재적 심장 신경계'가 있다는 사실을 발견한 J. 앤드류 아머(J. Andrew Armour)의 연구와 같은 현대 신경과학 연구를 통해 더욱 잘 이해되고 있다(Armour, 2007). 이 '심장 뇌'는 뇌의 뉴런과 유사한 약 40,000개의 뉴런으로 구성되어 있으며, 이는 심장에 자체 신경계가 있고 심장이 뇌에 보내는 신호가 그 반대의 경우보다 많다는 것을 의미한다.

직관으로 경청하는 경우에 코치는 내면에서 직관적인 연결로 떠오르는 이미지, 은유, 내면의 단어나 문구에 주의를 기울인다. 몸으로 경청하는 코치는 고객의 존재에서 듣거나 느끼는 것에 대해 몸의 어느 부위가 반응하는지 알아챈다. 일상적인 예로 사람들이 '직감'이 있다고 말할 때 발생한다. 이는 논리적 설명이 부족한 상황에 대한 신체적 반응이다. 하지만 코치의 '직감' 또는 '직관적 타격'이 정확한지 확인해야 한다. 종종 신체적 또는 직관적 반응은 코치와 고객 모두에게 새로운 이해로 이어진다. 코치는 고객에게 "방금 당신이 양면성을 가지고 있다는 느낌이 들었는데 그게 맞는지 확인해 보고 싶다. 새로운 비즈니스를 시작하고 싶다고 이야기하지만, 그 이야기를 할 때 에너지나 흥분된 기운이 느껴지지 않거나 설득력이 없는 것 같다."라고 말할 수 있다. 직관을 공유하면 코칭 대화에 변화가 생길 수 있다. 유능한 코치는 고객의 말, 의미, 어조에 귀를 기울이고 공감한다. 그들은 고객이 자신에게 불러일으키는 것을 의식적으로 경청한다. 마음속 깊은 곳에서부터 경청하고 떠오르는 이미지, 감정, 감각에 주의를 기울인다. 이는 코치와 고객 모두에게 통찰력의 원천이 된다. 코치는 "나도(me too)."라고 하는 경청을 하지 않도록 주의해야 한다. 한 사람이 생각이나 느낌을 공유하면 다른 사람이 "어머, 나도 그랬어요!"라고 대답하는 이런 종류의 경청을 우리는 매일 본다. 이러한 경청은 고객의 경험에서 초점을 멀어지게 한다. 그러나 코칭 관계의 독특한 특징은 코치가 자기 공개를 적절히 사용한다는 것이다. 유능한 코치는 고객의 학습을 향상시키는 자기 공개와 방해가 되는 자기 공개를 구분한다. 자기 공개는 고객과의 관계를 강화하거나 학습 포인트 역할을 하는 두 가지 목적 중 하나에 부합해야 한다.

예를 들어, 한 코치가 고객에게 자신도 정규직을 그만두고 창업을 시작하는 것에 대해 불안감을 느낀다고 말할 수 있다. 코치는 사업을 시작한 다른 고객들을 코칭하면서 이러한 불안이 얼마나 정상적인 현상인지 알게 되었다. 이러한 공개를 통해 고객은 자신의 불안감을 객관적으로 바라볼 수 있게 된다. 코치가 된 상담사에게 자기 공개를 배우는 것은 어려울 수 있다. 대부분의 상담사는 내담자의 치유를 방해하고 관계를 전문적인 역할에서 벗어나게 하기 때문에 내담자에게 자기 공개를 하지 말라고 배웠기 때문이다. 코치는 정서적으로 연약하지 않은 고객과 함께 일하기 때문에 가끔 자기 자신을 공개하면 고객이 코치를 완전한 인간으로 여기기 때문에 관계가 더욱 깊어진다. 또한 자기 공개는 다른 사람을 이끄는 사람들에게 특히 중요한 두 가지 역량인 진정성과 투명성을 고객에게 보여 주는 것이다. 진정성과 투명성은 자신의 삶을 책임지고 창조하고자 하는 고객에게도 중요하다. 로버트 테리 박사(Dr. Robert Terry)는 진정성 있는 리더십과 진정성 있는 삶 사이의 연관성을 다음과 같이 설명하고 있다. "진정성(authenticity)은 어디에나 존재하며, 우리 자신에 대해 진실하고 세상에 대해 진실하며, 현실적으로 우리 자신에게 진실하고 세상에 대해 진실하도록 요구한다. 진정성을 인정할 때 우리는 우리의 연약함, 실수, 보호받아야 할 비밀, 우리 자신과 사회의 두려운 부분, 존재의 그림자 속에 숨어 있는 부분을 인정하게 된다."(Terry, 1993, p. 139)

코칭의 가장 큰 장점은 파트너십 관계이기 때문에 고객과 직관을 자유롭게 공유할 수 있다는 것이다. 우리가 듣는 것을 얼마나 자유롭게 공유하느냐가 상담사로서 하는 경청과 코치로서 하는 경청의 핵심적인 차이점 중 하나이다. 코치는 심리학자들이 전이와 역전이를 이해하는 것에 주의를 기울여야 한다. 간단히 말해서 전이(transference)는 사람이 무의식적으로 다른 상황에서의 경험과 감정을 현재 상황으로 가져오는 것을 의미한다. 고객은 코치가 자신의 인생 문제를 해결해 줄 것이라는 무의식적인 기대를 코칭에 가져와서 코치가 고객을 '구출'하거나 '고쳐야' 한다는 자연스러운 경향을 유발할 수 있다. 전이는 코치 자신의 삶에서 일어난 일을 바탕으로 대화가 무의식적인 반응을 불러일으킬 때 발생할 수도 있다. 예를 들어, 코치는 고객이 다른 아이를 갖고 싶거나 카리브해 섬에 살고 싶다는 이야기를 들을 수 있다. 이러한 이야기는 코치 자신의 갈망을 불러일으킬 수 있으며, 코치의 내적 반응이 코칭 대화로 옮겨질 수 있다. 이는 강력한 경청을 방해할 가능성이 높다. 코칭 관계는 친밀감이라는 특성을 가지고 있기 때문에 코치가 자신의 '물건'이 새어 나가는 것을 반성하는 것이 중요하다. 효과적이고 강력한 코칭이 되려면 코치는 무엇이 자신을 자극하거나 사로잡을 수 있는지 인식하고 그런 일이 발생하면 그것을 놓아주어야 한다.

유용한 경청 템플릿

지도가 여행자가 길을 찾는 데 도움이 되는 것처럼, 경청 템플릿은 코치가 주의를 기울일 수 있는 구조를 제공함으로써 경청할 내용에 주의를 기울일 수 있도록 도와준다. 템플릿은 코치가 코칭 대화의 시작점으로 삼을 수 있는 틈새를 파악하는 데 도움이 된다.

'빅 파이브'를 위한 경청

코치가 사용할 수 있는 강력한 도구 중 하나는 스포츠 심리학 연구에서 도출한 코칭 템플릿인 '빅 파이브(Big Five)' 경청 방법을 배우는 것이다.[1] 초기 코칭 세션에서는 고객의 목표를 이해하고 고객이 가장 원하는 것을 만들 수 있도록 변화해야 할 사항을 발견하는 데 중점을 둔다. 고객이 목표를 명확하게 표현한 후에는 고객의 강점과 잠재적인 장애물이 무엇인지 경청하기 시작할 때이다. 잠재적 장애물을 발견하면 코치와 고객 모두 목표를 달성하기 위해 고객이 무엇을 해야 하는지, 또는 무엇이 되어야 하는지 파악하는 데 도움이 된다. 빅 파이브는 코치가 고객의 레퍼토리에 현재 무엇이 있고 무엇이 추가되어야 하는지 파악하는 데 도움이 되는 일반적인 경청 템플릿

1) 팻 박사는 스포츠 심리학을 공부하고 테니스, 골프, 야구 코치를 하면서, 그리고 1970년대 후반 무술의 대가이자 '생활의 달인'이었던 조지 레오나드(George Leonard)에게 수련을 받으면서 이러한 개념의 많은 부분을 배웠다. 팻 박사는 이러한 개념을 자신의 삶과 업무에 접목하는 방법을 배웠다.

을 제공한다. 빅 파이브는 고객이 필요로 하는 특정 분야로 코치를 안내하는 경우가 많다. 이어서 의도와 주의, 마인드셋, 기술과 능력, 습관과 행동, 에너지 등 코칭에 중요한 빅 파이브에 대해 설명하고자 한다.

의도와 주의

고객의 초점은 고객의 주의(attention)를 끄는 삶과 업무의 요소이다. 이상적인 초점은 적절하고, 꾸준하며, 유연하고, 유지될 수 있고, 고객의 웰빙을 증진하는 목표와 관련이 있는 것이다. 고객은 초점이 모호하거나 의도가 불분명한 상태로 코칭을 받으러 올 수 있다. 고객은 뭔가 다른 것을 하고 싶다는 생각으로 코칭을 받으러 오기도 한다. 현재 상황에 만족하지 못하지만 무엇이 달라져야 하는지, 무엇을 만들고 싶은지 명확하지 않다. 이것이 일반적인 코칭 대화이다. 코칭은 고객이 무엇을 놓치고 있는지, 무엇을 원하는지 파악하고, 고객이 원하는 삶의 모습에 대한 비전을 함께 고민하고, 연상시키는 질문을 통해 명확성과 선택권을 얻도록 돕는다. 강력한 질문, 저널링 연습, 성찰을 통해 고객은 보다 명확하게 초점을 맞추고 원하는 것을 향해 나아갈 수 있게 된다. 우리가 고객과 함께 사용하는 비유는 요트에서 항로를 정하는 것과 같이 초점을 명확히 하는 것과 같다. 고객들은 목표에 도달하고 싶다는 것을 알고 있고, 그 방법에 대해 많은 옵션을 갖고 있다. 하지만 어떤 섬을 방문하고 싶은지 알기 전에는 항해를 시작할 수 없다. 코칭은 고객이 목적지를 결정하는 데 도움을 준다. 코치는 고객이 목적지에 도착할 수 있는 다양한 경로를 탐색할 수 있도록 도와준다. 경로를 아는 것이 도움이 된다. 성공적인 항해자는 바람의 변화나 폭풍우와 같은 다양한 상황에도 적응한다. 코치는 고객이 목표가 실현 가능한지, 즉 현재 고객에게 적절하고 달성 가능한 목표인지 평가할 수 있도록 도와준다. 우리 코치진 중 한 명은 셋째 아이를 임신한 지 3개월이 지난 상태에서 소매점을 열고 싶어 하는 고객과 함께 일한 적이 있었다. 코치였다면 이런 상황에서는 고려하지 않았을 일이었지만, 코칭 대화를 통해 고객은 '할 수 있다'는 확신을 갖게 되었고, 사업을 시작하고 성장하는 가족을 지원할 수 있는 전략을 세우는 데 도움이 되었다. 고객이 비즈니스 확장이라는 목표를 가지고 있고 이것이 코칭을 받는 이유라면 "의도가 분명한가?" "초점이 분명한가?" "그는 그 의도에 어떻게 집중하고 있는가?"라고 스스로에게 물어볼 것이다. 초점이 모호해 보인다면 코칭의 시작점이 될 수 있다. 예를 들어, 확장에 대해 이야기하지만 확장을 어떻게 측정할지 명확하지 않을 수 있다. 고객 수는 어느 정도일까? 최종 수익은? 새로운 시장은? 새로운 제품은? 그가 명확하지 않다면 코치는 그가 확장의 초점, 즉 '확장'이 그에게 실제로 무엇을 의미하는지 명확히 알 수 있도록 도와야 한다. 너무 일반적으로 초점을 맞추면 목표를 달성할 수 없다. 물론 눈앞에 있는 것을 놓칠 위험을 무릅쓰고 지나치게 집중하거나 세심한 주의를 기울일 수도 있다. 지나친 집중은 고객이 옵션을 발견하는 데 방해가 된다. 동기 부여가 높은 것은 터널 시야와 같은 지나친 집중과는 다르다. 고객은 업무 성과에만 지나치게 집중하여 삶의 다른 측면을 무시할 수 있다. 코치는 고객의 삶에 더 넓은 관점을 조명하여 고객을 지원한다. 비즈니스를 확장하고자 하는 고객은 강박적일 정도로 그 목표에 지나치게 집중할 수 있다. 따라서 일과 삶의 균형, 주변 사람들의 필요, 사업 확장 과정에서 건강과 신체적 안녕을 유지하는 방법에 대한 코칭 대화로 이어질 수 있다. 라이프 코칭은 순수한 비즈니스 코칭과는 달리 코칭을 받으러 오는 모든 고객에 대해 전인적인 관점(a whole person perspective)을 취한다.

마인드셋

코치는 고객을 관찰하고 경청함으로써 고객의 마인드셋을 고려한다. 고객이 자신의 경험을 어떻게 해석하는가? 오로지 문제만 보며 부정적으로 해석하는가? 혹은 긍정적으로, 가능성을 보고 있는가? 고객의 마인드셋이 도움이 되는지, 아니면 제한적인가? 코칭 대화는 고객이 제한적인 믿음에서 벗어나 강력한 가능성과 할 수 있다는 태도로 전환하는 데 도움이 될 수 있다. 마인드셋과 태도는 고객이 자신, 다른 사람, 사건, 세상을 바라보는 특징적인 또는 현재의 정신적·정서적 입장이다. 마인드셋과 태도는 종종 고객의 동기 부여 패턴의 원천이 되거나 중요한 영향을 미칠 수 있다. 예를 들어, 고객이 자주 두려움에 사로잡힌다면 고객이 설정한 목표를 향해 앞으로 나아가기 어렵다. 핵심 요소는 고객이 자신의 마인드셋(마음가짐)과 태도를 인식하고 있는지 여부이다. 마인드셋과 태도가 상황에 적합한가? 마인드셋이 고객의 목표를 달성하는 데 도움이 되는가, 방해가 되는가? 마인드셋에는 고객이 자신과 세상을 바라보는 특징적인 방식이 포함된다. 코치가 경청하는 동안 고객은 시간이 지남에 따라 마인드셋을 드러내게 된다:

- 고객이 사람과 관계에 특징적으로 접근하는 방식
- 고객이 사람들과의 관계, 사건 및 상황에서 성공과 자신을 정의하는 방식

- 고객이 자신을 행위자, 참여자 또는 피해자로 보는 경향이 있는지 여부
- 고객이 사건과 경험에 대한 결론을 도출하는 방식
- 고객이 자신의 창조력과 영향력에 대해 생각하는 방식
- 고객이 사람, 상황, 경험 및 결과의 중요성과 가치를 평가하는 방식

고객이 사업 확장에 관심이 있는 경우, 코치는 고객이 기회에 대해 긍정적인 태도를 가지고 있는지 살펴볼 것이다. 고객은 사업 확장을 원하지만 그 과정을 비관적으로 묘사하고 있는가? "좋은 아이디어는 있지만 저는 사업가가 아닙니다. 어떻게 해야 할지 모르겠어요. 적합한 사람을 고용할 여력이 없어요."라고 말하는가? 이 경우 코치는 마인드셋을 개선하는 것이 중요하다는 것을 알 수 있게 된다. 이 고객은 할 수 없는 일, 자신을 제한하는 일, 감당할 수 없는 일에 집중하는 등 자신을 제한하는 신념을 가지고 있는 것 같다. 이러한 마인드셋이 습관화되어 있다면, 그는 결국 자신의 노력을 적절하게 지시하지 않음으로써 의도치 않게 목표를 방해할 수 있다. 이와 관련하여 제15장에서는 마인드셋을 알아차리고 마인드셋과 관련하여 작업하는 방법에 대해 광범위하게 살펴볼 것이다. 기업 고객의 경우, 마인드셋이 빠르게 나타나게 되는데, 고객이 다른 사람과의 갈등을 설명할 때 마인드셋이 빠르게 나타난다. 고객은 종종 갈등 상황이 발생하게 되면 자신의 외부에 초점을 맞추는데, 이는 다른 사람과 상황을 탓하고 자신의 역할에 대해 알아차리지 못하거나 자신의 책임이라고 여기지 않는 것으로 나타난다. 코치의 역할은 고객이 자신의 역할을 어느 정도 인식하고 주장하는지, 그리고 변화를 위한 행동에 대한 책임을 기꺼이 받아들이려는 의지가 있는지 경청하고 알아차리는 것이다.

기술과 능력

고객의 목표를 고려할 때, 핵심 질문은 고객이 성공에 필요한 기술과 능력을 갖추고 있는지 여부이다. 기술은 배우고 가르칠 수 있으며 연습을 통해 습득할 수 있는 경향이 있다. 반면에 능력은 개발할 수 있지만 일반적으로 교육을 통해 구축할 수 있는 것은 아니다. 예를 들어, 고객이 서두르지 않고 모호한 상황을 견딜 수 있는 능력이 역량에 해당할 수 있다. 고객이 인내심을 가지고 참을 수 있는 것과 참을 수 없는 것, 또는 조급함을 가지고 참을 수 없는 것을 발견함으로써 역량을 찾을 수 있다. 예를 들어, 고객은 갈등이 발생했을 때 갈등 상황에서 침착함을 유지할 능력이 없어서 후퇴

하거나 도망치지 않기 위해서 계속 참여할 수 있는 역량을 개발해야 한다. 코치는 제6장 뒷부분에서 코칭의 현장과 같이 실제 연습을 할당하는 것에 대해 설명하는 것처럼 고객이 자신의 역량을 개발하도록 도울 수 있다. 첫째, 코치와 고객은 고객의 목표를 지원하는 기술과 역량을 파악한다. 이러한 것은 고객이 활용할 수 있는 자원이다. 코칭은 고객이 필요한 기술을 배울지, 위임할지, 아니면 누군가를 고용할지 결정하는 데 도움이 된다. 예를 들어, 새로운 비즈니스를 시작하는 고객은 회계 관련 부기, 마케팅, 직원 관리, 웹사이트 개발 등 비즈니스를 운영하기 위한 기본적인 기술이 필요하다. 고객이 이러한 모든 작업을 직접 처리할 필요는 없지만, 누가 도움을 주거나 누가 이러한 서비스를 제공할 수 있는 사람인지 파악해야 한다. 핵심 질문은 다음과 같다: 현재 할 수 있거나 습득할 수 있는 것과 필요한 것 사이에 어떤 격차가 있는가? 이러한 격차를 메울 수 있는 가장 효과적인 방법은 무엇인가? 이러한 평가는 또한 고객이 설정한 목표가 달성하고자 하는 시간 내에 실현 가능한지 여부를 판단하는 데 도움이 될 수 있다. 기술과 능력을 평가하는 것은 때때로 빅 파이브의 다른 영역뿐만 아니라 목표를 검토하기 위한 진입점이 되기도 한다. 비즈니스를 확장하려는 고객의 경우 시간 관리, 네트워킹(또는 네트워킹 부족), 마케팅, 사후 관리, 프로젝트 관리와 같은 기술과 역량이 부족할 수 있다. 고객이 제시간에 일을 완료하는가? 고객이 다른 사람의 요청을 너무 많이 받아들여 거절하고 싶을 때 예스라고 말하고 있는가? 고객이 비즈니스를 관리하고 확장하는 데 필요한 수준의 세부 사항을 만족스럽게 처리할 수 있는가? 이러한 것 중 현재 역량이 아닌 것이 있다면, 고객은 이를 개발하거나 다른 사람에게 위임해야 한다. 많은 비즈니스 소유자는 비즈니스를 확장하기 위해 더 많은 지원 직원을 고용하거나 개인적인 책임을 아웃소싱해야 한다는 사실을 알게 된다.

습관과 행동

습관과 행동은 고객이 생각하거나 계획하지 않아도 자동으로 하는 행동이다. 여기에는 신체적 · 정서적 · 정신적 · 영적 영역의 습관, 관행, 패턴이 포함될 수 있다. 핵심 질문은 다음과 같다: “고객의 습관, 관행, 패턴이 목표를 달성하는 데 도움이 되는가? 어떤 식으로든 변화가 필요한가? 이러한 것들이 학습되지 않거나, 알아차리거나 혹은 새로운 습관으로 발전시킬 수 있는가?” 주의할 것은 이러한 질문이 고객을 판단하라는 것은 아니다. 습관을 나쁘거나 좋은 것으로 분류하지 말라. 그저 고객이 목표를 효과적으로 달성하는 데 도움이 되는지, 즉 유용한 습관인지 알아보라. 일반적인 예로는 시간 관리가 있는데, 특히 고객이 재택근무로 전환하는 경우 많은 사람이 낭만적인 개념으로 생각하는 시간 관리가 있다. 좋은 소식은 재택근무를 한다는 것이다. 나쁜 소식도 재택근무를 한다는 것이다. 가족과 반려동물의 방해, 밖에 나가 놀고 싶은 유혹 속에서 업무 시간과 놀이 시간을 어떻게 구성하느냐에 따라 습관으로서의 시간 관리가 중요해진다. 적절한 경계를 설정할 수 있는가? 코치는 고객이 자신의 시간 관리 습관을 살펴보고 이러한 습관이 목표를 달성하기에 충분한지 판단할 수 있도록 도와준다.

고객은 모든 일을 스스로 해야 한다고 생각할 수 있다. 위임하는 것을 꺼리다가 관리 업무에 압도당할 수도 있다. 비즈니스를 시작하려면 새로운 패턴을 개발해야 한다. 비즈니스를 지원할 수 있는 사람을 찾아야 하며, 그렇지 않으면 비즈니스를 성공적으로 시작하지 못할 위험이 있을 수 있다. 이러한 경우 고객이 설정하는 일반적인 목표는 비즈니스 내에서 일하는 것(직접 서비스를 제공하는 것)에서 점차 비즈니스에 대한 일(주도하는 것, 전략 수립 등)로 전환하는 것이다. 이 단계에서 고객이 습관적으로 과대 약속을 하거나 약속을 제대로 이행하지 않는지 평가할 수 있다. 비즈니스를 확장하려는 고객은 현재 및 이전 고객에게 정기적으로 연락하는 습관을 가져야 할 필요가 있으며, 이는 비즈니스 전략으로 받아들여지는데, 이를 최우선 인식(Top of Mind Awareness: TOMA)이라고도 한다. 고객의 마음속에 비즈니스를 최우선 순위로 유지하면 재구매나 새로운 제품 또는 서비스 구매 의향으로 이어지는 경우가 많다. 최우선 인식(TOMA)은 또한 고객의 추천을 만들어 주기도 한다. 고객에게 이러한 습관이 부족하다면 코치는 고객의 기술과 역량을 재검토해야 한다. 예를 들어, 고객이 최우선 인식(TOMA)을 새로운 비즈니스 관행으로 정착시키기 위해서는 무엇을 배워야 할지 검토해야 한다. 기업 환경에서는 상사가 저녁 시간 내내 직원에게 연락하고 직원이 응답하기를 기대할 수 있다. 직원이 '전화 대기 중(on call)'이라는 것에 합의가 없는 한, 고객과 상사는 사기가 저하된 직원을 경험하기 시작할 것이다. 이런 경우, 코치는 근무 시간 외 전화의 원인을 조사할 수 있다. 고객과 상사가 계획하지 않아서 야근이 발생하는지, 이 고객이 가정과 직장 생활을 구분하고 있는지, 고객과 상사가 상황을 위기로 취급하고 반응 패턴을 시작하여 자신이 경험하는 모든 위기가 직원들에게 위기가 되게 하는지 조사할 수 있다.

에너지

에너지 요소는 필요에 따라 적절한 양의 신체적 · 정서적 · 정신적 · 영적 에너지를 끌어낼 수 있는 고객의 능력이다. 에너지는 고객의 건강, 동기 부여, 헌신, 세상에서의 존재 방식에 대한 관문 역할을 한다. 에너지는 앞의 네 가지 요인에 의해 공급되거나 차단될 수 있다. 훌륭한 코치는 고객이 스스로 동기를 부여하고 에너지를 생성하는 방법과 고객의 신체적 건강이 에너지에 영향을 미치는지 여부를 정기적으로 파악한다. 예를 들어, 노화, 폐경, 질병, 육아 또는 간병은 에너지에 영향을 미칠 수 있다. 전화로 대화할 때도 코치는 고객의 에너지를 감지할 수 있다. 코치는 고객이 목표에 대해 표현하는 열정을 통하여 고객의 에너지를 감지하는 것이 중요하다. 고객이 목표에 대해 열정이 있는가? 코칭 대화가 끝난 후 코치에게 전달한 고객의 에너지가 사라지지는 않는가? 고객이 에너지 수준을 유지할 수 있는가? 반면에 코칭의 시작점이 될 수 있는 경우는 고객의 목표가 타당하지만 삶에서 에너지를 소모하는 요소가 너무 많아서 움직일 수 없는 경우이다. 고객은 간단하게 말해서 필요한 에너지가 없다. 그들의 의도는 훌륭하고 비즈니스 성장의 전망은 확고하지만 코치들은 그들이 진전을 이루기 위해서는 지속적으로 더 많은 에너지를 사용할 수 있어야 한다는 것을 알아차린다. 이 책의 뒷부분에서는 코치가 고객의 에너지를 보다 직접적으로 활용하고, 에너지를 가져오는 데 장애가 될 수 있는 마음가짐과 몸가짐을 가지고 일하는 방법에 대해 설명하고자 한다.

경청이 아닌 것

- **코칭은 문제, 병리, 과거, 고통, 심리적 장애물을 듣는 것이 아니다.** 대신 가능성, 목표, 꿈, 열망에 대하여 귀를 기울이는 것이다. 코칭은 고객이 가진 강점과 도구를 발견하고 활용하고 확장하는 것이지, 문제를 뿌리 뽑고 해결하는 것이 아니다 (이는 고객의 역량을 약화시킬 뿐만 아니라 코칭 관계에서 적절한 초점도 아니다).
- **코칭은 해결책을 듣기 위한 것이 아니다.** 이는 고객을 문제로 취급함으로써 고객의 인간성을 약화시킨다. 우리는 가능성과 해결책을 구분하고 코치가 처음부터 가능성을 경청하도록 장려한다. 코치는 해결책을 도출할 때 고객의 창의성에 대해 열린 자세를 유지해야 한다. 해결책을 찾기 위해 경청하는 것은 인위적인 의

제를 덧씌워 프로세스를 왜곡하기 때문에 코칭의 걸림돌이 된다. 그 의제는 답을 찾는 것일 수 있다(종종 너무 빨리 찾기도 함). 코치는 이를 강요해서는 안 되며 결론을 내야 한다는 고객의 조급함에 매몰되어서는 안 된다. 또는 코치가 성공했다고 느낄 필요가 있을 수도 있다. 그러나 이는 고객의 욕구가 아니라 코치의 욕구를 충족시키는 것이다.

- **코칭은 조언이나 훈련이 아니다.** 때때로 코치는 고객이 기술이나 역량을 쌓을 수 있도록 돕기 위해 고객에게 무언가를 간단히 가르쳐야 할 필요가 있다. 예를 들어, 코치는 코칭 세션에서 15분 정도 스트레스를 받는 고객에게 호흡 수 세기 명상을 하는 방법을 알려 줄 수 있다. 코치는 고객에게 가르치는 것에 대한 허락을 구하고 해당 작업에 이름을 붙이기도 한다. 마샤 레이놀즈(Marcia Reynolds)는 『문제가 아닌 사람을 코칭하라(Coach the Person, not the Problem)』에서 다음과 같이 말하고 있다(2020): "문제 대신 사람을 코칭하는 것은 해결 중심 코칭과 차별화하기 위해 알아차림 기반 코칭(awareness-based coaching)이라고 할 수 있다. 코칭의 초점은 의견과 행동의 이면에 있는 신념과 불협화음과 혼란을 야기하는 두려움과 상충되는 가치를 파악하는 데 있다. 당신은 단순히 활동을 바꾸려고 하는 것이 아니라 정체성 수준에서 변화가 이루어지기를 원한다."

결론

경청이 훌륭한 코칭의 토대가 되기 때문에 경청에 초점을 맞춰 이 책을 시작한다. 동료 중 한 명인 데이브 엘리스(Dave Ellis)는 코치가 시간의 80%를 단순히 고객의 말을 경청하고 비지시적인 방식으로 작업하는 데 소비해야 한다고 말한다. 관찰자가 보기에 코치는 다음과 같은 일을 하고 있는 것이다(Ellis, 2006, pp. 54-56):

- **충분히 경청한 다음 고객을 긍정한다.** 여기에는 고객에게 영감을 주는 것과 같은 것을 고객에게 피드백하여 고객이 자신의 말을 듣고 긍정적으로 느끼도록 도와준다. 코치는 고객의 목표를 인정하고 고객이 자신의 말을 듣고 있다고 느끼도록 도와준다.
- **고객의 말을 충분히 경청한 다음 고객의 욕구를 피드백한다.** 코치는 고객의 주의를

명확히 하고 집중시키는 방식으로 고객이 원하는 것을 피드백한다. 이를 통해 고객은 고객이 지속적으로 설명할 수 있는 내용에서 코치가 만들어 낸 '핵심 포인트'를 알아차릴 수 있도록 한다.

- 충분히 경청한 다음 고객에게 새로운 가능성을 창출하도록 요청한다. 여기에는 다음과 같은 질문이 포함될 수 있다. "이 목표를 향해 첫걸음을 내딛는 데 도움이 될 만한 것이 무엇이라고 생각하는가?"와 같은 질문이 포함될 수 있다.

코칭 관계의 후반부에 코치는 고객에게 가능성을 제시하거나 제한적으로 기술을 가르칠 수 있다. 하지만 관계 초기에는 코치가 고객의 말을 경청하고 고객이 원하는 것, 믿는 것, 가능한 것을 발견하도록 돕는 데 집중해야 한다. 코치의 경청은 고객이 고객 자신의 말에 귀를 기울이는 데 도움이 된다. 경청자로서 코치의 반응은 고객의 욕구를 명확히 하는 것이다.

제2장

코칭의 언어

The LANGUAGE OF COACHING

기본 코칭 모델

이 라이프 코칭 프로그램은 매슬로, 로저스 등 인본주의 심리학의 여러 이론과 최근의 긍정 심리학 연구 및 강점 기반 접근법, 융, 아들러, 아사지올리의 초기 이론을 혼합하여 만들어졌다. 또한 언어 행동 이론가(speech-act theorists)인 존 설과 페르난도 플로레스가 주장한 것처럼 '대화가 행동을 만들어 낸다'고 믿는다. 내러티브 치료에서 설명하는 것처럼 코칭을 통해 고객은 오래된 이야기를 다시 쓰고 자신의 삶과 가능성에 대한 새로운 이야기를 창조한다.

코치는 고객과 함께 일할 때 코칭의 세 가지 측면, 즉 고객과의 관계, 코칭의 전반적인 프로세스(코칭 목표, 코칭 프레임워크, 코칭을 통한 기대) 및 코칭 대화를 동시에 주의를 기울인다.

이 장에서는 코칭 대화를 시작, 중간, 끝이 있는 특정 유형의 대화에 대한 템플릿으로 코칭 대화를 여기고자 한다. 한 코칭 세션 내에서 여러 주기의 코칭 대화가 이루어질 수 있다. 또는 대화의 깊이에 따라 코칭 세션이 대화의 첫 부분에만 집중할 수도 있다. 하지만 코칭의 대화의 각 단계나 각 국면은 각 세션마다 반복된다. 코칭 대화가 일반적으로 좋은 대화라고 하는 대화와 다른 점은 시작, 중간, 끝이 있어 고객이 통찰력이나 행동을 향해 움직인다는 것이다. 코칭은 고객이 어떤 종류의 헌신과 행동에 참여하도록 유도한다.

코칭은 무엇보다도 대화이다. 코칭 관계는 코치가 고객의 비전, 목표, 욕구, 욕망에 대해 대화를 나눌 때 시작된다. 모든 좋은 대화와 마찬가지로 코칭도 경청하고, 대화의 속도를 조절하며, 고객과 진정으로 대화에 참여해야 한다. 이것이 우리가 성스러운 공간 또는 영감을 주는 공간(sacred or inspiring space)이라고 부르는 것을 만들어

> 나는 우리가 서로에게 다시 귀를 기울이기 시작하면 세상을 바꿀 수 있다고 믿는다.
> 그것은 단순하고 정직하며 인간적인 대화이다.
> -마거릿 J. 휘틀리(Margaret J. Wheatley), 『서로에게 의지하기(Turning to One Another)』

낸다. 대화에 관한 데이비드 봄(David Bohm)의 연구(1996)는 코치가 고객을 대할 때 따라야 할 좋은 모델을 제시하고 있다.

코칭 대화가 특별한 이유는 고객이 코치에게 고객 자신의 도전과 지원을 하도록 하기 때문이다. 코칭 대화에서 코치와 고객 간의 대화는 고객의 욕구와 의도를 향한 성장, 학습, 행동을 촉진하기 위해 설계되었다. 코칭 대화는 코치가 고객의 속도와 스타일을 직관적으로 따라가면서 그 순간에 펼쳐지는 내용을 추가하고 정교화하면서 고객과 함께 춤을 추듯이 하는 창의적인 대화이다. 코칭 대화는 대화가 이루어질 수 있도록 합의가 있다. 만약에 이러한 합의가 없다면 좋은 대화를 나눌 수는 있지만 코칭을 통해 촉진할 수 있는 종류의 변화로 이어지지는 않을 것이다. 이러한 아이디어를 뒷받침하고 코치와 고객 간의 창의적인 대화 과정을 조명하는 신경학 분야의 최신 연구는 『사람들의 변화 지원(Helping People Change)』(Boyatzis et al., 2019)에서 확인할 수 있다. 무어(Moore)와 동료들(2006)도 이 현상을 연구하여 이 과정에 대한 훌륭한 설명을 하고 있다.

코칭 대화의 마법은 고객의 일상적인 삶에서 일어나지 않는다는 것이다. 우리의 친구이자 동료인 데이브 엘리스가 강의할 때 말했듯이, 코칭은 고객이 생각하지 못했던 것을 생각하게 하고, 말하지 못했던 것을 말하게 하고, 꿈꾸지 않았던 것을 꿈꾸게 하고, 창조하지 못했던 것을 창조할 수도 하는 기회를 제공한다. 모든 코칭 대화가 똑같을 수는 없지만, 대화에는 몇 번이고 반복하는 기본적인 흐름이 있다. 이 흐름은 코칭 세션의 기본 틀이다. 이 장에서는 코칭 대화의 구성 요소인 시작, 중간, 끝부분에 대해 설명하고자 한다. 많은 사람과 좋은 대화를 나눌 수 있지만, 의도적으로 고객의 어젠다를 향하고 여기에 설명된 모든 구성 요소를 갖추지 않으면 코칭 대화가 아니다.

코칭 대화는 전인적인 접근 방식(whole-person approach)을 취하기 때문에 고객에게 영향을 미친다. 팀 갈웨이(Tim Gallwey)는 고객의 내면세계를 이너(일반적인 용어로 사용) 게임(inner game)이라는 은유를 사용하여 획기적인 방법을 통해 이를 명확히 설명하고 있다. 그는 고객이 변화를 성공적으로 이루기 위해 필요한 세 가지 중요한 대화에 대해 설명하고 있다. 각 대화는 고객의 내면과 외면의 세계에 주목하고 있다. 팀 갈웨이는 코칭에는 세 가지 수준의 대화가 포함된다고 한다. 즉, "자각을 위한 대화(현재 현실을 가장 명확하게 파악하기), 선택을 위한 대화(원하는 미래 결과를 가장 명확하게 파악하기), 신뢰를 위한 대화(고객이 현재 현실에서 원하는 미래로 나아가기 위해 내부 및 외부 자원에 대한 접근성을 높이는 대화)"(2000, pp. 188-189)이다.

고객의 자각을 높이는 것이 중요한 이유는 고객이 자각을 하게 되면 고객의 옵션이 나오기 때문이다. 고객은 무엇이 진실이고 어떤 자원을 이용할 수 있는지 등 현실을 자각해야 한다. 고객이 삶에 이끌려 가는 것이 아니라 삶에 창의적으로 대응할 수 있다는 것을 인식할 때 선택의 폭이 넓어진다. 인간으로서 우리의 일반적인 자세는 반응적이며 아주 특별하게 도전에 대응한다. 아주 작은 두려움이나 불안일지라도, 이러한 것이 발생하면 인간의 뇌와 신경계는 투쟁하거나, 도피하거나, 동결하는 것으로 반응한다. 코칭을 통해 자각능력이 향상되면 고객은 자신의 반응을 관리할 수 있는 방법을 배울 수 있는 선택권을 포함하여 항상 자신에게 선택권이 있다는 것을 알 수 있게 된다. 자각능력이 높아지면 선택의 여지가 더 분명해져 반응하기보다는 삶에 대응할 수 있게 된다. 볼테르의 책 말미에 캔디드(Candide)가 말한 것처럼, "우리는 우리의 정원을 가꾸어야 한다."라고 해야 한다.

고객의 자각이 확장되어 선택의 폭이 넓어짐에 따라, 고객은 자신과 코칭 프로세스를 신뢰하게 되고, 안전지대를 벗어날 수 있는 큰 지원으로 신뢰하는 법을 배우게 된다. 고객은 변화를 원하기 때문에 코칭을 받으러 온다. 대부분의 사람에게 변화를 가로막는 것은 자기 의심, 두려움, 산만함 또는 집착이다. 코칭은 사람들이 원하는 것에 집중할 수 있도록 돕고, 자신의 창조 능력에 대한 자각과 선택, 신뢰를 높여 준다. 올림픽 운동선수나 각 분야에서 정상에 오른 사람들만 봐도 알 수 있다. 그들 대부분은 코치와 협력하여 자신의 능력을 최대한 끌어낸다고 말한다. 기술 개발과 개인 트레이닝을 위해 코치를 활용하는 유명 운동선수들의 사례는 무수히 많다.

코칭 대화의 흐름에 대한 다음 설명을 보면 고객의 자각, 선택, 자신에 대한 신뢰가 모두 코치의 의도적인 개입에 의해 이루어지고 있음을 알 수 있다.

코칭 대화의 흐름

고객은 일반적으로 자신의 삶에서 무언가를 성취하거나 향상시키고 싶어서 코치를 고용한다. 원하는 결과는 일반적으로 다음의 세 가지 영역으로 나뉜다.

- **성과 목표**: 예를 들어, 비즈니스 운영 소유자로서 실적 개선, 어수선함 제거, 잠재 고객에게 다가가기 위한 일상적인 목표 달성 등이 있다. 이러한 목표는 일반적으로 비즈니스의 대차 대조표를 검토하거나 비즈니스 프로세스를 측정하거나 영업 연락처를 추적하는 등 객관적으로 측정할 수 있다.
- **배움 목표**: 예를 들어, 대중 연설 능력 향상, 인내심 있는 부모 되기, 명상하는 방법 배우기 및 꾸준히 명상하는 방법 배우기 등이 있다. 이러한 목표의 측정 기준은 외부적이거나 내부적일 수 있다. 대중 연설에 대한 외부 측정은 관찰자의 피드백에서 얻을 수 있다. 부모는 매일 자녀와의 상호작용에 관한 일지를 작성하여 인내심을 스스로 평가하고 배우자와 자녀의 피드백을 구하는 등 외부 및 내부 측정 기준을 모두 사용할 수 있다.
- **성취감 목표**: 일과 삶의 균형, 배우자와의 만족스러운 관계, 머리뿐만 아니라 가슴으로 일할 수 있는 능력 등은 기업 리더의 공통적인 문제이다. 이러한 목표가 달성되었는지의 여부는 고객의 성취감에 달려 있다. 고객은 매일 또는 매주 자신이 느끼는 성취감을 추적할 수 있다. 고객은 자신이 더 성취감을 느끼는지 주관적으로 판단할 수 있다. 또한 고객은 직장에서의 시간, 가족과 함께한 시간, 여가 시간 등 스스로를 위한 측정 기준을 만들어 스스로에게 외부 학습의 원천을 제공할 수 있다. 성취감 목표는 또한 고객이 삶의 목적과 조화를 이루도록 할 수 있다. 이것이 제3부의 핵심 초점이기도 하다.

코칭의 실제 상황에서는 코치가 종종 이 세 가지 영역 모두에서 고객과 함께하기도 한다. 예를 들어, 고객은 원래 고객당 매출 수로 측정되는 소규모 비즈니스 결과(성과 목표)를 개선하기를 원한다. 이러한 성과를 달성하기 위해 무엇이 필요한지 파악하는 과정에서 고객은 더 많은 잠재 고객에게 연락할 수 있어야 한다는 사실을 알게 된다. 그러기 위해서는 더 나은 네트워커가 되어야 한다는 것을 깨닫게 된다(배움 목표). 예를 들어, 더 많은 네트워킹을 하면서 고객이 집에서 아이들과 보내는 시간이 줄어들고 있다는 사실을 알게 된다. 고객은 배려와 사랑이 넘치는 부모가 되기를 간절히 원하기 때문에 자녀와 서로 즐거움을 나눌 수 있는 질적인 시간을 보내겠다는 새로운 목표를 세우게 된다(성취감 목표).

고객은 자신의 목표와 욕구를 가져온다. 또한 이러한 목표와 욕구에 대해 스스로(그리고 다른 사람들에게) 이야기하는 스토리, 즉 목표의 달성 가능 여부, 목표 달성을 위해 무엇이 필요한지 등에 대한 이야기도 가져온다.

해결 중심 치료 분야의 저명한 연사이자 작가인 빌 오핸론의 말을 빌리자면, 모든 인간은 "이야기 나라에서 길을 잃었다."고 할 수 있다.

> 우리 각자는 삶에서 일어나는 일에 대해 자신만의 관점을 가지고 있다. 우리는 이러한 설명을 이야기(stories)라고 부르는데, 이는 우리의 관점이 있는 사실은 진실(the truth)이 아니라는 것을 강조하기 위한 것이다. 사실과 스토리는 다르다. 사실은 우리 모두가 동의할 수 있는 것, 우리의 감각으로 확인할 수 있는 것이다. 스토리에는 의견, 해석, 이론 및 설명이 포함된다. 사실은 '무엇'에 관한 것이고 스토리는 '왜'에 관한 것이다. 우리 대부분은 자신, 다른 사람, 인간관계에 대해 믿는 이야기에 사로잡혀 있으면서도, 이러한 이야기가 우리 자신이 만들어 낸 이야기라는 사실을 잊고 있다. 우리는 우리의 이야기가 진실을 담고 있다고 확신한다(O'Hanlon & Hudson, 1995, p. 19).

고객과 코칭 대화를 할 때 다음과 같은 자각을 가져야 한다. 고객이 원하는 것을 얻도록 돕기 위해 목표, 고객 자신, 그리고 가능한 것에 대한 고객의 이야기를 가지고 코칭하게 될 것이다. 고객은 자신의 이야기가 진실이 아니라는 것을 인식할 수도 있고 그렇지 않을 수도 있다. 코치로서 당신은 고객이 자신의 이야기가 현실이라는 생각에 얼마나 단단히 묶여 있는지 알아내야 한다. 고객이 이야기를 진실과 혼동하는 경우가 많을수록, 고객이 변화하기는 더 어려워진다. 때로는 코칭의 첫 번째 작업은 고객이 스토리를 어떻게 만들고 계속 만들어 왔는지 되돌아보고 다시 쓸 수 있도록 돕는 것이다. 코칭 대화에 대한 설명을 읽으면서 다음에 나오는 코칭 세션의 대화 녹취록을 참조한다. 이러한 대화의 구조를 설명할 때는 코치가 대화의 구조를 구성할 책임이 있으므로 코치의 관점에서 설명하게 된다. 코칭 모델의 5단계는 다음과 같다.

상황과 욕구 확인하기

1단계: 질문하기, "오늘 함께할 시간에서 무엇을 원하는가?"

코칭 세션은 보통 1~2분 정도의 간단한 이야기와 확인해야 할 사항 점검으로 시작된다. 코칭 대화의 흐름은 코치가 고객의 현재 욕구에 대해 질문을 하면서 시작된다. 코치는 "무엇을 원하는가?"로 시작하는 개방형 질문을 통해 고객이 원하는 것을 명확하게 표현하고 그 욕구의 의미를 명확히 하도록 한다. 이후 질문에서는 좀 더 구체적인 내용을 조사한다. 이러한 초기 질문은 특정 상황(예: "휴가를 통해 무엇을 원하는가?")에 관한 것이거나 고객의 인생 전체(예: "어떤 유산을 남기고 싶은가?")에 관한 것일 수도 있다.

어떤 경우든 강력한 질문은 고객이 원하는 것을 더 명확하게 파악하도록 유도한다. 왜냐하면 질문이 없으면 고객은 계속해서 똑같이 생각하고 행동하고 살아갈 것이기 때문이다.

코치의 질문은 고객과 코치 모두에게 발견과 자각의 과정을 시작하게 한다. 코치는 고객의 통찰력을 불러일으키기 위해 고안된 질문을 통해 고객이 바라는 것의 깊이, 고객이 원하는 것에 대한 비전, 상황의 미묘함, 바라는 것이 고객에게 왜 중요한지를 묻게 된다. 강력한 질문은 라이프 코칭의 특징(hallmark)이며 이 장의 뒷부분에서 자세히 설명하고자 한다.

코칭 대화의 흐름에 들어가기

2단계: 경청하고 명확히 하기

제1장에서 설명한 것처럼, 다른 훌륭한 대화 전문가와 마찬가지로 코치도 고객의 말에 매우 세심한 주의를 기울인다. 데이브 엘리스가 워크숍에서 자주 말하듯이, 온전히 경청한다는 것은 부드러움, 양보, 개방성, 기꺼이 받아들이는 자세를 의미한다. 주의를 기울이면 세상이 더 넓어진다. 코치의 경청과 성찰 능력은 고객의 세계가 더 넓고, 더 생생하고, 더 활기차게 보이도록 도와준다.

코치는 경청하고 명확하게 설명하면서 고객의 관점을 제시하고 고객의 진술을 반영하거나 이를 바탕으로 가능성을 창출함으로써 고객이 보는 것을 재구성할 수 있다.

코치는 때때로 차이를 코칭한다고 말한다. 이는 코치가 고객이 원하는 것과 바라는 것을 파악하고 현재 존재하는 것과 비교하도록 돕는다는 것을 의미한다. 이러한 간격 차이는 둘 사이의 차이이다. 일단 격차가 확인되면 코치는 고객이 그 격차를 좁힐 방법을 찾도록 도울 수 있다.

경청하고 명확하게 설명할 때, 코치는 질문을 통해 무엇이 있는지, 무엇을 원하는지, 존재하는 격차를 발견한다. 처음에는 고객이 명확하게 말할 수 있도록 돕는 것이 목적이지만, 코치는 고객이 말하는 내용을 완전히 이해하고 있는지 살펴본다. 이는 고객과의 대화를 통해 이루어진다. 코치는 고객의 이해를 확인하기 위해 요약하고 질문을 한다: "제가 충분히 이해하고 있나요? 내가 모든 것을 이해한 것 같나요? 내가 명확하게 듣고 있나요? 더 필요한 것이 있나요? 제가 놓친 것이 있나요?" 이 단계의 중요한 포인트는 코치가 고객의 말에 대한 자신의 인식을 소유하거나 집착하지 않는 것이다. 유능한 코치는 항상 고객의 의견을 확인하고 기꺼이 틀릴 수 있다고 여긴다. 좋은 코칭은 고객이 명확성을 갖도록 돕는 것이지, 고객의 의도와는 다른 방식으로 고객의 의도에 색을 입혀 대화를 혼탁하게 하지는 않는다. 이러한 수준의 명확성을 확보하는 것이 중요한 이유는 일단 명확해지면 대화가 앞으로 나아갈 수 있기 때문이다. "좋아요, 우리 둘 다 고객이 원하는 것이 무엇인지 명확하게 알았어요. 이제 어떻게 할 수 있을까요?" 코칭은 고객이 원하는 것을 얻을 수 있는 새로운 전략을 만드는 데 집중할 수 있다.

솔직한 피드백 및 관찰하기

3단계: 들은 대로 그대로 말하기

코치가 명확하게 이해하고 고객에게 반영한 후에는 자신이 본 것을 공유하여 관점을 추가할 수 있다. 코치의 관점은 고객이 목표와 동기에 대해 이야기하는 스토리에 강력한 조명을 비추기 때문에 이 지점이 가장 강력하고 변화를 위한 가장 높은 지렛대가 될 수 있다. 코치는 진실 전달자로서 고객이 처한 상황의 진실을 있는 그대로 공유한다. 코치는 고객의 관점에서 바라본 격차, 기회, 강점, 가능성 등을 명확하고 존중하며 고객이 그 순간 코치가 가장 잘 이해할 수 있는 방식으로 전달함으로써 고객의 상황을 명확하게 파악할 수 있게 해 준다. 이는 결코 진실이 아니며 코치의 관점일 뿐이다. 이는 코치의 상황 관찰을 통해 제공되는 것일 뿐이다. 유능한 코치는 고객이 모르는 것을 자신이 안다고 생각하지 않으며, 변화의 힘은 여러 관점에서 상황을 볼 수 있을 때 나온다는 것을 존중한다.

코치는 정중하고 따뜻하며 매력적인 방식으로 진실에 대한 인식을 공유함으로써 말한다. 코치의 언어는 고객의 관심을 끌고 흥미를 유발하여 고객의 주의를 사로잡아야 한다. 코치는 가능성과 장애물에 대한 직관을 공유한다. 코치는 고객뿐만 아니라 자신에 대한 진실을 공유한다. 우리의 코칭 고객이 그렇게 연약한 존재가 아니기 때문에 진실에 관한 정보를 숨길 필요는 없다.

행복의 한 가지 의미는 삶에서 있는 그대로의 모습에 맞춰 사는 것이다. 코치가 있는 그대로의 모습을 공유할 때, 코치는 그것이 있는 그대로의 모습의 한 가지 버전, 즉 자신의 버전일 뿐임을 겸손하게 인식한다. 코치가 있는 그대로를 공유하면 고객은 상황을 바라보는 또 다른 관점을 얻게 된다. 이상적으로, 이것은 통찰력, 즉 고객의 뇌에 새로운 신경 연결이 만들어질 때 발생하는 현상을 만들어 낸다. 누군가가 그렇게 인식하면 변화가 시작될 수 있다. 하지만 모든 새로운 연결고리가 그렇듯, 이 통찰력도 더 깊은 대화나 통찰에 따른 행동이 뒷받침되지 않으면 깨지기 쉽다. 우리는 한밤중에 좋은 아이디어가 떠오르는 현상과 마찬가지로 이러한 연결고리가 얼마나 취약한지 잘 알고 있다. 적어 두지 않으면 아침이 되면 사라져 버린다.

이 시점에서 코치들은 종종 상황에 대한 평가, 즉 코치들이 생각하는 상황을 공유한다. 예를 들어, 코치가 "제 생각에는 지금 매일 헬스클럽에서 운동하는 것은 '하고 싶은 것'이라기보다는 '해야 하는 것'에 가깝다고 생각합니다."라고 말할 수 있다. 이 평가는 코치의 관점에서 무엇이 그 격차를 유지하고 있는지에 대한 제안일 수 있다. 코치가 제공하는 은유일 수도 있다.

코치는 고객이 상황을 더 완전히 파악하여 상황과 고객 전반에 대한 새로운 통찰력을 불러일으킬 수 있도록 도와준다. 이상적으로는 이러한 인사이트를 통해 상황을 정체시키는 요인도 밝혀낼 수 있다.

초점이 맞추어진 경청으로 돌아가기

4단계: 더 많이 듣기

코치가 현실을 인정했다면 이제 다시 경청해야 할 때이다. 코치는 고객이 자신의 말에 온전히 귀 기울일 수 있는 능력을 키우기 위해 좀 더 명확한 질문을 던질 수 있다. 숙련된 코치는 고객이 무엇을 그렇게 할 수 있는지 살펴보고, 그것을 가지고 놀이하고, 탐색하고, 그 가능성을 발견할 수 있는 시간과 공간을 제공한다. 이 단계에서 코치는 양질의 작업을 통해 고객도 자신의 말에 귀를 기울이도록 유도한다. 고객에게 응답할 시간과 공간을 제공하면 자신의 말을 깊이 듣고 듣는 것을 존중하는 과정을 정당화하여 새로운 가능성을 창출할 수 있다.

통찰력은 고객이 상황을 새롭게 보기 시작할 때 나타난다. 고객은 무엇이 가능한지에 대해 스스로에게 하는 이야기를 재구성할 수 있다. 새로운 방식으로 상황을 바라보면 새로운 행동을 취할 수 있는 기회가 생길 수 있다. 여기에 포함할 수 있는 훌륭하고 유용한 기술은 의도적인 침묵이다. 고객의 의견이나 생각에 즉각적으로 응답해야 한다고 생각하지 말라. 고객에게 더 말을 해 달라고 요청하고 몇 초간 경청한 후 잠시 멈추라. 침묵은 코칭의 순간에 사용하면 매우 강력한 효과가 있다.

책임감 만들기

5단계: 목적에 맞는 행동 요청하기

코치가 요청할 수 있는 행동은 어떤 종류의 변화일지라도 반드시 성과 목표가 아니어도 된다. 코칭의 요청 행동은 행동의 변화, 존재 방식의 변화, 사고 패턴이나 마인드셋의 변화 등 앞으로 나아갈 수 있는 모멘텀을 만드는 모든 변화가 될 수 있다. 이 단계에서 코치는 고객이 하고 싶었지만 시도할 엄두가 나지 않았던 일을 하도록 도전하도록 한다. 코치는 새로운 방식을 요구하게 되는데, 이는 이전 방식으로는 고객이 원하는 것을 만들어 내는 데 도움이 되지 않기 때문이다. 행동에 대한 요청은 다음과 같다: "지금 무엇을 할 수 있을까요? 첫 번째 단계로 무엇을 하겠습니까?"

이때 코치는 고객 자신이 파악한 행동에 전념하고 있는지 평가해야 한다. 다시 말해, 고객이 그 행동에 대한 주인의식을 가지고 있는지 코치를 위해 하는 것이 아닌지 확인하는 것이 중요하다. 숙련된 코치는 목표와 행동이 원하는 결과와 일치하고 앞으로 주어지는 일생에서 가능한 것에 부합하는지 확인하기 위해 속도 조절을 인식하고 고객과 함께 확인한다. 고객의 의지와 결합된 적절한 행동은 고객의 어젠다를 더욱 구체화한다. 너무 크거나 너무 작은 행동은 고객의 동기를 떨어뜨릴 수 있다. 코치는 고객과 대화를 통해 고객이 그 행동에 대한 소유권을 갖고 있는지 확인해야 한다: 고객이 설레고 있는가? 목소리, 에너지, 말투를 통해 설렘과 헌신을 보여 주고 있는가? 제1장에서 설명한 빅 파이브는 이를 식별하는 데 유용한 방법이다.

분별력의 중요성을 과소평가하지 말아야 한다. 자신의 인생 경로와 일치하지만 너무 크거나 너무 이른 것처럼 보이는 큰 목표에 전념하겠다고 선언함으로써 기분이 들떠 있는 고객들을 경험해 본 적이 있다. 고객이 다짐을 선언하면 큰 비전이나 큰 바람을 갖는 데서 오는 아드레날린이 솟구치는 흥분으로 인해 원동력을 얻을 수 있다. 그들은 너무 빠르거나 너무 많은 것을 요구할 수 있는 것에 동의할 의도를 가지고 있을 수 있다. 이러한 상황은 코치가 고객이 과대 약속을 하거나 약속을 제대로 이행하지 않는 것을 알아차릴 수 있으며, 이는 다음 코칭 세션에서 검토될 수 있다. 이러한 경우 고객은 의도한 작업을 완료하지 못한 채 다음 코칭 세션에 다시 오게 된다. 코치는 고객이 스스로를 과도하게 확장했는지 확인하기 위해 의도한 행동을 방해하는 요인이 무엇인지 살펴보게 된다. 과도한 확장은 일회성 상황일 수도 있고 반복적일 수도 있다. 코치는 이러한 상황이 어떤 경우에 해당할 수 있는지에 주의를 기울인다. 고객은 적절한 속도로 평가하기 위해 스스로 점검하는 방법을 배워야 할 수도 있다. 이번 세션이나 다음 세션에서 코치는 고객이 시작할 수 있도록 도와준다. 코치는 고객에게 다음과 같이 물어볼 수 있다: "이 약속을 마무리하기 전에 지금 잠시 시간을 내어 스스로를 점검해 보세요. 달력을 꺼내서 다음 주가 어떻게 흘러가는지 살펴보세요. 약속한 일을 할 수 있는 공간, 시간, 에너지가 어디에 있습니까? 이 행동을 달력에 적을 수 있나요? 마지막으로, 이 행동을 완료한 자신의 모습을 상상하면서 자신의 몸을 점검해 보세요. 몸에 긴장되는 곳이 있나요? 그렇다면 이 다짐이 당신에게 주는 의미는 무엇인가요?"

좋은 경험 법칙은 고객에게 두 가지 방식으로 행동하도록 하는 것이다: ① 특정한 행동을 취하도록 요청하고, ② 다음 기간 동안 자신을 관찰하고, 현재 상태를 넘어 새로운 습관을 실천하는 과정에서 생각하고 느끼며 감각하는 것에 계속 주의를 기울이도록 요청하는 것이다. 흐름의 이 부분에서는 일반적으로 몇 가지 일이 일어난다:

- **옵션 파악하기**: 진실을 말하고, 스토리를 파악하고, 현재 상황과 원하는 상황 사이의 간극을 좁혔다면, 이제 그 간극을 좁히기 위해 고객이 할 수 있는 옵션을 파악할 차례이다. 어떤 선택은 분명할 수도 있고, 어떤 선택은 코치와 고객의 창의력을 발휘해야 할 수도 있다.
- **실행의지 검토하기**: 고객이 경로를 선택하기 때문에 행동에 대한 의지를 검토하는 것은 프로세스의 중요한 사항이다. 선택에 전념하기 위해 필요한 것이 무엇인지에 대한 대화가 필요하며, 선택이 왜 매력적이거나 매력적이지 않은지에 대한 대화도 필요할 수 있다. 때로는 고객의 실행의지 수준을 높이기 위해 선택 사항을 수정하기도 한다.
- **행동 식별하기**: 고객은 어떤 행동을 취하려고 할 때 끝까지 해내야 한다고 느낀다. 코칭 대화는 고객이 무엇을 할 것인지, 언제 할 것인지, 어떻게 할 것인지에 대한 구체적인 내용을 다루어야 한다. 어느 정도까지는 고객이 스스로 앞으로

나아가기 위해 취할 다음 단계를 파악하는 것이 코치의 역할이다. 이 단계를 모호하게 남겨두면 고객과 코치 모두 좌절감을 느끼게 된다. 고객이 행동을 취할 때, 특히 코치가 스스로 관찰하도록 요청하는 경우 고객은 이를 통해 배우게 된다. 이러한 것은 결국에 다른 가능성과 행동으로 이어지게 된다. 코치는 고객이 새로운 행동이 적절한지 확인하기 위해 내부 피드백을 수집할 수 있는 방법을 고려할 수 있다.

- 책임감 보장하기: 책임감은 코칭의 근간이다. 고객은 코치에게 책임을 지지만, 더 깊은 차원에서는 스스로에게 가장 큰 책임을 진다. 코치는 고객에게 서비스를 제공하고 책임을 요구한다. 고객의 다음 단계에 대해 무엇을, 언제, 어떻게 할 것인지 명확히 하기 전에는 세션을 마치지 말라. (때로는 고객에게 그 행동이 왜 중요한지 생각해 보도록 요청하는 것도 도움이 된다.)

마무리 단계

모든 코칭 세션에서 이 기본 5단계 코칭 프레임워크를 여러 번 반복할 수도 있고, 한 번의 기본 코칭 주기로 코칭 전체 세션을 진행할 수도 있다. 세션 내에서 이 모델을 사용하는 방법은 초점, 세션의 길이, 고객의 스타일과 속도, 그리고 고객과 함께 만든 동맹 관계에 따라 달라질 수 있다. 때로는 한 단계에 머무르거나 진행하기 전에 초기의 익숙한 단계로 되돌아갈 수도 있다. 일반적으로 세션은 어떤 종류의 움직임에 대한 요청 없이는 완료되지 않는다. 이것이 바로 코칭이 고객의 목표를 향한 모멘텀을 창출할 수 있는 독특한 이유이다.

코칭 세션의 녹취록

다음의 녹취록은 라이프 코치 교육 연구소(ILCT) 기초 수업 과정의 맥락에서 이루어진 코칭 대화에서 발췌한 것이다. 팻 박사가 코치였다.

코치: 지난주에는 인생에서 재미를 재발견하는 방법에 대해 대화를 나누고 싶다

고 하셨어요. 재미는 라이프 밸런스 휠(Life Balance Wheel)의 한 영역인 재미와 레크리에이션이며, 이를 통해 더 나은 삶을 살고 싶다고 하셨죠.

고객: 네.

코치: 그럼, 지금 고객님의 삶에서 재미와 레크리에이션과 관련하여 어떤 점이 달라지길 원하시나요?

고객: 글쎄요, 몇 년 전에 저는 심각한 무릎 수술을 받고 테니스를 그만둬야 했습니다. 그 이후로 테니스를 더 이상 할 수 없고 몸에 부상이 생기면서 20년 전에 운동하는 사람처럼 느껴지지 않아서 컴퓨터 작업을 선택하게 되었습니다. 저는 집에 머물면서 정리하는 것을 좋아하기 때문에 파트너와 함께 재미있는 일을 계획하기보다는 다른 활동을 선택할 것입니다. 그리고 우리는 둘 다 전문가이기 때문에 우리는 항상 다음과 같이 말합니다. "아, 당신이 해야 할 일이 있다면." 또는 "아, 코칭 수업을 위해 읽어야 할 책이 있다면."이라고 말합니다. 지금 제 삶에서 재미는 우선순위가 매우 낮은 것 같습니다.

코치: 맞아요. 그래도 예전에는 테니스가 중요한 부분이었죠. 왜냐하면 테니스가 고객님의 인생의 중요한 부분이었기 때문이죠?

고객: 네, 정말 좋았어요. 정말 즐거웠어요.

코치: 그럼, 인생의 다른 재미에 대해 이야기하기 전에 테니스 활동의 어떤 점이 좋았는지 이야기해 줄래요?

고객: 햇볕이 내리쬐는 야외에서 하는 운동인데, 요즘은 잘 하지 않아요. 그리고 가끔 낯선 사람들과 경기를 하거나 정기적으로 누군가를 만나고 새로운 사람들을 만나는 것도 좋았어요. 그리고 테니스는 신체 활동을 하게 되고 타인과 함께하는 스포츠로 할수록 더 잘하는 것이었습니다. 더 나아지고, 레슨을 받고, 서브 연습을 하고, 그런 종류의 것들을 더 잘하게 하는 것이었습니다.

코치: 지금 신체적 한계 때문에 테니스를 못 하시나요?

고객: 네. 신체적 한계로 테니스와 같은 스포츠 및 반복적인 스포츠를 하는 데 어려움이 있어요.

코치: 당신의 인생에서 여전히 육체적일 수 있지만 야외에서 새로운 사람들을 만나고 의미 있는 활동에 참여하는 것으로 어떤 것이 떠오르나요?

고객: 흠. 흥미로운 질문이네요.

코치: 다른 사람들에게서 '아, 저건 고려해야 할 사항이다.'라고 생각되는 점은 무엇인가요? 고객님이 생각하는 재미있을 것 같은 것들의 목록을 만들기 시작할 수 있습니다.

고객: 좋은 생각인 것 같아요. 저만 항상 생각해 내는 건데 사람들은 테니스나 골프 같은 스포츠를 가장 재미있다고 생각하는데, 저는 관심이 없거든요. 요트나 세일링 같은 것들도 제 관심 밖이죠. 그게 제 문제입니다. 재미를 재구성해야 할 것 같은데 어떻게 해야 할지 모르겠어요.

코치: 좋아요. 제가 당신과의 대화에서 찾은 것은 야외 활동을 하며 사람들을 만나는 것이 테니스이며, 여전히 이 둘을 가질 수 있습니다. 당신이 가질 수 없는 것은 테니스를 치는 것입니다. 당신이 그것을 가질 수 없는지 모르겠지만, 지금 당신의 믿음은 당신이 그것을 가질 수 없다는 것입니다.

고객: 아니요, 전 절대 테니스를 다시는 칠 수 없어요.

코치: 알았어요. 잠시 눈을 감고 상상해 보겠습니다. 제가 들은 바에 따르면 재미가 삶의 큰 요소가 다시 될 수 있는 방법을 찾는 것이 매우 중요할 것 같고, 예전처럼 바쁘다는 핑계로 야외에 나가서 무언가를 하는 데 시간을 빼앗기는 것이 아니라…….

고객: 맞아요.

코치: …… 그리고 우리가 알고 있는 물리적 한계가 있습니다.

고객: 맞아요.

코치: 그렇다면 실제로 아는 사람이나 공개적으로 볼 수 있는 사람, 예를 들어 유명인이나 당신이 아는 사람 중 신체적 한계를 가지고 있으면서도 인생을 즐겁게 사는 사람은 누구인가요? 생각나는 모델이 있나요?

고객: (웃음) 아니요.

코치: 그럼 훌륭한 연구 프로젝트가 되겠네요, 그렇죠?

고객: 네.

코치: 웃으시네요. 왜 웃으세요?

고객: 글쎄요, 재미있어서요. 재미있다고 말하는 사람을 잘 모르거든요. 수업 시간에 앤이 유치원 아이들과 그림 그리기나 낙서 같은 걸 하는 게 재미있다고 말하는 걸 들었는데, 그게 재미있나 봐요. 저는 그게 좋다고 생각했어요.

저도 그런 재미가 있었으면 좋겠다고 생각했어요.

코치: 네. 그리고 그것은 마치 정말로 …… 변화의 …… 재구성인 것처럼 들립니다. "정말 재미있었던 게 테니스였는데 이제는 테니스를 할 수 없게 되어서 너무 아쉽고 다른 재미를 느낄 수 있는 게 떠오르지 않아요."라고 말하는 것으로 들립니다.

고객: 그렇군요. 맞아요. 사람들을 만나면 재미있다고 생각하는 일이 무엇인지 물어볼 수 있을 것 같아요.

코치: 네, 그거 좋은 생각이네요. 정보 제공 인터뷰라고 부르는 재미있는 인터뷰를 해 보는 거죠.

고객: 네, 재미로 무엇을 하세요? 사람들에게 물어보죠.

코치: 어떤 것이 재미있다고 생각하시나요? 어떤 사람들은 재미있다고 생각하는 육체적 활동이 아닌 무수히 많은 활동이 있기 때문입니다. 정신적인 활동일 수도 있고, 커뮤니티 활동일 수도 있고, 지금 당신과 함께 창의적으로 생각해 보려고 합니다. 하지만 제 직감으로는 자세히 설명하지 않더라도 고객님의 신체적 한계가 어느 정도인지, 현재 상황이 어떤지 알아야 할 것 같습니다.

고객: 저는 발에 문제가 있고 발가락에도 문제가 있어서 무지외반증 수술을 받아야 했기 때문에 테니스를 계속할 때마다 또 다른 치료를 받아야 했습니다. 결국 쉽게 걸을 수 없게 되어서 테니스를 그만두게 되었습니다. 아직까지도 발바닥에 통증이 있습니다. 왜냐하면 발이 구조적으로 바뀌었기 때문입니다. 지금은 중족골 부위에 문제가 생겨서 통증이 있습니다. 그래서 보조기 등을 착용하고 있지만 걷는 것 자체가 즐겁지 않고 재미가 없어요.

코치: 그럼 걸어 다니시나요?

고객: 네, 걸을 수 있고 하이킹도 할 수 있지만 그건 재미가 없어요. 빨리 걷지도 못해요. 뛰거나 발을 딛고 점프할 수도 없어요.

코치: 조금 더 이야기하자면 언제부터 테니스를 시작하셨나요?

고객: 10대 때, 열두 살쯤에요.

코치: 그때부터 아주 열심히 하셨나요?

고객: 네. 그리고 수술을 받기 직전까지 일주일에 단식은 네 번, 복식은 두 번 정도 했어요. 거의 매일 경기를 했어요.

코치: 열두 살 이전에는 재미를 위해 무엇을 했나요?

고객: 자전거를 타고 야구를 했어요. 이리저리 뛰어다녔어요.

코치: 지금도 자전거 타기에 관심이 있으신가요?

고객: 아니요, 더 이상은 아니에요. 넘어졌거든요. (웃음) 저는 지금 높은 곳에서 살고 있는데, 정말 강하지 않으면 자전거 타기가 힘들어요. 그리고 제가 사는 곳은 평평한 곳이 하나도 없고, 사람들이 붐비는 바다로 내려가려면 정말 번거롭습니다. 그래서 스포츠가 없는 것 같아요. 그리고 제가 지금 느끼는 것 중 하나는 아마도 제가 좀 슬프다는 것 같아요.

코치: 네, 그런 것 같네요.

고객: 제가 평생 해 왔던 그런 스포츠를 더 이상 할 수 없다는 사실에 슬퍼요.

코치: 네, 그리고 스포츠가 즐거움이 같다면 그건 당신에게 큰 한계가 될 거예요.

고객: 그렇죠.

코치: 그리고 스포츠만이 재미의 전부는 아니죠. 지금은 그게 당신이 잃어버린 재미인 듯해요.

고객: 그렇죠.

코치: 미래로 넘어가 볼까요. 그냥 상상해 보죠. 제가 여기서 전화로 당신의 생각 공간으로 들어가려고 하는 이유는, 저는 정말로 믿고 싶어서가 아니라, 당신에게도 즐거운 삶을 살 수 있는 미지의 세계가 있다고 믿고 싶기 때문입니다. 왜냐하면 당신은 그럴 자격이 있을 뿐만 아니라, 우리가 아직 경험하지 못한 독특한 경험이 미래의 언젠가 당신에게 재미있을 것이라고 생각하기 때문입니다. 다음 주일 수도 있고 내년일 수도 있습니다. 즐거운 미래가 있다면 당신은 어떻게 달라질 것 같나요? 그런 미래가 있다면 어떤 사람이 되고 싶으신가요?

고객: 좀 더 둥글게 느껴질 거예요. 제 삶이 더 균형 잡혔다고 느낄 거예요. 제 삶은 균형이 맞지 않는 것 같아요.

코치: 균형이 맞지 않고, 빠진 부분이 있군요.

고객: 맞아요. 그래서 저는 더 온전하다는 느낌을 받을 거예요. 그리고 더 행복해질 것 같아요. 왜냐하면 항상 내 마음이나 바쁜 일과 관련되지 않은 무언가를 하고 있을 테니까요. 마음 중심이나 조직 중심이 아닌 다른 일을 하게 되니까요. 그래서 기분이 좋아지고, 무언가가 있을 것 같고, 무언가…… 방금

생각한 것이 있어요.

코치: 좋아요.

고객: 만약 내가 즐거운 미래를 상상할 수 있다면, 저는 드럼 연주에 더 많이 참여할 것 같아요.

코치: 그렇군요, 드럼에 대해 더 이야기해 주시겠어요.

고객: (웃으며 더 활기찬 목소리로) …… 왜냐하면 저는 이 드럼 연주 서클에 두 번 갔었고 이번 금요일 밤에 갈 거예요. 서클에서 드럼을 치려면 드럼을 구입하고 함께 드럼을 칠 사람을 찾아야 하기 때문에 비용이 많이 들어요. 하지만 그 덕분에 낯선 사람, 평소에는 만날 수 없는 사람들과도 같은 유대감을 느낄 수 있었어요.

코치: 네, 그게 바로 우리가 아까 찾던 것이고 외부에서 할 수 있는 것이죠.

고객: 사실 실내에서도 할 수 있지만…….

코치: 보름달이 뜨는 날 해변가나 산에서 만나는 드럼 서클이 있을 수 있겠죠.

고객: (웃음)

코치: (웃음) 저를 믿으세요, 찾아보면 찾을 수 있을 거예요.

고객: 그렇죠.

코치: 그런데 당신의 목소리와 온몸에서 에너지가 바뀌는 것을 들으셨나요?

고객: 네, 흥분되네요. 두 번밖에 안 해 본 새로운 일인데도 재미있었어요.

코치: 네, 그리고 한 바구니에 계란을 다 담을 수는 없지만 제게는 연구하고 인생의 큰 부분을 차지할 수 있는 것 같습니다. 테니스를 대체하지는 못할 거예요. 저도 알아요. 하지만 사회적 관계, 웃음, 즐거움, 휴식, 비즈니스와 일에서 완전히 벗어난 무언가 등 우리가 놓치고 있는 부분을 대체할 수 있을 것입니다. 저는 이것이 매우 좋은 대안이라고 생각합니다. 어떻게 생각하시나요?

고객: 네. 두 번 해 보니 정말 믿을 수가 없었어요.

코치: 제가 인생 경험을 통해 재미에 대해 알고 있는 또 한 가지를 말씀드리고 싶어요. 드럼을 칠 때 마음이나 직관을 따른다면 다른 것에도 재미를 느낄 수 있을 거라고 생각합니다. 드럼을 치는 그룹에 다른 일을 하는 사람이 있을 테니까요. 리컴번트 자전거(누워서 타는 자전거)를 타거나 폴을 들고 걷거나 생각하지 못한 다른 활동을 할 수도 있습니다.

고객: 누워서 타는 자전거요?

코치: 네, 누워서 바닥에 낮게 앉아서 페달을 밟는 리컴번트 자전거요.

고객: 그런 자전거가 실제로 있다고요?

코치: 네, 6대를 시승해 봤는데 다음 주에 하나 살 거예요. 정말 마음에 들어요. 저도 무릎에 문제가 있고 대부분의 자전거 시트가 마음에 들지 않거든요. 그래서 그 점을 고려했어요. 드럼을 치는 그룹에 속한 사람들은 모두 인생에서 재미를 위해 다른 일을 할 것이기 때문에 드럼을 치는 그룹에 속하면 좋은 일이 생길 것이라고 말하는 것입니다.

고객: 그렇군요. 그리고 드럼 연주에 대한 것은 제 삶의 다른 측면, 즉 영적인 것과 관련된 아주 작지만 정말 도움이 될 것입니다.

코치: 아…….

고객: 왜냐하면 사람들이 드럼을 치면, 사람들이 일종의 변화된 상태가 되거든요.

코치: 네, 정말 좋아요. 저를 설레게 하네요. 그럼, 코칭에 관한 큰 질문을 하나 할게요. 고객님이 미래에 원하는 것은 고객님의 삶에 재미가 다시 돌아오는 것인데, 이 드럼 연주를 통해 그 중 일부가 가까운 미래에 가능할 것 같군요.

고객: 그렇죠.

코치: 달리 원하는 게 있나요?

고객: 제 인생에서 일반적으로 제가 원하는 건 또 뭐가 있냐고요?

코치: 재미인가요.

고객: 음…….

코치: 정말 중요한 건 이것인 것 같아요. 그래서 재미가 다시 삶의 일부가 되는 거죠. 잘됐네요. 더 중요한 질문은 무엇일까요? 이 과정을 통해 진정으로 정말로, 정말로, 정말로 원하는 것이 무엇인지 살펴보는 것이죠?

고객: 제가 원하는 것은 삶의 균형과 배우자와 더 많은 시간을 보내고 싶은 거예요.

코치: 알겠어요. 이 모든 것이 어떻게 서로 연결되는지 보이기 시작했나요?

고객: (웃음) 네, 알겠습니다.

코치: 제 말은, 피터팬의 그림자처럼 서랍에 넣어둔 큰 공간에 틈이 생기면, 마치 그것을 숨긴 것과 같습니다.

고객: 그렇죠.

코치: 그리고 제가 그림자 작업에 대해 알고 있는 것은, 지금 당장 코칭을 하는 것이 아니라 제 마음속에 떠오르는 것을 곰곰이 생각해 본 것입니다. 그림자는 우리가 더 이상 보고 싶지 않은 것을 담고 있지만 아직 표현되지 않은 부분, 우리가 아직 표현하거나 주장하지 않은 것 안에 위대함이 있는 부분도 담고 있다는 것입니다. 그런데 고객님의 표정에는 그런 부분이 빠져 있는 것 같습니다. 재미는 고객님의 정신에 활기를 불어넣고, 남편과의 파트너십을 강화하며, 그로 인한 혜택과 행복, 유대감을 증가시킵니다.

고객: 네, 당신은 무언가를 감동시키네요. 방금 제 눈에 눈물이 났고 한숨을 크게 쉬고 의자에 뒤로 기대었어요. 그래서 재미있다고 느꼈어요.

코치: 네, 잘됐네요. 그건 그냥 감정이니까요. 눈물을 흘리는 것은 좋은 거죠. 저는 감정(e-motion)은 움직이는 것에 에너지를 주는 것이라고 생각해요.

고객: 좋아요, 내 감정에 무슨 일이 일어나고 있는지 볼 수 있는 좋은 방법이네요. 에너지가 움직이고 있는 것이군요.

코치: 그래서 우리가 마음과 정신을 연결하는 무언가를 감동시키고 있는 거지요?

고객: 맞아요. 바로 그거예요.

코치: 때때로 우리가 재미를 그냥 재미라고 말하는 것이 놀라워요. 단순히 재미가 아니라는 거죠. 그것은 바쁘고 인간적인 일만 하는 인간 대신 인간다움을 느낄 수 있는 방법을 찾으라는 영혼의 요구입니다. 이것이 그 좋은 예입니다. 우리가 재미라고 부르는 것을 생각해 보세요. 사람들이 놀 때 우리가 자주 사용하는 단어는 무엇일까요?

고객: 레크리에이션을 말하는 건가요?

코치: 맞아요. 이제 그 단어를 새로운 방식으로 생각해 보세요.

고객: 재-창조(re-creation). 세상에! (웃음) 그거 좋네요.

코치: 그래서 제가 당신에게 초대하는 것은 재미가 재-창조와 같다는 공식을 마음속에 만들어 보되, '재'와 '창조' 사이에 하이픈을 넣는 것입니다. 그게 바로 당신이 하고자 하는 일이니까요.

고객: (웃음) 네, 정말 멋지네요! 그런 생각은 못 해 봤어요.

코치: 눈물을 흘리다가 환호성이 터져 나왔어요. 정말 좋네요. (웃음) 이 대화가 충분히 끝난 것 같나요?

고객: 네, 그럼요. 고마워요.

코치: 드럼 연주 그룹과 함께 어울리면서 새로운 것에 대해 열린 마음을 가지라는 코칭 요청으로 이 글을 마무리하겠습니다. 쉽게 버리지 마세요.

고객: 알겠어요.

코치: 재미있게 하기 위해 무엇을 할 수 있는지, 누구를 만나게 될지 생각해 보세요. 거기서 어떤 다른 사회적 접촉이 생길지 생각해 보세요.

고객: 그렇군요.

코치: 배우자가 함께 갈지 안 갈지는 모르겠어요. 그건 당신한테 달렸어요.

고객: 네, 그래요.

코치: 좋아요, 그럼 파트너와 함께하는 시간도 있어요. 그리고 그 시간 동안 '내가 진정으로 하고 있는 일은 새롭게 발견한 방식으로 나를 재-창조하는 것이다.'라고 생각하면서요.

고객: 멋지네요. 고마워요.

이 세션에 대한 코멘트

- 코칭 대화는 신성하고 영감을 주는 공간이다. 공간을 준비하고, 집중하고, 고객을 맞이할 준비를 하고, 서비스를 제공할 준비가 되어 있어야 한다. 직접 대면하든 전화로 하든 방해 요소를 차단하는 것이 필요하다. 코치를 위한 전화 코칭의 장점 중 하나는 일어서서 할 수 있다는 것이다. 눈을 감고 방 안을 돌아다니며 고객과 고객의 세계와 경험을 느끼려고 노력할 수 있다. 당신의 코칭 현존감이 고객과 고객의 어젠다에 도움이 될 수 있도록 무엇이든 하라. 완전히 현재에 충실하고 적극적으로 임하여야 한다.
- 녹취록은 코치가 고객에게 답을 전달하는 대신 고객이 스스로 해결하도록 도와주는 모습을 보여 준다. 생각을 불러일으키는 질문의 기술이 자주 사용되었다. 코치는 고객이 자신에게 맞는 답을 가지고 있다고 가정하고, 코치의 역할은 그 답이 나오도록 촉진하는 것일 뿐이다. 질문은 과거의 의미 있는 자질과 특성을 불러일으켰고, 이를 통해 고객은 자신의 현재 현실에 매핑할 수 있었다. 코치는 고객이 과거를 통해 무엇이 성취감인지에 대한 단서를 찾도록 격려했다.
- 코치와 고객은 이 세션에 할당된 시간(20~25분) 내에 작업을 진행했지만 세션을 서두르지 않았다. 덕분에 고객이 문제를 깊이 있게 다룰 수 있는 여지가 생겼다.

침묵을 통해 코치는 프로세스가 어디로 향하고 있는지 알 필요 없이 그저 고객과 동등한 위치에서 함께 할 수 있었다.

- 코치는 고객과의 대화가 어떤 가능성에 대한 사고의 전환으로 이어질 것이라고 100% 믿었고, 그 결과는 그녀가 내면에 답을 가지고 있었기 때문에 그리 놀라운 일은 아니며, 고객과 코치 둘 다 이러한 대화를 하고 있었기 때문에 가능했다고 생각한다.
- 고객은 코치가 '그냥 곁에 있어 주었기 때문에' 지지를 받았다고 느꼈다. 답 없이도 그냥 있을 수 있는 공간이 있다는 것을 느꼈고, 그 공간이 매우 힘을 실어 주는 공간처럼 느꼈다.
- 이 장의 후반부에서는 고객이 일반적으로 집중하지 않는 통찰력을 불러일으키는 질문을 하는 데 중점을 두고자 한다. 이 세션에서는 "또 무엇을 원하시나요?"라는 질문의 힘에 주목하라.
- 미래로 나아가는 것은 활동으로서의 '재미'보다 더 큰 무언가, 즉 더 큰 전체성을 향한 변화였다. 이 세션은 더 큰 성취감에 대한 논의가 되었다. 이는 고객의 삶에서 작은 문제가 더 큰 문제의 축소판이라는 전형적인 예이다. 코치는 하나의 문제를 더 깊게 바라는 것이나 습관적인 사고 및 행동 패턴으로 들어가는 문으로 사용할 수 있다.
- 이 세션에서는 코치와 고객이 제9장에서 다루는 코칭 도구인 라이프 밸런스 휠의 한 영역에 집중하는 모습을 보여 준다. 사람들이 일상생활에 재미를 포함시킬 권리가 있다는 코치의 확신은 코치의 개인적인 가정이며, 코치가 코칭에 가져오는 가정을 검토하는 것의 중요성을 보여 준다(예: 재미는 휴가를 위한 것일 뿐인가? 반드시 큰 활동이어야 하는가? 낮에 1분 정도 재미있게 쉬는 것은 어떨까?).
- 코치의 암묵적인 가정은 사람들이 자신에게 무엇이 진실이고 무엇이 기쁨을 주는지 어느 정도는 알고 있다는 것이다. 고객이 자신의 진실과 접촉하고 표현할 수 있는 공간을 만들면 내면의 지혜로 향하는 문이 열린다. 궁극적으로 내면의 해결책과 가능성이 표면화된다.
- 코치의 질문은 고객이 이전에 테니스를 통해 충족되었던 모든 욕구를 검토하도록 유도했다. 테니스는 단순한 신체 활동 그 이상이었기 때문에 그녀는 코칭에 가져온 문제를 신중하게 고려하여 분명하지 않은 필요와 욕구를 충족시키는 테니스에 대한 풍부한 대안을 즉시 실현할 수 있었다. 이것이 바로 고객이 코칭을

통해 얻은 뻔한 답이 아닌 변화를 유지하는 이유 중 하나이다.

- 이 세션에서 볼 수 있듯이, 코칭은 종종 다양한 가능성의 모델을 활용한다. 고객이 "그런 사람을 몰라요."라고 말하면 코치와 고객은 모델이 될 만한 사람을 찾기 위한 조사 프로젝트를 만들 수 있다. 이는 경험이 부족한 고객을 대하는 창의적인 방법이다.
- 이 세션은 코치가 문제를 탐구하는 과정에서 발생하는 감정을 존중하고 검증하는 것이 얼마나 중요한지 보여 준다. 고객은 코칭 대화에 자신이 강하게 느끼는 문제를 가져오며, 그 문제에는 감정의 흐름이 있을 수 있다는 점을 기억하라. 코치는 이를 위한 공간을 허용하고 고객과 코치, 더 나아가 고객의 영혼에서 의식적인 자아에 이르기까지 감정에 의해 전달되는 정보에 대한 존중을 전달해야 한다.

> 코치가 "스포츠에만 재미가 있는 것은 아니다. 지금은 당신이 잃어버린 재미가 바로 그것인 것 같다."라고 말하는 것은 고객의 감정을 확인하면서도 가능성을 열어 두는 것이다. 이는 다음과 같은 치료적 개입과는 매우 다르다: "세상이 끝나는 것 같이 느껴진다."와 같이 고객을 절망에 빠뜨릴 수 있는 개입과는 다르다. 코치의 성찰은 스포츠의 중요성을 인정하는 동시에 다른 즐거움의 원천을 열어 준다. 이는 상실의 깊이를 조사하는 대신 고객의 가능성을 확장한다.

- 고객에게 목소리, 에너지, 신체의 변화를 알려 주면 고객은 무엇이 자신의 활력을 향상시키고 신체에 대한 통찰력과 돌파구의 근거가 되는지 더 잘 인식할 수 있다. 이 코칭은 전화 코칭이었기 때문에 코치가 신체에 주의를 집중하기 위해 고객과 직접 대면할 필요가 없었다.
- 이 경우 코치가 전문가 역할을 맡지 않았기 때문에 코칭이 효과적이었다. 리컴번트 자전거를 타는 모습과 무릎에 문제가 있는 모습을 통해 고객이 신체적 한계에 따라 결정을 내려야 하는 상황에서 고립되어 있지 않다는 것을 알 수 있었다. 또한 고객의 경험을 비하하지 않아 고객이 고립감을 덜 느끼고 희망을 가질 수 있도록 도와주었다. 코치는 고객에게 "정말, 정말, 정말 원하는 것이 무엇인가요?"라고 물었다. 지나치게 성취욕이 강하고 일을 많이 하는 사람들은 종종 이 질문을 잊어버리고 스스로에게도 물어보는 것을 잊어버린다. 이러한 질문은 해야 하는 많은 것에서 벗어나게 하고 사람들이 종종 위대한 지혜가 떠오르는 곳

인 자신의 중심과 다시 연결되도록 도와준다.

- 그림자는 부분적으로 우리 자신의 주장되지 않은 부분에 대한 것이라는 대화는 매우 강력하고 병리학적이지 않았다. 우리 자신의 실현되지 않은 창조적인 측면뿐만 아니라 숨겨져 있고 때로는 받아들이기 어려운 측면을 포함하는 그림자를 바라보는 다른 방식이었다.
- 재창조라는 단어는 전체 세션을 위한 일종의 시금석 역할을 한다. (고객의 목표는 재창조였고, 코치는 이것이 재창조에 관한 것임을 깨달았다.) 고객이 상징, 생각, 문구 등 무언가를 확고하게 가져갈 수 있을 때, 이는 세션과 학습의 기반을 다지는 데 도움이 된다. 또한 고객은 행동 단계를 얻게 되므로 후속 조치를 지원하기 위해 다음 단계가 무엇인지 명확하게 알 수 있다.

코칭의 핵심 기술 및 역량

이 책은 모든 코치, 초보자, 노련한 실무자를 대상으로 작성되었다. 국제 코칭 연맹의 코칭 역량을 수용하지만, 다른 코칭 조직에서 가르치는 역량에서도 지혜를 찾을 수 있다. 이 책의 뒷부분에 있는 부록 C에 가장 두드러진 역량들을 나열했다.

그러나 코칭 커뮤니티 전체가 수용하고 코칭 관계의 고유성을 보여 주는 핵심 코칭 기술과 역량(행동)이 있다. 이 책을 읽으면서 이 독특한 관계에 가장 중요한 핵심 기술을 명심하길 바란다.

현존감

코치로서 우리는 고객과 코치 관계에서 우리 자신의 삶에서 끌어당기거나 밀어붙이는 것을 버리고 상호작용에서 고객에게 집중하고 현존감(presence)을 드러내야 한다.

호기심

호기심(curiosity)은 모든 코칭을 하나로 묶어 주는 '접착제'와 같은 기술이다. 호기심이 있으면 판단을 유예하고, 옳아야 한다는 강박관념을 피하고, 조언과 지시에 대한 유혹을 견디고, 호기심에 기반한 현존감을 바탕으로 고객에게 영감을 불러일으키는 질문을 만들어 낼 수 있다.

영감을 불러일으키는 질문과 탐색 질문을 통한 인식 형성

코칭을 할 때 좋은 질문의 목록이 필요하지는 않으며, 그런 질문 목록이 있어도 그다지 효과적이지 않다. 교육을 받거나 자신의 코칭 경험을 통해 좋은 질문 몇 가지를 배웠을 수도 있지만, 질문 목록을 만들어 두는 것은 새 차를 운전하면서 매뉴얼을 읽는 것과 같다. 좋은 질문은 좋은 경청에서 비롯되며, 요점을 말하기 위한 질문이 아니라 탐색을 위한 질문이다.

침묵

나는 이것을 의도적인 멈춤이라고 부르기도 한다. 고객이 탐색적 질문을 받은 후에는 조용히 기다렸다가 고객이 응답하거나 통찰력이나 새로운 생각을 말하면 "또 무엇을 공유할 수 있나요?"라고 물어보자.

이 외에도 더 많은 코칭 기술과 관계의 뉘앙스가 있으며, 이 책 전체에 많은 내용이 반영되어 있다고 생각한다. 교육과 코칭 세션에서 이러한 기술을 실제로 적용해 보면 진정한 배움을 얻을 수 있을 것이다.

무대 설정하기: 첫 번째 코칭 대화

첫 번째 코칭 대화는 코치가 코칭이 무엇이며 어떻게 코칭을 진행하는지 설명할 수 있는 기회이다. 이때 코치는 이미 코칭을 통해 잠재 고객에게 무엇을 제공할 수 있는지 모델링하고 있는 것이다. 이는 고객이 코치를 고용한 후 코치가 무대를 설정하고 코칭 참여를 위한 동맹을 만드는 대화와는 구별된다.

여기서 코칭 동맹에 대한 논의로 시작하는 이유는 이러한 동맹이 코치와 고객 간의 관계에서 기대치에 대한 명확한 이해와 파트너십의 공동 창출을 통해 코치와 고객 간의 관계의 힘을 강화하는 독특한 특징이기 때문이다.

라이프 코치 교육 연구소(ILCT)의 많은 참가자는 치료사, 심리학자, 상담사, 교사, 인사 전문가 등 다양한 종류의 도움을 주는 전문가로 훈련받았다. 이들은 사람들이 변화를 시도할 때 시스템이 얼마나 중요한지 잘 알고 있다. 시스템은 사람들의 변화 능력을 향상시켜 원하는 방향으로 나아갈 수 있도록 지원할 수도 있고, 변화를 가로막는 장애물을 만들 수도 있다. 모든 전문가 교육에서 고려하는 필수적인 기본 시스템 중 하나는 전문가와 고객 간의 2인 시스템이다. 전문가를 돕는 모든 교육 프로그램은 치료 동맹에 초점을 맞추는 데 일정 시간을 할애한다. 이러한 동맹의 특성은 고객의 치료적 작업을 발전시키기 위해 명시적으로 설계되었다. 코칭은 치료적일 수 있지만 치료는 아니다. 라이프 코치 교육 연구소(ILCT)에서는 참가자들이 동맹의 종류를 구분할 수 있도록 하여 고객과 함께 범위와 목적이 명확하게 구분된 적절한 코칭 동맹을 만들 수 있도록 한다.

동맹은 회원들의 공동 관심사를 증진하기 위한 연합으로 정의된다. 일반적인 치료 관계 동맹과 코칭 동맹과는 몇 가지 주목할 만한 점에서 다르다:

- **치료 동맹에 대한 대부분의 기대치는 윤리 강령과 전문직의 면허 또는 관리 위원회, 그리고 정부에서 규정하는 윤리 강령에 의해 설정되어 있다.** 동맹의 다른 특징들은 도움을 주는 전문가들이 가진 변화에 대한 신념에서 비롯된다. 컨설턴트 역시 고객과 맺는 동맹에 대한 신념을 가지고 있는 경우가 많다. 대부분의 경우 컨설턴트는 전문가로서 자신을 자리매김하며, 그 결과 형성되는 동맹에는 컨설턴트가 종종 참여 과정에 대해 지시할 것이라는 기대와 함께 고객이 컨설턴트가 제공하는 전문 지식이 부족하다는 가정이 포함된다. 고객은 컨설턴트의 전문 지식을 기꺼이 받아들이는 것으로 간주된다. 이는 일반적으로 치료사가 높은 책임을 지는 치료 동맹에서도 마찬가지이다. 치료사는 일반적으로 진단된 질환에 대해 매우 구체적인 치료 프로토콜에 참여한다. 중증 우울증, 외상 후 스트레스 장애, 불안, 중독 및 기타 치료 문제를 치료하기 위한 프로토콜이 있다. 각각의 경우 내담자는 도움을 주는 전문가의 지침과 지식을 따른다. 내담자는 일반적으로 정상으로 돌아가기 위해 전문가에게 의지한다. 많은 사람이 치료사가 코치와 같은 방식으로 일할 수 있는 일반적인 '생활상의 문제'로 치료사를 만날지라도 우리는 내담자가 고통 받고 있고 진정으로 치료가 필요한 임상적으로 인정된 상태를 언급하고 있다. [그림 2-1]은 코치가 고객에게 상담, 멘토링, 컨설팅, 코칭의 차이점을 설명할 수 있는 한 가지 방법을 보여 준다.
- **코칭 동맹은 진정으로 특정 고객의 목표와 욕구를 위해 함께 만들어 가는 파트너십으로 설계되었다.** 고객이 코칭을 약속한 후 첫 번째 세션에서 코치는 고객과 협력하여 이 파트너십의 측면을 설계한다. 모든 측면은 코칭이 진행되는 동안 필요

에 따라 고유하게 설계하고, 논의하고, 재설계할 수 있다.

- 코칭 동맹은 코치와 고객 모두가 진정으로 만족하는 것을 목표로 한다. 서로가 도전을 받아야 하고 서로가 배워야 한다. 이러한 상호성을 코칭의 상호 발전적 측면이라고 설명하기도 한다. 코치는 고객과 함께 하는 일을 통해 성장하기를 기대한다. 코치가 스스로 성장하고 배우지 않는다면 자신에게 적합하지 않은 고객에게 '예'라고 말할 수도 있게 된다.

코치의 업무는 진정으로 만들어지는 동맹의 질과 종류에 달려 있다. 우리는 고객에게 권한을 부여하고, 고객의 학습과 개발을 지원하며, 함께 만들어 낸 파트너십을 명확히 하고, 그 파트너십을 완전히 포용하는 동맹을 만들고자 한다.

공식적인 코칭 관계를 시작하기 위한 출발점으로 고객 '환영 패킷'을 권장한다. 웰컴 패킷은 고객이 읽고 작성할 수 있는 유인물로, 코칭 '계약' 또는 계약서, 고객 목표, 정책 및 절차 등의 항목이 포함되어 있다. 이는 고객이 깊고 장기적인 사고에 참여하도록 하는 강력한 도구이며 코치에게도 많은 유용한 정보를 제공한다.

첫 세션에서 하는 다른 일들은 다음과 같다. 코치가 고객에게 사전 작업으로 환영 패킷을 작성하도록 요청하면 코치는 고객과 함께 해당 정보를 검토한다. 코치는 라이프 코칭의 과정을 설명하여 고객이 라이프 코치가 취하는 전 생애적 관점을 이해하고 준비할 수 있도록 한다. 코치는 또한 고객이 코칭이 상담 및 컨설팅과 어떻게 다른지 이해하도록 할 수 있다. 이는 상담을 받았거나 컨설턴트를 이용한 적이 있는 고객에게 특히 중요할 수 있는데, 진정한 파트너십이 코칭의 기초라는 것을 이해시키기 위해서이다. 이 첫 번째 세션의 작업은 이러한 파트너십, 즉 코칭 동맹을 구체화하고 구축하는 것이다.

일단 이것이 확립되면 코치는 다음과 같은 질문으로 시작하여 고객과의 코칭 동맹을 설계한다: "함께 시간을 어떻게 활용하고 싶으신가요?" 또는 "우리 관계와 시간을 통해 가장 얻고 싶은 것은 무엇인가요?"와 같은 질문으로 시작한다. (고객이 처음에 표현하는 목표 아래에는 코칭을 통해 발견할 수 있는 더 깊은 욕구가 있는 경우가 많다는 점을 명심하라. 상대방이 숨기고 있는 것이 아니라 자신이 진정으로 원하는 것이 무엇인지 아직 모를 뿐이다.) 코치는 라이프 밸런스 휠(제9장 참조), 코칭 세션 준비 워크시트, MBTI(마이어스-브릭스 유형 지표), DISC 성격 프로파일 테스트, 에니어그램 등의 성격 또는 행동 자가 평가와 같이 고객에게 사용할 수 있는 모든 지원 평가를 전달 및 해석 교육을 받았다면 검토한다. 이 검토를 하는 동안 코치는 고객이 자신과 자신의 삶에 대해 어느 정도 이해하고 편안함을 느끼는지 알 수 있는 질문을 함으로써 파트너십을 보여 준다.

고객에게 자신의 성장과 학습에 큰 도움이 되었던 한두 가지 동맹이나 깊은 관계를 떠올려 보도록 요청하는 것이 유용하다. 고객은 이러한 관계가 왜 그렇게 힘을 실어 주고 지지해 주었는지 탐구하게 된다. 고객은 스포츠 코치, 절친한 친구, 멘토, 비즈니스 관계 또는 가족을 떠올릴 수 있다. 코치는 이러한 관계에서 어떤 중요한 요소가 코칭 동맹의 필수적인 부분이 될 수 있는지 고객이 결정할 수 있도록 경청하고 도와준다.

코치가 고객과 협력하여 관계를 설계하는 다른 방법으로는 고객의 장기적인 목표, 즉 큰 인생에 대한 코칭, 고객의 단기적인 욕구와 의도가 고객의 이상적인 인생이라는 큰 그림에 어떻게 부합하는지 등의 세부 사항을 결정하는 것이 있다.

이러한 유대관계는 모든 세션에서 강화되며, 때로는 세션 시작 시 발생할 수 있는 가벼운 대화와 같은 사소한 방식으로도 강화된다. 코치는 고객을 환영하고 몇 분 동

상담	멘토링	컨설팅	코칭
주로 개인의 과거와 트라우마를 다루고 치유를 추구함	주로 후계 양성 교육을 다루고 멘티가 하는 일을 돕고자 함	주로 문제를 다루고 이를 해결하기 위한 정보(전문성, 전략, 구조, 방법론)를 제공하고자 함	주로 개인의 현재를 다루고 더 바람직한 미래로 안내하고자 함
의사-환자 관계(상담사가 답을 가지고 있음)	나이가 많은 사람-젊은 사람/경험이 적은 사람 관계(멘토가 해답을 가지고 있음)	전문가-문제를 가진 사람 관계(컨설턴트가 해답을 가지고 있음)	공동의 창조적이고 동등한 파트너십(코치는 고객이 스스로 답을 찾도록 도와줌)
다양한 감정을 어떤 문제의 증상이라고 가정함	멘토링 변수(계승 등)의 감정적 반응에 한정됨	일반적으로 감정을 언급하거나 다루지 않음(정보 제공에만 한정)	감정을 자연스러운 것으로 가정하고 감정을 정상적인 것으로 간주함
상담사는 진단한 후 전문적인 전문 지식과 지침을 제공하여 고객에게 치유의 길을 제시함	멘토는 자신의 행동과 전문 지식을 관찰하고 질문에 답하며 멘토링의 목적에 맞는 지침과 지혜를 제공함	컨설턴트는 한 발 물러서서 상황을 평가한 다음 문제와 해결 방법을 알려 줌	코치는 고객의 편에 서서 문제를 파악하도록 돕고, 고객과 협력하여 문제를 승리로 바꾸고 원하는 목표를 달성할 수 있도록 책임을 다함

[그림 2-1] 전문직의 차이점

안 스몰토크를 나누며 서로에 대해 알아 간다. 스몰토크는 코치와 고객 모두 그 순간 서로에게 집중할 수 있도록 도와준다. 코치는 고객에게 오늘 세션에서 고객이 가장 원하는 것이 무엇인지 물어본 다음에 고객이 단기적 · 장기적으로 원하는 결과를 계속해서 명확히 하고 심화시킨다.

코칭 동맹이 처음부터 아무리 잘 설계되었더라도 동맹이 깨질 수 있다. 때로는 고객이 원래 원했던 것과 다른 것을 원하거나 변경하기 때문에 이런 일이 발생한다. 코치가 고객을 자주 확인하더라도 때때로 관계가 깨질 수 있다. 관계가 위험에 처했다는 신호는 다음과 같다:

- 고객이 약속을 잊어버리거나 만성적으로 지각하거나 약속에 대한 준비가 되어 있지 않은 경우
- 고객이 흥미를 잃었거나 코치가 흥미를 잃은 경우
- 코치 또는 고객에게 효과성에 영향을 미치는 데 개인적인 어려움이 있는 경우. 예를 들어, 코치가 노부모의 건강 문제를 관리하고 있고 노부모의 간병인이 되었을 수 있다. 이 경우 처음에는 잠재적인 방해 요소가 될 수 있다. 다른 상황으로는 이혼이나 반항적인 청소년이 있을 수 있다. 우리는 고객들에게 "인생은 전화 통화 사이에도 일어난다."라고 말한다. 그리고 삶이 달라지면 코칭 동맹을 조정하거나 또는 재협상을 해야 한다.

코치는 이러한 징후를 주시하고 변화를 나타내는 신체적 또는 정서적 반응에 주의를 기울여야 한다. 코치와 고객 모두의 행동, 신체 증상, 언어가 모두 잠재적인 지표가 될 수 있다.

동맹을 재협상하는 것은 주당 한 번의 코칭 세션에서 2주에 한 번으로 변경하여 고객이 더 많은 시간과 집중할 수 있도록 하는 것만큼 간단할 수 있다. 코치는 이 단계에서 고객에게 "지금이 우리 관계를 재정의하기에 좋은 시기가 아닐까요? 지금 당신에게 가장 도움이 되는 것은 무엇인가요?"라고 질문할 수 있다.

모든 관계에서 그렇듯이 고객은 관계를 완전히 끝내는 것을 꺼릴 수 있다. 따라서 코치가 묻는다면 고객은 세션 횟수를 줄이거나 한 달에 한 번씩 유지 관리 전화를 하는 것이 가장 도움이 될 것이라는 데 동의할 수 있다. 팻 박사에게는 6년 동안 코칭해 온 고객이 있다. 지난 2년 동안 그 고객은 한 달에 한 번 15분짜리 확인 통화 코칭에

대한 비용을 지불하겠다고 했다. 고객은 한 달 동안 자신에게 일어난 일의 요약을 보내주었다. 그런 다음 그녀는 체크인을 하고 세션이 진행되는 동안 그달의 삶과 일에 대해 생각하고 느낀 점을 말로 표현할 기회를 얻었다. 마치 고객이 코치와 함께 말로 표현하는 과정을 통해 자신의 삶에 온전히 집중하게 되는 '모닝콜'을 경험하는 것과 같다. 자신의 성공과 의도를 다른 사람에게 큰 소리로 말하는 것만으로도 셀프 코칭으로 돌아가는 데 필요한 모든 것을 얻을 수 있다.

코칭 동맹이 취약할 수 있다는 또 다른 징후는 코치가 고객을 코칭하거나 코칭을 계획하는 동안 코치 자신과 코치의 성과 또는 코치의 의제에 집중하게 되는 경우이다. 코치는 이를 인지하지 못하고 심리학에서 자기 기만이라고 부르는 행동의 희생양이 될 수 있다. 이런 일이 일어나고 있다는 한 가지 징후는 코치가 고객을 완전하지 않은 인간으로 보기 시작할 때이다. 코치에게 고객은 수단, 장애물 또는 도구로 여겨지기 시작한다. 예를 들어, 코치는 고객을 특정 비즈니스에서 비슷한 고객을 확보하기 위한 수단으로 볼 수 있다. 이런 일이 발생하면 코치는 현재 고객의 목표, 결과, 관계에 집중하는 것이 아니라 미래의 가능성에만 관심을 쏟게 된다. 다이앤은 대부분의 비즈니스 임원 고객에게 강력한 메시지가 담긴 작은 책인 『리더십과 자기 기만(Leadership and Self-Deception)』(Arbinger Institute, 2010)을 읽도록 요청한다. 이 책에서 말하는 '자기 기만'이란 개인의 이기심이나 두려움이 무의식적으로 다른 사람과의 관계와 동맹에 영향을 미치는 상황을 말하는데, 다이앤은 임원들이 특히 사람들을 '상자 안에 가두는' 경향이 있다는 사실을 발견했다. 자기 기만에 대한 심리학 연구는 점점 더 보편화되고 있으며, 오늘날 코치들이 흔히 빠지기 쉬운 함정에 대한 가장 유용한 자료 중 하나라고 할 수 있다.

코칭 동맹을 구축하는 것은 코치가 고객과의 첫 번째 커뮤니케이션에서 시작된다. 코치의 커뮤니케이션이 이메일이든, 명함 뒷면에 적힌 메모든, 음성 메일이든, 첫 전화 통화든, 코치는 첫 접촉을 시작할 때부터 코칭의 무대를 설정하고 동맹을 구축한다. 일부 고객은 코치의 웹사이트를 읽으면서 코칭 동맹의 성격을 이해하기 시작한다고 말하며, 코치의 SAT[스타일(Style), 접근 방식(Approach), 어조(Tone)]를 파악한다.

고객과의 첫 번째 연락은 여러 가지 유형으로 이루어진다. ① 코칭에 관심이 있고 코치가 자신에게 적합한 코치인지 확인하려는 고객의 전화, ② 코치를 방금 만났고 코치가 하는 일에 대해 호기심을 표현한 사람과의 연락, ③ 코칭에 대해 잘 모르고 코칭이 현재 자신의 필요에 맞는지 알아보기 위해 더 자세히 알아보고자 하는 사람의 전화 등 다양한 유형으로 이루어진다. 이러한 각 상황에서는 코치가 긍정적인 초기 만남을 갖고 고객의 통화 목적에 맞게 대화를 조정하는 유연성이 필요하다.

코칭 대화: 첫 연락 통화

첫 전화가 왔다. 코치가 전화를 받으며 깜짝 놀란다! 잠재 고객이 전화를 건 것이다. 그녀는 코치를 고용하고 싶고 몇 가지 목표를 염두에 두고 있다는 것을 알고 있다. 그녀는 자신의 친구가 일과 삶의 균형을 개선하기 위해 코치를 고용했다는 이야기를 듣고 코치를 알게 되었다. 잠재 고객은 코치에게 자신이 원하는 것이 무엇인지 말하기 시작했고, 코치는 시계를 보고 20분 후에 다른 고객과 코칭 약속이 있다는 것을 알게 된다. 코치는 무엇을 할까? 코치는 잠재 고객에게 무슨 말을 할까?

코치가 처음 비즈니스를 시작할 때 두 가지 방식으로 나타날 수 있는 긴박감을 느끼는 경우가 많다. 첫째, 잠재 고객이 전화를 걸면 코치는 초기 심사를 거쳐 고객을 즉시 유료 계약으로 전환해야 한다고 느낀다. 마치 고객이 마음을 바꾸더라도 코치들은 그 어떤 지연도 용납할 수 없다고 생각하는 것과 같다. 둘째, 코치들은 경험, 역량, 자신감을 얻기 위해 찾아오는 모든 사람을 코칭하는 데 동의하는 경우가 많다. 이러한 충동은 흔하고 이해할 수 있는 것이지만, 코치와 고객이 초기 통화에 대한 준비와 의도를 가질 수 있을 때 서로에게 도움이 된다고 믿는다. 고객과 코치가 예비 동맹 대상자의 적합성을 이상적으로 평가해야 하므로 이 초기 인터뷰를 위한 구조를 설계하는 것이 좋다. 코치와 고객이 서두르지 않고 파트너로서 적합한지 여부를 결정할 수 있는 최소 30분의 시간을 가질 수 있도록 계획된 초기 단계의 미팅 통화를 설정하는 것이 중요하다. 이 통화에는 몇 가지 목적이 있다:

- 코치는 고객의 열망과 목표가 코치가 지지하고 지원할 수 있는 목표인지, 코치가 타깃팅한 코칭 틈새시장에 속하는지, 서로 잘 맞는다고 느끼는지 알아볼 수 있어야 한다.
- 고객은 코치의 스타일에 대해 질문하고 고객의 입장에서 개인적인 적합성을 평가할 수 있어야 한다.
- 고객은 코칭에 대한 자신의 목표와 욕구에 대해 스스로 이야기하는 것을 듣게 되는데, 이는 함께 코칭하는 데까지 이어지지 않더라도 매우 유익하고 가치 있

는 시간이 될 수 있어야 한다.

- 코치는 고객이 코치에게 어떤 종류의 파트너십을 기대하고 원하고 필요로 하는지 파악하고, 코치는 고객에 대한 일반적인 기대치를 공유한다. (두 사람이 함께 일하기로 합의하면 코치는 첫 번째 초기 세션에서 이에 대해 더 깊이 살펴본다.) 이 첫 번째 공식 세션은 일반적으로 이어진 통화보다 길며 코칭 관계에 대한 고객 동의, 정책, 절차 및 목표를 다룬다. 이 첫 번째 세션은 최소 90분 이상으로 하고 후반부는 실제 코칭이 시작되는 것이 좋다.

편안한 코칭 관계와 관련하여 검토해야 할 다른 영역으로는 지불 능력, 이용 가능한 시간과 요일, 코칭 방법과 빈도(대면 대 전화, 주간 대 격주)에 대한 합의, 고객이 코치의 이상적인 또는 최소한의 코칭 프로파일에 맞는지 여부, 목표 또는 프로세스에 대한 코치의 관심, 코치가 이 경험을 통해 배울 수 있는 것이 있는지 여부 등이 있다.

이 대화를 통해 코치는 코칭 동맹을 설계하기 시작한다. 통화 중 코치의 행동은 코치의 스타일과 숙련도에 대한 풍부한 정보를 전달하게 된다: 코치가 질문하는 비율과 정보를 제공하는 비율은 어느 정도인가? 코치들이 얼마나 잘 경청하는가? 고객이 코치가 자신과 자신의 상황을 이해하고 있다는 느낌을 받는가? 이는 코치가 코칭 대화가 어떤 것인지 보여 줄 수 있는 첫 번째 기회이다. 코치는 이러한 초기 인터뷰에서도 이 장에서 앞서 설명한 대로 코칭 대화의 요소에 집중해야 한다.

고객이 좋지 않은 시기에 코치를 만났다면 코치는 조급함에 사로잡히거나 그 순간에 함께 코칭할 수 있는 가능성에 대해 논의해야 한다는 의무감을 가지고 있어서는 안 된다. 코치는 자신이 제공하는 가치에 대해 충분히 확신을 가지고 충분히 집중할 수 있는 적절한 시간에 통화를 예약해야 하며, 코칭이 고객의 삶에 가져다주는 여유로움을 보여 줄 수 있어야 한다.

리빙 브로슈어

코치의 의도는 고객의 초기 코칭 목표뿐만 아니라 다른 장기적인 가능성을 발견하고 의뢰인을 고객으로 등록하는 것이다. 로버트 앨더만(Robert Alderman, 1997)은 코치와 잠재 고객 간의 대화를 설명하기 위해 '리빙 브로슈어'라는 용어를 처음 사용한 사람 중 한 명이다.

리빙 브로슈어는 등록을 위한 대화이다. 코치가 잠재 고객에게 건네주는 인쇄 브로슈어를 대신하여 대화가 이루어지기 때문에 '리빙 브로슈어'라는 명칭이 처음 붙었다. 코칭은 본질적으로 언어를 기반으로 하는 일련의 대화이며, 통찰력, 감각 및 연결과 결합된다. 이것이 대부분의 코치가 비즈니스 개발을 위해 웹사이트에 표시되거나 특정 고객을 위해 맞춤화된 것 이외의 표준화된 서면 홍보 자료에 의존하지 않는 이유 중 하나이다. 값비싼 브로슈어와 부수적인 자료는 오히려 코칭의 힘을 보여 주지 못한다. 코칭은 관계를 기반으로 하므로 자료가 아니라 대화에서 그 힘이 발휘된다. 고객은 마케팅 자료보다는 코치가 누구인지, 고객이 코치를 어떻게 경험하는지에 따라 코치를 고용한다. 신규 코치들은 홍보 자료와 웹사이트 없이는 코칭을 시작할 수 없다고 생각하는 경우가 많다. 이러한 마인드셋은 현실이 아닌 불안감에서 비롯된 것이라고 생각한다. 가장 먼저 해야 할 일은 대화이다. 준비하는 데만 급급하지 말고 코칭 대화를 나누기 위해 바쁘게 움직여야 한다.

기본적으로 심도 있는 인터뷰 대화는 코치가 잠재 고객에게 대화 방식으로 통찰력을 자극하는 질문을 사용하여 이루어진다. 로버트 앨더만은 처음에 코칭 동료들에게 이 대화법을 설명할 때 코치의 의도는 고객이 코치와 코칭 대화의 가치를 직접 경험하도록 돕는 것이라고 강조했다. 물론 가치는 고객의 입장에서 평가된다. 코치의 의도는 가치가 있도록 하는 것이다. 다음에 설명된 구조는 첫 대화를 통해 잠재적 가치를 창출하기 위한 한 가지 형식이다.

코칭 분야에서는 이를 등록을 위한 대화라고 부르는 것이 일반적이다. 우리는 이를 탐색과 발견을 위한 대화라고 부르는 것을 선호하는데, 이는 이 대화의 가치와 이 한 번의 통화에서 시작되는 동맹을 강조하기 위함이다. 고객이 등록하든 하지 않든 탐색과 발견은 실제적이고 가치 있는 과정이기 때문이다. 대화에는 목적에 따라 다양한 종류가 있다. 탐색을 위한 대화의 가치가 고객에게 분명하다면, 코치는 통화가 끝날 때 고객에게 시작할 준비가 되었는지 물어보기만 하면 된다.

라이프 코치 교육 연구소(ILCT) 교수진의 최초 트레이너 중 한 명인 셰리 라우리(Sherry Lowry)가 이 점을 잘 설명했다. 그녀는 코치가 이 대화를 통해 코치가 원하는 가장 이상적인 고객을 만들기 위한 단계를 설정할 것을 권장한다. 단순히 등록을 위한 대화로만 생각하지 않도록 한다. 잠재 고객이 코치의 업무에 관심을 표명했을 때 가장 효과적이므로 코치와 잠재 고객이 시간을 보내기 위한 잡담이 아니라 코칭 대화를 나누는 이유에 대한 명분이 있어야 한다. 대화는 직접 대면하거나 전화 또는 화상을 통해 이루어질 수 있다. 이메일로 대화를 시작한 후 다음 단계로 넘어갈 수도 있다. 코치의 말과 행동은 잠재 고객의 실시간 반응에 따라 달라지기 때문에 이 대화는 서면이 아닌 구두 교환으로 이루어진다. 이는 코치의 유연성과 고객과 함께 동행할 수 있는 능력을 적극적으로 보여 주는 것이다.

발견을 위한 대화에서 코치의 목표는 시너지 효과를 내는 파트너십을 형성하는 것이다. 대화 중에 이러한 유형의 동맹이 형성될 수 있다면 성공적인 코칭 동맹을 구축할 수 있을 만큼 조화로운 관계일 것이다.

다음은 셰리가 발견을 위해 대화를 진행하는 방법의 예이다. 중요한 참고 사항: 이것은 각본에 따른 것이 아니다. 코치의 목표는 잠재 고객의 가치, 욕구, 의도, 행동, 태도, 열정, 좌절감, 어려움에 대해 더 많이 이해하는 것임을 염두에 두고 결과에 집중하자.

대화가 진행됨에 따라 코치는 결과를 재평가해야 한다. 예를 들어, 대화 초기에 코치가 자신이 고객에게 적합한 코치가 아니라고 인식하면 코치의 결과가 바뀐다. 새로운 결과는 고객이 현재 코칭을 받을 수 있는지 여부를 판단하고, 잠재 고객에 대해 충분히 파악하여 지식이 풍부한 추천을 하거나 최소한 유용한 리소스가 될 수 있는 책이나 워크숍을 추천하는 등 적절한 제안을 하는 것이다.

통화자가 잠재 고객이 아니라고 코치가 판단하면 코치는 탐색을 위한 대화를 포기하고 대신 다른 코치에게 추천하거나 고객의 차선책이 무엇인지 명확히 알 수 있는 질문을 한다. 예를 들어, 코치는 고객의 욕구와 의도를 듣고 고객의 생활 상황(예: 이혼 중이거나 반항적인 자녀를 다루고 있는 경우)에 따라 코칭 전에 상담사에게 의뢰해야 할 수도 있다는 사실을 깨닫게 될 수 있다. 또는 고객이 코칭을 받을 수 있지만 코치가 함께 일하는 고객 유형에 맞지 않을 수도 있다. 코치는 통화를 종료하기 전에 가장 적절한 조치를 취하며, 여기에는 추천에 대한 코치의 생각을 설명하는 것도 포함된다. 코치가 고객의 의도와 욕구를 인정하면서도 "나는 당신에게 가장 적합한 코치가 아닌 것 같습니다."라고 말하는 것은 허용된다. 그런 다음 코치는 전화를 건 사람에게 더 적합할 것 같은 다른 코치 두세 명의 이름과 연락처 정보를 알려 주거나 국제코칭연맹(ICF) 코치 추천 사이트(www .coachingfederation.org)를 안내한다.

중요한 것은 다음과 같다: 코치는 고객에게 도움이 되고 자원이 되는 데 중점을 두어야 한다. 우리의 경험에 따르면, 고객은 이러한 점을 매우 높이 평가하며 향후 어느 시점에 코치의 삶에 나타날 수 있다. 그들은 미래에 고객이 되거나 다른 고객을 코치에게 추천할 수도 있다. 발견을 위한 대화를 통해 고객은 코치가 어떤 종류의 고객과 어떤 상황에 가장 잘 맞는지 알게 된다.

다음은 탐색과 발견을 위한 대화의 실제 예시이다.

1단계: 아이스 브레이커로 시작하기

사람들은 자신에 대해 이야기하는 것을 좋아한다. 이러한 과정을 장려하라. 코치가 상대방에 대해 더 많은 이야기를 듣고 나면 코치는 어떻게 진행해야 할지 감을 잡게 되고 사용할 수 있는 적절한 언어가 생긴다. 다음과 같은 질문을 하라: "자신을 어떻게 생각하는지 설명해 주세요." 또는 "코치와 연락을 하기 위해 인생의 이 시점에 오게 된 계기를 말씀해 주세요."

2단계: 중요한 문제 파악하기

잠재 고객이 코칭을 통해 해결하고 싶은 중요한 문제가 있는지, 그리고 코칭 파트너십에 대한 자신의 관심을 지킬 의지와 능력이 있는지 미리 알아본다. (이것은 일이기도 하지만 동시에 즐거움이다!) 다음과 같은 질문을 해 보라: "지금 이 순간부터 30일 이내에 고객님의 삶에서 바꾸고 싶은 세 가지는 무엇인가요?" 또는 "이번 달부터 고객님의 삶에 매우 중요한 세 가지를 추가할 수 있다면 무엇일까요?"

3단계: 개인적인 경계 문제 발견하기

경계, 성실성, 필요, 욕구, 가치와 관련된 문제를 발견할 수 있는 질문을 던져 보라. "당신이 당신의 업무/사업을 지배하는 것처럼 느껴지나요, 아니면 업무/사업이 자신을 지배하는 것처럼 느껴질 때가 많나요?"와 같은 질문을 해 보라.

4단계: '아픈' 질문하기

이러한 질문은 고객이 겪고 있는 아픈 부분, 민감한 주제, '불편한' 부분을 파악하는 질문이다. 다음과 같은 질문을 하라: "인생에서 불완전하다고 느끼는 부분, 미완성된 부분, 해결해야 할 필요가 있는 부분이 있나요?" "인생의 어느 부분에서 부담을 느끼고 무거운 책임감을 느끼고 있나요?" "이 중 자리를 옮기거나 정리해야 할 곳이 있나요?" 다음과 같은 질문을 할 수도 있다: "지금보다 훨씬 더 많은 책임을 지고 싶은 영역이 있는데, 책임감이 부족해서 실망하는 부분이 있나요?" 여기서 목표는 고객이 일반적으로 목표의 맥락과 관련하여 논의하거나 연관시키지 않는 미완성된 사업이나 어려운 영역을 발견하는 것이다. 예를 들어, 지난달에 아버지가 돌아가신 고객은 코칭을 시작하기 전에 애도할 시간이 필요할 수도 있고 그렇지 않을 수도 있다. 하지만 코치가 이러한 사실을 알고 있다면 고객의 에너지와 주의력에 영향을 미칠 수 있음을 인정할 수 있다.

코칭은 이러한 영역에 도움이 될 수 있으며 적절한 추천을 제안할 수도 있다. 코치는 자녀의 학습과 복지에 대해 더 많은 책임을 지거나 자녀와의 관계를 개선하고자 하는 고객과 함께 일할 수 있다. 다이앤은 10대 자녀에게 더 많은 시간을 할애하고 싶어 하는 한 임원과 함께 일했다. 그는 대화를 통해 자녀들이 어렸을 때 출장 때문에 축구 경기나 토너먼트에 참석할 수 없었던 것이 자신에게 깊은 상실감의 원인이었다는 사실을 알게 된다. 다이앤과 함께 일하면서 그는 상실감과 실망감을 자신의 시간과 약속을 재조정하려는 의지로 바꿨다. 다이앤이 질문을 던지지 않았다면 이 문제는 다루어지지 않았을지도 모른다.

5단계: 자기 관리의 씨앗 심기

대화에서 가치를 창출하는 방법 중 하나는 자신을 위해 무언가를 하는 것이 유익하고 가치 있는 일이라는 깨달음의 씨앗을 심는 것이다. 예를 들어, "혼자만의 시간이 필요할 때 자신을 위해 어떤 일을 하나요?"와 같은 질문을 해 보는 것이다.

6단계: 상호 약속에 대해 논의하기

코치와 고객의 관계에서 상호 약속의 중요성을 전달하는 것이 중요하다. "코칭에 참여할 때 우리 둘 다 상호 약속을 하는 것이 있습니다. 만약 이것이 우리에게 잘 맞는다면, 당신은 준비가 되셨나요?"와 같이 말하라. "의도를 달성하기 위해 시간, 에너지, 공간을 따로 할애할 준비가 되셨나요?"라고 질문할 수도 있다. 이러한 요청은 코치의 업무 및 고객의 프로세스와 관련이 있어야 한다.

90일 동안 함께하겠다는 강제성이 없는 약속을 요청하는 것이 유용하다. 코치는 다음과 같이 말할 수 있다. "90일이 지나면 앞으로 나아갈지, 아니면 우리가 목표한 바를 달성했다고 판단할지 결정할 수 있습니다. 그동안에는 새로운 방법을 시도해 보고 자신의 삶을 돌아보도록 요청할 것입니다. 때로는 유연성을 요청할 수도 있습니다. 각 옵션에 대해 일주일, 한 달 또는 그 이상의 기간 동안 새로운 일에 도전할 의향이 있는지 물어볼 것입니다. 저와 함께 이 과정을 탐구하는 데 전념할 의향이 있으신가요?"

어떤 코치들은 약속을 요청하고 7단계의 재정적인 부분으로 대화를 마무리할 때 논의하여 발견을 유도한다. 이렇게 하면 시간이 더 걸리지만 매칭 여부를 더 자세히 파악할 수 있다. 코치로서 생활하기 위해서는 이 부분에 대해 논의할 필요가 있다. 신규 코치가 저지르는 가장 큰 실수는 약속을 요청하고 수수료와 절차에 대해 논의하는 것을 꺼리는 것이다.

7단계: 재무 정보 파악하기

고객에게 인지된 가치를 창출하는 데 있어 중요한 부분 중 하나는 전문가 수수료에 대한 대화를 하는 것이다. 코치는 이 대화에서 고객이 언급한 세 가지 변경 사항이나 의도를 고객에게 피드백하는 것으로 이 단계를 시작한다. 코치는 다음과 같이 질문할 수 있다. "이러한 변화를 달성하는 것이 고객님에게 가치가 있다는 데 동의하십니까? 코치의 도움을 받는 것이 가치가 있다고 생각하시나요?"라고 질문한다. 그런 다음 코치가 수수료와 옵션에 대해 설명한다. 대부분의 코치는 고객과 함께 일할 수 있는 여러 가지 옵션을 제공한다. 요금은 세션 기간, 세션 빈도, 코칭이 주로 전화로 이루어질지 대면으로 이루어질지, 세션 사이에 코치의 가용성 및 기타 요인에 따라 달라진다.

8단계: 고객의 주의를 가치에 집중시키기

재정적 제약이 없다면 고객이 어떤 선택을 할 것인지 제시한다. 다음과 같은 질문을 하라: "만약 독립적으로 부자가 된다면 무엇을 하며 살아가시겠습니까?" "성공이 보장되거나 실패가 매우 희박하다는 것을 안다면 어떻게 다르게 살아가시겠습니까?"와 같은 질문을 던지라. 이러한 질문은 비현실적이거나 불가능하다는 믿음으로 인해 고객의 인식 밖에 있을 수 있는 내재적 가치에 다가가게 된다. 이러한 질문을 통해 고객은 자신이 진정으로 소중히 여기는 것과 진정으로 원하는 것이 무엇인지 생각해 볼 수 있다.

예를 들어, 고객이 "돈이 문제가 되지 않는다면 카리브해 섬에 살면서 작년에 세인트존 섬에서 본 작은 커피숍처럼 작은 커피숍을 소유하고 싶습니다."라고 말할 수 있다. 비록 환상에 불과할지라도, 이 말은 고객이 더 단순하고 덜 서두르지 않으며 더 여유로운 삶을 원할 수 있다는 점을 시사한다. 코칭은 환상이 현실이 되지 않더라도 고객이 그러한 의도를 표면화하고 실현하는 데 도움이 될 수 있다. 어느 쪽이든 고객에게 섬으로 휴가를 가자고 권유하는 것은 나쁘지 않다. 또는 고객이 미래에 대해 원하는 바를 정확히 표현했을 수도 있다.

9단계: 프로세스 점검하기

코치가 고객이 적합한 사람이라고 판단했다면 이 단계에서는 고객이 코칭을 받을 준비가 되었는지 또는 코칭에 대해 결정하는 과정에 있는지 확인한다. 잘 맞는다는 것은 고객이 코치가 원하는 고객 프로 파일 또는 틈새시장에 적합하고 코치가 고객과 고객의 의도를 완전히 이해할 수 있음을 의미한다. "이 시점에서 당신은 제가 함께 일하고 싶은 고객인 것 같습니다. 제가 확인하고 싶어요. 저와 함께 일함으로써 귀하의 의도가 실현될 수 있다고 생각하시나요? 시작할 준비가 되셨나요?" 또는 "원하는 삶을 상상할 때 하루를 어떻게 시작할 수 있을 것 같나요?"라고 물어보라. 그다음에는 "지금까지의 대화를 통해 코칭과 그 가치의 정도에 대해 어떻게 생각하고 계신지 말씀해 주시겠어요?"와 같은 '척도 질문'으로 이어진다. 그런 다음 코치는 잠재 고객에게 질문이 있는지 또는 코치가 명확히 하거나 확장할 수 있는 내용이 있는지 물어볼 수 있다. 참고로 이러한 확인 절차는 모든 코칭 약속에서 고객이 이 시간이 도움이 되고, 통찰력이 있고, 유용하다고 느끼는지, 아니면 그 순간에 다른 무언가가 필요한지 명확히 하기 위해 매우 중요하다.

10단계: 확인하기

이 단계는 코치가 상호 약속에 중점을 두었던 6단계에 기반한다. 10단계가 되면 코치는 코칭 관계에서 상대방에게 무엇을 요구할 수 있는지 감을 잡을 수 있다. 다음과 같은 질문을 통해 약속을 보다 완벽하게 확인할 수 있다: "익숙하지 않고 매일 일하고 생활하는 방식과 매우 다르더라도 새로운 시도를 해볼 의향이 있나요?" 또는 "습관적인 패턴을 발견하고, 그것이 유익한지 또는 재조정이 필요한지 평가하고, 어떤 새로운 옵션을 만들 수 있는지 알아보는 데 저와 협력할 의향이 있으신가요?"와 같은 질문을 할 수 있다.

11단계: 알아차림 키우기

이 단계에서는 잠재 고객이 지금껏 살지 못했던 삶과 코칭을 통해 실현할 수 있는 잠재력에 대해 생각의 폭을 넓혀 준다. "개인적으로나 비즈니스에서 아직 활용하지 못하고 있는 큰 기회는 어떤 것이 있을까요?" "당신의 삶에서 더 중요한 위치를 차지할 만한 숨겨진 재능이나 재능은 어떤 것이 있을까요?"

이 단계는 10단계와 함께 고객에게 새로운 가능성과 인식을 열어 줄 수 있다. 또한 코치는 고객의 마인드셋, 즉 고객이 습관적으로 가능성과 이를 가로막는 장애물에 어떻게 대처하는지를 발견할 수 있다. 이는 제1장에서 빅 파이브의 일부로 다루었다.

12단계: 무엇이 효과가 있는지 알아보기

긍정 심리학 분야의 최근 연구에 따르면, 최고의 코칭 대화는 고객의 강점에 뿌리를 둔다는 것을 알 수 있다. 이 단계에서는 코치가 고객의 강점과 기쁨에 초점을 맞춘다. 코치는 다음과 같은 질문을 한다: "어떤 일이 당신을 행복하게 하고, 당신의 마음을 춤추게 하나요?" "언제 웃고 있는 자신을 발견하나요?" "마지막으로 웃은 게 언제였나요? 웃는 것이 일상적인 일인가요, 아니면 사치라고 할 정도로 특별한 것인가요?" 코치는 다른 사람들이 고객을 어떻게 보는지에 대해서도 질문한다: "다른 사람들은 당신이 무엇을 잘한다고 말하나요?" "당신은 그들의 삶에 무엇을 가져다주나요?"

코치는 종종 삶의 질에 관심을 가지며 아킬레스건 같은 문제가 발생할 가능성에 민감하다. 고객이 오랫동안 웃거나 미소를 짓지 못했다고 말하고 그것이 일상적인 일이라면 "기쁨과 성취감을 경험한 지 얼마나 되었나요?"라고 물어보는 것이 적절할 수 있다. 이 질문을 하면 고객의 감정적인 반응을 이끌어 내고 근본적인 문제를 파악하는 데 도움이 될 수 있다. 또한 이 질문을 통해 코치는 고객의 경험에서 감정을 발견하고 보통으로 되돌리려는 공감과 의지를 보여 줄 수 있다.

13단계: 코칭에 대해 교육하기

고객이 코칭에 대해 얼마나 알고 있는지 알아보라. 많은 고객이 코칭에 관한 자료를 읽고 코칭에 대해 어느 정도 이해하고 있다. "코칭에 관한 자료를 읽어 본 적이 있나요?"라고 물어보라. 코칭이라는 직업과 코칭의 작동 방식에 대해 자세히 알아보기 위해 고객에게 자료를 제공할지, 웹사이트나 다른 사이트를 소개할지 결정하라. 이는 고객이 비즈니스 환경에서의 코칭에만 익숙한 경우 특히 중요할 수 있으며, 경우에 따라서는 성과 부진을 해결하는 데만 집중할 수도 있다.

14단계: 선언하기

코치는 잠재 고객에게 얼마나 함께 일하고 싶은지 말하지 않는 경우가 많다. 많은 고객이 코치를 대면할 때에도 "당신과 함께 일하고 싶습니다. 당신의 코치가 되고 싶어요."라고 말하는 경우는 거의 없다고 한다. 이 사람이 코칭하고 싶은 사람이라면 잠재 고객에게 편안하게 말할 수 있는 방법을 찾아보라. 잠재 고객이 "시간이 더 필요해요." 또는 "생각해 볼게요."와 같은 말을 하면 "결정을 명확히 하기 위해 지금 더 물어보고 싶은 질문이 있나요?" 또는 "준비가 되면 미리 연락해 주시겠어요?"라고 물어볼 수 있다.

이 질문은 잠재 고객이 이 제안이 적합한지 결정할 수 있는 자연스러운 대화 포인트이다. 잠재 고객이 매우 주저하거나 위험에 대한 내성이 낮은 경우, 또는 잠재 고객이 재정적인 고려 사항이 있는 경우에는 이러한 상황에 대처할 수 있는 다양한 방법이 있다. 예를 들어, 구속력이 없는 계약을 체결하는 것이다. 고려 사항을 완전히 건설적인 방식으로 다룰 준비를 하라. 억지로 설득해야 하는 사람은 좋은 코칭 고객이 되기 어렵다.

15단계: 문제 명확히 하기

잠재 고객이 코칭의 약속과 개념을 명확히 이해하고 있는지 확인해야 한다. 코치는 달인이거나 전문가의 역할이 아니라 파트너, 길잡이가 되어 주는 멘토/코치라는 점을 명확히 하여 오해가 있다면 바로잡을 수 있는 기회이다. 다음과 같이 물어보라: "코치로서 제 역할과 고객으로서 당신의 역할이 어떻게 될 것이라고 생각하시는지 설명해 주시겠어요?"

고객의 기대치를 주의 깊게 들어야 한다. 고객이 코칭을 받을 준비가 되어 있고 여러분이 고객에게 적합한 코치인 것 같으면 다음 16단계로 이동한다. 고객과 코칭을 시작할 준비 상태와 코치에 대한 기대치에 대해 조율해야 할 수도 있다. 자신이 고객에게 적합하지 않은 것 같으면 적합한 다른 코치를 추천해 줄 수도 있다.

16단계: 제안하기

다음 단계를 구체적으로 제안하라. "다음 단계는 환영 패킷과 계약서를 검토하고 향후 90일 동안의 계획과 목표를 재확인하고 명확히 하는 첫 번째 세션 일정을 잡는 것입니다. 어느 날짜와 시간에 코칭을 시작할 수 있을까요?" 또는 "저의 단골 고객과의 약속은 화요일과 수요일입니다. 아침이나 저녁 시간 중 어느 쪽이 더 나을까요? 일반적으로 저는 개인적인 업무를 위해 오후에 시간을 예약하지만, 때때로 다른 시간대나 주말 또는 저녁에 일정을 잡을 수도 있습니다. 24시간 전에 통보하면 일정 변경에 따른 수수료는 없습니다. 결국, 우리 둘 다 일이 일어날 수 있다는 것을 알고 있죠."

체계적 구조 사용

안전은 일관성과 함께 제공된다는 진리가 있다. 신뢰할 수 있게 되면 마음이 편안해진다. 역설적이게도 이는 사람들이 급진적인 변화를 일으킬 수 있는 적절한 공간을 제공하기도 한다. 코치가 사용하는 구조는 고객이 자신의 삶과 코칭 업무에 대한 책임을 지는 데 도움이 된다. 코칭에서는 관계의 일관성과 세션 구조를 사용하여 고객이 안전망에 대한 걱정 없이 자유롭게 실험하고 탐색할 수 있는 넓은 공간을 만든다.

환영 패킷과 코칭 세션 준비 워크시트라는 두 가지 도구를 통해 코칭 초기 작업을 가속화하고 전반적인 참여와 진행 중인 세션에 대한 명확한 기대치를 설정할 수 있다.

환영 패킷

고객과의 첫 유료 세션에 대한 코치의 의도는 다음을 달성하는 것이다:

- 실행 계획, 규칙 및 절차를 검토하고, 코칭 동맹을 위한 시작 프레임워크와 라포를 형성한다.
- 단기 목표뿐만 아니라 고객의 장기적인 의도와 비전을 개발하기 시작한다.
- 코칭 대화와 코칭 동맹을 실제로 실행하기 위한 모델링을 한다.

환영 패킷은 대부분의 코치가 대면 배포뿐만 아니라 이메일로도 제공하는 신규 고객을 위한 환영 패킷의 예를 제공하는 『라이프 코치로서의 치료사(Therapist as Life Coach)』(Williams & Davis, 2007)에서 더 자세히 설명했다. 이 패킷에는 코치가 특정 고객과 관련이 있다고 생각하는 추가 양식, 자료 및 읽을거리가 포함될 수 있다. 이때는 평가, 탐색 질문, 정책, 절차, 고객 계약서 등 첫 달 동안 사용할 내용만 보내는 것이 좋다. 우리는 때때로 고객에게 "당신은 종이를 많이 사용하시나요? 양식을 어떻게 다루시나요?"라고 묻기도 한다. 이를 통해 전체 패킷을 한 번에 보낼지 아니면 고객이 사용하는 것에 맞춰 개별적으로 보낼지 알 수 있다.

코칭 참여 중에 성찰이 필요하기 때문에 고객이 환영 패킷의 내용을 작성하는 과정에서 자기 성찰을 하는 것이 중요하다고 생각한다. 성찰이 없으면 고객은 습관적인 사고, 감정, 행동 패턴을 반복할 뿐이다. 또한 고객에게 준비를 요구하는 것은 코치가 각 세션에 대해 기대하는 것이다. 고객의 준비는 코치와 고객 간의 파트너십을 보장하는 방법 중 하나이다. 준비되지 않은 고객은 세션에 대한 책임을 코치에게 떠넘기는 경향이 있다. 환영 패킷은 장기적인 관계를 위한 토대를 마련하는 데 매우 중요하다. 코치는 고객의 상세한 답변을 자주 참조하여 원래의 목표와 의도에 대해 대화를 나누며, 이는 새로운 의도와 필요한 방향을 파악하는 데 유용한 자료가 될 수 있다.

환영 패킷은 두 가지 기능을 수행한다: ① 고객에게 코치의 정책과 관행을 소개하고, ② 고객에게 함께 수행할 작업에 대한 정보를 제공한다.

좋은 환영 패킷을 디자인하려면 코치가 환영 패킷을 사용하려는 의도를 명확히 해야 한다. 일부 코치는 이메일을 통해 고객에게 패킷을 전달한다. 다른 코치들은 환영 패킷과 기타 정보를 노트에 담아 고객에게 우편으로 보내기도 한다. 코칭 첫 달에는 고객에게 서류 작업의 부담을 주지 않기 위해 환영 패킷을 한 번에 몇 페이지씩 보낼 수도 있다. 고객에게 선호하는 것이 무엇인지 물어보고 그에 따라 조정하라.

코칭 세션 준비 워크시트

대부분의 코치는 고객에게 전화 세션 전에 미리 준비할 것을 요청한다. 많은 코치가 전화 세션 전에 팩스나 이메일로 코치에게 보내는 코칭 세션 준비 워크시트를 사용한다. 이러한 워크시트는 일반적으로 한 페이지 분량의 양식으로 코치와 고객이 각 세션에서 고객이 원하는 것에 집중할 수 있도록 도와준다. 코치는 작성된 양식을 고객의 진행 상황과 결과를 문서화하기 위한 자료로 보관한다. 우리는 코칭 세션 준비 워크시트의 일부로 고객에게 세션 사이의 성공과 주목할 만한 점, 그리고 기회와 도전 과제를 기록하도록 요청한다. 또한 세션의 우선순위를 파악하도록 요청한다. 이러한 내용은 세션 의제의 일부가 된다.

발견 대화를 위한 좋은 질문, 환영 패킷 및 첫 세션

이 장의 뒷부분에서 코칭 기술로서의 '강력한 질문'에 대해 자세히 설명한다. 하지만 고객에게 영감을 불러일으키고 자극을 주는 질문은 코칭을 특별하고 강력한 대화로 경험하기 시작하는 고객에게 필수적이다. 강력한 질문이 없으면 코칭 대화에서 영감을 얻지 못할 수 있다. 다음은 다양한 상황에서 사용할 수 있으며 특히 처음에 고객의 참여를 유도하는 데 유용한 몇 가지 강력한 질문 목록이다. 코치는 이러한 질문을 리빙 브로슈어에 사용하거나, 고객이 첫 세션을 준비할 때 생각해 볼 수 있도록 환영 패킷에 포함하거나, 세션 초반에 물어볼 수 있다. 이러한 질문 중 상당수는 코치와 고객 모두를 성장시킬 수 있는 '예리한' 질문이다.

- 무엇이 당신에게 에너지를 주나요?
- 무엇이 당신을 낙담하게 하나요?
- 어떤 힘, 기술 또는 재능을 더 충분히 활용하고 싶으신가요?
- 코칭에서 가장 원하는 것은 무엇인가요?
- 지금 원하는 결과에 더 가까워질 수 있는 당장 할 수 있는 세 가지 변화는 무엇인가요?
- 자신만의 방식은 어떤 것이 있나요?
- 인생에서 어떤 변화를 시도할 때 조심스럽거나 주의를 요하는 부분이 있나요?
- 우리가 함께 하는 작업의 가치를 어떻게 평가하시나요?
- 어떻게 하면 당신을 가장 잘 코칭할 수 있을까요?(무엇이 도움이 되지 않을까요?)
- 언제 시간과 에너지를 낭비하나요?
- 어떤 방식으로 배우는 것을 좋아하시나요?
- 향후 60~90일 동안 정말로 달성하고 싶은 세 가지는 무엇인가요?
- 당신이 표현하기 어려운 것이 있을 때 어떻게 알 수 있나요?

첫 번째 코칭 세션

첫 번째 세션에는 최소 한 시간을 할애하라. 코치는 이 첫 번째 세션에서 몇 가지 주요 목표를 가지고 있다:

- 기대사항을 명확히 하기: 파트너십의 성격을 명확히 하고 고객의 관점에서 코칭을 가치 있게 만드는 요소를 발견하도록 한다. 진정한 가치는 코치가 가치를 인식하는 방식이 아니라 고객이 코칭에 가치를 부여하는 것에 있다. 서로에 대한 요청과 기대, 코칭에 사용할 프로세스(대면, 준비 시트, 중간 이메일 등)에 대해 논의한다. 코칭 세션 준비 워크시트를 사용하는 방법을 검토한다.
- 의도와 원하는 바 발견하기: 이미 고객에 대한 통찰력을 제공하는 질문을 했을 것이다. 고객에 대해 관심 있는 부분에 대해 더 많이 물어보고, 잘 경청하고, 연상시키는 질문을 통해 고객의 포부, 욕구, 바람을 이끌어 내라.
- 고객의 목표에 맞추어 작업 시작하기: 환영 패킷에는 고객이 목표를 나열하는 워크시트가 포함되어 있어야 한다. 이 워크시트를 사용하여 목표와 고객의 삶에서 목표의 중요성에 대한 이해를 명확히 하고 확장한 다음 일정 계획을 설정한다. 대부분의 코치는 기간별로 목표에 대한 정보를 검토하고 명확히 한다. 예를 들면, 30일 목표, 90일 목표, 장기 목표 등 기간별로 목표를 검토하고 명확히 한다.
- 고객의 존재와 삶을 코칭하기: 고객은 목표를 달성하기 위해 충분한 에너지가 필요하다는 것을 금방 알게 될 것이다. 에너지를 소모하는 요소에 집중하는 시간을 갖는 것이 유용할 수 있다. 환영 패킷에 고객에게 에너지를 소모하는 일을 나열하도록 요청하는 양식이 포함되어 있다면 첫 세션에서 이를 검토할 수 있다. 이 정보는 고객의 현재 생활과 장애물에 대한 통찰력을 제공한다. 고객이 에너지를 소모하는 요소를 제거하거나 줄일 수 있는 방법을 파악하여 일부 항목을 정리하는 데 직접적으로 도움을 줄 수 있다.
- 진정성 있는 인간이 되는 것이 어떤 것인지 모델링하기: 마음으로부터 온전히 경청한다. (첫 세션은 80% 정도 경청하는 것이 좋다.) 말하지 않는 시간, 즉 '텅 빈 시간'을 허용한다. 기본적인 코칭 대화를 위한 길을 마련한다. 코치의 진정성은 코칭 관계에서 가장 중요한데, 코치의 진정성은 좋든 싫든 고객이 자신의 삶에서 진정성을 높이기 위한 움직임의 모델이 되기 때문이다. 대부분의 직장과 삶의 많은 부분이 진정성보다는 비진정성을 지지하는 이유는 직장에서 진정성이 갈등을 일으키고 성과를 달성하는 데 방해가 된다는 착각에 빠져 있기 때문이다. 코칭에서 진정성은 사람들이 자신의 진정한 모습, 즉 자신의 욕구, 강점, 고유성을 있는 그대로 드러내고 진정한 욕구, 강점, 고유성에서 흘러나오는 결과를 창출하도록 장려하는 것이다.

코칭 세션 준비하기

코치는 각 코칭 세션에서 최고의 자신을 발휘하고 훌륭한 코칭에 필요한 여유를 유지하기 위해 현재에 집중하고 중심을 잡는 연습을 해야 한다. 전화로 코칭을 할 때는 주변 환경에 방해받지 않도록 스스로를 통제해야 한다. 고객이 방해 요소를 보지 못하더라도 고객은 이를 감지할 수 있으며 세션에 부정적인 영향을 미치게 된다.

코칭 세션 사이에 최소 10분의 시간을 확보하고 각 세션 전에 다음을 수행하는 것이 좋다:

- 세션과 관련이 없는 자료는 책상 위에 치우고 방해 요소를 제거하기
- 마음의 중심을 잡기: 마음을 조용히 하고 몇 분간 명상하며 호흡하기
- 고객의 모습을 의식에 담고 지난 세션의 자료와 메모를 검토하기

세션이 끝나면 충분한 시간을 두고 확실하게 마무리한다. 다음 약속을 정하고, 코치와 고객의 약속을 요약하고, 다음 약속을 서두르지 않고 편안하게 마무리한다. 코치가 세션을 마무리하는 어조는 고객에게도 남게 되므로 고객에 대한 약속을 반영하는 방식으로 마무리해야 한다.

개인 생태학: 에너지 소모 요인 다루기

에너지를 소모하는 요인이란 에너지를 소모하는 것을 용인하거나 무시하거나 참는 것을 말한다. 정신적 잡동사니일 수도 있고 육체적 잡동사니일 수도 있지만, 이를 처리하면 고객은 잃어버린 에너지를 되찾을 수 있다. 에너지를 소모하는 사람에게 초기에 코칭의 초점을 맞추는 것은 현명한 전략이다. 프리 세션 중에 이 문제를 먼저 다룰 수도 있다. 고객에게 에너지 소모 목록을 작성하여 미리 보내 달라고 요청하라. 이렇게 하면 고객이 세션에 대비할 수 있고 원하는 성공을 가로막는 삶의 영역에서 즉각적인 성공을 거둘 수 있다. 에너지 소모를 다루는 것의 장점은 오랜 코치이자 개인 성공 뉴스레터의 저자인 필 험버트(Phil Humbert, 2001)의 홀리데이 뉴스레터에서 발췌한 다음 글에 설명되어 있다.

메리와 저는 오늘 대부분의 시간을 옷장 청소에 보냈습니다. 원래는 그렇게 할 계획이 아니었지만 자선단체에 테이블과 의자를 기부하면서 또 무엇을 기부해야 할지 생각하기 시작했습니다.

결국 담요 여섯 장과 여러 가지 수건과 침구류를 지역 쉼터에, 큰 책 한 상자를 공공도서관에, 가정용품, 옷, 잡동사니 몇 상자(테이블과 함께)를 자선 단체에 가져가기로 했습니다.

제 요점은 우리가 얼마나 '관대'한지 고결하게 느끼고 자랑하는 것과 함께, 여기에는 훨씬 더 큰 일이 벌어지고 있다는 것입니다.

성공이 효율성에 관한 것이라면(그리고 부분적으로는 그렇다), 코치의 삶을 어지럽히거나 마찰을 더하거나 코치의 주의를 산만하게 하거나 코치를 방해하는 모든 것은 성공을 저해하는 것입니다. 이것이 바로 '인내'의 개념입니다. 에너지를 약화시키고 집중력을 떨어뜨리는 성가신 일이나 귀찮은 일 등 몇 가지 좌절감을 참으면 곧 효과성에 미치는 영향이 눈에 띄게 달라집니다. 스스로에게 그렇게 하지 마세요!

몇 년 만에 가장 깔끔하게 정돈된 옷장을 보면 오늘 제 삶이 더 풍요로워짐을 느낍니다. 더 유용하고 초대하기 좋은 식당을 바라보며 식사가 더 즐거워져 스트레스가 줄어들고 소화, 의사소통, 식단, 영양 등이 개선될 수 있다는 것을 알 수 있습니다. 이 모든 것이 집과 생활을 어지럽히던 물건들을 버리는 것에서 비롯됩니다.

개인 환경은 집과 주변 사람 및 사물 등 즉각적인 환경으로 구성되며, 이러한 환경은 가장 중요한 우선순위를 달성하는 데 도움이 되기도 하고 방해가 되기도 합니다. 집, 사무실, 자동차, 친구, 사랑하는 사람들도 하나의 시스템으로 작용하여 당신을 지원하거나 당신의 속도를 늦출 수 있습니다.

저는 매우 효율적인 환경을 개인 지원 시스템이라고 생각하지만, 매우 비효율적인 환경은 마찰을 일으키고 우리를 방해할 뿐만 아니라 어느 순간 독이 되어 우리의 꿈을 죽이고 심지어 야망과 희망까지 죽일 수 있다고 생각합니다.

이번 연말연시에는 파티와 송년회와 함께 개인 생태계를 정리하는 시간을 가져 보세요. 집안을 청소하세요. 오해나 개인적인 마음의 상처를 정리하세요. 말 그대로 그리고 비유적으로 옷장을 정리하세요. 이렇게 하면 즉각적인 행복감을 느낄 수 있고 앞으로 몇 달 동안 더 집중하고 명확하게 더 높은 수준의 성과를 낼 수 있을 것입니다. 이것이 바로 성공이 아닐까요?

첫 코칭 세션과 환영 패킷이 잘 설계되었다면 코치와 고객은 고객이 실제로 어떤 사람인지, 고객의 의도와 고객이 자신을 가로막는 방식은 무엇인지에 대해 많은 것을 알게 될 것이다. 이러한 정보만으로도 고객에게 큰 가치를 제공할 수 있다. 코치는 각 고객의 환영 패킷을 쉽게 사용할 수 있도록 보관하는 것이 좋다. 코치는 이 환영 패킷을 사용하여 3개월 또는 6개월 후에 고객의 원래 의도를 자세히 되돌아볼 수 있다. 코치가 종이가 필요 없는 사무실을 선호하지 않는다면 각 고객에 대한 파일 폴더를 만드는 것도 유용한 방법이다. 환영 패킷을 폴더의 왼쪽 안쪽 패널에 스테이플러로 고정한다. 코칭 세션 준비 워크시트와 코칭 노트는 오른쪽에, 최신 워크시트는 맨 위에 보관하라. 이렇게 하면 코치가 중요한 정보를 신속하게 검토하고 위기나 긴급한 문제로 인해 고객이 관심에서 멀어졌을 수 있는 문제를 다시 불러올 수 있다. 본질적으로 코치는 환영 패킷 정보를 참조하여 고객이 지속적인 의도와 욕구에 집중하도록 다시 되돌려 줄 수 있다.

투명한 언어, 강력한 질문, 그리고 목적이 있는 질문

앞서 말했듯이, 코칭은 고객과의 대화 중에 이루어진다. 코칭 대화는 코치가 의도적이고 강력하게 언어를 사용하기 때문에 일상적인 대화와 다르다. 단어, 리듬, 타이밍, 뉘앙스, 은유, 이야기, 어조 등 코치의 언어는 고객과 함께 일할 때 코치가 가진 가장 강력한 자원이 된다. 일반적인 대화 리듬과 달리 코칭 대화는 고객에게 통찰력, 새로운 사고방식, 아이디어 또는 가능성 간의 새로운 연결을 창출하는 데 목적이 있다.

코칭 대화를 들어 보면 코칭의 언어가 단순하게 들린다. 단순한 것은 맞지만, 쉬운 것은 아니다. 놀라울 정도로 단순하다. 코치의 언어는 깊이 있는 사고와 자기 성찰을 장려한다. 코칭의 의도는 직접적이고 투명하여 고객의 사고, 언어 및 프로세스가 강조되도록 하는 것이다. 코치의 언어에는 무언의 판단과 가정이 없다. [톰킨스(Tompkins)와 라우리(Lawley, 1997)에 요약된 투명한 질문에 대한 데이비드 그로브(David Grove)의 연구를 참조하라.]

초보 코치들은 때때로 설문지, 양식, 논문 및 모델 등이 훌륭한 코칭에 필수적이라고 믿으며 길을 잘못 가는 경우가 있다. 이러한 도구는 신입 코치에게 자신감을 심어 주는 소품이 될 수는 있지만 반드시 필요한 것은 아니다. 사실 고객에게 사용하는 언어, 즉 질문이 코칭에 가장 강력한 자원이 될 것이다. 코치의 존재감의 대부분은 언어를 통해 전달된다.

강력하고 생각을 일으키는 질문

스튜어트 웰스(Stuart Wells, 1998)는 전략적 사고가 미래에 매우 중요하다고 한다. 그는 모든 리더가 반복적으로 던져야 하는 세 가지 핵심 질문을 제시했다:

- 무슨 일이 일어나고 있는 것인가?
- 우리는 어떤 가능성에 직면해 있는가?
- 우리는 그것에 대해 무엇을 할 것인가?

이러한 질문은 코칭 프로세스 전반에 걸쳐 제기되는 질문을 반영한다. 코치의 주요 도구는 고객의 내면 깊숙한 곳까지 도달하여 통찰력을 이끌어 내고 고객이 새로운 가능성에 접근할 수 있도록 하는 도전적인 질문을 사용하는 것이다.

기본적인 코칭 대화를 얼마나 능숙하고 성공적으로 이끌어 가느냐는 코칭의 기초를 형성하는 질문, 즉 고객의 사고를 이끌어 내고 집중시키는 질문의 능력에 달려 있다. 코치의 질문은 피상적인 수준을 넘어 고객의 사고와 행동을 촉진할 수 있는 강력한 힘을 가져야 한다.

강력한 질문은 주의를 집중시키고, 고객의 느낌을 바꾸고, 고객이 이전에는 고려하지 않았던 선택과 행동을 취하도록 하는 묘한 힘을 가지고 있다. 제리 허쉬버그(Jerry Hirshberg, 1998)는 강력한 질문은 "종종 무장해제 될 정도로 단순하며, 특히 '알려진 것'을 너무 익숙한 틀, 즉 오래된 연상 및 가정으로 이루어진 두껍고 죽은 덤불에서 풀어내어 주제에 대한 새로운 조명과 새로운 아이디어의 성장 가능성을 허용하는 데 효과적"이라고 언급했다. 우리는 신경생물학 연구를 통해 인간의 마음은 질문에 대한 답을 거부할 수 없다는 것을 알고 있다. 누군가에게 흰 코끼리를 생각하지 말라고 요청하는 일반적인 실험은 마음이 제안에 어떻게 반응하는지를 잘 보여 준다. 질문도 같은 방식으로 작동한다. 고객에게 질문을 하면 고객은 답을 찾기 시작한다.

도움 전문가들은 훌륭한 질문의 힘을 잘 알고 있다. 해결 중심 단기 치료의 창시자 중 한 명인 스티브 드 셰이저는 자신이 고안한 질문 한 가지로 전 세계에 이름을 알렸다. 그의 단순하지만 매우 도발적인 '기적질문(miracle question)'은 매일 수천 명의 상담사 및 코치가 사용하고 있다: 하룻밤 사이에 기적이 일어났는데 내일 아침에 일어나 보니 문제가 해결되었다면 어떨까요? 가장 먼저 눈에 띄는 것은 무엇일까요?(de Shazer & Lipchik, 1984)

기적질문과 마찬가지로 강력한 질문은 세 가지 방식으로 고객에게 도움이 된다:

- 고객의 숨겨진 잠재력 또는 미개발 잠재력을 끌어낸다.
- 변화를 위한 지렛대가 될 수 있는 핵심 요소에 집중하게 한다.
- 고객의 창의력과 자원을 끌어내어 새로운 대안을 도출하도록 이야기한다.

질문은 코칭에서 다양한 목적으로 사용된다. 질문은 영역을 열고 확장할 수도 있고, 초점을 조사하고 강화할 수도 있다. 고객의 주의를 끌기 위한 안내자로서 다음과 같이 사용할 수 있다:

- 격려, 지원 또는 검증
- 문제 시작, 발견 또는 표면화
- 분명하지 않은 것을 끌어내어 발견하거나, 이미 드러난 문제를 명확히 하기
- 새로운 가능성 창출
- 사고, 행동, 한계에 대해 진지하게 도전하기
- 전제 파악하기

우리는 때때로 새로운 코치들에게 피터 포크(Peter Falk)의 〈콜롬보(Columbo)〉 에피소드 몇 편을 시청해 보라고 요청하는데, 멍청해 보이는 질문을 던지는 그의 능력은 사실 아직 투명하게 드러나지 않은 부분에 주의를 집중시키는 현명하고 숙련된 방법이라고 할 수 있다. 이 책을 읽는 상담사라면 내담자에게 창의적인 사고를 불러일으키고 내담자의 현재 인식과 습관적인 사고방식을 넘어서는 개방성을 창출하기 위해 고안된 밀턴 에릭슨이 던진 질문에 익숙할 것이다. 예를 들어, "이번 화요일에 변화를 시작하시겠습니까, 아니면 다음 주까지 기다렸다가 시작하시겠습니까?" 이러한 종류의 질문은 변화가 일어날 것임을 암시하여 언제 변화가 일어날 것인지에 대한 고객의 주의를 집중시킨다.

에릭슨은 또한 습관적인 패턴을 중단시키기 위해 질문을 사용했다. 우리는 이러한 질문을 사용하여 고객이 업무 시간 중 매시간 스스로에게 "지금 나는 내가 원하는 리

더가 되고 있는가?"라고 질문하도록 요청했다. 이러한 질문은 고객이 이전 시간을 되돌아보도록 주의를 환기시키며, 고객이 평소 같으면 하지 않았을 일을 하게 한다. 이러한 성찰은 선택에 따른 변화를 이끌어 낼 수 있는 인식과 통찰력을 만들어 낸다.

코치에게 좋은 방법은 코칭 대화가 끝날 때 녹화를 하여 자신이 던진 질문을 검토하는 것이다. 이 방식을 통해 코치는 질문을 제한하고 있지는 않은지, 질문이 실제로 고객의 마음에 강하게 와 닿았는지 평가할 수 있다. 고객이 "좋은 질문이네요."라고 말하면 코치는 그 질문이 인사이트를 이끌어 낼 가능성이 높다는 것을 알 수 있다.

성찰질문: 특별한 종류의 도발적 질문

강력한 질문의 특별한 유형이 바로 성찰질문(inquiry)이다. 많은 영적 전통에서는 자기 인식과 자기 이해를 발전시키는 방법으로 성찰질문 방법을 사용한다. 성찰질문은 한 사람이 특정 기간 동안 지속적으로 염두에 두고 숙고하는 성찰질문이다. 코치가 고객에게 성찰질문을 요청하면 고객은 다음 세션까지 매일 성찰질문과 함께 생활하게 된다. 시인 라이너 마리아 릴케(Rainer Maria Rilke, 1929/1992)의 유명한 구절이 좋은 예이다:

> 지금 질문으로 생활해 보세요. 그리고 아마도 자신도 모르는 사이에 먼 훗날 그 질문에 대한 답을 얻으며 살아가게 될 것입니다.

성찰질문은 고객이 깊이 성찰하도록 유도하는 질문이다. 고객은 오랜 시간 동안 질문과 함께 살기 때문에 질문에 답하는 다양한 방법을 찾게 된다. 성찰질문의 원리는 인간의 마음은 질문에 답하지 않을 수 없다는 것이다. 올바른 질문을 우리 앞에 놓으면 이전에는 스스로 드러나지 않았던 탐구와 해답의 길이 열린다.

일기 쓰기와 묵상하는 시간이 습관적인 판단과 확신을 버리고 내면의 대화를 위한 길을 여는 데 어떻게 도움이 되는지 독자 여러분은 잘 알고 있을 것이다. 이것이 바로 직장에서의 성찰질문의 원칙이다. 이는 강력하고 삶을 변화시킨다. 쉬운 답이 없는 질문들이다. 소크라테스는 제자들과 함께 사용한 소크라테스적 탐구 과정을 통해 이러한 질문들을 유명하게 만들었다. 그는 제자들과 함께 거리 곳곳을 걸으며 미덕, 평화, 윤리 등에 대해 어렵고 심오한 질문을 던졌다. 라이프 코칭에서 우리가 하고자 하는 것은 바로 이런 것이다. 우리는 고객이 현재 상태를 넘어 생각하고 열망하고 행동하도록 도전하는 질문을 던지고 싶다.

코칭 분야에서 호기심은 고객이 자신의 역량과 자산을 경험하는 방식을 근본적으로 심화시키고 확장할 수 있을 뿐만 아니라, 고객이 무엇을 어떻게 알아차리도록 하는 능력을 향상시킬 수 있다. 성찰질문의 두 가지 주요 목적은 자기 인식을 높이고 고객이 자신의 신념, 행동, 삶에 대한 인식을 높여 더 많은 선택과 책임을 갖도록 장려하는 것이다.

코치는 고객에게 '성찰 속에' 있는 능력과 의지, 즉 열린 질문을 편안하게 받아들이고 성찰과 발견을 강조하는 본보기를 보여 주어야 한다. 고객과 마찬가지로 우리도 때때로 알고 싶을 때가 있다. 하지만 코칭은 학습 모델이기 때문에 모르는 것을 기꺼이 받아들일 때 고객에게 중요한 방식으로 서비스를 제공하게 된다.

마릴리 아담스(Marilee Adams) 코치는 유용한 구분을 했다. 그녀는 질문을 발전시키는 두 가지 마인드셋, 즉 심판자 마인드셋과 학습자 마인드셋이 있다고 말했다. 심판자는 문제에 초점을 맞추고, 무엇이 잘못되었는지 지적하고, 통제 문제를 평가하고, 전제를 세우고, 옳은 답을 찾으려고 노력한다. 코치가 심판자 마인드셋을 가지고 있다면 효과적이지 않을 것이다. 반면, 학습자는 무엇이 옳은지(자신, 상대방, 상황에 대해), 어떤 선택이 가능한지, 무엇을 배울 수 있는지, 무엇을 책임질 수 있는지에 초점을 맞춘다. 학습자 마인드셋은 코치의 마인드셋이다. 코치의 자세는 '답'이 아닌 '질문'에 기꺼이 참여하는 것이다. 아담스의 저서인 『질문을 바꾸면 인생이 바뀐다(Change Your Questions, Change Your Life)』(Adams, 2009)에는 통찰력 있는 질문의 예와 구체적인 사례에서 이러한 질문이 가져온 변화가 담겨 있다(www.InquiryInstitute.com 참조).

많은 비즈니스 리더는 일반적으로 심판자 마인드셋을 가지고 있으며, 결론을 내리고 결론을 내리기 위해 끊임없이 노력한다. 말콤 글래드웰(Malcolm Gladwell, 2005)은 이러한 마인드셋이 인간의 정신과 신체에 어떻게 작용하는지를 조명했다. 그의 책 『블링크(Blink)』는 심판자 마인드셋의 가치와 그 위험성에 초점을 맞추고 있다. 말콤 글래드웰의 연구 결과에서 알 수 있듯이, 심판은 순식간에 이루어지는 경우가 많다. 이러한 심판은 수천 년 동안 인간에게 유용하게 사용되어 왔다. 이를 통해 우리는 안전 문제에 대해 신속하게 결정을 내리고 적절한 조치를 취할 수 있었다.

습관적인 빠른 판단은 고객에게 도움이 될 수도 있지만 방해가 될 수도 있다. 질문은 코치가 고객이 내적 · 외적 지혜를 더 많이 활용할 수 있는 새로운 존재 방식을 만들기 위해 무의식적으로 판단하는 습관을 점검하도록 요청할 때 사용하는 방법이다.

책임 관련 질문

코칭이 고객의 삶에 변화를 가져오는 이유는 부분적으로는 코치에게, 그리고 더 중요한 것은 고객 스스로에게 실행할 책임감(accountability)을 갖게 하기 때문이다. 각 코칭 세션이 끝나면 코치와 고객은 이러한 질문에 답할 수 있어야 한다:

- 무엇을 하겠습니까?
- 언제까지 하겠습니까?
- 성공했는지 어떻게 알 수 있나요?
- 코치인 저나 다른 사람들이 고객의 성공을 어떻게 인식할 것인가요?

일부 고객, 특히 비즈니스 업계에 종사하는 고객들은 습관적인 책임감 성향의 희생양이 되고 있다. 이들은 책임감을 과도하게 사용함으로써 업무의 가치에 대한 자기 성찰과 행동이 원하는 결과로 이어지는지 평가하는 대신 업무를 완수하기 위해 스스로를 몰아붙인다.

고객의 언어에 근접하기

이 장에서는 코칭 대화의 필수적인 부분인 코치가 질문을 사용하는 방식에 대해 광범위하게 다룬다. 코치들은 강력한 질문이라는 용어를 들으면 모든 질문을 강력한 질문으로 만들어야 한다는 압박감에 시달리는 경우가 많다. 사실 가장 단순한 질문도 고객에게 강력한 효과를 줄 수 있다. 코치는 질문을 던지고 고객이 응답하기 전까지는 자신의 질문이 강력한지 알 수 없는 경우가 많다. 우리가 생각하는 강력한 질문은 코치의 전문성이나 우월성을 입증하기 위한 구루(guru)의 질문이 아니다.

신입 코치들이 모든 질문을 강력하게 만드는 데 지나치게 집중하는 경향에 대한 해독제로서, 코치는 고객의 언어에 매우 근접한 매우 단순한 질문의 탁월함을 탐구할 수 있다. 많은 라이프 코치 교육 연구소(ILCT) 참가자는 상담사라는 직업적 배경을 가지고 있기 때문에 내러티브 작업, 언어 및 그 가정과 같은 이 직업의 트렌드에 익숙하다. 라이프 코치 교육 연구소(ILCT) 참가자들에게 치료사 데이비드 그로브의 논문 「적은 것이 많을수록 효과적이다: 깨끗한 언어의 기술(Less Is More: The Art of Clean Language)」을 읽고 그의 투명한 질문에 대한 연구를 살펴보도록 요청한다(Tompkins & Lawley, 1997).

그로브의 제자인 저자들은 깨끗한 언어에 초점을 맞춘 그로브가 어떻게 고객이 완전히 자기 관찰할 수 있는 기회를 창출하는지 요약했다. 그로브의 질문은 고객이 자신의 사고, 느낌, 반응 패턴을 '실시간으로' 경험할 수 있도록 한다. 그 결과 변화가 일어난다. 그로브는 은유적이고 상징적인 경험 영역을 다루기 위한 질문 모델인 클린 랭귀지(Clean Language)로 가장 잘 알려져 있다. 클린 스페이스(Clean Space)와 이머전트 지식(Emergent Knowledge)과 같은 그의 후기 혁신은 잘 알려지지 않았다. 모든 그로비안 프로세스를 하나로 묶는 것은 '깔끔하게 작업한다'는 개념이다. 클린 언어 웹사이트(www.cleanlanguage.co.uk)에는 고객의 말이 적극적 경청 반응에 얼마나 밀접하게 반영되는지 보여 주는 몇 가지 예가 나와 있다. 그로브는 상담사들을 가르치지만, 그의 교훈은 내담자가 배울 수 있도록 내담자에게 다시 반영하는 미러링을 사용하는 상담사들에게도 동일하게 적용된다. 그로브가 보기에 코치의 말은 고객이 말하는 것을 이상적으로 반영하며, 약간의 추가는 없지만 고객이 진정으로 자신의 말을 들을 수 있도록 매우 면밀하게 추적한다.

이러한 언어 사용을 '투명한(transparent)' 것이라고 부르는 이유는 고객이 업무를 수행할 때 시야를 방해하지 않기 때문이다. 코치는 가능한 한 적은 단어를 사용하므로 고객은 생각하고, 작업하고, 자신을 표현할 수 있는 더 많은 시간과 공간을 확보할 수 있다.

투명한 언어는 고객의 말을 더하는 것이 아니라 고객의 언어를 면밀히 추적하고 반영하여 고객이 누구인지, 무엇을 원하는지, 어디로 갈 것인지 더 명확하게 파악할 수 있게 해 준다.

예를 들어, 한 고객이 "저는 오랫동안 제 직업에 대해 매우 답답함을 느꼈습니다. 이 직업에 갇혀 황금 수갑에서 벗어날 방법이 없어요."라고 말할 수 있다. 코치는 "그 직장을 떠나려면 어떤 용기와 결단력이 필요할까요?"와 같은 질문을 할 수 있다. 이 질문은 고객에게 유용하고 강력한 질문이 될 수 있다. 그러나 그로브의 연구에 따르면, 코치는 용기와 결단력이라는 새로운 렌즈와 필터를 추가하여 고객의 현재 상황 구성에 추가하고 있다. 코치가 상황을 벗어나거나 그렇게 하기 위해 자원을 모으는 옵션에 고객의 주의를 집중하기 때문에 코치는 투명하게 작동하지 않고 있다.

이는 유용한 접근 방식일 수 있다. 반면에 고객의 초점을 할 수 있는 일이나 해야 하는 일로 옮길 수 있다. 코치를 위한 또 다른 대안은 고객의 언어를 매우 면밀히 추적하고 고객의 현재 사고의 틀 안에 머무르는 것이다. 다음은 코치가 고객에게 질문하고 투명성을 유지할 수 있는 방법의 예이다:

고객: "저는 오랫동안 제 직업에 대해 매우 답답함을 느꼈습니다. 이 직업에 갇혀서 이 황금 수갑에서 벗어날 방법이 없어요."

코치: "어떤 종류의 답답함이 있나요?" 또는

코치: "오랫동안 업무에 갇혀 있었던 경험이 있나요?" 또는

코치: "수갑을 차고 빠져나올 길이 없어 갇힌 듯한 느낌을 받은 경험은 무엇인가요?"

이러한 각 질문은 고객에게 현재 상황의 경험에 대해 자세히 설명하도록 요청한다. 게슈탈트 심리학의 한 문구를 빌리자면, 이러한 질문은 고객에게 상황에 대하여 전경과 배경을 함께 작업하도록 요청한다. 전경(figure)은 고객이 가장 주의를 기울이고 있는 것으로, 이 상황에서 주의가 필요한 모든 것의 바탕에서 생겨난 것이다. 앞의 발췌문에서 코치의 질문은 고객에게 막힌 자신의 경험에 점점 더 주의를 집중하도록 요청한다. 코치의 질문은 상황을 변화시킬 행동 과정으로 이동하기 전에 현재 상황에 대한 더 많은 정보, 즉 현재 사실에 대한 정보를 수집하도록 고객에게 요청하고 있다. 코치의 질문은 고객으로 하여금 자신의 생각과 경험(감각, 인식, 감정 등)을 살펴볼 수 있도록 하고 있다. 게슈탈트 언어로 표현하면, 지금 일어나고 있는 일에 대한 더 풍부한 관점은 코치와 고객이 무엇이 고객에게 더 만족스러운 상황으로의 전환을 촉진할 수 있는지에 대한 이해를 촉진하는 것이다. 고객의 인식이 더욱 풍부해지고 짜임새가 더해지면 몇 가지 새로운 방향이 떠오를 수 있다. 고객은 갇혀 있는 것이 어떻게든 효과를 가져다준다는 것을 발견할 수 있다. 또는 막힌 느낌에 대한 깊은 탐구를 통해 다른 일을 할 수 있는 활력과 에너지를 얻을 수도 있다.

코치가 두 번째로 선택할 수 있는 방법은 여전히 투명하게 작업하면서 고객이 원하는 상황을 탐색하는 것이다. 현재 상황을 탐색한 후 코치는 "수갑에서 벗어날 방법을

찾을 수 있다면 어떻게 될까요?"라고 질문할 수 있다.

본질적으로 투명성이란 고객이 말하는 내용에 다른 은유, 새로운 프레임워크 또는 다른 맥락을 추가하는 것이 아니라 고객이 사용하는 맥락과 언어에 머무르는 것을 의미한다. 많은 코치가 코칭 세션에서 자신의 부분을 녹화하면서 정보, 가정, 방향 등 자신이 얼마나 많은 것을 추가했는지 발견하고 스스로 놀라곤 한다. 코치는 "내가 고객의 언어에 가까이 다가가 고객이 자신의 상황을 충분히 이해할 수 있도록 충분한 시간을 주었는가?"라고 질문해야 한다. 코치는 유용하게, 정중하게 추가하려는 의도가 있더라도 너무 빨리 추가하지 않도록 자제해야 한다. 코치는 적절한 경계를 유지해야 하며, 고객의 경계와 이해 및 창조 능력에 대한 존중을 투명하고 깔끔하게 전달해야 한다.

질문은 코칭 대화를 진행시키는 주요 수단이다. 그러나 질문에 가정이 포함되어 있으면 고객은 그 영향력을 깨닫지 못한 채 그 가정을 받아들일 수 있다. 모든 가정은 틀을 만들어 일부 옵션을 만들어 내고 틀 밖의 옵션을 모호하게 만든다.

코치가 자신이 생각하는 바를 직접 말하여 가정을 직접 공유하는 것이 더 좋은 방법일 수 있다. 코치는 다음과 같이 말할 수 있다. "저는 당신이 말하는 '수갑'이라는 용어가 얼마나 강력한지 잘 알고 있습니다. 수갑이라는 단어가 저에게 감옥이라는 단어를 매우 본능적으로 불러일으킨다는 것을 알고 있습니다."라고 말할 수 있다. 우리는 코치들이 아무것도 덧붙이지 않는 것의 힘을 경험하고, 노골적으로 가정을 말하기 전에 단순히 추적하고 성찰하는 것의 힘에 대한 자신감을 키워야 한다고 믿는다. 우리는 질문, 가정, 프레임워크를 통해 무엇을 추가하고, 고객과 우리의 사고를 어떻게 형성하는지에 대해 책임감을 가져야 한다고 믿는다.

코칭 대화에서 은유 사용

또한 코칭에서 은유를 활용하고 탐구한다. 은유는 강력한 이미지를 만들어 내고 활기차고 감정적인 인식을 불러일으킨다. 은유는 상상력을 불러일으키고 창의력을 발휘하며 수완을 자극할 수 있다.

학습과 인지 분야의 연구자인 앤드류 오토니(Andrew Ortony)는 몇 년 전 급진적인 주장을 펼쳤다: "은유는 좋은 것이 아니라 필요한 것이다."(1975/2001, p. 29) 은유는 단순히 한 사람이 어떤 사물을 다른 사물과 '같은' 것으로 묘사하는 것으로 볼 수 있다. 조지 라코프(George Lakoff)와 마크 존슨(Mark Johnson)의 생각을 확장하는 책인 『우리가 사는 은유(Metaphors We Live)』에서 그들은 이렇게 말하고 있다: "은유의 본질은 한 종류의 사물을 다른 종류의 관점에서 이해하고 경험하는 것이다."(1980/2003, p. 5)

우리의 사고 과정 대부분이 의식적인 이해를 넘어선다는 사실을 인정할 때, 은유는 우리가 세상을 생각하고 느끼고 경험하는 방식에 대한 독특한 관점을 제공한다. 우리 주변의 실체적 세계는 끊임없이 움직이는 수십억 개의 원자와 그 사이의 수많은 빈 공간으로 구성되어 있다. 우리가 보는 것은 색상, 모양, 패턴 등 우리 내부의 지각이다. 이 모든 것이 실체에 대한 은유에 불과하지 않을까? 어쩌면 은유야말로 우리가 현실의 '실제' 경험에 가장 가깝게 다가갈 수 있는 방법일지도 모른다.

칼 융은 그의 저서 『인간과 그의 상징(Man and His Symbos)』(1964/1969a)에서 무의식의 중요성에 대해 설명하고 있다. 지각의 어느 지점에서 우리는 의식적 지식이 통과할 수 없는 확실성의 경계에 도달한다. 그러나 무의식은 모든 사건과 경험을 기록해 두었다가 다소 모호할 수 있는 형태와 상징으로 이 정보를 저장한다. 융은 무의식과의 연결을 통해 나타나는 이러한 상징을 분석함으로써 우리 자신과 관계, 그리고 우리를 둘러싼 더 넓은 세계를 훨씬 더 폭넓고 포괄적으로 이해할 수 있다고 확신했다. 일상 언어에서 은유를 사용하는 것은 무의식적 지혜를 해독하는 '열쇠' 중 하나이다.

코치에게 통찰력을 제공하는 은유

코칭을 위한 도구로서 고객의 비유와 은유는 고객의 상황과 목표에 대한 고유한 인식을 파악할 수 있는 단서를 제공한다. 고객이 "터널 끝에서 빛을 볼 수 있습니다."라고 말할 때, 그것은 바로 그들이 경험하고 있는 것이다. 그들에게 빛이 있고 마치 터널에 있는 것처럼 스스로를 경험하고 있는 것이다. 그들은 이 은유적 관점에서 자신의 상황에 대해 무의식적으로 훨씬 더 많은 것을 '알게' 될 것이다. 그들은 빛이 어느 방향에 있는지, 얼마나 멀리 떨어져 있는지, 어디에서 오는지 알 가능성이 매우 높다. 터널의 구조, 터널의 느낌과 모양, 통로가 얼마나 좁은지, 터널과 관련하여 자신이 어디에 있는지 등을 알 수 있다.

코칭 대화가 진부해지고 에너지의 전환이 필요할 때, 고객의 언어로 은유를 찾아내어 설명해 달라고 요청하는 것만으로도 탐구로 이어질 수 있다는 것을 알게 된다. 고객이 은유가 어떻게 변화하는지 볼 수 있도록 격려하라. 이는 많은 대화를 하지 않고도 고객이 원하거나 필요로 하는 변화를 은유로 표현하게 함으로써 사고와 결과의 전환 분위기를 조성할 수 있는 효과적인 방법이다. 코칭 대화에서 은유를 활용하는 세 가지 기본적인 방법이 있다:

1. 고객이 공유하는 은유를 들어 보라. 우리 언어에는 은유가 가득하다. 고객은 막힌 느낌, 숲에서 길을 잃은 느낌 또는 다른 이미지를 말할 수 있다. 코치는 "어떤 종류의 막힘이 막힌다는 건가요?" 또는 "막힘에 대해 더 자세히 말해 주세요."라고 물어볼 수 있다. 몇 가지 탐색을 거친 후 코치는 비유를 바꾸기 위한 아이디어를 도출할 수 있다. 어떤 일이 일어나야 하는가?
2. 고객에게 질문하여 은유를 만들게 한다: "이 문제나 도전을 떠올리면 어떤 느낌이 드시나요?" 이 질문에서 "그것은 무엇과 같습니까?"라고 말하지 않는다는 점에 유의하며, 대신에 '무엇과 같다'라고 하는 것은 거의 항상 은유를 이끌어 내는 것과 같은 단계임을 유의하라.
3. 직관에서 비롯된 은유를 제시하라. 고객에게 이렇게 말하라: "수잔, 당신이 도전을 설명할 때 떠오르는 이미지가 있습니다. 공유해도 될까요?" 그런 다음 고객이 동의하면(대부분 항상) 당신이 느끼는 은유나 상징을 말하고 그 은유가 고객을 어디로 이끄는지 살펴보라.

제3장

발달적 변화 과정으로서의 코칭

COACHING AS A DEVELOPMENTAL CHANGE PROCESS

교육에서 우리는 종종 메리 올리버(Mary Oliver, 1986)의 시 「기러기(Wild Geese)」를 인용하여 발달 변화 과정에 대한 토론을 시작한다. 이 시는 고향으로 향하는 기러기 무리에 대한 명상이며, 시인은 인간과 세상과의 깊은 관계에 대해 정교하게 묘사하고 있다. 이 시의 관점은 중년 이후의 많은 사람에게 호소력을 발휘한다.

올리버는 깊은 영성을 지닌 시인으로, 주로 자연에서 관찰한 내용을 바탕으로 한 그의 글은 지난 수십 년 동안 많은 사람이 삶의 경계를 넘어 의미와 목적을 찾으면서 폭넓은 공감을 얻었다. 퓰리처상과 전미 도서상 시 부문 수상자인 올리버는 인간과 다른 모든 존재, 우주와의 위대한 연결성을 강조하는 시와 에세이를 썼다. 다른 인간과 보편적인 무언가에 대한 깊은 연결성에 대한 갈망은 특히 중년기에 있는 고객들을 코칭의 강력한 프로세스로 끌어들인다. 이러한 사람들이 라이프 코치와 함께 일할 때 그들의 여정은 종종 새로운 방향으로 나아간다.

라이프 코치는 고객이 원하는 변화를 향한 새로운 길을 모색하고 걸어갈 수 있도록 지원한다. 라이프 코치는 고객의 업무에 다양한 관점을 도입하여 이를 지원한다. 라이프 코치는 고객 개개인의 고유한 재능과 강점을 충분히 인식한다. 동시에, 코치는 고객의 업무가 일반적으로 인간이 일생 동안 어떻게 발달하는지에 대한 맥락에서 어떻게 부합하는지 파악할 수 있다.

더 자세히 알아보기 전에 발달 문제의 관점에서 프로파일과 상황을 가장 잘 파악할 수 있는 한 고객의 사례를 살펴보겠다.

사례 연구: 조지

52세의 조지(George)는 처음부터 사업을 시작한 성공적인 정형외과 의사로, 세심하고 배려심 깊은 업무로 명성이 자자하며 이러한 것이 그를 더욱 바쁘게 한다.

그는 자신의 고향인 미국 북동부의 도시에서 살고 있다. 조지가 코치를 찾아온 이유는 자신의 일에 엄청난 회의감을 느꼈기 때문이다. 어렸을 때 수의사가 되고 싶었던 그의 첫사랑은 언제나 동물이었다. 그는 평생 말을 탔고 현재도 말을 소유하고 있지만 자주 타지는 못한다. 라마를 키울 수 있는 땅을 소유하는 것도 꿈꿔 왔다. 그는 손재주가 뛰어나 조각과 창작에 능하고 여러 현악기를 잘 연주한다. 하지만 그는 연습, 조각, 연주할 시간이 거의 없다. 조지가 정형외과 의사가 된 것은 부모님의 권유 때문이었다. 그의 아버지는 정형외과 의사였고, 그의 형도 정형외과 의사이다. 조지에게 두 사람 모두 이 분야에 만족하는 것 같았다. 그는 때때로 왜 자신이 그렇지 않은지 궁금해하며 스스로에게 그래야 한다고 말한다. 하지만 그렇다고 해서 만족할 수는 없다.

> 변화는 삶의 법칙이며, 과거나 현재만 바라보는 사람은 반드시 미래를 놓치게 된다.
>
> –존 F. 케네디

조지는 한동안 정형외과 진료에 불만이 많았다. 그는 요즘 환자들에게 쉽게 짜증을 내는데, 예전에는 그런 일이 없었다. 그는 이런 감정 때문에 스스로에게 화가 났다. 그는 자신이 발산하는 짜증이나 분노의 에너지가 환자의 치유 과정을 방해할 수 있다는 것을 알고 있다. 그는 자신이 항상 사람보다 동물을 더 좋아하고 동물과의 유대감과 동정심이 크다는 것을 알고 있다. 그는 정형외과 치료 중에 사람들이 불평하면 참을성이 없어진다. 그는 자신을 크게 짜증나게 하는 한 환자의 이야기를 들려주었다. 75세인 그녀는 극심한 불안증을 앓고 있으며 교통사고의 피해자이다. 그녀는 매주 두 번씩 내원하여 치료 내내 끊임없이 이야기하고 습관적으로 모든 것에 대해 불평했다. 지난주에는 이례적으로 "그냥 조용히 가고, 내가 일하게 해 주세요!"라고 말하기도 했다.

지난 몇 년 동안 조지는 에너지와 동기 부여가 부족하여 불안해했다. 그는 이것이 나이가 드는 것과 관련이 있는지 궁금했다. 조지는 20년 동안 행복하게 결혼 생활을 해 왔고, 교회에서 활발하게 활동하고 있으며, 고등학교 3학년인 쌍둥이 아들이 있다. 조지의 아내인 조앤은 45세이며 사회 심리학 박사 학위 과정의 마지막 단계에 있다. 부부가 처음 결혼했을 때 초등학교 교사였던 조앤은 아이들을 돌보기 위해 교직을 그만두었다. 아이들이 중학생이 되었을 때 그녀는 다시 학교로 돌아갔다. 그녀는 학위를 마치고 대학에서 학생들을 가르칠 수 있다는 사실에 흥분하고 있었다.

토론

조지의 사례에 집중하면서 다음 질문을 고려해 보자:

- 조지의 상황에서 눈에 띄는 점은 무엇인가?
- 조지에게 가장 먼저 물어보고 싶은 질문은 무엇인가?
- 조지에 대한 이야기를 읽으면서 어떤 감정이 떠오르는가?
- 조지와 그의 상황에 대해 가장 공감하는 부분은 무엇인가?
- 조지의 상황에 대해 가장 거리감이 느껴지거나 조바심이 나는 부분은 무엇인가?
- 조지가 35세나 65세였다면 코칭 방식이 어떻게 달라졌을까?

이러한 질문을 통해 학생들이 계획한 접근 방식과 내부 반응에 대해 생각하도록 유도한다. 코치는 개요를 읽는 것이 아니라 고객과의 대화를 통해 이러한 정보를 얻는다는 점을 명심해야 한다. 이러한 대화가 진행되는 동안 이러한 질문과 다른 많은 질문을 통해 코치다운 방식으로 응답할 수도 있다. 그러나 코치다운 질문은 코치가 인간을 이해하는 방식, 즉 모든 사람을 대표하는 발달 단계와 전형적인 패턴을 이해하는 정도에서 비롯될 수 있다.

코치가 인간 발달 문제에 대해 무지하면 고객이 변화를 추구하는 원동력의 원천이 무엇인지에 집중할 수 있는 좋은 기회를 놓치게 된다. 안타깝게도 코치는 고객의 실제 업무를 회피하는 데 동참할 수도 있다. 우리는 코치들이 널리 받아들여지는 인간 발달 이론을 이해하는 데 도움을 주기 위해 다음 이론을 사용한다. 제임스 프로차스카(James Prochaska)의 변화 준비 이론과 함께 사용하면 코치는 고객의 삶의 지형에 가장 효과적으로 진입할 수 있는 위치를 이해할 수 있다.

프로차스카(Prochaska)의 연구 기반 작업은 처음에 중독 상담 분야에서 시작되었다. 상담자의 행동과 스타일이 내담자의 변화 준비 단계에 어떻게 가장 잘 부합할 수 있는지에 대한 이론과 전략을 수립하고자 했다. 코칭은 치료가 아니더라도 코칭을 받는 고객에게도 프로차스카의 이론이 적용될 수 있다고 생각한다. 프로차스카의 단계를 사용한 일반적인 코칭의 예는 다음과 같다. 코칭에 대한 고객의 일부 목표는 건강을 개선하고 운동 루틴을 시작하는 것이다. 프로차스카와 동료들(1994)은 고객의 선형적이지는 않지만 잘 정의된 여섯 가지 변화 단계를 확인했다. 고려해야 할 중요한 사항은 코치가 아직 행동할 준비가 되지 않은 고객과 함께 일할 수 있다는 것이다. 코치의 역할은 고객이 행동에 나설 준비를 할 수 있도록 돕는 것이다.

프로차스카의 6단계

1단계: 사전 숙고

이 단계에서는 고객이 아직 변화를 고려하지 않고 있다. 고객은 변화의 필요성이나 자신의 현재 패턴이나 행동에 대해 인식하지 못한다. 코치가 보기에 고객이 사전 숙고 단계에 있는 것으로 보인다면 고객은 아직 큰 변화를 일으킬 준비가 되지 않은 것이다. 이는 고객이 인간으로서 발달하는 단계와 일치할 수 있는 것이다. 이 단계의 고객을 코칭할 때는 코칭의 초기 탐색 및 평가 단계가 매우 중요할 수 있다.

건강을 개선하고자 하는 고객은 이미 이 단계를 넘어선 상태이다. 미리 고민하는 사람들은 해결책을 생각하지 못하는 것이 아니라 문제를 파악하지 못하는 것이다. 앞의 고객들은 이미 문제를 파악하고 이를 건강 개선과 운동 루틴 시작이라는 목표로 재구성했다. 코치는 스스로 파악하지 못한 문제로 인해 고용주가 코칭을 의뢰한 경우가 아니라면 고민 전 단계에 있는 고객을 찾을 가능성이 낮다. 그러나 때로는 고객이 한 가지 이유로 코치를 찾았다가 다른 문제가 드러나는 경우도 있다. 이 경우 고객은 특정 문제에 대한 사전 숙고 단계에 있을 수 있다.

프로차스카의 단계 모델을 사용하는 코치는 각 단계가 특정 영역과 관련이 있다는 점을 인식하는 것이 중요하다. 고객은 여러 가지 목표에 대해 여러 가지 다른 단계에 있을 수 있으므로 코치에게 유연성이 필요하다. 고객이 병원에 가서 콜레스테롤 수치가 높고 혈압이 높다는 사실을 발견하고 의사가 건강에 집중할 것을 권유할 수 있다. 고객이 찾아왔을 때 코치는 업무 문제나 인간관계에서의 성취감 향상에 집중하여 건강 개선을 촉진할 수 있다. 여기서 고객은 의사로부터 평가 데이터를 받았을 수도 있다. 때때로 코치로부터 평가 데이터를 받는 경우도 있는데, 이는 코칭의 360도 피드백 평가와 같다. 풀 서클 피드백이라고도 하는 이러한 평가는 동료, 상사, 때로는 다른 사람(고객이나 고객 등)이 개인의 강점과 약점에 대해 작성하는 설문조사이다.

두 경우 모두 코칭 전략 중 하나인 고객을 사전 숙고에서 두 번째 단계인 숙고로 이동시키기 위한 방법은 평가 데이터를 사용하는 것이다. 코치는 여기서 고객이 정보를 받아들이고 있는지, 아니면 자신이 해결할 수 있는 문제가 있다는 것을 거부하고 있는지 확인해야 한다.

2단계: 숙고

이 단계의 고객은 변화를 고려하고 있으며, 양가감정을 느끼거나 어떻게 진행해야 할지 잘 모를 수 있다. 이들은 장단점을 끝없이 따져 보지만 실제로 행동을 결정하지는 않는다. “변화를 시도할 가치가 있는가?”라는 질문은 무의식적으로 스스로에게 던지는 질문일 수 있다.

코치는 이 단계에서 고객이 현재 상황과 습관, 행동, 패턴이 자신에게 어떤 영향을 미치는지 조사하도록 도울 수 있다. 건강을 개선하고 운동을 시작하려는 고객에게 코치는 “어떤 첫 단계를 생각하셨나요?”라고 질문할 수 있다. “어떤 종류의 운동을 가장 좋아하나요?” “변화를 하지 않으면 어떤 일이 생길까요?” “규칙적인 운동 프로그램을 시작할 때의 장단점은 무엇인가요?” 고객은 출장이 잦고 시간에 쫓기는 바쁜 임원일 수 있다. 그렇다면 코치의 역할은 고객이 업무가 자신의 시간과 일정을 초과하여 건강에 해를 끼치는 결과를 검토하도록 돕는 것일 수 있다. 또한 코치는 고객이 변화하려는 동기와 현상 유지를 위한 동기를 탐색하도록 도와줄 수도 있다.

다이앤은 배리 존슨(Barry Johnson, 1992)의 양극단 관리 모델을 사용하여 이슈의 장단점을 저울질하는 데 어려움을 겪는 고객을 돕는다. 여기서 자세히 설명하지는 않겠지만, 이 모델에서는 고객에게 운동 프로그램 또는 운동 프로그램 없음이라는 두 가지 사안의 장단점을 파악하고 각각의 긍정적인 측면과 부정적인 측면을 파악하도록 요청한다. 코치는 고객과 협력하여 단점을 피하고 각각의 장점을 최대한 확보할 수 있는 방법을 만들어 내도록 한다. 코치는 고객이 앞으로 나아갈 수 있는 길을 찾도록 도와주는 조력자이다.

3단계: 준비

이 단계에서는 고객이 변화를 준비하고 정보를 수집하고, 리소스를 모으고, 가능성을 확인하는 등의 작업을 수행한다. 이 단계에서 책임감 코칭이 가장 중요할 수 있다. 코치는 또한 고객이 리소스를 발견하고 무엇이 더 필요한지 파악하도록 도울 수 있다.

고객이 숙고에서 준비로 넘어가도록 돕는 것은 중요한 성과가 될 수 있다. 고객은 단순히 행동에 대해 생각만 하던 숙고 단계를 특징짓는 관성을 극복하기 시작한다. 코치들은 때때로 고객이 행동에 나서지 않을 때 실패했다고 느낀다. 준비 단계는 매우 중요하다. 예를 들어, 건강을 원하는 고객이 헬스클럽, 트레이너, 수업 등에 대한 지역 리소스를 조사하기 시작하면 코치의 작업은 효과적이다. 프로차스카의 단계에 익숙하지 않은 코치는 이를 운동으로 인식하지 못하는 경우도 있다. 프로차스카의 모델을 염두에 두고 코칭하는 코치는 각 단계가 고객의 필요에 따라 완전히 해결될 때 고객의 궁극적인 성공이 더 잘 보장된다는 것을 알기 때문에 고객이 각 단계를 통과할 수 있도록 인내심을 유지한다.

4단계: 실행

이 단계는 고객이 실제로 행동을 취하고 새로운 행동을 연습하며 새로운 것을 시도하는 전형적인 단계이다. 코치의 역할은 고객의 행동이 자신의 본모습과 일치하도록 하는 것이다. 고객은 초기 세 단계를 통해 행동 단계를 만드는 방법을 파악할 수 있는 권한을 부여받았다. 행동에 대한 아이디어는 코치의 선입견이나 조언에서 나온 것이 아니다. 행동은 코칭의 공동 창조적 프로세스에서 나온 결과이다.

고객의 행동은 개인 트레이너를 고용하거나, 운동 장비를 구입하여 사용하거나, 정기적인 운동 스케줄을 설정하는 것일 수 있다.

5단계: 유지 관리

이 단계에서는 고객이 선택한 행동을 충분히 오래 유지하여 새로운 습관을 만들고 삶에 통합한 상태이다. 이는 일반적으로 새로운 습관이 정착되고 있음을 보여 주는 것이다. 코칭은 현재 계속해서 변화를 인정하고 지지한다. 종종 고객은 과거에 변화를 유지하는 데 성공하지 못했을 수 있다. 코치와 고객의 동맹(alliance)은 성공의 가능성을 높인다. 고객은 마침내 동맹을 하게 된다. 고객이 과거의 습관으로 돌아가거나 상황이 바뀌면 코치는 목표를 재설정하거나 행동을 재조정할 수 있도록 도와준다.

자동차를 정비할 때와 마찬가지로, 현재 상황을 해결하기 위해 가끔씩 튜닝과 조정이 필요하다. 고객은 때때로 어떤 일이 있어도 시간이 지나도 일관되게 행동을 유지할 수 있다고 믿는다. 하지만 삶에는 변화가 있다. 고객이 선호하는 운동 방식을 변경할 정도로 건강 문제가 발생할 수도 있다. 이러한 것은 생각보다 어려울 수도 있다. 또는 가족에 새로운 자녀가 생기면 부모의 시간 사용을 재조정할 수도 있다.

6단계: 종료

프로차스카가 이 용어를 사용한 이유는 고객이 특정 행동을 바꾸기 위해 프로그램적인 접근 방식이 더 이상 필요하지 않다는 사실을 반영했기 때문이다. 새로운 행동은 그 사람의 삶의 자연스러운 일부가 되었으며 별다른 생각 없이 일어난다. 앞의 고객들에게 운동 프로그램은 이제 매주 하는 일의 일부가 되었으며, 새로운 습관, 심지어 즐거운 습관이 되었다.

6단계는 코칭 자체의 종료를 의미하지 않을 수도 있다. 단순히 코칭이 더 이상 특정 목표에 초점을 맞추지 않는다는 의미, 즉 집중할 필요가 없어졌다는 의미 일 수 있다. 일부 고객은 원하는 목표에 도달했다고 느낄 수도 있다. 코치는 고객이 평생 코칭을 종료하는 것과 지속적인 유지 관리 코칭 또는 새로운 문제에 대한 코칭이 도움이 될 때를 구분할 수 있도록 도와준다.

이러한 단계는 선형적인 것이 아니라 나선형적이다. 변화는 이벤트가 아니라 과정이라는 점을 명심하는 것이 중요하다. 고객이 원하는 변화에 따라 비선형적인 방식으로 이러한 단계를 순환할 수 있다. 코치들은 일반적으로 다음과 같은 시나리오를 보게 된다: 예를 들어, 고객이 다음 세션까지 조치를 취하겠다고 약속할 수 있다. 하지만 막상 세션에 나타나면 행동 단계에서 숙고 단계로 돌아간 상태이다. 코치의 역할은 고객이 사이클을 통해 움직일 수 있도록 지원하고 고객이 지금 있는 그대로를 받아들이는 것이다.

인간의 삶과 변화에 대한 관점: 심리학, 철학, 인간 발달

이 소개의 장에서는 심리학적 기원에서부터 라이프 코칭의 역사와 진화에 대한 광범위한 개요를 제공한다. 코칭의 뿌리는 심리적 변화 이론과 실천에 깊이 뿌리를 두고 있다. 다른 모든 심리학적 관행과 마찬가지로 코칭은 고객의 외적 삶의 변화, 관찰 가능한 결과의 변화, 자신과 타인, 세상에 대한 고객의 주관적 경험의 변화 등 근본적으로 변화와 관련된 프로세스이다. 코칭에 관한 미디어 기사는 코칭의 행동 지향성에만 초점을 맞추는 경우가 너무 많아 코칭이라는 직업에 해를 끼친다. 이러한 기사들은 훌륭한 코칭의 중요한 측면, 즉 코치의 의도가 고객의 장기적인 역량을 구축하는 것이라는 점을 놓치고 있다.

고객이 행동을 취하게 하는 것은 고객의 변화 과정의 한 측면일 뿐이며, 종종 가장 관찰 가능하고 정량화할 수 있는 측면이지만 반드시 코칭의 가장 풍부하고 오래 지속되며 가장 만족스러운 결과는 아니다. 코칭은 단순히 빠른 시일 내에 성과를 내는 결과 지향적인 것이 아니다. 물론 코칭은 성과 변화와 단기적인 결과를 가져올 수 있다. 하지만 코칭의 이점은 고객이 자신의 역량을 키우고 장기적으로, 즉 평생 동안 더 큰 역량을 창출하기 때문에 발생하는 것이다. 이것이 바로 변혁적 코칭이다.

코칭의 가장 큰 장점은 코치가 고객의 학습과 개발, 그리고 욕구 달성에 초점을 맞춘다는 것이다. 제임스 플래허티(James Flaherty, 1998)는 코치가 장기적인 고객 역량 구축에 집중해야 한다고 강조했다.

코치가 추구하는 것은 코치가 찾는 것

자동차를 구입하기로 결정하고 어떤 종류의 차를 살지 결정하면 갑자기 세상이 특정 브랜드와 모델로 가득 차 있다는 것을 알게 된다. 예를 들어, 스포츠카를 구입하기로 결정했다면 얼마나 많은 사람이 그 차를 타는지 알아차리기 시작한다. 이것이 바로 확장된 인식의 결과이다. 이전에는 의식하지 못했던 것이 눈에 띄게 되거나 게슈탈트 심리학에서 말하는 것처럼 배경으로부터 나타나 하나의 전경(figure)으로 떠오르게 된다.

정신건강 전문가가 되기 위한 교육을 받을 때 우리는 일련의 가정, 이론, 기법, 행동을 배웠고, 이는 전문가로서의 레퍼토리의 일부가 되었다. 다른 치료 전문가들과 마찬가지로 우리도 한 가지 이상의 치료 학파를 공부하고 여러 가지 접근 방식에서 효과가 있는 것을 채택했다. 『가족 치료 네트워커(The Family Therapy Networker)』(1998)에 따르면, 치료사들이 어떤 '치료 학파'를 실천하느냐는 질문에 자신을 설명하는 가장 일반적인 방식은 '절충적'이라고 답한 것으로 나타났다. 코치에게도 이와 같은 절충적 접근 방식이 필요하다고 생각한다. 코칭이 지나치게 기술에 의존하거나 하나의 이론적 접근 방식에 국한되어서는 안 된다. 이는 신입 코치에게 중요한 교훈이다. 숙달된 코칭은 모든 교훈, 기술 및 이론을 개인적인 흐름에 통합하여 코칭이 투명해지도록 한다. 이 과정은 자동차 운전을 배울 때 일어나는 일과 유사 하다. 청소년들이 운전을 배울 때는 가속 페달의 압력, 방향 지시등, 도로의 모든 규칙과 규정을 포함하여 처음으로 자동차를 운전할 때의 세밀한 부분을 지나치게 관찰한다. 숙련된 운전자가 되면 운전은 자동화된 습관이 된다. 그들은 더 이상 기술과 세부 사항을 생각하지 않고 그저 운전만 한다.

알버트 아인슈타인(Albert Einstein)은 "이론은 매우 유용하다. 이론이 보이는 것을 결정하기 때문이다."라고 말한 것으로 알려져 있다. 상담사 출신 코치의 경우 상담사로서 배운 많은 것이 코칭 업무에 유용할 수 있다. 코치가 어떤 분야 출신이든, 지금까지 전문성 개발의 일환으로 가지고 있는 마인드셋과 가정, 즉 고객에 대한 생각, 변화를 가져오는 데 필요한 것, 과거를 파헤치는 것의 가치 등에 대해 의식적으로 검토해야 한다. 코치가 된 변호사는 조언을 제공하고, 탐색적인 질문을 하고, 답을 모르는 질문은 절대 하지 말아야 한다는 일련의 가정을 내면화했을 수 있다. 코치로서 성공하려면 변호사는 고객과 관계를 맺는 자신의 스타일을 의식적으로 검토하고 조정하여 코칭 동맹 및 관계에 부합하는 것은 유지하고 부합하지 않는 것은 버려야 한다. 각 코치의 과제는 유용한 것과 해로운 것, 또는 최소한 고객의 변화 과정을 더디게 할 수 있는 것을 구분하는 것이다.

지난 몇 년 동안 일부 상담기법은 코칭과 점점 더 비슷해지기 시작했다. 예를 들어, 해결 중심 치료(Solution Focused Therapy: SFT)는 일련의 질문을 사용하여 내담자의 주의와 인식을 무엇이 효과가 있는지에 집중시킨다. 해결 중심 치료 훈련을 받은 상담사는 코치로서 사용할 수 있는 귀중한 도구 세트를 보유하고 있는 것이다. 라이프 코치도 상담용으로 설계된 도구를 그대로 옮기는 데는 한계가 있다는 것을 알고 있다.

> 밥을 끓일 때는 물이 곧 자신의 생명이라는 사실을 기억하라.
> —선어록

예를 들어, 해결 중심 치료에서 사용하는 기적질문은 많은 코칭 상황에 매우 효과적으로 적용될 수 있다. "하룻밤 사이에 기적이 일어나 원하는 변화가 일어난다면 가장 먼저 눈에 띄는 것은 무엇일까요?"라는 질문은 고객의 주의를 고객이 원하는 것에 집중하도록 유도한다. 정형외과 의사 조지에게 이러한 기적질문을 하면 그를 무기력함과 좌절감에서 벗어나 자신에게 가능성을 고려하도록 할 수 있다.

하지만 여기에는 한계가 있다. 예를 들어, 해결 중심 치료를 포함한 많은 교육에서는 전문가가 과거에 효과가 있었던 것을 바탕으로 고객이 행동을 만들도록 권장한다. 과거에 효과가 있었던 것이 현재에도 효과적일 것이라는 가정이 깔려 있다. 아마도 그럴 것이다. 그러나 이러한 가정은 발달적 관점을 무시하는 것이다. 실제로 이전에 효과가 있었던 행동을 취하는 것은 단기적인 목표를 달성할 수 있을지 모르지만 고객의 발달을 저해할 수 있다.

켄 윌버의 변화의 네 가지 사분면

라이프 코치 교육 연구소(ILCT)는 보다 통합적이고 발달적인 관점을 장려한다(Wilber, 2000). 복잡한 상황에 대한 부분적이고 단편적인 접근 방식은 장기적으로 비효율적일 가능성이 높다고 생각한다. 코치가 고객인 조지의 복잡한 비즈니스 문제처럼 의미와 변화에 관한 개인적인 문제를 다루든, 전쟁, 기아, 질병, 교육과 같은 대규모 글로벌 문제를 다루든, 고객은 보다 포괄적이며 총체적이며 체계적이며 통합적인 관점에서 접근하는 것이 도움이 될 수 있다. 개발 모델을 검토할 때 현재 고객의 욕구와 상황을 염두에 두는 것이 필요하다. 또는 자신의 현재 상황, 즉 코치가 되어 코칭 비즈니스를 개발하는 전환기를 분석할 상황으로 삼아 보도록 한다. 코치는 [그림 3-1]에 설명된 것과 같은 모델과 접근법을 사용하여 포괄적인 관점을 확보할 수 있다.

고객이 코치에게 가져오는 모든 상황에는 여러 가지 측면이 있으며, 각 측면은 렌즈를 제공하지만 각 측면은 한계가 있을 수 있다. 윌버가 설명하는 코칭의 네 가지 영

	내부	외부
개인	1사분면 **나(I)** **의도적** 감정적, 정신적, 영적: 충동, 지각, 감각, 자기, 타인, 세계, 가치, 신념, 기분 등에 대한 신뢰 수준	2사분면 **그것(It)** **행동적** 육체적, 신경학적, 신체, 뇌, 행동, 사물, 경험, 신경 패턴, 생리학
집단	3사분면 **우리(We)** **문화적** 관계, 커뮤니티, 봉사, 도덕 및 윤리, 신화, 사회적 기대 및 규칙, 세계관, 출신 국가	4사분면 **그것의(Its)** **사회적** 시스템 및 제도: 규칙 패턴, 기술

[그림 3-1] 고객과 맥락(Wilber, 2000에서 각색)

역을 [그림 3-1]과 같이 생각해 보자.

1사분면은 변화의 내적-개인적 측면, 즉 윌버가 설명하는 '나(I)' 영역이다. 이것은 고객의 생각, 감정, 신념, 갈망 등 고객의 내적 현실이다. 1사분면에서 사람들은 자신만이 알 수 있는 내면의 것에 집중한다. 이 영역은 고유한 삶을 살아가는 고객만이 온전히 알 수 있는 주관적인 경험의 영역이다. 이 영역에 있는 것을 언어로 표현하려면 고객이 자신을 '대상'으로 볼 수 있어야 하기 때문에 때때로 고객이 표현하기 어려울 수 있다. 고객은 내면 개발에 대한 열망으로 1사분면 작업을 위해 코치를 찾아올 수 있다. 고객과 코치는 고객이 자기 관찰에 참여할 때 이 영역에 접근할 수 있다. 시간이 지남에 따라 자기 관찰을 통해 느낌, 생각, 반응의 패턴이 드러난다. 1사분면은 변화의 핵심 결정 요인으로, 사람들은 변화가 가능하다고 믿고 느낄 때, 그리고 변화를 달성하는 데 필요한 자원이 있을 때만 변화를 만든다.

대부분의 코치는 자연스럽게 질문을 던지고 1사분면 접근 방식을 사용하여 고객을 지원한다. 그들은 대부분의 시간을 이곳에서 보낸다. 때로는 이러한 접근 방식이 충분할 수도 있지만, 이 또한 한계가 있다.

코치는 조지와 함께 일하면서 자연스럽게 조지의 무기력, 지루함과 짜증, 불만족스러움에 대한 수치심, 좌절감에 대한 분노 등 1사분면의 문제에 주의를 기울이게 된다. 2사분면은 변화의 외적인 측면, 즉 윌버가 설명하는 '그것' 영역과 관련이 있다. 2사분면에는 외부에서 개인에 대해 관찰할 수 있는 것이 포함된다.

2사분면은 임원 코치들과 세계적인 수준의 운동선수들로부터 많은 관심을 받고 있다. 임원 코치는 회의를 주도하는 리더를 관찰하고 언어의 패턴을 알아차릴 때 이 영역과 협력한다. 2사분면은 라이프 코치가 개인의 행동을 개발하고 동기 부여와 일치된 행동을 촉발하는 신체적 요소를 지원하는 데 주의를 기울이는 곳이다. 영양, 운동, 자세는 모두 이 사분면의 구성 요소이다. 2사분면에서는 정의에 따르면 고객의 외부에서 볼 수 있는 것이므로 고객에게 사각지대가 있을 수 있다. 이러한 관점은 피드백을 받거나, 거울이나 비디오로 자신을 관찰하거나, 자신의 목소리를 녹음한 것을 들어야만 알 수 있다.

2사분면에서 조지와 함께 일하는 코치는 조지가 정형외과 의사로서 자신이 하는 일을 설명할 때 몸이 구부러지고 가슴이 무너지는 것 같다는 것을 알아챌 수 있다. 코치는 조지의 목소리가 더 날카로워지고 조지가 한숨을 쉬다가 침묵하는 빈도가 잦아지는 것을 알아챌 수 있다. 코치는 이러한 요소를 관찰하고 이를 조지에게 피드백할 수 있다. 코치가 "한숨을 쉬면 기분이 어때요?"와 같은 질문을 하면 조지는 다음과 같이 답한다. 조지는 자신의 내면의 생각과 감정과 관련된 증거이기 때문에 자신만 자신의 기분을 알 수 있는 1사분면에서 보고할 것이다. 코치는 대신 2사분면에서 관찰할 수 있으며, 이는 1사분면 질문으로 이어질 수 있다. 조지는 자신의 신체적 반응을 인식하지 못할 수도 있다. 코치가 관찰한 내용을 공유하면 조지는 자신의 신체적 반응과 그것이 기분 및 감정과 어떻게 연결되는지 더 완전히 인식할 수 있다. 그런 다음 그는 이 자세에서 자신이 어떻게 느끼는지 알아차릴 수 있다. 이를 통해 조지가 해당 자세를 취하는 시간, 느낌, 결과적으로 어떻게 행동하는지를 인식하는 데 도움이 된다.

3사분면은 변화의 내적-집단적 측면, 즉 '우리(We)' 영역을 다룬다. 이 영역은 문화와 가족의 역사 영역이다. 이 영역은 사람들이 함께 모였을 때 일어나는 일을 지시하는 공유된 가정, 집단적 투사, 이미지와 연상의 내면적이고 종종 숨겨진 영역이다. 이것은 신화, 이야기, 불문율, 문화적 신념의 영역이다. 이 영역에는 특정 집단 내에서 가능성에 대한 인식을 결정하는 관행, 역할, 의식, 이야기, 의미 등이 포함된다. 이것은 공유된 역사와 공유된 비전의 영역이다. 이러한 인식과 비전은 대화와 소통을 통해, 말한 것과 말하지 않은 것, 그리고 해석의 여지가 있는 것을 통해 스스로 만들어진다. 코치는 고객의 가족 배경에 남성, 여성, 부모가 된다는 것의 의미와 같이 역할에 대한 기대치가 정해져 있는 경우 이 사분면이 고객의 1, 2사분면에 얼마나 큰 영향을 미칠 수 있는지 잘 알고 있다.

많은 고객이 겪는 어려움은 내적-집단적 측면이 내면화된 가치와 관습 중 하나라는 점이다. 이 사분면은 고객의 사회 시스템(직장, 종교, 가족, 문화, 이웃, 출신 국가, 국가 정체성)에 반영된 가치와 상징, 목적, 비전, 가치의 더 깊은 의미에 대한 고객의 내면화를 나타낸다. 이러한 가치는 소셜 웹에 내재된 명백한 메시지에 반드시 반영되는 것은 아니며, 일상적인 상호작용에 인코딩된 미묘한 메시지에 더 가깝다. 고객의 '나' 영역이 '우리' 영역과 어떻게 맞물리는지는 코칭에서 풍부한 탐구 영역이다.

조지의 코치는 3사분면에서 조지가 가족과 성장 과정에서 일, 직업과 역할의 변화, 남성의 역할에 대해 무엇을 배웠는지 파악하도록 요청함으로써 그와 함께 작업할 수 있다. 조지의 가족 유산은 독일인이다. 그의 코치는 조지와 그의 가족에게 그 유산이 의미하는 바가 무엇인지, 즉 일, 가족, 역할 등에 대해 가정하는 것과 가정하지 않는 것이 무엇인지 물어볼 수 있다.

이러한 문화적 조건을 공개적으로 드러내면 조지는 자신의 배경과 현재 관계에서 무엇이 변화를 만드는 데 도움이 되고 무엇이 방해가 되는지 알아차릴 수 있다. 코치는 이 사분면에서 질문을 던짐으로써 영향력을 확장할 수 있다. 이는 문화 간 코칭을 할 때 특히 중요하다. 미국에 기반을 둔 기업 환경에서 일하는 히스패닉 여성은 많은 동료와 다른 관점과 대화 방식을 가지고 있을 수 있다. 전 세계에 지사를 둔 기업은 관리자가 직원의 행동과 가치에 대한 피상적인 이해에 국한하지 말고 3사분면 문제에 대해 문의하고 그것이 인간의 변화에 미치는 영향을 인식하도록 교육해야 한다.

기억해야 할 중요한 점은 각 세대마다 고유한 문화유산이 있다는 것이다. 세 명의 고객이 모두 미국에서 태어났을지라도 다른 세대 출신이라면 각자의 경험은 크게 다를 수 있다. 그들의 마인드셋이나 세계관은 적어도 부분적으로는 초기 인상을 형성한 주요 사건에서 형성되었을 것이다. 한 세대의 구성원들은 성장기에 경험한 유사한 사건으로 서로 연결되어 있다. 예를 들어, 미국의 베이비부머 세대 집단은 존 F. 케네디(John F. Kennedy) 대통령과 마틴 루터 킹 주니어 박사(Dr. Martin Luther King Jr.)의 암살에 대한 기억과 변화를 만들어 낸 정치적 행동에 대한 기억을 공유하고 있다. X세대는 부모가 장기적인 직장에서 해고되는 것을 지켜본 공통된 경험을 가지고 있으며, 부모가 이혼하는 빈도가 높았다. 이러한 공통의 경험은 가치관, 태도, 신념에 있어서도 해당 집단 특유의 사회적 성격과 같은 공통점을 형성한다. X세대는 기업가 정신이 강하며 일과 고용보다 가정과 개인 생활을 중시한다. 이러한 경험과 그 의미는 사회화를 통해 구성되기 때문에 평생 동안 비교적 안정적으로 유지될 가능성이 높다. 하지만 고객의 의미 만들기가 확대되면 고객이 사건에 의미를 부여하는 방식도 세월이 흐르면서 확대될 수 있다.

4사분면은 변화의 외적-집단적 측면, 즉 '그것의(Its)' 영역이다. 이 사분면은 시스템적 관점에서 관찰되는 사회 시스템, 가족 시스템, 업무 관계를 포함한 시스템과 제도의 사분면, 즉 고객의 외부에서 관찰되는 영역이다. (고객에게 미치는 문화적 영향은 3사분면의 영역이다.) 이 영역은 2사분면과 마찬가지로 현실의 관찰 가능하고 가시적이며 측정 가능한 측면과 관련이 있다. 4사분면은 코치에게 시스템 설계가 성과를 결정하며, 시스템이 훨씬 더 높은 수준의 성과를 내기를 원한다면 이를 위한 설계를 해야 한다는 점을 상기시켜 준다.

3사분면('우리')과 4사분면('그것의')을 혼동하지 않으려면 문화를 고객의 문화적 유산, 견해, 윤리가 개인으로서 고객에게 미치는 내적, 내면화, 역사적 영향이라고 생각하라. 3사분면은 문화의 무언의 측면에 관심을 갖는 반면, 4사분면은 관찰 가능한 상호작용, 구조, 관계의 규칙에 관심을 갖는다. 이 사분면은 조직의 오리엔테이션 교육이나 정책 매뉴얼에서와 같이 인쇄물로 설명된 정책으로 예시되는 경우가 많다.

코치에게 중요한 점은 고객이 연결을 즉시 인식하거나 목소리를 내지 않을 수 있지만 이러한 모든 사분면이 서로 연결되어 있거나 서로 관련되어 있다는 것이다. 한 사분면의 변화나 발전은 다른 사분면과 불가분의 관계에 있다. 각 사분면은 나머지 사분면에 영향을 미치며 각 사분면은 강력하다. 고객은 한 영역 또는 다른 영역에서 더 강력한 힘을 발휘할 수 있다. 때로는 소홀히 여겨지던 영역에서 더 강해지는 것이 코칭의 초점이 되기도 한다. 어느 한 영역을 무시하면 우연적이거나 불완전한 결과를 초래할 수 있다.

조지의 코치는 4사분면과 함께 조지에게 자신이 속해 있는 사회 집단을 조사하도록 요청할 수 있다. 코치는 "종교, 커뮤니티 클럽, 전문직 그룹, 가족 제도 중 어디에 속해 있는 사회적 그룹이 있나요?"라고 질문할 수 있다. 조지는 이를 나열하고 식별할 것이다. 그런 다음 코치는 1사분면으로 넘어가 조지에게 "지금 이 그룹들 각각이 당신에게 얼마나 만족감을 주나요?"라고 물어볼 수 있다. 코치는 또한 이 사분면에서는 조지에게 자신의 환경을 살펴보고 공간, 가구 등의 배치에 주목한 다음 환경이 어떻게 구성되어 있는지 파악하도록 요청할 수 있다. 또한 조지가 달력에 기록하는 기록을 살펴볼 수도 있다. 그는 주어진 시간을 어떻게 체계적으로 사용하고 있을까? 이러한 것들 각각은 더 큰 만족을 가져올 수 있는 잠재적인 변화의 길이다.

성인 의식의 발달 수준

심리학자 랭(R. D. Laing, 1983)은 성인이 성장하는 과정에서 언제든 직면하는 딜레마에 대해 "우리가 생각하고 행동하는 범위는 우리가 알아차리지 못하는 것에 의해 제한된다. 그리고 우리가 알아차리지 못하는 것을 알아차리지 못하기 때문에, 알아차리지 못하는 것이 우리의 생각과 행동을 어떻게 형성하는지 알아차리기 전까지는 우리가 변화시키기 위해 할 수 있는 일이 거의 없다."라고 했다.

로버트 케건에 따르면, 성인 학습은 "우리가 의미를 만드는 방식, 즉 우리의 의미 만들기 시스템을 방어하고 궁극적으로 변화시키는 방법"의 일반적인 발달을 보여 준다(Bachkirova, 2009, p. 10). 케건은 자신과 다른 발달 연구자들이 '변화'에 대해 말할

> 개인이라는 존재를 크고 작은 방으로 생각하면 대부분의 사람들은 방의 구석, 창가의 한 곳, 위아래로 걷는 바닥의 한 부분만 아는 것이 분명해 보인다.
> –라이너 마리아 릴케

때 성인이 의미를 만드는 방식, 성인이 '대상' 또는 자신 외부로 받아들이는 것, 성인이 여전히 '주체'이며 자신과 분리된 것으로 볼 수 없는 것의 변화를 설명한다고 말한다. 성인이 주체가 될 때, 그들은 자신을 관점의 구성자로 보지 않는다. 그저 있는 그대로를 받아들일 뿐이다. "그것은 사람들이 볼 수 있는 것과 아직 볼 수 없는 것과 관련이 있다."라고 케건은 말한다. "우리가 가지고 있는 생각과 감정, 그리고 '우리를 가지고 있는' 생각과 감정, 우리가 추진하는 의제와 우리를 이끄는 의제"와 같은 것이다(Bachkirova, 2009, p. 11). 고객은 무언가를 대상으로 볼 수 있을 때만 코칭에서 다룰 수 있는 것이지만, 고객이 무언가에 너무 가까워서 대상으로 볼 수 없을 때 코칭은 고객(주체)에게 작용하고 있는 것이다. 이는 "누가 물을 발견했는지는 모르지만 물고기가 아니었다는 것은 안다."라는 유명한 격언을 떠올리게 한다. 물고기에게 물은 하위 대상이지만 어항 밖의 사람에게는 물과 물고기 모두 대상이다. 모든 발달 이론가는 의미 결정 능력이 시간이 지남에 따라 발달한다는 점에 공감한다. 성인이 독립적인 관점을 취하고, 그 관점에 더 많은 복잡성을 포함하며, 점점 더 복잡한 방식으로 권위를 보고 사용하며, 이전에는 흑백만 존재하던 것을 다양한 회색 음영을 발견할 수 있는 능력이 증가함에 따라 글로벌 사회의 복잡성과 점점 더 상호 의존적인 국가, 사람, 기관을 고려할 때, 복잡한 관점과 명확한 모호성 및 혼란을 적용하는 성인 발달 단계를 이해하는 것은 코치에게 매우 유익하다.

사례 연구로 돌아가서, 정형외과 의사 조지는 자신이 알아차리지 못한 것이 자신의 직업 선택에 어떤 영향을 미쳤는지 알게 된 시점에 와 있다. 좋은 소식은 우리가 성인 발달의 가능성과 성인의 의미 결정 능력이 평생에 걸쳐 발달한다는 사실을 많이 이해하는 시대에 살고 있다는 것이다. 예전에는 성인 발달이 일반적으로 중년 이후 정체기를 맞고 감소한다고 했다. 현재 우리가 믿는 것은 성인 발달에는 단계 또는 국면이 있다는 것이다. 진정한 변화는 성인이 된 후에도 가능하다. 조지가 경험하고 있는 실망의 시기는 다른 발달 단계로의 전환을 알리는 신호일 수 있는 보다 복잡한 의미 형성 방식으로 나아가고 있다는 증거일 수 있다.

성인 성장의 초기 단계인 20~30대까지는 한 사회와 집단에 완전히 몰입하여 그곳에서 나온 아이디어를 자신의 것으로 받아들인다. 집단의 신념, 관행, 규범을 통째로 삼킨 듯이 받아들이는 청소년을 대표적인 예로 들어 보겠다. 이 시기에 조지는 자신의 꿈을 따르는 대신 정형외과 의사가 되기로 결심했을 수 있다.

성인 발달의 후기 단계에서는 신념과 가치관을 검토하기 시작하여 미래에 대한 개인적인 아이디어를 제시할 수 있다. 때때로 이를 자신의 삶을 '작가화'하기 시작하는 단계로 묘사하기도 한다. 이와 함께 자신의 선택에 대해 책임을 질 수 있는 능력이 생긴다. 조지는 이 발달 단계에 있는 것으로 보인다.

발달이 계속됨에 따라 불확실성에 점점 더 편안함을 느끼고 다른 사람들과 공동 창작을 시작할 수 있다.

현재 스파이럴 다이내믹스(Spiral Dynamics)의 창시자인 클레어 그레이브스 박사(Dr. Clare Graves)는 인간의 발달을 끝없는 탐구라고 설명했다:

> 인간 존재의 각 단계에서 성인 남성은 자신이 추구하는 삶의 방식인 성배를 찾아 떠난다. 첫 번째 단계에서는 자동적인 심리적 만족을 추구한다. 두 번째 단계에서는 안전한 삶의 방식을 추구하고, 그 다음에는 영웅적 지위, 권력과 영광, 궁극적·평화에 대한 추구, 물질적 쾌락에 대한 추구, 애정 어린 관계에 대한 추구, 자아에 대한 존중, 이해할 수 없는 세상에서 평화에 대한 추구가 차례로 이어진다. 그리고 그 평화를 찾을 수 없다는 것을 알게 되면 9단계 탐구를 시작한다. 그는 각 탐구를 시작하면서 자신의 존재에 대한 해답을 찾을 수 있을 것이라 믿는다. 그러나 놀랍게도, 그리고 실망스럽게도 그는 매 단계마다 존재에 대한 해답이 자신이 찾던 해답이 아니라는 것을 알게 된다. 그가 도달하는 각 단계마다 그는 당황하고 당혹스러워한다. 한 가지 인간 문제를 해결하면 그 자리에 새로운 문제가 나타나기 때문이다. 그가 찾는 탐구는 끝이 없다(Graves, C. W., n.d.).

특히 학술 연구자의 관점에서 이 분야에 대해 많은 글이 쓰였다. 지난 몇 년 동안 성인 발달 관점은 코칭 분야의 주류 사고로 자리 잡기 시작했다. 여기서는 특히 고객이 조직에서 일하는 경우 성인 코치로서의 코치 업무와 밀접한 관련이 있는 성인 발달의 기본 원칙을 설명하고자 한다. 모든 발달에 공통적으로 적용되는 두 가지 원칙은 다음과 같다. 정신 이론은 다음과 같이 설명할 수 있다:

- 성인 발달은 일련의 발달 단계를 거쳐 진행된다. 즉, 한 단계가 무작위로 나타나는 것이 아니라 일정한 시점에 순차적으로 나타난다.
- 성인 발달 단계는 위계적이다. 즉, 후기 단계에서는 더 복잡한 관점을 취할 수 있

다. 각 단계에서 성인은 이전 단계의 관점을 유지할 수 있는 능력을 유지하며, 마치 이전 단계를 '초월하고 포함'하여 새로운 의미 결정 및 관점 취하기 방식으로 통합하는 것과 같다.

- 성인 발달은 일반적으로 퇴행하지 않지만, 스트레스를 받는 성인은 초기 단계와 관련된 행동과 스타일을 더 많이 보일 수 있다.

현재 잘 알려진 성인 발달 이론가로는 하버드 대학교의 오랜 연구자이자 교육자인 로버트 케건, 윌리엄 조이너(William Joiner), 수잔 쿡-그라우터(Susanne Cook-Greuter), 윌리엄 토버트(William Torbert) 등이 있다. 조너는 비즈니스 및 조직 환경에서 성인 발달에 관한 연구에 집중해 왔으며, 『리더십 민첩성(Leadership Agility)』(Joiner & Josephs, 2006)의 공동 저자이다. 그는 리더의 의식 수준을 평가하는 온라인 360도 피드백 도구를 만들었으며, 이를 민첩성이라고 설명한다. 쿡 그라우터(2004)는 그녀의 멘토인 제인 뢰빙거(Jane Loevinger, 1998)의 연구를 확장하여 모든 성인이 사용할 수 있는 문장 어간 완성을 기반으로 한 자가 평가 도구를 만들었다. 토버트 등(2004)은 시간이 지남에 따라 주로 대규모 시스템 변화에 초점을 맞춘 리더인 실무자에게 더 풍부한 발달적 관점을 제공할 수 있는 협력적 학습 수단인 행동 탐구(action inquiry)를 개발했다. 각 저자들은 성인 발달 단계를 다소 독특하게 명명했다.

코치에게 학습이 중요한 이유는 무엇일까? 배움 없이는 코칭도 없다. 학문으로서의 코칭은 고객의 학습과 성장 능력을 키우는 데 달려 있다. 고객의 목표와 욕구가 코치의 목표와 적합할 때 성인 발달 수준에 맞는 코칭이 효과적일 수 있다. 하지만 이 수준이 맞지 않으면 코칭이 성공하지 못할 수도 있다. 이것이 바로 관리자나 조직으로부터 직장 코칭을 의뢰받은 고객이 변화에 성공하지 못하는 이유 중 하나이다.

성인기에 일어나는 학습에는 두 가지 종류가 있다고 생각한다. 첫 번째이자 가장 쉽게 관찰할 수 있는 것은 정보 학습이다. 정보 학습은 성인이 특정 주제에 대한 지식을 늘릴 때 발생하며, 전문가가 될 때까지 점점 더 숙달될 수 있다. 고객이 대학원에 진학하여 고급 학위를 취득하여 정보 학습을 강화할 수도 있다. 또는 비서가 새로운 기술을 습득하여 슬라이드 프레젠테이션에 동영상을 삽입할 수도 있다. 발달 학습 이론가들은 이를 현재 발달 수준에서 학습이 추가적으로 이루어지는 측면적 또는 수평적 성장이라고 설명한다.

두 번째 유형의 학습은 더 큰 복잡성을 내면화하여 말 그대로 새로운 형태의 이해를 창출하는 능력에 기반한다. 이는 **변형적 학습**(transformational learning)으로, 성인이 아는 방식에 변화가 생겨서 더 큰 관점으로 변화하는 것을 의미한다. 발달 심리학자들은 이를 수직적 학습 또는 변혁적 학습이라고 설명하는데, 마치 성인이 새로운 높이로 올라가 더 넓고 풍부하게 볼 수 있게 된 것과 같다. 쿡-그라우터는 수직적 발달이란 "새로운 눈으로 세상을 보는 법, 경험에 대한 해석을 바꾸는 법, 현실에 대한 관점을 바꾸는 법을 배우는 것을 말한다. 이는 우리가 인식하는 것, 즉 우리가 주의를 기울일 수 있는 것, 따라서 우리가 영향을 미치고 통합할 수 있는 것의 증가를 설명한다."라고 말한다(2004).

예를 들어 보고자 한다: 젊은 성인 시절 조지는 개발의 사회화 단계에 있었다. 그는 가족과 사회 집단의 견해에 영향을 받아 그들이 원하는 바에 따라 전문 직업을 선택했다. 그가 정형외과 의사가 되기를 바랐던 부모의 바람은 그가 스스로에 대해 갖고 있던 다른 바람과 충돌했을 수 있었다. 하지만 다른 사람의 기대와 자신의 바람 사이에서 느끼는 내적 갈등은 고통스러웠다. 그는 가족이 선호하는 길을 선택함으로써 이를 해결했다.

성인 발달 심리학의 핵심 원칙은 발달 단계에서 발달 단계로의 이동은 실제로 변화에 관한 것이라는 점이다. 변화는 한번에 일어나지 않는다. 변화는 몇 년이 걸릴 수도 있다. 새로운 사고와 행동 방식에 대한 연습 없이는 단계에서 단계로의 전환이 일어나지 않는다(Kegan, 1983).

변화가 일어날 때는 항상 중요한 새로운 역량의 출현과 관련이 있다. 사람들은 이전 수준으로 영구적으로 퇴보하는 경우는 거의 없다, 스트레스나 트라우마를 받으면 일시적으로 퇴행할 수 있지만 새로운 의식 질서는 기존 질서의 한계를 뛰어넘어 고객이 현재 살고 있는 세상의 요구와 더 잘 맞아 떨어진다. 단순히 더 잘 작동한다. 케건의 초기 저서인 『진화하는 자아(The Evolving Self)』(1982)와 『머리 너머로(In Over Our Heads)』(1994)는 케건이 발달의 내적 경험을 이해하기 위해 수행한 광범위한 연구에서 나온 것으로, 나중에 일종의 "실존적 인지발달 심리학"(2009, p. 13)으로 묘사되며 그의 연구와 저술의 초점이 되고 있다. 스트레스나 위기가 발생하면 고객은 일시적으로 후퇴하는 것처럼 보일 수 있지만 일반적으로 회복이 빠르다. 고객이 문제를 재검토하면 새로운 수준의 복잡성을 통해 문제를 고려한다. 앞으로 나아갈 궤적은 정해져 있다.

발달 심리학자들의 이론은 사람들이 자기 감각과 환경을 구분하는 방식의 변화에 초점을 맞추고 있다. 이러한 의미에서 발달은 평생에 걸친 분화와 통합의 과정이다.

인간은 자율성과 포용성을 동시에 추구하며, 자율성과 포용성 사이의 긴장을 다루는 다양한 방식은 어느 정도 예측할 수 있다. 그러나 중요한 것은 모든 성인이 가능한 모든 단계를 거쳐 발달하는 것은 아니라는 점이다. 어떤 사람들은 특정 단계에서 발달을 멈추고 삶의 균형을 위해 그 단계에 안정적으로 머무르기도 한다. 나이는 발달 수준을 예측할 수 있는 지표가 아니다.

발달 단계는 순차적이고 계층적이며, 각 단계는 이전 단계의 학습을 반영하고 이를 기반으로 하여 이전 단계를 더 넓은 의미 형성 체계에 통합한다. 단계를 이전 단계와 이후 단계로 설명할 수 있는 이유는 이후 단계가 이전 단계를 포함하고 초월하기 때문이다.

에고중심적 자아

아이가 태어난 순간부터 청소년기가 끝날 때까지 에고중심적 자아(충동적 자아 또는 기회주의자 단계라고도 함)가 발달하게 된다. 이 초기 단계의 자아는 욕구, 관심, 소망, 충동, 지각으로 구성되지만 타인과 공유하는 현실이 부족하다. 이 단계의 젊은이들은 다른 사람의 감정을 상상할 수 없기 때문에 진정한 공감이 부족하다. 타인은 자신의 소망, 욕구, 필요를 충족시켜 주는 도구적인 존재이다. 젊은이들은 아직 다른 사람의 필요를 우선순위로 삼는 방법을 모르기 때문에 욕구를 충족시키기 위해 '타인'과 관계를 맺는다.

청소년기는 경쟁하는 더 큰 욕구 체계 안에서 자신의 욕구와 필요를 추구하는 방법을 배우는 시기이다. 이 시기는 세상이 자신을 중심으로 돌아가지 않는다는 사실을 받아들이고 사회의 일원이 되기 위해 에고중심적인 마인드셋을 포기해야 한다는 것을 배우는 어려운 시기이다.

연구에 따르면 성인의 15%는 에고중심적인 자아를 넘어서는 전환을 완전히 이루지 못한다. 이러한 사람들은 자기중심적이고 통제적이거나 희생자 또는 반항아 역할을 하는 경향이 있다. 코칭은 종종 기회주의자에게는 도움이 되지 않는 전략이다.[1] 이

1) 인기리에 방영된 HBO TV 시리즈인 〈소프라노(The Sopranos)〉에서 시청자들은 기회주의적이고 순응적인 '가족' 질서의 규칙에 얽매인 강렬한 기회주의자들의 마피아 그룹을 보았다. 첫 시즌에서 이 시리즈는 가족의 리더인 토니가 우울증에 시달리는 모습을 보여 주었다. 토니의 딜레마를 바라보는 한

수준의 사람을 코칭할 때의 어려움은 고객 자신이 직접 경험하거나 생각하는 것은 알고 있지만 자신의 내적 심리 기능, 즉 단순히 생각하거나 알고 있는 것에 대한 관점이 없다는 것이다. 따라서 구체적이지 않고 추상적으로 생각하기가 어렵다.

세 가지 전통적인 발전 단계: 외교관, 전문가 또는 성취자

연구에 따르면, 대부분의 성인은 청소년기의 자기중심성을 벗어나 효과적인 성인으로 기능하기 위해 노력한다. 이는 기존의 세 가지 발달 단계를 거치는 동안 이루어진다. 케건은 이를 사회화된 자아 또는 개인 간 자아, 즉 외교관, 전문가 또는 성취자라고 부른다. 따라서 코칭 고객은 이 세 단계 중 하나에 속할 가능성이 가장 높다.

순응주의자 또는 외교관

기존 계층의 가장 초기 단계인 이 단계에서는 사람들이 사회에서 역할을 맡고 그 역할로 자신을 식별한다. 자아의 새로운 구조는 '나는 나의 역할이다.'로 표현할 수 있다. 이 단계에서 자아는 부모, 교육받은 전문가, 사회 집단의 구성원 등 사회적으로 인정받는 규정된 역할에 소속되고 그 안에서 성공함으로써 안정감과 가치를 얻게 된다. 이 단계에서 사람들은 집단에 적응하고, 호감을 얻고, 물의를 일으키지 않는 데 몰두한다. 외교관은 그룹에 소속되고 관계를 형성하는 것이 중요하다. 따라서 외교관의 기본 가치는 충성심이다. 외교관은 대학 출신, 스포츠 팀 선호도 등 자신과 공통점이 있는 사람만 어울리거나 고용하는 것을 선호할 수 있다. 이것은 일종의 '부족(tribe)'을 만드는 것으로 볼 수 있다. 외교관의 힘은 집단과의 관계에서 나오기 때문에 외교관은 갈등을 피하고 싶어 한다. 그들은 우호적이고 갈등 없는 관계를 중시하며 무의식적으로 따르는 가치관과 행동 강령을 공유할 수 있다. 외교관 수준에서 성인은 '우리' 대 '그들' 또는 '내부자' 대 '외부자'라는 마인드셋에 쉽게 빠진다. 충성심은

가지 관점은 그가 발달적으로 전환기에 있다는 것이다. 토니는 자신의 행동이 가족들의 반대에 부딪힐 것을 알면서도 치료를 받으려고 한다.

기본적이고 핵심적인 가치이며, 불충실은 해고와 특권 상실의 원인이 되며 크게 두려워한다.

코치로서 우리는 이 단계에서 사람들이 자신과 자신의 행동에 대해 스스로 인식하는 것과 실제로 하는 일, 자신이 잘하는 것, 다른 사람들이 받아들이는 것 사이의 불일치로 인해 한계가 있다는 것을 알게 된다. 이 단계의 사람들은 자신의 목표와 행동이 다른 사람이나 문화에 의해 어떻게 미리 결정되는지 인식하지 못하며, 본질적으로 외부에서 정의되지만 질문을 받으면 스스로 자신의 삶을 정의한다고 답한다. 그들은 마치 자신의 삶을 진정으로 스스로 만들어 낸 것처럼 자율성에 대한 환상을 가지고 있다. 하지만 사실은 그렇지 않다.

이 단계의 고객은 아직 문화적 조건화, 즉 삶의 중요한 타인과 기관이 제시하는 기대와 규칙에 의해 자신이 어느 정도 영향을 받는지 알지 못한다. 이 발달 단계에서 고객은 아직 마음의 노래인 내면의 목소리를 자유롭게 따르지 못한다. 내면의 목소리를 듣고도 무시하거나, 불가능하다고 무시하거나, 어떻게 반응해야 할지 고민할 수 있다. 대부분의 경우 두려움이 내면의 목소리를 향해 나아가는 것을 방해한다.

이 단계의 고객이 리더로 활동할 때, 그들은 종종 자상한 부모처럼 사회적 조건을 유지하면서도 주변 사람들을 깊이 배려하는 역할을 한다. 로버트 케건의 시각으로 보면, 외교관들은 오늘날의 리더와 조직이 직면한 과제를 해결하기 위해 '머리 너머로' 노력하고 있다. 외교관들은 몇 주에서 몇 달의 매우 짧은 기간 동안 일하기 때문에 계획이나 전략적 관점을 갖고 있지 않는다. 이들은 독립적인 관점을 개발하기 어렵고 다른 사람들이 제공하는 신념, 조언 및 증거에 크게 의존한다.

외교관을 코칭하는 경우, 갈등이 어떻게 드러나고 관리되는지 또는 드러나지 않는지에 대해 고객과 함께 일하게 될 것이다. 고객은 분노가 관계를 위태롭게 하기 때문에 분노를 관리하는 데 어려움을 겪을 수 있으며, 분노가 자신을 향하면 배척당한다고 느낀다. 외교관은 분노를 느끼는 데 어려움을 겪을 수 있으며, 대신 슬픔이나 불완전함을 느낀다. 분노의 거리두기 및 동조화 기능은 두려워해야 할 부분이다.

외교관과 함께 일하는 코치는 인간이 느끼는 다양한 감정에 이름을 붙이고 이해하는 방법을 탐구하고, 감정이 신체 어디에서 나타나는지 살펴볼 수 있다(제7장 감성 지능과 코칭에서 감정을 다루는 방법 참조). 외교관들은 공격성, 수동성, 자기주장 사이의 고전적인 구분을 살펴보는 것이 도움이 될 수 있다. 자기주장이란 양쪽의 권리를 존중하는 방식으로 행동하는 것을 의미한다는 것을 알게 되면, 외교관은 갈등이 관계의 종료를 의미하지 않는 관계에 대해 보다 복잡한 관점을 가지기 시작할 수 있다. 갈등 스타일을 탐색하는 것도 유용할 수 있는데, 이는 외교관이 어떤 스타일도 그 자체로 최선이라고 할 수 없으며 모든 스타일이 제자리를 갖고 있다는 것을 이해하는 데 도움이 된다.[2)]

고객의 발달 단계 평가하기

대부분의 코치는 조직 맥락에서 리더와 다른 고객을 효과적으로 코칭하기 위해 대상관계면담(Subject Object Interview: SOI) 또는 성숙도 평가 프로파일(Maturity Assessment Profile: MAP) 방법론의 전문가가 될 수 없으며, 그럴 필요도 없다. 그러나 리더를 코칭하고 주로 조직 고객과 함께 일하는 사람들은 고객의 발달 단계에 귀를 기울이는 것이 도움이 된다. 제니퍼 가비 버거(Jennifer Garvey Berger)는 최근 연구에서 코칭 서비스를 제공하는 연구자로서 SOI에 참여한 자신의 경험에 대해 다음과 같이 이야기했다.

15명의 리더십 고객을 대상으로 한 소규모 연구 조사에서 버거(J. G. Berger)와 앳킨스(P. W. B. Atkins)(2009)는 케건이 개발한 SOI 방법론을 사용하여 코칭에 적용하는 방법을 검토했다. SOI의 방법론은 다소 어려운 상황에 초점을 맞춘 초기 주제 제안을 제시한 다음 고객의 사고가 발전함에 따라 고객의 리드를 따르는 것이다. 면접관의 역할은 주로 고객의 사고를 지속적으로 조사하여 고객과 면접관이 버거가 '가장자리'라고 부르는 곳까지 의미를 만들어 가도록 함으로써 고객의 발달 수준을 파악하는 것이다(Berger & Atkins, 2009). 표본 규모는 작았지만 리더십 코치들에게 흥미로운 발견이 하나 있다: "우리는 스스로 글을 쓰는 것과 리더로서의 일종의 자존감 및 자신감 사이의 연관성이 얼마나 강한지에 놀랐다. 완전히 사회화된 마음으로 세상을 이해하는 리더는 약간의 고통을 경험한다는 일화적인 증거도 있다."(Berger & Atkins, 2009, p. 30) 이는 오늘날 조직에서 리더십에 대한 요구를 고려할 때 매우 직관적으로 이해가 된다. 이는 자신의 개발 수준을 역할의 요구 사항에 맞추는 것이 자신의 웰빙과 해당 역할에서의 성공에 매우 중요하다는 것을 시사한다. 비슷한 맥락에서 윌리엄 토버트는 그의 저서 『행동 탐구(Action Inquiry)』(2004)에서 조직을 성공적으로 이

2) 바바라 브라함(Barbara Braham)과의 커뮤니케이션을 기반으로 한다.

끌기 위해 필요한 최소한의 성인 발달 수준은 '성취자'의 수준이라고 추측했다. 이는 성취자 수준 이하의 리더는 자존감과 자신감이 취약하다는 버거의 연구결과를 뒷받침한다.

버거는 최근 '변화하는 업무 환경에서 리더를 코칭하기 위한 가이드'에서 성인 발달 수준을 활용하는 방법에 대해 자세히 설명하는 글인:『복잡한 세상을 위한 리더 개발(Changing on the Job: Developing Leaders for a Complex World)』(2012)을 발표했다. 그녀는 코치가 주로 내용을 경청하는 대신 고객의 사고 구조를 경청하는 데 도움이 되는 방법을 소개한다. 이 구조는 그녀가 '마음의 형태'라고 부르는 발달 수준을 조명한다. 코치가 ① 성공과 같은 대부분 긍정적인 경험에 대한 이야기, ② 상실, 실패, 분노와 같은 감정이 대부분 부정적으로 보이는 경험에 대한 이야기, ③ 양면성이 핵심 감정인 이야기, 예를 들어 고객이 어려움을 겪고 있는 결정에 대한 이야기 등 최근 경험의 예를 따를 때 고객의 발달 수준에 대한 잠재적 창이 열린다. 코치의 전략은 호기심을 유지하면서 고객의 이야기를 적절하게 조사하기 시작하여 이야기의 '감정적 가치'와 관련된 질문을 하는 것이다. 코치는 몇 가지 제안된 질문을 탐색의 도구로 제공한다:

> 코치가 사건에 대한 탐구를 시작하면 그 예시를 유지하면서 고객이 제시하는 새로운 정보나 생각을 발전시키기 위해 탐구를 계속 사용하는 것이 도전 과제이다. 코치는 기본적으로 동일한 질문을 반복적으로 던져 고객이 질문의 각 수준에서 제공하는 답변을 더 깊이 살펴볼 수 있도록 한다(Berger, 2012).

버거는 현재 직장에서 좌절감을 느끼지만 퇴사 여부를 결정하지 못하는 사람에 대한 통찰력 있는 예를 제시한다:

> **코치 탐색 질문 1**: 여기서 잘못된 결정을 내릴 때 가장 나쁜 점은 무엇인가요?
> **고객 응답**: 잘못된 결정을 내리면 나중에 후회할 정도로 커리어의 궤도를 벗어날 수 있습니다.

코치가 계속해서 같은 질문을 던지며 정보를 조명할수록 고객의 발달 수준이 더욱 분명해진다:

코치 탐색 질문 2: 경력을 쌓는 과정에서 가장 최악의 상황은 무엇인가요?

고객 응답: 커리어의 궤도를 벗어날 때 가장 나쁜 점은 잠재력을 최대한 발휘하지 못하고 망쳤다는 느낌이 드는 것입니다.

코치 탐색 질문 3: 일을 망쳐서 잠재력을 최대한 발휘하지 못하는 최악의 상황은 무엇일까요?

고객 응답: 최악의 상황은 제가 일을 통해 제 가치관을 실천하고 있는데 상황을 잘못 판단해 제가 생각했던 방식으로 변화를 만들지 못했다는 뜻이 될 것입니다. 그것은 제가 어떤 식으로든 실패자였고 제가 해야 할 만큼 세상에 기여하지 못했다는 것을 의미할 것입니다.

코치가 탐색 질문을 다른 시간에 사용하기로 결정했다면 다음과 같이 들릴 수 있다:

코치 탐색 질문 4: 변화를 만들지 못하고 세상에 기여해야 할 만큼 기여하지 못하는 최악의 상황은 무엇일까요?

버거의 연습은 질문을 세 번 한 다음 다시 질문할지, 아니면 세 번째 대답을 들여다보고 그 대답이 각 마음의 형태를 어떻게 반영할 수 있는지 더 집중적으로 살펴보는 것이다. 〈표 3-1〉에서는 고객의 발달 수준을 검사하는 코치의 관점에서 버거가 제시한 질문을 약간 변형한 질문을 제시하고 있다. 이 질문은 케건의 발달 수준을 사용하여 고객의 특정 발달 수준에 대한 코치의 가설을 점검하기 위해 고안되었다.

다양한 단계의 삶과 코칭이 어떤 것인지 더 깊이 탐구하는 데 관심이 있는 코치라면 자신의 발전을 위해 버거의 책을 우선순위로 활용하여야 한다.

독립적 자아 또는 전문가/기술자

독립적 자아(independent self)로 전환하는 것은 성인 삶에서 주요 전환점이다. 이러한 전환을 이루기 위해 사람들은 자신의 길을 따르는 것이 종종 다른 사람들을 실망시키거나, 실패의 위험을 감수하거나, 사회와 자신을 연결하고 사회화된 자아를 가치 있고 소중하게 만드는 규범과 모순되는 것을 의미한다는 사실을 받아들여야 한다. 자아는 처음으로 다른 사람들과 관계를 맺지만 그들에 의해 정의되지 않는 정체성을 개발한다.

'전문가'는 종종 경험이나 지식을 축적하여 남들과 차별화되고 존경받는 역할을 하는 스페셜리스트, 기술자를 의미한다. 전문가는 자신이 옳다는 것을 중요하게 생각하며 모든 해답을 가지고 있어야 한다고 생각하는 경우가 많다. 전문가가 독립적인 기여자에서 관리자가 되는 것은 특히 어려운 일이다. 코치는 이러한 어려운 전환(예: 연구원/벤치 과학자에서 과학자 그룹의 관리자로의 전환)을 도와 달라는 요청을 받을 수 있다. 전문가는 완벽주의자일 수 있으며, 내부적으로 일의 진행 방식, 작동하는 프로세스, 사람들이 어떻게 행동해야 하는지에 대한 일련의 규칙을 가지고 있다. 이들은 종종 매우 독립적이며 우선순위를 설정하고 유지하기가 어렵다. 마이크로매니저는 자신에게 직접 보고하는 사람들이 자신과 똑같이 업무를 수행하기를 원하는 경우가 많다. 전문가는 외교관보다는 업무 기간 범위가 길지만 상대적으로 성취자보다 짧은 경향이 있으며, 다음 단계인 '성취자'가 훨씬 쉽게 달성할 수 있는 대규모 프로젝트와 기간에 대한 계획을 세우는 데 어려움을 겪는다.

따라서 전문가가 원한다면 리더십 타임라인과 같은 연습을 사용하거나 역사적 인물의 전기를 읽도록 초대하여 시간의 지평을 넓히는 데 도움을 줄 수 있다. 시간을 거슬러 올라가면 고객의 미래 예측 능력이 향상될 수 있다는 점을 이해하라. 코칭 성공 사례 중 하나는 군사 역사를 읽는 것을 좋아하는 한 전문 엔지니어와 함께한 것이었다. 그는 관리자로부터 업무를 더 잘 예측하고 더 전략적으로 사고하라는 도전을 받았는데, 이 두 가지 모두 전문가 수준의 사람에게는 어려운 과제였다. 우리는 그에게 자신과 자신의 프로젝트를 리더십 역사의 한 부분으로 보고, 그가 읽은 다른 인물들로부터 교훈을 얻으면서 '자신의 이야기를 써 보라'고 권유했다. 이를 통해 그는 성공적인 프로젝트로서 자신이 구상하는 것에 집중할 수 있었다. 또한 자신이 리더로서 어떤 모습을 보이고 싶은지, 어떤 실수를 저지르고 싶지 않은지 추론할 수 있었다. 코칭은 그가 개발의 성취자 단계로 전환하는 데 도움이 되었다. 고객의 성인 발달 수준을 평가할 때 고객의 교육 수준에 현혹되지 말라. 고객의 행동을 살펴보고 의미를 만드는 방식에 대해 물어보라.

전문가의 말을 듣다 보면 다른 사람의 아이디어, 특히 그 아이디어가 전문가의 마인드셋이나 인식된 역할에 도전하는 경우 저항감을 느낄 수 있다. 전문가는 특정 행동 방침을 옹호하기 때문에 동료들을 많이 자극할 수 있다. 직장 생활에서는 전문가와 전문가 간의 갈등이 빈번하게 발생한다. 전문가를 코칭하다 보면 아이디어나 생

표 3-1 감정적 충전을 위한 탐색 질문

감정 충전	탐색 질문 사례
긍정적	• 이번 결정에서 가장 좋은 점은 무엇인가요? • 가장 만족스러운 점은 무엇인가요?
부정적	• 이 결정에서 가장 어려운 점은 무엇인가요? • 가장 걱정되거나 두려운 것은 무엇인가요?
양가성	• 이 결정에서 가장 중요한 부분은 무엇인가요? • 잘못된 결정을 내렸을 때 최악의 상황은 무엇인가요?

각을 제시할 때 "네, 하지만……."이라는 말을 들을 수 있다. 전문가들은 아이디어를 거부하는 것이 아니라 더 큰 틀에 포함시키는 것이 어렵다는 것을 알게 된다. 그 결과, 조직에서 그들은 종종 관리하기 어렵고 협력적이지 않은 사람으로 여겨진다.

전문가에게 유용한 코칭 전략에는 사람들이 서로 다른 방식에 대한 이해를 넓히는 것이 포함된다. DISC와 MBTI는 사람들의 유용한 선호도를 보여 주기 때문에 도움이 될 수 있다. 전문가들은 다른 사람들에게 다가가는 방식을 조정하는 것이 도움이 될 수 있다는 것을 이해함으로써 이점을 얻을 수 있다. 대인관계 영역에서 숙련도를 개발하는 것은 전문성을 개발할 수 있는 또 다른 영역으로 간주되어 적극적으로 참여할 수 있게 된다.

코치는 "옳고 싶으세요, 아니면 효과적이고 싶으세요?"라고 질문하여 전문가가 옳고 싶어 하는 욕구에 부드럽게 도전할 수 있다. 특히 전문가가 다른 사람을 관리하는 경우 우선순위를 설정하고 자신과 다른 사람의 시간을 관리하도록 도와주어야 한다. 완벽주의 성향이 있는 전문가의 경우, 코치는 전문가가 완벽을 기하는 것이 정말 가치 있는 일과 80%만 해도 되는 일을 구분할 수 있도록 도와줄 수 있다. 육아처럼 완벽을 추구할 수 없는 상황에서도 영감을 얻을 수 있다. 가족생활은 전문가에게 영감의 원천이 될 수 있다.

전문가들은 감정적인 것을 희생하면서 이성적이고 지적인 것을 중시하는 경향이 있다. 코칭의 신체적 또는 정서적 요소를 활용하려면 무엇이 정확하고 옳은지에 대한 전문가의 감각과 일치하는 설득력 있는 근거를 제공해야 한다.

의식적인 자아 또는 성취자

케건에 따르면, 전통적인 역할의 마지막 유형인 성취자 또는 자기 주도적 자아는 일반적으로 기업가적 역할이든 대기업 내 역할이든 직장에서 성공하기 쉽다고 생각한다. 성취형은 행동으로 옮기고 성과에 집중하며 계획과 우선순위를 설정할 수 있다. 이들은 성공에 대한 지향성이 강하기 때문에 할 일 목록에 아직 해야 할 일이 남아 있을 때 긴장을 푸는 것이 불가능하다고 생각하기도 한다. 자기 주도적이라는 용어에서 알 수 있듯이 성취자는 주변 사람들과는 다른 관점과 관점을 스스로 만들어 낼 수 있으며, 이는 순응주의자처럼 그들을 괴롭히지 않는다. 성취자는 진정한 성찰이 시작될 수 있는 첫 번째 발달 단계이다. 성취자는 자신이 스토리의 창조자라는 사실을 깨닫고 다른 스토리를 만들고 싶으면 다시 쓸 수 있다.

성취자를 코칭하다 보면 고객이 항상 의식적으로 행동을 선택하는 것이 아니라 급하게 행동에 옮기는 것을 느낄 수 있다. 이는 성취자 마인드셋의 단점 중 하나일 수 있다. 일반적으로 멀티태스킹을 하는 성취자는 다른 관계를 위태롭게 할 때 이메일과 문자를 끊임없이 확인할 수 있다. 성취자는 자신의 목표와 커리어를 지향하는 피드백과 학습을 중요하게 생각한다. 최고의 성취자는 업무에 에너지와 낙관주의를 불어넣는다. 모든 종류의 데이터를 소중히 여기며, 특히 분석과 고전적인 문제 해결 방식이 프로젝트의 성공을 위해 효과적으로 작동할 때 탁월한 문제 해결자가 될 수 있다. 성취자의 말을 들어보면 목표, 계획, 해야 할 일에 대한 이야기와 함께 "예, 그리고……"라는 대답을 들을 수 있을 것이다. 많은 성취자는 업무가 자신에게 에너지를 가져다주기 때문에 때때로 속도를 늦추거나 휴식을 취해야 한다고 말한다. 40세에 함께 일했던 한 성취자 병원 관리자는 휴가가 필요하지 않아서 거의 휴가를 가지 않았다고 말했다. 650병상 규모의 도시 기반 병원인 그의 병원을 돌아다니다 보니 마치 번화한 작은 도시의 시장 같은 이미지가 떠올랐다. 이전 직책의 프로젝트 중심에서 벗어나 전략을 개발해 달라는 요청을 받은 그는 마침내 비전을 세우고 전략을 수립하기 위해 시간을 내기로 동의했다. 일을 떠나면서 그는 시설의 바쁜 업무 환경에서 벗어나 자신만의 페이스를 설정할 수 있었다.

성취자는 성공을 지원하는 유용한 코칭 기술을 개발하여 통찰력 있는 질문 기술을 자신의 레퍼토리에 추가함으로써 문제 해결의 리더뿐만 아니라 사람들을 개발하는 사람이 될 수 있다. 성취자는 종종 자신을 위한 학습과 피드백이 다른 사람을 위한 학습과 피드백을 지원하는 것과 연관되어 있다고 보고 다른 사람을 개발하고자 한다. 또한 성취자는 다른 사람을 개발하는 것이 자신의 성공에 도움이 된다는 것을 이해하는 능력이 뛰어나며, 전문가처럼 다른 사람을 개발하는 것을 위협으로 여기지 않는다.

성취자 단계에서 고객은 자기 개발은 물론 타인의 개발에도 열심히 집중하기 시작할 수 있다. 고객은 자신의 삶에서 무엇이 진정성 있고 무엇이 비진정적인지 예리하게 인식하게 된다. 행동은 내면의 새로운 목적의식을 진정성 있게 표현하게 된다. 고객이 진실하고 진정성 있는 중심으로부터의 삶의 힘, 창의성, 자유, 만족감을 보고 경험하기 시작하면 다른 사람들도 그러한 특성을 소중히 여기게 된다. 그들은 속임수로 간주되는 것에 참을성이 없어지고, 혼돈이 자신이 만든 자아의 질서와 구조를 위협할 때 방어적이 될 수 있다. 자기표현과 협력이 새로운 조직 원칙이 된다.

코치는 개발에 중점을 두기 때문에 성취자 수준에 있거나 전문가에서 성취자로 나아가기 위해 노력하는 많은 고객을 만나게 된다. 성취자는 조직 내에서 리더로서, 그리고 기업가로서 더욱 뛰어난 능력을 발휘한다. 이들이 업무에 가져다주는 에너지와 낙관주의는 코칭과 개인 개발에 대한 헌신으로 확장된다.

성취자에게 유용한 코칭 전략에는 360도 피드백 도구를 사용하여 다른 사람의 눈에 비친 특정 기술 및 역량에 대한 자신의 진전 상황을 확인할 수 있도록 도와주는 것이 포함된다. 일과 삶의 균형 문제를 탐색하도록 도와준다. 성취자는 종종 행동을 멈추고 성찰하여 패턴을 파악하는 데 어려움을 느끼며, 행동의 압박에 휩쓸리기 때문에 성찰을 위한 간단한 전략이 큰 도움이 된다.

성취자를 코칭할 때는 업무와 관련된 목표를 가진 고객을 위해 리더십 일지와 같은 도구를 통해 자주 성찰하도록 장려하는 것이 좋다. 고객이 목표를 설정 한 후에는 매일 일지를 작성하여 그날의 사건을 되돌아보고 성공, 난관, 의문점, 좌절, 사건으로 인해 생긴 감정이나 생각을 아주 간략하게 3~5개의 글머리 기호나 문구로 기록하는 작업을 수행한다. 고객은 코칭 세션에 이 기록지 또는 일지를 가져온다. 리더십 일지를 작성하는 것이 벅차게 느껴질 수 있다. 고객이 자주 성찰하는 것이 목표이지만 하루를 빠뜨리는 것이 실패가 아니라는 점을 인식하도록 도와준다. 이러한 활동은 자기 개발 및 학습에 대한 성취자의 추진력과 연결하여 활동에 대한 흥미를 유발할 수 있다. 이 성찰의 가치로 가는 문은 바로 다음 활동인 리더십 타임라인으로, 세션 초반에 사용할 수 있다.

리더십 타임라인은 서면으로 작성하는 성찰 활동이다.[3] 코치가 자신의 리더십 스타일에 기여한 주요 인생 사건을 파악하는 것이 목표이다. 출생부터 현재까지의 삶을 되돌아보고 선택에 대해 이야기한다. 코치를 위한 타임라인 준비 과정은 다음과 같다:

1. 고객은 리더십에 영향을 준 '긍정적인' 사건을 12~20개 나열하고, 그 사건과 당시의 생각과 감정을 기록한다. (참고: 사건은 일정 기간에 걸쳐 발생 했을 수 있다.)
2. 고객은 자신의 리더십에 영향을 미친 12~20개의 '부정적인' 사건을 나열하고, 그 사건과 그로 인해 떠오른 생각을 다시 한 번 기록한다.
3. 고객이 종이를 가로로 놓고 중간에 선을 그어 연도를 표시한다. 왼쪽은 '생성일'이고 오른쪽은 '현재 시간'이다. 이 선 위는 '긍정적인' 사건을 나타내고, 선 아래는 '부정적인' 사건을 나타낸다.
4. 고객은 이 타임라인에 개별 사건을 순서대로 배치하여 사건이 긍정적인지(선 위) 부정적인지(선 아래)를 표시한다. 사건을 선으로 연결하여 패턴을 설명한다.

이 활동에는 1~2시간의 준비 시간이 필요하다. 고객을 만나면 타임라인을 안내하면서 각 사건, 그 사건으로 인해 생긴 생각과 감정, 그리고 그 사건이 고객의 리더십에 미친 영향을 공유해 달라고 요청한다. 코치의 역할은 경청하고 정중하게 탐색하여 고객이 각 사건의 의미를 명확하게 파악할 수 있도록 돕는 것이다.

리더십 타임라인 연습은 고객이 시간을 통해 자신을 바라보고 무작위로만 보였던 사건에서 패턴을 식별하도록 돕는 수단이다. 예제 타임라인은 리더십에 초점을 맞추고 있지만, 이 연습은 육아, 기업가 정신, 영적 삶 등 다른 역할에도 적용할 수 있다. 고객의 라이프 밸런스 휠에 있는 모든 영역이 타임라인 연습에 적합할 수 있으며, 이를 통해 초기 경험이 자아에 다양한 방식으로 어떤 영향을 미치는지 설명할 수 있다. 이 과정은 많은 가능성을 열어 주지만, 고객은 초기 단계에서 자신이 누구이고 무엇이었는지 되돌아보면서 고통을 경험할 수도 있다. 이 단계의 과제는 차별화된 내적 자아를 만드는 것이므로 리더십 타임라인은 성취자 단계에 있는 고객에게 적합한 활

3) 타임라인은 여러 장르에서 성찰적 일기 쓰기의 필수 요소이지만, 우리는 원래 Linkage의 '코칭 조직 리더' 워크숍에서 이 연습을 접했다.

동이다. 이 단계는 고객이 자신의 역할, 규범, 자아 개념에 대해 진정으로 자기 성찰을 할 수 있는 첫 번째 발달 단계이다. 케건이 설명했듯이, 성인기 발달의 과제는 적절히 분화하여 가치와 행동을 반영하고 선택할 수 있는 개별적인 자아를 만들고, 자아에서 벗어나 자신을 '객체'로 바라볼 수 있는 자아를 만드는 것이다. 성취자는 다음에서 한 걸음 더 나아갈 수 있다. 스스로 생각해 보고 그 가정이 어디에서 비롯되었는지 살펴본다. 추론의 사다리와 같은 활동을 사용하여 성찰을 도울 수 있다([그림 3-2] 참조).

추론 활동의 사다리

이 코칭 활동은 고객이 어려운 상황을 되돌아보거나 성공적인 상황과 그렇지 않은 상황을 비교하는 데 유용하다. 이 코칭은 '내 생각이 곧 나'라는 생각에서 한 발짝 물러서는 성취자의 능력을 활용한다. 특히 직관력이 뛰어나고 결론을 빠르게 도출하여 종종 동료들을 혼란스럽게 하는 고객에게 유용하다. ("2개와 2개를 합치면 5개가 된다."라는 말을 자주 사용한다.)

크리스 아지리스(Chris Argyris)는 피터 센지(Peter Senge)의 『제5의 훈련: 학습 조직의 기술과 실제(The Fifth Discipline: The Art and Practice of the Learning Organization)』(1990)에서 추론의 사다리 구조를 처음 제시했으며, 이 개념을 광범위한 비즈니스 청중에게 소개하여 대중화되었다. 추론의 사다리는 인간이 보통 무의식적으로 사건이나 사실에서 결정이나 행동으로 나아가는 사고 과정을 시각적으로 설명한다. 사고의 단계는 사다리의 발판으로 볼 수 있으며, [그림 3-2]에 나와 있다. 사다리의 맨 아래에는 사건과 사실이 있다. 이 사다리에서 고객은 신념과 이전 경험을 바탕으로 사건과 사실을 경험하고 해석한다. 고객은 종종 무의식적으로 기존의 가정을 적용하여 사건이나 경험의 의미를 빠르게 해석한 다음 해석된 사실과 가정을 바탕으로 결론을 도출한다. 시간이 지남에 따라 반복되는 이러한 결론은 우리의 신념을 확립하고, 우리는 신념에 근거하여 적절해 보이는 행동을 취한다. 우리의 신념은 우리가 현실에서 무엇을 선택하는지, 즉 우리가 볼 수 있는 것에 영향을 미치는 경향이 있으며, 어떤 것은 완전히 무시하게 만들 수도 있다.

코치는 추론의 사다리를 사용하여 고객과 함께 경험과 사건을 조사하고 추론 과정을 재구성한다. 갈등 상황에서 사용되는 이 도구는 고객이 같은 경험을 했거나 같은 회의에 참석했음에도 다른 사람들이 다른 사다리를 올랐을 수 있는 부분을 탐색하는 데 도움이 된다. 이 사다리는 고객이 더 나은 결론을 도출하거나 다른 사람들이 관찰하고 가정하고 믿었던 것에 대한 질문을 통해 다른 사람들의 결론에 침착하게 이의를 제기하는 데 도움이 될 수 있다.

일반적으로 직장에서의 회의는 특히 고위급 리더가 참석하는 경우 테이블 주위에 있는 사람들의 결론에 의해 지배된다. 유용한 활동은 고객이 사실, 가정 및 결론을 추적하여 사다리를 거슬러 올라가면서 추론을 재구성하도록 돕는 것이다. 고객으로서 각 단계를 분석하는 과정에서 추론을 조정하거나 가정을 변경하거나 선택한 데이터를 확장해야 할 수도 있다. 행동의 과정을 검토하는 것부터 그 이전의 결론과 가정의 타당성을 검토하는 것까지 사다리를 거꾸로 내려가면서 작업한다. 너무 쉽게 가정을 세우거나, 데이터의 일부만 선택하거나, 사람의 말보다 감정을 먼저 알아차리는 등 고객이 건너뛰기 쉬운 단계를 식별하도록 도와준다.

고객이 추론을 설명하면서 자신의 추론 과정과 동료의 추론 과정과 다른 점에 대한 통찰력을 얻을 수 있다.

자신의 편견, 가정, 기준 프레임, 사고 모델, 그리고 그것이 기회에 어떤 영향을 미치거나 제한하는지 인식하는 것이 매우 중요하다. 이 도구는 이러한 사실을 더 잘 인식하는 데 도움이 된다.

특히 이 연습은 자신의 행동을 지시할 수 있는 암묵적인 가정과 무의식적인 편견, 심지어 자신도 모르게 강점을 적용하는 것을 인식하도록 돕기 위해 고안되었다. 추론의 사다리 도구는 우리가 자신의 강점을 충분히 발휘할 수 있는 상황에서도 우리의 사고와 가정이 어떻게 우리를 제한할 수 있는지 새롭게 살펴볼 수 있는 방법을 제시한다. 의식적이든 무의식적이든 우리가 내리는 가정은 우리가 이용할 수 있다고 인식하는 옵션과 기회를 제한한다. 가정은 선택의 폭을 좁히고 수많은 잠재적 가능성을 배제한다. 이렇게 선택의 폭이 좁아지면 도출할 수 있는 결론의 수가 크게 줄어들고, 어떤 정신적 모델이나 가정이 이러한 과정을 주도했는지조차 인식하지 못할 수도 있다. 문제는 우리가 언제 어떻게 적용해야 하는지를 결정하는 사고 과정을 인식함으로써 우리의 강점을 최대한 발휘하는 것이다.

MIT 교수이자 학습 조직에 관한 많은 저서를 집필한 피터 센지는 우리의 정신 모델이나 가정이 어떻게 우리의 효율성을 저해할 수 있는지에 대한 인식을 강조하고 있

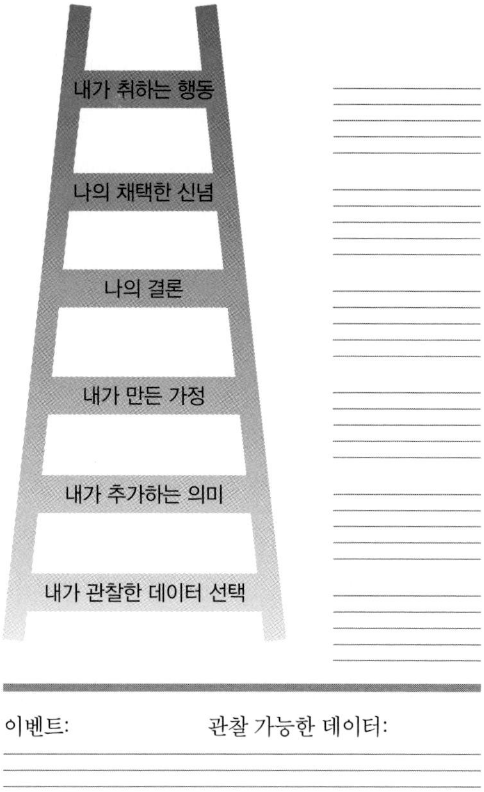

[그림 3-2] 추론의 사다리

다. 센지는 리더가 자신의 정신(mental) 모델과 다른 사람들의 정신 모델을 발견하는 것이 매우 중요하다고 주장한다. 그는 리더의 효율성과 성과 달성 능력은 종종 리더 자신의 잘못된 가정에 의해 약화된다고 말한다:

- 나의 신념은 진실이다.
- 진실은 분명하다.
- 내 믿음은 실제 데이터에 근거한다.
- 내가 선택한 데이터는 실제 데이터이다.

우리의 신념은 진실에 대한 우리의 인식을 반영할 뿐이며, 이는 진실 자체와는 상당히 다를 수 있다. 게다가 그것은 나의 인식을 기반으로 하기 때문에 내가 이해하는 '진실'은 당신의 인식을 기반으로 하는 당신의 '진실'과 상당히 다를 수 있다. 연구에 따르면, 우리가 주목하는 데이터는 우리가 이미 믿고 있는 것을 재확인하는 데이터인 경우가 대부분이며, 상충되는 정보나 우리가 믿고 있는 것에 반하는 데이터는 무시되거나 간과되거나 무시되는 경우가 많다. 우리가 선택하는 데이터는 단지 선택적일 뿐이다. 이러한 데이터는 우리의 인식을 강화할 수 있는 능력 때문에 선택된 실제 데이터의 하위 집합이다. 이 모든 것은 '진실'에 대한 매우 개인적이고 주관적인 정의를 가리킨다. 이것이 바로 인식의 잠재적 차이가 발생하는 이유이며, 우리가 선택적 인식에 더욱 고착화되는 경향을 보이는 이유이다.

우리 모두는 같은 사물이나 문제가 다양한 맥락에서 얼마나 다르게 보일 수 있는지 상상할 수 있다. 낮에 길을 가로 막던 나뭇가지가 밤에는 길을 가로막는 뱀이 되었다는 아메리카 원주민의 이야기가 좋은 예가 될 수 있다. 우리의 가정과 결론은 지각, 여기에서는 맥락에 의해 크게 영향을 받는다.

요람 윈드(Yoram Wind)와 콜린 크룩(Colin Crook)은 "우리가 세상을 이해하는 방식은 크게는 내면의 마음에 의해, 작게는 외부 세계에 의해 결정된다."라고 말한다. 우리는 매우 효율적인 방식으로 세상을 이해하기 위해 정신 모델을 만든다. 하지만 세상은 빠르게 변화하기 때문에 우리는 현실을 반영하기 위해 정신 모델을 최신 상태로 바꾸는 데 소홀히 한다.

2001년 9월 11일의 테러 공격이 그러한 예이다. 그날 아침 미국의 많은 사람이 납치에 대한 이해가 뉴스에서 본 것과 일치하지 않았기 때문에 테러로 인식하는 데 어려움을 겪었다. 그날까지만 해도 대부분의 사람은 납치를 악당들이 조종사를 인질로 잡고 거액의 현금과 신변 보호를 요구하며 비행기를 정체불명의 공항으로 돌리는 사건으로 생각했다. 세 번째 비행기에 탑승한 승객들은 예정된 목표지였던 워싱턴 DC가 아닌 펜실베이니아에 추락한 비행기가 납치의 모델임을 인지할 수 있을 정도로 빠르게 정신 모델을 업데이트할 수 있었다. 이 항공기는 인구 밀도가 높은 목표물을 겨냥한 고연료의 공격 장치로 사용되고 있었다. 세 번째 비행기의 승객들은 낡은 사고 모델의 제약을 받지 않았기 때문에 비행기가 의도한 목표에 도달하지 못하도록 막았다. 세 번째 비행기에 탑승한 사람들이 (낡은) 사고 모델에 너무 집착했다면 인명 손실이 훨씬 더 컸을 수도 있었다. 오래되고 낡은 마인드셋에 따라 행동하면 새롭고, 다르고, 더 우수하고 효과적인 해결책을 만들 수 있는 기회를 놓치게 된다.

이것이 바로 정신 모델이 작동하는 방식의 본질이다. 정신 모델은 유용하고 강력한 힘을 가지고 있지만, 현실에 대한 개인적이고 주관적인 인식에 따라 시대에 뒤떨어지거나 부정확하거나 지나치게 편향될 수 있다.[4] 리더로서, 특히 다른 사람을 코칭할 때 완전히 효과적이 되려면 정신 모델을 언제, 어떻게 사용하는지 인식해야 한다. 편견과 가정은 한계가 있다. 특히 이러한 편견과 가정이 우리가 코칭하는 사람들의 미개발 잠재력을 포함하여 기회와 가능성을 보지 못하게 막는다는 점을 인식해야 한다. 추론의 사다리는 우리 각자가 자신의 사고 모델, 편견, 가정에 이의를 제기하여 유용하고 최신이며 정확한지 확인하는 데 사용할 수 있는 유용한 도구를 제공한다.

추론의 사다리 이미지는 사람들이 추상성이 높아지는 일반적인 정신적 경로를 얼마나 빨리 오르는 경향이 있는지를 보여 주고 있는데, 이는 종종 잘못된 믿음과 행동으로 이어진다는 것을 보여 준다. 이는 마치 마음속의 사다리를 빠르게 오르는 것처럼 적은 정보로 의식적인 인식 없이 얼마나 빠르게 성급한 결론에 도달할 수 있는지를 보여 주는 은유이다. 이 과정은 우리가 정보를 처리하는 방식이 정확하고 타당한지에 대해 생각하거나 의문을 제기하지 않고 자동으로 진행된다는 점에 주목할 필요가 있다.

실제 사다리와 마찬가지로 추론의 사다리는 맨 아래에서부터 시작되며, 우리는 이미 믿고 있는 것을 확인하기 위해 세부 사항에 선택적으로 주의를 기울이는 것부터 시작하여 편견을 강요하기 시작한다. 우리는 계속해서 우리의 신념체계를 강요하고 위로 올라갈수록 편견과 해석을 추가하여 개인적인 생각, 가정, 정신 모델이 점점 더 결론을 왜곡하게 된다.

다음과 같은 간단한 예를 생각해 보자: 한 팀이 회의를 위해 회의실에 모여 있다. 사람들이 당면한 프로젝트에 대해 열띤 토론을 벌이고, 자리를 옮기고, 서류를 뒤섞고, 벽에 걸린 차트를 가리키며 회의실을 가득 채운다. 활동 도중에 팀 리더는 한 젊은 사원이 하품을 하는 것을 발견한다. 이 젊은 사원은 팀에 새로 들어온 사람이라 아는 것이 거의 없다. 팀 리더는 하품을 지루함이라고 해석 하고 그 젊은 사원이 프로젝트에 거의 관심이 없다고 추측하는 등 제한적이고 선택적인 인식에 기반한 가정을 내린다. 리더는 청년의 관심 부족에 대한 믿음을 또래의 다른 젊은이들에게 일반화하여 더 중요한 문제에 대한 집중 토론에 그를 포함시키지 않기로 결정할 수 있다. 이러

4) 이 책의 후반부에서는 다양성을 위한 코칭에 초점을 맞춘다. 세대, 인종, 연령에 따른 많은 고정관념이 정신 모델에 기반하고 있다는 사실을 알아두면 유용하다. 편견과 고정관념의 수혜자였던 고객의 경우 '타자'에 대한 정신 모델을 업데이트하는 것이 도움이 될 수 있다.

한 결론은 팀 리더가 의식적으로 생각하지 않고 내린 결론일 가능성이 높으며, 다른 설명에 대한 고려 없이 내린 결론일 수도 있다. 아마도 하품은 밀폐되고 답답한 회의실에서 더 많은 산소가 필요하다는 생리적 반응이었을 수도 있다. 당신도 비슷한 경험이 있는가?

코치와 리더 고객을 위한 연습: 회의 준비하기

다음에 회의를 할 때는 생각의 흐름에서 가능한 한 많은 것을 기록하도록 한다.

회의 전에 적어 두라:

- 만나는 상대와 그 사람에 대한 일반적인 인식
- 당면한 문제와 회의의 목적
- 이 미팅에서 얻고자 하는 것이 무엇인가?
- 상대방의 동기가 무엇이라고 생각하는지, 그 동기를 통해 얻고자 하는 것이 무엇인지 파악하기
- 회의의 시작, 진행 및 종료 방식(최종 결과)에 대한 기대치

회의 중에 메모하라:

- 회의가 어떻게 시작되었는지, 누가 회의를 시작했는지, 무슨 얘기가 오갔는지
- 회의 상대방의 말을 직접 인용해 적기
- 발언 내용이나 이유에 대해 사용자가 내리는 가정이나 추론 적기
- 회의 진행 방식에 따라 도출하고 싶은 결론 적기

회의가 끝나면 다음 사항을 고려하라:

- 회의 중 상대방의 행동 중 놀랐던 점이 있었는가? 그 사람이 당신이 기대했던 것과는 다른 방식으로 행동했는지, 아니면 그 사람의 행동이 이미 가지고 있던 당신의 의견에 힘을 실어 주었는가?
- 내 행동이 다른 사람의 접근 방식이나 반응에 어떤 영향을 미쳤을까?
- 목소리 톤, 언어, 자세가 어떻게 해석될 수 있을까?

- 회의가 진행되는 동안 가정을 세우거나 결론을 도출할 때 추론의 사다리를 얼마나 빨리 올라갔는가?
- 당신의 인식이나 가정이 달랐다면 대화가 다른 방향으로 흘러갔을까?
- 최종 결과가 가정, 추론 및 결론에 영향을 받았는가?

[그림 3-2]를 도구로 사용하여 상대방과의 상호작용이 일반적으로 효과적이지 않은 상황에서 추론의 사다리를 적용해 본다. 회의에 들어가기 전에 가정과 추론을 고려한다. 상대방에 대한 기본 인식이 잘못되었다고 가정하고 평소와는 완전히 다른 방식으로 상대방에게 접근한다. 대화가 진행되는 동안 평소의 인식으로 돌아가고 싶은 유혹을 뿌리치고 새로운 방식으로 상대방에게 계속 접근한다.

다음은 추론의 사다리의 다른 예이다. 이 예시들은 한두 가지 행동이 어떻게 다른 사람에 대해 광범위하고 부정확한 결론을 이끌어 낼 수 있는지를 보여 준다. (가장 아래쪽 사다리부터 시작한다.)

예제 1

7. 조를 믿을 수 없기 때문에 조를 피할 것이다.
6. 타인에 대한 배려가 적은 사람은 신뢰할 수 없다.
5. 자신이 다른 사람보다 낫다고 생각한다.
4. 조는 다른 사람을 존중하지 않다.
3. 조는 회의 시작 시간을 정확히 알고 있었다. 그는 일부러 늦게 들어왔다.
2. 조는 유일하게 늦게 도착한 사람이었다.
1. 회의는 오전 9시로 예정되어 있었는데 조는 오전 9시 30분에 도착했지만 이유를 말하지 않았다.

예제 2

7. 나는 중요한 사안이 있을 때마다 앤의 곁에서 일을 처리하여 앤이 일을 늦추지 않도록 할 것이다.
6. 생산성이 높은 팀에 업무를 수행하지 못하는 사람을 두어서는 안 된다.
5. 앤은 절대 승진하지 못할 것이다. 앤이 우리 팀에 있으면 안 된다. 우리를 나쁘게 보이게 한다.
4. 그녀는 감당할 수 없는 상황에 처해 있다.

3. 앤은 제시간에 도착할 수 있을 만큼 정리 정돈이 잘 되어 있지 않다.
2. 앤은 보통 아침에 늦게 출근하는데, 육아 문제 탓으로 돌린다.
1. 회의는 오전 9시로 예정되어 있었는데 앤은 오전 9시 30분에 도착했지만 이유는 말하지 않았다.

추론의 사다리를 기반으로 한 고객을 위한 성찰적 질문

1. 어떤 사람에 대해 매우 성급하게 결론을 내렸던 때를 떠올려 본다. 첫인상이 완전히 부정확한 것으로 판명되었을 수도 있다. 그 부정확한 인식을 계속 고수했다면 무엇을 놓쳤을까?
2. 당신에게 보고하는 사람이나 동료에 대해 오래전에 형성한 인식을 고집하다 보면 지금 놓치고 있는 것은 무엇일까? 다음 한 주 동안, 그동안 보지 못했던 다른 사람들의 변화에 주목하는 데 집중해 본다. 어떤 점이 눈에 띄는가?
3. 다음에 해결책을 생성해야 할 때는 추론의 사다리를 고려한다. 실행 가능한 가능성을 인식하는 능력을 제한할 수 있는 가정이나 추론을 발견하기 위해 자신과 그룹의 사고에 도전한다. 새로운 가정을 사용하여 새로운 결론과 가능성을 생성한다.

전통적인 성인 발달 이후

개인 교류형, 촉매자형, 다원주의자형/전략가형

전체 인구에서 전통적인 단계를 넘어서는 발달은 비교적 드물지만, 코칭을 받는 사람들은 일반 인구보다 전통적인 단계 이후의 발달 수준을 더 대표할 수 있다. 로버트 케건은 성인의 약 1%만이 전통적인 단계 이후 단계에 도달한다고 추정한다. 그러나 또 다른 14%는 전통적인 단계 이후의 단계로 이행 중이며, 이러한 경험은 혼란스러울 수 있으며 가족, 직장 및 조직과 갈등을 일으킬 수 있다.

전통적 이후 단계에서는 내적 자아 정의가 '나는 다른 온전하고 완전한 자아와 조화를 이루는 온전하고 완전한 자아'에서 '나는 온전하고 완전한 자아가 아니다.'라는 내적 깨달음으로 바뀐다. 오히려 '나는 여러 자아이다.'라고 여긴다. 고객은 자신이 무시하고 발전시키지 못한 자아의 일부가 있다는 것을 인식하기 시작할 수 있다. 특히 중년기에는 자신이 내린 선택을 재검토하여 다음과 같은 일을 할 수 있는데, 아직 열지 않은 문을 탐색하고, 자신이 누구인지에 대한 이야기를 재구성하는 것이다.

전통적 단계 이후에는 자아가 다면적인 것처럼 보이며, 개인 시스템의 거대한 무늬처럼 보인다. 고객은 광활한 느낌을 갖지만, 그 광활함은 자아가 아니라 자아가 작동하는 맥락에 대한 것이다. 이 단계에서 고객은 자신을 형성하고 자신이 속한 시스템과 그룹을 이해한다. 그들은 시스템과 그 복잡성을 보고 이해하며 훨씬 더 긴 기간에 걸쳐 전략적으로 비전을 세울 수 있다. 행동을 변화시킬 수 있는 정보를 찾을 수 있으며 건설적이면서도 부정적인 자기 판단을 할 수 있다. 소설이나 영화 속 등장인물처럼 과거의 구성에 집착하지 않고 자신과 분리하여 자신을 '객체'로 바라볼 수 있다.

이 단계의 고객은 더 이상 온전하고 완전한 척할 필요가 없으며, 연민과 호기심을 가지고 자신의 발달과 인정받지 못한 측면과의 상호작용에 임할 수 있다. 좋은 면과 나쁜 면, 밝은 면과 어두운 면, 딱딱한 면과 부드러운 면 등 성격의 복합적인 면을 모두 수용할 수 있다. 그들은 움찔하거나 힘든 자기 계발 프로그램에 참여할 필요 없이 이러한 내면의 복잡성을 볼 수 있다. 더 좋은 점은 다른 사람을 복잡한 다차원적 존재로 보는 것이다. 또한 세상을 역동적인 힘의 상호작용으로 바라본다. 자아를 단절과 조화로 이루어진 풍부한 생태로 보는 것은 직장과 세상의 풍요로움과 복잡성에 눈을 뜨게 한다.

일부 성인 발달 이론가들은 전략 수립, 새로운 고객 및 이해 관계자에 대한 대응, 관계 구축에 대한 민첩성이 미래의 성공을 좌우할 수 있는 시대적 과제를 해결하기 위해 포스트 전통적 리더가 필요하다고 생각한다. 그러나 성취자가 기존의 개발 수준을 넘어서는 단계로 전환하면 새롭고 도전적인 영역에 직면하게 된다. 이들은 주변 성취자들의 추진력과 행동 방식이 열광적이라는 것을 알게 되고 성취자들이 지배하는 환경에서 벗어나고 싶어 할 수 있다. 이들은 현재 순간에 집중할 수 있고, 역설과 극성을 다룰 줄 알며, 흑백으로 구분하는 마인드셋 사이에 있는 회색 영역에 익숙하게 된다. 이들은 몸, 마음, 감정, 정신으로 구성된 복잡한 자신을 포함한 시스템적 사고와 조화를 이룬다. 조직 내에서 경력을 쌓은 다원주의자들은 외부로 나가는 것에 끌릴 수 있다. 독립적으로 자신을 정의하면서도 조직과 관계를 맺고 있다. 다원주의자들은 조직 내부 직원에서 컨설팅 또는 기업가적 업무로 이동하는 경우가 많은데, 이는 더 큰 조직과 연결되지만 조직에 의해 통제되지는 않는다. 다원주의자는 가정을 검토하고 다양한 관점을 취하는 능력으로 중재자와 같은 역할에서 성공할 수 있으며, 다원주의자는 각 사람이 자신의 추론 사다리를 통해 자신이 말하는 이야기를 통해 스스로 의미를 만든다는 것을 인식할 가능성이 높다.

다원주의자를 위한 코치라면 이 책의 제3부에서 고객이 내면화 작업을 열망하고 준비되어 있음을 발견할 수 있다. 특히 삶의 목적에 대한 작업은 다원주의자가 개인적인 의미를 담은 새로운 이야기를 만들 준비가 되어 있다는 점에서 공감할 수 있다. 또한 이들은 젊은 시절의 전통적인 영적 기반에서 벗어나 명상 수행, 요가 또는 기타 영적 훈련을 추구할 수 있는 기회를 소중히 여길 수도 있다.

명상

명상을 처음 접하는 고객에게는 명상의 가치와 실천에 대해 유머러스하면서도 진지하게 살펴볼 수 있는 마틴 보로슨(Marting Boroson)의 작품이 도움이 될 수 있다. 보로슨의 방법(및 책)『한 순간 명상: 활동하는 사람들을 위한 고요함(One Moment Meditation: Stillness for People on the Go)』(2009)은 단 1분 소요되는 연습으로 시작하여 명상 연습을 단순화하는 데 이상적이다. 우리는 많은 고객과 함께 그의 책을 사용했으며, 참가자들은 직장에 성찰 명상 연습을 도입하는 것이 신선하다는 것을 알게 되었다. 오늘날 온라인에서 쉽게 찾을 수 있는 명상 관련 서적과 간단한 명상 기법이 많이 있다.

신성한 자아와 마술사

연구에 따르면, 명상이나 묵상 기도와 같은 영적 수행이 외교관 단계에서 다원주의자 단계로 나아가는 속도를 높여 준다. 케건이 신성한 자아라고 부르는 후기 단계는 장기간의 영적 수행 없이는 거의 발달하지 않는다. 지금까지 자아는 주로 몸과 마음 안에 있는 것으로 여겨져 왔다.

신성한 자아의 단계에서는 놀라운 변화가 일어나는데, 고객은 '나는 몸도 아니고 마음도 아니다.'라는 것을 깨닫게 된다. 이 단계의 고객은 영혼, 즉 신성한 존재와 교감하는 영혼과 자신을 동일시한다. 고객은 모든 풍부한 미묘한 점을 지닌 통합적 자아가 세상에서 행동하는 데 유용하다는 것을 깨닫는다. 그것은 기능적이며 정신의 유용한 도구이다. 이 단계에서 고객은 세상을 하나로 통합된 것으로 경험한다. 이 하나됨은 말 그대로 삶 자체와의 하나 됨을 경험하는 것이다. 이것이 바로 보편적 연민의 시작이다.

잘 알려진 영적 수행자이거나 영적 커뮤니티의 구성원과 함께 일하지 않는 한 이 수준의 코칭 고객을 많이 찾을 수 없을 것이다. 이 단계의 고객은 일반적으로 코치보다는 영적 스승과 함께 작업을 지속하는 데 중점을 둔다.

기존의 발전 단계 이후 단계에 있을 가능성이 높은 개인의 예로 넬슨 만델라(Nelson Mandela)와 같은 리더를 들 수 있다. 만델라가 오랜 수감 생활을 하며 남아프리카 공화국을 이끈 리더십은 놀라웠다. 그러나 용서라는 통합의 힘을 이해하는 그의 능력은 그가 탈관습적, 어쩌면 기적 같은 발전의 단계에 이르렀음을 시사한다. 많은 지도자가 남아공의 오랜 인종차별에 대한 대응으로 처벌이나 징벌을 모색했을 때, 만델라는 용서를 주제로 한 화해 행사를 개최하여 남아공의 인종차별 철폐 이후 통일을 이루고자 했다.

리처드 로어 신부(Fr. Richard Rohr)는 심오한 가톨릭적 기반뿐만 아니라 통합적 의식에서 글을 썼다. 그는 세계적으로 인정받는 에큐메니칼 교사로서 기독교 신비주의와 영세주의 전통의 보편적 각성을 증언하고 있다. 그는 뉴멕시코주의 프란체스코회 사제이며 뉴멕시코주 앨버커키에 있는 행동과 묵상 센터(Center for Action and Contemplation: CAC)의 설립자이다. 로어의 가르침은 그가 '대안적 정통'이라고 부르는 관상과 자기 비움의 실천에 기반을 두고 있다. 그의 사역은 특히 사회적으로 소외된 사람들을 위한 급진적인 연민으로 표현된다. 우리는 수년 전 에니어그램 성격 및 영성 개발 워크숍을 통해 로어를 처음 만났고, 그의 명석함과 겸손함은 그를 에니어그램 전통의 특별한 메신저로 만들었다. 그의 연구소 사명은 신과 모든 존재와의 공통된 연합에 대한 인식을 바탕으로 세상의 긍정적인 변화를 위해 일할 자비롭고 강력하게 학습된 개인을 배출하는 것으로, 그의 통합 의식의 힘을 증명하고 있다.

프란치스코 교황(Pope Francis)은 가난하고 고통받는 이들을 위한 일의 우선순위를 포함하여 사람들의 하나 됨에 대한 믿음과 단순함의 예수회 전통을 따르는 한편, 일심 일치에서 비롯된 판단 금지의 원칙도 분명히 밝혔다. 동성 결혼에 대한 견해를 묻는 질문에 교황은 역대 교황들과 달리 "내가 누구를 판단할 수 있겠습니까?"라고 답했다. 이원성이 아닌 통합을, 판단이 아닌 수용을 강조하는 이러한 교황의 메시지는 가장 높은 수준의 성인 의식 발달에서 우러나오는 메시지이다.

치과의사 조지의 사례: 전환 단계

조지는 성인 발달 수준 사이에 있을 가능성이 높다. 전문가 모델에서 훈련받은 그는 초기 치과의사 경력 동안 발달적으로 전문가였을 가능성이 높다. 그런데 이제 그는 후기 단계의 성취자가 겪는 몇 가지 딜레마로 어려움을 겪고 있다. 그의 코치는 그가 진정성 문제로 고군분투하는 것을 보고 세션 중에 자주 그 단어를 말하는 것을 듣는다. 그의 코치는 그가 전통적인 독일 가톨릭교보다 더 포괄적인 영적 삶을 원하기 시작하는 것을 목격한다. 그는 영적 이해와 상호 연결, 그리고 자신의 종교적 성장 전통을 설명하는 '종교적 도그마'의 차이점을 놓고 씨름하고 있다. (사분면 모델을 사용하면 도그마는 3사분면과 4사분면에서 발생하지만, 그 영향에 대한 그의 개인적인 경험은 1사분면의 문제이므로 이를 이해하면 코치의 질문에 대한 지침이 될 수 있다.)

토버트 등(2004)은 『행동 탐구』에서 다양한 발달 단계에 있는 리더들의 사례와 그들이 시도한 조직 변화 노력의 결과에 대해 설명했다. 그들은 리더가 복잡한 변화 노력을 성공적으로 수행하려면 적어도 전략가 수준은 되어야 한다고 믿었다. 그의 연구는 기업 내에서 시스템적 변화를 수행하는 코치들에게 흥미로운 읽을거리가 될 것이다.

이러한 발달 모델에서 조지는 성취자 수준에서 다원주의자/개인주의자 수준으로 이동하고 있을 수 있다. 그는 성과를 달성하고 비즈니스를 구축하는 데 높은 가치를 두었다. 초기 단계에서는 치과 의사로서 그의 탁월함이 전문가 단계에 해당했을 수 있었다. 하지만 이제 그는 자신을 시스템의 일부로 여기고 자신의 삶 전체를 바라볼 때 불만을 느끼는 개인주의자로 전환하는 단계에 있는 것 같다.

우리는 코치들이 자신의 개발 수준을 알아볼 것을 권장한다. 수잔 쿡-그라우터가 개발한 평가 도구를 사용하거나 빌 조이너(Bill Joiner)의 '리더십 민첩성' 워크숍에 참석하는 것도 좋은 방법 중 하나이다. 쿡-그라우터의 동료이자 오랜 임원 코치인 바바라 브라함은 코치에게 MAP 평가와 성인 발달 수준을 코칭에 활용하는 워크숍에 참여할 수 있는 기회를 제공한다.

"너 자신을 알라."라는 고대 그리스의 격언을 떠올려 보자. 많은 사람은 코치가 고객의 개발 수준에 잘 맞아야 한다고 생각한다. 수준이 그보다 낮거나 높으면 코칭 관계가 비효율적일 수 있기 때문이다. 예를 들어, 다원주의적 성향의 전문가 코치는 고객의 '옳고 그름'에 대한 마인드셋을 충분히 충족시켜 변화를 이끌어 내는 데 어려움을 겪을 수 있다. 성취주의 코치는 다원주의 고객의 반성적 성향과 우유부단함을 이해하기 어려울 수 있다.

성찰을 위한 코치의 질문

잠시 시간을 내어 코치로서의 경험을 생각해 보자. 어떤 고객과 가장 큰 성공을 거둔 적이 있는가? 어떤 고객과 함께 실패한 적이 있는가? 각 그룹의 개발 수준을 파악하라. 당신이 가장 잘 맞을 수 있는 특정 수준의 고객들의 공통적인 관심사를 암시하는 공통 주제가 있는가?

성인 발달이 중요한 이유

2010년에 로버트 케건은 하버드 전문 코칭 연구소에서 제공하는 첫 번째 마스터 클래스의 강사로 참여했다. 그 수업의 일환으로 그는 주체-객체 이론과 의식이 코치에게 제공하는 것을 놀랍도록 간단하게 요약했다. 거기서 그는 코치로서 우리의 업무에 적용되는 각 의식 수준에서 핵심 원칙을 추출했다:

- 전통적 외교관 수준과 그 이전 수준에서 고객은 다른 단체의 '대상'이 되어 고객의 가치, 이상 및 역할은 가족, 단체 또는 문화에서 만들어진다. 고객은 자신의 '성향, 필요, 선호도'를 구성한다.
- 전문가 또는 성취자 수준에서는 자기 결정이 나타난다. 고객은 '나는 자율적이고, 자기 주도적이며, 스스로 조절할 수 있고, 진정한 자아를 찾고 싶다.'는 믿음을 가지고 있다. 고객은 자신의 가치, 이상, 역할을 스스로 구성하며 다른 사람에 의해 정의되지 않는다.
- 기존의 수준에서 고객은 지속적으로 자기 변화와 진화를 거듭한다. 고객은 자신

의 자아 형태를 구성한다. 고객은 맥락에 따라 언제든지 여러 자아 중 하나이며, "나는 자율적으로 자기 자신을 구성하고 자기 조절하는 자아를 구성한다."라고 말한다.

케건은 코치가 이미 건설적인 개발을 촉진하는 데 있어 기득권을 가지고 있다고 믿는다. 코치는 공감과 깊은 경청, 변화에 대한 자기 동기 부여, 의식의 확장 코칭, 변화의 여정에서 발생하는 명백한 역설을 다룸으로써 이를 수행한다. 케건은 다음과 같은 기법이 건설적인 발전을 촉진한다고 믿는다(Kegan et al., 2010).

- 개인의 가치, 꿈, 비전을 탐구하고 증대하기
- 자기 동기 부여와 내재적 동기 부여를 촉진하기
- 질문과 성찰을 바탕으로 고객이 무엇을 소유하고 있는지에 대한 인식 형성을 통하여 자기 발견과 통찰력을 키우기
- 관계적 흐름의 직관적 움직임으로 한순간에 고객의 자아 감각을 확장하기
- 시간이 지남에 따라 코칭 과정과 고객의 성취가 낡은 사고, 느낌, 행동에서 벗어나도록 촉진하고 정착시키기

수업 중에 케건은 고객의 의식 개발을 지원하는 데 있어 코치의 공감 능력이 중요하다는 점을 거듭 강조했다. 그는 코치와 고객이 판단하지 않고 의식 수준을 이해하고 인정하는 것이 중요하다고 믿는다. 낮은 수준의 사람들은 더 높은 수준의 의미를 만들 능력이 없지만, 판단하지 않고 고객의 의미 만들기 수준을 연결하기 위해 노력하는 것이 중요하다. 그래야만 고객이 의미 생성 능력과 관점을 확장하기 위한 작은 발걸음을 내딛을 수 있는 기회가 생긴다.

케건은 의식의 확장을 코칭하기 위해 다음과 같은 제안을 했다:

- 새로운 방식으로 의미를 만드는 실험을 지원하기 위해 공감, 긍정, 용기 등 확장을 위한 최적의 조건을 조성하기
- 고객이 자신의 열정을 찾고 추구하도록 지원하기. 이는 더 높은 수준의 의식에 대한 욕구를 불러일으키는 동기 부여이다.
- 고객이 '대상'이 되는 것, 즉 무엇이 '상자 안'에 있는지, 왜 그런지에 대한 고객의

이야기 또는 스토리가 무엇인지에 대한 고객의 인식을 높이기

- 고객이 자신의 신념을 결정하는 것이 아니라 스스로 신념을 형성하도록 작은 단계를 찾아보도록 하기. 이것이 바로 틀에서 벗어나는 것이다.
- 고객이 통찰력을 얻고 다음과 같은 단계를 강화할 수 있도록 도와주기. 객관성과 자기 주도성을 강화할 수 있도록 도와주기

저서 『변화에 대한 면역력(Immunity to Change)』에서 케건과 그의 동료인 리사 라헤이(Lisa Lahey)는 '변화에 대한 면역력 지도'라는 도구를 개발했다. 이 도구를 통해 코치와 고객은 고객이 처한 상황이 어떻게 변화를 막고 있는지 파악할 수 있는 기회를 얻을 수 있다.

이 과정은 굉장히 간단히 보이며 고객이 세로 열로 구성된 4열 워크시트([그림 3-3] 참조)를 작성하도록 하는 것으로 구성된다.[5)]

1. 개선 목표: 고객이 다르게 해야 할 일
2. 목표에 어긋나는 행동
3. 두 번째 열의 행동에 대한 설명: 실제로 행동을 주도하는 숨겨진 갈등적인 요소
4. 큰 가정: 신념, 두려움, 상황을 고착화시키는 고객의 지배를 받고 있는 것들

제시 숄(Jessie Sholl, 2011)은 지도 변경에 대한 내성을 테스트하는 고객 사례를 포함한 훌륭한 블로그 글을 작성했다. 이러한 훌륭한 코칭 도구에 대한 자세한 설명은 그녀의 글을 참조하라. 숄의 글에서 성인 발달 단계가 의식적으로 언급되지는 않았지만, 케건의 연구를 아는 사람들에게는 이 도구가 함축적으로 드러나 있음을 알 것이다.

이러한 지도는 라이프 코치 및 리더와 함께 일하는 다른 사람들에게 훌륭한 자원이 된다. 이 도구를 완성하면 상당한 자기 성찰이 이루어지며, 고객이 목표 달성을 가로막는 장애물이 의지의 부족이 아니라 지나친 경쟁심에서 비롯된 것임을 발견할 때 에너지가 솟아난다.

5) 이 워크시트는 https://extension.harvard.edu/wp-content/uploads/sites/8/2021/03/ ext_immunity_map_0.pdf에서 확인할 수 있다.

중년과 그 변화

고객이 어떤 발달 단계에 있든 중년기는 전환과 변화의 시기인 것 같다. 캐슬 린 브레호니(Kathleen A. Brehony, 1997)는 "인생의 전반기에 옳다고 믿었던 모든 신념에 의문을 제기하는 것만큼 우리에게 요구되는 것은 없다."라고 썼다. 이는 성인 발달의 다원주의 단계로 넘어가는 사람들이 흔히 겪는 경험이며, 중년기에도 흔히 경험한다.

성인 학습 및 코칭의 초기 선구자인 프레드릭 허드슨(Frederic Hudson)은 성인 생애 전반에 걸쳐 반복되는 변화의 주기를 제안했다(Hudson, 1999; Hudson & McLean, 2000). (자세한 설명은 www.hudsoninstitute.com 참조하라.)

허드슨은 이 주기에 대해 네 가지 단계를 제안했는데, 이 단계는 성인의 일생 동안 반복된다. 그는 이러한 주기를 '라이프 챕터'([그림 3-4] 참조)라고 불렀다.

1단계: 시도하기

이 단계는 고객이 자신의 꿈을 완전히 실현하고 자신이 경험하는 성공과 행복을 유지하기 위한 행동을 취하는, 본질적으로 라이프 챕터의 시작이자 긍정적인 부분이다. 1단계에서 고객은 마치 '의도적으로' 하고 있는 것처럼 느낀다. 인생이 그냥 잘 돌아가는 것 같다.

이러한 단계는 삶의 모든 측면에 적용될 수 있기 때문에 조지도 처음 진료를 시작했을 때, 그리고 처음 결혼했을 때 이런 기분을 느꼈을 것이다. 많은 전문가가 학습을 통해 활력을 되찾고 1단계로 돌아간다. 그들은 세미나에 참석하고 고객과 함께 일하는 새로운 방법을 배운다. 조지의 이력을 살펴본 코치는 조지가 세미나에 자주 참석하여 자신의 기술과 치아교정 관련 업무 도구를 업그레이드했고, 이를 통해 에너지가 폭발적으로 증가했다는 사실을 알게 되었다. 이제 그는 침술에 대해 공부하기 시작했다. 코칭을 받기 전에는 새로운 것을 추구하면 활기차고 만족스러운 삶으로 돌아갈 수 있을 거라고 생각했다. 그는 여전히 침술에 관심이 있지만 그렇지 않다는 사실에 놀랐다.

면역 지도 워크시트

2011년 5월 experiencelife.com의 자료실에서 「변화에 대한 내성을 극복하는 방법」이라는 글 전문을 확인하라.

개선목표	목표에 어긋나는 행동	숨겨진 갈등적인 요소	큰 가정
내가 다르게 해야 할 일이 무엇인가:		걱정 상자 경쟁 의지:	
큰 변화를 가져올 수 있는 목표, 진정으로 달성하고 싶은 목표를 선택하라. 스스로에게 물어보라(또는 나를 잘 아는 사람들에게 물어본다고 상상해 보자): 내 삶(또는 업무 성과, 인간관계, 재정 등)을 개선하기 위해 내가 할 수 있는 가장 강력한 변화는 무엇인가? 그런 다음, 이 목표를 달성하기 위해 필요한 구체적인 행동이 무엇인지 구체화하라. 이를 긍정적인 진술로 구성하라(예: '더 많이 위임하기' 또는 '모든 일을 내가 직접 하지 않기').	자신에게(또는 상상의 관찰자에게) 물어보라. 당신이 하는 일, 또는 하지 않는 일 중 가장 방해가 되는 것은 무엇인가? 긍정적인 변화를 일으킬 수 있는 행동 대신 여러분이 하는 행동이 무엇인지 살펴보라. 방해가 되는 행동에 대해 설명하거나 이해할 필요는 없다. 그냥 알아차리고 적어 두면 된다. 감정이 아닌 행동을 정의하라.	당신의 두려움은 이 열의 상단에 있는 '걱정 상자'로 이동시킨다. 걱정 상자 아래에 나열된 두려움은 당신의 경쟁 의지를 가리킬 수 있다. 숨겨진 약속을 적으면 이제 3개의 열을 통해 한 발은 가속 페달(1열)에, 한 발은 브레이크 페달(3열)에 어떻게 발을 딛고 있는지 확인할 수 있다. 이것이 바로 두려운 바람직하지 않은 결과로부터 나를 '보호'하는 면역 체계이다.	라헤이는 큰 가정이란 "세상이 작동하는 방식, 우리가 일하는 방식, 사람들이 우리에게 반응하는 방식에 대해 우리가 가지고 있는 믿음과 내면화된 진리라고 한다. 이러한 가정은 각각의 숨겨진 약속이 필요하다고 느끼게 하는 가정이다."라고 한다. 특정 숨겨진 약속을 고정하고 알리는 가정을 찾아보라. 이러한 가정이 목표를 뒷받침하기는커녕 오히려 저해하는 행동으로 어떻게 이어지는지 살펴보라.

[그림 3-3] 면역 지도 워크시트

출처: 로버트 케건과 리사 라헤이의 워크시트 제공 © 마인즈 앳 워크; www.mindsatwork.com

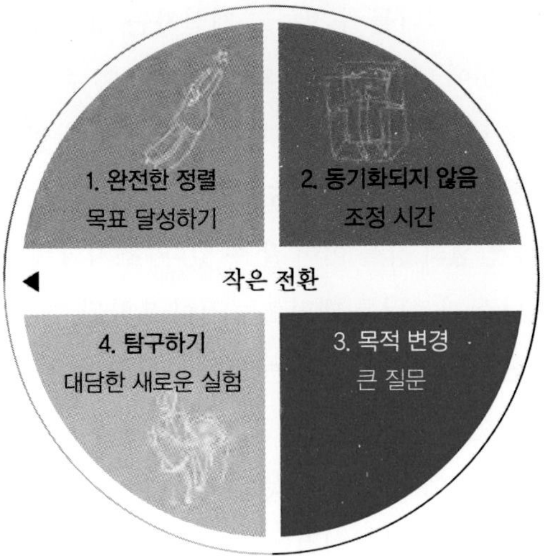

[그림 3-4] 갱신 주기

출처: 허드슨 코칭 연구소(Hudson Institute of Coaching)

2단계: 침체기

이 단계는 전반적인 불쾌감과 쇠퇴감이 느껴지는 '침체기'이다. 이 단계에서 고객은 상황에 불만이 있지만 무엇을 해야 할지 확신하지 못한다. 일반적으로 고객은 1단계에서 좋았던 것에 매달려 더 열심히 일하면 다시 회복될 것이라고 기대한다. 침체기는 삶을 재구성하거나 재창조하여 다시 잘 살아갈 수 있도록 깨우쳐 주는 역할을 해야 한다.

조지는 분명 슬럼프에 빠져 있었다. 때때로 슬럼프는 의도적인 것일 수도 있다. 고객이 다음 단계인 잠깐의 '휴식'이 필요하다는 것을 깨닫고 자신의 선택에 대한 성찰에 참여한다면 침체기에 대한 반응에 갇히지 않을 수 있다.

그러나 일부 커리어 코치들은 이러한 침체기가 번아웃 또는 탈진의 징후일 수도 있다고 설명한다. 사람들은 지쳤지만 새로운 무언가를 할 준비가 되어 있다. 그들은 자신이 알고 있는 일을 계속하면서 불만족을 경험한다.

작은 전환

침체기에서 벗어나는 한 가지 방법은 작은 전환을 하는 것이다. 여기에는 갱신 주기를 통해 지름길을 택하고, 효과가 있는 것과 그렇지 않은 것을 분류하고, 개인 계획을 세움으로써 고객이 속한 챕터를 수정하고 개선하는 것이 포함된다. 허드슨과 맥린(Hudson & McLean, 2000)에 따르면, 고객은 챕터의 주요 주제, 역할, 성격은 유지하되 지리적 위치, 직업, 경력, 관계 등 몇 가지 중요한 사항을 변경한다. 작은 전환은 고객의 챕터를 새롭게 하여 회복력, 희망, 도전을 가져다준다. 고객은 새로운 에너지를 얻어 1단계로 돌아가 인생의 장을 이어 갈 수 있다. 조지의 경우, 작은 전환에는 혼자 일하지 않도록 비즈니스 파트너를 데려오는 것이 포함될 수 있다.

이 범주에는 흔히 중년의 위기라고 불리는 것이 포함되며, 사람들은 종종 배우자를 바꿔서 작은 변화를 시도한다. 별장, 보트, 모험 여행 등 일상에서 벗어나 삶에 자극을 더할 수 있는 무언가를 삶에 추가하는 것이다. 온전한 의식과 생각으로 이루어지는 작은 전환은 매우 건강하다. 무의식적이고 충동적으로 작은 전환을 선택하면 아무 생각 없이 직장을 그만두거나, 바람을 피우거나, 고객의 예산을 벗어난 값비싼 물건을 구매하는 등 바람직하지 않은 선택으로 이어질 수 있다. 이러한 급격한 행동 변화는 충분한 고려나 반성 없이 이루어지므로, 조지가 개발도상국에서 자원봉사로 정형외과 치료를 위해 한두 달의 시간을 기부하는 것과는 다른 양상을 보인다. 국경없는 의사회는 한 의료인이 작은 변화를 경험할 수 있는 기회의 한 예이다.

3단계: 코쿠닝(잠복기)

코쿠닝(Cocooning, 고치 형성)은 인간이 나비를 모방하여 변화를 위해 애벌레가 번데기로 들어가는 단계이다. 이것은 효과가 없던 단계에서 벗어나 인생의 큰 전환이 시작되는 단계이다. 고치 상태에서 고객은 치유하고, 성찰하고, 새로운 삶의 방향을 발견할 수 있는 정서적 '타임아웃'을 통해 궁극적으로 쇄신과 활력을 얻게 된다. 고치 상태는 영혼을 키우고 영양을 공급하여 인생의 다음 장을 위한 새로운 각본과 새로운 이야기의 시작을 만들어 낸다.

고객은 여러 가지 방식으로 재충전의 시간을 갖는다. 안식년과 같은 장기간의 휴가를 통해 자신을 돌아보고 발견하는 시간을 갖기도 한다. 다른 고객들은 정기적인 일정에 코쿠닝 시간을 포함시키기도 한다. 예를 들어, 한 달 동안 침묵의 휴가를 떠나거나 평일 일정에 반나절 휴가를 추가하는 방식으로 코쿤을 만들 수 있다. 명상, 사색, 일기 쓰기, 침묵 속에서 탐색하고 활력을 되찾을 수 있는 특별한 공간에서 더 짧게 코쿠닝을 할 수도 있다.

조지는 매주 하루씩 시간을 내어 자연 속으로 들어가 이 시기의 필요와 욕구에 대해 성찰하는 방식으로 코쿠닝을 선택할 수 있다. 코치는 조지와 협력하여 조지가 매주 고치 시간을 최대한 활용하여 깊이 탐구할 수 있는 질문과 훈련법을 만들어 조지를 도울 수 있다.

4단계: 준비하기

이 단계는 실험, 훈련, 네트워킹을 통해 고객의 다음 챕터를 시작하는 시기이다. 고객은 자신의 목적과 가치에 부합하는 삶을 살 수 있도록 앞으로의 가능한 길을 테스트한다. 이 시점에서 그들은 인생의 다음 챕터에 대한 각본을 작성하고 그 속으로 뛰어든다. 다시 1단계에 도달한다.

코칭은 4단계의 고객이 아이디어를 추상적인 수준에서 벗어나 결실을 맺어 원하는 변화를 만드는 데 도움이 될 수 있다. 조지는 코쿠닝 같은 성찰을 통해 학교를 갓 졸업한 후배 정형외과 의사 몇 명을 영입하여 멘토링한 다음 비즈니스를 관리하여 더 많은 고객에게 이상적으로 서비스를 제공하고 싶다고 결정할 수 있다. 궁극적으로 그는 사업을 매각할 수 있을 것이다. 그동안 그는 중국에서 한 달 동안의 침술 교육 세션과 영양학 과정을 수강할 수 있다. 이를 비즈니스 제공에 추가할 수 있으며 비즈니스 내에서 이러한 서비스를 제공할 수 있다.

새로운 전환 만들기

고객의 삶과 목표에 대해 발달적 · 주기적 · 통합적인 관점을 취하는 것이 바로 라이프 코칭의 총체적인 활동이다. 코치가 어떤 훈련을 받았는지, 현재 직업의 스타일과 초점은 현재 직업에서 코칭으로 전환하는 방법을 결정하는 부분적인 요인이 될 수 있다.

전환에는 항상 붙잡는 것과 놓아주는 것이 모두 필요하다. 일반적으로 이러한 과정은 새로운 것을 받아들이기 전에 먼저 이루어져야 한다. 명절에 선물을 받는 아이처럼, 이미 양손이 꽉 찬 상태에서는 새로운 것을 더할 수 없다.

성공적으로 전환하는 사람들은 모두 붙잡는 것과 놓아주는 것을 명확히 하고 실천한다. 조지와 같은 고객은 무엇을 붙잡아야 할지 고려해야 한다. 그리고 코칭으로 전환하는 전문가들처럼 무엇을 버려야 할지 고민한다.

코칭을 시작하는 것뿐만 아니라 현재 코칭 직업을 계속 실습하려는 코치에게는 심층적인 인식이 필요하다. 팻 박사가 1998년에 설립한 라이프 코치 교육 연구소(ILCT)에서는 참가자들에게 현재 업무에서 코칭으로 쉽게 이전할 수 있는 기술과 그렇지 않은 기술을 구분하고, '상담사의 습관과 마인드셋'을 '코치의 습관과 마인드셋'으로 전환하는 등 어떤 변화가 필요한지 파악하도록 요청했다.

많은 상담사가 이 시기에 상담사로서 사고하고 행동하는 습관이 얼마나 깊이 뿌리내렸는지 깨닫게 되었다. 고객의 감정에 대해 먼저 물어보는 것이 습관화되어 있을 수 있다. 고객을 연약하고 변화를 위해 광범위한 지원이 필요한 존재로 보는 습관 때문에 고객에게 도전하는 것을 피할 수 있다. 고객에게 책임을 묻지 않을 수도 있다. 이러한 습관은 모든 상담사가 코칭을 할 때 바꿔야 할 습관이다.

습관을 바꾸는 데 얼마나 걸릴까? 습관을 얼마나 자주 반복하는지에 따라 21일에서 60일까지 걸릴 것으로 예상된다. 기간에 관계없이 질문은 남아 있다: 이러한 코치가 훌륭한 코치가 되기 위해 필요한 습관을 어떻게 개발할 수 있을까? 코치는 어떤 변화를 가져와야 할까? 예를 들어, 상담사가 상담을 계속하려면 이 두 가지 형태로 가정, 행동, 태도, 기술 사이를 오가야 하기 때문에 이러한 새로운 습관을 변화라고 설명한다. 코치는 적절한 환경에서 올바른 습관을 사용할 수 있도록 유연해야 한다. 이는 환경의 변화를 통해 가능해질 수 있다. 상담사가 상담을 하는 사무실과 같은 공간에서 대면 코칭을 하는 경우, 코칭할 때 의자를 바꿔서 상담 환자가 주로 앉는 의자에서 코칭하는 것이 좋을 수 있다. 이렇게 하면 새로운 관점을 제공함으로써 상담 환자가 상담 의자에 앉았을 때 습관적으로 사용하는 것과는 다른 습관과 관행을 사용하는 데 도움이 될 수 있다. 몸과 마음은 매우 밀접하게 연결되어 있기 때문에 이러한 몸의 변화는 마음의 변화를 도울 수 있다.

〈실습 3.1〉은 상담사에서 코치로의 전환을 검토하는 데 유용하다. 이 연습을 통해 해제, 중단, 지속, 시작 또는 강화해야 할 사항과 필요한 사항을 브레인스토밍할 수 있다. 이 프로세스를 시작하기 위해 이전 코치 교육 수업에서 몇 가지 예를 작성했다:

실습 3.1 상담사(또는 기타 지원 전문가)에서 코치로 전환하기

코칭으로 전환하는 다른 지원 전문가들로부터 수집한 제안 사항인 다음 예시를 읽고 나만의 제안 사항을 추가한다.

계속하기

1. 마음에서 우러나오는 훌륭한 경청하기

___

2. 직관 활용하기

___

3. 시스템 내에서 고객의 생활 살펴보기

___

4. 리프레이밍 사용하기

___

5. ___

6. ___

7. ___

8. ___

시작하기

1. 더 많은 자기 공개하기

___

2. 미리 결제 요청하기

___

3. 내 가치에 따라 수수료 설정하기

___

4. 나 자신을 코치라고 부르고 믿게 하기!

5.

6.

7.

8.

놓아주기, 적게 하기/중지하기

1. 변화의 주요 경로로 감정에 집중하기

2. 내가 전문가가 되어야만 하는 것처럼 느끼기

3. 보험 환급에 의존하고 있다고 믿기

4. 항상 고객의 요구를 최우선으로 생각하기

5. 고객을 '환자'로 보기보다는 변화를 필요로 하는 고객으로 생각하기

6.

7.

8.

전환기에 있는 독자라면 이 장의 내용을 적용하는 데 도움이 되도록 이 활동지를 완성하는 것이 좋다.

- 현재 직업에서 코칭으로 전환하기 위해 취해야 할 두 가지 주요 조치를 파악한다. 코치 또는 파트너와 협력하여 실행 계획을 수립한다. 각 전환에 필요한 지원과 자원을 파악해야 한다. 이번 주에 코치로서 사용할 새로운 습관을 개발하기 위해 한 가지 이상의 행동을 취한다.
- 이번 주에 다른 사람과의 관계, 나 자신과의 관계, 나보다 더 큰 존재와의 관계 속에서 내가 어떤 상태인지 스스로 관찰한다. 매일 주의력과 집중력을 유지한다. 이것은 당신의 수준이나 발달 단계에 대해 무엇을 시사하는가?

제2부

기본을 넘어서

BEYOND THE BASICS

제2부는 처음 세 장에서 소개한 코칭의 기본을 기반으로 한다. 주로 코치가 세션 내에서 고객과 함께 사용하는 구체적인 기술과 자신을 바라보는 방식을 강조한다.

제4장 '고객 임파워링하기'에서는 코칭의 맥락에서 발생할 수 있는 여섯 가지 유형의 대화와 역량을 강화하는 대화를 만드는 일곱 가지 구체적인 기술을 소개한다.

제5장 '고객의 기대치 넘어서기'에서는 코칭 연속체의 10단계와 함께 도전적인 고객을 스트레칭하기 위한 세 가지 구체적인 기술을 소개한다.

제6장 '고객과 함께 모멘텀 창출하기'에서는 코칭 모멘텀을 만들고 유지하기 위한 다섯 가지 전략과 일반적인 관행에 대해 설명한다.

제7장 '고객을 전인적으로 코칭하기: 마음, 몸, 감정, 정신'에서는 인지, 언어, 감정, 신체적 관행이 서로 얽혀서 고객의 변화적 전환을 어떻게 뒷받침하는지를 탐구하는데 고객을 참여시키기 위한 전략과 사례를 다룬다.

제1부와 제2부는 코치가 제3부에서 설명하는 '내면으로부터의 코칭' 프로세스에서 고객과 함께 작업할 수 있는 플랫폼을 제공한다.

제4장

고객 임파워링하기

EMPOWERING THE CLIENT

1945년 브루클린 다저스의 단장 브랜치 리키(Branch Rickey)와 계약한 재키 로빈슨(Jackie Robinson)은 메이저리그에서 활약한 최초의 아프리카계 미국인이 되었다. 하지만 '등번호 42번'은 상당한 인종 차별적 증오와 살해 위협의 대상이 되었다. 리키는 로빈슨에게 상황이 힘들어질 것이니 다른 쪽 뺨을 돌리는 법을 배워야 한다고 경고했다. 하지만 한 경기를 앞두고 로빈슨은 한 통의 전화를 받았고, 그 전화는 그를 벼랑 끝으로 내몰았다. 그는 너무 충격을 받아 경기에 집중할 수 없었고 주자가 있는 상황에서 삼진을 당했다. 또 다른 이닝에서 그는 수비 실수를 저질렀다. 관중의 야유는 더욱 거세졌다. 이 장면은 영화 〈42〉[브라이언 헬겔란트(Brian Helgeland) 감독, 2013]에서 시각적 · 극적으로 매우 잘 표현되었다.

켄터키 출신의 백인 유격수이자 재키의 팀 동료인 피 위 리스(Pee Wee Reese)가 타임아웃을 요청했다. 리스는 로빈슨을 팔로 감싸 안으며 "재키, 내가 하나 말해 줄게. 난 널 믿어. 넌 내가 본 최고의 야구 선수야. 넌 할 수 있어. 난 그걸 알아. 그리고 또 하나 알고 있는 것은 언젠가는 명예의 전당에 입성할 것이라는 것이야. 그러니 고개를 높이 들고 오직 네가 할 수 있는 것처럼 공을 쳐." 로빈슨은 이러한 격려에 힘을 얻어 팀을 위해 게임 승리의 안타를 날렸다.

수년 후 야구 명예의 전당에 이름을 올렸을 때 로빈슨은 모든 희망이 사라진 상황에서 피 위와 함께 그라운드에 섰던 그날을 전환점으로, 피 위가 자신에게 희망을 준 순간을 회상했다. 타고난 코치였던 피 위 리스는 적절한 타이밍에 격려의 말 몇 마디가 사건이나 인생, 심지어 역사의 흐름을 바꿀 수 있다는 사실을 직감했다.

임파워먼트는 종종 잘못 남용되는 단어이다. 어떤 사람들은 임파워먼트에 대해 마치 코치가 고객을 위해 하는 일인 것처럼 이야기한다. 아무도 다른 사람에게 권한을 부여하지 않는다. 고객은 자신의 능력을 발견하고 주장하고 발휘하는 사람이어야 하며, 대담하게 자신의 힘으로 서야 한다. 코치가 하는 일은 고객이 강해지도록 격려하는 분위기를 조성하는 것이다. 코치는 고객의 주의를 힘의 원천으로 향하게 하는 질문을 할 수 있다. 코치는 고객이 내면의 힘과 지혜를 인식하는 데 방해가 되는 요소를 파악하고 이를 극복할 수 있는 방법을 모색하도록 도울 수 있다. 우리는 종종 바위와 급류 래프팅을 비유로 사용한다: 래프팅에서는 반드시 바위를 만나게 된다. 당신은 통제된 방식으로 바위를 피하거나 정면으로 부딪쳐서 바위를 튕겨 내고 돌아서서 강을 따라 내려가게 될 것이다. 장애물은 강에 있는 바위와 같다. 장애물을 항상 피할 수는 없으니 걸리지 않는 것이 관건이다.

이러한 마인드셋은 로버트 하그로브(Robert Hargrove)가 정의한 탁월한 코칭의 바탕에 깔려 있다고 믿는다. 그는 같은 이름의 저서에서 뛰어난 코칭이란 "사람들이 진정으로 원하는 미래를 창조할 수 있도록 권한을 부여하고, 그들이 열정적으로 관심을 갖는 것을 발굴하여 …… 그들에게 깊은 목적이 있는 것을 기반으로 삶을 창조하는 것"(1995, p. 20)이라고 말한다.

코치로서 우리는 고객이 삶의 모든 영역에서 행동할 수 있는 힘을 갖도록 돕고자 한다. 고객은 때때로 권력은 나쁜 것이라는 연관성을 가지고 있었기 때문에 자신을 '강력한 사람'으로 보는 것을 좋아하지 않는다. 코치들이 흔히 구분하는 것은 힘과 강제력이다. 힘은 내면에서 나오는 것이며 강압적일 필요는 없다. 그냥 있는 것이다. 개인적인 힘을 주장한다고 해서 고객이 공격적이고 강력한 에너지가 되는 것은 아니다. 그것은 단순히 고객이 자신의 삶을 형성하는 데 이미 가지고 있는 고유한 힘을 인식하고 주장한다는 의미이다. 코치는 고객이 휴면 상태이거나 현재는 보이지 않을 수 있는 자원에 완전히 접근할 수 있도록 지원한다. 이러한 보이지 않는 자원은 칼 융이 성격의 그림자 원형이라고 부르는 긍정적인 측면이다. 사람들은 종종 그림자가 자아의 어둡고 파괴적인 측면만을 담고 있다고 생각하지만, 그림자에는 실현되지 않은 강점, 재능, 능력도 숨겨져 있다. 코치는 고객이 이를 발견하도록 돕는다. 종종 내담자의 그림자 속에 있는 것을 밖으로 끌어내야 할 때가 있다. 우리는 깊고 어두운 개인적인 비밀을 찾는 것이 아니라 빛을 비추면 고객과 고객의 삶에 새로운 에너지를 부여할 수 있는 비밀을 찾고 있다. 피터 팬의 웬디를 기억하는가? 웬디는 피터가 자신의 그림자를 자신의 일부로 되찾을 수 있도록 도와주고 다시 꿰매 주었다.

우리는 코칭 세션이 끝날 때까지 고객의 동기 부여 수준을 측정하여 코칭 세션의 효과를 판단한다. 일반적으로 고객은 세션이 끝나면 더 유능하고, 경쟁력이 있고, 권한이 부여되고, 명확하고, 열정적이며, 더 나은 행동을 취할 수 있게 되었다고 느낀다. 코칭 세션의 결과는 일반적으로 긍정적이다. 기술, 지혜, 유머를 겸비한 동시에 고객의 최고 이익에 초점을 맞추기 때문이다. 즉, 우리의 모든 초점과 의도는 고객의 역량 강화에 있다. 코치로서 우리는 코칭이 본질적으로 통찰력, 학습, 행동 선택에 관한 것임을 알고 있다. 이 세 가지를 통해 고객은 자연스럽게 발전하고 힘을 얻게 된다.

코치는 언제 임파워링 스킬을 사용하는가

고객은 행동과 삶에 대한 다른 가능성을 보는 능력인 창의성을 활용하여 변화를 만들어 낸다. 고객이 잠재력을 발휘하는 데 방해가 되는 주요 장애물은 내면의 비평가, 걸림돌, 자신에 대한 고객의 믿음에 도전하는 내면의 목소리 등 내면에서 비롯된다. 샤크티 가와인(Shakti Gawain)은 『명상(Meditations)』에서 이를 세련되게 설명한다:

> 성인이 되어 창의성을 가로막는 가장 큰 장애물은 내면의 비평가, 즉 우리가 하는 일을 내부적으로 비판하는 우리 안의 일부이다. 우리에게는 주변 세계로부터 도입된 완벽함의 기준, 즉 우리가 일을 해야 한다고 생각하는 방식이 있다. 우리 내면에는 비평가가 생각하는 방식대로 일을 하지 않을 때 우리를 비판하는 비평가가 있다. 우리 대부분에게 있는 이러한 내면의 비판자는 우리가 취해야 할 위험을 감수하는 것을 막는 요소이다(1997, p. 62).

줄리아 카메론(Julia Cameron)은 용기와 창의력이 발휘될 때 에너지가 쌓이고 스스로 추진력을 만들어 내는 방법에 대해 설득력 있게 설명한다.

> 우리가 욕망의 화살을 쏘아 올릴 때, 프로젝트를 시작할 때 우리는 꿈에 대한 지지를 촉발한다. 우리는 일을 움직이게 하는 존재이며, 사람과 사건은 우리의 불타는 결의를 향해 공명한다. 에너지는 에너지를 끌어당긴다. 우리의 화살은 과속으로 질주하는 픽업트럭이 여름철 개들을 끌어들여 도로를 따라가게 하는 것과 같다. 우리는 에너지를 생성하고 흥분을 유발한다. 그러면 다른 개들이 쫓아올 것이다. 만들면 사람들이 찾아온다. 창조적 에너지는 곧 에너지이다. 우리가 실제로 창조하는 대신 창조에 대해 걱

정할 때, 우리는 창조적 에너지를 낭비하고 있다. 우리가 흔들릴 때 우리는 타이어에서 공기를 빼고 있다. 우리의 픽업트럭은 도로에서 속도를 내지 못하고 차도를 벗어나지 못할 수도 있다. 우리 프로젝트는 실패로 돌아간다. 이것은 우리가 과속을 해야 한다는 뜻인가? 아니다, 하지만 마음속으로 원하는 것이 있으면 행동으로 옮겨야 한다는 의미이다. 그것은 그러한 행동, 믿음으로 나아가는 것, 그것이 바로 산과 경력을 움직인다 (2003, p. 20).

코치가 고객의 잠재력과 선택에 대한 인식을 높이는 데 집중하면 고객의 동기 부여가 높아져 업무를 지속할 수 있는 에너지와 추진력이 생긴다.

일반적으로 코칭은 고객이 자신의 주요 강점을 인식하고, 포용하고, 활용하는 능력을 향상시킨다. 대표적인 강점을 알고 활용하는 것은 고객이 진정한 행복과 진정한 성취감을 느끼는 삶을 만드는 방법 중 하나이다. 여기서는 마틴 셀리그만(2002)이 설명한 강점을 참조한다. 강점, 재능, 선택에 구체적으로 주의를 기울이면 고객이 업무의 모든 단계에서 도움을 받을 수 있다. 코칭은 치료는 아니지만 고객의 자존감과 자신감(그리고 전략의 도구 상자)을 높여 특정 강점을 식별하고 인정할 수 있도록 도와준다.

코치는 고객이 다음과 같은 상황일 때 고객의 역량을 강화하는 데 중점을 둔다:

- 고객에게 장애물이 발생하여 고객이 낙담하고 있는 경우
- 고객이 현재의 목표나 원하는 바를 향상시킬 수 있는 잠재력이 있는 리소스나 기술을 무시하는 경우
- 고객이 코치가 강점으로 보는 것을 약점으로 분류하는 경우
- 일시적으로 목표를 달성할 수 없는 것처럼 보이거나 고객이 목표를 달성할 수 있는 경로가 막혀 있는 경우
- 고객이 비전을 잊어버리고 가능성을 상기시켜야 할 필요가 있는 경우
- 고객의 삶에서 원하는 것을 얻을 수 있다고 믿는 사람이 아무도 없는 경우
- 고객에게 옹호자가 필요한 경우, 이 경우 코치는 효과적인 옹호자가 되는 방법을 모델링하게 됨
- 고객의 내면의 목소리가 주로 낙담하거나 부정적인 경우. 임파워먼트는 내면의 목소리에 강한 연민의 메시지, 즉 코치의 목소리로 대응하게 됨

올바른 대화 유형과 올바른 기술 선택하기

코치의 의도는 숙련된 여섯 가지 대화와 임파워링 일곱 가지 스킬을 통해 실현된다. 대화 유형과 스킬이 함께 작용하여 임파워먼트의 플랫폼을 만들어야 한다.

치과의사의 사례

다음 대화 유형과 기술에 대한 자료를 읽으면서 각 대화 유형과 기술이 이 사례(경력 전환을 모색 중인 치과의사)에 적용 가능한지 생각해 보자.

개업한 지 10년 된 치과의사라는 새로운 고객이 있다. 그의 목표는 10년 또는 15년 후에 치과를 매각하고 은퇴할 수 있도록 비즈니스를 구축하고 수익성을 높이는 것이다. 당신은 그가 더 이상 일하지 않을 미래를 위해 살고 있다는 것을 알게 된다. 그에게 자신의 일에 대해 물어보면 그는 더 깊이 진실을 이야기한다. 그는 치과에 지루해하고 다른 일을 하고 싶어 한다. 하지만 그의 아내는 이런 변화, 특히 임대료가 높은 안락한 생활 방식이 위태로워질까 봐 두려움에 떨고 있다. 일곱 살과 여덟 살인 두 아들은 모두 사립학교에 다니고 있으며, 아내는 여러 자선 단체에서 자원봉사를 하고 있지만 현재 직업을 갖고 일하지는 않고 있다. 두 사람 모두 종교 활동을 활발히 하고 있다.

이 치과의사는 항상 음악과 예술에 관심이 많았고, 대학 시절에는 조각가가 되고 싶었다고 한다. 하지만 손재주가 뛰어나고 그의 아버지가 치과를 운영하고 있었기 때문에 치과를 선택했다. 아버지가 살아계셨을 때 고객은 치과에서 일하는 것을 즐겼고, 아버지와의 관계에서 유대감을 느꼈다. 5년 전 아버지가 돌아가시고 개인 진료를 시작하면서 치과에 대한 매력을 잃었다. 그는 치과 수술에 대한 관심은 있지만 치과에 대한 관심을 다시 불러일으키기 위해 고민하고 있다. 그는 다른 사람들을 멘토링하는 것을 좋아하며 치과 대학을 갓 졸업한 치과의사 몇 명을 자신의 진료에 추가하는 것을 고려하고 있다.

당신의 고객은 자신의 연습을 위한 웹사이트를 만드는 데 많은 재미를 느꼈고 웹디자이너가 될지 디자인 숍의 주인이 될지 고민하고 있다. 그는 사람들을 멘토링하는 것을 좋아하며 혼자 일하는 것에 외로움과 불만을 느낀다. 하지만 그는 아내와 아들이 우선이며 가족의 화목이나 안전을 위태롭게 하고 싶지 않다는 점을 분명히 하고 있다.

여섯 가지 대화 유형

엘리스(2006, pp. 52-55)는 우리가 매일 사용하는 여섯 가지 대화 유형을 설명한다. 이 설명을 읽으면서 치과 의사의 경우와 코칭 실습에서 각각의 가치를 고려해 보도록 한다.

공유하기(Sharing)

공유를 통해 자신이 누구인지, 어떤 생각을 하는지, 현재 기분이 어떤지 등 자신의 본질을 전달할 수 있다. 공유는 몇 분 안에 짧지만 진심이 담긴 나에 대한 스냅숏을 제공하는 것과 같다. 공유는 다음과 같이 들릴 수 있다:

> 요즘 삶이 힘들어요. 상사와는 문제가 있고 10대 딸은 반항적이네요. 이런 문제를 해결할 시간이 더 있었으면 좋겠어요. 제 건강이 걱정됩니다. 의사가 세 가지 어려운 검사를 받아야 한다고 해서 겁이 나요. 저는 활동적인 것을 좋아하고, 그 어떤 것에도 방해가 되고 싶지 않아요. 최근에 샌프란시스코로 떠난 여행이 정말 즐거웠어요. 친구들을 만나고 도시를 탐험하며 즐거운 시간을 보냈죠. 전반적으로 인생은 축제와도 같았어요. 얼마 전에 3,000달러의 연봉 인상을 받았는데 정말 놀랐어요. 제 노력이 인정받은 것 같아 너무 기쁩니다. 이제 여분의 돈으로 무엇을 해야 할지 생각하기 시작했습니다.

강력한 인생 코치가 되는 한 가지 방법은 자신을 공유하는 모습을 보여 주고, 그렇게 함으로써 현재 자신이 어디에 있는지에 대해 깊고, 진정성 있고, 포괄적으로 이야기하는 것이다. 당신과 당신의 고객은 지금 이 순간에 서로가 누구인지에 대해 존재의 깊은 곳에서부터 영혼을 담아 대화하는 법을 배울 수 있다. 이것은 서로와 함께할 수 있는 성스러운 방법이며, 드물고 소중한 경험이다.

많은 사람이 처음에는 나눔을 어려워한다. 누군가 "어떻게 지내요?"라고 물으면 많은 사람은 "그냥 괜찮아요, 고마워요."라고 짧고 피상적인 대답을 한다. 또 다른 사람들은 습관적으로 관련 없는 세부 사항으로 가득 찬 긴 내용을 작성한다. 두 가지 답변 모두 현재 우리의 진짜 모습을 감출 수 있다.

공유할 때 항상 깊고 어두운 비밀을 털어놓을 필요는 없으며, 감정을 드러내는 것이 항상 필요한 것도 아니다. 주된 아이디어는 듣는 사람에게 진정성 있고 개인적인 경험을 드러내는 것이다. 이런 종류의 대화는 깊이 느껴지고, 영혼이 담겨 있으며, 진실하고, 솔직하고, 직접적이다. 한 사람이 다른 사람과 진실하고, 할 수 있고, 깊고, 짧게 이야기할 때 두 사람은 공생하는 우주를 만들 수 있다. 강력한 공유는 우리를 깊이 감동시키고 이후의 대화를 변화시킨다. 공유는 고객의 부담을 덜어 주어 고객이 현재에 집중하고 지금 만들고자 하는 것에 집중할 수 있도록 한다.

라이프 코치로서 이러한 종류의 말하기 모델을 만들어 고객에게 요청할 수 있다. 고객에게 공유를 요청하여 세션을 시작할 수 있다. 고객이 대신 응답하는 경우 세션 의제와 함께 공유에 대해 더 자세히 설명하고, 시연하고, 다시 공유를 요청할 수 있다.

다른 사람의 이야기를 나눌 때 가장 강력한 것은 진심 어린 경청이다. 이는 고객에게 진정성 있는 공유를 제공하는 것만큼이나 코치에게도 어려운 일일 수 있다. 사람들이 공유할 때 코치는 종종 조언을 하거나, 토론을 시작하거나, 자신의 경험을 이야기하여 의견을 확장하고 싶은 유혹을 받는다. 그러나 그러지 않기를 바란다. 코치의 역할은 개인적인 답변은 뒤로 미루고 고객이 공유하는 내용을 단순히 받아들이는 것이다.

다른 사람에게 다음과 같은 방식으로 부탁할 때 다른 사람에게 호의를 베풀 수도 있다: "이 문제에 대해 어떤 조언도 하지 마세요. 어떤 제안을 하거나 문제 해결을 해 줄 필요는 없습니다. 그냥 들어 주기만 하면 됩니다. 그냥 지켜봐 주세요. 그냥 공유하고 싶어요."

코치가 증인이 되는 것만으로도 할 수 있는 강력한 역할, 즉 고객이 공유할 수 있는 안전한 공간을 관찰하고 만들어 주는 사람이 되는 것이다. 이러한 의미에서 증인은 중립적이고 지지적인 역할이다. 인간은 많은 중요한 경우에 다른 사람들에게 자신의 경험을 존중하는 방법으로 증인을 요청한다. 결혼식이나 장례식에 증인으로 참석하여 경험을 목격하고 인간의 생애 주기에서 자신의 위치를 존중하는 방법으로 사람들에게 요청한다.

스스로에게 물어보기:

치과의사와 이런 식으로 대화하겠는가? 치과의사에게 어떤 힘을 실어 줄까, 아니면 힘을 빼 줄까?

디브리핑하기(Debriefing)

디브리핑은 공유와는 다르다. 공유는 현재 누군가가 어떤 사람인지에 관한 것이지만, 디브리핑은 지난 세션 이후 누군가가 어떤 일을 했는지에 대한 설명이다. 고객이 디브리핑을 할 때는 상세한 보고서를 제공한다. 신문 기사처럼 디브리핑은 속보와 관련된 사건에 대해 누가, 무엇을, 어디서, 언제, 어떻게 했는지에 대한 질문에 답한다.

공유를 통해 상대방의 현재 상태를 엿볼 수 있는 반면, 디브리핑을 통해서는 마지막으로 만난 이후 상대방이 무엇을 하고 느꼈는지에 대한 긴 목록이 제공된다. 이러한 정보를 공유하는 과정에서 고객은 기분이 전환되고 집중력이 높아진다. 디브리핑은 고객이 다음과 같은 것을 하도록 도움이 된다:

- 무엇이 효과가 있었고 무엇이 효과가 없었는지에 대해 이야기함으로써 그들의 최근 기록에서 배우게 된다. 이러한 통찰을 통해 효과가 있었던 일을 반복할 가능성이 높아진다.
- 미 육군은 최전방 부대와 장교들이 최근 현장에서 발생한 사건의 세부 사항을 검토하는 사후 조치 검토를 통해 이를 정기적으로 실행하도록 하고 있다.
- 실수를 용서하고, 성공을 축하하며, 과거를 잊어버리도록 한다. 디브리핑에는 이러한 모든 요소가 포함될 수 있다.
- 목표를 설정하도록 한다. 고객이 지난 며칠을 검토하면서 무엇을 바꾸고 싶은지 깨달을 수 있다.

고객이 다양한 사람과 다양한 방식으로 정기적으로 디브리핑을 하도록 권장하라. 고객은 자신의 삶에서 중요한 다른 사람들과 디브리핑할 수 있다. 일기에 쓰거나, 녹음기에 대고 말하거나, 단순히 혼자서 큰 소리로 말하는 등 개인적으로 디브리핑할 수 있다. 고객에게 이러한 새로운 행동 방식을 제안하고 스스로 얼마나 자주 디브리핑하는지 모니터링할 수 있다.

디브리핑을 코칭과 생활에 도입한다. 무슨 일이 일어났고 무엇을 배웠는지 되돌아보자. 습관으로 익힐 가치가 있다.

스스로에게 물어보기:

치과의사와 이런 식으로 대화하겠는가? 치과의사에게 어떤 힘을 실어 줄까, 아니면 힘을 빼 줄까?

클리어링하기(Clearing)

독특한 목적을 가진 대화의 또 다른 형태는 클리어링이다. 대화를 통해 감정을 해소할 수 있다. 때로는 무언가가 폭발하기 전에 압력을 완화하는 것과 같이 이러한 클리어링을 '분출'이라고 부르기도 한다. 클리어링은 고객이 어떤 주제에 대해 '가슴에서 털어놓을 때까지' 이야기하는 것을 목표로 하는 순수한 감정적인 해소이다.

공유가 짧게 이루어지는 경향이 있는 반면, 클리어링은 고객의 개인적 스타일과 반응의 강도, 사건의 중요도에 따라 짧거나 길게 이루어질 수 있다. 디브리핑과 달리 클리어링은 고객의 삶에서 최근 발생한 사건에 대한 자세한 검토를 포함하지 않는다. 클리어링의 경우 고객은 하나의 사건과 그에 대한 감정적 반응에 집중할 수 있다.

클리어링은 다양한 방식으로 진행할 수 있는 강력한 대화의 한 형태이다. 코칭은 치료 세션이 아니기 때문에 클리어링의 목적은 감정 정리의 과정이 아니다. "오늘 세션으로 넘어가기 위해 정리해야 할 것이 있나요? 방금 끝난 미팅에서 남은 것이 있나요?"라고 물어볼 수 있다. 클리어링 작업은 단 1~2분 만에 끝낼 수도 있다. 고객이 말하고 당신이 들으면 두 사람은 다음 단계로 넘어갈 준비가 된 것이다. 클리어링이란 단순히 고객이 방금 끝난 회의에 대한 불만을 말로 표현하는 한두 번의 시간이다. 고객이 정리할 필요가 있는 것은 무엇이든 표현하고 풀어낼 수 있는 공간을 만들어 준다. 이 역시 경청하는 한 형태이다.

스스로에게 물어보기:

치과의사와 이런 식으로 대화하겠는가? 치과의사에게 어떤 힘을 실어 줄까, 아니면 힘을 빼 줄까?

치과의사가 자신의 아내가 변화를 꺼린다고 묘사한 것을 감안할 때, 그의 삶에서 클리어링이 지원되는 곳이 없을 가능성이 높다. 코칭 대화가 그 자리를 제공할 수 있다.

토의 및 토론하기(Discussion and Debate)

토의와 토론은 아마도 우리 사회에서 대그룹, 소그룹, 심지어 짝을 지어 하는 대화의 지배적인 형태일 것이다. 정치 환경은 대체로 토론과 논쟁의 장이며, 양극단이나 입장을 조정할 수 있는 능력은 거의 없다. 사람들이 자신의 견해와 의견을 표현할 때 이 두 가지 의사소통 방식이 사용된다. 두 가지 모두 다양한 각도에서 주제에 접근할 때 이루어지는 학습을 촉진할 수 있다. 우리가 배우려는 의도가 있다면, 우리는 한 사람이 원래 대화에 가져온 것보다 더 큰 관점을 얻게 된다.

토의와 토론은 사람들이 대화를 나누고 모든 사람이 자신의 생각을 펼칠 수 있는 공간이 마련될 때 효과적이다. 이러한 공유 공간을 인식하려면 모든 사람에게 동등한 발언 시간을 부여해야 한다.

일반적으로 토의와 토론은 코칭 과정에서 큰 비중을 차지하지 않는다. 대신, 코칭은 데이비드 봄(1996)이 대화에 대한 광범위한 연구에서 설명한 것에 더 많이 의존한다. 봄은 각 단어의 어근 의미를 통해 토의와 토론을 대조했다. 타악기의 어근과 같은 토의는 무언가를 두드리는 느낌을 담고 있다. 반면, 대화(dialogue)는 '흐르다'라는 어근에서 유래했다. 코칭에서는 종종 이런 방식으로 진행된다. 침묵과 경청, 직관을 허용함으로써 대화를 통해 각 개인이 혼자서 가져오는 것보다 더 크거나 더 깊은 무언가가 흐르게 된다. 소크라테스의 탐구 방법도 토론과 논쟁을 통해 인간의 공통된 노력에 대해 더 깊이 생각하기 위한 것이었다. 그러나 소크라테스는 스승으로 인정받았기 때문에 그가 가르친 사람들과의 관계는 코칭 동맹이 아니었다. 앞에서 언급한 바와 같이 대화는 코칭 동맹과 일치하므로 코치는 대화에 집중할 것을 권장한다.

코칭 프레임워크에서 토의와 토론의 목적은 옳고 그름에 초점을 맞추는 것이 아니라 대화를 통해 더 깊은 사고를 이끌어 내는 데 있다. 때때로 고객은 토론을 좋아하며, 코치는 이러한 형태의 커뮤니케이션에 즐겁게 참여할 수 있다. 고객이 당신의 의견을 원하거나 특정 주제에 대해 토론하고 싶어 하는 경우가 있을 수 있다. 이러한 종류의 커뮤니케이션은 고객에게 의견을 강요하는 데 초점을 맞춰서는 안 된다. 가볍고 유쾌한 분위기를 유지하라. 특정 문제에 대해 어떤 관점을 표현하지 않거나 입장을 취하지 않음으로써 열린 마음을 전달하고 대화에 새로운 관점을 가져올 수 있다. 또한 관점이 없어도 괜찮으며 즉시 채택할 필요가 없다는 것을 보여 줄 수 있다.

스스로에게 물어보기:

치과의사와 이런 식으로 대화하겠는가? 치과의사에게 어떤 힘을 실어 줄까, 아니면 힘을 빼 줄까?

가르치기(Teaching)

우리가 서로 대화할 수 있는 또 다른 방법은 가르치기이다. 가르치기는 누군가 "당신이 모르는 것을 내가 알고 있는데, 그것을 당신과 공유하고 싶습니다."라고 말할 때 발생한다. 다른 사람들이 이 사람에게서 배우고 싶을 때, 그들은 종종 열심히 듣고, 메모하고, 이해하기 위해 검색하고, 명확해질 때까지 질문한다. 때때로 교육 환경에서는 토론과 토의가 일어나고, 특이한 교육 환경에서는 공유까지 이루어질 수 있다.

우리는 코치가 가르치는 데 신중할 것을 권장한다. 고객에게 지혜의 원천이 되고 싶은 유혹이 있지만 이는 파트너십을 약화시킬 수 있다. 그럼에도 불구하고 일부 고객은 코치가 가르칠 수 있는 것을 빠르게 배워야 할 수도 있다. 소량으로 가르치는 것은 매우 효과적일 수 있다.

치과의사의 경우, 환자들 사이에서 중심을 잡고 집중하는 방법(centering and focusing)으로 간단한 호흡 수 세기 명상을 하는 방법을 고객에게 가르칠 수 있다. 가르치기 전에 "환자들 사이에서 간단한 중심 잡기운동을 할 수 있으면 도움이 될 수 있다. 지금 배워 보시겠어요?"라고 제안할 수 있다. 고객이 배우고자 하는 초대를 수락하면 그 순간부터 교육으로 전환한다. "잠시 교육 모드로 전환하겠습니다."라고 말하며 당신의 역할이 바뀌었음을 고객에게 명시적으로 말하는 것이 중요하다.

스스로에게 물어보기:

치과의사와 이런 식으로 대화하겠는가? 치과의사에게 어떤 힘을 실어 줄까, 아니면 힘을 빼 줄까?

코칭 대화하기(The Coaching Conversation)

우리가 서로 대화할 수 있는 또 하나의 독특하고 뚜렷한 방법이 있는데, 바로 코칭을 통한 대화이다. 이러한 유형의 대화는 조언을 주고받지 않고도 사람들이 미래에 원하는 것을 탐색하고 이를 달성하기 위한 방법을 선택할 때 이루어진다.

코칭 관계에서는 고객과 함께 탐구, 문제 해결, 창의적 사고, 여러 가지 대안(모순되는 대안 포함) 생성, 새로운 전략과 기법 실험 등 다양한 일을 하게 된다. 때때로 코칭은 단순히 충분히 경청하고 때로는 들은 내용을 피드백하는 것을 의미하며, 이는 우리가 사람들에게 가져다줄 수 있는 큰 선물이다. 이 활동을 통해 고객의 목적은 변화를 위한 토대를 마련하거나 다음 새로운 행동을 창출하는 것이며, 이는 공유, 보고, 토의 및 토론, 교육에서는 일어나지 않는 일이다.

스스로에게 물어보기:

치과의사와 이런 식으로 대화하겠는가? 치과의사에게 어떤 힘을 실어 줄까, 아니면 힘을 빼 줄까?

임파워링(Empowering)을 위한 일곱 가지 기술

이러한 기술은 고객이 이미 알고 있지만 의심하거나 가치를 낮게 평가하거나 대수롭지 않게 여길 수 있는 것을 깨닫게 해 줌으로써 고객의 최고 자원을 끌어낼 수 있다. 이러한 기술을 검토할 때 치과의사의 사례를 염두에 두자.

1. 강점에 집중하기(Focusing on Strengths)

제1장에서 소개한 빅 파이브 모델을 기억하라. 다섯 가지 중 첫 번째인 의도 및 주의는 다음과 같은 질문을 던진다: 주의를 집중시킬 수 있는 모든 장소 중에서 고객은 어떤 장소를 선택할까? 또한 고객의 주의를 어디로 향하게 할 것인지도 당신이 선택해야 한다. 고객의 강점에 빛을 비추는 것은 고객에게 도움이 되고 습관적으로 비판적인 분위기를 상쇄할 수 있다.

우리는 살면서 얼마나 자주 자신이 잘하고 있다는 말을 하는가? 많은 고객이 자신의 강점을 최소한으로만 인식하고 있다. 그들은 자신의 강점이 약점이나 책임이라는 말을 들었을 수도 있고, 그 강점을 활용하기를 원하지 않는 다른 사람들에 의해 약점이 되거나 책임이 될 수도 있다. 우리 모두는 강점을 가지고 있지만, 대부분의 사람은 자신의 약점을 더 잘 알고 있다. 우리는 어린 시절부터 부모님, 선생님, 그리고 다른 사람들로부터 자신의 약점에 대해 더 많이 듣는다. 우리 중 일부는 자신의 강점을 인식하지 못하거나 그렇게 하는 것이 부적절하거나 오만하다고 생각하기 때문에 자신의 강점에 대해 이야기하는 것이 불가능하다고 생각한다.

코치는 고객이 태도, 기술 또는 행동 등 자신의 강점을 인식하고, 명확하게 표현하고, 완전히 수용하기를 바란다. www.authentichappiness.sas.upenn.edu에 나와 있는 강점 평가를 통해 특정 고객을 코칭하기 시작하면 도움이 될 수 있다.

고객은 강점과 약점의 고유한 조합을 가지고 코칭을 받으러 온다. 고객이 설정한 목표의 맥락에서 이러한 특성을 살펴보는 것이 중요하다. 약점 중 일부는 개선할 수 있지만 다른 약점은 변화가 불가능할 수도 있다. 예를 들어, 고객이 주의력결핍장애(ADD) 진단을 받았을 수 있다. 우리는 자녀가 ADD 진단을 받았을 때 자신이 이 질환을 앓고 있다는 사실을 알게 된 고위 경영진을 여러 명 알고 있다. 이러한 경영진은 종종 매우 창의적이며 다양한 출처에서 새로운 아이디어를 종합하고 구축한다. 반면에 주의력결핍장애로 인해 주의 집중 시간이 짧고, 주의가 산만해지며, 그 밖의 특정 자질은 쉽게 바뀌지 않을 수 있다. 일부 경영진은 처방약을 복용하기도 하지만, 장시간 회의에 참석해야 하는 경우를 제외하고는 처방약을 복용하지 않는 경우도 있다. 고객이 약점이라고 생각할 수 있는 다른 대부분의 요소는 바꿀 수 있지만, 고객이 그렇게 노력할 가치가 없다고 여길 수도 있다.

코치는 다음과 같은 사항을 조합하여 고객의 성공을 가장 잘 촉진할 수 있다:

- 고객이 자신의 강점을 어디에 어떻게 활용할 수 있는지 탐색하도록 한다.
- 고객이 배울 수 있는 새로운 행동과 기술을 탐색하도록 한다.
- 현명하게 적용하면 수용 자체가 강력한 힘이 될 수 있으므로 변경하거나 강화할 수 없는 약점과 화해할 수 있도록 고객을 지원한다.

고객이 자신의 강점을 인식하고 이를 가장 잘 활용하는 방법을 알면 도전 과제나 목표를 해결하는 데 있어 저항이 가장 적은 경로를 따를 수 있다.

2. 인정하고 지지하기(Acknowledging and Endorsing)

고객이 아무리 강해 보이더라도 모든 고객은 자신이 잘하는 일이나 자질 또는 존재 방식에 대해 인정하고 지지해 주는 것이 도움이 된다. 효과적인 코치는 고객을 지지하고 인정하는 데 큰 관심을 기울인다.

고객은 종종 긍정적인 인정이나 검증하는 말을 듣는 데 부담을 느끼는 경우가 많다. 조직에서 일하는 경우, 일시적으로 인정받지 못하는 경험을 하게 된다. "지난번 성과 평가만큼만 잘했어." 혹은 "최근에 나한테 해 준 게 뭐야?"라는 말을 듣게 된다.

코치로서 인정과 지지를 제공하는 것이 어렵다는 것을 알 수 있다. 특히 자신의 삶에서 중요한 사람들로부터 인정을 많이 받지 못했다면 더욱 그러할 수 있다.

지지하고 인정하는 것은 칭찬하는 것과는 다르다. 우리가 누군가를 칭찬할 때는 그 사람이 가지고 있거나 하는 일에 대해 호의적으로 언급한다. 칭찬은 의견을 표현하는 것이며, 더 나아가 고객의 삶의 일부인 무언가에 대한 승인을 의미한다. 일반적으로 사람들은 내적인 자질보다는 다른 사람의 소지품이나 외적인 특징(물질적 소유나 새로운 헤어스타일)에 대해 칭찬하는 경향이 있다.

반대로 고객을 인정할 때는 특정 상황에서 고객이 보여 준 업적이나 자질에 대한 우리의 인정을 진심으로 표현한다. 좋은 인정은 구체적이어야 한다. 품질에 이름을 붙이고 그 품질이 어떻게 효과적으로 입증되었는지에 대해 자세히 설명한다.

정치의 세계에서 지지는 지지자가 상대방의 입장을 전적으로 지지할 때 이루어진다. 기본적으로 지지자는 "나는 당신의 진실성, 능력, 의도에 내 이름을 걸고 있습니다. 나는 당신에 대한 확고한 믿음을 가지고 있으며, 이를 공개적으로 밝히고 기꺼이 당신의 캠페인에 내 이름을 빌려줄 것입니다."라고 말한다. 고객을 추천할 때는 고객이 삶과 업무에서 반복해서 보여 주는 본질적인 자질, 즉 고객이 일관되게 어떤 사람인지에 대한 감사와 인정을 구두로 표현하는 것이다. 당신은 그들의 행동과 소유물 너머에 있는 더 깊은 자아, 즉 그들이 현재 또는 앞으로 될 본질적인 사람에 초점을 맞추는 것이다.

배터리를 충전하면 새로운 동력을 얻을 수 있는 것처럼, 지지하는 언어는 고객의 에너지 레벨을 충전할 수 있다. 고객의 에너지 레벨이 높아지면 행동으로 옮기려는 동기가 부여될 가능성이 높아진다.

3. 고객의 입장에 서기(Standing For)

조직 생활에서 리더는 때때로 "당신은 무엇을 위해 존재합니까?"라는 질문을 받는다. 즉, 자신이 어떤 사람인지에 필수적인 요소이기 때문에 어떤 사람이 되거나 무엇을 할 수 있을까? 이것이 바로 리더의 '리더십 입지(leadership stand)'가 된다.

우리는 다른 사람이 우리를 대변해 주는 경험을 자주 하지 못한다. 자신의 욕망과 원하는 미래를 만들 수 있는 능력을 누군가가 옹호해 준 경험에 대해 잘 알고 있는가? 고객이 일시적으로 자신이 누구인지, 무엇을 원하는지 잊어버릴 때에도 고객의 꿈과 욕구를 붙잡아 주는 것이 코치로서 우리가 하는 역할이다. 우리는 고객이 스스로 원한다고 말한 가능성을 대변한다. 본질적으로 우리는 고객이 스스로 설 수 있도록 돕고 있다.

코치가 고객의 행동이나 존재의 일부를 인정하거나 지지할 때 고객은 종종 힘을 얻었다고 느낀다. 우리는 고객의 목표, 더 만족스러운 삶에 대한 열망, 원하는 삶을 창조할 수 있는 잠재력 등 고객의 입장을 대변할 때 고객의 임파워먼트를 지원하게 된다.

고객의 입장을 대변할 때는 고객의 목표와 이를 달성할 수 있는 힘을 상기시켜야 한다. 이것이 고객을 옹호하는 것이다. 고객의 입장을 대변하는 것은 고객이 일시적으로 에너지와 집중력을 잃었을 때 이를 유지할 수 있는 힘이 된다. 또한 고객의 잠재된 창의성을 불러일으키기도 한다.

지지하는 것은 중요한 코칭 기술이다. 코치는 고객의 꿈과 욕구를 기억하고 붙잡아 주고 믿어 줄 때 고객의 꿈과 욕구에 큰 힘이 된다. 고객이 원하는 것을 상기시키고, 고객이 원하는 것을 이룰 수 있다고 확언하며, 변화에 대한 비전과 의제를 제시하는 것이 고객을 대변하는 것이다.

4. 리프레이밍(Reframing)

인간은 본질적으로 이야기를 만들고 의미를 만들어 내는 존재이다. 우리는 사건을 연결하고 사건들 사이의 관계를 도출하여 현상에 대한 설명을 만들고자 하는 본능적인 욕구를 가지고 있다. 리프레이밍과 관점 바꾸기는 현재 이야기에 다른 가능성을 제시함으로써 고객을 돕는 두 가지 기술이다. 리프레이밍은 본질적으로 다른 관점을 제공하는 새로운 프레임에 무언가를 넣는 것이다. 우리는 예술 작품에서 프레임이 얼마나 중요한지 잘 알고 있다. 어떤 프레임은 작품의 가치를 떨어뜨리기도 하고, 어떤 프레임은 작품의 가치를 높여 원래 강조되지 않았던 특징에 주목하게 하기도 한다. (좋아하는 그림을 다른 맥락으로 바꿔 본 사람이라면 누구나 새로운 프레임이 생명력을 잃었다고 생각했던 작품에 생명을 불어넣는 힘을 알고 있을 것이다.)

코칭 기술로서의 리프레이밍은 간단하게 말해 고객의 주의를 전환하여 새로운 관점이나 관점을 제시하는 것이다. 리프레이밍을 하면 무언가에 대한 새로운 언어를 찾게 된다. 행동이나 동기를 새로운 맥락, 즉 프레임에 배치하여 고객이 다르게 생각하게 만드는 것이다. 리프레임은 쉽게 주의가 산만해지는 고객의 창의성과 같이 이전에 단점으로 간주했던 것의 장점에 고객의 주의를 끌 때 발생한다. 이제는 약점이 아니라 강점으로 간주된다. 코치로서 리프레이밍하면 문제를 긍정적으로 바라볼 수 있는 진정한 방법을 찾을 수 있다. 이렇게 하면 문제는 실패가 아닌 기회로, 약점이 아닌 강점으로 보인다.

특정 리프레이밍이 지나치게 잘 작동하면 진부해질 위험이 있을 수 있다. 많은 비즈니스 현장에서 "문제를 기회로 리프레이밍하라."는 진부한 표현이 바로 이런 경우이다. 관리자가 직원의 책상에 나타나 "당신에게 기회가 생겼습니다."라고 말하면, 직원은 "당신에게 문제가 생겼습니다."라고 들을 가능성이 높다. 이는 어려운 문제를 수반하는 업무 과제에 대한 부정적인 의미를 피하고자 하는 사람들이 비즈니스 환경에서 문제를 리프레이밍하는 단어로 '기회'라는 단어를 남용해 왔기 때문이다.

리프레임은 강력하고 설득력이 있으며, 능숙하게 사용하면 그 힘을 유지할 수 있다. 단순히 사실을 숨기려는 고객의 시도에 주의를 환기시켰기 때문이 아닌 경우가 많다. 코치는 고객과 함께 일할 때 리프레임을 할 수 있는 독특한 방법을 찾아야 한다. 리프레임이 진부한 표현이 되지 않도록 하라.

위대한 교사들은 항상 리프레이밍을 사용했다. 영화 〈죽은 시인의 사회(Dead Poets Society)〉[피터 위어(Peter Weir) 감독, 1989]에서 로빈 윌리엄스(Robin Williams)가 연기한 예비학교 문학 교사는 리프레이밍을 능숙하게 사용한다. 그는 학생 한 명 한 명에게 책상 앞으로 와서 책상 위에 서서 사물을 다른 시각으로 보라고 한다. 고객의 막힌 생각이나 장애물을 긍정적이고 희망적인 프레임으로 전환하는 데 필요한 모든 것이 바로 이것이다. 따라서 앞으로 나아가고 효과적인 행동을 취할 수 있다.

우리가 사용하는 그룹 연습을 '행동 정비소'라고 한다. 5~6명으로 구성된 소그룹에서 각 참가자에게 쓸모가 없어져 정비소에 보내고 싶은 행동을 찾아내도록 요청한다. 참가자는 책임을 지거나 위험과 위험에 집중하는 등의 행동에 이름을 붙인다. 그런 다음 나머지 참가자들은 그 행동이 어떻게 유용할 수 있는지에 대해 브레인스토밍을 한다. 우리가 지치거나 과도하게 사용했던 행동에서 다른 사람들이 어떤 선물을 발견했는지 듣는 것은 놀라운 경험이다.

5. 메타 뷰 또는 관점 취하기(Meta-View or Perspective Taking)

조직의 전략적 측면에서 볼 때, 미래를 내다보는 능력은 과거를 돌아보는 능력만큼이나 중요하다고 흔히들 말한다. 그 이유는 두 가지 모두 현재 일어나고 있는 일에 대한 장기적인 관점을 제공하기 때문이다. 헨리와 카렌 킴지 하우스(Henry and Karen Kimsey-House), 필립 샌달(Phillip Sandahl), 로라 휘트워스(Laura Whitworth)(2011)는 코치의 경청 연장선상에서 메타 뷰라는 개념을 도입했다. 코치는 메타 관점을 사용하여 상황을 큰 그림으로 바라보고, 고객과 큰 그림에 대한 진술을 공유하고 문제에 대한 새로운 관점을 제공한다. 본질적으로 관점 취하기와 메타 뷰는 고객을 위한 리프레이밍을 수행한다. 이들은 리프레이밍을 위한 구체적인 도구이다. 우리는 이러한 도구들이 그들만의 역할을 할 가치가 있다고 생각한다. 예를 들면 다음과 같다:

고객: 저는 오랫동안 제 일에 대해 낙담하고 있었어요. 예전에는 정말 즐거웠어요. 그런데 20년이 지난 지금은 흥미를 잃었어요. 도무지 이유를 알 수가 없어요.

코치: 새로운 변화의 주기에 접어들면서 소위 말하는 '침체기'에 빠져 있는 것일 수도 있습니다. 이는 우리 모두가 겪는 변화 주기의 자연스러운 부분이며, 특히 한 직업에 오랫동안 머물렀을 때는 더욱 그렇습니다.

이 예에서 코치는 교육 개념을 사용하여 고객에게 자신의 경험에 대한 더 넓은 관점을 제시하는 관점을 제공한다. 코치의 자연스러운 발달 주기에 대한 이해는 유용한 메타 뷰를 찾기 위한 자원으로 사용된다. 내담자는 이제 이 문제를 인생의 이 시점에서 많은 사람이 공통적으로 겪는 문제로 인식한다.

코치는 고객에게 질문에 대한 가능한 답변으로 여러 프레임을 생성하도록 요청함으로써 상황을 검토하고 관점을 전환하도록 도와준다. 예를 들어, 치과 의사에게 고려해야 할 질문이나 문제를 가운데에 두고 휠 다이어그램을 그리도록 요청할 수 있다. 치과의사의 질문은 "어떻게 하면 더 만족스러운 사람이 될 수 있을까요?"일 수 있다. 그의 임무는 성취감을 느낄 수 있는 다양한 방법으로 바퀴의 각 휠을 채우는 것이다. 각 휠은 라이프 밸런스 휠(제9장 참조)에서와 같이 삶의 특정 영역을 나타낼 수 있다.

우리 모두는 관점 전환을 통해 무엇을 선택할 수 있는지에 대한 감각을 바꾸거나 처음 떠오르는 옵션이 아닌 다른 옵션을 불러올 수 있다. 다이앤은 경영진을 코칭할 때 고객이 좌절하거나 짜증이 날 때 "지금 삶이 무엇을 요구하고 있는가?"라는 질문을 던지고 대답하도록 요청한다. 이 관점을 전환하는 질문은 리더가 초기 반응을 넘어 다른 진실에 접근하고 옵션을 식별하는 새로운 방법을 찾는 데 도움이 될 수 있다. 고객의 관점 전환을 돕기 위해 사용하는 또 다른 질문은 "내가 이 문제에 대해 모르는 것이 있다면 여기서 내 옵션을 바꿀 수 있을까?"이다. 고객에게 롤모델이 있다면 "존이라면 이 상황에서 어떻게 할까?"라고 말할 수 있다. 이 모든 질문은 고객이 선택할 수 있는 가능성을 더한다.

고객의 관점을 전환하는 것은 여러 가지 방법으로 이루어질 수 있다.

> **고객**: 오늘은 여유를 가지고 놀려고 했어요. 하지만 하루 종일 위기 상황을 처리하거나 계속해서 급한 일을 처리하느라 시간을 보냈어요. 마침내 하루가 끝날 무렵 저는 지쳐 버렸어요. 더 이상 나빠질 수 없다고 생각했을 때 컴퓨터 하드 드라이브가 고장 났습니다.

코치가 경청하고 반영한 후에는 다음과 같은 관점의 전환이 일어날 수 있다. 다음은 몇 가지 옵션이다. 잠시 시간을 내어 각 관점이 제공하는 변화와 기회에 대해 생각해 보자. 그런 다음 고객에게 물어본다:

- 당신이 정말 존경하는 사람이라면 이 상황에 어떻게 대응할까?(예: "달라이 라마라면 어떻게 할까?")
- 영화 〈죽은 시인의 사회〉에서 로빈 윌리엄스가 연기한 선생님이라면 이런 날에 어떻게 반응할까?
- 이것이 영화라면 누구에게 당신을 연기해 달라고 부탁하고 싶은가?
- 10년 후 이 상황에서 중요한 것은 무엇일까?
- 100년 후에는 이 문제가 얼마나 중요할까?
- 여기에는 어떤 원칙이 작용하고 있는지 모르겠다. 머피의 법칙을 기억해 보자: 만약 어떤 일을 하는 데 두 가지 이상의 방법이 있고 그중 하나가 재앙을 초래할 수 있다면, 반드시 누군가는 그 방법으로 일을 하게 된다.

6. 고객을 잘못되게 만들지 않기(Never Make the Client Wrong)

고객이 원하는 삶을 설계하는 파트너로서 당신은 고객을 위한 당신의 어젠다가 아니라 고객의 어젠다를 붙잡는 것이 중요하다. 때때로 우리는 고객에게 무엇이 가능한지 또는 어떤 행동이 어디로 향하고 있는지 명확하게 볼 수 있지만 고객은 그렇게 볼 수 없거나 그렇게 생각하지 않을 때가 있다. 우리는 고객에게 우리의 관점을 제공할 수 있으면 좋다. 하지만 우리의 임무는 고객의 어젠다를 지원하는 것이다. 이를 이해하면 고객을 잘못 판단하는 일은 절대 없을 것이다.

칼 로저스가 발견한 **무조건적인 긍정의 힘**을 떠올려 보자. 고객이 코치로부터 이러한 태도를 기대할 수 있다는 것을 알면, 판단을 받을 위험이 없다는 것을 알고 자유롭게 실험할 수 있다. 이는 코치가 자유롭게 자신을 존중해 주는 경험을 통해 자기 판단의 힘을 길들이는 방법을 배우는 한 가지 방법이다.

『그렘린 길들이기(Taming Your Gremlin)』(Carlson, 1983)는 대부분의 사람이 얼마나 쉽게 비판적이고 가혹한 내적 대화를 하는지에 대한 재미있고 통찰력 있는 시각을 제공한다. 자기비판적인 고객이 있는 경우, 이 책은 이러한 내적 비판을 받아들이는 데 도움이 되는 자료와 재미있는 활동(예: 그렘린에게 이름을 지어 주고, 그렘린을 그리고, 그렘린이 하는 말을 큰 소리로 노래하기)을 제공한다.

강력한 질문을 던지고, 고객이 탐색에 참여하게 하고, 향후 진행 속도를 조절하여 고객을 이끌 수 있지만, 반드시 고객과 함께 있어야 한다. 고객이 지금 갈 수 없거나 가고 싶지 않은 곳으로 안내하지 않도록 한다. 예를 들어, 고객이 통화 사이에 과제를 완료하지 않더라도 계속 들을 수 있다. 다른 과제나 다른 방법을 탐색하거나 다음과 같이 할 수도 있다. 원래의 목표에 다시 집중하고 싶은지 물어보기만 하면 된다. 이 모든 것은 비난의 요소를 추가하지 않고 직접적이고 배려하는 방식으로 이루어질 수 있다.

7. 가능성 사고하기(Possibility Thinking)

앞서 '격차를 줄이기 위한 코칭'의 중요성에 대해 논의했다. 고객이 현재 위치와 원하는 목표 사이에 간극이 있을 때, 그 간극을 좁히지 못하고 스스로 성취감을 느끼지 못하는 경우가 많다. 습관적인 사고와 행동 패턴에 갇혀 움직이지 못하는 경우도 있다.

코치의 역할 중 하나는 고객과 함께 대안을 모색하고 가능한 해결책, 새로운 방법 및 전략을 모색하는 '가능성을 생각하는 사람'이 되는 것이다, 또는 고객이 갈 수 있는 길 안내를 제공하는 것이다.

가능성 사고하기는 고객에게 일상적인 현실을 잠시 멈추고 잠재력의 세계를 탐색할 수 있는 기회를 제공한다. 그렇게 할 때 고객은 종종 현재 상황으로 돌아와서 자신이 살아온 장애물과 이를 제거할 수 있는 방법을 처음으로 명확하게 보게 된다. 예를 들어, 두려움에 마비된 고객은 두려움에도 불구하고 행동하는 것이 가능하다는 것을 깨닫고 두려움에 굴복하지 않음으로써 두려움을 돌파할 수 있다.

고객에 대한 가능성 사고를 유지하는 데 어려움을 겪고 있다면 스스로에게 질문을 던져 볼 때이다. 고객의 딜레마가 현재 당신이 직면하고 있는 딜레마와 비슷할 수도 있고, 고객의 문제나 스타일이 당신 안에서 무언가를 촉발하고 있을 수도 있다. 성찰과 질문의 시간을 가져 보도록 한다. 멘토나 버디 코치에게 그림자 코칭(shadow coaching)을 요청하라. 그림자는 자신의 자세와 행동을 반영하는 거울이다. 그림자 코칭은 코칭 대화에서 있었던 일을 신뢰할 수 있는 사람과 함께 검토하는 것이다. 그림자 코칭은 고객의 가능성을 보는 능력을 방해하는 장애물을 발견하는 데 도움이 될 수 있다. 이는 멘토 코치를 활용하는 반성적 연습의 일부이다. (일부에서는 이를 슈퍼비전이라고 부르기도 한다. 우리는 이 용어가 혼동될 수 있으며 고급 코치가 멘토링 계약에서 할 수 있는 기술을 의미한다고 생각한다.) 슈퍼비전의 개념을 초월적 시각으로 해석한다면, 이는 경험이 많은 코칭 전문가의 관점을 얻는다는 의미이다. 단순히 마스터 코치와의 멘토링을 통해 혜택을 얻고 나중에 자기 성찰을 위해 자신의 세션을 녹화할 수 있는 방법이라고 생각하면 된다.

이 장에서 다루는 스킬은 코칭 도구박스에서 사용할 수 있는 도구이다. 상황에 따라 적절하게 조합하여 사용할 수 있는 도구들이다. 스킬을 배우면서 이러한 도구가 당신을 지배하지 않도록 하라. 어떤 스킬에 매료되면 그 스킬을 과도하게 사용하거나 가장 적절한 도구가 아닌 상황에서도 그 스킬을 사용할 가능성이 높다. 다양한 도구를 사용하는 것은 훌륭한 코치가 되는 데 도움이 된다.

제5장

고객의 기대치 넘어서기

STRETCHING THE CLIENT

제4장에서는 코치가 고객이 스스로 원하는 것이 무엇인지, 그리고 그것을 달성할 수 있는 실제 가능성을 상기시켜 주는 고객을 지지하는 스킬에 대해 살펴보았다. 지지하는 것(standing for)은 현재 고객의 사고방식에 분명한 도전을 주는 코칭 기술의 한 예이다.

도전에 대한 훌륭한 사전적 정의는『아메리칸 헤리티지 사전(The American Heritage Dictionary)』에서 찾을 수 있다: "행동, 노력 또는 사용을 촉구하다; 고무시키다." 코치로서 최선을 다할 때, 우리는 우리의 언어와 우리 자신을 사용하여 고객이 최선을 다하도록 자극하고 새로운 방식으로 행동하도록 유도함으로써 고객에게 도전한다.

도전과 스트레칭이 코칭 연속체에서 차지하는 위치를 고려해 보겠다(Ellis, 1998).

시간이 지남에 따라 모든 코칭 전문가와 마찬가지로 코치도 각기 다른 스타일을 개발한다. 어떤 코치는 고객의 주의와 집중을 자주 유도하는 반면, 어떤 코치는 주로 질문을 통해 코칭을 진행한다. 어떤 코치는 사람들이 충분히 경청하고 긍정할 때 자신의 문제를 해결한다는 칼 로저스(1951)의 견해를 따르기도 한다. '충분히 경청하고 긍정하기'로 시작하는 가장 지시적이지 않은 반응부터 '대답하기'로 끝나는 가장 지시적인 행동에 이르기까지 다음의 코칭 연속체를 고려해 보도록 한다.

코칭 연속체

1. 충분히 듣고 확인하기

이것은 큰 공감과 마음을 담은 충만하고 진심 어린 경청이다. 영혼이 담긴 경청은 고객이 자신이 알고, 생각하고, 감각하고, 느끼는 것을 인식하도록 유도한다. 시간이 지나면 내담자는 자신의 가장 내밀한 생각을 드러낸다. 일부 영적 수행에서는 이를 질문이라고 한다. 완전히 현재에 집중하고 고객이 5분에서 15분 정도 장시간 말을 하는 동안 침묵한다. 그런 다음 자신이 알아차리고, 생각하고, 느끼는 것을 공유한다.

2. 충분히 듣고 문제점을 피드백하기

이 경청 수준에서는 한동안 온전히 경청하고 고객을 확인한 다음 문제를 피드백한다. 고객의 핵심 문제, 즉 코칭해야 할 핵심 이슈를 중심으로 경청한 내용의 본질을 간략하게 요약한다.

3. 고객에게 몇 가지 새로운 가능성을 창출하도록 요청하기

경청하고, 들은 내용을 피드백하고, 질문을 던지고, 구체적으로 고객에게 주의와 행동에 대한 몇 가지 새로운 가능성을 파악하도록 요청한다. 코칭 연속체의 이 단계에서는 "이러한 장애물을 극복할 수 있는 새로운 방법 두 가지는 무엇인가?"라고 질문할 수 있다. 고객이 이미 알고 있다면 코치에게 의견을 구하지 않을 텐데 왜 굳이 고객에게 물어보는지 의아해하는 사람도 있을 수 있다. 하지만 그런 식이 아니다. 종종 고객은 한두 가지 아이디어는 있지만 대안을 찾는 데 어려움을 겪지 않았다. 질문을 통해 고객이 제공할 아이디어가 있을 가능성이 높다는 것을 알 수 있다.

4. 고객에게 다양한 가능성을 창출하도록 요청하기

경청하고, 긍정하고, 반영하고, 피드백을 주지만 이번에는 고객이 다양한 가능성을 창출할 수 있도록 확장하는 데 집중하도록 한다. 고객의 문제나 우려 사항을 해결할 수 있는 몇 가지, 많게는 열 가지에서 열두 가지의 가능성을 물어본다. 열두 가지의 옵션이 너무 쉬워 보인다면 더 많은 옵션을 요청하라. 요점은 고객을 위한 가이드 역할을 하고 고객이 안전지대를 벗어나도록 확장하는 것이다. 예를 들어, 근무 시간 동안 더 충만하고 만족감을 느낄 수 있는 방법을 찾고 있는 고객을 살펴보자. 코치는 이 고객에게 근무 시간 동안 만족감을 느끼기 위해 할 수 있는 작은 일을 25개 이상 만들어 보라고 요청할 수 있다. 이런 경우에는 고객이 한두 가지에 습관화되지 않도록 다양한 옵션을 제공하는 것이 중요하다. 예를 들어, 이 고객은 컴퓨터에 자녀의 화면 보호기를 설정할 수 있다. 하루 중 일정 시간 간격으로 호흡, 스트레칭, 바깥 산책 등 스트레스를 해소할 수 있는 활동을 할 수도 있다. '데스크톱 요가'와 같은 프로그램을 주기적으로 사용할 수도 있다. 이는 창의적인 사고를 위한 분위기를 조성한다. 중요한 것은 고객이 쉽게 떠오르는 뻔한 생각을 뛰어넘어 노력을 하도록 하는 것이다.

5. 고객의 가능성 목록에 의견 추가하기

코칭 연속체에서 이 단계에서는 고객과 함께 브레인스토밍을 하면서 고객의 가능성 목록에 제안을 추가한다. 고객과 브레인스토밍을 주고받으며, 고객을 대신하겠다는 의도는 없지만 그 순간에 가장 좋은 생각을 추가한다. 이렇게 직접적으로 추가하는 방식은 고객의 초점을 원하는 곳으로 옮길 위험이 있다. 고객이 당신의 제안이나 조언을 가능성으로 오해할 위험이 있다. 이러한 아이디어는 목록에 추가되는 것일 뿐, 반드시 자신이 생성한 아이디어보다 더 나은 아이디어는 아니라는 점을 고객에게 알리기 위해 열심히 노력해야 한다. 외부인으로서의 관점은 고객의 사각지대나 현재의 관점 밖에서 가능성을 볼 가능성이 높다는 것을 의미한다. 어떤 의미에서 당신의 가능성은 고객의 관점을 재구성하거나 확장할 수 있다. 창의력이 부족해 보이거나 막혀 있다고 느끼는 고객에게 이 수준의 서비스를 제공할 수 있다. 때때로 코치가 고객의 생각을 뛰어넘어야 할 때도 있지만, 일반적으로 고객이 처음 몇 가지 아이디어를 제공하는 것이 가장 좋다.

6. 최소 10개 이상의 가능성 제시하기 (창의적인 아이디어의 경우 모순되는 경우도 있음)

이 단계에서는 고객을 위한 가능성을 파악하고 창출하는 역할을 담당하면서 보다 주도적인 역할을 하게 된다. 고객의 안전 영역을 훨씬 벗어난 가능성을 포함시켜 고객의 범위를 넓힐 수 있다. 열 가지 가능성을 제시하는 것이 많은 것 같다고 생각할 수도 있지만, 모순되는 가능성을 제시하여 고객이 매우 다른 행동 영역 중에서 선택하도록 하는 것이 중요하다. 그중 일부는 실용적이고 실행 가능한 것으로 만들어야 한다. 이 전략을 사용하면 고객이 자신의 창의력을 발휘할 수 있는 아이디어를 포착할 수 있다.

예를 들어, 고객이 여성 직원에게 불만을 품고 있다고 가정해 보겠다. 연속체의 6단계에서는 다음과 같은 아이디어를 제공할 수 있다:

- 그냥 해고하기!
- 직원의 강점에 집중하고 더 나은 직원으로 만들기 위해 가능한 모든 조치를 취하기
- 직원에게 개선이 필요한 분야의 교육 프로그램에 참여할 수 있도록 비용을 부담하기
- 코치를 고용하기. 취약한 분야를 발전시킬 수 있는 새로운 역할을 부여하기
- 직원이 성장해야 하는 분야의 뛰어난 멘토를 연결해 주기
- 직원이 성장해야 할 분야에서 뛰어난 사람을 그림자로 삼아 달라고 부탁하기
- 직원에게 휴가를 내라고 요청하기
- 직원에게 2주 동안 스킬을 향상시킬 시간을 주며, 그렇지 않으면 휴가를 연기해야 할 수도 있다고 알려 주기

모순적으로 보이는 이러한 제안의 목적은 고객의 사고를 모든 가능성의 영역, 심지어 터무니없는 영역까지 확장하는 것이다. 고객과 함께 그 가능성에 대해 웃으며 이야기하기 시작하면, 올바른 방향으로 가고 있다는 것을 알 수 있다. 고객이 새로운 관점을 갖게 되고 창의력이 발휘될 수 있는 가벼운 분위기로 대화를 전환한 것이다.

7. 세 가지 이상의 가능성 제시하기

이 수준에서는 동일한 가치를 지닌 세 가지 가능성을 제공한다. 이 단계는 본질적으로 고객의 선택권을 제한하기 때문에 지시적 행동이라고 부른다. 고객이 가능성을 들을 때 조언으로 듣지 않도록 주의하라. 고객이 충분히 고려할 수 있도록 각 옵션의 장점과 결과를 설명하는 데 시간을 할애하도록 한다.

6단계에서는 열 가지 가능성을 생성하는데 왜 이 단계에서는 세 가지 가능성만 생성하는지 궁금할 수 있다. 6단계는 고객을 다양한 가능성의 영역으로 확장하는 것을

목표로 한다. 7단계는 터무니없는 옵션이 아니라 실행 가능하고 현실적이며 실용적인 가능성 중에서 고객이 선택하고 실행할 수 있는 가능성을 제시하는 데 집중한다. 이러한 가능성을 제시할 때는 최종적인 해결책으로 제시하지 않도록 주의해야 한다.

고객이 직원에게 불만을 품고 있는 경우에는 "우리가 논의한 모든 옵션 중에서 지금 당장 실행 가능한 세 가지 가능성을 알고 있다."라고 말할 수 있다. 그런 다음, 다음과 같이 한다:

- 직원과 커뮤니케이션 기술에 대한 구체적인 교육 가능성에 대해 논의하기
- 커뮤니케이션 기술 멘토를 배정받는 것이 직원에게 어떤 도움이 될지, 가급적이면 회사 내 다른 부서에 있는 멘토를 배정받는 것이 어떤 도움이 될지 직원과 논의하기
- 코치, 직원, 고객/관리자 간에 상호 합의한 목표와 성과를 정의하여 직원을 위한 코치를 고용하기

이 단계에서 세 가지 가능성을 제시한 다음 고객의 피드백을 요청한다. "이에 대해 어떻게 생각하나요? 이것들을 바탕으로 어떤 아이디어가 있나요? 이것들은 단지 가능성일 뿐이라는 점을 기억하고, 이러한 것을 들으면서 어떻게 생각하나요?"

8. 새로운 기술 가르치기

당신은 가르칠 때 지시(directing)를 하고 있다. 그러나 고객이 새로운 것을 배워야 하거나 현재 수준을 뛰어넘을 수 있도록 새로운 것을 가르쳐 달라고 요청할 때가 있다. 예를 들어, 이완 전략, 갈등 해결을 위한 준비 방법, 시간 관리 기술 등을 가르치게 될 수도 있다.

가르치는 것은 코칭 관계의 후반부에 친밀감과 신뢰가 쌓이고 고객이 동등한 파트너십으로서의 동맹에 익숙해진 후에 하는 것이 더 효과적이다. 코칭 관계 초기에 고객이 쉽고 유용하다고 생각하여 의존하게 될 수 있으므로 코칭 관계 초기에 가르치려고 할 때는 주의하도록 한다. 그렇게 되면 고객과의 동맹 관계는 상당히 달라질 것이다. 코칭 관계 초기에 너무 일찍 가르치면 고객은 자신을 능동적인 주체로 여기지 않고 코치에게 더 자주 답을 구하기 시작할 수 있다. 이런 일이 발생하면 이러한 패턴을

되돌리거나 바로잡는 데 더 많은 노력이 필요하다. 처음부터 이러한 패턴을 설정하지 않는 것이 좋다.

9. 옵션 제공하기

이 상황은 고려할 수 있는 옵션을 하나만 제공하기 때문에 더욱 지시적이다. 옵션이 목표에 부합하거나 재구성 전략으로 작용하는 경우 고객을 현재 상황에서 벗어나게 하는 데 효과적일 수 있다. 예상하지 못한 옵션을 제시하면 고객이 집중하는 데 도움이 될 수 있다. 또한 대화에 경쾌함을 불어넣어 고객이 상황을 재구성하고 더 창의적인 생각을 할 수 있도록 도와줄 수도 있다.

예를 들어, 고객이 상사에 대해 불만을 토로하는 경우 한 가지 예상하지 못한 옵션을 제안할 수 있다: 다른 나라로 이민을 가서 그에게서 벗어나세요. 이 터무니없는 옵션은 고객의 즉각적인 반응을 불러일으키고 이사라는 옵션을 고려할 필요가 없도록 행동할 수 있는 여러 가지 방법을 제시할 수 있다.

10. 조언 또는 해결책 제시하기

코칭의 연속체에서 가장 방향 지향적인 이 단계에서는 코칭이 아닐 가능성이 높다. 조언을 제공하거나 해결책을 제시하는 것은 컨설팅에 가깝다. 조언을 제공하는 경우에는 반드시 조언이라고 표시하도록 한다.

반면에 보이는 그대로의 진실을 매우 직접적으로 말하는 것이 필요할 수도 있다. 5단계 코칭 모델(pp. 56-60)을 기억해 두었다가 이렇게 말하도록 한다. 이 도발적인 개입은 고객이 혼란에 갇혀 있거나, 저항이나 두려움이 고착화되어 있거나, 상황이 파괴적이고 반복적이거나, 자멸적인 방해 행위처럼 보이는 것을 끝내야 할 때 유용할 수 있다. 고객에게 이러한 개입을 하는 경우에는 다음과 같은 문구를 포함할 수 있다. "나는 당신이 그런 식으로 포기하는 것을 지지할 수 없습니다. 당신은 충분히 강하다고 믿어요. 당신은 충분히 강하다는 것을 알고 있습니다. 그냥 해 보세요."

도전 과제 해결을 위해 고객의 기대 수준 넘어서기

탁월한 코칭(masterful coaching)은 단순히 경청하는 것이 아니라 고객을 지지하고 격려하는 방식으로 도전해야 할 순간이 있다. 당신의 목표는 고객이 확장하고 성장하는 데 도움이 되는 도전을 제공하는 것이다.

도전은 단순히 '원한다'거나 작은 요청을 하는 것보다 더 강력한 힘을 발휘한다. 직설적이지만 결코 무례하지 않다. 큰 변화에 대한 강력한 요청은 고객에게 도전으로 보일 수 있다.

다른 사람에게 도전하는 전달 방식에 대한 스포츠 분야의 유용한 비유가 있다. 인디애나 대학교 농구팀의 전 코치였던 바비 나이트(Bobby Knight)는 선수들에게 종종 도전을 했다. 그는 종종 호전적이고 목소리도 크며 때로는 의자나 다른 물건을 던지는 등 정면으로 맞서는 스타일이었다. 29년간 인디애나 대학교의 코치로 일한 나이트는 그만하라는 경고를 받고도 무례하게 도전했다는 이유로 감독직을 잃었다.

반면, 캔자스 대학교의 존경받는 남자 농구 감독인 빌 셀프(Bill Self)는 선수들에게 똑같은 수준의 탁월함을 요구하지만, 선수들을 가르치고 그들의 강점을 바탕으로 현명하게 도전한다. 경기 중에는 화를 내거나 무례한 태도를 보이는 경우가 거의 없었다. 선수를 경기 중 퇴장시킬 때도 벌로 내보내지 않았다. 대신 선수 옆에 앉아서 어떻게 하면 더 잘할 수 있는지 가르치거나 상기시켜 준다. 경기는 계속되고 코치는 선수 앞에 무릎을 꿇고 앉아 가르칠 수 있는 순간을 포착한다. 일반적으로 선수는 자신의 기술을 업그레이드하라는 도전을 받은 후 경기에 복귀한다.

분명히 자기 자신을 코치하는 것(coach self)이 코치에게 더 나은 모델이다. 코치는 적절한 시기에 고객에게 도전해야 하며 항상 정중하게 도전해야 한다. 숙련된 코치는 고객이 언제 도전을 시작해야 하는지, 상황에 따라 언제 '도전의 강도를 높여야 하는지' 고객에게 알려 준다.

도전적인 요청을 하거나 진전의 증거를 요구하면 고객이 큰 변화나 도약을 할 수 있도록 자극을 줄 수 있다. 이러한 종류의 도전은 고객이 그러한 도전을 할 수 있다고 확신한다는 것을 고객에게 전달하는 것이다. 고객은 자신의 가능성과 가능성에 대한 믿음을 공유하기 시작하기 때문에 성공할 수 있다. 용기가 필요한 고객에게 도전하는 것은 고객을 위한 또 다른 방법이다.

코치가 고객에게 도전하는 방법을 살펴보기 전에 롭의 사례를 생각해 보자:

며칠 전, 만족스러운 삶을 만드는 방법에 대한 강연을 했다. 청중 중 한 명이 코칭에 대해 문의하기 위해 전화했다. 그는 컴퓨터 프로그래머로 일하는 33세의 독신 남성이다. 코칭 목표에 대해 묻자 그는 체중 감량과 자신을 위한 재정적 여유를 만들고 싶다고 말한다. 당신은 그와 함께 일하기 시작한다. 처음 두 번의 통화에서 그는 다음과 같이 말한다: "저는 CD를 듣고, 책을 읽고, 만화책을 수집하는 것을 좋아합니다." "저는 항상 외식을 하고 음식을 좋아합니다." "요즘 좀 우울하고 가끔 불안한 기분이 들어요. 괜찮은 직업을 가지고 있지만 막막한 기분이 들어요." "저는 뚱뚱하고 통통해서 마음에 들지 않아요. 날씬해지고 싶어요."

스스로에게 물어보기:

롭으로부터 도전적인 기술을 사용해야 한다는 말을 들은 적이 있는가? 이 첫 번째 통화에서 롭에게 어떻게 도전할 수 있을까?

다양한 도전 방법

코치는 다양한 방법으로 고객에게 적극적으로 도전한다. 일반적인 도전 방법은 다음과 같다:

- 엄청난 요청을 한다.
- 목표를 두 배로 늘린다.
- 무언가를 성취하는 데 걸리는 시간을 단축하도록 한다.
- 고객에게 진행 상황을 문서화하고 증거를 제공하도록 요청한다.
- 결과를 측정하고 벤치마크를 설정하도록 한다.
- 고객에게 자신이나 다른 사람에 대한 기준과 기대치를 높이도록 요청한다.
- 고객에게 평소와 반대되는 행동을 하도록 요청한다.
- 고객의 입장에서 다른 누구도 할 수 없는 직설적인 질문을 던져 보도록 한다.
- 고객으로부터 많은 것을 기대한다. 어쩌면 고객이 스스로 기대하는 것보다 더

많은 것을 기대할 수도 있다.

- 고객이 집중할 수 있도록 현장 조사 및 실습을 요청한다.
- 높은 기준을 유지하고 약속과 행동을 엄격하게 검토한다.
- 인내심을 갖고 고객이 가장 먼저 떠오르는 대답이 아니라 진실을 고려하도록 압박한다.
- 고객에게 약속을 지키도록 부지런히 요청한다.
- 고객이 차이점을 그릴 수 있도록 일관되게 도와준다(다음 참조). 고객이 큰 변화를 일으키고 관점, 접근 방식, 태도, 마인드셋, 인내심 등에서 성장할 수 있도록 격려한다.
- 고객에게 특정 기간 동안 삶의 목적(제8장 참조)만을 위해 살도록 요청한다.
- 일기를 쓰거나 명상 연습을 시작하는 등 성찰이 필요한 새로운 훈련이나 수행을 시작하도록 고객에게 요청한다.

고객을 도전하게 하고 기대를 넘어서게 하는 기술

차이점(Distinctions) 사용하기

이 장을 코칭의 연속체를 고려하는 것으로 시작했다. 대부분의 경우, 우리는 비지시적인 태도를 유지하며 경청, 미러링, 질문 기술을 사용하여 행동을 유도한다. 그러나 때로는 고객이 도움이 되지 않거나 힘을 실어 주지 않는 습관적인 방식으로 생각하기 때문에 스스로 상황을 진전시키지 못하는 경우도 있다. 제15장에서는 고객의 마인드셋이 코칭 관계에 미치는 영향에 대해 좀 더 광범위하게 살펴볼 것이다. 이럴 때 가장 좋은 방법은 먼저 고객의 상황을 어떻게 보는지 간결하고 명확하게 설명하는 것이다. 이 진술은 깔끔한 언어를 사용하고, 직접적이며, 상황을 바라보는 힘을 실어 주는 강력한 방법이다. 새로운 사고방식이나 행동의 열쇠를 쥐고 있는 차이점을 제시할 수 있다. 고객이 이러한 차이점을 통합할 수 있다면 상황을 보다 바람직한 결과로 전환할 수 있다. 차이점을 제시하는 것은 코칭 과정의 일부이지 마법의 열쇠는 아니다.

우리의 성장과 발전 능력은 우리의 언어에 달려 있다는 것을 기억하라. 종교 서적에 세상의 모든 피조물에 이름을 붙인 아주 초기의 장이 있는 것은 우연이 아니다. 무언가에 이름을 붙이고 말로 표현할 수 있는 능력은 인간에게 선택, 창조, 수정, 성장의 능력을 부여한다. 우리는 우리가 이름을 붙일 수 있는 것만 제정할 수 있다.

차이법을 사용하면 고객의 학습과 인식에 직접적으로 개입하게 된다. 차이(구분)를 사용하는 의도는 고객에게 보이지 않던 상황을 볼 수 있는 기회를 제공하는 것이다. 차이(구분)의 가치는 차이를 통해 드러나는 새로운 행동의 길, 즉 차이가 가능하게 하는 변화에서 비롯된다.

차이(구분)을 통해 고객은 사고와 주목의 전환을 고려할 수 있다. 전환이란 한 상태에서 다른 상태로 인지적 · 정서적 또는 행동적으로 이동하는 것을 말한다. 다음 차이의 예는 고객의 전환을 도울 수 있는 잠재력을 가지고 있다:

- 무의식적 무능력 대 의식적 무능력
- 목표 대 공상
- 유능한 것과 숙달된 것의 차이점
- 항상 옳아야 하는 것과 다른 사람들도 옳도록 허용하는 것의 차이

차이를 사용할 때는 고객에게 미묘할 수 있는 부분을 알아차릴 수 있는 단어를 제공한다. 또한 고객이 차이를 명확하게 표현하도록 도울 수도 있다. 다음은 한 가지 예이다:

고객: 직장 생활이 지금보다 훨씬 더 순조롭게 진행되기를 원합니다. 직장에서 제게 닥치는 모든 일이 점점 더 어려워지는 것 같아요. 상사 및 직원들과의 싸움이 계속되고 있어요.

코치: 직장을 마치 전쟁터처럼 여기시는군요. 다른 것을 경험하려면 갑옷을 벗어 던져야 합니다. (참고: 이것은 상황에 대한 평가이다.)

고객: 맞아요. 고군분투하는 데 너무 지쳤어요.

코치: 직장에서 어려움을 겪는 상황에서 벗어나 일을 쉽고 자연스럽게 보이도록 만드는 방법은 무엇일까요? 전투에 임하는 방식을 포기한다는 것은 무기와 갑옷을 내려놓고 상사, 상황, 함께 일하는 사람들, 그리고 나 자신과 평화를 이루는 것을 의미합니다.

여기서 코치가 제시하는 '전투로서의 일'과 '평화를 만드는 일'의 차이에 주목하라.

고객: 어떻게 해야 할지 모르겠어요.

코치는 고객이 업무에 임하는 방식에 대한 새로운 차이를 강화하기 위해 다음과 같은 문장으로 후속 조치를 취할 수 있다. 다음 단계는 고객이 새로운 차이를 탐색하고 이를 실천에 옮기기 위해 취할 수 있는 실천과 행동을 찾는 것이다. 코치는 다음과 같이 물어볼 수 있다:

- 비무장 상태로 전투가 아닌 평화를 위해 출근한다는 첫 번째 신호는 무엇일까?
- 하루를 어떻게 시작하는가?
- 건물에 들어서면서 스스로에게 무슨 말을 하는가?
- 평화를 만드는 일터로 일하기 위해 어떻게 준비하는가?

차이를 효과적으로 사용하려면 목소리 톤과 단어에 판단이 개입되지 않도록 해야 한다. 고객이 차이를 이해하고 사용하는지 여부에 집착하지 말아야 한다. 처음에는 고객이 차이나 그 힘을 이해하지 못하다가 일주일 정도 후에 다시 돌아와서 탐색하는 경우가 있다.

스스로에게 물어보기:
앞서 언급한 고객인 로이가 변화를 이루거나 앞으로 나아가기 위해 배워야 할 차이점은 무엇인가?

은유와 비유 사용하기

학습과 인지 분야의 연구자인 앤드류 오토니는 파격적인 주장을 했다: "은유는 좋은 것만이 아니라 필수적이다."(1975/2001, p. 29) 그는 은유를 사용하면 익숙하지 않거나 새로운 것을 알려진 것과 연결함으로써 강력하고 빠른 학습이 가능하다는 것을 보여 주었다.

많은 코치가 은유와 비유를 이미 맛있는 케이크에 맛있는 생크림을 얹는 것처럼 언어의 장식물처럼 취급한다. 은유와 비유는 두 가지 이유로 강력한 도구이다. 첫째, 은유는 문제에 대한 새로운 관점을 제공한다. 둘째, 이미 내면화된 기존의 생각, 감정, 신념과 연결되기 때문에 그 관점이 빠르게 강력해진다. 결과적으로, 은유와 비유는 선형적이고 분석적인 설명과 고객의 저항을 우회하여 총체적으로 작용하기 때문에 빠르고 자연스럽게 사고를 변화시키는 데 효과적이다.

은유의 사용은 중재, 치료, 컨설팅, 그리고 이제는 코칭에 이르기까지 많은 직업에서 매우 강력한 것으로 입증되었다. 코치는 일반적인 은유를 사용하여 고객이 아직 고려하지 않은 상황과 가능성의 측면에 주의를 집중하도록 유도한다. 다음에서는 코치가 정원 비유와 다른 여러 비유를 사용하여 고객의 주의를 다른 가능성으로 유도하는 방법을 설명한다.

이 상황은 일하는 아내가 자신을 위한 시간을 만드는 것이 얼마나 어려운지, 그리고 균형 감각에 대해 이야기하는 것과 관련이 있다. 그녀는 다음과 같이 말한다:

> 아이들이 집에서 저를 너무 필요로 하는 것 같아서 일과 남편과의 관계에 집중하는 데 어려움을 겪고 있습니다. 식료품을 장만하고 학교에 데려다주고 데려오는 것만으로도 힘듭니다. 게다가 큰아이의 대학 진학이 1년 앞으로 다가오면서 돈에 대한 부담감도 커지고 있습니다.

코치는 가족 상황에 대한 정원의 은유를 사용하여 다음과 같은 진술을 사용할 수 있다:

> 가족생활이 모두 성장하는 정원이라고 상상해 보세요. 정원은 흙을 준비하고, 무엇을 심을지 고민하고, 의식적이고 계획적으로 가꾸어야 하는 곳입니다. 정원은 그냥 씨앗을 던져 놓고 잊어버린다고 해서 자라지 않습니다. 모든 정원에는 다양성, 즉 전체 디자인의 아름다움에 기여하는 다양한 식물이 있습니다. 모든 정원에는 잡초가 있지만, 키우는 식물을 방해하기 전에 잡초를 뽑아내야 합니다. 때로는 가지치기를 해야 할 때도 있습니다. 따라서 정원 가꾸기에는 자주 물을 주고, 잡초를 제거하고, 돌보는 일이 필요합니다. 우리 집에서는 무엇을 돌봐야 하나요? 당신과 가족의 성장을 위해 어떤 부분을 잘라 내거나 가지치기를 해야 할까요? 또한 비료나 영양분이 필요한 부분은 무엇인가요?

코치는 여행의 은유를 사용하여 다음과 같은 문장을 사용할 수도 있다:

> 출장은 단순한 여행과는 다릅니다. 여행은 정확한 경로와 특정 장소가 정해져 있습니다. 여행에서는 목적지는 있지만 구체적인 경로가 계획되어 있지 않습니다. 또한 계획에 없던 일이 발생할 수 있다는 것을 알고 있습니다. 날씨, 차량 문제, 또는 예상치 못한 도로 상황으로 인해 계획에 없던 우회 여행을 할 수도 있습니다. 종종 이러한 우회 여행은 여행 중 최고의 경험으로 이어지기도 합니다. 가족 여행을 우리 모두의 여행으로 생각한다면, 어떤 차량을 타고 어떤 경험을 하고 싶으신가요? 어떤 경험을 기대하시나요? 예상치 못한 도전, 경로 변경, 경로를 벗어나는 상황에 어떻게 대처하고 있나요? 당신은 이곳의 운전자 중 한 명입니다: 만족스러운 코스를 가기 위해 어떤 변화가 필요한가요?

코치는 게임의 비유를 사용하여 다음과 같이 말할 수도 있다:

> 자녀가 축구를 하고 모노폴리와 같은 게임을 함께 많이 하는 것을 알고 있습니다. 당신의 상황을 게임으로 생각해 보세요. 게임을 제대로 하려면 올바른 게임을 선택하는 방법과 규칙을 이해해야 합니다. 타임아웃을 할 수도 있습니다. 남편과 같은 팀에서 같은 게임 계획을 세우고 있나요? 당신과 아이들은 어떤가요? 게임에서 타임아웃이 필요한 사람이 있나요? 가족이 함께하는 게임은 정해진 승부가 있는 경쟁이 아니라 즐거움을 선사하는 시간으로 볼 수 있나요?

게임은 많은 가족 여행에서 유비쿼터스 경험이다. Wi-Fi가 생기기 전의 도로 여행을 기억할 수 있을 만큼 나이가 많은 사람들과 함께라면, 모든 위치에서 번호판을 찾으며 시간을 보내거나 A부터 Z까지 알파벳으로 시작하는 도로 표지판이나 광고를 찾는 알파벳 게임을 기억할 것이다. 이러한 게임을 즐기면서 시간을 보내고 관계를 쌓고 유대감을 경험하는 것은 매우 즐거운 일이다. 오늘날 많은 가정, 특히 북미의 경우 운전자를 제외한 모든 사람이 동영상이나 음악이 담긴 개인 모바일 기기를 가지고 여행을 떠나는 경우가 많아 가족 간의 유대감이 사라진다는 것을 알고 있다. 코치의 목표는 보편적인 특성을 지닌 긍정적인 경험을 이끌어 내고 자신과 다른 사람과의 관계에 대해 설명하는 것이다. 긍정적으로 작용하고 고객의 상황에 맞는 은유를 사용하도록 한다.

앞의 세 가지 비유(정원, 여행, 게임)가 각각 고객이 선택할 수 있는 다양한 측면을 어떻게 조명하는지 주목하라. 고객과 고객의 의도에 따라 어느 하나가 다른 것보다 더 효과적일 수도 있다. 한 장의 그림이 천 마디 말보다 더 가치가 있는 것처럼 은유는 상황을 바라보는 방식을 변화시킨다.

은유적 언어는 비즈니스 세계에서도 흔히 사용된다. 기업 코칭에서 은유를 사용하는 것은 고객이 다르게 생각하는 데 도움이 될 수 있는 상황의 측면을 강조하는 훌륭한 수단이다. 다음과 같이 고객이 사용하고 있는 은유적 언어에 대해 고객의 말에 귀를 기울여 보자:

- 우리는 지금 퍼즐의 한 조각을 놓치고 있다.
- 우리는 경쟁의 장을 공평하게 만들어야 한다.
- 우리는 틀에 박힌 사고에서 벗어나야 한다.
- 우리는 한계를 뛰어넘어야 한다.
- 우리는 버스를 타야 한다.
- 우리는 구역에 들어가야 한다.
- 우리는 모래 위에 선을 그어야 한다.
- 우리는 스스로를 위해 일어설 필요가 있다.

고객의 은유에 관심을 갖고 귀를 기울인 다음 함께 작업할 때 이를 활용한다. 예를 들어, 고객이 "우리 그룹이 상자 밖에서 더 잘 생각할 수 있었으면 좋겠어요."라고 말할 수 있다. 코치로서 이 '상자'라는 은유를 사용하여 어떻게 하면 상황에 대해 더 유용한 마인드셋을 만들 수 있는지 스스로에게 물어보자. 코치로서 우리는 고객의 상황에 대한 기회를 확장하고 지평을 넓힐 수 있는 은유를 찾고 있다. 때로는 은유가 목표에서 벗어날 수도 있다. 예를 들어, 비즈니스에서 축구라는 은유는 여성에게 배타적인 것으로 간주될 수 있다. 코치는 고객이 직장이나 개인 생활에서 자신뿐만 아니라 다른 사람에게도 적합한 은유를 사용하고 있는지 확인해야 할 필요가 있다.

코칭에서 효과적인 은유는 두 가지 요건을 충족해야 한다. 첫째, 고객이 은유를 충분히 숙지하여 자신의 삶에 은유가 어떻게 적용되는지 이해할 수 있어야 한다. 둘째, 은유는 고객에게 의도한 감정적 효과를 불러일으키고 고객이 직면한 상황에 맞게 신중하게 선택되어야 한다.

어떤 은유는 효과가 너무 좋아서 몇 번이고 반복해서 사용하기도 한다. 고객은 코치와 함께 일하면 어디론가 가고 있다는 것을 본능적으로 알고 있다. 따라서 여행과 정원에 대한 은유는 자신이 가고 있는 길과 필요한 성장을 고려하는 거의 모든 고객에게 효과적으로 작용한다.

다음 질문은 은유를 생성하는 데 도움이 될 수 있다:

- 고객이 가장 좋아하는 여행은 무엇인가? 비행기 여행, 느리게 걷기, 세계 일주 여행, 어두운 숲 속 밤 산책, 말과 마차 타기 등 다양한 여행이 있을 수 있다. 여행에 대한 은유 중 하나는 캘리포니아에서 메인으로 가는 자동차 여행을 상상하는 것이다. 항상 "아직 도착하지 않았나요?"라고 묻는다면 그랜드 캐니언과 다른 모든 놀라운 광경은 물론, 가는 길의 모든 구불구불한 길을 놓치게 될 것이다. 그곳에 도착하는 가장 좋은 방법은 여행의 각 구간에 참석하는 것이다.
- 짧은 여행인가, 장거리 여정인가? 덴버에서 오리건주 포틀랜드로 가고 싶다고 가정해 보자. 미국자동차협회(American Automobile Association: AAA)에 전화하여 경로 지도, 숙박할 호텔, 운전 시간, 도로 상황 등을 제공하는 여행 팁을 받을 수 있다. 스마트폰의 구글 지도에 의존할 수도 있다. 목적지까지의 최적 또는 가장 빠른 경로에 관한 모든 세부 정보가 식별된다. 또는 좀 더 여유로운 경로를 택해 지방도로를 달리거나 샛길로 빠져나가 예상치 못한 광경을 볼 수도 있다. 이렇게 하면 예상치 못한 즐거움이 여행의 일부가 될 것으로 기대하는 여행이 될 수 있다. 시간이 더 많이 소요될 수 있지만, 빠른 속도의 여행보다 여행으로서의 만족도가 더 높을 수 있다. 팻 박사는 덴버에서 캐나다 밴쿠버로 여행할 때 고속도로를 피하고 작은 마을을 지나는 카운티 도로를 선택하면서 출장과 여행의 차이점을 알게 되었다. 여행은 목적지만큼이나 즐거웠다.
- 고객이 여행하는 차량의 종류는 무엇이며 여행에 적합한가? 우주선을 타고 여행하고 싶은 고객은 속도를 늦추고 자동차를 타고 이동하면서 도중에 경치를 감상하는 것이 필요할 수도 있다.
- 고객이 일하고 있는 정원에서 어떤 종류의 성장이 일어나고 있는가? 고객이 땅을 준비하고, 씨앗을 심고, 돌보고, 잡초를 제거하고, 비료를 주고, 물을 주고, 가지치기를 하고, 솎아 내고, 다시 싹을 틔우는 과정을 어떻게 하고 있는가? 마지 피어

> 시(Marge Piercy, 2003)는 이 점과 관련하여 「영향력이 작용하는 것: 오각의 일곱(The Influence Coming into Play: The Seven of Pentacles)」이라는 멋진 시를 썼는데, 다음과 같이 상기시켜 준다. 우리는 일의 속도를 존중해야 한다. 고객들은 종종 인간의 경험과 인간의 삶에는 고유한 속도가 있다는 이 핵심 사항을 잊어버린다. 아기를 빨리 낳으라고 재촉할 수는 있지만 그렇다고 해서 임신에 필요한 9개월의 시간이 바뀌지는 않는다.

은유와 비유는 고객이 문제에 대한 직관적인 이해를 깊게 하고 깊은 탐구를 유도한다. 고객에게 맞는 은유를 선택하라: 자신의 삶에서 끌어낸 이야기로 은유를 만들어 본다.

다음은 학습 방법을 표현하는 학생들의 은유이다:

- 꽃 심기: 씨앗이 싹이 트고 자랄 것이라는 믿음으로 물과 햇볕을 받으며 마음속에 씨앗을 심는다.
- 카드놀이: 사물을 네 가지 범주로 나누고 논리와 의미가 떠오르고 어떤 카드를 사용해야 할지 알 때까지 카드에서 패턴을 찾는다.
- 저축 계좌: 다음 아이디어로 넘어갈 수 있을 만큼 충분한 관심이 생길 때까지 시간을 투자하여 데이터와 정보를 축적한다.
- 전구에 불을 켜기: 전구에 불이 켜진 후에야 비로소 인사이트를 얻거나 '아하!' 하는 깨달음을 얻게 된다.
- 먹기: 군침 도는 디저트를 먹기 전에 기본적인 고기와 감자를 먹어야 한다.
- 탐정되기: 탐정이 되어 사실을 밝혀내고, 단서를 찾고, 전체 미스터리가 이해될 때까지 올바른 질문을 던지는 것이 중요하다.
- 양파 껍질 벗기기: 한 층을 벗겨 내면 다음 층을 벗겨 낼 수 있다. 매번 문제의 중심에 가까워지고 있다는 것을 알려 주는 무언가가 있다.
- 탐구하기: 알기 어려운 무언가를 찾고 있고, 한 걸음 한 걸음 내딛을 때마다 내가 알아야 할 것에 더 가까워지지만 결코 도달하지 못한다. 이것은 계속되는 여정이다.
- 조각하기: 원재료로 시작하여 눈에 보기 좋은 형태로 모양을 만든다.
- 씨름하기: 아이디어가 구체화되고 포착될 때까지 아이디어와 씨름한다.

기타 제안 사항: 고객의 언어에 귀를 기울이고 고객이 사용하는 단어를 바탕으로 은유를 만들도록 한다. 고객에게 업무가 전쟁터와 같다면 그 이미지를 출발점으로 삼아 일련의 은유를 만들어 대화를 확장하고 문제를 탐구하도록 한다. 고객에게 자신이 하고 있는 코칭 작업에 대한 은유를 만들어 달라고 요청할 수도 있다는 점을 기억하자.

스스로에게 물어보기:

막막해하는 고객을 위한 코칭 과정을 설명할 때 어떤 비유를 사용하겠는가? 직원에게 불만을 품은 고객에게는 어떤 비유를 사용할 수 있는가?

큰 요청하기

서론에서 언급했듯이, 페르난도 플로레스는 언어가 실제로 어떻게 행동을 이끌어 내는지에 대한 탐구를 통해 가장 유용한 코칭 도구 중 하나인 요청하기 도구를 개발했다(Budd & Rothstein, 2000). 고객의 삶의 한 측면이 제대로 작동하지 않는다고 상상해 보자. 그는 어떻게 하면 달라질 수 있을지 기대하거나 적어도 환상을 가질 수 있다. 하지만 코치의 역할은 두 가지 이유로 단순히 해결책을 전달하는 것이 아니다. 첫째, 다른 사람에게 효과가 있었던 해결책을 알고 있더라도 그것이 반드시 이 상황과 관련이 있는 것은 아니다. 둘째, 해결책을 알고 있더라도 고객에게 해결책을 전달하면 함께 문제를 탐구하는 과정에서 동맹이 사라진다. 이는 고객에게 해결책을 찾아가는 과정을 통해 배우는 경험을 빼앗고, 코치에게는 코칭 관계의 필수적인 부분인 공동 해결의 기회를 빼앗는 것이다.

문제에 대한 새로운 접근 방식을 발견하기 위한 탐색에 고객을 참여시키는 강력한 방법은 요청을 하는 것이다. 코치는 고객에게 매우 구체적인 행동이나 선택을 요청하며, 대부분 요청이라는 단어를 문장에 사용한다. 요청은 구체적인 행동이나 조치가 확인될 때까지, 요청이 완료될 시점에 대한 예상 시간을 고객과 코치가 모두 이해할 때까지, 그리고 요청을 성공적으로 수행하기 위한 조건에 대해 둘 다 명확하게 동의할 때까지 완료되지 않는다.

요청은 초대가 아니며, 고객이 자유롭게 응답할 수 있기 때문에 초대처럼 보일 수 있다. 또한 제안이나 조언도 아니다. 고객은 요청에 즉시 응답해야 하기 때문에 긴급함을 전달한다. 고객은 요청을 수락하거나, 거절하거나, 변경하거나, 대안을 제안할 수 있다. 고객이 어떤 조치를 취하든, 요청은 그 과정에서 변경되더라도 어떤 행동으로 이어진다.

요청은 다음과 같이 들린다:

- 이번 주에는 고통을 멈추시기 바랍니다. 당장 이야기해야 할 사람들과 이야기하세요.
- 다음 주에는 매일 아침 하루를 시작하기 전에 플래너를 사용하여 할 일 목록을 작성하고 각 작업에 A, B, C로 우선순위를 표시해 주시기 바랍니다. 이렇게 하는데 동의하시겠습니까?
- 이번 주에는 지난 2주 동안보다 두 배 더 많은 잠재 고객에게 전화를 걸어 매출 증대에 얼마나 진지하게 임하고 있는지 입증해 주시기 바랍니다.
- 상사가 직장에서 공개적으로 비판할 때 상사에게 마음을 열고 자신의 진짜 감정을 말할 수 있는 방법을 생각해 보시기 바랍니다.
- 이 일을 진행하기 위해 제가 요청해야 할 한 가지 중요한 사항이 있나요? 그게 뭐든 제가 요청하는 건 그것입니다.

고객은 요청에 응답해야 한다. 침묵은 적절한 응답이 아니다. 고객은 세 가지 응답을 선택할 수 있다: "예." "아니요." 또는 "아니요, 대신 이렇게 하도록 하겠습니다." 고객이 요청을 거부하면 아이디어를 더 자세히 살펴보도록 한다. 요청은 고객이 동의할 수 있는 행동 단계를 이끌어 내기 위해 일반적으로 사용되는 도구이다. 코치가 요청을 하는 것은 고객의 의제를 더 발전시키기 위한 것이다. 특정 요청에 집착하지 않도록 한다. 고객이 동의하지 않거나 다른 의견을 제시할 수 있다. 요청을 할 때 고객과 함께 기꺼이 맞춰 본다. 고객이 주도적으로 참여하게 하도록 한다. 코치도 함께 어울리도록 한다.

요청을 사용하는 이유는 무엇인가? 요청은 고객이 기꺼이 이행하고자 하는 약속을 명확하게 식별한다. 과도한 생각이나 지체 시간 없이 고객을 신속하게 행동으로 옮길 수 있어, 고객이 조치를 취하기 전에 곰곰이 생각하는 경향이 있을 때 특히 유용하다. 요청은 고객이 평소에는 고려하지 않던 행동을 실험해 보도록 유도한다. 또한 요청은 예 또는 아니요라는 선택의 기로에 직면할 수 있는 기회도 제공한다. 고객은 요청을 거절하거나 변경하는 데 어려움을 겪을 수 있다. 이는 고객이 "예."라고 말해야 한다고 느끼는 것이 무엇을 의미하는지 탐구할 수 있는 기회를 만들어 준다.

요청은 제안보다 더 개방적이고 유동적이다. 제안은 전문가의 추천으로 해석될 수 있다. 요청은 고객이 수락하거나 거부할 수 있는 고려 사항이다. 요청의 힘은 요청하는 구체적인 행동에서 찾을 수 있는 것이 아니라, 코치가 고객이 스스로 요청할 수 있는 것보다 더 큰 것을 요청함으로써 고객의 능력에 대한 신뢰를 전달하는 방식에서 찾을 수 있다.

능숙한 요청의 핵심은 요청을 구체적으로 작성하는 것이다. 명확하고 목표가 분명해야 한다. 레이저 빔처럼 집중력 있고 정확하며 직접적인 언어를 사용하도록 한다. 요청이 끝나면 잠시 멈춰서 침묵이 흐르도록 한다.

숙련된 코치는 고객에게 무엇을 요청해야 하는지 직관적으로 감지한다. 고객이 코치에게 제시하는 내용을 바탕으로 그 순간에 요청을 만들어 내는 것이 묘미이다. 초보 코치는 때때로 자신이 발견할 수 없는 '완벽한' 요청이 있다고 생각한다. 완벽한 요청은 존재하지 않지만 코치는 고객이 취해야 할 조치, 언제, 어떻게 취해야 하는지, 그리고 고객의 요청이 충족되었는지 여부를 어떻게 판단할 것인지에 대해 정확히 알 수 있다.

제안된 실습:

직원에게 불만을 품고 있는 고객에게 할 수 있는 두 가지 요청을 적어 보도록 한다.

모순 및 불일치 식별하고 명명하기

때때로 고객은 세션마다 스스로 모순되는 말을 하기도 한다. 예를 들어, 한 고객은 자녀의 축구 경기에 참석할 시간이 있는 균형 잡힌 삶이 최우선 과제라고 말한다. 그는 아이들이 활동하는 모습을 보고 싶어 한다. 하지만 바로 다음 주에 이 고객은 지역 이사회에서 새로운 자원봉사자 역할을 맡게 되는데, 매주 오후와 저녁에 회의를 해야 한다. 그는 이 역할에 대한 흥미와 문제가 있는 기관을 변화시키는 도전에 대해 신나게 이야기한다.

코치는 고객의 새로운 선택이 자녀에 대한 약속을 지키는 데 방해가 될 수 있다는 사실을 알고 있다. 코치의 의무는 이 점을 지적하여 고객이 불일치를 명확하게 인식하도록 하는 것이다. 새로운 명확성을 통해 그는 각 경로의 매력과 두 가지를 효과적으로 달성하는 데 방해가 될 수 있는 요소를 탐색할 수 있다. (아무리 훌륭한 코치라도 고객이 한 번에 두 가지 일을 동시에 하도록 도울 수는 없다.)

이 모순을 말로 표현하면 다음과 같이 들릴 수 있다: "지난 회의에서 당신은 이번 시즌 딸들의 축구 경기에 참석하겠다는 약속에 흥분했고, 올해 이것이 당신에게 얼마나 중요한 우선순위인지 이야기했습니다. 그런데 오늘, 당신은 자녀의 경기에 지속적으로 참석하지 못하게 하는 이사회 과제를 맡게 되었습니다. 뭐가 달라졌나요?"

우리 삶에는 불일치가 많다. 고객이 코칭에 진정으로 가치를 더할 때 고객에게 이를 알려 줄 기회를 찾아보도록 한다. 시간이 지남에 따라 고객은 스스로 불일치를 감지하고 스스로 수정하는 방법을 배울 수 있다. 불일치가 발견되면 코치는 불일치가 어떻게 발생했는지 살펴보는 데 시간을 할애한다. 경쟁하는 가치관 때문인가? 경쟁하는 욕망 때문인가? 아니면 일정 문제에 대한 시간과 주의력 부족, 약속을 이행하는 데 필요한 현실적인 평가 때문인가?

일반적인 불일치는 다음과 같다:

- 고객이 원하는 것과 이를 실현하기 위해 수행하는 작업의 비교
- 고객이 느끼는 감정과 비언어적 행동, 에너지 등의 비교
- 고객이 우선순위라고 주장하는 것과 우선순위를 더 정확하게 나타내는 지표인 고객의 행동
- 고객이 자신의 강점 및 약점을 실제 능력과 비교하여 말하는 것

스스로에게 물어보기:

고객의 불일치 또는 모순을 파악한다(예: 자녀에게 더 많은 헌신을 보여 주고 싶어 하는 아버지의 경우). **고객을 위해 이를 어떻게 식별할 수 있을까?**

자비로운 에지(Edge) 사용하기

마스터 코치들은 문제의 핵심을 꿰뚫는 레이저 같은 진실과 간결함으로 고객에게 메시지를 전달하기 위해 자비로운 에지를 기꺼이 사용하기 때문에 더 빠르고 강력한 결과를 얻을 수 있다. 자비로운 에지는 말로 표현되고 대화의 일부가 되기 때문에 고

객에게 매우 직접적인 도전을 제공한다.

이러한 도전은 고객이 평범함을 피하도록 돕는 동시에 동정심과 공감의 입장을 유지하고자 하는 열망에서 비롯된다. 이러한 두 가지 자질을 결합하면 고객이 진실을 더 깊이 인식하고 스스로 행동에 옮길 수 있는 능력을 키울 수 있다.

자비로운 에지를 숙달하면 코치에게도 이점이 있다. 에지에 능숙해지면 에지에 대한 기대치가 높은 고객을 유치할 수 있다. 그들은 단순히 기술을 배우는 것이 아니라 '금을 얻기 위해' 필요한 일을 하고 싶어 하는 높은 성취자이다.

다음은 자비로운 에지의 몇 가지 예이다:

- 그건 좋은 일이지만 당신이 할 수 있는 일에는 미치지 못합니다. 여기서 또 무엇을 할 수 있나요?
- 진실을 말하세요. 정말 이 일을 하고 싶으신가요? 아닌 것 같네요.
- 언제쯤이면 정말 솔직하게 원하는 바를 말할 수 있을까요?
- 불만을 제기하고 있습니다. 불만을 요청으로 전환하세요. 누구에게 무엇을 말해야 하나요?

제안된 실습:

동정심을 발휘하여 직원에게 불만을 품고 있는 고객에게 할 수 있는 말을 작성하도록 한다.

이 장의 초점은 고객의 목표에 대한 치열한 헌신과 고객의 여정에 대한 연민을 유지하는 것이었다. 우리는 장애물을 극복하기 위해 고객과 함께 매트에 올라갈 때 힘이 있다고 믿는다. 다음 단계는 다음 장에서 논의할 새로운 행동을 향한 추진력을 만드는 것이다.

제6장

고객과 함께 모멘텀 창출하기

CREATING MOMENTUM WITH THE CLIENT

코칭은 학습과 행동에 관한 것이나 코칭은 그 자체를 위한 학습과 행동이 아니라 장기적인 열망, 목표 또는 성과를 위해 행동의 선택을 유도하는 것이다. 코치로서 우리는 고객이 목표에 도달하거나 성과를 달성하는 데 그치지 않고 이를 유지할 수 있도록 돕고자 한다. 우리는 고객이 목표를 향해 스스로 발전하고 개선할 수 있는 능력을 습득하기를 바란다.

다시 말해, 코치는 고객의 목표, 즉 성과, 코칭의 초점, 기술 및 결과에 초점을 맞춰 작업한다. 코칭의 이러한 측면은 고객이 원하는 것, 즉 고객이 누구인지, 세상에 존재하는 방식에 초점을 맞추는 코칭의 '누구'와는 달리 코칭의 '무엇'에 초점을 맞추는 것이다. 또한 고객이 목표를 지속할 수 있도록 장기적인 역량과 자질을 구축하기 위해 고객과 협력한다. 우리는 고객이 코칭 경험을 통해 자신의 행동을 완전히 관찰하고 목표에서 벗어났을 때 스스로 수정할 수 있기를 바란다.

'성장하기 위해 알아야 한다'는 원칙

때로는 성찰이 학습에 선행되어야 하며, 강력한 질문은 고객이 새로운 성찰을 얻도록 도와 학습을 가능하게 한다. 학습이 이루어지면 고객은 행동 옵션을 선택할 수 있다. 성찰과 학습이 없다면 행동은 그저 강박적으로 하는 것에 불과할 수 있다. 그러나 행동이 없으면 성찰과 학습은 고객의 목표 달성에 도움이 되지 않는다. 따라서 행동을 전달하는 것이 코칭 관계의 핵심이며 코칭과 전통적인 상담의 가장 큰 차이점이다. 코치가 '행동을 촉진'할 때, 코치는 고객이 통찰력에서 구체적인 단계로 나아가도록 도와주며 다음과 같은 목표를 향해 나아갈 수 있도록 돕는다. 행동을 전달한다는 것은 코치의 작업이 고객이 코칭을 통해 원하는 것을 향한 진전으로 이어진다는 것을 의미한다.

하지만 행동을 위한 행동만으로는 충분하지 않다. 고객은 장기적인 성취감과 만족감을 줄 수 있는 목표를 달성하기 위해 코치를 고용한다. 따라서 코치는 고객이 가장 원하는 것을 유지하고 유지할 수 있는 방법에 집중해야 한다. 고객이 행동을 취하는 것만으로는 충분하지 않다. 코칭 프로세스는 고객이 시간이 지나도 그 결과를 유지할 수 있도록, 즉 우수성을 유지할 수 있도록 지원하는 데 중점을 둔다. 우리는 고객이 새로운 사고와 행동 방식을 습관과 일상적인 레퍼토리에 통합할 수 있도록 지원할 방법을 찾고 있다.

이를 위해 코치는 몇 가지 질문을 염두에 둔다:

- 장기적인 성공을 보장하기 위해 고객에게 필요한 새로운 관점은 무엇일까?
- 장기적인 성공을 보장하기 위해 고객이 지속적으로 수행해야 하는 새로운 행동에는 어떤 것이 있을까? 이러한 행동이 습관화될 때까지 어떻게 실천할 수 있을까?
- 장기적인 성공을 보장하기 위해 고객이 어떤 감정이나 상태에 접근해야 할까? 고객이 이러한 감정과 상태에 접근하는 것이 자연스러워질 때까지 어떻게 연습할 수 있을까?
- 고객이 자연스럽고 습관적으로 하는 일에 새로운 사고와 행동을 통합하려면 무엇이 필요할까?

현장 작업을 통해 '올바른 행동'에 집중하기

미디어는 고객이 코칭을 받을 때 어떤 행동을 취하는지에 대해 광범위하게 다루고 있다. 이전 목록에서 볼 수 있듯이 장기적인 탁월성과 성취를 보장하려면 몇 가지 종류의 행동이 필요하다.

숙련된 코치는 고객의 학습과 성장을 촉진할 수 있는 명확한 행동 요약을 통해 각 세션을 마무리하며, 이를 종종 현장 작업(fieldwork)이라고 표현한다. 코칭 대화는 고객이 변화에 대한 책임을 지는 행동을 확인할 때까지 완료되지 않는다. 현장 작업에는 세션 중에 논의된 사항 중 고객이 취하기로 동의한 행동이 포함될 수 있으며, 코치가 고객을 코스에 참여시키기 위해 요청한 사항도 포함될 수 있다. 여기서 중요한 것은 모든 현장 작업은 고객과의 협력적인 토론을 통해 생성되며 이는 코치의 과제라는 점이다. 코치는 고객이 동의하는 경우 요청을 할 수 있으며, 이 요청은 현장 작업의 일부가 된다. 코치는 다음을 수행할 수 있다. "이번 주에 도움이 될 만한 현장 작업에 대한 아이디어가 있어요."라고 말할 수 있다. 고객에게 물어볼 수 있는 좋은 질문은 다음과 같다: "오늘 세션에서 지금부터 다음 미팅까지 도움이 될 만한 현장 작업 아이디어가 떠오르셨나요?"이다. 일부 세션에서는 특히 고객과 코치가 한동안 함께 일해 온 경우 전체 세션에 걸쳐 현장 작업이 생성되기도 한다. 고객은 항상 각 세션 사이에 수행하거나 완료해야 할 몇 가지 합의된 작업을 가지고 있어야 한다. 정기적인 현장 조사는 결과에 대한 책임을 명확히 하고 목표를 향해 한 걸음씩 나아가고 있다는 만족감을 제공함으로써 고객이 진전을 이루도록 도와준다.

요청과 마찬가지로 좋은 현장 작업은 구체적이다. 고객은 무엇을 해야 하는지, 완료된 작업이 어떤 모습일지, 작업이 성공적으로 수행되었는지 평가하는 방법을 정확히 알고 있다. 고객에게 현장 작업을 너무 많이 맡기지 않도록 한다. 통화 사이에 2~3개의 과제를 맡기는 것만으로도 모멘텀을 형성하고 유지할 수 있다. 처음에는 현장 작업을 성공적으로 완료할 수 있는 능력이 있는지 파악할 때까지 과제를 작게 설정하도록 한다. 현장 작업은 고객에게 어느 정도 부담이 있어야 하지만, 고객이 성공적으로 완료할 가능성이 높은 과제를 적절히 부여하는 것이 좋다.

가장 좋은 현장 작업은 모멘텀을 만드는 세 가지 요소, 즉 결과 지향적 행동, (자신과 타인에 대한) 인식 관찰, 새로운 습관을 만들기 위한 실천을 모두 고려할 가능성이 높다.

이러한 세 가지 요소를 고객에게 어떻게 활용할 수 있는지 명확하게 설명하기 위해 당신이 고객을 코칭한다고 상상해 보자:

> 스트레스를 받는 변호사—35세의 샤론은 로펌의 파트너가 되고 싶어 하는 미혼 변호사이다. 그녀의 업무 환경은 점점 더 스트레스가 심해지고 있다. 그녀는 장시간 일하고 집에 돌아오면 매우 피곤하고 에너지가 거의 없다는 것을 느낀다. 저녁에는 외출도 거의 하지 않고 친구도 만나지 않는다. 그녀는 소속된 종교 공동체가 있지만 피로로 인해 활동이 많이 줄었다. 집에 돌아오면 초콜릿과 과자 등을 과식하는 경향이 있다. 운동은 하지 않고 간식을 더 많이 먹으며 상

황이 점점 더 나빠지고 있다는 것을 알게 되었다. 그녀는 스트레스를 더 잘 관리할 수 있도록 코치인 당신과 함께 식습관과 운동 습관을 정리하고 싶어 한다. 대학 시절부터 같은 방식으로 스트레스를 관리해 온 그녀의 오래된 습관이라는 것을 알게 된다.

결과 지향적 행동은 가장 분명하고 쉽게 할 수 있는 활동이다. 이런 활동은 고객이 목표를 향해 한 걸음씩 직접적이고 투명하게 나아갈 수 있는 단계이다. 변호사의 경우 결과 지향적 행동에는 초콜릿과 설탕이 있는 간식을 모두 버리고(집을 '간식 금지 구역'으로 만들기), 과일과 채소를 구입하고, 일주일에 3일 점심시간에 15분씩 걷는 것이 포함될 수 있다. 이러한 행동은 고객을 올바른 방향으로 움직이게 할 수 있다. 하지만 장기적으로 건강한 라이프 스타일을 만들고 유지하기에는 충분하지 않을 수 있다. 그러기 위해서는 새로운 문제가 발생할 때마다 스스로 인식하고 해결책을 마련할 수 있는 자정 능력이 있어야 한다.

자기 인식 관찰은 고객이 감각, 느낌, 사고, 행동의 습관과 패턴을 알아차릴 수 있는 능력을 향상시킨다. 고객이 성장하기 위해서는 자신과 자신의 세계, 즉 자신의 생각과 욕구를 알아야 한다. 자기 인식 연습은 고객에게 자신과 타인을 관찰하고 이러한 관찰을 기록하도록 요청한다. 자기 인식 행동은 고객이 세상에서 자신의 존재 방식에 대해 탐구하도록 요청하지만, 인식에 대한 실행을 요구하지는 않는다.

변호사의 자기 인식 관찰 사항에는 다음이 포함될 수 있다:

- 변호사는 오전 8시, 오전 10시, 정오, 오후 2시, 오후 4시에 시계가 울리도록 설정하고 매번 자신이 하고 있는 일과 스트레스의 정도를 1(낮음)에서 5(높음)까지의 척도를 사용하여 기록한다. 그녀는 언제 가장 스트레스를 받는지, 그 시간에 무슨 일이 일어나고 있는지, 어디에 있는지, 누구와 있는지, 하루 중 몇 시간인지 알 수 있다. 이 운동에는 식사 전에 배고픔을 느끼는지 몸으로 느끼는 것도 포함될 수 있다.
- 자신을 가장 잘 나타내는 다섯 가지 특성을 파악하고, 일주일 동안 매일 각 특성

을 추적하는 차트를 만들고, 각 특성을 사용하는 자신을 언제 어디서 경험했는지 표시한다.

- 매일 정기적으로 느끼는 감정과 그 감정이 발생하는 맥락을 파악한다.
- 스스로에게 다음과 같은 질문을 해 본다: "어떤 상황에서 어떤 사람들과 함께 있을 때 가장 스트레스를 받는가?" "나는 언제 부담을 느끼는가?" "언제 조급함을 느끼는가?" "건강하게 식사하는 데 방해가 되는 것은 무엇인가?" "건강한 식습관에 대한 나의 기준은 무엇인가?"

다른 사람을 관찰하는 것도 한 주 동안의 성찰을 촉진할 수 있다:

- 건강하게 식사하는 사람이 누구인가?
- 주변 사람들이 스트레스를 잘 관리하는 모습은 어떤 모습일까? 그들은 무엇을 다르게 하고 있을까?

제2장에서는 코칭 도구로서의 질문에 대해 논의했다. 질문은 자기 인식 도구로 사용될 수 있다. 이 경우 현장 작업 질문은 목표, 삶 또는 현재 문제 및 경험과 관련된 사안에 대한 성찰, 깊은 사고, 학습을 자극하기 위해 고안되었다.

스스로에게 물어보기:

스트레스를 받는 변호사가 도움이 될 수 있는 두 가지 자기 인식 관찰 또는 다른 사람에 대한 관찰은 무엇인가?

실천은 고객이 특정 인지 및 행동 습관을 형성하기 위해 참여하는 구체적인 행동이다. 음악가, 댄서, 스포츠 전문가가 매일 연습하는 것과 마찬가지로 코칭 고객도 목표를 달성할 수 있는 존재 방식과 행동 방식을 개발하기 위해 체계적인 연습 시간이 필요하다.

고객이 습관을 구축하도록 돕기 위해 코치는 고객의 우수성에 대한 비전을 이해해야 한다. 변호사가 매일 5인분의 과일과 채소를 먹고 일주일에 초콜릿을 3개 이하로 먹는 것이 훌륭한 식습관이라고 말했다면, 이 정보는 고객을 위한 실천 방법을 설계하는 데 필요한 명확성을 높이는 데 기여할 수 있다.

고객이 건강하게 식사하는 데 도움이 되는 다른 사고, 태도, 행동 방식에는 어떤 것이 있는가? 슈퍼마켓에서 사탕이나 정크푸드를 구매하지 않으려면 거절하고 해당 진열대를 우회하는 것도 한 가지 예가 될 수 있다. 다른 예로는 긴장을 푸는 방법을 배우고 특정 목표에 매시간 집중하는 것도 있다.

다음은 고객이 목표를 향한 자연스러운 습관을 기를 때까지 취할 수 있는 실천 방법이다:

- 실습 1. 앞으로 4주 동안 각각 일할 최대 시간을 정한다. 스케줄에 문제가 발생하면 시간을 추가하는 대신 활동을 취소한다. 매주 말, 그녀는 시간을 분석하고 스트레스 없이 최대 근무 시간을 달성할 때까지 스케줄을 계속 수정하기
- 실습 2. 4주 동안 매일 다음 중 한 가지를 하는 것이 도움이 될지 물어본다. 또는 그녀가 할 수 있는 아이디어가 있는지 물어본다. 점심 도시락을 준비하여 출근하기, 날씨가 좋으면 밖에서 점심 먹기, 점심 식단에 야채, 과일, 저지방 치즈만 포함하기, 매일 하루가 끝날 때 기분이 어떤지 알아차리고 기록하기
- 실습 3. 앞으로 한 달 동안 매주 최소 5일 동안 매일 20분씩 호흡 명상을 하거나 또는 묵상 시간을 배우고 실천하도록 요청한다. 일주일이 끝날 때, 이 연습을 통해 자신에 대해 무엇을 배웠는지 기록하기

관찰 및 실습 중심의 현장 작업의 예가 담긴 훌륭한 자료로는 플래허티(1998)의 책이 있다. 그는 주로 기업 내 코칭에 초점을 맞추고 있지만, 고객의 개인 생활에 대한 작업 사례도 포함하고 있다.

스스로에게 물어보기:

스트레스를 받는 변호사에게 현장 작업으로 제공할 수 있는 두 가지 추가 사례는 무엇인가?

코칭 세션 내에서 행동을 촉진하는 기술

책임감 갖도록 하기, 고객과의 서비스 제공 동의하기, 실제처럼 행동하기, 미래로

들어가기, 대안적인 행동과 선택 만들기 등 코치가 코칭 세션 내에서 또는 세션 중에 고객의 행동을 이끌어내는 데 자주 사용되는 다음의 다섯 가지 기술은 코치를 지원한다.

책임감 갖도록 하기

우리가 코칭하는 사람들은 지적이고 노력하는 편이며 대개 매우 성공적이다. 그러나 그들은 모든 것을 혼자 처리할 수 없고, 적어도 우리와 협력하지 않을 때보다 효율적이고 효과적으로 할 수 없다.

코칭은 책임감의 맥락을 설정하며, 여기에는 주간 또는 격주 세션의 형태로 정기적인 만남이 포함된다. 이러한 세션을 통해 고객은 직장 및 가족 외부에서 자신의 성공에 관심을 갖고 자신의 진전을 공유하고 축하해 줄 사람을 만날 수 있다. 우리 대부분은 개인 및 직장 생활에서 이러한 책임감을 정기적으로 갖지 못한다.

책임감은 우리가 고객에게 주는 선물이다. 스스로 할 수 있었다면 이미 해냈을 것이라는 점을 기억하도록 한다. 책임감은 지속 가능한 결과로 이어진다. 주말 워크숍에서 '교육' 비용을 지불하는 것과 그 교훈을 행동으로 옮기는 것의 차이이다. 수많은 사람이 시간 관리 세미나를 수강하고도 배운 내용을 실행에 옮길 시간을 내지 못했다. 코칭이 이를 가능하게 할 수 있다.

성공적인 코칭 세션은 고객이 명확하게 정의한 약속, 즉 다음 코칭 세션 전에 고객이 취하기로 약속한 행동으로 끝난다. 코칭의 힘 중 하나는 책임감이다. 고객은 자신의 행동과 결과에 대해 완전히 책임질 수 있다. 모든 세션에서 코치는 고객이 취한 행동과 그에 따른 결과에 대해 듣고자 한다. 책임감을 통해 고객은 시간이 지나도 지속 가능한 결과를 만들어 낸다.

스스로에게 물어보기:

스트레스를 받는 변호사에게 책임감을 어떻게 활용하겠는가?

고객과의 서비스 제공 동의하기

고객과 서비스를 제공할 때는 구두 동의를 체결한다. 고객이 원하는 결과를 향해 나아갈 수 있도록 다른 방식이나 새로운 방식으로 무언가를 하려는 계획에 대한 이해를 구축한다.

종종 고객과 다음 주 또는 몇 주 동안 합의된 행동이나 조치에 대해 동의함으로써 이러한 관계를 강화할 수 있다. 동의 계약은 구두 또는 서면으로 작성할 수 있으며, 둘 다 관계에 힘을 실어 주어 고객이 약속한 사항에 대해 책임을 지도록 한다.

숙련된 코치는 종종 고객에게 이메일, 팩스 또는 전화로 메시지를 보내 동의서에서 합의한 작업에 대한 진행 상황을 보고하도록 요청한다. 매일 또는 코칭 통화 사이에 합의된 시간 간격으로 피드백을 요청할 수 있다. 이러한 체크인 방식은 일부 고객에게는 다른 고객보다 더 효과적이다. 정기 점검의 적절성을 평가하는 가장 좋은 방법은 고객에게 무엇이 가장 적합한지 물어보는 것이다.

스스로에게 물어보기:

스트레스를 많이 받는 변호사와의 계약은 어떻게 활용하는가?

실제처럼 행동하기

앞서 고객의 현재 또는 미래의 삶이 어떻게 달라질 수 있는지 이끌어 내는 강력한 질문에 대해 설명했다.

고객은 때때로 무언가를 성취하고 싶지만 멈춰 있거나 막혀 있다고 느낀다. 앞으로 나아가지 못하고 목표에 도달하지 못할 수도 있다. 코칭 대화는 고객이 원하는 변화가 이미 일어난 것처럼 행동하도록 요청하는 코칭 대화를 통해 이러한 정체기에서 벗어날 수 있도록 도와준다. 이를 통해 원하는 미래가 실현되기 위해 어떤 사람이 되어야 하는지 알 수 있다. 12단계 프로그램에서는 참가자에게 '성공할 때까지 성공한 것처럼 행동하라'고 요청하는데, 이는 실제처럼 행동하는 것과 유사하다.

'실제처럼(as if)' 전략의 한 예로 고객에게 6개월 후의 삶을 상상해 보라고 요청하는 것이 있다. 고객의 삶이 더 만족스럽고 코칭을 받으러 온 목표가 실현되었다. 고객에게 상상한 대로 모든 일이 일어난 것처럼 현재 상황에 대해 언급하도록 요청한다. 고객은 마치 현재인 것처럼 6개월 후의 그 시점을 이야기한다. '나'의 입장에서 개인적으로 말하도록 요청한다. 그다음에는 고객에게 지금을 되돌아보고 거기에 도달하기 위해 어떤 행동을 취했는지 확인하도록 요청한다.

스스로에게 물어보기:

스트레스를 받는 변호사에게 '실제처럼' 행동하는 방법을 어떻게 사용하겠는가?

미래로 들어가기

'실제처럼' 행동하기는 고객에게 미래에서 이야기한 다음 그곳에 도달하기까지의 단계와 행동에 대해 생각해 보도록 요청하는 것이다. 미래로 들어가기란 이를 약간 변형한 것으로, 고객에게 원하는 미래로 들어가서 보이는 것, 느끼는 것, 환경이 어떻게 보이는지 등을 자세히 설명하도록 요청하는 것이다. 고객은 그 미래에서 무엇이 가능한지 알게 될 것이다.

마틴 루터 킹 주니어 박사의 '나에게는 꿈이 있다(I Have a Dream)'라는 연설을 기억하는가? 우리 대부분은 이 연설이 각계각층의 수백만 명의 사람에게 미친 강력한 영향력에 감탄한다. 마틴 루터 킹의 연설은 많은 사람에게 희망찬 미래를 꿈꾸게 했다. 킹은 위대한 리더가 가진 능력, 즉 미래에 한 발짝 다가서서 그곳에서 무엇이 가능한지 알아차림으로써 미래에 대한 설득력 있고 상세한 전망을 그려 내는 능력을 가졌다.

고객이 앞으로의 행동을 결정하는 데 어려움을 겪을 때 미래로 한 발짝 다가가는 것은 강력한 도구가 될 수 있다. 미래가 어떤 곳인지 느껴 보고, 그곳에 도달하기 위해 무엇이 필요했는지 되돌아봄으로써 '미래를 실제로 경험하는' 데 도움이 될 수 있다. 미래를 미리 체험해 보는 방법은 다음과 같다. 가능한 걸림돌을 파악하고 대안을 개발할 수 있다. 또한 고객이 현재 생생한 미래를 향해 의미 있는 진전을 이루도록 동기를 부여하는 설득력 있는 방법이 될 수도 있다.

스스로에게 물어보기:

스트레스를 받는 변호사와 함께 미래를 향해 나아가는 데 어떻게 활용하겠는가?

대안적인 행동과 선택 만들기

강력한 협업 관계의 힘은 결코 과소평가할 수 없다. 코치가 코칭 관계에 가져다주는 숙달 수준은 다음과 같은 방식으로 이러한 협업의 토대를 제공한다:

- 유능한 코치는 자신의 스타일에 잘 녹아든 핵심 코칭 역량을 전문적으로 숙달하고 있다.
- 유능한 코치는 코칭과 인생 경험 등 관련 경험이 충분히 풍부하기 때문에 기술을 암기하는 방식이 아니라 개별 고객에게 유동적이고 독특한 방식으로 코칭을 제공할 수 있다. 여기에는 관련 문제에 집중하고 나머지는 배제할 수 있어야 하며, 고객의 삶에서 개인적인 변화를 촉진하기 위해 어디에 공간을 만들어야 하는지 직관적으로 파악할 수 있어야 한다.
- 코치는 사고와 방향성 없는 인식 사이, 분석과 성찰 사이를 적절하게 넘나든다.
- 코치는 고객의 변화 준비 상태를 정확하게 평가하고 적절한 전략을 선택할 수 있으므로 전략은 도전적이지만 고객이 부담스러워할 정도로 어렵지 않다.
- 코치는 고객의 몰입 상태를 촉진하여 지루함(도전에 비해 너무 많은 기술)과 불안(기술에 비해 너무 많은 도전)을 모두 피할 수 있을 만큼 충분히 높은 수준에서 자신의 지각된 능력과 지각된 도전 사이의 최적의 균형을 찾는다. 몰입에서는 개인이 도전적인 상황에 처해 있으며, 이에 대응하기 위해 자신의 기술을 높은 수준으로 끌어올리고 확장해야 한다.
- 코치는 코치와 고객이 서로 동기화되어 발전적인 대화에 참여하는 직관적인 흐름을 만들 수 있다.
- 코치는 고객에게 코치가 자신의 목표와 완전히 일치하고, '내 편'이며, 고객의 눈과 삶을 들여다보는 데 전념하고 있다는 것을 알 수 있도록 고객과의 신뢰 관계를 형성한다.

또한 코치와 고객 모두 높은 수준의 감성 지능과 관계를 형성하고 유지하는 역량을 갖추고 있을 수 있다. 코칭의 경험은 고객에게 두 가지 기술을 강조하여 추가적인 정서적 및 관계적 역량을 구축할 수 있다. 코칭 관계 자체는 고객의 이러한 속성을 증진하고 강화한다.

숙련된 코치는 이 장의 기술을 사용하여 고객과 다양한 실행 계획을 함께 만든다. 고객이 원하는 결과를 달성하기 위해 노력하는 동안 코치는 고객이 추가 옵션으로 고려할 수 있도록 이전에 공개되지 않은 선택 사항이나 대안을 지적할 수도 있다. 코치와 고객은 함께 서로가 개별적으로 인식하지 못했던 새로운 방법, 선택, 전략을 발견할 수 있다.

삶은 매 순간 선택의 연속이지만, 일상에서는 모든 옵션을 인지하기 어려운 경우가 많다. 따라서 코치가 보고, 듣고, 놓치고 있는 부분을 알려 주고, 고객과 협력하여 이전에는 고려하지 않았던 대안적인 방법, 선택, 전략을 모색함으로써 고객은 큰 이점을 얻을 수 있다.

스스로에게 물어보기:

스트레스를 받는 변호사와 함께 대안적인 행동과 옵션을 만들려면 어떻게 해야 하는가?

제7장

고객을 전인적으로 코칭하기: 마음, 몸, 감정, 정신

COACHING THE WHOLE CLIENT: MIND, BODY, EMOTIONS, SPIRIT

철학자 르네 데카르트(Rene Descartes)의 "나는 생각한다, 고로 나는 존재한다."라는 말은 그가 말한 지 몇 세기가 지난 지금도 여전히 전 세계 많은 곳에서 지배적인 패러다임으로 자리 잡고 있다. 즉, 우리는 출산과 같이 꼭 필요한 경우를 제외하고는 신체가 머리를 위한 수단이나 플랫폼으로 전락하거나, 자신의 몸이 너무 무겁거나, 너무 말랐다거나, 너무—어떤 형용사를 선택하든— 부끄러움의 대상이 되는 등 신체가 객관화되고 성적 대상이나 수치심의 대상으로 전락하는 세상에 살고 있다. 우리는 살기 위한, 알기 위한, 배우기 위한 수단으로서 몸을 부정하는 데 재능이 있다. 당신이 만나게 될 많은 고객은 자신의 몸을 '나'가 아니라 '그것'인 기계처럼 취급한다. 코칭에서 신체와 감정에 집중하는 것을 설명하기 위해 일반적으로 사용되는 신체 코칭이라는 용어는 살아 있고 자각하고 체화된 사람의 온전함과 포괄성을 의미하는 그리스어의 원래 단어인 소마티코스(somatikos)에서 유래했다.[1] 고객은 자신의 온전함을 코칭에 가져 오도록 초대받으며, 살아 있고 자각하고 체화된 고객이 바로 우리가 코칭하는 사람이다.

유명한 첼리스트 파블로 카잘스(Pablo Casals)는 이렇게 말했다:

> 우리가 사는 매 순간은 우주의 새롭고 독특한 순간이며, 다시는 오지 않을 순간이다. 그렇다면 우리는 아이들에게 무엇을 가르칠까? 우리는 아이들에게 둘과 둘이 합쳐지면 넷이 되고, 파리가 프랑스의 수도라고 가르친다. 그렇다면 우리는 언제 아이들에게 자신이 무엇인지도 가르쳐야 할까? 우리는 아이들 한 명 한 명에게 말해야 한다: 네가

1) 이 글의 의도는 이 영역에서 고객과 함께 사용하는 도구에 대한 개요를 제공하는 것이다. 신체적 코칭 영역에 대한 자세한 내용은 스트로치-헤클러(Strozzi-Heckler, 2014)를 참조하라.

> 뭔지 아느냐? 너는 특별하다. 지난 세월 동안 너와 같은 아이는 단 한 명도 없었다. 다리, 팔, 영리한 손가락, 움직이는 방식까지. 셰익스피어, 미켈란젤로, 베토벤이 될 수도 있다. 너는 무엇이든 할 수 있는 능력이 있다. 너는 바로 경이로운 존재이다. 그런데 어른이 되면 너와 같은 경이로움을 가진 다른 사람을 해칠 수 있을까? 너는, 그리고 우리 모두는 아이들에게 가치 있는 세상을 만들기 위해 노력해야 한다.[2)]

카잘스는 우리 시대의 가장 큰 손실 중 하나인 교육 기관에서 논리적 사고가 삶의 중요한 요소인 것처럼 아이들을 대하는 것에 주목한다. 사고 능력이 인간을 다른 동물과 구별 짓는 요소일 수는 있지만, 그것이 인간의 타고난 권리인 삶의 성취감을 자연스럽게 또는 필연적으로 만들어 내지는 못한다. 우리는 카잘스의 생각을 확장하여 고객은 마음, 감정, 신체, 정신이 서로 깊이 연결되어 있는 '경이로운 존재'라고 말하고자 한다.

라이프 코치는 코칭에 대한 총체적인 관점을 가지고 고객의 삶의 성취를 코칭의 맥락으로 바라본다. 많은 고객이 정서적 · 신체적 · 정신적 자원보다 지성과 이성을 더 중요하게 여기며 찾아오지만, 온전한 인간성을 향한 여정은 이러한 영역을 넘어서는 여정일 수 있다. 고객의 언어, 인지, 감정, 신체, 영적 자아는 서로 연결되어 있다. 우리는 이러한 각각의 영역을 성취와 충만함을 탐구하도록 유도하는 코칭을 통해서 들어갈 수 있는 통로 또는 문으로 본다.

지난 40년 동안 임원과 다른 많은 사람을 코칭해 보니 모든 사람이 자의든 타의든 인생의 전환점 때문에 코칭을 찾았다고 생각한다. 코칭에서 신뢰 관계를 구축하고 가능한 한 빨리 친밀감과 유대감을 형성하는 것은 고객에 대한 믿음과 코칭을 통해 고객이 발견할 수 있는 것에서부터 시작된다. 호기심에서 비롯된 질문을 통해 새롭고 깊은 이해와 통찰을 이끌어 낸다. 30년 넘게 대부분의 코칭은 유선을 통해 이루어졌고, 필요에 따라 또는 요청에 따라 직접 대면하기도 했다. 오늘날의 향상된 화상 회의를 통해 전화(비화상), 비디오를 통한 대면, 사무실 또는 상대방의 사무실에서 대면 코칭을 선택할 수 있다.

소위 전문가라는 사람들이 수없이 많고, 영적으로 갈증이 심하고 정보가 부족한 소

2) https://www.goodreads.com/author/quotes/198277.Pablo_Casals에서 인용한 것이다.

비자들이 종종 쓸모없는 조언과 함께 입증되지 않은 과장된 것을 열심히 찾아 소비하는 자기 계발 분야에서, 마땅히 받아야 할 관심을 받지 못하는 개념이 있다: 당신의 그림자 자아이다. 칼 융에 의해 시작된 성격의 그림자 자아는 "우리가 아무리 노력해도 결코 피할 수 없는 인간 유산의 원초적인 부분"이라고 할 수 있다(Jung, 1969). 하지만 그림자는 그 이상이라는 관점을 고려해야 한다. 융(1969)은 "그림자는 숨겨져 있고, 억압되어 있으며, 대부분 열등감과 죄책감으로 가득 찬 성격으로, 그 궁극적인 영향은 동물적 조상의 영역으로 거슬러 올라가며 무의식의 역사적 측면 전체를 구성한다."라고 썼다. 또한 어둠 속에는 아직 드러나지 않은 나만의 독창적인 부분도 숨겨져 있다. 그림자 속에 있는 것은 빛을 비추기만 하면 된다. 그림자는 단지 그림자일 뿐이며, 실재하지 않는 원형이며, 제약이 아닌 변화를 가져올 수 있는 은유이다. 흔히 사용하는 제거의 과정이라는 표현 대신 그림자 작업을 조명의 과정으로 생각해 본다.

제4장부터 제6장까지는 언어, 사고 또는 관점 취하기, 행동 또는 행동과 관련된 고객과의 작업 방식에 크게 의존하는 코칭 전략에 대해 논의했다. 이 장에서는 코치가 신체 연습과 감정을 어떻게 다룰 수 있는지 살펴보고자 한다. 이 장은 코칭에서 신체와 감정을 다루는 기본적인 입문서로 활용하고자 한다. 마지막에는 이러한 영역에 대한 학습을 확장할 수 있는 자료를 소개하고자 한다. 우리는 라이프 코치가 고객과 함께 일할 때 이러한 방법의 힘을 알고 있어야 하며, 스스로 언어, 사고, 신체 및 감정을 사용하여 고객과 함께 일할 수 있는 방법을 이해해야 한다고 믿는다.

체화된 삶을 살기

많은 코칭 고객은 자신을 더 실제적인 것, 즉 '내가 내 몸'이라는 것과는 반대로 '내 몸을 가지고 있다'고 경험한다.[3] 따라서 스트레스를 경험하거나 두려움을 느끼거나

3) 신체와 함께 일하고 코칭하는 것에 대한 우리의 관심은 수년간의 연구와 해당 분야의 전문가들과의 협력을 통해 발전해 왔다.
여기에는 스튜어트 헬러 박사(Dr. Stuart Heller)의 '비언어적 작업(Working with the Nonverbal)'(www.walkthetalk.org), 클리블랜드 게슈탈트 연구소의 게슈탈트 바디워크(www.gestaltcleveland.org), 뉴필드 네트워크(www.newfieldnetwork.com), 스트로치 연구소의 리처드 스트로치-헤클러 박사(Dr. Richard Strozzi-Heckler; www.walkingyourtalk.com), 폴 린든(Paul Linden; http://www.

어려운 전환기를 겪을 때, 그들은 신체적으로 느끼는 것을 알아차리고, 감각을 탐색하고, 중심을 잡고, 최근의 상태를 파악하고, 몸을 사용하고 운반하는 비습관적인 방식과 관련하여 이용 가능한 자원을 탐색하는 것을 소홀히 하고 있다.

체화된 생활의 기본 원칙은 우리 모두는 습관적으로 삶에 반응하는 방식을 가지고 있으며, 여기에는 몸을 잡고, 숨을 쉬고, 움직이는 습관적인 방식이 포함된다는 것이다. 스튜어트 헬러는 "공간을 이동하는 방식이 곧 인생을 이동하는 방식이다."라는 명언을 남겼다. 고객이 공간을 이동하는 방식을 알아차리도록 돕는 것만으로도 우리 삶에서 이동하는 방식을 알아차리고 변화시킬 수 있는 수단이 된다. 빠르게 걷고, 고개를 앞으로 내밀고, 말을 빠르게 하고, 가슴을 세게 치며 숨을 쉬는 등 빠르게 움직이는가? 아니면 더 천천히 움직이고, 의도적으로 멈춰서 명확하게 말하며, 자신이 차지하고 있는 공간을 차분한 에너지로 채우고 있는가?

고객 중 한 명이 임원으로서 자신의 존재감을 드러내기 위한 코칭을 받으러 왔는데, 그 고객을 제인이라고 부르고자 한다. 회사에서 갓 임원이 된 그녀는 리더십에 있어 소심하거나 소극적으로 보인다는 피드백을 받았다. 그녀를 관찰하면서 그녀가 불안감을 전달하는 듯한 습관적인 몸짓을 하고 있다는 것을 발견했다. 대부분의 사람은 충격, 공포 또는 위협에 직면하면 수동적인 자기 방어의 한 형태로 몸통 앞쪽이 수축 하는 무의식적인 방어 반사가 종종 발생한다. 체구가 작고 전형적으로 여성스러운 제인은 자신의 힘이나 능력을 의심하여 수동적 방어에 의존했을 수 있으며, 위협을 받았을 때보다 적극적으로 자신을 방어할 수 있는 능력이 부족했을 수 있다. 그러나 시간이 지남에 따라 이러한 자세가 습관화되면서 몸을 펴고 몸을 똑바로 세우는 근육이 어느 정도 억제되기 시작했다. 그녀는 자신의 몸을 작게 만들려고, 자신의 육체적 자아를 수축시키려고 노력하는 것 같았다. 물론 그녀가 다른 사람들에게 발산하는 에너지도 위축되어 그녀는 사용할 수 없고 겁에 질린 것처럼 보였다. 대신에 그녀는 자신을 따르는 사람들에게 개방적이고 자신감 넘치며 반응이 빠르고 리더로서 존재감을 드러내고 싶었다.

정원사라면 정원에서 달팽이를 만졌을 때 달팽이가 스스로를 잡아당기는 것을 보

being-in-movement.com), 웬디 팔머(Wendy Palmer; https://leadershipembodiment.com), 딜런 뉴콤(Dylan Newcomb; http://www.uzazu.org) 등이 포함된다.

면 비슷한 메커니즘이 작동하는 것을 알 수 있는데, 이 단순한 생명체에서 수축과 이완이 매우 분명하게 나타난다. 이 방어 메커니즘은 투쟁-도피-동결 본능으로 빠르게 반응하는 뇌의 더 원시적인 부분인 뇌간에서 시작된다. 이는 대뇌 피질에서 보다 의식적으로 선택하는 것보다 더 빠른 본능적 반응이다. 이러한 방어 메커니즘을 사용하여 위협으로부터 벗어나는 동물은 수축으로 인한 근육의 긴장을 자연스럽고 쉽게 해결한다. 그러나 고도로 발달된 신피질을 가진 인간은 이러한 방어 패턴을 잘 사용하지 않아서 다른 동물과 다르게 쉽게 빠져나올 수 없다고 한다. 생각하고, 수치심을 느끼고, 두려움을 살피고, 반응을 합리화하는 능력을 고려할 때, 우리는 무력감이나 통제력 부족을 내면화하여 힘의 원천으로부터 스스로를 차단한다. 습관적인 몸과 마음의 상태는 우리에게 도움이 되지 않을 때에도 나타난다.

제인은 뛰어난 학자 및 과학자 집안에서 태어났다. 똑똑하고 명문 사립학교에 다녔지만 4남매 중 가장 영리하지 못했고 가정에서 겪는 놀림과 경쟁적인 비교로 인해 종종 위축감을 느꼈다. 10대 시절에는 책과 음악 속으로 숨는 경향이 있었고, 가족들 사이에서 놀림과 가족들의 농담에 자신을 덜 노출시키려고 노력했다고 한다. 20년 후, 새롭고 유망한 고위직에 대한 설렘과 스트레스를 동시에 경험한 그녀는 100명 규모의 조직을 이끌어야 하는 업무에 부적합하다고 느꼈다. 일찍 부터 몸에 밴 습관적인 위축 방식은 자신을 보호하는 데는 도움이 되었지만, 리더십을 발휘하는 데는 장애물이 되었다. 코칭을 시작할 무렵, 그녀는 리더십의 존재감에 관한 여러 권의 책을 읽었다.[4] 그러나 알고 있는 지식에서 구체화된 방식으로 이를 발현하는 방법까지 가는 여정은 그녀를 힘들게 했다. 그녀는 스트로치-헤클러가 말한 것처럼 "우리가 우리 자신을 형성하는 방식에 따라 사람들이 우리를 향해 움직이거나, 우리에게서 멀어지거나, 우리에게 반대하거나, 우리에게 무관심해질 수 있다."(2007, p. 91)는 것을 잘 이해했다. 많은 고객과 마찬가지로, 코칭은 새로운 방식이 편안하고 쉽게 사용할 수 있게 될 때까지 새로운 형태의 정기적인 연습을 지원하는 역할을 했다.

4) 코칭 고객에게 추천하는 책 중 하나는 벨 린다 핼퍼른(Belle Linda Halpern)과 캐시 루바(Kathy Lubar)의 『리더십 프레즌스: 다가가고, 동기를 부여하고, 영감을 주는 극적인 기법(Leadership Presence: Dramatic Techniques to Reach Out, Motivate and Inspire)』(New York: Gotham Books, 2003)이다. 이들의 프레즌스 모델인 PRES는 존재감, 다가가기, 표현력, 자기 인식의 약자이다. 구체적인 사례로 가득 찬 이 책은 존재감에 대한 코칭을 지원하는 이상적인 자료를 제공한다.

다음으로, 제인뿐만 아니라 다른 많은 고객과 함께 사용한 기본 아이디어와 실천 방법을 제공하여 고객이 자신을 온전히 구현하는 경험을 할 수 있도록 지원하고자 한다. 이를 통해 자아를 구현하는 방식의 변화가 감정, 기분, 에너지, 행동 능력 등 다른 측면의 변화로 어떻게 이어지는지 살펴볼 수 있었다.

우리는 우리 몸이 삶과 코칭에서 학습과 변화를 위해 엄청나게 잘 활용되지 않는 자원이라고 믿는다. 다니엘 시겔(Daniel Siegel, 2011)이 쓴 것처럼, 직관에 대해 이야기할 때 우리는 실제로 신체의 지혜를 인정하는 것이다:

> 직관은 중앙전두엽피질이 우리 몸의 지혜에 접근하는 방식으로 볼 수 있다. 심장과 내장 등의 신체 내부로부터 정보를 받아들이는 중앙전두엽피질은 이러한 정보를 바탕으로 무엇을 해야 할지 '마음으로 느끼는' 직감이나 올바른 선택에 대한 '직감'을 제공한다.

코치 또는 코칭 고객과 신체적으로 협력하는 우리의 목표는 일반적으로 더 많은 자기 인식, 더 많은 감각 인식을 만드는 것으로 설명할 수 있다. 때때로 우리는 이것을 고객이 더 마음챙김을 갖도록 돕는 것으로 설명하기도 한다. 그러나 일부 고객에게는 '마음챙김(mindful)'이 매우 비현실적으로 들릴 수 있다. 우리는 우리가 경험하는 모든 것을 판단하지 않고 관찰하는 능력, 즉 단순히 알아차리는 능력을 배양하고 있다. 코칭에서 우리는 우리 자신과 고객이 신체 감각, 감정, 생각, 행동 충동, 내면의 대화, 기억, 소리, 이미지를 알아차리고 판단하지 않고 단순히 관찰하기를 원한다.

이러한 작업의 근간은 상호작용에 대한 게슈탈트 관점이다. 건강한 인간의 필수 기능은 에너지를 사용하여 건강한 방식으로 자기 자신 및 타인과 연결할 수 있는 것이다. 자신 또는 다른 사람과의 효과적인 접촉은 교환이 일어나고 변화와 성장의 가능성을 창출하는 만남의 장소가 있다는 것을 의미한다. 두 사람이 서로 인사하고 편안한 방식으로 눈을 마주치며 서로를 인정하고 에너지를 교환하며 연결될 때 이를 확인할 수 있다. 연결과 교류를 통해 경계가 맞닿은 각 요소에 대해 새로운 무언가가 만들어질 수 있다. 대화 상대와 눈을 마주치지 않는 사람을 관찰할 때, 우리는 접촉을 회피함으로써 교류의 강도를 제한하는 매우 단단한 개인적 경계를 유지하고 있는 사람을 보게 된다. 감각 인식을 높이기 위한 몇 가지 기본 연습에서 우리가 사용하는 원리는 고객이 자기를 인식하고 접촉할 수 있는 능력이 향상되면 다른 사람들과 더 많이 접촉할 수 있다는 것이다.

보다 실용적인 맥락에서 비언어적 코칭 목표를 다음 중 한 가지 이상의 방법으로 설명하는 경우가 많다:

- 심신 연결에 대한 새로운 인식을 가져온다. (이 개념을 초기에 도입하지 않을 수도 있지만, 이러한 방식으로 고객이 '나는 내가 생각하는 대로만 존재한다.'는 경향의 존재를 인식하기 시작한다.)
- 새로운 인식이 생기면 고객이 원하는 것을 달성하는 데 더 많은 유연성과 적응력이 생긴다.
- 존재감의 요소를 정의하고 실천하며 그 영향력과 협력하여 다른 사람에게 영향을 미치고 영향을 미치는 고객의 능력을 향상시킨다.
- 세상에 존재하는 새로운 방식에 접근하는 데 사용할 수 있는 전략을 배우기 위해 종종 고객은 신체 작업을 통해 자신을 다르게 느끼기 시작한다.
- 자신과의 접촉을 경험함으로써 다른 사람들과 효과적으로 접촉할 수 있다.

도구: 감각 인식을 높이기 위한 바디스캔

바디스캔(body scan)은 신체에 주의를 기울여 인식력을 키우는 기본 도구이다. 바디스캔에 대해 설명하는 많은 자료를 찾을 수 있다. 우리는 감각, 통증, 수축 또는 긴장이 있을 수 있는 신체 부위에 집중하고 주의를 환기시키는 것이 목적이라고 말한 스트로치-헤클러(1993)로부터 이 방법을 처음 배웠다. 주의를 기울이면 에너지가 생긴다. 단순히 긴장을 인식하는 것만으로도 긴장에 변화가 생기거나 긴장이 풀려 이완되고 에너지 흐름이 원활해질 수 있다.

바디스캔은 앉은 상태에서 할 수 있지만, 편안한 자세로 서 있을 때 가르치기 가장 쉽다. 목표는 현재 순간의 다양한 감각을 알아차리는 것이다.

고객에게 편안한 신발을 신고 발을 어깨너비 정도로 벌리고 서 있으라고 요청한다. 발이 바닥에 평평하게 닿는 느낌이 들도록 한다. 척추를 곧게 펴서 골반이 어느 정도 안으로 들어가도록 하고 편안하고 균형 잡힌 자세가 될 때까지 조정하도록 한다. 머리 정수리에 주의를 기울여 척추가 약간 길어지고 곧게 펴지고 어깨와 목 근육이 이완되도록 약간 들어 올린다. 바디스캔을 통해 내면에 집중할 수 있는 능력을 키운다.

다음과 같은 지침을 통해 고객에게 바디스캔을 안내한다:

- 숨을 들이쉬고 내쉴 때, 코로 들어오는 공기의 차가움, 가슴과 복부의 상승과 하강, 숨이 코를 떠날 때 느껴지는 공기의 따뜻함을 알아차리는 것부터 시작한다.
- 단순히 숨을 쉬고 알아차리는 동작을 4~5회 반복한 후, 몸 전체에서 위에서 아래로 천천히 의식이 움직이도록 한다.
- 정수리에 주의를 집중하여 그곳에서 느껴지는 감각을 알아차리고 공기의 온도와 두피의 다른 감각을 느껴 보도록 한다.
- 이마로 시선을 옮겨 이마에서 느껴지는 감각을 알아차린 다음 뒤통수, 얼굴, 귀, 목으로 시선을 옮긴다. 근육이 뭉치거나 쑤시는 느낌이 드는 부위, 뭉치거나 수축된 느낌이 드는 부위를 발견하면 그곳에 주의를 집중하면서 긴장을 알아차리고 '그곳으로 호흡'하여 긴장이 풀리거나 수축된 근육이 이완되도록 한다. 어떤 변화를 기대하지 말고 그곳에 무엇이 있는지 알아차리기만 하면 된다. 온도, 따뜻함, 차가움 등 관찰할 수 있는 모든 것에 주목하도록 한다.
- 목과 어깨가 만나는 부분, 어깨 사이의 근육에 주의를 집중하도록 한다. 이곳과 몸의 각 부위에서 잠시 멈추고 단순히 알아차린다.
- 가슴, 어깨, 등, 팔의 감각을 스캔한 다음 천천히 몸을 아래로 내려가면서 에너지, 에너지 부족, 무감각, 따뜻함, 차가움 등 어떤 감각이든지 찾아서 알아차리고 온전히 경험하도록 한다.
- 천천히 아래로 내려가 가슴, 허리, 엉덩이, 골반 부위, 허벅지, 무릎, 하체, 발목, 발, 발가락을 스캔하면서 어떤 감각이 느껴지는지 알아차리고 온전히 경험하도록 한다.
- 감정이 느껴지는 장소, 즉 개별적인 장소나 여러 곳에서 느껴지는 감정이 있는 곳에 주목하도록 한다.

바디스캔의 또 다른 형태는 긴장을 동시에 스캔하고 알아차리는 것이다. 긴장이 느껴지면 해당 부위의 근육을 수축하고 긴장을 풀었다가 이완하면서 변화가 일어날 때까지 반복한다. 많은 고객이 바디스캔을 통해 매우 편안함을 느낀다. 고객은 완전한 인식과 존재감을 갖고자 하는 회의나 행사 전에 빠르게 스캔할 수 있다. 습관적으로 긴장을 느끼는 부위에 대한 자각을 위해 매일 한두 번 이상 연습하는 것이 좋다. 바디스캔은 컴퓨터를 장시간 사용하는 사람들에게 매우 유용하며, 어깨와 목의 습관적인 긴장을 알아차리고 긴장을 풀고 이완하는 스캔을 통해 다른 사람과 접촉하기 전에 변화를 가져올 수 있다.

도구: '생각 경로'

임원 코치 알렉산더 카일레(Alexander Caillet)는 조지타운 리더십 코칭 프로그램에서 가르치는 코치들과 함께 '결과 로드맵(results roadmap)' 도구를 사용한다. '생각 경로(thinking path)'라고 불리는 이 도구는 고객이 변화를 이끌어 내는 데 있어 전체론적 관점의 중요성을 그래픽으로 보여 준다(https://corentus.com/the-thinking-path). 이러한 접근 방식의 가치는 고객과 코치가 현재의 경로 어디든 들어가서 현재와 미래의 변화에 대한 중요한 차원을 정교하게 설명할 수 있다는 점이다.

코치는 이 프레임워크를 사용하여 고객이 자신의 생각과 감정이 행동과 결과에 미치는 영향을 인식하도록 돕는다. 이러한 도구를 통해 코치는 행동 변화와 성공을 지원하기 위한 고객의 행동 계획을 촉진할 수 있으며, 변화 계획의 일부로 정서적 민첩성과 신체 통찰력을 포함할 수 있다.

프레임워크의 요소는 다음과 같다:

- 생각
- 감각(정서적 · 신체적 감각 모두)
- 행동(고객의 구체적인 행동)
- 결과(관찰 가능하고 측정 가능한 결과)
- 강화 요인(우리의 사고를 이끄는 고객 외부 환경의 맥락, 문화, 정책, 사람, 장소)

일부 고객에게는 강화 요인을 고려하는 것이 새로운 행동을 위해 무엇이 변화해야 하는지 알 수 있도록 하는 새롭고 중요한 작업일 수 있다. 강화 요인에는 사람, 가치, 지도 원칙, 조직의 목표와 목적, 역할과 책임, 물리적 공간, 업무 프로세스, 리더십 역량, 관행과 기대치, 기타 성과 관리 시스템 등이 있다.

고객에게 이 도구가 유용할 수 있다는 증거는 코칭 대화에서 다음과 같이 고객에게 제한이 되고 반복적이고 습관적으로 보이는 사고 습관에 관심이 집중될 때이다:

- 내 가치는 내가 하는 일, 즉 내 업무에 있다.
- 내가 완벽하지 않다면 나는 쓸모없는 존재이다.
- 내 성공은 나에게 달려 있다.
- 권위자에게는 말할 수 없다.
- 도움을 요청한다는 것은 내가 무능하거나 충분히 하지 못하고 있다는 뜻이다.
- 정답은 항상 하나이며, 나는 그것을 알아야 한다.

생각 경로를 사용한 작업은 고객에게 달성하고자 하는 결과를 파악하도록 요청하고 이를 현재 달성하고 있는 결과 또는 결과와 비교하는 것으로 시작된다. 어렵거나 속상한 상황, 걱정되는 상황, 처리 방법에 대해 양가감정을 느끼는 상황을 떠올리며 이 도구를 연습해 보길 바란다. 현재 자신이 어떻게 생각하고, 느끼고, 행동하고 있는지, 그리고 어떤 결과를 얻고 있는지에 따라 답하도록 한다. 아직 끝나지 않은 일을 선택한다. 다음을 사용하여 결과, 행동, 감정, 생각에 관한 자료를 작성한다:

- **결과**: 내가 달성하고, 생산하고, 제공하는 것은…….
- **행동**: 나는 ……처럼 행동하고, 행동하고, 말하고, 나타낸다.
- **감정**: 나는 느낀다……, 내 감정, 내 정신 상태, 내가 반응하는 것, 내 신체 감각은…….
- **생각**: 내 생각의 근거는, 내 마음속에 흐르는 생각 습관은 다음과 같다고 가정하고 있다…….

현재 상태를 완성한 후에는 원하는 상태에 대해서도 동일한 작업을 수행하여 현재 경험과 원하는 경험의 비교 지도를 작성한다. 지도가 완성되면 코칭 작업은 새로운 경로와 행동을 뒷받침할 한두 가지 목표와 행동을 식별하는 것이다.

고객과 함께할 수 있는 또 다른 유용한 활동은 템플릿을 사용하여 고객이 주요 변경 사항을 성공적으로 탐색한 시기를 살펴보는 것이다. 변경 사항과 변경 사항을 탐색한 기간이 확인되면 다음과 같은 질문을 통해 고객과 대화식으로 작업한다:

1. 생각, 감정, 실행/행동, 결과 등 변화 전과 변화 후의 차원은 무엇인가?
2. 사고 경로의 네 가지 영역인 생각, 느낌/감정, 행동, 결과 내에서 어떤 변화를 가져왔는가?
3. 변화를 지속하기 위해 새롭게 도입된 지원책에는 어떤 것이 있는가?
4. 변화를 얼마나 잘 유지하였는가? 새로운 생각, 감정, 행동 또는 행동의 강화제로서 여전히 필요한 것은 무엇인가?

고객이 긍정적인 변화를 일으킬 수 있었던 요인을 배우고 탐구하도록 돕는 것은 코치와 고객이 계획된 변화나 미래의 변화를 위해 활용할 수 있는 역량을 강화하는 활동이다.

현존하기(Being Present)

코칭의 일반적인 목표는 상황에 자동적으로 반응하는 방식에서 의식적이고 의도적으로 자신의 반응을 선택하는 방식으로 전환하는 것이다. 제인의 경우, 그녀는 자신이 처한 상황이 무엇을 요구하는지 알아차리지 못하고 자동적으로 몸을 움츠렸다. 의도적으로 대응한다는 것은 고객이 그 상황에 온전히 존재해야 한다는 것을 의미한다.

우리는 우리 자신과 고객들이 현재에 집중하고 잡념이나 산만함을 떨쳐 버릴 수 있도록 도와주는 몇 가지 쉽고 유용한 방법을 찾아냈다. 그중 하나가 바로 빠른 바디스캔이다. 친구이며 동료이자 『프레즌스 기반 코칭(Presence-Based Coaching)』(2008)의 저자인 더그 실스비(Doug Silsbee)는 빠른 바디스캔을 위한 4단계를 제안하고 있다(https://presencebasedcoaching.com/wp-content/uploads/Download/PBC-Exercises-Practices/body-scan.pdf).

- 앉거나 서 있는 자세를 알아차리는 것부터 시작한다. 어떤 체형인가? 어깨를 떨어뜨리고 등을 구부리지 않고 곧은 자세를 취하며 시선이 수평선을 향하도록 자세를 바꾼다.
- 숨을 쉴 때마다 가슴의 상승과 하강에 주의를 기울이면서 심호흡을 두어 번 한다.
- 서 있을 때는 발바닥이 바닥에 닿는 지점에서 느껴지는 압력을, 앉아 있을 때는

의자가 받쳐 주고 있는 등과 바닥에서 느껴지는 압력을 잠시 느껴 본다. 잠시만 집중해 본다.

- 몸이 긴장된 부위를 발견하고 그 부위를 이완할 수 있도록 한다.

프레즌스 기반 코칭 웹사이트는 코치와 고객을 위한 몇 가지 유용하고 실용적인 도구를 제공한다. 여기에 등록하여 여섯 가지 간단한 회복탄력성 실천법 시리즈를 받아 보기 바란다. 매주 한 가지씩 즉시 적용하고 연습할 수 있는 훌륭한 팁을 이메일로 보내 준다.

복식 호흡

성인이 된 우리 대부분은 얕고 빠르게 가슴 높이에서 숨을 쉰다. 이를 '흉식 호흡'이라고 부르기도 한다. 종종 우리는 바지, 스커트, 벨트를 허리에 너무 꽉 조여 입기 때문에 보기에 좋다고 생각하더라도 이러한 것은 우리의 호흡을 제한한다. 그 결과 폐활량의 일부만 사용하게 되어 실제로 필요한 만큼의 산소를 공급받지 못하게 된다. 호흡에 집중하는 한 가지 방법은 복식 호흡을 몇 번 깊게 하는 것이다. 일반적으로 누워 있을 때 숨이 어디에서 나오는지 알아차리는 방법을 쉽게 배울 수 있다. 숨을 들이마시기 시작하면서 배의 가장 아래쪽에서 시작해 명치와 가슴을 거쳐 가슴의 맨 위쪽을 채우면서 아래에서 위로 유리잔처럼 자신을 채우기 시작한다. (몸과 근육이 새로운 호흡 방식에 적응하면서 숨이 약간 걸리거나 멈추는 느낌을 경험할 수 있다.) 이 과정을 반대로 하여 가슴 꼭대기에서 중앙부를 통해 숨을 내쉬고 배에서 공기를 내보낼 수 있다. 또는 소리를 내며 안도의 한숨을 크게 내쉬면서 숨을 빠르게 내쉰다. 이를 여러 번 반복하되, 한 번만 해도 현재에 집중할 수 있다.

스트레스가 많은 만남을 앞두고 복식호흡을 통해 마음의 준비를 하는 것도 좋다. 한 고객은 직장에 들어설 때마다 복식호흡을 시작하라는 신호로 받아들이고 숨을 내쉬되, 물론 조용히 내뱉었다고 한다. 복식호흡은 직장에서 자연스럽고 눈에 띄지 않게(한숨을 크게 쉬지 않고 과장하지 않고) 할 수 있으며, 힘든 회의 중에 집중력을 유지하는 데 도움이 되는 도구이다. 복식호흡은 한 손을 배 위에 가볍게 얹은 다음 그 손으로 숨을 쉬는 것으로 기억할 수 있다. 복식호흡이 어려운 회의의 경우, 고객은 복부 수축

없이 복식호흡을 할 수 있도록 벨트나 허리띠를 충분히 느슨하게 착용해야 한다.

센터링

"오늘은 중심이 잘 잡히지 않아."라는 말을 자주 듣는데, 이는 여러 방향으로 끌려 다니며 집중력이 떨어지거나 정신이 혼미해졌다는 의미로 사용된다. 또한 깜짝 놀랐을 때나 불쾌한 상태에 빠졌을 때와 같은 상황에서도 '중심이 잡히지 않는다'고 말한다. 몸으로 중심 잡기 연습을 하는 것이 도움이 될 수 있다. 한 가지 방법은 급격하게 중심을 잃었을 때 어떤 느낌이 드는지 경험하고 실제로 공간을 이동해 보는 것이다. 목이 거의 없는 것처럼 어깨를 구부리고 귀에 가깝게 높이 들어 올려본다. 발가락으로 일어서서 발뒤꿈치를 바닥에서 뗀다. 배에 힘을 주고 가슴을 부풀린다는 느낌으로 가슴을 내밀고 1~2분간 방 안을 걸어 본다. 이 자세는 극적으로 중심을 벗어난 자세를 나타낸다. 몸의 무게 중심이 매우 높고 앞으로 기울어져 있으며 호흡이 얕고 팔과 몸통의 움직임이 거의 없을 것이다. 고객과 함께 일할 때는 구두로 지시를 내리고 가능하면 고객이 각 지시에 어떻게 반응하는지 관찰한다.

우리 대부분은 이렇게 극적으로 중심을 잃고 걷지는 않지만, 많은 사람이 습관적으로 중심을 잃고 걷거나 몸을 지탱하는 방법을 가지고 있다. 어떤 사람들은 걸을 때 머리를 앞으로 숙여 몸의 일부가 가장 먼저 도착하도록 '머리가 앞장서서 걷는' 경우가 있다. 어떤 사람들은 습관적으로 균형을 잃고 서서 한쪽 엉덩이나 다리를 기울여 매일 몇 시간 동안 몸의 균형을 유지하지 못한다.

중심을 잃는 연습을 했다면 중심을 잡는 것이 어떤 것인지 경험해 보도록 한다. 다시 말하지만, 고객이 주의와 안내를 충분히 경험할 수 있도록 구두로 안내한다.

- 편안하게 서서 발을 어깨너비로 벌리고 무릎을 부드럽게 약간 구부린 상태에서 팔은 편안하게 옆에 늘어뜨린 자세로 시작한다. 무릎이 구부러지는 경향이 있는지 살펴보고 구부러진 경우 무릎을 약간 펴 준다.
- 이제 몸이 어떻게 몸을 지탱하고 있는지 주의를 기울이기 시작한다. 발부터 바닥에 닿는 느낌을 느끼면서 다리가 상체의 무게를 지탱하고 있는지 확인한다. 등이 곧게 펴져 있으면서도 뻣뻣하지 않고 유연한 느낌을 느껴 본다. 가슴을 열

고 배를 부드럽고 편안하게 유지한다. 눈을 고정하지 않고 부드럽게 유지하며 열린 시선과 수용적인 시선을 유지한다. 체중이 왼쪽 다리와 오른쪽 다리 사이에 어떻게 분산되어 있는지 확인하고 체중이 고르게 분산되도록 몸을 움직여 조절한다. 상체와 하체의 균형이 어떻게 잡혀 있는지 살펴보고 길이를 늘려야 할 부분이 있으면 조정한다.

- 체중이 다리 중앙에 실리는지, 앞으로 기울어지거나 뒤로 기울어지는지 확인한다.
- 앞뒤, 왼쪽에서 오른쪽, 위에서 아래로 몸의 균형이 완전히 잡히도록 몸을 조절한다.

중심은 우리가 중심을 잃거나 중심을 벗어난 후 다시 돌아오는 곳이다. 그렇다면 자신을 높이 위로 끌어올린 후 다시 중심을 잃고 머릿속에서 헤매는 상황을 가정해 보도록 한다.

한 걸음 뒤로 물러났다가 다시 중앙으로 몸을 낮추어 보도록 한다. 발은 지면에 완전히 단단히 붙이고, 다리는 몸통의 무게를 지탱하며, 배는 이완하고 가슴은 부드럽게, 어깨와 팔은 긴장을 풀고 늘어뜨린 상태에서 등을 곧게 펴되 경직되지 않게 유지한다.

대부분의 고객은 중심을 잡으면 생동감, 활기찬 에너지, 주의력이 생긴다고 말한다. 고객이 중심을 완전히 구현했다면 매우 안정적이면서도 유연한 느낌을 받을 가능성이 높다. 중심에서 어느 방향으로든 유연하게 움직일 수 있으며, 중심을 잃었을 때 다시 중심을 되찾을 수 있다. 고객에게 이러한 중심을 잡는 것이 평소 습관적으로 자신을 대하는 방식과 어떻게 비교되는지 살펴보도록 요청한다. 중심을 잡았을 때 어떤 생각, 감정, 이미지가 떠오르는지 알아차리도록 요청한다. 중심을 잡고 최근의 상태를 경험하는 데 도움이 되는 장소는 어디일까?

실스비는 회복력 시리즈 동영상에서 중심 잡기를 조직적 자원으로 활용하는 기법을 만들었다. 실스비는 고객에게 머리 정수리에서 다리를 거쳐 바닥으로 내려오는 수직선을 상상해 보라고 한다. 그는 "어떤 기분이 드나요?" "몇 분 전에는 없던 어떤 가능성이 있나요?"라고 묻는다. 그는 참가자가 습관적인 모양에서 중심 모양으로 여러 번 왔다 갔다 하면서 중심 모양에서 감정, 가능성 및 기분이 어떻게 열려 있고 이용 가능한지 알아차리게 했다. 이러한 연습을 통해 고객은 신체 경험, 가능성, 감정 사이의 연결 고리가 투명해진다.[5)]

스튜어트 헬러(Stuart Heller)와 데이비드 서렌다(David Surrenda)(1995)는 리더를 위한 비언어적 업무에 관한 훌륭한 책인『달리는 중에도 다시 시작하라(Retooling on the Run)』에서 '중심으로 존재하기(centered presence)'를 제안하고 있다. 정기적으로 연습하면 고객은 중심 집중이 감각적 주의력을 키우고 사건에 본능적으로 반응하는 대신 의도적으로 반응을 선택할 수 있는 유연성을 높이는 데 도움이 된다는 사실을 알게 된다. 어떤 이유에서인지 고객들은 '발을 찾으라'는 단서로 시작하는 것을 좋아한다. 실제로 이 방법을 실천하고 있는 한 리더는 자신을 짜증이나 공격적인 모드로 '촉발'할 수 있는 사건이 발생했을 때 스스로에게 "발을 찾아봐."라고 말한다. 발을 느끼고 그 느낌이 몸 전체로 퍼져 나가도록 허용하면 도전을 받았을 때 안정감을 갖게 된다.

- 발 찾아보기
  - 발이 바닥에 닿고 있는 것을 감각한다.
  - 발과 바닥 사이의 압력과 접촉을 확인한다.
  - 발 안쪽을 느껴 본다. 근육과 뼈를 느껴 본다.
  - 감각이 점점 강해지고 몸 전체로 퍼져 나가도록 한다.
  - 감각의 상태를 유지하면서 새로운 호흡이 떠오르게 한다.
- 손 찾아보기
  - 현재 들고 있거나 만지고 있는 것을 느껴 본다.
  - 압력과 손과 손 사이의 접촉에 주의한다.
  - 손 안쪽을 느껴 본다. 근육과 뼈를 느껴 본다.
  - 감각이 강해지고 몸 전체적으로 퍼지게 한다.
  - 감각의 상태를 유지하면서 새로운 호흡이 떠오르게 한다.
- 머리 찾아보기
  - 주변과 내 안에서 무슨 일이 일어나고 있는지 살펴보고 귀를 기울인다.
  - 후각과 미각에 집중한다.
  - 척추 위에서 머리의 균형이 어떻게 잡히는지 확인한다.

5) 더그 실스비는 2018년에 세상을 떠났지만, 그의 업적은 지금도 https://presencebasedcoaching.com/doug-silsbee-legacy/doug-silsbee에서 여전히 살아 숨 쉬고 있다.

–감각이 점점 강해지고 몸 전체로 퍼져 나가도록 한다.
–감각의 상태를 유지하면서 새로운 호흡이 떠오르게 한다.

- 숨 돌리기
  –의도적으로 숨을 들이쉬고 내쉰다.
  –몸통 중앙에 주의를 집중한다.
  –긴장을 풀고 호흡이 저절로 리듬에 맞춰 움직이게 한다.
  –감각이 점점 강해져 몸 전체에 퍼지게 하도록 한다.

웬디 팔머의 목소리가 오디오 트랙을 이끌고, 홈페이지는 연습에 대한 시각적 단서를 제공하며, 앱은 사용자가 연습이 끝날 때 영감을 주는 비주얼을 선택할 수 있도록 한다. 또한 이 앱을 사용하면 사용자가 선택한 간격으로 스마트폰으로 전송되는 센터링 리마인더를 선택할 수 있다. 또한 사용자의 총 센터링 연습 횟수도 추적한다.

할퍼른과 루바(Halpern & Lubar, 2003)는 『리더십 프레즌스(Leadership Presence)』에서 무대에서의 경험을 바탕으로 조직 업무에 적용할 수 있는 몇 가지 신체적 · 비언어적 연습을 제시한다. 이들에게 존재감이란 말 그대로 완전한 주의와 집중을 보장하는 것을 의미한다. 리더십의 프레즌스는 말 그대로 존재하고 이용 가능한 상태를 의미한다. 이들은 리더가 사무실이나 공간에 예기치 않게 누군가가 들어왔을 때 온전히 주의를 기울일 것을 제안한다:

- 리더는 하던 일을 즉시 멈춘다.
- 몸을 돌려 상대방과 마주보고 눈을 마주치며 몸도 상대방을 향하게 한다.
- 상대방을 업무에 방해가 된다고 생각하지 말고 미소를 짓고 숨을 쉰다.
- 의도성을 가지고 대화할지 다른 일정을 다시 잡을지 결정한다.
- 상대방과 진심으로 인격적으로 진정한 느낌을 받았을 때 소통을 종료한다.

저자들은 업무에 집중한다는 것은 외부 환경뿐만 아니라 내부 환경도 준비되어 있어야 한다고 말한다. 리더가 책상을 치우고 업무에 집중할 수 있도록 환경을 정리하는 것처럼, 리더는 스트레칭, 바디스캔, 센터링 등을 통해 더욱 준비되고 집중할 수 있다.

여기에서 제공하는 기본 연습은 신체에 기반한 고객 코칭을 위한 강력한 토대를 제공할 수 있다. 고객의 작업 초점이 무엇이든, 고객이 경험을 구현하는 방식은 중요한 영향을 미칠 수 있다. 고객이 관계 개선, 습관 변화, 목표 달성, 미루는 일 멈추기 등 어떤 초점을 원하든 현재 상태에서는 고객에게 효과적이지 않을 수 있는 구체화된 존재가 있을 것이다. 고객에게 자신의 호흡을 알아차리도록 요청하거나, 복식호흡을 몇 번 해 보거나, 바디스캔을 실시하여 감정이 어디에 있는지 파악하거나, 서 있거나 앉는 자세가 어떻게 에너지를 생성하거나 감소시키는지 알아차리는 것은 고객의 자기 인식을 지원하고 잠재적인 변화를 식별하는 데 유용한 방법이다.

비언어적 작업: 여덟 가지 흐름, 네 가지 요소

우리의 초창기 스승 중 한 명인 스튜어트 헬러는 30년 동안 비언어적이고 움직임 중심의 탁월성 함양 방법을 발견하기 위해 노력해 왔다. 그의 전제는 사람이 언제든 자신을 더 많이 드러낼수록 더 진정성 있고 영향력 있는 사람이 될 수 있다는 것이다. 대부분의 사람은 유연하고 다른 방향으로 나아가는 것을 방해하는 습관과 마인드셋을 가지고 있다. 움직임, 비언어적 방법 및 연습을 사용하여 고객과 코치는 매 순간 예상했던 것보다 훨씬 더 많은 것을 가져올 수 있는 능력을 개발할 수 있다.

헬러가 공동 집필한 책인『달리는 중에도 다시 시작하라』는 우리가 몇 번이고 다시 활용하는 자료이다. 수학, 운영 연구, 최면 요법, 가라테 등 다양한 배경을 가진 헬러는 심리학 박사 학위를 취득했으며, 온라인 동영상 라이브러리와 특정 고객의 요구와 목표를 위한 매우 구체적인 비언어적 연습을 포함하여 코치와 고객을 위한 풍부한 비언어적 연습 사례를 만들었다.

헬러는 사람이 공간을 이동하는 방식이 곧 인생을 이동하는 방식이라고 믿는다. 그가 코치 및 고객과 함께 사용하는 두 가지 핵심 연습 영역은 '여덟 가지 흐름'과 '네 가지 요소'와 관련된 일련의 움직임이다.[6] 두 가지 모두 경험하지 않고는 설명하기 어렵지만, 접근하기 쉽고 실용적이다. 우리는 10년 넘게 개인 트레이닝과 고객과 함께 이 두 가지를 사용해 왔다.

6) https://www.yumpu.com/en/document/view/52021126/the-five-rings-operating-system-walking-your-talk-home

여덟 가지 흐름 연습에는 약 2분 정도의 시간이 필요하다. 단순함 속에 탁월함이 숨어 있다. 연습은 위아래, 앞뒤, 좌우, 안팎의 여덟 가지 모든 방향을 구현하는 경험을 요구하기 때문에 시간이 지남에 따라 코치나 고객이 움직이기 쉬운 곳과 중심을 유지하고 모든 방향으로 이동하는 것이 얼마나 쉬운지 경험하는 데 도움이 된다. 고객은 처음에 연습을 배울 때 습관을 형성하게 된다. 인생에서 앞으로 나아가는 경향이 있는 고객은 특히 앞으로 나아가는 공간에서 매우 큰 움직임을 하는 경향이 있지만, 모델링되는 것은 미묘한 것이다. 고객은 비언어적 습관에 따라 어떤 동작은 쉽게, 어떤 동작은 매우 어렵게 느낄 수 있다.

헬러는 자세와 방향을 포함한 비언어적 행동이 기분, 에너지, 행동 가능성에 어떤 영향을 미치는지 조사하는 종합적인 모델인 '비언어적 움직임의 다섯 가지 고리'를 보유하고 있다. 그는 동양의 무술과 한의학에서 유래한 땅, 물, 공기, 불의 네 가지 요소를 활용하여 미묘한 비언어적 차이로 상당한 결과를 도출하는 작업 방식을 개발했다. 고객인 제인은 효과적인 행동, 즉 불과 관련된 비언어적 측면에 큰 어려움을 겪고 있었다. 그녀는 불의 영역에서 몸짓과 비언어적 자세가 약한 경향이 있었으며, 어떤 수준의 에너지로도 이를 유지하거나 사용하는 데 어려움을 겪었다. 헬러의 말대로 '습관의 관료주의(bureaucracy of habits)'가 그녀에게 불리하게 작용한 것이다. 제인은 오링 시스템으로 작업하면서 불의 비언어를 연습하는 법을 배웠다.[7]

하트매스를 통한 마음 호흡

신경과학이 인간의 정신-심신 시스템의 복잡성에 대해 더 많이 알아 가기 시작하면서 뇌 외에 다른 기관에도 '마음'이 있다는 것을 알게 되었다. 하트매스 연구소(HeartMath Institute)는 몸과 마음의 조화를 통해 스트레스를 줄이고 웰빙을 개선하는 방법을 연구하고 개발해 왔다. 이들의 연구에는 학생들의 시험 불안을 줄이기 위한 도구와 전략 제공이 포함되어 있다.[8] 특히 감사하는 마음을 갖고 중심을 잡는 데 도

7) 헬러는 비언어를 통한 변화에 대한 체계적인 접근 방식을 보여 주는 여러 개의 동영상을 YouTube와 웹사이트(www.walkingyourtalk.com)에 게시하고 있다. 또한 비언어적 코칭 작업을 지원하기 위해 다양한 온라인 도구와 함께 대면 워크숍과 웨비나 시리즈를 제공한다.

움이 되는 연습은 '마음 호흡(Heart Breathing)'이다. 다음 지침은 하트매스 웹사이트(www.Heartmath.com)에 있는 지침을 약간 수정한 것이다. 우리는 제인과 함께 두려움을 줄이고 주변 사람들에 대한 감사하는 마음을 키우기 위한 수단으로 이 연습을 사용했다. 몇 달간의 연습 끝에 제인은 이 연습을 지속적이고 규칙적으로 할 수 있게 되었으며, 아마도 가장 좋아하는 연습이 되었다고 말했다. 연습을 통해 아무리 어려운 상황에서도 피드백을 주고받을 준비를 할 수 있었고, 자신과 자신의 성과에 집중하길 바라는 목소리(그렘린)를 잠재울 수 있었다.

1. 편안하게 앉아서 발을 바닥에 붙이고 허리를 받치고 손을 무릎에 올려놓는 것으로 시작한다.
2. 눈을 감거나 부드럽게 감고 넷(하나, 둘, 셋, 넷)을 세면서 숨을 들이마시고, 둘을 세면서 숨을 참았다가 넷 또는 다섯을 세면서 숨을 내쉬는 복식호흡을 여러 번 한다.
3. 이런 식으로 계속 심호흡을 하고, 한 손바닥을 심장에 대고 가슴 중앙에 심장을 위치시킨다.
4. 계속 심호흡을 하고 심장으로 숨을 들이마시면서 생명을 유지하는 공기와 산소를 심장으로 보낸다고 상상한다.
5. 마음속으로 숨을 쉬면서 깊은 감사와 고마움을 느꼈던 시간, 장소 또는 사람을 상상해 본다. 여행했던 장소, 좋아하는 장소, 반려동물, 사랑하는 사람의 따뜻함과 편안함, 또는 그 존재에 대해 깊은 존경과 감사를 느꼈던 장소가 될 수 있다.
6. 마음속으로 계속 숨을 쉬면서 감사하고 고마워하는 그 자리에 머물러 본다.
7. 원할 때 언제든 이곳으로 돌아올 수 있다는 사실을 알고 원하는 만큼 계속 한다.
8. 준비가 되면 심호흡을 두 번 더 하고 천천히 눈을 뜬다.

마음 호흡은 평온함, 연민, 개방성을 불러일으키고 고객에 대한 깊은 경청을 지원하는 방식으로 코칭 세션을 준비하는 데 도움이 된다.

8) 다음에서 마음의 일관성을 만들기 위한 연구와 수십 가지 사례를 검토할 수 있다. www.HeartMath.com에 많은 자료가 무료로 제공된다.

코칭, 감정 및 긍정 심리학의 부상

감정의 어원은 '움직이다'라는 뜻의 e-movere에서 유래한 것으로, 감정은 특정 행동을 유발하기 때문에 코칭에 있어 매우 중요하다. 우울한 사람은 행동하지 않는 경향이 있고, 즐거운 사람은 실험하고 행동하고 탐구하는 경향이 있다. 하트매스(HeartMath)는 또한 스마트폰으로 심장의 일관성을 추적하기 위한 내부 균형(Inner Balance) 프로그램을 만들었다. 이 프로그램을 활성화하는 데 필요한 첨부 파일은 www.HeartMath.com에서 구입할 수 있다. 기쁨으로 가득 찬 사람은 있는 그대로를 받아들이고 싶어 한다. 감정의 패턴과 감정이 우리를 어디로 향하게 하는지를 아는 것은 변화를 위한 코칭에서 매우 중요하다. 우리는 때때로 고객들에게 감정을 움직이는 에너지, 즉 e-모션(e-motion)이라고 설명한다. 감정을 그냥 받아들이고, 정상화하고, 변화시킬 수 있도록 하는 새로운 접근 방식이다.

1980년대부터 연구자들과 저자들은 감정에 관심을 갖고 감성 지능이라는 이름으로 감정을 연구하고 감정이 사고, 의사 결정 및 관계에 미치는 영향에 초점을 맞춰 왔다. 다니엘 골먼(Daniel Goleman)은 이 주제에 관한 가장 유명한 저술가로, 그의 저서 『원초적 리더십(Primal Leadership)』(2002)에서 감성 지능을 리더십의 성공과 중요하게 연결시켰다. 골먼의 감성 지능은 개인적 역량과 사회적 역량을 모두 포함하며, 업무와 조직의 맥락에 따라 크게 영향을 받는다:

- 개인 역량에는 정서적 자기 인식, 정확한 자기 평가, 자신감, 공감, 조직 인식, 서비스 지향성 등이 포함된다.
- 사회적 역량에는 자제력, 신뢰성, 성실성, 적응력, 성취 지향성, 주도성, 타인 개발, 영감을 주는 리더십, 영향력, 의사소통, 변화 촉진, 유대감 형성, 팀워크, 협업 등이 있다.

1995년 골먼이 감성 지능에 대해 처음 글을 썼을 때, 그는 경영진 코치들이 리더들과 함께 일하면서 감정에 대해 알고 있던 것을 검증했다. 그래서 정서 지능에 대한 그의 핵심 원칙을 다시 한번 살펴봤다:

1. 감정은 이전에 인식되었던 것보다 훨씬 더 큰 범위에서 사고, 의사 결정 및 인생(특히 조직 생활)의 성공에 영향을 미친다.
2. 모든 인간은 어느 정도 감성 지능을 가지고 태어나며, 이러한 타고난 감성 지능은 양육과 발달 활동을 통해 지원될 때 시간이 지남에 따라 성장할 수 있다.
3. 감성 지능은 자신과 타인에게 모두 적용된다. 자기 인식은 감성 지능의 초석이며, 자기를 인식하지 못하면 타인을 인식할 가능성이 낮다. 타인과 공감하고 타인과 능숙하게 소통하는 것은 다른 사람의 관점을 공감하고 이해하는 능력에 달려 있다.
4. 감성 지능은 다른 사람들과 성공적으로 협업하기 위한 중요한 초석이며, 특히 리더십 직책에 있는 사람들에게는 매우 중요하다.

감성 지능의 모든 차원이 코치의 초점이 될 수 있지만, 코치는 일반적으로 갈등이 해결되지 않는다면 갈등과 차이가 나타나고 지속될 수 있는 격렬한 감정을 유발할 때 정서적 차원에서 작업한다. 『결정적인 대화: 이해관계가 충돌할 때 사용하는 대화 도구(Crucial Conversations: Tools for Talking When the Stakes Are High)』(Patterson et al., 2011)와 같은 책과 도구는 갈등을 해소하는 대화를 위한 로드맵을 제공한다. 또한 코치가 제공해야 할 것은 고객이 감정의 강도의 근원을 이해하는 데 도움이 되는 프레임워크와 자기 감정을 진정시킬 수 있는 몇 가지 전략이다.

변연계의 폭풍을 이겨 내기

골먼은 "감정적인 뇌는 사고하는 뇌보다 사건에 더 빠르게 반응한다."라고 말한다. 골먼이 말하는 변연계(limbic system)는 불안, 공포, 공격성과 같은 감정 조절, 식욕, 음주, 성욕과 같은 생물학적 욕구 조절, 장기 기억의 형성 등을 주요 기능으로 한다. 전반적으로 변연계는 우리의 생존 반응을 감독한다고 할 수 있다.[9]

변연계는 편도체, 해마, 유선체, 시상하부, 시상, 대상회로로 구성된 뇌의 중앙에

9) 이 설명과 변연계의 폭풍 속에서 고객을 코칭하는 방법에 대한 제안을 위해 신경과학과 코칭에 대한 의견을 제공해 준 동료 린 마인케에게 감사를 전한다. 지난 몇 년 동안 신경심리학에 대한 많은 추가 연구가 이루어졌으며 코칭 직업에 계속 영향을 미치고 있다.

위치한 복잡한 시스템이다. 이러한 각 구조의 이름과 기능을 알 필요는 없지만 모두 연결되어 있다는 것을 이해하는 것이 중요하다. 이러한 독특한 연결은 파페즈 회로(Papez circuit)로 알려진 경로를 형성한다.

이해해야 할 또 다른 중요한 측면은 변연계의 많은 구조가 가장 초기에 진화한 뇌의 일부이기 때문에 입력이 언어적 또는 이성적으로 처리되지 않는다는 점이다. 입력은 감정적인 수준에서 처리된다.

그렇다면 자극이나 강한 감정이 파페즈 회로를 활성화하면 어떻게 될까? 직장에서 괴롭힘을 당하는 여성과 같이 누군가를 두렵게 하는 환경이 있다고 가정해 본다. 이 두려움은 변연계를 자극하고, 변연계는 감정적인 뇌를 통해 고유한 경로 또는 루프(파페즈 회로)를 따라 움직인다. 하지만 여기서 끝나지 않을 수도 있다. 괴롭힘을 당하는 사람을 만나기 위해 감정을 자극하는 상황을 계속 반복하면 점점 더 많은 뉴런(뇌세포)이 이 과정에 동원된다. 다시 말해, 이 두려움을 다시 경험할 때마다 변연계가 다시 활성화되고 더 많은 뉴런이 참여하여 그 사람의 감정이 다음과 같이 변하게 된다. 즉, 더 강렬해진다. 동시에 이러한 감정의 재활용은 이성적인 뇌(피질)로 전달되는 메시지를 방해하기 때문에 상황에 대한 이성적인 사고를 어렵게 만든다. 지금쯤이면 그 사람은 혼란스럽고 화가 나거나 압도되어 식은땀을 흘리거나 몸을 떨거나 울거나 분노하고 있을 가능성이 높다.

상황에 대한 감정적 개입을 빨리 멈출수록, 감정적 뇌를 진정시키고 관련된 뉴런의 수를 줄이는 것이 더 쉬워진다. 이성적 뇌는 감정적 뇌와 다시 연결되어 있기 때문에 우리는 종종 언어를 사용하여 주기를 중단하고 파페즈 회로 구조의 활동을 진정시키기 시작할 수 있다.

고객이 변연계 폭풍의 한가운데서 발표를 하거나 업무에 대한 이야기를 하면서 다시 변연계 폭풍에 빠지는 경우, 코치는 도움이 되는 행동을 모델링하여 고객이 변연계 폭풍을 멈추도록 도울 수 있다. 궁극적으로 코치의 모델링을 통해 고객은 스스로 이러한 연습을 수행하는 방법을 배울 수 있다:

1. 침착하고 중심을 잡고 공감하기: 이것만으로도 고객에게 큰 위로와 안정감을 줄 수 있다. 코치가 고객의 감정에 흔들리거나 화를 내거나 얽히게 되면 고객의 감정은 더욱 고조될 것이다.
2. 눈에 띄는 점을 말하기: "주의가 산만하다." "평소보다 집중력이 떨어진다." "무언

가가 당신을 감정적으로 사로잡고 있다." 짧고 간단한 문장이 가장 좋으며, 이러한 관찰을 통해 변연계 순환을 중단할 수 있다. 그러면 변연계 순환이 느려지기 시작하고 이성적인 두뇌를 사용하는 능력이 회복된다.

3. 고객의 온전함과 강점을 확인시켜 주기: "지금 이 상황이 크게 보일지 모르지만, 당신은 이 상황보다 더 큰 존재이다." "이 상황은 당신 인생의 한 부분일 뿐이다. 당신의 남은 인생은 이보다 더 잘 운영되고 있다." "이 상황이 정말 두렵다는 것을 이해한다. 당신은 이보다 더 큰 존재이다." "당신은 이 상황보다 더 위대하다." 고객에게 이 상황이나 폭풍이 인생의 전부가 아님을 상기시켜 주면 상황에 대한 명확성과 관점을 갖게 된다.
4. 고객에게 감정적 혼란을 멈추고 싶은지 물어보기: 이렇게 함으로써 고객에게 선택의 여지가 있고 선택할 수 있는 능력이 있다는 점을 알려 주는 것이다.
5. 고객을 위한 자료가 되어 주기: 고객이 듣고 싶어 하는 경우 이탈을 줄이고 심지어 멈출 수 있는 뇌에 대한 정보가 있음을 고객에게 알릴 수 있다. 그런 다음 원하는 경우 변연계 루프 또는 감정적 뇌와 파페즈 회로를 간단한 용어로 설명하면 고객을 교육시키고 혼란을 더욱 진정시킬 수 있다. 이러한 정보를 제공함으로써 고객의 미래 상황 관리 능력을 강화하고 회복탄력성을 높일 수 있다.
6. 좋은 코칭 기술을 활용하여 후속 조치를 취하도록 하기: 폭풍이 진정된 후에는 좋은 코칭 기술을 사용하는 것이 필수적이다. 코치로서 고객과 함께 상황과 고객이 원하는 결과를 충분히 이해하고, 강점, 기술, 특기, 재능이 있는 고객을 진심으로 믿어야 한다. 또한 고객과 함께 상황에 가장 잘 대처할 수 있는 방법을 발견하고 당면한 문제를 처리하는 새로운 방법을 만들어내는 데 호기심을 가질 수 있다. 깊이 생각하기, 생각을 자극하는 질문하기, 명확하고 간결하게 인식하고 있는 내용을 설명하기 등 기본적인 코칭 스킬에 집중하도록 한다. 코치로서 이러한 조치를 취하면 고객은 상황에 대한 인식을 얻고 자신에게 가장 적합한 앞으로의 길을 선택할 수 있다.

코치는 고객이 혼자 있을 때 감정적 뇌에 사로잡힐 때를 대비한 전략을 알려 줄 수 있다. 변연계 루프가 발동되었다는 사실을 인지하는 즉시 이를 멈추기 위한 조치를 취하는 것이 중요하다. 사용할 수 있는 몇 가지 간단한 기술은 다음과 같다:

1. 반복되는 단어 말하기: "멈춰, 멈춰, 멈춰" "취소, 취소, 취-소" "진정, 진정, 진정" 또는 "침착, 침착, 침착"이라고 말해 본다.
2. 주의 분산하기: 산책하기, 샤워하기, 농구공 던지기, 달리기, 샌드백 치기, 비디오 게임하기, 낱말 퍼즐 맞추기, 옷장 청소하기, 좋아하는 책 읽기, 영화 보기 등을 해 본다. 고객의 몸과 두뇌를 다른 일에 참여하게 하면 혼란을 멈출 수 있다.
3. 호흡하기: 심호흡을 하거나 요가 호흡을 한다. 고객에게 심호흡을 하는 동안 맑고 순수한 에너지를 자신의 존재로 끌어들이고 있다고 상상해 보라고 요청한다. 또한 바디스캔을 통해 몸이 뭉치거나 수축된 부위를 확인할 수도 있다. 다음 숨을 들이마실 때는 그 뭉친 부위로 숨을 보내는 것을 상상해 보도록 한다. 부드러워지는 것을 지켜본다. 중심을 잡는 연습도 효과적이다.
4. 상기하기: 그녀는 이 한 가지 상황보다 더 큰 존재이다. 고객이 사건, 사람 또는 상황을 인생의 전부가 아니라 작은 일부에 불과하다는 것을 상기시킴으로써 현실 점검을 하도록 한다. 이러한 접근 방식은 또한 고객이 재앙을 초래하거나 필요 이상으로 일을 크게 만드는 것을 방지한다.
5. 감사하기: 상황 속에서 축복과 그로부터 배울 수 있는 것을 찾으면 상황을 관리하기 시작할 수 있다. 축복을 세는 것은 그녀의 삶에서 좋은 점과 효과가 있는 것에 집중하는 방법이다.

코칭에 감정 활용하기

앞서 사고 경로에 대해 논의할 때와 마찬가지로 감정을 진정시키는 방법에 대한 제안에서 우리는 고객이 무엇이 있는지 살펴보고 다차원적인 변화를 만들 때 활용할 수 있는 고객 경험의 한 측면으로 감정을 사용하고자 한다.

감정 목록 사용하기

감성 지능과 자기 관리를 위해 노력하는 고객에게는 매일 간단한 감정 목록을 작성하는 것이 도움이 될 수 있다. 한 시간에 한 번씩 고객에게 자신이 경험한 주된 감정과 그 당시의 상황을 기록하도록 요청한다. 과민 반응을 겪고 있는 고객에게는 이 방법이 큰 도움이 되었다. 그녀는 직장에서 오후 2시 이후에 가장 짜증이 난다는 것을 알게 되었고, 알고 보니 이 시간 이후에 가장 힘든 회의 일정을 잡는 경향이 있었다. 또한 그녀는 점심을 많이 먹지 않아 저혈당일 가능성이 매우 높았다.

네 명의 기수와 함께 작업하기

대부분의 고객은 관계를 망치는 감정에 대한 연구에 대해 조금만 알고 있으면 많은 도움을 받을 수 있다. 『중요한 대화(Crucial Conversation)』(Patterson et al., 2011)에서 인용한 이 인용문은 문제의 핵심을 잘 보여 준다. 사람들이 관계를 위태롭게 하는 행동은 무엇일까?

> 사람들은 안전하지 않다고 느끼기 시작하면 두 가지 건강하지 않은 길 중 하나를 선택하기 시작한다. 침묵(특정한 의미를 보류하는 것) 또는 폭력(특정한 의미를 강요하는 것)으로 이동한다. 침묵은 거의 항상 잠재적인 문제를 피하기 위한 수단으로 행해지며, 항상 의미의 흐름을 제한한다. 침묵의 가장 일반적인 세 가지 형태는 가리기, 회피, 철수이다. 가리기(masking)란 자신의 진정한 의견을 과소평가하거나 선택적으로 드러내는 것을 말한다. 비꼬기, 달콤한 말로 포장하기, 감싸기 등이 가장 많이 사용되는 형태이다. 회피하는 방법은 민감한 주제를 완전히 피하는 것이다. 대화는 하지만 진짜 문제는 다루지 않는다. 철수는 대화에서 완전히 빠져나오는 것을 의미한다. 대화를 종료하거나 대화방을 나간다.

존 고트만(John Gottmann)은 수년간 커플들을 관찰하며 유해한 관계를 만드는 근본적인 행동을 발견하기 위해 연구를 진행했다. 그는 종종 관계를 역기능으로 몰아넣는 네 가지 행동, 즉 경멸, 비난, 돌팔매질, 방어적 태도를 '네 명의 기수(The Four Horsemen)'라고 부르는 것을 찾아냈다. 고객은 침묵(일반적으로 가리기, 회피, 철수로 나타남), 폭력(일반적으로 통제, 비난, 공격으로 나타남)과 같은 네 명의 기수의 예시적인 행동에 주목할 수 있다. 고객은 자신이 이러한 행동을 보일 때 어떤 행동을 하는지 이해하고 그 영향을 인식하고 제한하는 방법을 이해함으로써 도움을 받을 수 있다.

긍정적 감정 연구하기

1980년대에 코칭을 시작했을 때보다 감정 상태를 전환하는 방법과 긍정적인 감정을 생성하는 방법에 대해 훨씬 더 많이 알게 된 오늘날의 고객들은 참으로 운이 좋은 삶을 살고 있는 것이다.

긍정 심리학 분야에서 가장 저명한 연구자 중 한 명은 바바라 프레드릭슨이다. 미시간 대학교에서 그녀는 과학적으로 탐구되지 않은 감정을 연구하고 싶었다. 심리학이 분노, 우울, 불안, 두려움과 같은 부정적인 감정에 초점을 맞추었다면, 프레드릭슨은 기쁨, 행복, 감사, 희망, 사랑과 같은 긍정적인 감정을 연구하고 싶었다.

그녀의 연구는 긍정에 대한 '확장 및 구축' 이론으로 이어졌다. 그녀의 연구는 긍정적인 감정이 마음의 작동 방식을 변화시켜 개인이 시야를 넓히거나 확장할 수 있게 해 준다는 사실을 입증했다(반면, 두려움과 그와 관련된 감정은 반대로 초점을 좁히고 선택의 폭을 제한한다). 긍정적인 감정은 사람들의 장점을 끌어내어 미래를 변화시키고 개인이 자신의 자원을 구축할 수 있게 한다. 프레드릭슨은 현재 정서적 긍정성에 관한 세계 최고의 연구자 중 한 명으로 인정받고 있다.

실제로 '긍정 심리학의 아버지'로 불리는 마틴 셀리그만은 프레드릭슨을 '긍정 심리학 운동의 천재'라고 칭하기도 했다.

긍정 심리학 연구가 우리에게 알려 주는 것[10)]

프레드릭슨이 발표한 초기 논문에서는 기쁨, 흥미, 만족감, 사랑과 같은 긍정적인 감정의 효과를 탐구한 결과를 보고했다. 이 논문은 "긍정적인 감정을 경험할 수 있는 능력은 인간을 연구하는 데 있어 핵심적인 인간의 강점일 수 있다."고 제안한다. 프레드릭슨은 긍정적인 감정 경험의 효과를 바탕으로 '확장 및 구축' 이론을 가설로 세웠다. 그녀의 연구에 따르면, 긍정적인 감정은 상황에서 개인의 가능한 행동 목록을 넓히거나 확장하는 반면, 부정적인 감정은 개인의 가능한 행동 범위를 좁히거나 축소하는 것으로 나타났다. 또한 연구에 따르면, 긍정적인 프레임, 즉 '긍정성'은 개인의

10) 247~251쪽은 린 마인케(ILCT 교수진)의 기고문이다.

> 말이 행동이 되므로 긍정적인 말을 하라. 행동이 습관이 되므로 행동을 긍정적으로 유지하라. 습관이 가치관이 되므로 습관을 긍정적으로 유지하라. 가치관이 운명이 되므로 가치관을 긍정적으로 유지하라.
>
> −마하트마 간디

잠재력을 최대한 끌어내어 개인의 미래를 변화시킬 수 있으며, 이는 개인의 자원을 구축하거나 확장하는 것으로 이어진다. 또한 긍정적인 감정은 부정적인 감정을 무력화시킬 수 있다. 부정적 감정은 심장 박동으로 혈압을 상승시킬 수 있지만, 긍정적 감정은 혈압을 진정시킬 수 있다. 따라서 긍정적인 감정은 리셋 버튼 역할을 할 수 있다. 이러한 독특한 능력으로 긍정은 회복탄력성 또는 역경에 더 효과적으로 대처할 수 있는 능력을 향상시킨다. 생각이 곧 말이 되므로 긍정적인 생각을 유지하도록 한다.[11]

연구자들이 긍정적인 감정이라는 주제를 탐구하기 시작하면서 '어느 정도의 긍정성이면 충분할까?'라는 고민을 하기 시작했다. 프레드릭슨의 연구에 따르면 합리적인 목표는 각각의 부정적인 경험에 대해 세 번의 '진심 어린' 긍정적인 경험의 비율을 갖는 것이라고 한다. 이 공식에 따르면, 긍정적인 경험은 진정성 있는 것이어야 한다. 얼굴에 미소를 짓거나 시늉을 하는 것만으로는 진정성을 입증할 수 없다. 한 번의 부정적인 경험과 세 번의 긍정적인 경험의 비율을 기준으로 사람들이 번성할지 쇠퇴할지를 예측하는 전환점이 된다.

프레드릭슨은 기쁨, 감사, 평온, 상호작용, 희망, 자부심(겸손과 결합하면 긍정적인 감정), 즐거움(재미있게 웃을 수 있는 능력), 영감(평범함을 초월하여 더 나은 가능성을 상상할 때), 경외감(위대함에 압도되어 순간적으로 사로잡힐 때), 사랑(앞서 언급한 모든 형태를 포괄하는 감정) 등 열 가지 형태의 긍정성을 확인했다. 연구에 따르면, 사람마다 긍정적인 감정을 느끼는 기준점이 정해져 있다고 한다. 어떤 사람들은 자연스럽게 긍정에 끌리는 반면, 어떤 사람들은 자연스럽게 부정에 끌리는 경향이 있다. 연구에 따르면, 긍정성이 더 유익하다는 사실이 밝혀졌기 때문에 일반적으로 부정적 성향이 있는 사람들은 자신이 덜 행복하고, 보람 있는 삶을 살게 될 운명인지 궁금해할 수 있다. 다행히도 이러한 사람들은 적극적으로 긍정성을 높일 수 있으며, 진정으로 긍정적으

11) 1998년 펜실베이니아 대학교의 심리학자이자 연구원이자 교수인 셀리그만과 클레어몬트 대학원 대학교의 교수이자 삶의 질 연구 센터의 설립자인 칙센트미하이는 '좋은 삶'을 구성하는 요소를 평가하는 여러 프로젝트를 함께 수행했다. 셀리그만과 칙센트미하이는 연구 결과를 바탕으로 공동 성명을 발표하여 "우리는 과학적 이해와 효과적인 개입을 통해 번영하는 개인, 가족 및 커뮤니티를 구축할 수 있는 긍정적인 인간 기능의 심리학이 생겨날 것이라고 믿는다."라고 말했다.

로 행동함으로써 얻을 수 있는 혜택을 누릴 수 있다.

프레드릭슨은 2009년 저서 『긍정성(Positivity)』에서 긍정성을 높일 수 있는 다양한 방법을 제안하고 있다. 이러한 아이디어에는 다음과 같은 것들이 포함된다:

- '상황에서 긍정적인 의미를 찾아보기': 각 상황의 축복이나 선물은 무엇이며 그 경험을 통해 무엇을 배울 수 있을까?
- '좋은 것을 음미하기': 즐거운 일이 생기면 그것을 마음껏 즐기기
- '축복을 세어 보기': 매일 감사할 수 있는 좋은 일에는 어떤 것이 있는가?
- '친절로 답하기': 지금 겪고 있는 상황에서 어떤 친절한 말이나 행동을 할 수 있는가?
- '열정을 따르기': 무엇이 당신을 활기차게 만드는지 찾아서 실행하도록 한다.
- '미래를 꿈꾸기': 무엇을 원하는가? 최고의 삶을 창조할 수 있다면 어떤 모습일까?
- '강점을 활용하기': 자신의 강점이 무엇인지 파악하고 이를 자주 활용하도록 한다.
- '다른 사람들과 연결하기': 사람은 혼자 있지 않는다. 우리는 서로가 필요하다. 서로를 지지하고 키워 주는 관계를 구축하도록 한다.
- '자연과 소통하기': 산책하기. 일출이나 일몰을 감상하도록 한다. 땅에 발을 딛고 서고 나무를 안아 보도록 한다. 물놀이하기. 신선한 공기를 마셔 본다. 따뜻한 햇볕을 쬐기. 연을 날려 보기. 자연이 당신을 돌보도록 한다.
- '마음 열기': 새로운 것을 배울 수 있는 초심자의 마음을 가지도록 한다. 생각을 확장하기. 다양한 관점을 받아들이기
- '감정 열기': 어떻게 하면 더 포용적이 될 수 있을까? 무엇이 당신을 감동시키는가?

정서적 민첩성 개발

고객이 감정 검사 또는 설문지를 통해 자신의 감정 패턴을 파악했다면, 다음 과제는 한 감정 상태에서 다른 감정 상태로 전환할 수 있는 민첩성(agility)을 기르는 것이다. 앞서 언급했듯이, 고객이 '편도체 탈취(amygdala hijack)'에 걸리면 다니엘 골먼이 설명한 대로 특정 전략이 필요할 수 있다.

『하버드 비즈니스 리뷰(Harvard Business Review)』에 실린 「정서적 민첩성(Emotional

Agility)」이라는 제목의 글에서 수잔 데이비드(Susan David)와 크리스티나 콩글턴(Christina Congleton)(2013)은 "효과적인 리더는 자신의 내적 경험을 믿거나 억누르려고 하지 않는다. 대신에 그들은 사려 깊고 가치 중심적이며 생산적인 방식으로 접근하여 정서적 민첩성이라는 것을 개발했다. 복잡하고 빠르게 변화하는 지식 경제에서 자신의 생각과 감정을 관리하는 능력은 비즈니스 성공에 필수적이다."라고 썼다. [수잔 데이비드는 이후『감정적 민첩성(Emotional Agility)』(2016)이라는 책을 출간했다.]

이 글에서는『수용 및 헌신 치료(Acceptance and Commitment)』(Hayes et al., 2012)에서 발췌한 정서적 민첩성을 가장 확실하게 확장하고 구축할 수 있는 네 가지 실천 방법을 설명하고 있다:

- 패턴 인식하기
- 생각과 감정에 라벨 붙이기
- 자신의 생각과 감정 받아들이기
- 가치관에 따라 행동하기

자기 수용이 핵심이며, 의도적이고 세심한 연습이 필요하다. 우리는 고객이 정서적 민첩성을 키울 수 있는 행동 기법을 구축하도록 장려해야 한다고 믿는다.

캐롤 쿠르시(Carol Courcy, 2012)는 그녀의 저서『내면의 거북이를 구하라!(Save Your Inner Tortoise!)』에서 감정의 패턴을 바꾸는 미묘하고 구체적인 방법을 설명하고 있다. 그녀는 감정을 긍정적이거나 부정적이라고 분류하는 것에 반대한다. 대신 그녀는 모든 감정은 유용하며, 문제는 적절한 시점에 적절한 정도로 감정을 느끼는 것이라고 주장한다. 그녀의 책은 코치들에게 유용한 도구가 될 수 있는데, 죄책감과 같은 감정 상태를 받아들이고 변화시키는 방법에 대한 구체적인 통찰력을 제시하고 있기 때문이다. 부록 B에서는 팻 박사가 코칭에서 감정을 효과적으로 탐색하고 사용하는 방법에 대해 자세히 살펴보고 지침을 제공한다.

프레드릭슨은 개인이 특정한 긍정적 감정을 창출하기 위한 전략에 집중하는 것을 선호한다. 예를 들어, 고객이 기쁨, 감사, 평온, 흥미, 희망, 자부심, 즐거움, 영감, 경외감 또는 사랑에 대한 역량을 키울 수 있는 매력적인 방법은 무엇일까? 감사일기를 쓰는 것은 매우 유용한 방법이며, 연구 결과에 따르면 감사일기를 정기적으로 쓰면 긍정적인 태도를 갖게 된다고 한다. 사진을 업로드할 수 있는 기능을 포함해 매일 온라인 감사일기를 작성할 수 있는 스마트폰 앱도 있다.

프레드릭슨의 웹사이트[12]에는 그녀의 저서인『사랑 2.0(Love 2.0)』(2013)과 이전 저서인『긍정성』(2009)을 기반으로 한 다양한 도구와 평가가 포함되어 있다. 이 책들은 인간의 최고 감정인 사랑에 대한 그녀의 획기적인 연구와 모든 긍정적인 감정의 숨겨진 가치를 설명하고 있다. 그녀는 독자들이 자신의 삶을 실험해 보고 사랑과 긍정의 순간을 더 많이 만들어 내는 방법을 찾아보라고 권유하고 있다.

앞서 언급했듯이, 감정 검사는 강력한 코칭 도구이다. 고객은 프레드릭슨의 연구에 포함된 긍정성 자가 테스트를 사용하여 정기적으로 감정을 추적할 수 있다. 감정을 추적하고 긍정 비율을 추적하면 고객이 긍정 비율을 높이고 의도적으로 최고의 미래를 구축하는 데 도움이 될 수 있다. 긍정성 자가 테스트에 대해 자세히 알아보거나 설문조사에 참여하려면 https://www.positivityratio.com/single.php를 참조하도록 한다. 바바라의 연구 결과 중 하나는 명상이 긍정적인 정서를 위한 더 큰 역량을 만들어 내는 힘을 보여 주었다. 그녀는 특정 종류의 명상인 사랑의 친절 명상이 긍정적인 감정을 개발하는 데 가장 큰 자원이 된다는 사실을 발견했다. 그녀는 사이트에서 다운로드하여 사용할 수 있는 사랑의 친절 명상을 제공한다.

감정을 다루는 데 관심이 있는 고객을 위해 셀리그만과 그의 동료들이 개발한 행복, 대표 강점, 웰빙과 관련된 질문지를 자주 사용한다. 이러한 평가는 기본적으로 무료(https://www.authentichappiness.sas.upenn.edu)이며 다음을 포함한다:

- 진정한 행복 목록: 전반적인 행복을 측정한다.
- 일반 행복 척도: 지속적인 행복을 측정한다.
- 그릿(Grit) 설문조사: 인내심을 측정한다.
- 낙관주의 조사: 미래에 대한 낙관주의를 측정한다.
- 행동하는 가치(VIA) 인성 강점 설문조사: 스물네 가지 인성 강점을 측정한다.
- 직장생활 설문지: 직장생활 만족도를 측정한다.
- 자비로운 사랑 척도: 타인을 지지하고 이해하는 성향을 측정한다.
- 삶의 의미 설문지: 삶의 의미를 측정한다.

12) http://positivityresonance.com/index.html

분명히 긍정 심리학은 삶을 의미 있고 행복하며 성취감 있게 만들고 개인이 번창할 수 있게 하는 요인, 관행 및 태도에 대한 우리의 이해를 더 높여 준다.

제 3 부

내면으로부터의 코칭

COACHING FROM THE INSIDE OUT

라이프 코치는 고객이 만족스럽고 성취감 넘치는 삶을 만들 수 있도록 돕는 일을 한다. 지금까지 우리는 고객이 진정으로 행복한 삶이 무엇인지 발견하고, 목표를 설정하고 달성하며, 장애물을 제거하고, 비전과 계획을 세울 수 있도록 지원하는 기술과 전략을 제공했다.

제3부 '내면으로부터의 코칭(Coaching from the Inside Out)'에서는 고객이 성취를 위해 삶을 설계하도록 코칭하는 데 필요한 고유한 도구와 방법을 설명한다.

제3부에서는 코치가 고객과 협력하여 고객에게 만족스러운 삶이 무엇인지 명확하게 파악할 수 있는 방법을 자세히 설명한다. 부모, 교사, 사회, 문화, 배우자, 자녀 또는 다른 사람의 의제와는 별개로 개인의 성취에 대한 비전을 성찰하고 만들어야 하는 고객의 필요성에 초점을 맞추고, 코치에게 고객이 성취감 있는 삶을 사는 데 방해가 되는 요소를 파악하고 이를 변화시키는 데 도움이 되는 도구를 제공한다.

도입

1998년에 '인사이드 아웃(inside out)'이라는 표현을 사용하기 시작한 이래, 이 표현은 개인 및 전문성 개발 분야에서 훨씬 더 보편화되었다. 우리가 가장 좋아하는 리더십 서적 중 하나는 『내부로부터의 리더십(Leadership from the Inside Out)』(Cashman, 2008)인데, 이 개념은 독특하지는 않더라도 여전히 유효하다.

인간적인 영역에서 일하려면 코치는 내면에서 배우고, 성장하고, 살아가는 개인적인 경험이 있어야 한다. 우리는 대부분 외부로부터(outside in)의 삶을 배운다.[1] 우리는 성취의 렌즈를 통해 보기 때문에 자신의 삶을 살펴보는 방법을 배우지 못했다.

자라면서 우리는 남들과 잘 어울리고, 착한 아이가 되고, 부모의 기대에 부응하고, 파장을 가장 적게 일으키는 선택을 하는 방법을 배운다. 20대가 되면 커리어를 쌓기 위해 바빠지고, 때로는 자신을 위한 목적보다는 다른 사람의 목적을 달성하기 위한 선택이 이루어지기도 한다. 30대에는 대부분 커리어를 쌓고 가정을 꾸리느라 바쁘기 때문에 "나는 만족하고 있는가? 내가 올바른 길을 가고 있는가?"라고 자문하지 못한다. 그러다가 40대와 50대가 되면 스스로 지쳐 있거나 중년의 재검토에 들어가는 자신을 발견하곤 한다. 이는 한 성인 발달 단계에서 다음 단계로 넘어가는 시기와 일치할 수 있다.

우리의 경험에 따르면, 많은 고객이 이전의 선택을 재검토하고 인생 재설계를 고려하기 위해 바로 이러한 목적으로 라이프 코치를 찾는다.

지난 몇 년 동안 흔히 '목적 중심 리더십'으로 묘사되는 것에 대한 관심도 높아졌다. 개인적인 목적 추구는 리더뿐만 아니라 다른 사람들에게도 중요한 관심사가 되었다. 연구에 따르면, 삶의 목적이 있는 사람은 질병에 더 잘 견디는 것으로 나타났다. 2014년 5월 『하버드 비즈니스 리뷰』는 「목적에서 영향력까지(From Purpose to Impact)」라는 제목의 기사에서 오늘날의 변동성, 불확실성, 복잡성, 모호성(VUCA) 세계의 복잡성을 관리하기 위한 등대와 같은 빛으로서 리더가 개인적인 목적을 발견하고 실천할 것을 촉구했다. 조직에서 일하는 사람들을 코칭하는 경우, 이 글은 목적과 관련된 라이프 코칭에 대한 지원을 제공한다(Braig & Snook, 2014). 저자들은 책에서 인생의 하이라이트, 목적에 불타오르던 순간을 채굴하여 목적을 발견할 것을 권장한다. 저자들은 리더가 '영향력 있는 목적 계획'을 세우는 것의 가치를 설명하며, 구체적인 행동과 목적 진술에서 행동하는 목적으로 나아가기 위한 로드맵을 자세히 설명한다. 다음은 목적이 있는 라이프 코칭을 통해 인생의 방향을 다시 설정한 한 고객의 사례이다:

---

1) 앞서 성인 발달에 대한 장에서 성인 발달의 초기 전통적 단계는 주변 '부족'의 기대를 내면화하고 그에 따라 행동할 때 발생한다고 설명한 바 있다.

팻 박사에게는 40대 중반의 변호사인 고객이 있었다. 그녀는 표면적으로는 자신의 법률 업무를 구축하고 세 명의 파트너로 구성된 로펌에서 더 성공하기 위해 코치인 그를 고용했다. 세 번째 또는 네 번째 코칭 통화에서 팻 박사는 라이프 밸런스 휠(제9장, p. 281 참조)을 검토하고 삶의 목적에 대한 질문을 던지면서 언제 처음 변호사가 되고 싶다는 열정을 느꼈는지 물었다. 그녀는 "변호사는 항상 아버지의 꿈이었습니다. 오빠도 변호사이고 삼촌도 변호사입니다."라고 대답했다. 결국 그녀는 "저는 변호사가 되고 싶었던 적이 없습니다."라고 말했다. 그녀의 경력이 어떻게 삶의 목적을 반영하기 시작할 수 있는지 살펴보았다. 그녀는 사람들의 삶에 변화를 일으키고 긍정적인 영향을 미치고 싶었다. 하지만 변호사보다는 교사, 트레이너 또는 컨설턴트가 되고 싶다는 생각이 들었고, 그렇게 진로를 탐색하기 시작했다.

제3부의 '인사이드 아웃'은 고객뿐만 아니라 코치에게도 매우 중요하다. 코치는 삶의 목적에 대해 스스로 연구하고 고객에게 탐구하도록 요청할 주제와 동일한 주제를 탐구해야 한다. 코칭은 코치에게 목적의식을 갖고 성찰하는 삶을 살 것을 요구하는 직업이다.

이 장의 연습문제를 통해 자신의 삶을 돌아보기 바란다. 이러한 연습은 고객에게 할당할 수 있는 연습의 기회가 된다. 라이프 코치 교육 연구소(ILCT)에서 우리는 학생들이 자신의 삶을 인사이드 아웃 작업의 연습장으로 사용하도록 가르쳤다. 왜 그럴까? 코치는 고객의 모델이 되어야 하기 때문이다. 이는 라이프 코칭의 핵심인 코치의 진정성을 높여 준다. 코치는 고객에게 가치관, 우선순위, 목표, 성취를 가로막는 장애물 등 자신의 삶을 깊이 들여다보도록 요청한다. 코치 자신도 같은 일을 해 왔고 앞으로도 계속해야 한다.

이것은 자신과 삶의 목적, 그리고 자신의 삶이 모든 측면에서 얼마나 잘 작동하는지에 집중할 수 있는 기회이자 도전이다. 이 장의 사례들은 다음과 같은 다양한 질문을 던진다: "앞으로 자신에게 무엇을 원합니까?" "어떤 장애물과 과제를 해결해야 하는가?" "자신만의 방식은 무엇인가?" "당신의 강점은 무엇인가?" "코칭과 다른 사람과의 관계, 자신, 정신에서 어떻게 하면 당신의 은사를 더 온전히 표현할 수 있을까?" 등의 질문을 던진다.

이 책의 앞부분에서는 특정 코칭 스킬, 전략, 기법에 초점을 맞추었다. 제3부에서는 기술, 고객 또는 미래의 고객이 아닌 당신과 당신의 삶에 초점을 맞춘다. 시간을 내어 각 연습을 의도적으로 신중하게 수행하라. 인사이드 아웃 과정에 참여하면 학습에 풍부함과 짜임새를 더하여 이 챕터에서 얻을 수 있는 이점을 극대화할 수 있다. 또한 당신의 참여는 단순히 지성뿐만 아니라 당신의 온전한 존재가 읽는 데 참여하도록 해 준다. 이 학습 경험에 온전히 몰입하면 고객에게 더 많은 것을 제공할 수 있다.

온전히 집중하여 연습에 임할 것을 당부한다. 사람들이 인생 성취 코칭을 통해 어떻게 성취감 있고 균형 잡힌 삶을 만드는지 직접 연습해 보면서 배우게 된다.

온전한 참여의 중요성

훌륭한 코치는 코칭이 기술인 동시에 예술이라는 것을 알고 있다. 그들은 고객이 달성하도록 코칭하는 존재 방식을 완전히 마스터하기 위해 최선을 다한다. 그들은 온전히 배우고, 온전히 효과적이며, 만족스러운 삶을 창조하는 것이 무엇을 의미하는지를 보여 주는 모델이다.

이런 점에서 모델 상담사가 되는 것보다 모델 코치가 되는 것이 훨씬 더 어렵다. 고객의 모델로서 상담사가 해야 할 일은 '질병' 없이 정상적으로 기능하는 것이다.

반면에 코치로서 당신은 만족스러운 삶을 사는 것이 어떤 것인지, 또는 스스로 그런 삶을 만들어 가는 길에 있는 것이 어떤 것인지 모델링하는 데 전념해야 한다. 당신의 존재 방식은 기술만큼이나 코칭 방식에 매우 중요한다. 다른 사람들에게 코칭하는 사람이 어떤 사람이 되어야 하는지 모델을 보여야 할 책임이 있다. 이러한 약속을 실천하는 것은 당신을 성장시킬 것이며, 이것이 바로 코칭이 상호 발전적인 이유이다. 코칭은 당신과 고객 모두를 발전시키고 성장시킨다.

학습을 방해하는 무의식적 장애물

에릭 호퍼(Erick Hoffer, 1951)는 인간이 얼마나 쉽게 자기 방식에 얽매이는지 잘 알고 있었다. 우리는 과거의 학습과 전문 지식에 매몰되어 성장을 멈춘다. 전문가로서 우리는 스스로 모든 것을 알고 있다고 생각한다. 우리는 마치 우리가 한번 해 보거나 한번 들으면 더 이상 고려할 가치가 없는 고정된 존재인 것처럼 행동한다. 우리는 초보 시절의 수용성과 개방성으로 돌아가는 것을 거부한다. 초보 시절에는 새로운 데이터를 쉽게 받아들이고 익숙하지 않은 것을 시도하고 생각하는 연습을 했다. 흥미롭고 중요한 것을 배우기 위해 개인적인 안전지대를 기꺼이 벗어났다. 이러한 초보자의 마음가짐은 코치와 고객이 인식하고 배양하는 데 필수적이다.

호퍼는 시대를 앞서갔다. 팻 박사의 아버지는 어린 시절 그에게 『참된 신앙인(True Believer)』을 읽어 보라고 선물했다. 팻 박사는 아버지가 호퍼의 말을 의역하여 "'우리의 가장 큰 가식은 우리 안의 악과 추함을 감추기 위해서가 아니라 우리의 공허함을 감추기 위해 만들어진다.'라고 말한 것을 기억한다. 가장 숨기기 어려운 것은 없는 것을 숨기는 것이다".

그렇기 때문에 코칭은 우리가 믿고, 느끼고, 이해한다고 생각하는 모든 것에 대해 호기심을 갖고 고객과 협력해야 한다. 코치는 당연한 것을 당연하게 여기지 않고 고객과 삶 자체에 대해 편견 없이 호기심을 갖기 위해 노력해야 한다. 코칭은 우리가 진정으로 개방적이고 유연한 학습자가 되어야 함을 요구한다. 우리 자신과 고객 모두에게 이러한 특성이 필요하다. 이 책의 인사이드 아웃 챕터에서는 자신의 타고난 재능과 능력, 필요와 욕구, 현재 삶의 축복과 도전 등 지극히 개인적인 것을 배우는 데 도움이 되는 내용을 담고 있다. 이 장의 연습과 지침에 전적으로 자신을 맡기면 자신의 안전지대를 넘어서는 확신을 갖게 될 것이다.

이러한 확장에 저항하는 쉬운 방법은 "전에도 들어 봤고, 해 봤고, 알고 있었어!"라고 말하는 것이다. 인간의 신경 생물학은 습관에 집중하는 경향이 있다. 인간의 마음은 에너지를 절약하려는 경향이 있기 때문에 자동 반응이 언제 일어날지 생각하는 것을 거부한다. 목적지에 도착할 때까지 도로나 다른 운전자에 대해 전혀 신경 쓰지 않고 운전을 할 때 이런 현상이 어떻게 일어나는지 우리 모두는 잘 알고 있다. 우리는 오토파일럿을 사용하고 있다. 자동 운전은 운전과 다른 많은 일에서 작동한다. 그러나 습관화된 행동 경향은 인식을 저해하고 새로운 학습을 환영하지 않는다.

인사이드 아웃 챕터를 진행하다 보면 의심할 여지없이 이전에 듣고 배우고 심지어 숙달한 내용들을 만나게 될 것이다. 이럴 때, 학습 대화에서 벗어나 전문가 수준에 머물 것인지, 아니면 이 챕터가 제공하는 초대를 인생의 다음 단계로 나아갈 수 있는 기회로 받아들일 것인지 선택해야 할 상황에 직면하게 된다.

교육과 경험이 풍부한 전문가들도 학습을 가로막는 장벽이 많다는 것을 알게 될 수 있다. 라이프 코치 교육 연구소(ILCT)에서는 학생과 고객 모두 학습자라는 조건을 받아들이는 데 어려움을 겪는다는 것을 알고 있다. 학습에 대한 이러한 저항을 인식할 수 있는 몇 가지 방법은 다음과 같다:

- 우리는 무언가를 하는 방법을 모르거나 아직 숙달하지 못했다는 사실을 인정하기 어렵다. 우리는 자신의 상황에 대한 실망감 때문에 좌절한다.
- 우리는 모든 것에 대해 항상 명확하기를 원한다. 그 결과, 우리는 훌륭한 학습이 이루어지는 데 필요한 모호함과 혼란스러움, 심지어 혼돈에 대한 인내심을 잃게 된다.
- 우리는 어쩌면 고정된 판단의 상태에서 살아가고 있는지도 모른다. 우리는 우리 자신과 우리의 적절성, 이 책과 이 책의 적절성, 이 책의 저자와 저자의 적절성을 판단한다. 우리는 사람들(우리 자신 포함)과 그들이 제공할 수 있는 기회에 대해 감사하는 것에 대하여 단순히 판단을 멈추고 시작하기가 어렵다는 것을 알게 된다.
- 우리는 종종 다른 사람에게 우리를 가르치거나 코칭할 권한을 부여하지 않는다. 대신, 우리는 그들을 잘못하고 부적절하게 만드는 경향이 있다. 대신 우리가 할 수 있는 선택은 그들이 독특한 관점을 가지고 있다고 보고 우리 자신이 그 독특함의 수혜자가 될 수 있도록 허용하는 것이다.
- 완벽하고, 옳고, 현명하고, 똑똑해 보이고자 하는 욕구 때문에 전문직 종사자들은 종종 가능성에 대응하기보다는 삶에 반응하게 된다. 반응은 선택을 의미한다.

스스로에게 물어보기:

학습에 완전히 몰입하는 데 방해가 되는 장애물은 무엇인가? 인사이드 아웃 챕터에서 이러한 장애물은 어떻게 나타날 수 있는가?

제8장

목적의 힘

THE POWER OF PURPOSE

이 장에서는 고객과 협력하여 삶의 목적을 발견하고, 그 유용성을 극대화하며, 특정 고객과의 라이프 코칭에서 삶의 목적을 사용하는 방법에 대해 설명한다. 먼저 인생 목적이 무엇이며 인생 목적을 발견하는 방법에 대해 중점적으로 설명한다. 이 장의 후반부에서는 인생 목적을 구체화하는 방법과 이를 고객과 함께 사용하는 방법에 대해 중점적으로 설명한다.

내면의 깊은 곳에서부터 살아가기[2]

19세기 독일의 시인 라이너 마리아 릴케는 "깊은 곳에서부터 살라."고 한 젊은 시인에게 편지를 보냈다. 그래야만 자신의 글이 위대해질 것이라고 릴케는 말했다.

삶이 어수선하고 바쁠 때 고객이 자신의 내면 깊은 곳을 찾는 것은 쉽지 않다. 그러기 위해서는 고요하고 조용해져야 하고, 다음에서 설명하는 작업을 시작하는 데 집중해야 하며, 해야 할 일 목록의 맨 위에 자신을 올려놓는 등 스스로에게 약속을 해야 한다. 슬로건이나 쉬운 지름길은 없다. 이것은 자신을 온전히 알아 가는 과정이다.

2) '긍정 심리학의 아버지'로 불리는 마틴 셀리그먼은 '좋은 삶'과 행복을 구성하는 요소에 대한 연구를 『진정한 행복』에서 발표했다. 이 연구에서 밝혀진 것은 성인의 삶에서 만족감과 행복감의 증가를 예측하는 세 가지 기본적인 발견이었다. 안정된 관계에 있을 때, 단순한 직업 대신에 직업이나 소명을 가질 때, 자기 자신보다 더 크거나 더 높은 무언가를 믿고 있을 때 성취감이 높아진다는 사실이 밝혀졌다. 흥미롭게도, 이 연구에서는 부, 건강, 교육과 진정한 행복 사이에는 유의미한 상관관계가 없는 것으로 나타났다. 이러한 맥락에서 볼 때, 목적의 힘에 대해 자신과 고객과 함께하는 일은 성취를 위해 중요하고 필수적인 작업이다.

고객이 자신의 내면 깊은 곳을 찾도록 지원하는 것은 삶의 목적을 발견하는 것에서 시작된다. 삶의 목적을 알면 선택과 행동을 할 수 있는 놀라운 힘을 얻게 된다.

캐나다 출신의 청년 테리 폭스(Terry Fox)에게는 다음과 같은 일이 일어났다. 운동선수였던 테리는 암에 걸려 한쪽 다리를 잃었고, 자신의 상황에 대해 당연히 우울해했다. 그는 실현 가능한 미래에 대한 감각을 잃었다. 회복 후 몇 달이 지나 의족을 장착한 후, 테리는 자신이 누구인지 진지하게 돌아보는 시간을 가졌다. 그는 사람들이 골수암 치료법을 찾기 위해 돈을 기부할 만큼 관심을 가질 것이라는 생생한 비전을 발견했다. 그는 공동체가 힘을 합치면 치료법을 찾을 수 있다는 메시지를 전하겠다는 자신의 삶의 목적을 찾았다. 얼마 지나지 않아 그는 캐나다 전역을 해안에서 해안으로 달리며 인간 정신의 힘과 치료법의 필요성을 직접 목격하는 사명을 떠올렸다.

테리의 캐나다 횡단 달리기는 많은 사람이 촬영하고 시청했지만, 고객의 비전, 목적, 사명이 얼마나 공개되느냐는 중요하지 않았다. 중요한 것은 그것들을 명확하게 표현하고, 그것에 전적으로 헌신하며, 의미 있는 일과 만족스러운 삶을 만드는 데 사용하는 것이다. 이를 통해 고객은 '목적에 맞게' 살고, 일하고, 존재할 수 있는 방법을 알게 될 것이다.

삶의 목적

우리 모두는 각자의 방식으로 성취감과 진정한 행복을 찾는다. 중년이 되면 성취에 대한 갈망이 너무 크고 강렬하게 다가와서 지금 걷고 있는 길에서 벗어나 성취를 찾는 데 전념할 수밖에 없을 때가 있다. 많은 중년의 탐구자가 발견하듯이, 성취감은 종종 우리가 수년 전에 엿볼 수 있었던 깊은 만족감의 원천으로 돌아가는 것을 의미한다. 그 당시에는 그 부름을 따를 용기가 부족했거나, 삶의 스트레스와 진지한 추구가 우리가 진실이라고 알고 있던 것을 희미하게 덮어 버렸을 수도 있다.

이러한 패턴이 많은 사람의 삶에서 일어나는 이유는 우리 각자가 아주 어렸을 때부터 우리와 함께 해 온 삶의 목적을 가지고 있기 때문이다. 적재적소에, 적시에, 자신의 타고난 재능을 사용하여 삶의 흐름 속에 있다는 깊은 감각을 경험하는 순간, 우리는 인생의 목적을 실천하고 있을 가능성이 높다. 삶의 목적이 우리를 부른다. 그것은 우리가 응답하는 소명일 수 있으며, 우리의 작은 자아보다 더 큰 무언가가 우리를 다른 사람, 우리 자신보다 더 큰 무언가와 깊이 연결시켜 준다. 그레그 레보이(Gregg Levoy, 1997)는 삶의 목적을 발견하는 것이 종종 소명을 경험하는 것에서 시작된다는 것을 설득력 있게 설명한다.

서점에는 현대인의 의미 찾기에 대한 정보로 가득하다. 우리는 삶의 목적이 많은 사람에게 중요한 초점이 되었다는 것을 알고 있다: 『목적이 이끄는 삶(The Purpose-Driven Life)』(Warren, 2002)은 한때 베스트셀러 자기계발서였다. 삶의 목적에 대한 일반적인 정의는 소명, 삶의 전반적인 주제 또는 일상적인 활동을 초월하는 의도이다. 간단한 검색을 통해 목적이라는 단어가 작가에 따라 다양한 의미를 지니고 있음을 알 수 있다. 다양한 영적 지도자와 전통은 우리 삶의 궁극적인 목적은 우리가 누구인지, 누구에게 빚진 삶을 살아야 하는지 기억하고 기쁨을 느끼는 것이라고 말한다.

수많은 고대 작가가 이 주제를 다루었다. 고대 티베트어 텍스트에 따르면, 삶의 목적은 '자기 자신과 타인의 이익을 위한 것'이라고 한다. 다음은 라이프 코치 교육 연구소(ILCT) 참가자들에게 삶의 목적과 관련된 네 가지 명언을 제시하고, 이 명언이 자신에게 어떤 의미인지 생각해 보도록 요청하는 내용이다. 다음 네 가지 인용문은 학생들이 삶의 목적의 중요성과 이를 설명하는 다양한 방법에 대해 성찰적으로 생각하도록 유도하는 데 특히 의미 있는 인용문으로 보인다:

- "깊은 의미를 지닌 목표, 완성이 필요한 꿈, 표현이 필요한 순수한 사랑에 의해 동기를 부여받을 때 우리는 진정으로 삶을 살아간다."(Anderson, 1997, p. 36)
- "우리는 '목적'을 여러 가지 방식으로 정의할 수 있다. 우선, 우리가 목적을 알면 우리는 마음의 닻(anchor), 즉 우리를 이리저리 흔들리지 않게 하고 끊임없는 뱃멀미를 일으키지 않게 하는 마음의 장치를 갖게 된다. 또는 우리의 목적을 암초와 바위, 산호초와 난파선 등을 표시하는 항해용 해도처럼 우리를 안내하고 항로를 유지하도록 도와주는 장치라고 생각할 수도 있다. 아마도 우리가 '목적'에 대해 말할 수 있는 가장 심오한 것은 그것이 우리의 지위, 상태, 편안함일 때 우리는 삶에 의미가 있다는 것을 발견하고, '목적'을 벗어날 때 우리는 의미와 동기에 대해 혼란스러워한다는 것이다."(Lynch & Kordis, 1988, p. 42)
- "윤리적 힘의 첫 번째 원칙은 목적이다. …… 여기서 목적이란 항상 지향하는 목표 또는 의도를 의미한다. 목적은 더 큰 것이다. 그것은 당신이 어떤 사람이 되고 싶은지, 어떤 삶을 살고 싶은지 등 자신에 대한 그림이다."(Blanchard & Peale,

1988, p. 44)

- "목적이란 보다 지속적인 것이며 우리 삶에 의미를 부여한다. 언제 사람들은 인생의 목적이 있고, 자신이 하는 모든 일을 더 즐기는가! 사람들은 증명할 필요가 없는 것, 즉 이미 가치가 있다는 것을 증명하기 위해 목표를 계속 추구한다." (Johnson, 2002, p. 23)

삶의 목적을 아는 것의 중요성

산업화된 국가의 21세기 문화는 정보, 상품, 물질 등 단지 모으기 위한 축적에 집착하게 되었다.

달라이 라마(Dalai Lama)는 우리 시대의 모순을 잘 요약했다:

> 우리는 더 많은 편리함을 누리고 있지만 시간이 부족하다. 학위는 많지만 감각은 떨어지고, 지식은 많지만 판단력은 떨어졌다. 전문가는 많지만 문제는 더 많다. 약은 많지만 건강은 더 나빠졌다.
>
> 달까지 갔다가 돌아왔지만 새로운 이웃을 만나기 위해 길을 건너는 데 어려움을 겪고 있다.
>
> 우리는 더 많은 정보를 저장하기 위해 더 많은 컴퓨터를 구축하여 그 어느 때보다 많은 데이터를 생산하지만 소통은 줄어들었다.
>
> 우리는 양은 많지만 질은 부족한 시대가 되었다. 패스트푸드는 넘쳐나지만 소화가 잘 안 되는 시대이다. 창밖에는 많은 것이 있지만 방 안에는 아무것도 없는 시대이다(2002, p. 77).

이러한 모순을 안고 살면서 우리는 삶의 중요성을 잊고 살아가고 있다. 미국의 많은 사람은 우리가 원하는 것을 얻기 위한 유일한 방법은 열심히 오래 일하는 것이라고 잘못 생각한다. 대안이 있다. 먼저 자신이 누구인지에 집중하는 것이다. 존재에 집중하면 원하는 것을 할 수 있고, 이를 통해 필요한 것을 가질 수 있다. 우리가 먼저 존재하도록 허용해야 나머지가 따라온다. 삶의 목적을 발견하면 우리가 누구인지, 즉 우리 존재의 본질에 집중할 수 있다.

삶의 목적을 발견하는 방법

삶의 목적을 위한 맥락으로서 생생한 비전 만들기

고객의 비전은 그들이 살고 싶은 세상에 대한 진술이다. 원하지 않는 한 지구 전체를 고려할 필요는 없으며 친구, 커뮤니티, 직장 동료, 일상생활에 영향을 미치는 개인적인 세계만 고려하면 된다.

다음 프로세스를 사용하여 고객의 비전 수립을 도울 것을 권장한다.

1. 당신이 가장 좋아하거나 항상 해 왔고 좋아했던 일 열 가지를 나열한다. 어떤 상황에서도 꾸준히 삶의 일부로 삼아 온 일 몇 가지를 말해 본다. 예를 들어, 신앙이나 영성, 직장에서의 창의성, 진심 어린 소통, 압박감 속에서도 행동으로 옮기는 능력, 같은 생각을 가진 사람들과의 네트워킹 등이 여기에 해당될 수 있다.
2. 상기 1단계에서 작성한 목록을 뒷받침하는 상황 또는 환경의 특성을 파악한다. 상위 열 가지 목표를 달성하기 위해 곁에 있기를 원하고 필요한 사람들의 면모를 나열한다. 빈 종이에 일련의 동심원을 그리고 가운데 원에 '나'라고 적는다. 각 원은 나에게 중요한 사람들의 그룹을 나타낸다. 가장 가까운 사람, 내 삶에 가장 큰 영향을 미치는 사람의 이름을 옆의 원에 적는다. 그런 다음 가족, 친구, 직장 동료, 전문가 그룹 등 바깥쪽으로 원을 계속 그린다. 각 원 안에 내가 필요하고 원하는 방식으로 나를 지원하기 위해 이 그룹이 갖춰야 할 면모를 설명하는 몇 마디를 적는다.
   그런 다음 평화로운 시간, 자연에서의 시간, 다른 창의적인 사람들 등 자신에게 필수적인 다른 자원을 찾아본다. "내가 최선을 다해 살고 싶은 세상에서 필수적인 지원 기능은 무엇인가?"라고 자문해 본다.
3. 상기 2단계에서 생성한 문구를 사용해 자신이 살고 싶은 세상에 대한 비전을 표현하는 1~2개의 문장을 작성한다. 이것이 저항을 최소화하는 길이며, 목적에 충실한 행동을 통해 당신이 번창하고 스스로 만들고자 하는 세상이다. 비전의 본질을 구체화하도록 한다. 예를 들어, "나의 비전은 전 세계 모든 사람이 자신에게 중요한 방식으로 자신의 삶을 선택할 수 있게 되는 것이다."라고 말한다.

이 비전은 선택이 그 사람에게 필수적이라는 사실을 표현한다.

과거 경험을 검토하여 목적 발견하기

우리의 목적은 다양한 방식으로 우리에게 도움이 된다. 그것은 우리가 살아가는 강력한 이유이다. 우리의 일과 삶에 의미를 부여한다. 우리의 선택을 인도하기도 한다. 어떤 사람들은 자신의 목적을 소명이라고 표현하기도 한다. 우리가 그것을 뭐라고 부르든, 그것은 우리 삶의 방향을 심오하게 형성한다.

커리어 카운슬러와 코치들은 오랫동안 경험을 통해 개인의 강점과 패턴을 발견할 수 있다는 사실을 알고 있었다. 경력을 바꾸고 싶은 고객은 최고의 성공 사례를 목록으로 만든 다음 이를 검토하여 효과적으로 사용할 수 있는 기술과 자원을 파악한다. 코치도 이 전략을 사용하여 과거의 경험을 검토하여 삶의 목적을 발견한다. 다음의 단계에서는 고객의 과거 경험을 바탕으로 삶의 목적에 대한 근거 있는 깨달음을 만들어 낸다. 이는 고객이 지성만으로 원하는 것이 아니라 이미 경험한 삶의 현실과 오랜 세월을 살아오면서 자신에 대해 알고 있는 것을 기반으로 하기 때문에 강력하고 효과적인 삶의 목적의 원천이 될 수 있다.

고객의 목적 진술은 독특하다. 고객이 의식하든 의식하지 못하든 이미 어떤 식으로든 자신의 목적을 이루며 살아가고 있다. 그렇기 때문에 고객은 자신의 목적을 찾기 위해 과거를 돌아볼 수 있다. 고객에게 다음 연습을 해 보도록 요청한다:

1. 살아오면서 자신이 의도적으로 행동하고 있다는 것을 알았을 때의 예를 열 가지 이상 나열하도록 한다. 그것은 자신이 이 세상에 존재하는 정확한 이유와 일치한다는 직관적인 느낌을 가졌던 순간이다. 심리학자 미하이 칙센트미하이(2008)는 사람들이 몰입 상태에 있을 때 느끼는 만족감에 대해 설득력 있는 글을 썼는데, 어떤 사람들은 자신이 '몰입 상태(in the flow)'에 있기 때문에 의도적으로 몰입에 있다는 것을 인식한다. 직관적으로 선택하는 것이 중요한 이유는 이 시간 동안 의도적으로 느낀 감정을 비율적으로 설명하지 못할 수 있기 때문이다. 한 가지 예를 들어 보겠다: 다이앤의 경험 중 하나는 남편과 함께 코스타리카로 휴가를 떠났을 때 일어났다. 그녀는 언덕에 올라 오사 반도의 계곡을 내려다보며 아래 바다를 바라보고 있었다. 그녀가 경치에 감탄하고 있을 때 계곡을

통해 적어도 100마리의 푸른 보석 같은 앵무새가 날아들었다. 마코 앵무새들은 계곡을 가로질러 그녀의 왼쪽에 있는 가장 높은 나무에 내려앉았다. 당시에는 이런 종류의 경험은 일, 사회봉사, 우정 외에 일어난 유일한 경험이었다. 하지만 여기에 설명된 다섯 가지 연습을 수행하면서 이 경험은 그녀의 삶의 목적과 공통된 요소, 즉 현재 순간에 우주적 신성을 인식하고 세상의 순수한 아름다움에 감탄하며 그 둘을 연결한다는 공통점을 가졌다.

가장 최근에 팻 박사는 호주 브리즈번에서 일부러 그런 경험을 했다. 그는 국제코칭연맹(ICF) 호주 콘퍼런스의 원형 극장에서 400명의 참가자를 대상으로 기조연설을 하고 있었다. 그는 라이프 코칭에 대한 자신의 열정과 코치라는 직업, 그리고 그것이 세상에 미칠 수 있는 영향에 대해 이야기할 수 있는 기회를 좋아하며 몰입하였다. 팻 박사는 자신이 살고 있는 곳에서 지구 반대편에 있는 호주에서 돈을 받고 외국에 나와서 사람들에게 라이프 코칭의 열정과 힘에 대해 이야기하고 있는 것이었다. 그 순간 그는 꿈에 그리던 글로벌 경험을 하고 있었다. 그리고 팻 박사의 막내딸은 전혀 계획에 없던 일로 3개월 동안 브리즈번에서 살고 있었다. 팻 박사가 그곳에 있는 동안 딸과 연락이 닿았고, 딸이 살고 있는 곳에서 기조연설을 하게 된 우연한 사건에 대해 이야기했다.

예시 목록을 매우 빠르게 시작하고, 왜 그 예시를 선택했는지 분석하는 것을 멈추지 않는 것이 좋다. 예시는 어린 시절을 포함해 인생의 어느 부분에서든 찾을 수 있다. 많은 사람이 목적과 관련된 어린 시절의 놀라운 경험을 가지고 있는데, 이는 아마도 그 경험이 분석적 사고가 가능하기 이전에 일어났기 때문일 것이다. 그 경험은 강렬한 인상을 남기고 나중에야 어른이 되어서야 그 이유를 생각해 볼 수 있다. 10년마다 두세 가지씩, 가능하면 지난 5~10년 동안의 사례를 포함하여 인생 전체를 아우르는 사례를 준비하도록 한다.

2. 각 사례에 대해 간략하게 작성한다. 나열한 각 경험에 대해 몇 개의 글머리 기호, 문구 또는 문장을 작성한다. 무엇을 했는지, 어디에 있었는지, 결과는 어땠는지, 기분이 어땠는지 등을 포함한다. 글은 다음의 질문에 대한 답변도 포함해야 한다:

–내가 의도적으로 존재감을 드러내는 데 필수적인 요소는 무엇인가?

–이번 경험은 어떤 면에서 만족하는가?

–나에게 가치 있는 것은 무엇인가?

3. 핵심 단어와 구문을 강조 표시한 다음 별도의 페이지에 복사한다. 이를 검토하여 공통점과 주제를 파악한다. 이러한 단어와 문구를 사용하여 목적 선언문을 작성한다.
4. 인생의 핵심 단어와 문구를 사용해 2~4문장으로 인생의 목적을 간략하게 설명하는 초안을 작성한다. 사람마다 고유한 목적이 있기 때문에 다른 사람의 진술이 당신의 목적에 맞을 수는 없다. 목적 선언문은 어떻게 작성하는가? 다음은 몇 가지 예시이다:
   - 나의 목적은 인간의 정신이 번성하는 조직을 만들기 위해 리더들을 개인적으로만나 전문적으로 지원하고 협력하는 것이다.
   - 나의 목적은 아낌없이 일하고 봉사하며 사는 것, 자신과 타인을 연결하고 돌봄으로써 사랑을 표현하는 것, 그리고 내 자신, 동료, 고객 및 사회가 내면의 지혜와 평화를 갖도록 지원하는 것이다.
   - 나의 목적은 다음과 같은 모범을 보이는 조직을 구축하고 이끄는 것이다. 업계 모델 사례는 재정적으로 수익성이 높고 장기적으로 실행 가능하며, 헌신적인 근로자에게 의미 있는 일과 지속적인 고용을 제공하는 것이다.
   - 내 삶의 목적은 다음과 같은 좋은 소식을 선포하는 것이다. 부부는 매우 거룩한 삶을 살고 있으며 모든 삶이 거룩하다고 믿는다.
   - 내 인생의 목적은 사랑으로 가득한 세상을 만드는 것이며 자신과 타인을 사랑하고 힘을 실어 주는 것이다.

   한 시간 안에 바로 완성할 수 있을 거라고 기대하지 않도록 한다. 며칠 동안 초안을 충분히 검토하고 보완하도록 한다. 지금은 어느 정도 완성되는 것만으로도 충분하다. 다른 사람들에게 읽어 주고 피드백을 받는다.

   목적 선언문을 다듬으려면 아주 천천히 여러 번 소리 내어 읽는다. 자신과 목적이 서로 일치할 때 함께 공명하는 소리굽쇠처럼 공명하는 특정 단어가 있는지 귀를 기울인다.
5. 목적을 시험해 본다. 좋은 목적 진술은 당신을 그쪽으로 끌어당긴다. 돛에 바람을 불어넣는 것처럼 에너지를 불러일으킨다. 목적이 명확하면 어디로 향하고 있는지 알 수 있다. 목적 선언문이 업무와 인생에서 무엇을 할 것인지 명확히 하고 있는가?

다음은 목적과 관련된 몇 가지 단서이다:
–당신은 설명한 목적과 강한 유대감을 느낀다.
–당신은 그것을 성취하고 싶은 욕망이 있다.
–함께 행동할 때 깊은 보람을 느낄 수 있다.
–당신의 관심사는 자연스럽게 그 목표를 달성하는 쪽으로 쏠리게 된다.

고객의 고유한 삶의 목적이 무엇이든, 그것이 다른 사람들에게는 크든 작든 간에, 그것이 바로 고객의 진정한 길이며, 삶의 의미를 부여하는 길이다. 고객이 인생의 목적을 발견하면 그 목적을 실현하고 스스로 만족스러운 삶을 만들어 가는 강력한 발걸음을 내디딘 것이다.

고객이 인생의 목적 진술의 본질을 파악했음을 알 수 있는 내면의 '예'를 느낄 때까지 이를 구체화하도록 격려하도록 한다. 고객은 다음과 같이 할 수 있다. 또한 삶의 목적에 대한 이러한 작업이 자신에게 어떤 영향을 미쳤는지 일기를 쓰는 시간을 갖는 것도 도움이 된다.

선언문을 다듬는 작업은 여러 코칭 세션 또는 장기간에 걸쳐 이루어질 수 있다. 고객이 이러한 선언문이 자신만을 위한 것임을 인식하는 것이 중요하다. 이러한 진술은 홍보용 진술이 아니며 오직 고객에게만 전달하고 영감을 주어야 한다. 다른 사람과 공유할 필요가 없다. 코치로서 당신의 역할은 고객이 기억할 수 있을 정도로 간결하고, 스스로에게 말할 때 공감을 불러일으킬 수 있을 때까지 이 진술이 명확해질 수 있도록 돕는 것이다. 우리는 종종 고객과 목적 진술이 마치 소리굽쇠처럼 흥얼거리는 것처럼 공명한다는 은유를 사용한다. 여러 코칭 세션에서 다이앤은 실제로 소리굽쇠를 사용하여 소리굽쇠를 두드리면 어떻게 진동하는지 시연했다. 이를 통해 고객은 목적 진술이 다듬어진 후 자신과 목적 진술의 관계를 이해하는 데 도움이 되었다.

목적에 충실한 삶: 삶의 목적을 갖고 작업하기

삶의 목적의 중요성에 대해 가장 좋아하는 명언은 미국의 유명한 대통령 우드로 윌슨(Woodrow Wilson)이 한 말이다: "당신은 단순히 생계를 유지하기 위해 여기에 있는 것이 아니다. 당신은 세상을 더 풍요롭게, 더 큰 비전을 가지고, 더 높은 희망과 성취의 정신으로 살아갈 수 있도록 하기 위해 여기에 있다. 당신은 세상을 풍요롭게 하기 위해 존재하며, 그 임무를 잊어버리면 스스로를 빈곤하게 만든다."

윌슨의 인용문은 삶의 목적이 갖는 것의 가치를 강조한다: 우리의 목적, 힘, 열정이 교차할 때 우리는 개인적인 성취감을 찾고 세상을 풍요롭게 한다.

고객과 함께 삶의 목적에 대해 작업하다 보면 가끔 고객이 삶의 목적을 비전이나 사명과 혼동하는 경우가 있다.

삶의 목적(life purpose)은 우리의 소명이며, 우리 삶에 의미를 부여하는 근본적인 존재 이유이다. 삶의 목적은 개인이 평생 동안 실천하는 목적이다. 영적 전통은 종종 모든 인간에게 보편적인 삶의 목적을 설명한다. 예를 들어, 달라이 라마는 인생의 의미가 무엇이라고 생각하느냐는 질문에 "행복하고 다른 사람을 행복하게 하는 것"이라고 답했다. 모든 인류의 보편적인 삶의 목적 안에서 개인은 여전히 자신만의 삶의 목적을 찾아야 한다.

사명(mission)이란 인생의 특정 시점에서 목적을 달성하기 위해 선택한 특정한 방법 또는 방식을 말한다. 예를 들어, '나와 다른 사람의 최고와 최선을 존중하고 이끌어 내는 것'이 인생의 목적인 사람은 평생 동안 다양한 종류의 일과 행동을 통해 그 목적을 달성할 수 있다.

비전(vision)은 개인이 가지고 있는 미래에 대한 구체적이고 설득력 있는 이미지를 말 한다. 이 장의 앞부분에서는 고객이 살고 싶은 세상에 대한 비전을 생각해 볼 수 있는 연습을 포함했다. 제9장에서는 열한 가지 삶의 영역 각각에 대한 비전을 만드는 연습에 대해 설명한다.

고객과 함께 일할 때는 고객이 삶의 목적, 비전, 사명을 구분할 수 있도록 도와야 한다. 대부분의 고객은 이 세 가지를 모두 살펴보아야 하는 경우가 있다.

삶의 목적을 가지고 일하는 방법

코치와 고객에게는 삶의 목적을 가지고 일할 수 있는 다양한 방법이 있다. 이 장의 마지막에는 고객이 인생의 목적을 찾는 데 도움이 되는 책 목록이 포함되어 있다.

라이프 코치 교육 연구소(ILCT)의 코치 교육에서는 앞에서 설명한 커리어 상담에서 도출한 방법을 사용한다. 이 훈련은 고객의 인지적 · 지적 · 정서적 · 직관적 역량에 대한 접근 방식을 활용한다. 또한 교육 과정의 교재 중 하나인 『인간 존재(Human

Being)』(Ellis & Lankowitz, 1995)에 설명된 삶의 목적을 만드는 구조화된 방법을 사용한다.

목적 선언문을 공유했을 때 고객의 첫 반응은 "아, 너무 거창하게 들리네요!"라고 할 수 있다. 사실 풍부한 목적 진술은 고객이 확장하도록 강요할 수 있을 만큼 크고 포괄적이어야 한다. 마리안 윌리엄슨(Marianne Williamson)의 말처럼, "당신의 작은 연주는 누구에게도 도움이 되지 않는다."라고 설득력 있게 말해야 한다. 좋은 목적 진술은 크게 활동할 수 있는 에너지를 만들어 낸다.

목적 선언문은 벽에 걸어 두는 회사의 비전 선언문과 달리 사적인 것이다. 그것은 우리의 목표와 삶을 창조하기 위해 개인적으로 사용하는 것이다. 고객이 다른 사람과 공유하기로 선택하지 않는 한, 자신과 코치 외에 누구도 인생의 목적을 알 필요가 없다는 점을 고객이 이해하도록 한다. 이것은 보통 고객에게 안도의 한숨을 내쉬게 한다.

고객의 목적이 반드시 중년에 발견되는 것은 아니다. 사실, 고객이 표현하지 않았을 뿐이지 꽤 오랜 시간 동안 고객과 함께해 왔을 수도 있다. 따라서 과거를 돌아보고 목적이 있었던 실제 경험을 바탕으로 작업하면 도움이 될 것 이다.

목적이 있을 때 우리는 우리의 존재, 즉 핵심 자아로부터 살아간다. 목적을 잃고 목적 없이 살면 삶이 덜 성취감을 느끼게 된다. 많은 고객이 만족스럽지 않은 일이나 삶의 방식을 선택했을 때 그 이유가 목적을 잃어버렸기 때문이라는 것을 알게 된다. 그들은 사람을 위한 사람(human being)이 아니라 일을 위한 사람(human doing)이 된다.

고객과 함께 삶의 목적 사용

적절한 의지와 자기 성찰 능력이 있다면 거의 모든 고객이 인생 목적 작업의 혜택을 누릴 수 있다. 때로는 고객이 삶의 목적 작업의 혜택을 누리기 위해 성찰의 가치를 배워야 할 때도 있다. 명상 연습, 일기 쓰기, 그리고 전문가로서 사용하는 다른 많은 도구와 마찬가지로 고객과 함께 질문(집중력을 유도하고 성찰로 이끄는 강력한 질문)을 사용하면 자기 성찰 능력을 개발하는 데 도움이 될 수 있다. 일부 고객은 삶의 목적을 재검토하고 싶은 강한 욕구를 가지고 찾아온다. 길을 잃은 것처럼 보이는 고객도 있다. 배에 비유하자면 방향키 없이 여러 가지 어려운 상황 속에서 표류하고 있다고 할 수 있다. 고객은 생존하고 있는 것처럼 느껴지지만 힘겹게 버티고 있거나, 성취를 위해 노력하지만 성취에 큰 만족감을 느끼지 못할 수도 있다.

때때로 삶의 자연스러운 순환 과정에서 삶의 목적 작업이 필요할 수 있음을 암시하는 단서가 나타나기도 한다:

- 중년의 고객이 무기력하고 피곤하며 의욕을 잃고 있다.
- 고객은 사망, 실직, 건강 문제 등 이전 생활 방식이 더 이상 불가능해지는 상실을 경험했다.
- 고객은 삶에 압도되어 "이게 내가 정말 원하는 삶인가?"라고 묻는다.
- 고객이 자녀가 출가했거나, 은퇴가 임박했거나, 이혼을 하는 등 인생의 중대한 전환기를 겪었다.
- 고객은 현재 업무와 또는 역할과 자아의 깊은 욕구 사이에 심각한 불일치가 있다고 느낀다.

앞서 제3장의 성인 발달에 대한 논의에서 이러한 단서가 고객이 어느 발달 단계에서 다른 단계로 이동하고 있다는 신호일 수 있음을 살펴보았다. 임상적 우울증이나 광범위한 불안이 있는 경우 이러한 상황은 고객에게 심리치료사의 서비스를 받도록 유도할 수도 있다는 점에 유의한다. 삶의 목적 작업은 매우 치료적일 수 있다는 점을 기억하도록 한다. 코치 접근법을 사용하거나 삶의 목적 코칭을 전문으로 하는 코치에게 의뢰할 수 있다.

삶의 목적이 있는 일과 심층적 변화

사생활은 물론 직장 생활에서도 목적의식을 되찾으려면 몇 가지 놀라운 변화가 필요할 수 있다. 속도와 멀티태스킹, 끊임없는 소음으로 인해 깊이가 없는 삶이 일상화된 21세기 미국 생활에서 깊은 곳에서부터의 삶을 유지하기란 쉽지 않다. 깊은 곳에서 살기 위해서는 고객이 깊은 변화를 겪어야 할 수도 있다. 조직 행동 및 인적 자원 관리 전문가이자 컨설턴트인 로버트 E. 퀸(Robert E. Quinn)은 다음과 같이 썼다:

> 궁극적으로 심층적 변화(deep change)란 영적인 과정이다. 일관성의 상실은 어떤 이유에서든 우리가 잘못된 목적을 추구하기 시작할 때 발생한다. 이 과정은 충분히

> 순진하게 시작된다. 어떤 정당한 목적을 추구할 때 우리는 어떤 종류의 절충을 하게 된다. 우리는 그것이 잘못되었다는 것을 알지만 우리의 선택을 합리화한다. 우리는 수단을 정당화하기 위해 목적을 사용한다. 시간이 지나면 우리 내면의 무언가가 시들기 시작한다. 우리는 인지적 수준, 이성적이고 목표를 추구하는 수준에서 살도록 강요받는다. 우리는 활력을 잃고 순전히 규율에 따라 일하기 시작한다. 우리의 에너지는 자연적으로 보충되지 않으며, 우리가 하는 일에서 기쁨을 느끼지도 못한다. 우리는 느린 죽음을 경험하고 있다. 우리는 스스로에게 해왔던 거짓말을 인식해야 한다. 우리는 우리 자신의 나약함, 탐욕, 무감각함, 비전과 용기 부족을 인정해야 한다. 그렇게 하면 진로 수정의 분명한 필요성을 이해하기 시작하고 천천히 자아를 재창조하기 시작하게 된다 (1996, p. 78).

사실 거의 모든 순간이 우리에게 삶의 목적을 실현할 기회를 제공한다. 일, 인간관계, 직업, 창의적 추구, 기타 삶의 요소를 의식적으로 선택함으로써 우리는 삶의 목적을 가장 충실하게 경험할 수 있는 방법을 찾을 수 있다.

삶의 목적 작업은 또한 고객이 더 높은 수준의 의식을 감지하고 실천하기 시작하도록 돕는다. 제3장에서는 의식의 수준에 대해 알아보았다. 삶의 목적 작업을 고려할 때, 고객이 내재되어 있거나 지향하는 의식 수준을 고려해야 한다.

다음 예를 생각해 보자. 앤디의 의식 수준은 어느 단계에 있는 것 같은가? 앤디의 삶에서 의식의 전환을 향한 과도기적 단계나 충동이 작용하고 있는가? 삶의 목적 작업이 어떻게 도움이 될 수 있을까?

삶의 목적 작업의 예

교사이자 워크숍 리더인 38세의 코칭 고객 앤디의 경우를 생각해 보자. 앤디는 행복한 결혼 생활을 하고 있으며 두 자녀를 두고 있고 자신의 사업을 시작할지 고민하고 있다. 그는 고등학교 교사이며 상담사로 일하면서 "내 업무에 큰 변화를 주고 싶다는 생각이 들었습니다."라고 말한다.

앤디의 목적 있는 삶 경험담

앤디는 현장 조사로 다음과 같은 무작위 목록을 제출한다:

- 63세의 남편이 갑작스럽게 사망한 후 두 달 동안 할머니와 함께 지냈음
- 블루칼라 가정에서 유일하게 대학을 졸업한 자녀임
- 두 아들이 태어남
- 중국에서 두 아기를 입양함
- 고등학교 상담사로서 업무를 더욱 풍부하게 하기 위해 상담학 석사 학위를 취득하기 위해 노력하고 있음
- 고등학교에서 카운슬러로 성공적으로 일하고 있음. 고등학교에서 젊은 미혼 아버지를 위한 말하기 지원 그룹 프로그램을 만듦
- 홀아비였던 아버지가 돌아가시기 전 6개월 동안 간병하기 위해 이사함

앤디의 삶의 목적 주제

앤디가 당신과 경험을 공유하면서 그의 이야기에서 몇 번이고 반복되는 다음과 같은 단어와 문구를 발견하게 된다. 이것이 그의 목적 주제가 된다:

- 나, 타인, 전체와 연결하기
- 매일 다른 재미
- 친구 및 인맥
- 평화
- 창의성
- 도전 과제
- 지속성
- 학습
- 나 자신과 내 역량에 대한 믿음
- 내 것으로 만들기
- 올바른 장소에서 올바른 일 수행
- 헌신, 의식, 용기

앤디를 위한 삶의 목적 선언문

이 작업 후 앤디가 작성한 삶의 목적 선언문은 다음과 같다: "제 삶의 목적은 저와 제 고객, 그리고 모든 사람을 연결하는 것입니다. 즐겁게 살면서 삶의 도전을 창의성

과 배움의 원천으로 전환함으로써 보편적인 삶의 전체와 접촉하고자 합니다."

삶의 목적을 지침으로 삼기

삶의 목적을 아는 것의 진정한 이점은 고객이 더 크고 진정한 행복과 성취감으로 이어지는 선택과 결정을 내리는 지침(guide)으로 사용할 때 나타난다. 삶의 목적 작업을 통해 고객은 새로운 옵션을 발견하고 추구해야 할 방향과 놓아야 할 선택을 명확히 할 수 있다. 다음 장에서는 고객이 이러한 목적을 위해 가치와 라이프 디자인 고려 사항을 어떻게 사용하는지 살펴보고자 한다.

코칭 전문가들은 성장 과정에서 가족으로부터 부여받은 역할, 가치관, 약속을 지키며 살아온 고객들을 정기적으로 만나게 된다. 고객은 종종 이러한 오래된 방식이 더 이상 통하지 않기 때문에 코칭을 요청한다. 각자의 삶의 목적을 발견하고 나면 슬프게도 또는 환희에 차서 자신이 선택한 역할과 추구했던 업무가 결코 자신에게 적합하지 않다는 사실을 발견할 수 있다. 이러한 발견은 종종 자신만의 고유한 목적, 즉 가족의 욕망이나 의제와는 무관한 다른 목적을 위해 살도록 요청받았다는 깨달음으로 이어지기도 한다.

20년 동안 이혼 전문 변호사로 일하면서 일에서 성취감을 느끼지 못했던 한 고객에게 이런 일이 일어났다. 그는 삶의 목적 작업을 할 때 자신의 법률 경력에서 25개의 의도적인 사례 중 단 하나만 선택했다. 그가 선택한 대부분의 사례는 종교 활동, 빅 브라더 자원봉사 활동, 마을 교육위원회에서 10년간 봉사한 경험에서 비롯되었다. 이러한 선택이 직장에서의 성취감에 어떤 영향을 미쳤는지 깨달은 그는 깊은 슬픔을 느꼈고, 인생의 일을 계속하기 전에 일정한 시간을 할애하여 슬퍼하는 작업이 필요했다. 그는 이러한 시간을 가진 후 자신의 삶의 목적을 다음과 같이 명확하게 표현할 수 있었다: "사람과 아이디어를 직관적으로 촉진함으로써 사람들의 삶을 향상시키는 이해, 인식, 연결을 창출하는 것이다."

그가 당신에게 이런 질문을 한다고 상상해 보자: "변호사로서 일하면서 삶의 목적을 실현할 수 있는 방법이 없을까요?" 그의 목적과 현재의 직업적 역할 사이에 더 잘 맞도록 하기 위해 어떤 변화를 고려할 수 있을까?

기타 참고 자료

코치로서 우리는 종종 고객에게 삶의 목적에 관한 글을 읽어 보라고 권한다. 사람들이 어떻게 삶의 목적을 발견하고 실천했는지에 대한 자료는 다음과 같다:

- 캐롤 아드리엔(Carol Adrienne)의 『인생의 목적: 동시성, 직관, 상식을 활용하여 세상에서 자신의 자리 찾기(The Purpose of Your Life: Finding Your Place in the World Using Synchronicity, Intuition, and Uncommon Sense)』
- 테리 벨과 샬롯 워드(Teri-E Belf and Charlotte Ward)의 『심플하게 살아가기: 간단한 솔루션(Simply Live It Up: Brief Solutions)』
- 로리 베스 존스(Laurie Beth Jones)의 『경로: 일과 인생에 대한 사명 선언문 작성하기(The Path: Creating Your Mission Statement for Work and for Life)』
- 바바라 브라함(Barbara Braham)의 『목적 찾기: 개인적 성취를 위한 가이드(Finding Your Purpose: A Guide to Personal Fulfillment)』
- 스티븐 R. 코비(Stephen R. Covey)의 『성공하는 사람들의 7가지 습관: 개인적 변화를 위한 강력한 교훈 21(The 7 Habits of Highly Effective People: Powerful Lessons in Personal Change 21)』[3]
- 프레데릭 M. 허드슨과 파멜라 D. 맥린(Frederic M. Hudson and Pamela D. McLean)의 『라이프 런치: 남은 인생을 위한 열정적인 가이드(Life Launch: A Passionate Guide to the Rest of Your Life)』
- 리처드 J. 라이더(Richard J. Leider)의 『목적의 힘(The Power of Purpose)』
- 릭 워렌(Rick Warren)의 『목적 중심의 삶(The Purpose Driven Life)』

3) 코비는 원칙에 중점을 두지만 취지는 동일하다. 고객에게 이 자료를 제공하는 경우 코비와 여기에서 제공하는 용어의 차이점을 이해하도록 한다.

제9장

라이프 디자인하기

DESIGN YOUR LIFE

충만한 삶 살기

수많은 미국인이 매일 너무 바쁘고 서두르며 친구와 자신을 잊어버렸다고 불평하는 것은 누구나 아는 사실이다. 많은 고객이 코치를 고용하는 이유는 자신의 삶을 더 만족스럽고 충만하게 만들 방법을 찾고 싶기 때문이다. 그들은 마음속으로 더 살아 있음을 느끼고 싶어 한다. 현대 산업화 사회의 높은 수준의 자극으로 인해 사람들은 피폐해진다. 전문가들은 이를 최면 상태와 같은 깊은 몰입 상태(trance)라고 설명한다. 미국 최면의 아버지라 불리는 밀턴 에릭슨의 제자인 빌 오핸론은 팻 박사와의 개인적인 대화에서 깊은 몰입 상태(trance)의 삶에 대한 견해를 공유했다.

우리 대부분은 무의식적 또는 반의식적으로 로봇과 같은 방식으로 일상을 살아간다. 인간의 뇌는 각각의 행동이나 선택에 대해 의식적으로 생각할 필요가 없을 때 에너지를 절약할 수 있다는 장점이 있다. 하지만 삶이 만족스럽지 않을 때는 자동 조종 장치를 꺼야 한다. 특히 어렸을 때 형성된 습관적인 선택과 대처 방식이 변하지 않고 그대로 유지되는 경우 더욱 그렇다. 대처 습관이 더 이상 유용하지 않을 때, 성인은 코치에게 도움을 요청하여 삶을 재구성할 수 있다. 이를 위해서는 새로운 사고와 행동 습관을 개발해야 한다. 이를 위해서는 개인적인 돌파구가 필요하다. 나들러(Nadler)와 히비노(Hibino)는 이를 잘 설명했다: “똑똑한 사람들은 평범함으로 가는 길에서 오랜 세월의 틀에 갇혀 있다는 사실을 깨닫지 못한 채 매번 똑같은 자기 제한적 사고방식을 취한다.”(1998, p. 72) 코칭 고객은 일반적으로 평범함을 넘어서고 싶다고 분명히 말한다. 하지만 자신의 습관적인 사고와 대처 습관이 현재의 삶의 선택을 뛰어넘는 데 어떤 한계가 있는지 명확하게 인식하지 못하는 경우가 많다.

코칭에서 우리는 때때로 삶의 목적과 라이프 디자인(life design) 작업이 변화의 몰입 상태(trance-formational)라고 이야기한다. 사람들은 자신의 무의식을 의식하게 된다. 우리는 항상 완전히 의식할 수는 없다. 우리의 바람은 사람들이 자신의 삶을 의도적으로 설계하는 것이다. 우리는 긍정적이고 목적이 있는 새로운 존재 방식, 즉 좋은 새로운 습관과 일상적인 관행, 새로운 존재 방식을 형성하기를 원한다. 그런 다음 이러한 방식은 삶의 배경에서 작동하는 운영 체제처럼 새로운 무아지경이 된다.

최면(hypnosis)이 금연, 체중 감량, 불안 완화, 공포증과 두려움 극복에 도움이 되는 합법적인 방법을 살펴봤다. 최면은 가장 단순한 의미에서 '시계를 보고 깊은 무아지경에 빠지는 것'이 아니다. 최면은 언어와 스토리텔링을 사용하여 사람들을 내면으로 끌어들여 언어가 불러일으키는 이미지와 감각에 집중하도록 하는 것이다. 최면 유도는 내재된 메시지를 통해 작동한다. 사람들이 최면을 사용하여 습관을 바꾸면 무의식을 통해 여과되는 새로운 메시지가 주어진다. 이러한 메시지는 건강에 해롭거나 원치 않는 행동을 대체하는 긍정적인 습관을 만들어 낸다. 따라서 삶을 설계하는 것은 가장 긍정적인 의미에서 무아지경이 될 수 있다. 신경언어학 프로그래밍(Neuro-Linguistic Programming: NLP)의 실무자들은 대부분의 실습이 에릭슨 이론과 기법을 기반으로 하기 때문에 이에 대해 잘 알고 있을 것이다.

코칭이 최면이라고 말하는 것은 아니다. 인간은 하루 종일 스스로를 무아지경에 빠뜨리는 습관의 동물이라는 점을 강조하고자 한다. 텔레비전이나 일상적인 소음의 영향을 아는 사람이라면 누구나 인간이 일종의 자동 조종 무감각 상태에 빠져 반쯤 정신을 잃는 방식을 잘 알고 있다. 코칭은 고객의 일상생활 습관을 조사하여 어떤 습관이 습관적인지, 그리고 그 습관을 뒷받침하는 가정이 무엇인지 파악하는 원칙을 사용한다. 코치는 고객과 직접 협력하여 습관을 바꾸고 고객이 원하는 삶에 부합하는 보다 의도적인 행동을 할 수 있는 인지적 · 정서적 방법을 모색한다. 이 장에서 설명하는 것처럼, 코치와 고객은 고객을 위해 새로운 삶을 설계한 다음 이 설계와 일치하는 삶을 만들어 간다.

오리아 마운틴 드리머(Oriah Mountain Dreamer)의 시 「초대(The Invitation)」(1999)는 더 살아 있음을 느끼고 싶은 갈망을 표현한 시로 큰 반향을 일으켰다. 몇 달 동안 인터넷에 떠돌던 이 시는 우리를 비롯한 수천 명의 사람에게 깊은 울림을 주었다. 나중에 오리아가 연설한 캐나다 밴쿠버에서 열린 코칭 콘퍼런스에서 처음 이 시를 온라인에 게시한 사람이 그녀의 아들이라는 사실을 알게 되었다. 이 글의 영향으로 우리와 같은 사람들이 전 세계로 퍼뜨렸다. 결국 이 시는 큰 인기를 얻어 같은 이름의 책으로 출간되었고, 쉽게 출판사를 찾을 수 있었다. 그녀의 시는 우리의 삶을 온전히 살아가고, 위험을 감수하고, 나누고, 아름다움을 보고, 자신보다 더 큰 원천과 연결되는 등 살아 있음을 느낄 필요성에 대해 설득력 있게 이야기한다. 가치 있는 핵심을 중심으로 삶을 구축하는 것이다. 이는 진정한 행복으로 가는 가장 강력한 길은 자신보다 더 큰 무언가를 위해 자신의 고유한 강점을 사용하는 것이라는 긍정 심리학의 연구 결과와 일치한다. 서점이나 온라인에서 '초대'를 찾아볼 수 있다. 여러 사이트에서 재인쇄되어 있다. 이 시는 자신이 인생의 저자이자 디자이너라고 생각할 준비가 된 고객에게 말한다.

이 장에서는 라이프 디자인에 초점을 맞춘다. 우리 대부분은 인생을 디자인할 수 있다고 생각하며 자라지 않았다. 인테리어 디자이너처럼 그림을 디자인하거나 방을 디자인할 수도 있다. 어쩌면 작은 것일 수도 있지만, 우리의 삶은 아니다.

디자인(design)이라는 단어에서 연상되는 것은 무엇인가? 예술성? 장인 정신? 건축? 퀼팅(quilting)? 『웹스터 사전(Webster's Dictionary)』에서는 다음과 같은 정의를 제공하고 있다:

- 디자인하다: 계획에 따라 생성, 제작, 실행 또는 구축하는 것
- 고안하다, 고심하다: 마음속으로 구상하고 계획하는 것; 목적으로 삼는 것
- 의도하다: 특정 기능이나 목적을 위해 고안하는 것; 그림, 패턴 또는 스케치를 만드는 것; 다음을 위한 계획을 그리는 것

코치로서 우리는 디자인의 역할을 매우 중요하게 생각한다. 우리는 고객이 몸과 마음, 정신이 통합된 방식으로 삶의 인테리어 디자이너가 될 수 있도록 코칭한다. 우리의 작업을 통해 고객은 자신의 삶에 대한 선택을 할 수 있다는 것을 깨닫게 된다. 의식적으로 깊은 성취감을 가져다줄 삶의 방식을 설계할 수 있다. 성취감이란 "자신의 욕구를 성취했다는 만족감, 또는 어떤 일을 완수하는 행위"『아메리칸 헤리티지 사전(4판)』을 의미한다. 코치는 고객이 원하는 것을 발견하고 그것을 현실로 가져와 완성할 수 있도록 도와준다. 완전히 성취된 사람이 있을까? 물론 없다. 에크하르트 톨레(Eckhart Tolle, 1999)가 잘 표현한 마음챙김이라는 대중적인 개념조차도 마음챙김은 우리가 무의식 상태일 때보다 더 자유롭게 돌아갈 수 있는 일시적인 상태라는 사실을 인정하고 있다. 일반적으로 사람들은 그 순간에 성취감을 경험한다. 인생은 새로운 도전과 배움의 기회를 가져다준다. 코칭을 받는 고객들이 보다 목적의식을 가

지고 자신의 경험을 의식적으로 선택하고 설계하면 성취감을 느끼는 순간을 더 자주 경험할 수 있다는 사실을 깨닫게 되기를 바란다. 고객들은 종종 이러한 성취의 순간을 제8장에서 설명한 삶의 목적에 대한 작업의 원천으로 선택한다는 사실을 발견했다. 당연히, 사람들은 성취감을 느끼는 것을 더 많이 원한다. 목적이 있는 삶과 디자인이 있는 삶은 사람들이 자신의 선택, 행동, 마인드셋을 더 의식하게 한다.

라이프 디자인의 기본 전제는 인간은 자신이 꿈꾸는 삶을 창조할 수 있다는 것이다. 엘리너 루스벨트(Eleanor Roosevelt)의 말을 빌리자면, "미래는 꿈의 아름다움을 믿는 자의 것이다."라고 했다. 코치들은 이러한 믿음이 필요하지만 충분하지 않다는 것을 알고 있다.

우리가 꿈꾸는 삶을 창조하기 위해서는 용기가 필요하다. 수넨스 추기경(L. J. Cardinal Suenens)은 "꿈을 꾸고 그 꿈을 이루기 위해 대가를 지불할 준비가 되어 있는 사람은 행복하다."라고 말했다. 수넨스 추기경의 인용문은 용기의 대가를 강조한다. 코치로서 우리는 꿈의 삶을 살지 못하고 만족스러운 삶을 살지 못할 때 치러야 하는 대가가 얼마나 큰지 잘 알고 있다.

라이프 디자인 연습은 고객이 자신이 꿈꾸는 삶을 탐색할 수 있도록 지원하는 훌륭한 방법이다. 고객에게 연습을 완료할 수 있는 시간을 몇 시간 정도 주도록 안내하는 것이 좋다. 고객이 색안경을 벗고 최대한 솔직해지면 연습을 최대한 활용할 수 있을 것이다.

삶은 만들어 갈 수 있다(Life Can Work)

우리 중 많은 사람은 자신의 의도, 신념, 용기, 욕망과 행동을 연결하는 능력을 통해 자신의 삶을 스스로 만들어 간다는 사실을 상기할 필요가 있다. 인생의 진정한 묘미(art)는 현재의 삶과 미래에 집중할 수 있는 능력의 균형을 맞추는 데 있다.

많은 코치가 라이프 밸런스 휠(Life Balance Wheel)이라는 도구를 사용한다. 이 도구는 매우 일반적이며 그 기원을 아는 사람은 아무도 없는 것 같다. 우리는 학생들에게 라이프 밸런스 휠([그림 9-1] 참조)을 사용하도록 가르치는데, 이 도구를 코칭 만다라(Coaching Mandala)라고 부르기도 하고, 상담사에게는 라이프 코치라고 부르기도 한다(Williams & Davis, 2007). 팻 박사는 이 도구를 라이브로 가르칠 때 청중에게 "왜 코칭 만다라라고 부를까요?"라고 묻는다. 참가자들이 무거운 침묵에 빠지자 팻 박사는 "마법적이고 난해한 느낌을 주기 때문이죠!"라고 유머러스하게 대답한다.

고객을 위한 지침

중심(hub)은 고객의 핵심 가치와 삶의 목적을 나타낸다. 고객은 이 작업을 따로 진행했거나 중심에 속하는 내용을 표현할 정확한 언어가 아직 없을 수 있다. 각 영역은 이상적인 삶에서 서로 연관되어 있다. 각 만다라 영역에 대해 고객에게 현재 이 특정 영역에 대한 만족도에 따라 점수(1~10점)를 매기고 그에 따라 공간에 음영을 주거나 색을 칠하도록 요청한다.

이 만다라를 각 영역의 현재 삶의 만족도를 평가하는 방법으로 사용한다. 고객은 수치로 점수를 매겨 원하는 개선 사항을 측정하거나 현재 상태와 원하는 상태 사이의 격차에 대해 코칭 대화를 나누는 데 사용할 수 있다.

라이프 코치 교육 연구소(ILCT)에서는 고객과의 첫 대화에서도 이 도구를 사용하여 삶의 격차에 대한 대화를 시작할 것을 권장한다. 이 도구를 통해 코치는 "코칭이

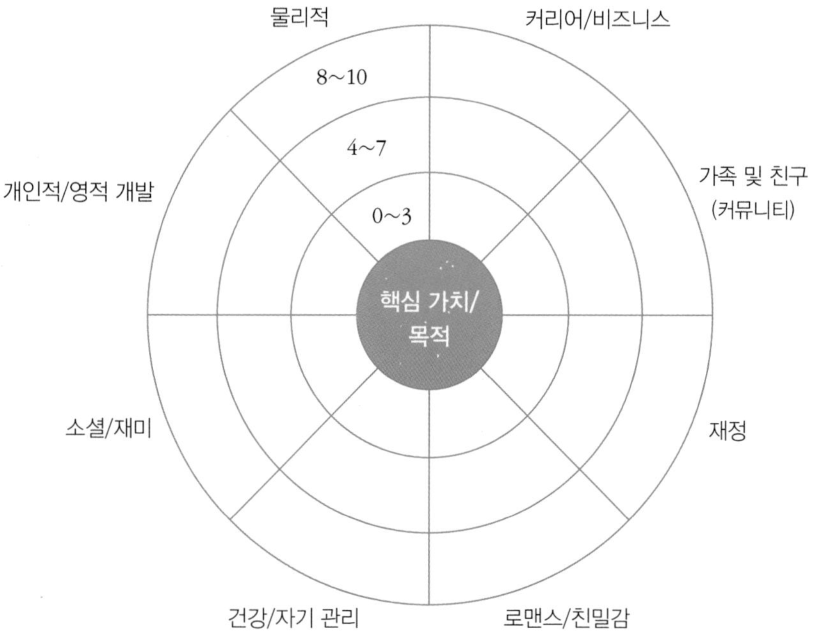

[그림 9-1] 라이프 밸런스 휠(코칭 만다라)

가장 집중되기를 원하는 부분이 어디입니까?"라고 질문할 수 있다. 고객은 휠의 각 영역에 대한 만족도를 점수화하여 삶의 다양한 영역에 대한 수치 비교를 할 수 있다. 이를 통해 코칭이 가장 큰 도움이 될 수 있는 영역을 간단하게 확인할 수 있다. 예를 들어, 코치와 고객은 각 영역에서 4점에서 10점까지 올라가기 위해 무엇이 필요한지 함께 살펴볼 수 있다. 첫 번째 세션에서 코치와 고객은 고객이 원하는 것보다 만족도가 낮은 영역을 대부분 또는 상당수 발견할 수 있다. 여기서 과제는 고객이 시작할 몇 가지 영역을 선택하도록 돕는 것이다. 고객은 곧 이 모든 영역이 서로 연결되어 있다는 것을 알게 될 것이다. 이는 통합적인 코칭 접근 방식(integrated approach to coaching)인 전인(whole person) 교육 철학에 부합한다. 한 영역의 변화는 필연적으로 다른 영역의 고객 만족도에 영향을 미친다. 코칭 휠은 선형적인 것이 아니라 코칭 대화의 시작점일 뿐이다.

이 도구의 장점은 코칭 관계 동안 다양한 간격으로 코칭 점검에 사용할 수 있다는 것이다. 고객은 6개월 간격으로 또는 분기별로 라이프 밸런스 휠을 작성하여 코치와 고객 양쪽 모두에게 고객의 만족도에 대한 현재 상황을 제공할 수 있다. 이러한 현황은 초기 점수와 비교할 수 있다. 또한 고객이 특정 영역에 영향을 미치는 변경 사항이 발생하면 휠을 업데이트하는 것도 중요하다고 생각한다. 예를 들어, 팻 박사와 다이앤은 부모님이 돌아가신 후 남은 부모님의 간병인이 되어야 하는 상황을 경험했다. 이러한 일은 여러 영역에서 만족도에 근본적인 영향을 미쳤다. 상실과 돌봄에는 다른 영역에서 끌어와야 하는 시간과 에너지가 필요하다. 이는 삶의 변화로 인해 고객이 만족도를 재검토하고 재설계해야 하는 상황을 보여 주는 한 가지 예일 뿐이다.

변화의 감정

이러한 변화의 자연스러운 순환(natural cycle) 때문에 우리는 변화의 자연스러운 감정을 반복적으로 경험한다. 상실이 다가오고 있음을 감지하면 불안, 염려, 걱정을 느낀다. 상실이 닥치면 슬픔, 분노, 짜증, 좌절감을 느낀다. 이러한 감정을 충분히 해소해야 한다. 변화를 겪는 고통의 경험과 함께 스트레스, 우울, 번아웃, 무력감, 심지어 절망감까지 경험할 수 있다.

결국 희망은 새로운 에너지와 낙관주의, 열정을 가져다주고, 행복은 만족감과 만족감을 가져다준다. 인생의 수레바퀴는 우리가 영원히 행복할 수 없고 행복을 유지할 수 없다는 것을 알려 준다. 변화는 우리 삶의 자연스러운 일부이다. 변화는 성장을 가져오고 필연적으로 변화와 관련된 감정을 동반한다.

우리는 고객에게 고통과 기쁨에 대한 가정을 검토하는 방법으로 오랜 인류 전통의 일부인 이러한 고전적인 관점을 소개한다. 감정을 온전히 인식하고, 경험하고, 받아들이거나 내맡길 때 고객이 자연스러운 변화의 과정을 극복하고 이에 적응하는 데 도움이 된다.

우리는 인생의 수레바퀴를 돌릴 수 있다

일부 고객은 처음에는 라이프 디자인 작업을 거부하기 때문에 인생의 수레바퀴는 코치에게 중요한 모델이다. 그들은 인생의 수레바퀴 과정이 행복만큼이나 많은 고통을 가져다준다고 믿기 때문이다. 코치에게 진실은 다음과 같다. 라이프 디자인 작업은 변화가 수레바퀴를 돌리는 것을 막는 것이 아니라, 고객이 수레바퀴에 손을 얹고 더 빨리 행복으로 돌아갈 수 있도록 수레바퀴를 돌릴 수 있는 기회를 제공한다는 것이다. 이것이 바로 의식적 코칭(conscious coaching)이 제공하는 가능성이다. 우리는 고객이 인생의 수레바퀴를 직접 운전할 수 있다는 사실을 발견하도록 돕는다. 고객은 고통의 단계를 통해 삶을 관리하여 이러한 시기를 최대한 원활하게 탐색하고 더 탄력적이고 덜 지친 모습으로 나타날 수 있다. 상실을 충분히 경험하고 이를 극복할 수 있다. 진정한 행복이 더 빨리, 더 쉽게, 더 자주 찾아올 수 있도록 희망의 정신으로 삶을 설계할 수 있다.

큰 고통을 겪고 있는 고객이 있다면 그들에게 세속적인 인생의 수레바퀴를 공유할 수 있다. 인생의 수레바퀴는 인간 삶의 자연스러운 변화에 대한 관점을 제공한다. 인생의 고통은 피할 수 없는 것일 수 있다. 코치는 고객이 그 고통을 최대한 슬기롭게 경험하고 극복할 수 있도록 도와준다.

고객과 함께 현대적 삶의 균형 휠 활용하기

마스터 코치는 고객이 자신의 삶을 점검하고 평가하도록 돕는 다양한 방법을 가지고 있다. 앞서 말했듯이, 라이프 밸런스 휠은 종종 초기 세션에서 사용된다. 이 단계에서 코치와 고객은 고객이 부여한 등급을 검토한다. 토론을 통해 고객의 이면에 무엇이 있는지 살펴본다. 이러한 과정은 비교적 비공식적이고 대화적인 과정으로, 코칭의 초점 영역을 조기에 파악하는 데 도움을 주는 것이 목표이다. 갱신 주기(Cycle of Renewal; Hudson & McLean, 1995)와 같은 다른 도구는 고객이 어떤 삶의 영역에서 갱신의 필요성을 느끼게 하는 추가적 주기가 발생하고 있는지 판단하는 데 도움이 된다. 갱신 주기와 라이프 밸런스 휠은 모두 전환기에 유용하다. 라이프 코치 교육 연구소(ILCT)에서는 고객의 삶 전체에 대한 대화를 유도하는 도구를 권장하기 때문에 이러한 부분을 중점적으로 강조한다.

때때로 고객은 무엇이 있고 무엇이 될 수 있는지에 대해 구체적으로 이야기하는 작업을 매우 꺼리는 경우가 있다. 그들은 많은 '해야 할 일'을 가지고 올 수 있다. 그들은 지금까지 어떻게 살아왔는지, 또는 간신히 관리해 온 삶에 대해 당황하거나 부끄러워할 수도 있다. 우리는 '진리가 우리를 자유케 한다.'는 사실을 코칭 관계의 맥락에서 믿으며, 고객들은 이를 알게 된다.

우리는 고객이 진실을 말하고 자신이 진정으로 원하는 것이 무엇인지 처음으로 발견하도록 코칭한다. 이 과정에서 데이브 엘리스가 쓴 『자신을 아는 방법(Ways to Know Yourself)』(Ellis & Lankowitz, 1995, pp. 44-45)에 나오는 전략 대부분을 사용한다:

- 구체적이어야 한다: 고객의 삶을 전반적으로 분석하는 대신 8~12개 영역의 세부사항에 집중하도록 요청한다. 다른 부분은 크게 부족해 보이기 때문에 이러한 사실을 인식하지 못했지만 삶의 특정 부분이 매우 잘 작동하고 있음을 발견하는 경우가 많다.
- 사실을 수집하도록 한다: 고객에게 1점부터 10점까지 부여하는 만족도 등급을 통해 비교 및 측정이 가능하다. 시간이 지남에 따라 고객은 만족도 수준의 변화를 추적하여 자신의 삶이 얼마나 잘 진행되고 있는지에 대한 피드백을 받을 수 있다.
- 다른 사람의 말에 귀 기울이도록 한다: 라이프 디자인 과정을 진행하는 고객은 종종 자신의 작업을 중요한 사람들과 공유하면서 격차를 줄일 수 있는 방법에 대한 피드백을 요청한다. 부부와 함께 작업할 때는 각자가 따로 라이프 밸런스 휠을 만들 수 있다. 서로의 비전을 공유하고 함께 인생에 대한 공동의 비전을 만들 수 있다.
- 평가한다: 라이프 디자인의 성공 여부는 코치로서 고객과 협력하여 파악한 격차를 줄이기 위해 고객의 습관, 신념, 행동을 어떻게 바꿔야 하는지 평가할 수 있는

능력에 달려 있다.

실습 9.1 라이프 디자인 프로세스: 성공하고 있는가, 아니면 생존하고 있는가?

1. 고객에게 현재 삶의 상태를 설명해 달라고 요청한다. 다음에 나열된 각 생활 영역(또는 고객에게 적합한 다른 영역)에 대해 만족도 등급을 매긴다. 일부 코치는 전통적인 리커트 척도인 1–7을 사용하는 척도를 선호하는데, 이는 중간점이 있기 때문이다. 이러한 연습을 하는 동안 참고할 수 있도록 라이프 밸런스 휠 다이어그램에 사용된 것과 동일한 척도를 사용하는 것이 좋다.

점수 10점은 고객이 해당 영역에 절대적으로 만족하고 있으며, 그 영역에서 성공하고 있음을 의미한다.

점수 1점은 고객이 해당 영역에 절대적으로 불만족하고 있으며, 그 영역에서 성공하지 못하고 있다는 것을 의미한다. 심지어 고통받고 있을 수도 있다. 고객은 라이프 밸런스 휠에서 다루지 않은 영역을 선택할 수 있다. 이 기회를 통해 더욱 구체적으로 설명할 수 있다. 예를 들어, 라이프 밸런스 휠에는 '가족, 친구, 커뮤니티'가 카테고리로 나열되어 있다. 이러한 카테고리를 세 가지 이상의 카테고리로 세분화할 것을 권장한다. 예를 들어, 고객에게 자녀가 있는 경우 다른 가족 구성원을 고려할 때, 자녀용 카테고리와 부모용 또는 형제자매용 카테고리 등 추가 카테고리를 만들 수 있다. 부모에 대한 만족도는 자녀나 형제자매에 대한 만족도와 매우 다를 수 있기 때문이다.

________ 외모
________ 가족
________ 재정
________ 친구 및 커뮤니티
________ 재미와 놀이
________ 건강 및 웰빙
________ 가정 및 환경
________ 개인 개발 및 성장
________ 주요 관계(배우자, 동료, 가장 친밀한 관계)
________ 영성

_________ 업무/경력

2. 앞의 각 영역에 대해 고객에게 평가의 주요 이유를 나타내는 2~3개의 항목으로 작성하도록 요청한다. 예시: “재미와 놀이 영역에 ‘3점’을 주었다. 그 이유는 무엇인가?”
   - 주 6일, 하루 10시간씩 일하고 있으며, 일이 끝나면 너무 피곤해서 아이들과 놀아 주기 힘들기 때문이다.
   - 카누를 수리해야 해서 더 이상 카누를 사용할 수 없어 카누를 그만두었기 때문이다.
   - 아내, 그리고 어린 두 자녀와 함께 즐길 시간이 거의 없기 때문이다.
3. 고객에게 어떤 사람이 되고 싶은지 물어본다. 고객에게 네 장의 종이를 가져다가 각각 접어서 4개의 영역으로 나누어 달라고 요청한다. 각 섹션에 한 가지 삶의 영역의 이름을 적는다. 고객이 원한다면 색인 카드를 사용할 수도 있는데, 카드 중앙에 주요 집중 영역이 있고 그 아래에 원하는 상태가 적혀 있다. 고객이 나중에 코칭을 통해 발전하는 계획된 행동과 우선순위를 기록할 수 있도록 카드에 공간을 남겨둔다.
4. 고객에게 1단계에서 삶의 각 영역에서 진정으로 원하는 것이 무엇인지, 즉 향후 12~18개월 내에 각 영역에서 ‘10점’이 어떤 의미인지 설명하도록 요청한다. 이 활동은 고객과 함께 비전을 세우고 비전을 구체화하는 방법이다. 고객이 비전을 실현하는 데 중간을 사용할 수 있도록 충분히 멀리 떨어진 목표 지점을 선택한다. 이것은 필요에 따라 참고하고 조정할 수 있는 실행 가능한 문서가 된다.
5. 고객에게 점수가 가장 낮은 네 가지 생활 영역을 다루는 것으로 작업을 시작하도록 요청한다. 각 영역을 개별적으로 다룬다. 고객은 각 영역에 초점을 맞춘 7개의 목록을 작성하게 된다.
6. 고객에게 이 가이드라인에 따라 가장 낮은 영역 각각을 다루는 비전 선언문과 같은 간단한 목록을 작성하도록 요청한다:

   향후 9개월, 12개월, 18개월 등 기간을 정하도록 한다. 2년 이내의 구체적인 기간을 설정하여 단순한 정신 운동이 아닌 구체적인 목표가 되도록 한다.

   고객에게 특정 기간 동안 각 생활 영역에서 성취감이 어떤 모습이고 어떤 의미인지에 집중하도록 요청한다. ‘10점’은 고객이 해당 영역에 절대적으로 만족하고 성공하고 있음을 의미한다. 고객에게 자신이 진정으로 원하는 것에 초점을 맞추고 해당 기간 동안 가능한 것에 대한 비전을 포함하도록 요청한다. 이 기간 동안 어떤 종류의 성취가 깊은 열망과 현실적인 목표를 구성하는가? 우리는 고객이 큰 꿈을 꾸고 그 꿈을 이루기 위한 현실적인 단계를 파악하기를 바란다. 현실적인지 아닌지를 판단하는 것은 코치의 역할이 아니라 고객의 결정이다. 코치의 역할은 이 연습에서 꿈과 비전, 그리고 이를 달성하는 데 필요한 실질적인 단계를 강조하는 것이지 둘 중 하나를 강조하는 것이 아니다.

고객에게 문장 또는 항목에 현재 시제 동사를 사용하도록 요청하도록 한다. 고객이 원하는 방식으로 해당 영역이 이미 작동하고 있는 것처럼 작성하도록 한다.

고객의 라이프 디자인 작업을 삶의 목적에 대한 작업과 연계한다. 이 작업을 할 때 자신의 인생 목적 진술서(제8장에서 설명)를 참조하도록 요청한다. 고객들은 스스로에게 물어볼 것이다: "내가 진정으로 삶의 목적을 가지고 살아가고자 한다면 이 영역에서 성취(성공)한다는 것은 어떤 모습일까?"

고객이 시각화를 사용하여 이러한 작업을 통하여 삶의 영역이 어떻게 보일지 더 생생하게 상상하는 데 도움이 될 수 있다. 코치와 독립적으로 또는 필요한 경우 코칭 세션 중에 시각화 작업을 할 수 있다.

예제 1

[그림 9-2]는 이러한 라이프 디자인 과정 연습의 모습을 보여 준다. 다이앤이 중년에 했던 작업에서 가져온 것이다. 당시 다이앤의 부모는 모두 생존해 플로리다에 살고 있었고 다이앤은 중서부에 살고 있었다. 그녀의 부모는 70대 중후반이었고, 어머니는 최근에 작은 뇌졸중을 연달아 겪었으며 4개월 동안 고관절 치환술을 두 번이나 받았다. [그림 9-2]에서 다이앤은 미래 시제가 아닌 현재 시제로 전체 문장을 사용하고 '나(I)'를 사용하여 개인화하고 있다.

이 라이프 디자인 연습에서는 고객이 가진 것과 원하는 것 사이의 격차를 파악하는 고전적인 코칭 전략을 사용한다. 1단계와 2단계를 거치면 그 격차가 생생하게 현실화된다. 이 과정을 잘 마치면 삶의 각 영역에 대한 비전을 세우고 앞으로 나아갈 수 있다. 고객은 9~18개월 내에 달성할 수 있는, 스스로가 가장 원하는 삶에 대한 설득력 있는 비전을 만들게 될 것이다.

업무/경력	재정/돈
기본 관계	**가족** 1. 나는 아버지가 어머니를 돌보는 것을 꾸준히 응원한다. 2. 나는 한 달에 한 번 이상 사촌 부부와 이야기를 나누며 서로를 도울 방법을 찾는다. 3. 가족 구성원 한 명 한 명에 대한 변함없는 사랑과 그들이 내 삶의 일부라는 사실에 감사함을 느낀다. 4. 나는 시누이들과 완전히 연결되어 있으며, 서로의 삶과 감정, 생각을 자유롭게 공유한다. 5. 아버지와 나는 신시내티에서 앞으로 1~3년 동안 우리의 모든 필요를 충족시킬 수 있는 아버지와 어머니가 살 집을 찾았다. 6. 나는 기꺼이, 그리고 자연스럽게 이 일을 하며 사랑을 느낀다.

[그림 9-2] 라이프 디자인 연습 예시

고객과 함께 라이프 디자인 사용하기

지금까지 고객이 주요 영역을 파악하고 만족도를 평가한 다음 9~18개월의 구체적인 비전을 수립하는 현장 조사를 구성하는 주요 단계를 설명했다. 코치는 고객이 과중한 업무에 압도되지 않도록 몇 주에 걸쳐 단계적으로 현장 조사를 수행하도록 요청하는 것이 좋다. 고객은 삶의 수십 가지 영역에 대한 구체적인 비전을 세우는 데 압도될 수 있다. 반면에 많은 고객이 영감을 받아 1~2주 안에 모든 영역에 대한 비전을 완성할 수 있다.

여러 코칭 세션에 걸쳐 과제를 세분화하려면, 주요 항목과 지표, '내가 어떻게 만들 수 있는지에 대한 생성 방법'을 적을 수 있는 공간이 포함된 다음의 워크시트(〈표 9-1〉)를 사용하여 고객에게 수행하도록 요청하고 설명한다:

표 9-1 **워크시트**

라이프 디자인 영역 1	라이프 디자인 영역 2
주요 항목 및 지표	주요 항목 및 지표
1.	1.
2.	2.
3.	3.
4.	4.
5.	5.
항목 1: 내가 어떻게 만들 수 있는지에 대한 생성 방법	항목 1: 내가 어떻게 만들 수 있는지에 대한 생성 방법
a.	a.
b.	b.
c.	c.
항목 2: 내가 어떻게 만들 수 있는지에 대한 생성 방법	항목 2: 내가 어떻게 만들 수 있는지에 대한 생성 방법
a.	a.
b.	b.
c.	c.
항목 3: 내가 어떻게 만들 수 있는지에 대한 생성 방법	항목 3: 내가 어떻게 만들 수 있는지에 대한 생성 방법
a.	a.
b.	b.
c.	c.
항목 4: 내가 어떻게 만들 수 있는지에 대한 생성 방법	항목 4: 내가 어떻게 만들 수 있는지에 대한 생성 방법
a.	a.
b.	b.
c.	c.
항목 5: 내가 어떻게 만들 수 있는지에 대한 생성 방법	항목 5: 내가 어떻게 만들 수 있는지에 대한 생성 방법
a.	a.
b.	b.
c.	c.

1. 작업할 라이프 디자인 영역을 두세 가지로 정한다.
2. 각 영역에 대해 해당 생활 영역에서 표현하고 싶은 핵심 요점을 3~5개 적어 본다. 유형적인 것, 관계, 사람, 존재 방식, 행동 방식이 될 수 있다. 이 글머리 기호는 3단계의 작업에서 도출한 요점 또는 더 구체적인 세부 사항이다.
3. 3~5개의 항목 또는 지표 각각에 대해 직접 만들 수 있는 세 가지에서 다섯 가지 방법을 찾아본다.

고객에게 앞으로 몇 달 동안 줄이고 싶은 격차가 있는 라이프 디자인 영역 중 하나를 선택하도록 요청한다. 고객에게 현재 보이는 격차를 설명해 달라고 요청한다(〈표 9-2〉). 그런 다음 고객이 격차를 줄이기 위해 취할 수 있는 몇 가지 첫 번째 단계, 즉 향후 몇 주 내에 취할 수 있는 단계를 파악한다. (고객이 모든 단계를 설명해야 하는 것에 부담을 느끼지 않도록 주의하도록 한다.)

표 9-2 격차 줄이기 워크시트

생활 영역: 가족

좁히고 싶은 격차에 대한 설명(예):	격차를 줄이기 위해 취할 첫 번째 단계에 대한 설명(예):
사촌과 사촌의 아내와 정기적으로 대화를 나누며 도움을 받는다. 현재 우리는 거의 대화하지 않고 대화를 일관성 있게 하지 않는다.	사촌에게 이메일을 보내 내가 생각하는 바람직한 방법을 설명한다. 서로 편안하고 아무런 일이 없을 때 1~2주마다 전화 통화를 한다. 첫 번째 통화 시간을 정한다.
나는 시누이들과 완전히 연결되어 있으며 우리의 삶, 감정, 생각을 자유롭게 공유한다. 지금은 남편이 전화를 걸어도 항상 대화를 나눌 수 있는 것은 아니다.	남편에게 내가 있을 때 전화를 걸어서 남편이 일을 마친 후 시누이들과 통화할 수 있게 해 달라고 구체적으로 요청한다. (남편이 승낙할 거라는 건 알지만 아직 물어보지 않았을 뿐이다!)
아버지와 나는 신시내티에서 아버지와 어머니가 향후 1~2년 동안 거주할 수 있는 집을 찾았다. 지금은 아버지가 오고 싶어 하시지만 아직 계획이 없다.	다음에 아버지에게 월세 비용과 기타 고려 사항 등 좋은 집의 조건에 대해 이야기할 때 물어볼 것이다. 그런 다음 이번 여름에 장소가 나오면 몇 곳을 살펴볼 수 있도록 장소 조사를 시작할 것이다.

자주 묻는 질문: 라이프 디자인

코치는 지금까지 제시된 자료로 작업하는 것에 대해 다음과 같은 질문을 한다:

고객이 하는 삶의 목적 작업을 라이프 디자인 업무와 어떻게 통합할 수 있을까?

앞서 인생의 성취감은 자신의 가치관과 삶의 목적에 따라 살아가는 데서 비롯된다고 이야기했다. 이를 통해 우리는 온전함, 만족감, 성취감을 얻을 수 있다. 따라서 고객은 처음 비전을 세우고 구체적인 목표를 작성할 때 다음 질문을 고려하면 도움이 된다: "이 영역에서 삶의 목적을 온전히 실현한다면 앞으로 18개월 후 이 삶의 영역은 어떤 모습일까?"

스스로에게 물어보기:

고객이 각 삶의 영역과 관련된 일에 삶의 목적을 통합하도록 어떻게 코칭할 수 있을까? 고객이 목적을 무시하고 있었다면, 이를 중요하게 생각하도록 어떻게 도울 수 있을까?

고객이 삶의 목적을 먼저 가지고 일해야 할까? 아니면 라이프 디자인부터 시작할 수 있을까?

모든 고객에게 가장 적합한 한 가지 방법은 없다. 라이프 디자인은 좀 더 구체적이기 때문에 일부 고객, 특히 구체적이고 실행 가능한 작업을 좋아하는 고객에게는 이 작업이 더 쉬울 수 있다. 여기서 시작해도 괜찮다. 그렇다면 고객은 삶의 목적에 대한 작업이 완료된 후 다시 돌아가서 각 영역이 목적과 성취감을 반영하는지 여부를 결정하기 위해 자신의 라이프 디자인 작업을 재검토해야 할 수도 있다.

중년 고객이 코칭을 받으러 왔는데 초기 라이프 밸런스 휠 평가의 모든 영역에서 극도로 낮은 점수를 받았다면 삶의 목적부터 다시 살펴봐야 할 수 있다. 고객은 그런 식으로 자신의 삶을 가장 총체적이고 통합적으로 바라보게 될 것이다.

스스로에게 물어보기:

어떤 상황에서 가장 먼저 인생의 목적 작업을 하고 싶은가?

오랜 기간 동안 고객과 함께 라이프 디자인을 할 수 있는가?

물론이다. 라이프 디자인은 특정 기간에 초점을 맞추기 때문에 고객은 주기적으로 업데이트해야 한다. 상황이 변하면 고객은 해당 삶의 영역에 대한 비전을 변경해야 한다. 코치는 이 자료를 사용하여 고객과 함께 개별적으로 또는 그룹으로 라이프 디자인 비전 수립 워크숍을 만들 수 있다. 많은 코치가 고객과 함께 연례 재교육을 진행하여 생활 영역에 대한 현재의 만족도를 조사하고 내년 또는 특정 기간에 대한 설계를 한다. 이는 코치가 고객과의 관계를 유지할 수 있는 풍부한 방법이다. 이러한 과정은 고객에게 새로운 에너지와 관점을 제공한다. 또한 코치들은 매년 시간을 내어 자신의 라이프 밸런스 휠과 라이프 디자인을 검토하고, 삶의 목적을 더 잘 달성할 수 있도록 특정 영역을 점검하고 재창조할 것을 권장한다.

스스로에게 물어보기:

1년 후에 은퇴하려는 고객의 상황을 생각해 본다. 당신은 지난 9개월 동안 이 고객과 함께 일해 왔다. 은퇴 계획을 세우는 데 라이프 디자인을 어떻게 활용하겠는가?

제10장

당신의 인생 여정을 방해하는 것은 무엇인가

WHAT GETS IN YOUR WAY?

고객이 삶의 목적과 인생의 각 중요한 영역에서 원하는 것에 대한 설득력 있는 관점을 확인했다면, 원하는 것을 창조하는 길에 들어선 것이다. 그러나 그 길은 쉽지 않을 수 있으며 장애물에 부딪힐 수도 있다. 궁극적으로 이러한 장애물은 만족스러운 삶을 사는 데 방해가 된다.

코칭 고객은 일반적으로 어떤 종류의 장애물을 만나게 되는가? 가장 흔한 장애물은 다음과 같다:

- 에너지 소모 요인: 일상의 활력을 빨아들이는 정신적 흡수제(예: 잡동사니)
- 충족되지 않은, 때로는 인식되지 않은 요구 사항
- 두려움: 이와 관련해서는 제15장에서 자세히 살펴볼 것임

먼저 에너지 소모 요인과 충족되지 않은 요구 사항을 파악하고 이를 해결하는 방법을 알아봄으로써 상위 두 가지 요소를 탐색해 보겠다.

에너지 소모 요인

제9장에서는 고객이 삶의 각 영역에서 자신의 만족 수준을 평가하고 완전한 만족을 구성하는 요소를 파악하는 라이프 디자인 연습을 소개했다. 만족도를 높이기 위한 전략은 다음과 같다:

- 만족도를 방해하는 크고 작은 장애물을 파악한다.

- 이러한 요소로 인해 고객의 에너지, 시간, 집중력 측면에서 어떤 비용이 발생하는지 파악한다.
- 실행, 위임, 지연 또는 버리기의 변형인 해당 항목을 제거하거나 최소화하거나 효과적으로 관리할 수 있는 방법을 찾아본다.

이 과정을 통해 고객은 다른 방식으로 자신의 삶을 관리할 수 있다.

만족을 가로막는 장애물은 우리의 에너지를 고갈시키며, 우리는 이를 참아 내고 견뎌 낸다. 이러한 장애물은 보통 다양한 형태로 존재한다.

유형 1: 사소한 성가심–생활의 걸림돌

인생의 작은 사소한 일들은 우리가 처리해야 하는 일들이다. 우리는 보통 야외에서 모기를 쫓아내듯 그냥 털어 버린다. 이러한 성가신 것들이 우리의 주의력과 에너지를 소모한다는 사실을 인식하지 못하고 무시한다. 벌이나 모기처럼 느껴진다면 뭔가 조치를 취해야 할지도 모른다. 하지만 대부분 우리는 그냥 지나친다.

모기는 물건을 찾지 못하게 방해하는 지저분한 옷장이나 작업 선반, 복잡한 차고, 미완성된 마케팅 브로슈어, 정비가 필요한 자동차, 고장 난 자물쇠, 겨울철 보관을 위해 맡겨야 할 세탁물 등이 성가신 존재들이다.

우리 대부분은 이러한 것들이 쌓여서 정말 귀찮을 때까지 참는 경향이 있다. 그러다가 너무 짜증이 나서 마침내 무언가 조치를 취하게 된다. 안타깝게도 그때쯤이면 성가신 것들이 어느새 상당히 큰 문제가 되었을 수 있다. 이쯤 되면 유형 2에 해당할 수 있다.

유형 2: 크거나 만성적인 불만–삶의 고통

크거나 만성적인 불만의 문제는 긴장을 유발하고 우리를 힘들게 한다. 우리는 이러한 문제들이 삶의 질을 떨어뜨린다는 사실을 잘 알고 있다. 불만을 효과적으로 처리하는 방법을 모르기 때문에 그냥 당연한 것으로 받아들이는 경우가 많다.

새로운 비즈니스를 시작하면서 긴 근무 시간으로 인해 어려움을 겪고 있을 수 있다. 직원 교육이 제대로 되어 있지 않아 위임할 수도 없다. 까다로운 고객들이 수시로 전화를 걸어온다. 아이가 화를 내며 "아빠, 축구 경기에 한 번도 오지 않았어!"라고 말한다. 우리는 휴가를 사용하지 않는다. 배우자와 깊은 대화를 나눌 시간이 없다. 운동을 중단했다. 83세의 건망증이 있는 어머니는 우리가 감당할 수 있는 것보다 더 많은 관심을 필요로 한다.

고난과 고통은 인생의 일부이지만, 고난에 직면했을 때 도움을 받지 않거나 소극적으로 대처할 필요는 없다. 부처님 말씀처럼, 인생은 만 번의 기쁨과 만 번의 슬픔이 있다. 모든 인간은 두 가지 모두에 참여할 것으로 예상해야 한다. 사실 불교의 첫 번째 고귀한 진리는 "산다는 것은 고통이다."라는 것인데, 슬픔은 인류의 보편적인 경험이다. 이는 우리가 고통을 창조할 필요가 없으며, 고통은 이미 충분히 존재한다는 것을 가르쳐 준다. 목표는 고통을 받아들이고 포용하며 그 너머로 나아가는 것, 즉 성장이 일어나는 곳이다. 코칭을 받는 모든 고객은 괴로움과 고통에 대해 배우고, 이를 통제하거나 제거하기 위해 다음과 같은 연습을 하면 더 큰 만족감을 얻을 수 있다.

1단계: 개인적인 고충과 고통 파악하기

지금 바로 가능한 한 많이 나열하도록 한다. 대부분의 고충과 고통은 직장, 가족, 생활/환경, 사회 등의 영역에서 발생한다. 이것부터 시작하거나 라이프 디자인 차트로 돌아가 도움을 받도록 한다.

2단계: 대가 계산하기

어떤 일이든 참는 데는 대가(cost)가 따른다. 그 대가는 시간, 불편함, 좌절감일 수 있다. 그 대가는 자신이나 다른 사람의 실망일 수도 있고, 웰빙과 활력의 상실일 수도 있다. 각각의 고충과 고통이 당신에게 어떤 대가를 치르는지 파악하도록 한다. 이 문제를 견디고 비용을 부담하는 것이 그만한 가치가 있는지 스스로에게 물어보도록 한다. 지불하고 있는 비용이 너무 높을 수도 있다. 삶의 성취감과 균형을 원한다면 이런 식으로 자신의 일부를 포기할 여유가 없다.

어떤 사람들은 고통과 어려운 상황을 견뎌 내면서 에너지를 얻는다. 순교자가 된 기분을 느끼면 무거운 짐을 짊어지고, 억압받는 느낌을 받고, 다른 사람을 위해 희생하는 등 활력을 얻게 된다. 때로는 고통을 견디고 비참한 상황에 처한 자신을 영웅적으로 느끼기도 한다. 순교자들과 그들의 삶에 있는 사람들 모두에게 훨씬 더 영양을 공급하는 방법을 포함하여 더 나은 삶의 방식이 있지만, 이러한 방식은 사람들이 모기와 고통에 에너지를 쏟는 것을 멈추고 더 영양을 공급하는 활동을 위한 공간을 만들기 시작할 때까지는 보이지 않는다.

3단계: 비용이 그만한 가치가 없다면 각 고충과 고통에 대해 조치를 취하도록 하기

고충을 퇴치하고 고통을 없앨 수 있는 네 가지 방법이 있다:

- 이를 제거하기 위한 전략을 찾아본다. 직접 처리하여 각 항목을 완전히 제거하기 위한 계획을 세운다. 예를 들어, 토요일에 차고를 청소하고, 차고 세일을 계획하고, 팔리지 않은 품목을 폐기하는 등의 계획을 세울 수 있다. 업무의 경우 브로슈어의 현실적인 완성 날짜를 정하고 달력에 표시하고 위임 방법을 결정한 다음 그래픽 디자이너나 작가를 고용하여 브로슈어를 완성할 수 있다.
- 그들이 스스로 사라지도록 허용한다. 일단 당신이 당신의 삶에 그것들을 포함시키지 않기로 결정하면, 일부 고충과 고통은 자연스럽게 사라질 것이다. 그들은 자신의 시간이 끝났음을 깨닫고 당신의 노력 없이도 알아서 스스로를 처리하는 것 같다. 이 시기는 마음의 힘을 보여 주는 좋은 예이다.
- 취할 수 있는 명확한 조치가 없는 경우, 우리는 때때로 고객에게 문제를 의식적으로 미루거나 제쳐두고 다른 일에 집중할 것을 제안한다. 집중이 가져다주는 에너지가 부족하면 문제는 그냥 사라지는 경우가 많다. 이는 저항하는 것은 지속된다는 일반적인 생각에 기반한다. 저항하는 마음이 사라진다는 것은 문제가 더 이상 지속되지 않는다는 뜻이다.

일반적인 예로, 겨울을 싫어하며 콜로라도에 사는 사람들이 있다. 그들은 콜로라도 날씨가 매우 변덕스럽다는 것을 알고 있다. 춥고 눈보라가 치는 날이 지나고 나면 해가 뜬다. 그들은 자신의 기분이 변한다는 것을 인식한다. 그들은 '이 또한 지나가리라.'는 것을 의도적으로 인식할 수 있다는 것을 깨닫는다. 스스로에게 그렇게 말함으로써 그들은 추운 날씨라는 현실을 받아들이고 앞으로 일어날 일에 관심을 집중한다. 그러나 노바스코샤에 살았다면 '이 또한 지나가리라.'는 전략은 그들에게 효과가 없을 수도 있다. 현재에 굴복하고 앞으로 다가올 일을 예상하는 이러한 마인드셋은 날씨, 세금 등 진정으로 사람들이 통제할 수 없는 일에 효과적이다. 저항하는 대신 허용하는 것은 의식적으로 시기를 늦추는 전략을 사용하는 것이다. 이것은 부정이 아니다. 다른 곳에 초점을 맞추기 위한 선택이다.

- 그것들을 중립화하기: 이를 위해서는 감정적 부담을 덜어 줄 수 있는 단기적인 해결책, 즉 적합한 타협점을 찾아야 한다. 한 번에 모든 것을 할 수 없다는 사실을 인정하고 기대치에 대해 현실적으로 생각한. 예를 들어, 브로슈어를 완성할 현실적인 날짜를 정하면 머릿속에 떠오르는 부담감을 줄일 수 있다.
- 이러한 것을 배움의 기회나 감사로 전환하기: 83세의 노모가 쇠약해졌다는 것과 같이 인생에서 바꿀 수 없는 사실도 있을 수 있다. 바꿀 수 있는 것은 이러한 상황에 대응하는 방식이다. 이전 장에서 설명한 것처럼, 이러한 상황은 고객이 습관적이고 즉각적인 감정이나 행동으로 반응하는 대신 시간을 갖고 옵션을 검토할 수 있도록 코칭할 수 있는 기회이다. 예를 들어, 이 상황에 처한 고객은 자신의 어머니가 자신을 얼마나 오랫동안 돌보았는지 생각해 볼 수 있다. 어머니는 자신의 인생에서 최소 16년 동안 자신을 위해 양육, 보호, 지원 관계에 투자했을 것이다. 상대방에게 무언가를 돌려줄 수 있는 기회에 감사하거나 이러한 어려운 도전에서 교훈을 찾을 수도 있다.

동료인 마이클 오브라이언은 고객이 답변을 선택할 때 "여기서 삶이 무엇을 요구하는가?"라고 질문하도록 가르친다. 고객에게 이 질문을 하면 고객은 자신의 표면적인 문제보다 더 큰 것에 주의를 집중하게 된다. 이러한 질문은 상황을 새로운 관점으로 바라보게 한다. 고객은 부모와 함께할 수 있는 시간이 얼마 남지 않은 것에 대해 감사하기로 선택할 수 있다. 스스로를 위해 최대한 많은 지원을 준비하고 그 상황에서 배울 수 있는 기회를 찾을 수도 있다. 자신의 상황에 맞게 인생을 새롭게 설계할 수도 있다.

주기적으로 고충과 고통 목록을 업데이트한다. 60일마다 목록을 다시 확인한다. 새로운 항목을 추가하고 성취한 항목은 삭제한다. 인생에서 이러한 고충과 고통이 가장 많이 모이는 영역이 어디인지 생각해 본다.

우리 대부분은 특히 모기나 진드기와 같은 잡념과 고통이 쌓이기 쉬운 몇 가지 영역이 있다. 예를 들어, 직장에서 이러한 문제가 주로 발생한다면 적절한 조치를 취하도록 한다. 새로운 것이 쌓이거나 늘어나지 않도록 한다. 한 마리의 모기가 다른 모기를 끌어당기면 곧 떼를 이루게 되듯이, 더 큰 문제가 될 수 있다.

당신의 활력을 위해 치러야 할 실제 비용을 명확히 파악하도록 한다. 이런 성가신 일들을 얼마나 참을 수 있을까? 귀찮고 고통스러운 일의 종료 날짜를 정하도록 한다. 달력에 적어 두고 그동안 참아 왔던 것들의 종료일이 되면 스스로 종결자(terminator)가 되어 본다. 아놀드 슈왈제네거(Arnold Schwarzenegger)가 연기한 '터미네이터' 캐릭터를 기억하는가? 당신의 시련과 고통을 처리하는 데 그러한 에너지를 사용하도록 하라.

때때로 고충과 고통은 고객이 자신의 필요를 충족하거나 가치관을 실천하는 방식과 관련이 있다. 이러한 고충과 고통의 문제는 가치에 초점을 맞춘 제11장에서 다시 살펴보겠다. 현재 논의에서 에너지 소모자에 대한 다음 워크시트는 고객과 함께 사용할 수 있는 유용한 도구이다. 이러한 간단한 도구는 고객이 에너지를 고갈시키는 것들을 종이에 적을 수 있는 방법으로 그 중요성을 가르친다. 이를 통해 고객은 목록에서 에너지 소모 요인을 체계적으로 점검할 수 있다. 고객이 두세 가지 항목을 관리하면 다른 항목이 사라지는 마법 같은 일이 종종 일어난다.

[워크시트 10-1]은 신규 고객과의 초기 현장 조사 과제로 사용할 수 있다. 또한 잠재 고객과의 샘플 코칭 세션에 집중하는 데도 사용할 수 있다. 많은 코치가 이 워크시트를 사용하여 서비스를 마케팅하는 데 사용하고 있다. 고객은 이 워크시트를 작성하고 코칭 세션을 경험한다. 대화 시간은 7~10분 정도로 매우 짧을 수 있지만, 고객은 코칭 대화를 경험하고 코칭이 인생에서 원하는 것에 초점을 맞추는 방법을 알게 된다.

다음 중 어떤 것이 고충인가? 다음 중 어느 것이 고통인가? 각각에 '고충' 또는 '고통'으로 표시하여 그 크기를 표시하라.

다음 중 당장 해결할 수 있는 것은 무엇인가? 앞으로 이틀 이내에 해결할 수 있는 항목 2개 옆에 별표를 표시하라.

자신의 에너지를 고갈시키는 요인에 관한 워크시트는 고객이 에너지 소모품 목록에 추가되는 항목과 제거할 수 있는 항목을 의식할 수 있도록 돕는 전략이다. 항목이 제거되면 고객은 해당 항목, 집안일 또는 문제에 붙어 있던 에너지를 되찾을 수 있다는 것을 경험하기 시작한다. 코치는 고객에게 긍정적인 방식으로 삶에 영향을 미치는 일, 좋아하는 일 등 에너지를 얻는 일의 비슷한 목록을 작성하도록 요청할 수 있다(Williams & Davis, 2007, pp. 38, 39). 코치가 고객에게 무엇을 좋아하는지 물어보면 고객은 종종 이러한 활동을 위해 따로 시간을 할애하지 않는다는 것을 알게 된다. 공원 우리는 삶에서 능동적으로 대처하기보다는 무시하게 되는 사람과 상황에 대해 참아 내고, 받아들이고, 감당하고, 끌려다닌다. 이 시간을 통해 긍정적인 활동에서 에너지를 고갈시키는 것들을 파악해 보자. 더 많은 항목이 생각나면 목록을 추가할 수 있다.

직장 내에서 에너지 고갈 요인	가정 내에서 에너지 고갈 요인
1.	1.
2.	2.
3.	3.
4.	4.
5.	5.
6.	6.
7.	7.
8.	8.
9.	9.
10.	10.
11.	11.
12.	12.
13.	13.
14.	14.
15.	15.
16.	16.
17.	17.
18.	18.
19.	19.
20.	20.

[워크시트 10-1] 자신의 에너지를 고갈시키는 요인에 관한 워크시트

을 산책하고, 좋아하는 음악을 듣고, 자연에서 시간을 보내고, 극장과 박물관에 가는 것이 에너지를 얻는다는 것을 확인한 고객은 회수된 에너지를 사용하여 의식적으로 이러한 활동을 생활에 실천할 수 있다. 그러면 삶이 변화하기 시작한다.

욕구 사항 파악

대부분의 현대 사회에서 우리는 욕구(needs)가 있는 것과 없는 것 사이의 실질적인 구분을 무너뜨렸다. 우리는 "그는 너무 부족해! 그 사람 곁에 있는 게 견딜 수 없어." 또는 "그녀는 부족함 때문에 관계를 망치고 있어!"라고 말한다. 누군가를 '부족한 사람'으로 묘사하는 말을 들었을 때 다른 방식으로 행동한 적이 몇 번이나 있을까?

사실 우리 모두는 욕구가 있다. 욕구는 인간 존재의 정상적이고 자연스러운 부분이다. 문제는 이러한 욕구가 존재한다는 사실을 인정하지 않을 때 발생한다. 욕구가 있어도 괜찮지 않다고 생각할 때, 즉 욕구가 너무 부끄러워서 그 존재를 부정할 때, 우리는 욕구를 지하로 밀어 넣는다. 그곳에서 욕구는 힘을 얻고 우리의 삶을 지배하기 시작한다.

매슬로의 욕구 위계 : 욕구에 대한 고전적인 관점

우리 대부분은 욕구가 궁핍한 사람으로 분류되는 것을 두려워하며 자랐다. 미국의 심리학자 에이브러햄 매슬로는 모든 인간은 안전에서 자아실현에 이르는 욕구 위계를 가지고 있다고 제안했다. [그림 10-1]은 이러한 욕구 단계를 보여 주는 최근의 그림이다.

매슬로가 최초의 욕구 위계를 개발한 후 몇 년 동안 몇 가지 단계가 추가되었다. 1971년에 자기 초월 욕구(Transcendence)가 최상위 단계로 추가되었고, 1998년에는 자아실현의 전 단계로 심미적 욕구(Aesthetic Needs)와 지식과 이해 욕구(Need to Know and Understand)가 추가되었다.

매슬로는 심미적 욕구를 대칭, 질서, 아름다움에 대한 욕구, 자아실현 욕구를 자기 성취와 잠재력 실현에 대한 욕구, 자기 초월 욕구를 다른 사람이 자기 성취를 찾고 잠재력을 실현하도록 돕고 싶은 욕구로 정의했다.

매슬로는 인간이 자아실현과 자기 초월을 경험하면서 지혜가 발달하고 다양한 상황에서 어떻게 행동해야 하는지 자동으로 알게 된다고 믿었다. 이는 정서지능에 대한 연구와도 일치하는데, 정서지능 점수는 나이가 들면서 수십 년에 걸쳐 상승한다고 한다.

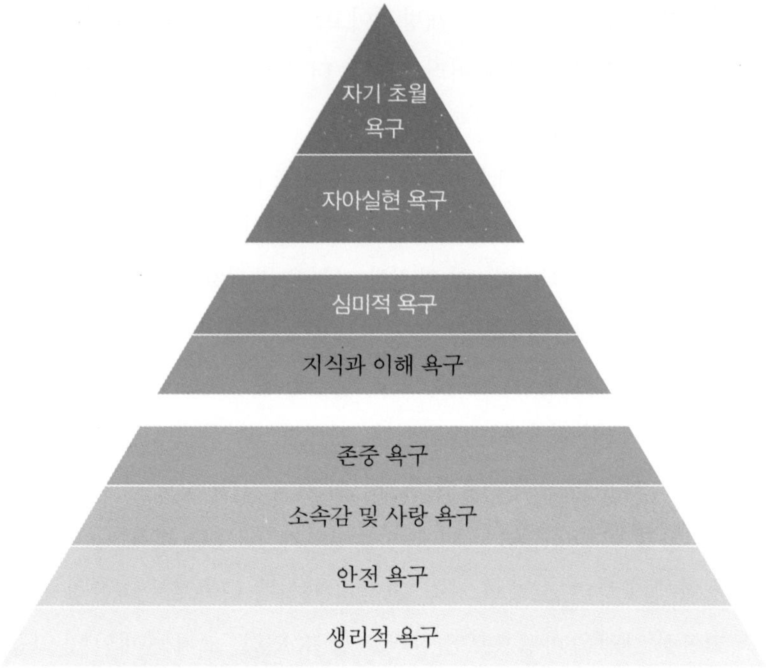

[그림 10-1] 매슬로의 욕구 위계

이러한 정보를 통해 욕구가 있다는 것을 인정해야 하지만, 우리 대부분은 모든 것을 다 가진 척하는 법을 배웠다. 우리는 우리 자신의 모든 욕구를 충분히 충족할 수 있다. 슈퍼맨, 원더우먼, 해리포터, 루크 스카이워커, 어벤져스 등 인기 있는 슈퍼히어로들은 혼자서 또는 힘든 방법으로 모든 것을 해냈고, 다른 사람이나 그 어떤 것도 필요하지 않은 것처럼 보였다.

욕구에 대한 코칭 관점

1960년대와 1970년대에 매슬로가 개발한 자아실현(self-actualization)의 구조는 코칭에 적절하고 유용한 공헌을 했다. 매슬로의 접근 방식은 심리학자들에게 질병 모델(disease model)을 넘어 사람의 기능을 바라보는 새로운 시각을 제시했다.

1968년에 매슬로는 자아실현을 사람들이 자신의 능력을 특히 효율적이고 집중적으로 즐길 수 있는 방식으로 모으는 능력으로 재정의했다. 그는 또한 자아실현을 사람들이 더 통합되고 덜 분열되어 지금 여기에서 더 온전히 살고, 더 자립적이고, 더 자기 수용적이며, 자신의 경험에 더 개방적이고, 더 독특하고, 더 완벽하게 표현하고 자발적이며, 더 창의적이고, 더 유머러스하고, 더 자아를 초월하고, 낮은 욕구로부터 더 독립적인 상태라고 정의했다.

자아실현을 통해 사람들은 자신의 모든 재능과 관심사를 진정으로 인식하고 수용함으로써 자신의 잠재력을 활성화할 수 있게 된다. 따라서 자아실현은 종점이나 목적지가 아니라 여행의 한 방식이다. 더 완전한 기능을 발휘하고 더 완전한 진정성이 되려면 우리가 누구인지뿐만 아니라 우리가 되고 있는 사람에 대한 자아실현적인 생각, 비전, 인식 및 수용이 필요하다. 우리는 단지 인간일 뿐만 아니라 인간이 되어 가는 존재이기도 하며 끊임없이 변화하는 존재이다. 이러한 변화를 인식하고 그에 대한 책임을 지는 정도에 따라 우리는 더 자유롭게 자신이 될 수 있는 사람이 될 수 있다.

매슬로의 연구가 코칭에 중요한 이유는 무엇인가? 코치는 정신적 · 정서적으로 건강한 개인과 함께 일하며, 고객의 재능, 고객의 세상을 바라보는 고유한 창의적 시각 및 고객의 고유한 강점을 바탕으로 일한다고 할 수 있다. 코치는 개인 및 그룹과 협력하여 각자의 재능을 더 잘 인식하고, 주인의식을 가지며, 일상생활의 욕구, 목표, 삶의 목표에 적용하여 실현할 수 있도록 개발한다. 이러한 과정에서 코치는 매슬로와 그의 집단이 제시한 기준을 따른다.

에이브러햄 매슬로는 건강한 사람을 최초로 연구한 사람이다. 그의 모델은 인간을 바라보는 시각을 바꾸어 놓았다. 매슬로의 연구 결과에 따르면, 인간에게는 생존, 안전, 사랑, 소속감 등 '존재(being)'의 욕구 외에도 기본적인 생물학적 욕구가 더 존재한다. 예를 들어, 사람들이 위험을 감수하는 상황에 처하는 것은 단지 어디가 잘못되어서가 아니라 무언가 원하는 것이 있기 때문이라고 생각했다. 그는 개인이 진리, 선함, 창의성, 자발성, 개성, 아름다움을 추구하려는 욕구와 같은 자아실현 욕구뿐만 아니라 타인으로부터 자존감과 존경을 받고자 하는 고차원적인 욕구도 가지고 있다는 사실을 발견했다. 또한 매슬로는 기본적인 욕구가 충족되면 개인의 욕구 단계가 올라간다는 사실을 발견했다. 인간은 욕구 단계의 모든 수준에서 끊임없이 욕구를 만족시키기 위해 노력하지만, 기본적으로 욕구를 인식하는 수준은 한두 단계에 머물러 있다.

매슬로(1971)는 「낮은 불평, 높은 불평, 메타 불평에 대하여(On Low Grumbles, High Grumbles and Metagrumbles)」라는 제목의 흥미로운 내용을 썼다. 사람들이 불평하거나 불만을 토로하는 내용을 들어보면 그들이 처한 욕구 단계의 위계가 어느 정도인지 쉽게 알 수 있다. 주로 신호위반을 하는 운전자에 대한 불만, 다음 날 아침 출근을 할 수 있을지에 대한 걱정, 자동차 브레이크가 제대로 작동하는지에 대한 걱정을 하는 사람들은 학생들이 중심가에 새로 심은 나무의 가지를 꺾는 것에 대한 불만, 대부분의 다이어트 계획의 유효한지, 신발이 옷에 어울리는지, 어른들이 청소년에게 좋은 롤 모델이 되고 있는지 등에 대해 불평하는 사람들과는 다른 수준에서 불만을 토로하고 있는 사람들이다.

이러한 관심사는 개인의 의식적인 욕구 수준을 변화시킬 뿐만 아니라 더 완전한 기능을 발휘하는 사람들과 그렇지 않은 사람들의 차이점을 시사하기도 한다. 따라서 코치는 여러 가지 불만 사항을 경청하면서 고객이 현재 자신의 삶의 단계에서 어느 정도 기능하고 있는지 파악할 수 있다. 이러한 정보는 코칭 업무와 관련이 있는데, 이는 고객의 삶에 변화를 가져오는 것이 코칭의 목표이기 때문이며, 고객이 어디에 있는지 알아야 최상의 서비스를 제공하는 방법을 알 수 있기 때문이다.

매슬로는 욕구 위계에서 높은 수준의 기능을 하는 사람들이 시간 활용 능력(time-competent)이 뛰어나고 내면 지향적(inner-directed)이라고 밝혀냈다. 그는 시간 활용 능력을 현재에 일차적이고 효과적으로 생활하고 과거, 현재, 미래를 연속적인 전체로 이해할 수 있는 능력으로 정의했다. 오늘은 내일의 어제이다. 코치에게 변화는 항상 현재와 미래에 대한 계획에 있다. 현재를 효과적으로 살지 못하면 우리는 쉽게 과거의 포로가 될 수 있다. 우리는 어떻게 될 수 있는지에 집중하기보다는 과거의 모습에 갇혀 있을 수 있다. 코치는 현재 고객의 강점을 활용하여 핵심 가치와 원하는 바에 더 부합하는 변화의 과정을 설계하게 된다.

매슬로는 내적 지향성을 고객이 결정을 내릴 때 자신의 내적 자이로스코프(gyroscope)에 의존하는 능력으로 정의했다. 내적 지향성이 높을수록 더 많은 고객이 책임감 있는 인식의 삶을 살아간다. 책임감이란 우리말로 표현하면 대응할 수 있는 능력과 자신을 자신의 선택의 주체로 여기는 것이다. 개인이 보다 책임감 있는 사람으로 성장하면 "책임 없는 자유는 있을 수 없다."는 진부한 말의 반대를 곧 발견하게 된다. 책임감 있는 사람이 될수록 더 많은 자유를 누릴 수 있다는 것을 알게 된다. 코치는 고객이 보다 능동적으로 자신의 자유와 재능을 발견하고 이를 활용하여 자신의 삶을 주도하도록 초대한다. 고객은 인생에서 원하는 것을 얻고 다른 사람의 더 큰 이익에 부합하는 선택을 함으로써 책임감을 갖게 된다.

자아실현은 코칭의 과정 및 목표와 일치하는 일생 동안의 자기 발전 과정이다. 자아실현을 위해서는 고객이 다양한 발전 단계에 있는 인간의 욕구를 해결해야 하므로 코치는 욕구 해결에 대한 정의와 원칙을 가지고 있어야 한다. 이는 간단하지만 다른 전문직이 욕구를 바라보는 방식과는 상당히 다를 수 있다.

정의: 욕구는 매슬로의 계층 구조의 모든 수준에서 발생하며, 충분히 충족되지 않으면 고객이 최선을 다하지 못하게 된다. 코치는 고객이 최고가 되기 위해 노력하기를 원한다. 단순히 기능하는 것만으로는 충분하지 않다.

다음은 코칭에 대한 요구 사항을 처리할 때 사용하는 몇 가지 원칙이다:

- 욕구는 상황에 따라 달라진다. 욕구는 어떤 상황이 갑자기 변화하여 현재 욕구가 충분히 충족되지 않았기 때문에 나타날 수 있다. 고객이 어떤 종류의 전환기를 겪을 때마다 새로운 욕구가 나타날 수 있다. 예를 들어, 30대에 다이앤은 AT&T의 교육 및 개발 조직에서 같은 또래의 커리어에 관심이 많은 다른 여성 및 남성들과 함께 일했다. 다이앤은 이러한 환경에서 성공할 수 있었다. 그녀는 일을 좋아했고, 쉽게 친구를 사귀었으며, 동료들의 활기찬 분위기를 즐겼다. 전 세계 각지에서 사람들이 조직으로 모여들었고, 그 덕분에 자극적인 학습 환경이 조성되었다. 다이앤은 그 어느 때보다 즐겁게 일했다. 다른 조직에서 일할 수 있는 승진 제안을 받았을 때 그녀는 이를 받아들였다. 그 부서는 매우 조용한 소규모 부서로 대부분의 업무가 개별적으로 이루어졌다. 몇 달 후 다이앤은 소속감에 대한 욕구가 얼마나 중요한지 깨달았지만, 그 욕구가 충족되지 않고 있었다. 이전에는 직장에서 이러한 욕구가 쉽게 충족되었지만 다이앤은 이를 인식하지 못했다. 새 근무지에 오자 그 소속감에 대한 욕구가 눈에 띄게 드러났다. 새로운 상황에서 다이앤은 직장 밖에서 이러한 욕구를 충족하기 위한 조치를 취해야 했다.
- 욕구가 불충분하게 충족되면 사람을 움직이게 한다. 욕구가 충분히 충족되면 욕구는 사라지고 고객의 게슈탈트의 배경으로 다시 떨어진다.
- 욕구는 필요(wants)나 욕망(desires)과는 다르며, 후자는 바람직하지만 충족되지 않은 욕구가 만들어 낼 수 있는 원동력을 발휘하지 못한다.

만족스러운 삶을 살 때 우리는 욕구와 좋은 관계를 맺게 된다. 이를 위해 우리는 다음과 같이 한다:

- 우리의 욕구, 즉 욕구가 존재하고 실재한다는 사실을 인정한다.

- 현재 우리 안에 있는 욕구를 파악한다.
- 욕구가 어떻게 충족되고 있는지, 그리고 그러한 방법이 우리에게 어떻게 도움이 되는지 살펴본다.
- 각 욕구를 충족시킬 수 있는 만족스럽고 바람직한 방법을 찾는다.

우리가 욕구를 인식하고 이를 해결하는 것의 중요성을 가르치는 이유는 앞서 말했듯이 욕구가 우리의 선택과 가능성을 주도하기 때문이다. 고객이 자신의 욕구를 인식하지 못하면 무의식적으로 욕구를 충족시키기 위해 움직이게 된다. 고객은 특정 목표를 달성하고 싶다고 말하지만, 먼저 욕구를 충족하고 그 다음에 목표를 달성하게 될 것이다.

코치 U의 설립자인 토마스 레너드(Thomas Leonard)로부터 배운 욕구 해결의 두 번째 이유는 여름에 물이 필요한 푸른 잔디밭처럼 욕구를 은유적으로 바라보면 명확해진다. 건조한 기후에 사는 많은 사람은 자동 스프링클러 시스템을 설치하여 잔디에 직접 물을 주지 않고 자동으로 물을 준다. 마당에는 정기적으로 물이 필요하지만 자동으로 필요량이 충족되어 부족하지 않다. 욕구를 관리하는 목표도 이와 비슷하다. 욕구를 인식하고 이를 충족할 수 있는 자동 시스템을 구축하는 것이다.

예를 들어, 고객은 인정받고 싶은 욕구가 있을 수 있다. 이기적으로 들리기 때문에 그들은 욕구가 있다는 것을 부정한다. 그러나 인정 욕구는 의식하지 못하더라도 여전히 존재한다. 그들은 자신에게 효과적이지 않은 방식으로 그것을 충족시킨다. 인정에 목말라 보인다. 직장에서 작은 성공에 대해 지나치게 많이 이야기하고 팀원들과 경쟁하는 것처럼 보인다. 팀원들은 이들을 잘난 체하는 사람으로 여긴다. 인정 욕구를 충족하는 건강한 방법은 지역사회 봉사 단체나 자신이 신념을 가지고 있는 프로젝트에서 자원봉사를 하는 등 대안을 찾는 것일 수 있다. 욕구를 의식적으로 인정하면 이를 충족할 수 있는 건강한 방법을 찾는 것이 훨씬 더 쉬워지고, 이를 체계화할 수 있다.

다음 연습은 앞의 단계를 확장한 것으로, 고객이 자신의 욕구와 친해질 수 있도록 지원하는 데 도움이 되도록 구성했다. 코치로서 고객의 욕구를 엄격하게 판단하지 않는 것이 중요하다. 예를 들어, 코치에게는 지배 욕구가 없을지라도 고객은 이런 식으로 자신의 욕구를 표현할 수 있다. 우리는 욕구가 사람의 신념, 행동, 태도를 주도한다고 믿는다. 이러한 욕구는 때때로 신경증적이거나 자기애적이거나 잘못 인도된 것처럼 보일 수 있다. 하지만 코칭을 통해 살펴보면 지배, 권력, 통제에 대한 욕구는 수용, 인정, 가치 인정에 대한 욕구 등 충족되지 않은 원초적 욕구가 밑바탕에 깔려 있음을 발견할 수 있다. 코치의 핵심은 고객이 삶의 목적, 가치, 욕구에 부합하는 건강한 욕구 충족 방법을 찾도록 돕는 것이다. 가능하면 고객이 자신의 삶에 무언가를 구축하여 욕구를 지속적으로 충분히 충족시킬 수 있기를 바란다. 그렇게 되면 욕구는 더 이상 추진력이 되지 않는다.

1단계: 욕구가 있다는 사실 인정하기

욕구란 현재 우리의 삶에서 필수적인 것, 즉 우리가 최선을 다해 일하고, 소유하고, 존재하기 위해 필수적인 것들을 말한다. 숨 쉬는 공기가 인간에게 필수적이지만 대개 의식적인 생각이나 노력 없이 발생하는 것처럼, 욕구가 충족되면 우리는 그것에 대해 별로 생각하지 않는다.

질식의 위험에 처하지 않는 한, 우리는 숨 쉬는 과정에 대해 생각하지 않을 수 있다. 숨을 쉴 수 있는 깨끗한 공기가 충분하지 않으면 우리는 그 욕구를 충족시키기 위해 에너지를 소비하게 된다.

우리 대부분은 걱정할 필요가 없을 만큼 충분한 공기를 가지고 있다. 하지만 성취, 친밀감, 우수성, 결과, 동반자, 아름다움, 격려, 동맹, 멘토에 대한 욕구 등 약 1,001가지의 다른 욕구 중 어느 한 영역에서 부족함을 느낄 수 있다.

욕구를 어떻게 인식할 수 있을까? 우리는 종종 감정을 추적하여 욕구를 파악할 수 있다. 욕구가 충족되지 않으면 좌절감, 두려움, 실망감, 상처, 분노를 느낀다. 욕구가 충족되면 우리는 기쁨, 흥분, 동기 부여를 느낀다. 우리가 감정을 살펴보고 힘들고 충만한 감정의 패턴을 발견할 때, 우리는 욕구를 추적하고 있는 것이다. 이는 다음 2단계에서 설명한다. 이러한 과정은 자신의 욕구를 자각하고 이를 충분히 채울 수 있는 방법을 찾기 시작할 수 있는 기회이다.

충족되지 않은 욕구는 공허함, 불완전함 또는 완전하지 않다는 느낌을 준다. 우리는 무언가 잘못되었다는 느낌을 받는다. 반대로 욕구에 이끌려 다니지 않을 때 우리는 온전히 자신이 될 수 있는 자유를 누린다.

욕구를 필요(wants)나 욕망(desires)으로 착각할 수 있다. 미국과 같은 소비자 사회에서는 아동과 청소년에게 필요와 욕구를 구분하지 말라고 가르친다. 광고는 매출을 극대화하기 위해 욕구를 필요로 바꾸고 있다. 욕구를 구별하는 방법은 짧은 시간(몇 주가 아닌 몇 시간 또는 며칠) 이상 그것 없이는 효과적이거나 행복하게 살 수 없는지 알아차리는 것이다. 만약 그렇다면 그것은 아마도 니즈(needs)일 것이다. 다이앤의 사례에서 그녀는 새 직장에서 처음 몇 주 동안 외로움을 느끼기 시작 했는데, 이는 성인이 된 그녀에게는 낯선 감정이었다. 외로움이라는 감정으로 인해 그녀는 다른 여성들과의 우정과 소속감에 대한 욕구를 인식하게 되었다.

안전(security) 욕구에 대한 예를 들어 보겠다. 단순히 안전에 대한 욕구라면 우리는 안전을 원하고 심지어 안전을 얻기 위해 노력할 수도 있지만, 안전이 없어도 삶은 괜찮을 것이다. 그렇다면 필요와 욕구의 차이는 강도의 차이인 것이다. 욕구가 충족되지 않았을 때 불안감, 불길함, 불편함을 느낀다면 그것은 아마도 욕구일 것이다.

욕구의 또 다른 지표는 욕구가 채워졌을 때 안도감을 느낀다는 것이다. 단순히 안정감을 원하거나 원하다가 그것을 얻으면 목표를 달성한 것과 같은 만족감을 더 많이 느낀다.

코치가 고객에게 하는 질문 중 하나는 "지금 당신의 삶에서 이 욕구가 충분히 충족되었는지 어떻게 알 수 있을까? 즉, 무엇이 이러한 욕구가 주의력, 행동 또는 감정의 원동력이 되지 않게 할 수 있을까?"이다. 우리 각자는 욕구가 적절히 충족되었을 때를 식별하는 특별한 방법을 가지고 있다. 생각, 감정, 신체적 감각 등 다양한 방식으로 욕구를 인식할 수 있다. 다이앤의 예에서, 다이앤은 더 이상 친구에 대해 외로움을 느끼지 않을 때 소속감에 대한 욕구가 충족되었음을 인식했다.

2단계: 지금 가장 필요한 다섯 가지 욕구는 무엇인가

균형을 이루고 만족스러운 삶을 살기 위해서는 현재 자신에게 필요한 욕구를 인식하는 것이 도움이 된다. 다음 연습에서는 상위 다섯 가지 욕구 목록을 작성해 보자. 자신의 욕구를 표현하는 것이 쉬울 수도 있다.

당신은 이미 무엇이 고통이나 긴장을 유발하는지 알고 있을 수도 있다. 예를 들어, 배우자로부터 더 많은 관심을 받고 싶거나, 아침에 더 평화롭고 조용한 시간을 보내고 싶거나, 더 많은 에너지를 얻고 싶거나, 비즈니스 성과에 대한 더 많은 증거가 필요하다는 것을 이미 알고 있을 수 있다. 요구 사항은 일반적으로 네 가지 주요 범주 중 하나에 속한다:

1. 안전에 대한 욕구: 안전, 보호, 안정성, 정보, 의무, 명확성, 확실성, 정직성, 재정

적 보안, 질서, 진정성, 의무 이행에 대한 헌신

2. 권력과 영향력에 대한 욕구: 통제, 부, 권위, 관리, 도덕성, 지배력, 자유, 완벽함, 가시성, 리더십, 인정, 칭찬, 인정, 영향력
3. 성취 또는 성취에 대한 욕구: 창조, 성취, 결과 달성, 노력, 수행, 탁월함, 평온과 평화, 바쁨, 책임감, 성공, 공헌, 유용함, 탁월한 서비스 제공
4. 친밀감, 관계, 연결에 대한 욕구: 경청, 필요, 사랑, 감동, 도움, 포함, 소중함, 감사, 영감, 연결, 그룹의 중심, 협업과 소통, 자신보다 더 큰 무언가에 연결되고자 하는 욕구 등

자신의 욕구를 파악하는 데 어려움을 겪는다면 욕구를 갖는 것이 허용되지 않는다고 생각한다는 신호일 수 있다. 욕구를 부끄러워하거나 오랫동안 부정해 왔기 때문에 욕구가 있다고 스스로를 속이고 있는 것일 수도 있다.

현재 가장 필요한 열 가지를 적는다. 도움이 된다면 긴 목록으로 시작하여 그 범위를 좁혀 보도록 한다.

현재 가장 필요한 열 가지는 다음과 같다:

1. ______________________________
2. ______________________________
3. ______________________________
4. ______________________________
5. ______________________________
6. ______________________________
7. ______________________________
8. ______________________________
9. ______________________________
10. ______________________________

당신의 목록을 검토하고 상위 3개에 별표(*)를 표시한다. 할 수 있다면, 가장 우선순위 가 높은 욕구 사항을 1로, 그 다음 요구 사항을 2로 표시하는 식으로 우선순위를 정한다.

3단계: 욕구를 충족하는 방법과 그 방법이 자신에게 도움이 되는지 알아보기

제9장의 라이프 디자인 과정을 되돌아보자. 1단계에서 당신은 현재 삶의 상태를 여러 측면에서 평가했다:

- 업무/경력
- 재정
- 가족
- 친구/커뮤니티
- 기본 관계
- 가정/환경
- 외모
- 건강
- 개인 개발 및 성장
- 영성
- 즐거움과 놀이

삶의 여러 차원에 적용되는 욕구를 평가하라. 앞에서 확인한 열 가지 욕구 각각에 대해 삶의 다양한 차원에 적용되는 +5에서 −5까지의 등급을 부여하라:

- +5: 이러한 차원에서는 욕구가 완전히 충족됨
- 0: 이러한 차원에서는 욕구가 표시되지 않음
- −5: 이러한 차원에서는 욕구가 전혀 충족되지 않음

다음은 한 고객의 간단한 목록이다:

포함해야 할 필요성:

- 직장 −3(점심 초대를 받지 않음)
- 가정 +5(가족에게 매우 소속감을 느낌)
- 친구 +2(일부 초대를 받음, 더 많은 초대를 원함)

각 욕구 사항을 충족하는 방법을 나열하라. 예를 들어, 소속감을 느끼기 위해 모든 업무 회의에 참석하려고 노력할 수 있다. 너무 많은 일을 하느라 모든 일을 다 처리하지 못해 업무에 어려움을 겪고 있을 수도 있다. 스스로에게 물어보라: 이 욕구를 충족시키기 위해 내가 어떤 대가를 치르고 있는가? 그만한 가치가 있는가?

이 장의 앞부분에서 당신이 작성한 고충과 고통의 목록을 되돌아보라. 목록 중 다른 욕구를 충족시키려고 노력하기 때문에 생긴 것이 있는가? 예를 들어, "나는 직장에서 회의가 너무 많다."라고 적었는지 살펴보라. 그렇다면 회의의 절반 정도는 참석하지 않을 수도 있다는 가능성을 생각할 수 있지만, 소속감에 대한 욕구를 충족시킬 수 있을 만큼 계속 참석하고 있는지도 생각해 보라.

4단계: 각자의 욕구를 충족하는 만족스럽고 건강한 방법 찾기

꼼꼼하게 시간을 들여 자신의 욕구를 살펴보라. 우리는 종종 무의식적으로 자신이 원한다고 생각하는 것에 따라 행동한다. 대개는 더 깊숙이 숨겨져 있는 무의식적인 욕구가 존재한다. 이러한 근본적인 욕구를 더 잘 인식하면 더 나은 선택을 하고 더 만족스러운 관계를 맺는 데 도움이 될 수 있다. 예를 들어, 우리는 정말로 인정을 받고 싶을 때 관심을 받고 싶어 할 수 있다. 정말로 친밀감을 원할 때는 이성 친구를 찾을 수도 있다. 안정감이 필요할 때는 돈을 찾을 수도 있다. 정말 도움이 필요할 때 답을 구할 수 있다. 더 깊은 욕구가 존중일 때 우리는 권력을 추구할 수 있다. 자유가 정말 필요할 때는 오히려 거리 두기를 추구할 수 있다.

이상적으로, 당신은 지금 자신의 욕구를 최대한 만족스럽게 충족하고, 건강한 방식으로, 즉 만족스러운 삶을 만들 수 있는 방식으로 욕구를 충족하기를 원한다. 이를 위한 방법은 다음과 같다:

1. 각 욕구를 검토하고 다음과 같이 질문하라. 어떻게 하면 큰 노력 없이 쉽게 이러한 욕구를 충족시킬 수 있을까? 이러한 욕구를 더 쉽고 완벽하게 충족할 수 있는 다른 차원이 내 삶에 있는가?
2. 앞으로 2~4주 동안 큰 비용 없이 더 쉽게, 더 만족스러운 방식으로 각 요구 사항을 충족할 수 있는 방법 세 가지 이상을 목록으로 작성하라. 그런 다음 목록에 따라 조치를 취하라. 욕구가 충족될 때까지, 즉 욕구가 완전히 해소될 때까지 다양한 시도를 해 보라. 결국에는 목록에서 각 욕구를 제거할 수 있을 것이다.

사례 연구: 제리의 욕구

제리(Jerry)는 성취에 대한 욕구가 강한 기업가이다. 그는 이 욕구를 충족시키기 위해 노력하지만, 새로운 사업을 시작하면서 아직 그 노력에 대한 칭찬을 받지 못했다. 그의 욕구는 그를 불균형적으로 움직이게 한다. 욕구는 그의 삶의 다른 영역으로 새어 나온다. 그런 다음 그는 가정에서 성과에 대한 욕구를 충족하려고 노력한다. 그는 가족에게 군림하고 가족을 위해 할 일 목록을 작성한다. 자신이 더 잘할 수 있는 일을 어른인 누나에게 부탁한다. 그의 기준이 매우 높아서 누나는 비난을 받는다고 느낀다. 그는 해야 할 일을 과도하게 정리한다. 또한 그는 문제를 효과적으로 해결하지 못하는 소속 위원회에 대해 불평한다.

대신 그가 할 수 있는 일은 다음과 같다:

- 집에서는 자신의 기준을 충족시키지 못하는 누나에게 위임한 일을 맡을 수 있다. 그는 다른 사람들을 위해 할 일 목록을 긁어모으고 다른 사람들을 위해 우선순위를 정하는 것이 도움이 되지 않는다는 것을 인식할 수 있다. 그는 가족과 협력하여 모든 사람의 필요에 맞는 새로운 우선순위를 정하거나 자신의 의제에만 해당하는 작업을 수행할 수 있다.
- 지역사회에서 그는 소속 이사회에서 적극적인 리더십을 발휘하여 단기적인 성과에 만족할 수 있다. 그는 영향력이 있는 다른 사람들을 참여시킬 수 있다. 함께 실행 계획을 세우고 실행할 수 있다.
- 직장에서 그는 성취에 대한 욕구를 충족하기 위해 새로운 단기 프로젝트를 시작할 수 있다. 이 프로젝트에는 고객 목록 업그레이드, 주요 고객에게 더 직접적으로 피드백 요청, 직원 재교육, 마케팅 강화, 타깃 마케팅 이니셔티브 시작 등이 포함될 수 있다.

고객의 욕구를 충족하는 것은 고객에게 매우 중요하다

고객은 욕구에 이끌려서는 만족스럽고 균형 잡힌 삶을 살 수 없다. 사실 욕구는 다이아몬드의 먼지와 같아서 우리의 목적과 가치를 온전히 실현할 수 있는 가능성을 가린다.

인간은 삶 전체가 핵심 가치를 표현할 때 더 잘 기능하고 더 만족스러운 삶을 살 수 있다. 고객은 삶의 주요 영역에서 욕구를 파악하고 충족시킴으로써 혜택을 누릴 수 있다. 이러한 과정을 통해 고객을 지원하면 고객이 성취와 균형을 향한 길로 나아갈 수 있다.

욕구를 파악하고 해결하는 데 도움이 되는 추가 제안

욕구는 일반적으로 사람들이 외부적으로 무언가를 얻기 위해 노력하거나 현재의 삶과 원하는 삶을 대조함으로써 충족하는 것이다. 우리는 보통 우리가 통제할 수 없는 외부의 행동과 의견을 얼마나 잘 관리하고 있는지 비교하거나 알아차림으로써 욕구에 대해 더 많이 알게 된다.

예를 들어, 공개적으로 찬사를 받거나 칭찬을 받는 빈도로 인정 욕구를 측정할 수 있다. 이런 일이 자주 발생하면 인정에 대한 욕구가 때때로 가득 차게 될 수 있다. 그 시점이 되면 더 이상 필요하지 않을 수도 있다. 이 욕구가 채워지면 자존감이 강해져 이 특정 욕구가 더 이상 문제가 되지 않도록 삶을 재정비할 수 있다.

매슬로는 욕구가 60% 이상 충족되면 우리는 자유로워진다고 말한 적이 있다. 이렇게 되면 우리는 더 높은 차원의 욕구를 충족하는 데 에너지를 쏟을 수 있다. 이 시점에서 우리의 가치관이 우리의 관심을 끌기 시작한다.

예를 들어, 안전한 주거지, 충분한 식량, 안정적인 수입에 대한 기본적인 욕구가 충족되면 시간 관리 수업을 들음으로써 더 책임감 있게 살고자 하는 욕구를 충족할 수 있다. 이러한 경험을 통해 매일 아침 10분 동안 달력을 보며 시간을 보내는 새로운 습관을 기를 수 있으며, 이는 책임감의 욕구를 뒷받침한다. 실직했거나 집세를 내지 못했거나 굶주린 상태였다면 달력을 보며 매일 우선순위를 정하지 않았을 것이다.

욕구는 우리가 그것을 주도하고 이끌어 가는 방법을 이해할 때까지 우리를 움직이게 하는 경향이 있다. 주도하고 이끌어 가는 방법을 이해하는 단계에 이르면 우리는 적은 노력과 비용으로 욕구를 충족할 수 있는 방법을 생활 속에서 확립하게 된다. 코치가 고객을 위해 세우는 목표 중 하나는 삶이 더 원활하게 운영되어 가치와 목적과 같은 삶의 고차원적인 측면에 더 많은 주의를 집중할 수 있도록 하는 것이다. 우리는 욕구와 가치가 서로 직접적으로 연관될 수 있다고 생각한다. 즉, 욕구가 충족되면 그 욕구는 평화와 평온과 같이 사람이 우선순위를 두고 살아가는 가치가 될 수 있다는 것이다. 근본적인 가치가 원동력이 되는 욕구를 만들 수 있다. 사람들이 삶에서 평화와 평온을 얻지 못하면 그것이 욕구로 작용하여 사람들을 움직이게 한다. 욕구가 충족되면 사람들은 욕구에 이끌려 사는 것이 아니라 욕구를 가치로 삼아 살아갈 수 있다. 이에 대해서는 다음 장의 가치에서 자세히 설명하고자 한다.

제11장

진정한 북쪽으로 인생의 방향 잡기

STEERING YOUR LIFE BY TRUE NORTH

가치, 행동, 습관 일치시키기

가치는 나침반의 화살표와 같은 기능을 한다. 나침반 바늘은 진정한 북쪽을 가리키며 항해자와 여행자에게 일관된 가이드 역할을 한다. 여행자는 나침반이 제대로 작동하면 길을 잃는 일이 거의 없다. 우리의 가치관도 이와 비슷한 방식으로 삶의 방향을 결정하도록 안내하는 역할을 한다. 가치와 일치할 때 중요한 결정을 내리는 데 도움이 된다. 또한 가치관은 좌절감, 분노, 중심을 잃은 느낌 등을 통해 우리가 제대로 된 방향으로 나아가지 못하고 있음을 나타내는 주요 지표로 작용하기도 한다.

우리가 의미하는 가치

인생에서 가장 중요한 것 중 하나는 무엇이 가장 중요한지 결정하는 것이라는 말을 들어 보았을 것이다.

『메리엄 웹스터 대학 사전(Merriam-Webster's Collegiate Dictionary)』에서는 가치(value)를 "본질적으로 가치 있거나 바람직한 어떤 것(원칙이나 특성)"으로 정의한다. 동의어 사전에서는 가치(worth)와 품질(quality)을 우리가 여기서 고려하고 있는 가치, 즉 개인에게 중요한 가치의 동의어로 제시한다.

가치는 개인에게 의미 있는 신념, 자질 또는 철학으로, 개인이 기꺼이 자신의 삶과 행동을 형성하여 그에 따라 살아갈 수 있도록 한다. 코칭에서 가치가 중요한 이유는 고객의 핵심 가치 또는 개인별 가치 체계가 특정 판단과 결정을 내리도록 이끌고, 이는 결과로 이어지는 행동으로 이어지기 때문이다. 고객의 핵심 가치를 이해하면 고객의 행동, 나아가 그 결과까지 예측할 수 있다.

가치 또는 신념이란 참되고 바람직하며 본질적으로 가치 있는 것으로 간주되는 원칙, 표준 또는 삶의 측면에 대한 신뢰 또는 확신(느낌, 생각 또는 의견)을 말한다.

우리가 의식하든 의식하지 못하든 모든 사람은 여러 가지 개인적인 가치관을 가지고 있다. 가치관은 근면, 자립심, 시간 엄수 등 평범하고 전술적인 것부터 타인에 대한 배려, 타인에 대한 신뢰, 목적의 조화 등 보다 심리적인 가치에 이르기까지 다양하다.

코치는 종종 세 가지 유형 또는 수준의 가치를 고려하는 것이 도움이 된다는 것을 알게 된다:

- 피상적인 가치: 우리가 주로 믿고, 행동하고, 그에 따라 행동해야 한다고 생각하는 것들에서 비롯된 비교적 피상적인 가치이다. 이러한 종류의 가치들은 종종 무의식적으로 형성되는 경우가 많으며, 대개 어렸을 때 부모, 교사, 종교 또는 기타 권위자로부터 '무조건 받아들인(swallowed whole)' 가르침에 기원을 두고 있는 경우가 많다.
- 선택된 가치: 개인적으로 공감하기 때문에 우리가 고수하고 지키려고 노력하는 가치이다. 우리는 이 가치들을 성취해야 할 중요한 가치로 선정하고 가능한 한 일관성 있게 행동한다.
- 핵심 가치: 우리가 중요하게 여기는 3~5개의 개인적 가치이다. 이러한 가치를 일관되게 실천하지 않으면 불만족, 우울, 당혹감, 심지어 부끄러움까지 느낄 수 있다. 핵심 가치를 존중하지 않거나 핵심 가치와 일치하지 않는 삶은 만족스러운 삶을 영위할 수 없다.

가치는 행동과 결과를 통해서 가치 실현을 위한 동력을 만들어 낸다. 유명한 사람들의 삶을 살펴보면 그들의 행동과 선택을 이끌며 그들의 삶을 형성한 중요한 개인적 가치에 대해 알게 되는 경우가 많다. 이러한 개인적 가치관이 그들을 위대한 성취와 성공으로 이끌었다. 예를 들어, 한 유명 배우는 사회 정의에 대한 헌신에 동기를 부여받아 그 가치와 관련된 강렬한 연기 역할을 찾게 되었다. 한 유명 기업 CEO는 일반인도 컴퓨터를 쉽게 사용할 수 있어야 한다는 개인적 가치에 동기를 부여받았다. 그들의 삶을 이끈 독특한 개인적 가치관이 무엇이든 간에, 궁극적으로 큰 성공의 길을 열어 준 것은 실행에 대한 그들의 헌신이었다. 우선순위를 결정하는 가치관은 우리의 많은 행동과 결정 뒤에 숨어 있는 소리 없는 힘이다. 가치관에 따라 살아갈 때 우리는 더 건강하고 만족감을 느낄 수 있다. 연구에 따르면, 개인적 가치관이 의사들의 직업 만족도에 중요한 영향을 미치는 것으로 나타났다. 가정의학과 의사들을 대상으로 한 연구에 따르면, 자애로움을 삶의 원칙으로 삼는 의사들의 직업 만족도가 가장 높은 것으로 나타났다. 연구자들은 업무에서 자신의 개인적 가치를 확인하고 이를 고수하는 의사는 번아웃에 덜 취약하며 진료의 질을 높이는 데 도움이 될 수 있다고 결론지었다(Medical College of Wisconsin Health News, 2000).

가치를 가지고 일하는 것은 최고의 코칭을 위해 매우 중요하다

다음의 원칙은 가치를 중심으로 고객을 코칭하는 데 도움이 된다:

- 가치에는 힘이 있다. 개인, 기업, 사회에서 가장 깊고 강력하며 중심을 잡아 주는 힘은 바로 가치이다. 가치의 수준에서 코칭할 때 외부 환경에 단순히 변화를 시도할 때보다 10배 더 빠르게 변화하고 훨씬 더 지속적인 영향을 미칠 수 있다.
- 가치는 가장 내면적인 생각을 반영한다. 개인의 가치관은 마음과 사고의 가장 높은 원칙을 반영하며 영적인 영역의 일부일 수도 있다. 가치관은 성공, 성취, 행복을 위한 엄청난 잠재력을 발휘한다.
- 가치에 기반한 삶은 성취감 있는 삶이다. 고객이 자신의 가치관에 따라 살면 행복감, 자존감, 자긍심이 높아진다. 가치관에 위배되는 삶을 살면 혼란, 좌절, 우울증으로 이어질 수 있다.
- 가치에 대한 의식적인 작업은 매우 중요하다. 고객이 의식적으로 자신의 개인적 가치관이나 신념을 탐색하고, 구별하고, 명확하게 묘사하지 못한다면 개인적 또는 직업적 삶의 방향을 설정하고 창조하는 것은 불가능하다.
- 욕구가 우선한다. 불충분하게 충족된 욕구에 의해 움직이면 고객은 자신의 가치에 따라 살 수 없다. 이러한 욕구를 우선적으로 해결해야 고객이 자신의 가치에 집중하고 이에 부합할 수 있는 길을 열어 줄 수 있다.

팻 박사와 다이앤은 학부생 및 교사들과 협력하여 학생들이 자신의 가치관을 명확히 하고 이러한 작업을 고등학교에 도입할 수 있도록 지원했다. 이상하게도 교육계 밖에서는 가치 정립의 중요성이 약해지는 것 같았다. 이것이 21세기에 라이프 코칭이 강력하게 부상한 이유 중 하나라고 생각한다. 팻 박사는 웨스트 조지아 대학교에서 자신의 가치를 명확히 하는 강의를 들었던 기억이 생생하다. 자신이 하는 일에 열정을 쏟는 이유를 밝히는 긍정적인 경험이었으며, 자신의 행동과 가치를 일치시키는 것이 얼마나 중요한지 알게 되었다. 다이앤의 경우, 배움과 타인 지원이라는 두 가지 핵심 가치를 결합하여 자신의 첫 번째 대학원 프로그램과 전공 과정을 만들었다. 우리 둘 모두에게 가치는 인생 전반에 걸쳐 중요한 초점이었으며, 따라서 라이프 코치 교육 연구소(ILCT) 교육에서도 가치를 중요하게 다루고 있다.

이러한 삶의 영역에서 경험이 있는 사람들도 자신의 삶과 행동이 자신의 가치에 부합하는지 평가하는 도전적인 작업은 해 보지 않았을 수도 있다. 고객은 현재의 외적 또는 내적 존재 방식과 핵심 가치 사이에 급격한 균열을 경험하고 있기 때문에 코칭을 받으러 오는 경우가 많다. 그럼에도 불구하고 그들은 이 문제가 그들이 직면한 많은 문제의 핵심이라는 사실을 인식하지 못할 수도 있다.

예를 들어, 가족을 소중히 여기지만 장시간 근무해야 하는 직장에서 일하고 있어 가족과 좋은 시간을 많이 보내지 못하는 고객을 생각해 보자. 업무 상황으로 인해 깊이 간직하고 있는 가치를 침해해야 하는 경우 고객은 심각한 내적 갈등을 경험할 가능성이 높다. 존중을 중요하게 생각하지만 직장에서 자신의 의견과 견해에 귀를 기울이지 않는다면 고객의 삶과 고객의 가치는 충돌하게 된다. 건강을 중요하게 생각하지만 규칙적인 운동을 하지 않는 사람들도 마찬가지이다. 이러한 상황은 고객에게 상당한 고통과 혼란을 야기할 수 있다.

고객이 가지고 있는 피상적인 가치('해야 하는 것')는 코칭을 통해 도전, 개발 또는 해결하여 고객이 중요한 결정을 내릴 때 이를 근거로 삼지 않도록 만들어 주어야 한다. 때때로 고객은 다른 사람의 가치와 자신의 가치를 혼동하기도 한다. 그들은 가족이나 다른 초기의 영향을 통해 '물려받은' 가치를 가지고 있을 수 있는데, 자세히 살펴보면 이는 진정으로 자신의 것이 아니므로 버려야 한다. 또한 주변 환경과 우선순위가 변화함에 따라 가치의 중요성이 달라질 수 있다.

라이프 코칭은 고객이 언제든 자신의 고유한 가치관을 탐색하고 이를 신뢰하도록 도울 수 있다. 고객은 우선순위가 높은 가치, 즉 성인이 되어서도 지키고 싶은 가치를 의식적으로 선택할 때 더욱 자기 주도적이고 효과적으로 행동할 수 있다. 가치에 대한 명확성은 가치가 서로 충돌할 때 특히 중요하다. 고객은 자신의 삶을 재설계하기 위해 노력할 때 명확한 개인적 가치를 제공하는 안전한 나침반 지점, 즉 진정한 북쪽

(the true north)을 기준으로 중요한 결정을 내릴 것이다.

가치 확인하기

코칭 고객은 가치 있는 삶, 즉 의미에 대한 깊고 진정성 있는 열망을 충족하는 삶을 추구한다. 일과 삶을 자신의 핵심 가치와 일치시킬 때 의미를 찾고 열망을 충족시킬 수 있다. 고객이 기본적인 욕구를 해결하고 나면 가장 강력한 동기, 깊은 의미의 원천, 핵심 가치가 삶의 주요 동력이 될 수 있다.

삶과 업무가 자신의 핵심 가치와 일치하지 않는 고객은 성과를 얻기는 하지만 번창하거나 완전한 만족감을 느끼지 못할 수 있다. 지루함을 느끼거나 번아웃의 경계에 있거나 그저 안락한 틀에 박힌 삶을 살고 있을 수도 있다. 자신의 삶을 핵심 가치에 맞추면 놀라운 창의력과 엄청난 삶의 만족 및 행복감이라는 두 가지를 얻을 수 있다. 이러한 두 가지 창의력과 행복감이 발휘되면 성공의 가능성은 극대화된다.

핵심 가치는 우리가 자연스럽게 실천하고자 하는 가치이다

핵심 가치는 개인에게 내재적인 중요성을 지닌 특성들을 나타낸다. 우리의 행동이 가장 깊이 간직하고 있는 가치와 일치할 때, 우리의 행동은 그 자체로 바람직하고 존중받을 만한 가치가 있다.

예를 들어, 성실성의 가치를 생각해 보자. 어떤 사람이 성실한지 어떻게 알 수 있을까? 사람들이 성실을 핵심 가치로 삼는다면 자연스럽게 성실을 강조하게 될까? 그리고 당신도 자연스럽게 알아볼 수 있을까? 예컨대, 고객이 타인에 대한 봉사를 핵심 가치로 삼는다면, 도움이 필요한 사람을 돕는 것은 바람직하고 가치 있는 일이라고 생각하기 때문에 자연스럽게 행동으로 옮길 것이다. 고객은 그 가치를 존중하고 그에 따라 행동함으로써 자신의 삶에서 더 많은 것을 일관되게 만드는 것이 기분이 좋을 것이다.

우리의 가치는 우리 각자에게 고유하다. 우리는 다른 사람들이 우리가 하는 일을 하기를 기대하거나 그것으로부터 동일한 자존감을 얻기를 기대하지 않을 수 있다. 코치는 다른 사람의 가치관에 대한 판단을 중단하고 고객이 자신의 가치관을 파악하고 표현할 수 있도록 도와야 한다. 그러면 그 가치는 고객의 인생 여정과 선택에 방향을 제시하는 나침반, 즉 진정한 북쪽이 된다.

가치에 대한 코칭은 고객이 크고 작은 변화를 자주 겪는 과정에서 진로를 수정하는 데 도움이 된다. 이는 마치 비행기가 약 90%의 시간 동안 항로를 이탈하여 날씨, 교통 또는 난기류로 인해 크고 작은 항로 수정을 거쳐 목적지에 도착하는 것과 같다.

대부분의 사람이 검증을 위해 타인에게 지나치게 의존하고 내면의 검증을 위한 충분한 도구가 부족하다는 것이 우리의 믿음이다. 그들은 자신의 가치에 접근하거나 표현하는 방법을 모른다. 고객은 코칭을 받으러 올 때 코칭의 방향에서 벗어났다는 느낌을 받을 수 있다. 가치와 함께 일하면 다시 궤도에 오를 수 있다. 우리는 사람들이 기회가 있을 때마다 자연스럽게 자신의 가치에 따라 행동한다고 믿는다. 하지만 이는 자신의 가치관을 잘 알고 의식적으로 가치에 기반한 선택을 할 때만 가능하다.

가치를 알고 표현하기

고객이 자신의 가치를 알고 표현하도록 지원함으로써 얻을 수 있는 이점은 고객이 자신을 존중하고, 만족감과 의미와 가치를 높이고, 성취감을 찾을 수 있는 더 많은 기회를 창출할 수 있다는 것이다. 코칭 관계는 고객이 자신의 가치를 온전히 실현할 수 있는 기회를 극대화할 수 있도록 삶을 설계하도록 지원한다. 또한 고객이 자신의 가치를 설득력 있는 용어로 설명하는 데 필요한 언어를 찾도록 지원한다. 고객이 가치와 관련된 목표를 설정하고 라이프 디자인을 시작하기 전에 우선 자신이 누구인지 아는 것이 중요하다.

핵심 가치 확인하기

우리 대부분은 3~5개의 핵심 가치를 지키고 있다. 이러한 핵심 가치는 어린 시절부터 우리와 함께했을 수도 있다. 우리는 일반적으로 이러한 가치가 앞으로도 오랫동안 우리의 핵심 가치가 될 것이라고 믿는다. 다양한 연습을 통해 이러한 핵심 가치를 파악하면 고객이 영감을 찾는 데 도움이 될 수 있다.

다음은 우리가 고객과 함께 사용하는 가치관 연습이다. 각 연습에 대해 3~5개 항목의 목록을 작성하도록 고객에게 권장한다. 그런 다음 모든 작업을 종합하여 반복되는 항목은 지우고 가장 공명(resonance)이 가는 단어를 선택하도록 한다. 고객은 마치 소리를 내는 소리굽쇠(tuning fork)처럼 각 단어를 소리 내어 말할 때 미묘한 수준의 진동과 같은 내면의 울림을 느낄 수 있다. 이러한 가치에 따라 사는 모습을 상상하면 큰 만족감과 기쁨을 느낄 수 있을 것이다. 그렇지 않다면 자신의 핵심 가치가 아닌 피상적인 가치, 즉 자신이 해야 한다고 들었던 일, 신념, 가치관을 나열하고 있는 것일 수 있다. 이러한 경우 다시 시작해야 한다. '해야 할 일'을 나열하는 삶은 기쁨과 만족감을 이끌어 내지 못한다.

고객과 함께 다음 연습 중 하나를 선택할 수 있다. 코치는 일반적으로 고객에 따라 어떤 연습이 가장 효과적인지 잘 선택한다. 가치 작업은 일반적으로 단 한 번의 세션으로 끝나지 않는다. 때로는 고객의 가치를 파악하기 위해 여러 세션에 걸쳐 여러 가지 연습을 제공하는 것이 유용할 수 있다. 다이앤은 〈실습 11.3〉과 〈실습 11.1〉을 함께 사용하여 고객이 인지적 경로와 경험적 경로를 통해 가치를 파악하도록 하는 것을 추천한다. 그녀는 이 방법이 자신의 역할이나 업무에 따라 자신의 가치가 어떠해야 한다고 생각하는 경우가 많은 매우 지적 성향의 고객들에게 효과적이라는 사실을 발견했다. 팻 박사는 가치가 형성되기 시작한 내담자의 어린 시절로 돌아가는 것을 선호하기 때문에 종종 〈실습 11.2〉로 시작한다.

가치 실습 11.1

가치 실습 1

동기 부여에 관한 연구자 및 전문가들의 연구에서 발췌한 다음 목록에서 자신의 가치를 찾아보자. 예시를 읽고 자신에게 해당되는 단어에 10개 이상 동그라미를 치거나 직접 추가하라. 행동의 지침이나 가치 지향적 삶의 구성 요소로서 가장 중요한 것을 선택하라. 이 목록에 자신만의 가치를 자유롭게 추가하라. 그런 다음 〈실습 11.2〉~〈실습 11.4〉를 사용하여 목록을 3~5개의 핵심 가치로 압축하라.

가치에 관한 다양한 글을 검토한 결과, 일반적으로 가치란 우리 삶의 이 세 가지 주요 영역에서 도출된다고 생각한다:

- 경험하기: 경험하는 것, 자신에게 다가오는 것, 반응하는 방식, 외부 세계에 대해 행동하고 성취하는 것을 통해 성취되는 가치. 경험하기의 예시는 발견하기, 탐구하기, 촉진하기, 숙달 또는 탁월함 달성하기, 가르치기, 즐겁게 하기, 소통하기, 있는 것에 감사하기, 스포츠 운동하기, 다른 사람과 함께하기, 다른 사람에게

영감 주기, 다른 사람을 이끌기, 전문성 발휘하기, 온전히 느끼기, 세밀하게 관찰하기, 탐구하기, 안내하기, 양육하기, 모델이 되기, 춤추기, 즐거움 경험하기, 행동하기, 속도감 있게 행동하기 등이다.

- 창조하기: 우리가 고유한 자신을 통해 만들어 내는 존재를 통해 성취되는 가치. 창조하기의 예시는 명료화, 아름답게 하기, 혁신, 질서, 창조, 대칭 생성, 아이디어, 규율, 참신함, 독창성, 직관, 디자인, 놀이, 건축 등이다.
- 존재하기: 우리의 태도, 마인드셋, 감정, 인격의 자질을 통해 성취되는 가치. 존재하기의 예시는 완전성, 기쁨, 사랑, 평화, 진리, 유일성, 충성심, 공감, 영성, 진정성, 경건함, 몰입, 에너지, 초월성, 단결 등이다.

가치 실습 11.2

가치 실습 2

어렸을 때 자신이 가졌던 자질을 떠올려 보자. 6세에서 12세 사이에 자신에게 있었던 자질 5~10개를 나열하자.

당신이 어렸을 때부터 자연스럽게 어떤 것에 끌렸을 것이다. 타고난 창의력이나 사려 깊음이 있거나 자연이나 아름다움을 좋아했을 수도 있다. 다른 사람을 자연스럽게 도왔을 수도 있고, 새롭거나 다른 것에 끌렸을 수도 있다. 아니면 실험가나 탐험가였을 수도 있다. 이러한 자질은 당신의 핵심 가치 중 하나이거나 이를 파악하는 데 도움이 되는 단서일 수 있다.

자리에 앉아 지금 당장 5~10개의 자질을 빠르게 나열해 보자. 여전히 내 삶의 일부이며 자연스럽게 떠오르는 자질에 동그라미를 치자. 일, 시간, 삶이 이러한 자질을 성취하는 데 도움이 된다면 어떤 사람이 되고 어떤 일을 하고 싶은지 모두 포함하자. 또한 사람들이 당신이 하는 일을 막을 수 없는 것도 포함하자.

가치 실습 11.3

가치 실습 3

지난 2~5년 동안 최선을 다하고 최선을 다했던 순간을 10~12개 정도 적어 보자. 자신의 가치관에 따라 최선을 다해 살았다고 느꼈을 때이다.

(제8장의 연습 중 하나는 고객에게 자신의 인생에서 '일부러' 그랬던 시기의 목록을 작성하도록 요청했다. 이 연습을 시작점으로 삼아 고객에게 "그때 나는 어떤 가치를 실현하고 있었나요?"라고 질문할 수 있다. 고객에게 각 예시에서 어떤 가치가 실현되었는지를 나타내는 단어 1~2개를 쓰도록 요청한다.)

가치 실습 11.4

가치 실습 4

당신을 잘 아는 세 사람에게 당신의 가치를 말해 달라고 부탁하라. 때때로 우리의 가치는 우리 자신보다 다른 사람에게 더 분명하게 드러날 수 있다. 우리의 가치는 어떤 일이 있어도 드러난다. 우리의 가치는 핵심적인 원동력이기 때문에 우리가 내리는 결정, 우리가 선택하는 일, 그리고 우리에게 즐거움을 가져다주는 일(가치를 무시할 때는 고통)에도 나타난다.

세 사람에게서 들은 내용을 적는다. 명확성을 위해 질문을 하되, 주로 듣기만 하라. 들은 내용에 대해 논쟁하지 말고, 자신의 진정한 자아를 들여다볼 수 있는 잠재적인 창이자 선물이라고 생각한다.

당신의 가치로 살아가기

고객이 핵심 가치를 파악한 후에는 그 가치가 자신의 삶에 어느 정도 영향을 미치는지 탐색하는 것이 도움이 된다. 이러한 탐색을 통해 고객은 자신의 핵심 자아와 이러한 가치를 표현하는 삶의 방식과 그렇지 않은 방식을 더 깊이 연결할 때 '아하(a-ha)' 하는 경험을 할 수 있다. 이러한 탐색은 또한 고객의 실제 삶과 이상적인 삶 사이의 격차를 드러낼 수 있기 때문에 많은 코칭 기회의 가능성을 열어 준다.

다음 연습은 고객이 자신의 가치관을 실천할 수 있는 방법을 모색하는 데 도움을 주기 위해 고안되었다.

당신의 가치로 살아가기: 세 가지 실습

가치로 살아가기 실습 11.5

일주일 동안 자신의 가치와 삶을 되돌아보기

일주일 동안 핵심 가치를 어느 정도 실천하고 있는지 알아보자. 시간을 어떻게 보내고 있는지 추적하라. 자신에게 완전한 만족감을 주는 일에 참여할 때마다 가치 목록에 기록하라. 일주일이 끝날 무렵에는 각 핵심 가치 아래에 6개 이상의 사례를 나열할 수 있기를 바란다.

자신의 가치에 맞춰 삶을 설계하면 성취 가능성이 극대화된다. 이는 매일의 선택과 행동을 통해 자신의 가치를 표현하는 것으로 해석할 수 있다. 가치관에 따라 사는 것은 주말이나 휴가를 위해 저축하는 것이 아니다. 삶이 일관되게 자신의 가치에 부합할 때 창의성이 강해지고 엄청난 만족감과 웰빙을 경험하게 된다.

가치로 살아가기 실습 11.6

상위 3~5개 가치에 대해 명확히 파악하기

가치를 적어 욕실 거울에 걸어 두자. 가치는 마음의 습관이다. 가치관이 무엇인지 명확히 알고 매일 의식해야만 가치관대로 살 수 있다. 핵심 가치를 명확하게 파악하면 자신에게 가장 중요한 것이 무엇인지 명확하게 표현할 때 엄청난 안도감을 느낄 수 있다.

가치로 살아가기 실습 11.7

가치 중 하나를 보여 줄 수 있는 목표 하나 정하기

핵심 가치 중 하나를 실천함으로써 얼마나 잘 보여 줄 수 있는지 측정하고 관찰할 수 있는 목표를 하나 정하라. 가치를 실천하기 위해 에너지를 확보하기 위해 제거해야 할 장애물을 파악하라.

사례 예시

한 고객이 창의성과 열정적인 삶이라는 자신의 핵심 가치를 탐구했다. 자신의 삶을 살펴본 결과, 구조와 디테일에 대한 욕구가 이 두 가지 가치에 방해가 되고 있음을 알게 되었다. 그녀는 결정을 내릴 때 직관에 먼저 의지하겠다는 목표를 세웠다. 그녀는 상황을 분석하고 문제 해결을 위한 구조를 세우기 전에 "내가 직관적으로 옳다고 생각하는 정답이나 접근 방식은 무엇인가?"라고 자문했다. 그녀는 30일 동안 해결해야 할 비즈니스 또는 개인적인 문제가 있을 때마다 이 질문을 스스로에게 던졌다. 그리고 직관적인 인사이트를 적어서 구체화했다. 그런 다음 다른 분석 기술을 사용했다.

이러한 과정의 결과로 그녀는 의사 결정이 더 쉽고 효율적이라는 것을 알게 되었다. 그녀는 일하면서 자신의 가치를 실천했기 때문에 해결책이 더 창의적이었고, 그 결과 스스로 성공할 수 있었다. 또한 그녀의 해결책은 더 만족스러웠고 그녀의 핵심 자아를 더 잘 표현했다. 그녀는 더 깊은 수준에서 자신의 말에 귀를 기울이고 더 깊은 수준의 지식에 접근했기 때문에 실제 해결책은 그녀의 가장 깊은 욕구에 더 부합했다.

자신의 가치를 바탕으로 새로운 삶의 기회 창출하기

코치가 고객과의 업무에 적용하는 핵심 원칙은 만족을 얻기 위해 외부가 아닌 자기 자신을 바라보라는 것인데, 이는 우리가 이를 내면으로부터의 코칭(coaching from the inside out)이라고 부르는 이유를 다시 한번 상기시켜 준다. 모든 기회가 똑같이 주어지는 것은 아니다. 때때로 현재의 프로젝트나 고객이 당신의 핵심 가치를 온전히 실현하지 못하게 할 수도 있다. 가치에 따라 살아갈 때 성공할 수 있지만, 다른 사람으로부터 보상을 기대하기 때문에 그렇게 하지 말라. 보상은 당신의 성공이다.

예시: 창의성을 핵심 가치로 삼는 한 광고 고객은 직장에서 좌절감을 느꼈다. 그는 8개의 훌륭한 광고 옵션을 만들어 고객들에게 제시했지만, 고객들은 항상 가장 창의성이 떨어지는 옵션을 선택했다. 그는 진정한 기쁨은 창작 그 자체에 있다는 것을 깨달았다. 그 결과, 그는 자신의 창의성을 인정하지 않는 고객에게 과잉 서비스를 제공하는 것을 그만두었고, 차별성이 없는 고객에 대한 실망감을 스스로 해소했다. 그런 다음 그는 고객들이 선택하지 않은 나머지 보석 같은 아이디어를 모두 모아 포트폴리오를 만들고, 이를 활용해 현재 고객층 외에 더 창의적인 회사들을 대상으로 마케팅을 펼쳤다.

삶과 업무 목표를 핵심 가치에 맞추기

많은 고객이 코칭에 더 큰 삶의 균형을 이루고자 하는 열망을 가져온다. 종종 고객의 핵심 가치가 업무와 일치하지 않는 경우가 많다. 조직이 이를 지원하지 않는다면 가치를 업무와 일치시키는 것이 어려워 보일 수 있다. 특히 고객이 관료주의적인 대기업에서 근무하는 경우 더욱 그러하다. 다음은 고객이 자신의 삶과 업무 목표를 핵심 가치에 맞추는 데 도움이 되는 몇 가지 연습의 예이다.

가치 맞추기 실기 실습 11.8

목표

1. 향후 60~90일 동안의 단기 목표 목록을 작성한다. 그런 다음 향후 2~5년간의 장기 목표 목록을 작성한다. 이 목록을 면밀히 검토한다. 나열된 각 목표에 대해 이러한 목표를 달성하면서 핵심 가치를 실제로 실천할 수 있는지 평가하라. 목표 자체를 변경해야 할 수도 있고, 목표 달성을 위한 계획을 변경해야 할 수도 있다.
   혼자서 많은 일을 해야 하지만 친밀한 친구가 되는 것(being a close friend)을 핵심 가치로 삼는 비즈니스를 구축 중이라고 가정해 보겠다. 친구와 연락을 유지하기 위해 재조정해야 할 수도 있고, 마스터마인드 그룹(mastermind group)을 만들어 친구들을 비즈니스에 참여시킬 수도 있다(Greenstreet, 2004). 마스터마인드 그룹은 그룹 구성원들이 서로의 욕구와 의도를 지원하기 위해 만나면서 에너지, 헌신, 창의성의 시너지 효과를 창출한다. 이 개념은 나폴레온 힐(Napoleon Hill, 1937/1966)이 그의 시대를 초월한 고전 『부자가 되라(Think and Grow Rich)』에서 공식적으로 소개했다. 그는 마스터마인드 원칙을 "조화의 정신으로 명확한 목적을 향해 노력하는 두 명 이상의 지식과 노력의 조정"이라고 정의했다.
2. 3~5개의 핵심 가치 각각에 대해 정기적으로 실천할 수 있는 방법의 목록을 작성한다. 매일, 매주, 매월 핵심 가치를 실천할 수 있는 크고 작은 방법 8~10개를 브레인스토밍한다. 이것이 바로 당신의 '가치 규칙'이다. 매달 몇 번만 가치를 실천할 기회를 갖는 것만으로는 충분하지 않다. 성공할 수 있는 삶은 매일 핵심

가치를 실천하는 삶이다. 매일 이렇게 하면 에너지가 높아지고, 창의력이 넘치며, 일과 삶이 거의 수월하게 느껴지는 결과를 얻을 수 있다.

3. 이번 한 주를 살펴본다. 각자의 가치관이 어디에서 발현되고 있는가? 주간 달력을 살펴본다. 가치를 실천하고 있다고 생각되는 곳에 동그라미를 치자. 한 주 동안 이러한 활동을 늘릴 수 있는 방법을 찾아본다. 예를 들어, 창의성이라는 가치의 경우, 다음과 같이 할 수 있다:
   - 매일 밖으로 나가라. 자연과 소통하라. 무엇이 있는지 알아보자. 주변을 둘러보자.
   - 매일 일기를 쓰자. 매일 아침 20분 동안 일기를 쓰자.
   - 꽃, 녹지, 기타 생물을 주변에 두자.
   - 일하면서 보는 것에 자극을 받을 수 있도록 책상 주변의 물건을 바꾸어 보자. 책상 가까이에 간단한 분수를 설치하자.
4. 핵심 가치에 따라 사는 데 방해가 되는 요소들을 제거하도록 한다. 주간 플래너를 다시 한번 살펴보자. 핵심 가치를 실천하는 데 방해가 되는 활동, 즉 '방해 요소'로 작용하는 활동 주위에 사각형을 그려 보자. 이러한 활동은 위임하거나 포기할 수 있다.
5. 가치관 목록을 항상 가까이에 두도록 한다. 매일 플래너에 붙이는 스티커 메모에 가치관을 적는다. 전화를 받고, 프로젝트를 검토하고, 업무를 수행하면서 자신의 가치를 실현할 수 있는 기회를 찾아보자. 다음을 기억하라: 성공하는 삶이란 자신의 가치에 따라 살아가는 삶이다. 이를 실현하기 위해 삶을 재설계하면 끝없는 보상을 얻을 수 있다.

가치가 즐거움에 의해 주도되는가 혹은 고통에 의해 주도되는가

고객이 자신의 최고 가치를 파악하면 그 가치의 중요성과 그 가치를 통해 살아갈 수 있는 능력을 인식하고 일상생활에서 더 의식적으로 그 가치를 존중할 수 있게 된다. 간단하게 말해, 가치는 고객이 지금부터 자신의 삶에서 무엇을 허용하고 무엇을 허용하지 않을 것인지에 대한 새로운 관점을 갖도록 이끌 수 있다.

가치 작업(Values Work)은 또한 고객을 다른 관점을 가진 다른 위치로 안내할 수 있다. 이러한 관점의 변화에서 핵심적인 부분은 고객이 스스로에게 물어볼 때 발생한다: "이 가치는 고통에 의한 것인가, 아니면 즐거움에 의한 것인가?" 모든 고객의 가치가 한 가지 유형의 혜택을 제공할 확률이 높다. 고객에게 중요한 또 다른 질문은 다음과 같다: "이 가치가 즐거움과 기쁨을 극대화하는 데 도움이 되는 가치인가, 아니면 고통이나 불이익을 피하는 데 도움이 되는 가치인가?" 즐거움에 의해 주도되는 가치는 그것을 실천할 때 동기 부여와 기쁨을 증가시키는 경향이 있다. 고통 회피에 의해 주도되는 가치는 고객이 현재에 덜 집중하고 미래에 관심을 기울이고 있음을 시사한다. 때때로 이것은 고객이 욕구 계층 구조에서 바람직하고 만족스러운 수준보다 낮은 수준으로 살고 있다는 것을 의미한다. 이는 고객이 회피하고 있는 것을 탐색할 수 있도록 추가적인 코칭이 필요함을 의미하기도 한다.

웰니스(wellness)의 가치에 대한 구체적인 예를 들어 보겠다. 어떤 사람은 매주 또는 매달 정기적인 건강 마사지를 받음으로써 이 가치를 실현할 수 있다. 그러나 만성 통증이 동기를 부여하는 요인이라면 마사지는 통증을 완화하거나 예방하는 역할을 하는 통증 중심의 가치 활동이 될 수 있다. 반대로 신체 컨디션이 좋은 사람이 마사지의 순수한 즐거움을 위해 정기적으로 마사지를 받는다면 마사지는 즐거움 중심의 가치가 될 수 있다. 통증 중심의 가치가 중요하지 않거나 고객에게 중심이 되어서는 안 된다는 말은 아니다. 코치는 고객의 가치관에서 패턴을 찾아내고 고객이 이를 반영하도록 격려해야 한다. 가치 작업은 고객이 의식하지 못했던 가치를 의식화한다. 고객이 가치를 의식하게 되면, 가치는 나침반의 진정한 북쪽 역할을 하여 인생 여정을 덜 우연적이고 더 목적성 있게 만드는 방향으로 고객을 안내한다.

고객이 확인한 각 가치에 대해 스스로에게 질문하게 하자: "일주일이나 한 달 동안 즐거움 중심의 가치를 실현하지 못하면 좋은 경험을 상실했다고 느낄까? 고통 중심의 가치를 실현하지 못하거나 존중하지 못하면 후회감 이상의 것을 느끼게 될까?"

고객과 함께 검토해야 할 질문은 "내 가치가 고통에 의해 주도되는지 즐거움에 의해 주도되는지에 대한 선택권을 갖고 싶은가?"이다. 선택권을 갖고 싶다면 어떤 종류의 가치를 우선시할 것인지에 대한 선호도를 구현할 수 있는 기회를 갖게 된다.

상위 다섯 가지의 가치가 모두 고통에 의해 주도되는 고객은 거의 찾아보기 어렵다. 고객에게 즐거움과 고통이 주도하는 가치에 대해 생각해 보도록 요청하는 것은 자신의 선택과 삶에 대한 이해를 깊게 하는 중요한 방법이다.

도움되는 습관

우리의 습관은 실제로 행동으로 옮기는 우리의 가치이다. 습관을 살펴보면 우리의 삶을 주도하는 태도와 마음가짐, 즉 우리의 개인적인 운영 프로그램인 POP(Personal Operating Program)를 발견할 수 있다. 성취감을 높이는 한 가지 방법은 건강, 기쁨, 만족을 가져다주는 습관을 만드는 것이다. 이 장의 가치 작업을 바탕으로 고객이 향후 10주 동안 실천할 수 있는 유용한 습관(매일 또는 매주) 3~5개를 찾아보도록 권장할 수 있다.

우리는 고객들에게 자신의 일일 캘린더를 검토하여 자신이 표현한 가치와 실제 시간을 보내는 방식을 비교하도록 요청할 수 있다. 예를 들어, 바쁜 한 임원은 가족과 개인의 균형을 중요하게 생각한다고 말할 수 있다. 하지만 그의 캘린더를 보면 가족과 함께 저녁 식사를 하는 날은 단 하루뿐이고, 나머지 나흘은 타 지역으로 출장을 가며, 여가 시간이나 운동 시간은 전혀 없다. 또한 그는 업무를 집으로 가져가고 하루 중 20시간은 이메일에 응답한다고 한다.

고객이 자신의 가치를 드러내면 캘린더에서 자신의 가치를 반영하는 시간을 따로 설정하도록 요청한다. 고객은 매일 자기 관리, 배우자와의 데이트, 자녀의 스포츠 경기 시간을 따로 설정하여 캘린더와 친구가 될 수 있다. 일은 시간이 허락하는 한 확장된다는 오래된 법칙이 있다. 가치 지향적인 활동을 캘린더에 기록하는 것은 고객이 자신의 가치에 따라 행동할 수 있도록 스스로 책임을 지는 방법이다. 스마트폰은 이러한 관행을 지원하는 현대의 편리한 도구이기도 하다.

우리는 고객들이 업무에 휘둘리지 않고 자신의 스케줄을 스스로 관리할 것을 권장한다. 앞의 예에서 고객은 저녁 8시 이후에는 업무용 메시지에 응답하지 않기로 결정하여 저녁에 자녀 및 아내와 방해받지 않는 시간을 가질 수 있었다. 코치에게 오후 8시는 늦은 시간으로 들릴 수 있지만, 휴대폰의 문자 메시지 시스템에 24시간/일주일 내내 대기하고 있는 것에서 벗어나는 과감한 결정이었다. 이러한 고객의 다음으로 급진적인 변화는 휴가를 떠날 때 컴퓨터를 집에 두고 가라는 코치의 요청에 동의했을 때 일어났다.

새로운 가치 개발하기

때때로 우리는 인생에서 새로운 핵심 가치를 채택하고 싶을 때가 있다. 예를 들어, 어떤 가치의 중요도를 높이고 싶을 수도 있다. 중년기에는 중요하지만 상위 5개 목록에는 포함되지 않았던 영성(spirituality)과 같은 가치가 더 중요해지기 시작하는 경우가 많다. 또한 고객이 새로운 의식 수준에 진입할 때에도 가치가 변화한다(제3장에서 소개한 의식 수준에 대한 케건의 연구와 관련). 이때 특정 가치는 더 중심이 되고 다른 가치는 주변이 된다.

고객이 새로운 가치를 개발하는 데 도움을 주기 위해 먼저 과거로 돌아가서 강력하고 삶을 형성한 가치를 살펴볼 것을 제안한다. 고객에게 자신의 삶을 형성한 가치 2~5개, 이러한 가치가 자신에게 도움이 된 구체적인 방법, 그리고 이러한 가치가 선택, 행동, 일상 습관에 반영된 방식에 대해 생각해 보도록 요청한다.

그런 다음 고객에게 이 장의 앞부분에 포함된 가치 목록을 검토하고 자신의 삶에서 실천하고 싶은 새로운 가치를 한두 가지 생각해 보도록 요청한다. 각 가치에 대한 정의를 내리고 각 가치를 실천하는 주변 사람들을 찾아보도록 요청한다. 이러한 사람들은 개인적인 지인일 수도 있고, 대중의 시선을 끄는 사람 또는 역사적 인물이 될 수 있다.

각각의 새로운 가치에 대한 실행 가능한 정의가 만들어지면, 각 가치를 구현하기 위해 삶에서 취할 수 있는 행동에 대해 매우 구체적으로 작업할 수 있다. 고객에게 매우 구체적으로 물어본 다음, 일상생활에서 이러한 각 가치를 구현하기 위한 구체적인 실행 계획(구체적인 이벤트, 날짜 등)을 마련하도록 한다. 실행 계획에 몇 달마다 평가할 수 있는 검토 프로세스가 있는지 확인한다. 고객이 새로운 가치를 포함한 가치를 삶의 초석으로 삼아 깊이 고민하고 가치 중심적인 삶을 살도록 격려하라.

한 가지 추가 단계가 유용할 수 있다. 간디와 마틴 루터 킹 주니어 박사가 자신의 가치에 따라 살면서 겪은 대가를 생각해 보면, 가치관에 따라 살면 이익과 잠재적 비용이 모두 발생할 수 있음을 알 수 있다. 고객에게 과거에 인생을 바꾼 결정 중 일부는 현재 우선순위가 높은 가치의 렌즈를 통해 지금 어떻게 이루어질 수 있는지 생각해 보도록 요청하라. 이러한 결정을 내릴 경우 어떤 대가를 치르게 될까? 무엇을 얻거나 잃게 될까?

이 장에서는 가치가 성공적인 라이프 코칭에 대한 우리의 관점에 얼마나 중요한지 살펴보았다. 가치 작업은 내면으로부터의 코칭(coaching from the inside out)의 핵심이다. 이를 통해 고객은 피상적인 변화나 단순한 문제 해결을 피하고 자신에게 가능한 변화의 깊이를 탐색할 수 있다. 자신의 가치를 명확하게 표현할 수 있는 고객은 내면과 외면 모두에서 삶의 진정성에서 성취감을 찾게 된다.

제12장

이야기 실천하기

WALK THE TALK

앞서 '내면으로부터의 코칭(Coaching from the Inside Out)'에서는 삶의 목적과 각 삶의 영역에서 성취와 만족의 비전에 대해 살펴보았다. 고객의 욕구와 가치가 고객이 만들고자 하는 삶에 어떻게 부합하는지에 대해 논의했다. 이 장에서는 고객의 비전과 가치에 부합하는 행동을 취함으로써 그러한 삶을 만드는 데 필요한 것이 무엇인지에 초점을 맞추고자 한다. 우리는 이를 정렬 성실성(alignment integrity)이라고 한다. 이러한 삶을 만들고자 하는 고객은 '자신의 이야기를 실천(walk their talk)'해야 한다. 즉, 만족스러운 삶에 대한 비전을 현실로 바꾸기 위해 필요한 일을 해야 한다. 비전을 행동으로 옮기지 않는다면 그것은 단지 소망(wish), 즉 꿈(dream)에 불과하다.

개인 성실성

몇 년 전, 두 친구는 성실성과 정렬성(integrity and alignment)의 본질을 보여 주는 인생의 사건을 경험하면서 이러한 자질이 부족할 때 어떤 일이 벌어지는지 보여 주었다. 이들은 집을 구입하고 약 3개월 동안 그 집에 살고 있었다. 언덕 위에 위치한 아주 오래된 집이었다. 집을 구입할 때 판매자는 기초가 튼튼하고 벽이 정렬되어 있는지 확인하기 위해 집을 검사한 엔지니어링 회사로부터 정보 자료를 제공했다. 이 회사는 이 집이 건축적으로 무결성(architectural integrity)이 있다고 말했는데, 즉 기초가 단단하고 벽이 정사각형이며 지하실에는 기초 지지대가 필요하지 않다는 것이었다.

집의 모든 방에 벽지가 칠해져 있었는데, 일부는 이들의 취향에 맞지 않는 값 비싼 벽지가 붙어 있었다. 벽지를 떼어 내기 시작하면서 이들은 벽에 금이 간 것을 발견했다. 거의 모든 구석에 큰 균열이 있었고 봄이 오면서 균열이 확대되었다. 봄비가 내리자 문 2개가 정렬(alignment)이 맞지 않게 되었다.

엔지니어링 회사가 작성한 보고서에도 불구하고 집의 상태가 좋지 않은 것은 분명했다. 친구들이 판매자에게 연락했을 때, 판매자는 균열에 대해 알지 못했고 엔지니어링 회사의 보고서가 정확하다고 믿었다며 책임을 지지 않았다.

이 판매자는 정직성(integrity)을 보여 주었는가? 그렇다면 왜 모든 방에 벽지를 칠했는가?

우리의 친구들은 엔지니어링 회사와 함께 상황을 조사한 결과 보고서 뒷면의 두 페이지가 누락되었다는 사실을 알게 되었다. 누락된 페이지에는 다음 내용이 포함되어 있었다.

> 좋은 울타리는 좋은 이웃을 만든다.
> –로버트 프로스트(Robert Frost), 『벽을 고치다』

이 누락된 페이지에는 기존 균열에 대한 설명과 함께 건물 외벽이 미끄러지기 시작했다는 사실에 대한 기록이 포함되어 있었다. 이 보고서는 1년 안에 또 다른 엔지니어링 조사를 실시할 것을 권고했다. 그렇지 않으면 집의 구조적 무결성(integrity)이 위험에 처할 수 있기 때문이다.

우리 친구들은 성실성(integrity)에 대한 중요한 교훈을 배웠다. 건축과 인간관계 모두에서 성실성은 필수라는 것이다.

때때로 우리는 행동이 거창해야만 의미가 있다고 생각한다. 일상의 작은 행동이라도 큰 일이 일어날 수 있는 토대를 만들기 때문에 똑같이 중요하다. 우리는 매일 우리의 비전과 목표에 부합하는 방식으로 일관되게 행동함으로써 우리의 비전을 만들어 간다. 비전 및 목표와 일치하지 않는 방식으로 행동하여 비전을 만드는 데 실패하면 우리는 궤도에서 벗어나게 된다. 사소한 습관적인 행동도 성실성에 영향을 미친다. 라이프 코치 교육 연구소(ILCT) 참가자 중 한 명의 아버지는 "성실성은 지혜의 책(the book of wisdom)의 첫 번째 장에 나올 만큼 중요한 것"이라고 말했다.

동료 중 한 명인 매들린 그리피스–하니(Madelyn Griffith-Haney)의 말을 빌리자면, 자신이 하는 일, 자신이 누구인지, 자신이 말하는 것, 자신이 느끼는 것, 자신이 생각하는 것이 모두 같은 곳에서 비롯될 때 개인적 진실성을 갖춘 사람이라고 할 수 있다고 한다.

최근 몇 년 동안 우리는 엔론(Enron)과 같이 한때 존경받던 미국 기업에서 리더가 업무에서 성실성을 잃은 사건을 목격했다. 많은 사람이 "나는 잘못된 종류의 사업을 운영했지만 정직하게 운영했다."라고 말한 메이플라워호 부인(Mayflower Madam)처럼 자신의 행동이 성실성에 미치는 영향과 그 의미를 부정한다(Christy, 1986). 개인적 성실성을 갖는다는 것은 전체를 위해 책임감을 갖는다는 것을 의미한다. 미국 은행 붕괴에서 알 수 있듯이, 성실성은 한 번 잃으면 회복하기가 더 어렵다.

성실성은 리더십과 삶에서 감성 지능의 측정 및 평가에 포함될 만큼 중요하다. 헤이 그룹(Hay Group)에서 발행한 360도 평가인 정서적 역량 인벤토리에서 성실성은 투명성이라는 역량으로 설명된다. 신시아 쿠퍼(Cynthia Cooper)는 월드컴의 비윤리적인 비즈니스 관행에 맞서 내부고발을 한 성실의 대표적인 사례이다. 셰런 왓킨스(Sherron Watkins)는 내부고발자로 그의 성실성과 용기는 엔론의 사기적 비즈니스 관행을 폭로하도록 했다. 두 여성 모두 개인의 성실성을 지키기 위해 직장에서의 위험성을 감수했다.

피사: 피사탑과 그 성실성

집, 도시, 인생이 무너지는 것을 지켜보는 것은 감정적으로 힘든 경험이다. 예를 들어, 피사의 사탑을 구하려 했던 이탈리아 엔지니어들을 생각해 보자. 『디스커버(Discover)』 매거진(Kunzig, 2000)에 따르면, 1173년 8월 9일에 사탑 공사가 시작되었다. 건축업자, 계약자, 엔지니어, 건축가들은 사탑이 기울어질 것을 예상하지 못했다. 탑은 직립 구조로 설계되었으며 정면을 향할 것으로 예상되었다.

그러나 기울어짐은 갑작스럽고 당황스러운 문제가 되었다. 수세기 동안 177피트 높이의 피사의 사탑은 마치 곧 무너질 것처럼 보였다. 거대한 대리석 돌의 무게가 부드러운 미사토를 아래로 누르면서 점토에서 물을 빨아들이고 빽빽한 모래 속으로 부풀어 올라갔기 때문이다. 탑은 800년 동안 재난의 극한 끝에서 기울어져 있었다. 3,200만 파운드의 대리석은 끊임없이 붕괴 직전에 놓여 있었다. 5.3도 기울어진 모습은 놀랍고 충격적일 정도로 수직에서 15피트나 벗어났다.

컴퓨터 시뮬레이션 결과 타워가 조만간 무너질 것이라는 사실이 입증되었고, 엔지니어와 과학자들로 구성된 위원회는 관광객들의 안전을 위해 기울어진 타워를 바로잡기 시작했다. 첨단 기술 덕분에 1991년부터 2001년까지 10년 동안 이 타워는 안정적으로 유지되었다. 엔지니어들은 길고 가는 파이프를 통해 하루에 한두 삽씩 탑 아래에서 점토 조각을 제거했다. 이렇게 소량을 적재적소에 제거함으로써 적어도 300년 이상 타워를 안정화할 수 있었다.

물론 여전히 약간 기울어졌지만 마을과 주변 지역의 관광 산업을 보존할 수 있었다. 이것은 의도적으로 설계된 것이다. 탑을 완벽하게 똑바로 세우면 수천 개의 피사의 사탑 도자기 복제품 판매가 중단될 수 있기 때문이다. 피사의 기울기를 바로잡기 위해 추출(extraction), 교체(replacement) 및 고정(restraints)이라는 세 가지 중요한 프로세스가 시작되었다. 먼저 나쁜 토양을 추출했다. 그런 다음 약한 토양을 견고한 기초로 대체했다. 마지막으로 구조물이 제자리에 고정될 수 있도록 강철 케이블을 추가했다.

이 세 가지 요소는 라이프 코칭에도 동일하게 적용된다:

- 성실성을 회복하려면 습관, 사람, 일, 애착이 있는 물건 등 우리가 추출할 것들이 있을 수 있다.
- 교체 과정이 필요하며, 새로운 습관, 삶의 목적에 부합하는 행동, 확고한 선택을 촉진하고 지원할 새로운 사람과 관행 등 탄탄한 토대를 구축해야 한다.
- 고정은 일관되게 적용되어야 한다. 탑의 구조를 감싸고 탑의 진정한 기능을 유지하는 강철 케이블은 우리가 스스로에게 책임을 지우는 기준, 우리가 살아가는 규칙과 지침, 영적 수행과 규율, 우리가 만든 라이프 디자인에 자신을 묶어 두는 방식 등 우리가 설정한 구속 조건에 비유할 수 있다.

코칭과 삶에서 우리에게 가장 가치 있는 것들에 집중하고 성실성을 유지하는 것은 중요하다. 정렬되지 않으면 방향을 잃게 된다.

개인 성실성을 만들기 위한 간단한 규칙

최근 몇 년 동안 작가들은 원주민 문화권에서 개인과 공동체의 성실성을 유지하기 위해 실천하는 간단한 생활 규칙을 대중화했다. 코치들은 이를 성실성을 창출하고 유지하는 원칙과 관행의 예시로 사용한다.

돈 미구엘 루이즈(Don Miguel Ruiz)는 '개인의 자유를 위한 지침'이라고 부르는 네 가지 토착 문화 관행을 확인했다(1998). 이 관행은 성실성을 증진하는 네 가지 간단한 개인 규칙이다:

1. 약속을 완벽하게 지킨다.
2. 어떤 것도 개인적으로 받아들이지 않는다. 다른 사람의 말과 행동이 당신 때문에 일어나는 일은 없다.
3. 가정을 하지 않는다.
4. 항상 최선을 다한다. 최선을 다한다는 것은 순간순간 달라질 수 있음을 인식한다.

조안 보리센코(Joan Borysenko)는 주술사 피트 케첨(Pete Ketchum)의 작품에서 유래한 것으로 추정되는 앙헬레스 아리엔(Angeles Arrien)의 네 가지 삶의 규칙을 소개했다:

1. 나타내기
2. 주의를 기울이기
3. 진실을 말하기
4. 결과에 집착하지 않기(Borysenko, 1994, p. 96)

성실성의 중요성에 대한 또 다른 예는 1932년부터 사용된 국제로타리(Rotary International)의 회원 행동 지침서인 네 가지 테스트(four-way test)에서 찾아볼 수 있다(Rotary International, n.d.). 이 간단한 단계는 코칭 커뮤니티가 윤리적으로 실천할 뿐만 아니라 성실하게 생활하는 데 도움이 될 수 있다. 이 네 가지 테스트는 성실하게 살겠다는 의도를 간결하고 쉽게 상기시켜 준다. 로타리 회원들은 이 테스트가 적힌 지갑 카드를 받아 자신의 성실성을 지속적으로 점검할 수 있다.

국제로타리가 제시하는 말하고 행동하는 것에 대한 네 가지 테스트

1. 사실인가?
2. 모든 관계자에게 공평하게 적용되는가?
3. 선의와 더 나은 우정을 쌓을 수 있는가?
4. 모든 관계자에게 이익이 되는가?

성실성을 지키는 것은 한 사람의 리더십과 평판의 초석이 될 수 있다. 레오나드

로버츠(Leonard Roberts)는 당시 패스트푸드 프랜차이즈 체인이 재정적으로 어려움을 겪고 있을 때 아비(Arby)의 CEO로 취임했다. 그는 가맹점주들에게 서비스와 재정에 대한 더 많은 지원을 약속하고 아비스를 회생시킬 수 있을 듯했다. 하지만 아비의 소유주는 로버츠에게 직원 보너스를 보류하고 아비의 가맹점주들에게 약속한 지원을 하지 말라고 위협했고, 로버츠는 이에 항의하며 이사회에서 사임했다. 결국 그는 CEO에서 해고되었다. 이후 그는 쇼니(Shoney)의 CEO가 되었지만 자신의 가치관에 따라 취한 입장 때문에 다시 그 체인의 대표에서 밀려났다. 이후 그는 성실성으로 유명한 명성 때문에 탠디 코퍼레이션의 CEO가 되었다. "성실성을 90%만 유지하면서 리더가 될 수는 없다. 100%가 되어야 한다."(National Institute of Business Management, 2006, p. 1) 로버츠가 로타리안인지는 알 수 없지만, 그는 분명 네 가지 테스트의 모델이 되었다. 또 다른 예는 투자자이자 자선사업가인 워런 버핏(Warren Buffettt)이다. 그의 전기『스노우볼: 워렌 버핏과 인생의 비즈니스(The Snowball: Warren Buffett and the Business of Life)』에서 앨리스 슈뢰더(Alice Schroeder)는 삶과 사업에서 개인의 성실성을 강조하는 버핏의 건전한 조언을 설명한다. 버핏은 성실성이 가장 중요한 리더십 특성이라고 말한다.

코칭에서 성실성이 중요하기 때문에 코치에게는 고객에게 자신의 행동이 목표 및 비전과 일치하는지 고려하도록 요청하는 다양한 방법이 필요하다. 여기에서는 고객과 함께 자주 사용하는 몇 가지 연습을 소개하고자 한다.

실습 12.1

개인 일상 일기 쓰기

다음 연습은 성실성에 대한 초기 탐색에 유용할 수 있다. 개인 일상 일기를 쓰면서 고객에게 현재 경험하고 있는 성실성에 대해 생각해 보도록 요청한다.

- 개인 성실성에 대한 정의는 무엇인가?
- 자신이 성실한지 알아차릴 수 있는 단서(신체적 · 정서적 · 지적 · 영적)에는 어떤 것이 있는가?
- 성실하지 않을 때 알아차릴 수 있는 단서에는 어떤 것이 있는가?
- 당신을 가장 자주 성실성에서 벗어나게 하는 두세 가지 환경이나 상황은 무엇인

가? 자신의 행동이 말이나 약속과 일치하지 않을 때, 개인적 성실성과 일치하지 않는 것이다.

현재 자신의 삶에서 정직하지 못하고 스스로에게 충분한 성실성이 결여되어 있는 3~5곳을 찾아보라. 각각에 대해 다시 정렬 상태를 회복하기 위해 취해야 할 조치를 파악하라(예: "나는 Y일까지 X를 완료하기로 약속했다. 그 날짜가 지났고, 절반밖에 완료하지 못했다.").

나는 ……에 성실성이 없다.	내가 해야 할 일은 …….
1. ______________	1. ______________
2. ______________	2. ______________
3. ______________	3. ______________
4. ______________	4. ______________
5. ______________	5. ______________

다음 예시 중 개인 규칙을 위반하는 사례가 있는가(다음 참조)?

각각에 어떤 대가가 따르는가? 원하는 삶을 창조하고('해야 한다'가 아니라 '하고 싶다'로) 실천하는 데 도움이 될 수 있는 것을 골라 본다. 성실하게 하루하루를 살아가는 데 도움이 될 '개인 생활 규칙'은 무엇일까? 다섯 가지 개인 규칙에 부합하는 행동에는 어떤 것이 있는가?

1. ______________	1. ______________
2. ______________	2. ______________
3. ______________	3. ______________
4. ______________	4. ______________
5. ______________	5. ______________

규칙	취해야 할 조치
1. ______________	1. ______________
2. ______________	2. ______________

3. ______________________ 3. ______________________
4. ______________________ 4. ______________________
5. ______________________ 5. ______________________

실습 12.2

정리가 안 된 상태로 남는 것의 영향

많은 코치와 코칭 연구 논문에서 고객의 삶에서 어수선함을 없애는 것이 중요하다고 설명한다. 어수선함은 주의를 산만하게 하고 에너지를 소모한다. 온전함, 즉 온전한 느낌은 일을 완성하고 느슨한 끝을 매듭짓는 데서 비롯되기도 한다.

당신의 삶에는 얼마나 많은 미완성의 일이 있는가? 마무리해야 할 크고 작은 일들 중 스무 가지를 다음에 나열하라. 재정, 가정, 인간관계, 업무 등 삶의 모든 영역에서 불완전하거나 마무리되지 않은 것은 무엇인가?

1. ______________________
2. ______________________
3. ______________________
4. ______________________
5. ______________________
6. ______________________
7. ______________________
8. ______________________
9. ______________________
10. ______________________

목록에서 어떤 점이 눈에 띄는가? 미완성 항목이 어느 한 영역에 집중되어 있는 것 같은가? 이러한 차이가 필요한 행동으로 이어지는가?

느슨한 끝의 영향

1970년대에 베르너 에르하르트는 "완성하라(Get complete)."라는 문구를 대중화했다(Erhard, 2000). 그는 게슈탈트 치료의 아버지인 프리츠 펄스(1969)로부터 아이디어를 빌려온 것으로 보이는데, 그는 미완성 업무에 대한 완수를 치료적 접근의 초석으로 삼았다. 완성하기와 미완성된 업무의 마무리는 코치와 고객에게 유용한 개념이다. 성취감을 얻기 위해 고객은 인생에서 여러 가지 일을 완료할 수 있다:

- 과거: 과거를 극복하고, 잊어버리거나, 교훈을 존중하거나, 처리해야 할 일을 처리한다.
- 사람: 용기 있는 대화를 나눈다.
- 프로젝트: 프로젝트를 완료하거나, 종료하거나, 완료 날짜를 설정할 수 있다.
- 가정: 어디에서 어떻게 살고 싶은지, 행동을 취하거나 내려놓음으로써 (불평이나 불만 없이) 마무리한다.
- 일: 필수적인 작업부터 마무리한다.

코칭은 축구에서 미완성(incompletion)이라는 용어를 차용한 것으로, 볼을 받는 사람이 공에 닿지 않으면 미완성이라고 한다. 은유적으로 말하면, 고객은 인생에서 무언가를 놓치고 미완성으로 남아 있는 불완전성의 예를 가지고 있다. 인생에서 이러한 미완성의 끝은 정신적 혼란처럼 산만하고 활력을 떨어뜨리는 역할을 한다. 이런 일들은 우리가 미루고 끝내지 않는 일들이다. 프로젝트나 어려운 대화 등 우리의 의식 속에 남아 있는 미완성된 일이라면 무엇이든 될 수 있다. 미완성된 일이 너무 많으면 과거에 약속한 일, 현재에 해야 한다고 느끼는 일, 미래에 하고 싶은 일 사이에서 계속 맴돌게 된다. 미완성이 우리를 움직이지 못하게 만들면 우리는 온전히 존재하거나 온전히 집중할 수 없게 된다.

불완전한 부분을 해결하기 위해 어떤 조치를 취할 수 있을까? 팻 박사가 자주 말하듯이, "하든지, 위임하든지, 버리든지, 미루든지!"이다. 좀 더 설득력 있게 표현하자면 네 가지 옵션이 있다:

- 계획 세우기: 시간표와 마감일을 정하고 필요에 따라 위임하는 등 계획을 세우고 완료하기 위한 계획을 세운다.
- 포기하기: 한 번 약속을 했더라도 이를 철회할 수 있음을 인정한다. 이 옵션을 선택할 경우, 약속을 공식적으로 종료하기 위해 본인 또는 관련자와 특정 대화를 나누어야 한다.
- 지금 바로 시작하여 완료한다.
- 실행 가능한 시스템을 만들고 구현하여 이와 같은 불완전함이 다시는 쌓이지 않도록 한다.

개인적 기준 설정하기: 실행 가능한 시스템

기준(standard)은 무언가를 판단하는 준거이다. 사람들은 일관성을 유지해야 할 중요한 영역에서 기준을 설정하고 준수한다. 기준은 사람들이 행동, 가치 또는 장점을 판단하는 준거로 인정되는 질적 가치의 척도이다. 기준을 설정하는 것은 공개될 경우 권위를 지니는 우수성의 기준을 만들기 때문에 널리 인정받고 채택되는 관행이 있다. 사람들은 흔히 『메리엄-웹스터 사전(The Merriam-Webster Dictionary)』과 같은 기준 참고서를 말하곤 한다. 기준은 우리가 경제적 안정성을 측정하는 금본위제와 같이 기본적으로 받아들여지는 것을 설명한다. 코치는 고객이 자신의 행동에 대한 개인적 기준을 검토하고 설정하여 고객이 진정으로 원하는 선택과 행동이 이루어지도록 장려한다. 의료 서비스에서 품질은 '증거 기반 우수 사례'로 측정된다.

개인적 기준(personal standard)은 우리가 지키기로 선택한 원칙, 즉 스스로 정한 규칙을 지키기 위해 선택하는 것이다. 다른 사람이 정해 놓은 규칙이 아니다. 우리는 개인 기준에 대해 스스로 책임을 진다. 이러한 원칙은 '해야 한다'는 것과는 달리 자유롭게 선택된다. 사람들이 성실성을 잃는 한 가지 이유는 자신의 개인적 기준을 검토하고 현재의 목표와 욕구를 반영하도록 조정하지 않았기 때문이다.

이 장 앞부분의 〈실습 12.1〉의 개인 일상 일기 질문이 바로 여기에 해당한다. 개인적인 기준과 규칙을 가지고 일할 때, 우리는 스스로에게 기꺼이 책임을 지는 것이 무엇인지 살펴보게 된다. 때때로 우리는 기준을 재검토하고, 업데이트하고, 조정할 필요가 있다. 더 이상 작동하지 않는 기준은 우리의 만족도를 떨어뜨리는 원인이 될 수

상 포옹하기, 매달 서로에게 연애편지 쓰기, 외출할 때는 매일 아침 저녁으로 감사와 사랑의 메모를 이메일로 보내기

때때로 고객이 이 연습을 할 때 열 2에서 무엇을 선택해야 하는지 고려하도록 요구하기 때문에 어려움을 느끼는 경우가 있다. 코치들은 고객이 '할 수 없다'는 말을 자주 듣는다면, 고객은 '할 수 없다'는 말은 근본적으로 '하지 않기로 선택했다'는 말이라는 점을 인식할 필요가 있다. 이런 식으로 말을 바꾸면 고객이 자신의 행동에 대한 개인적인 책임을 더 잘 인식하고 인생의 대부분의 일이 실제로 자신의 선택에서 비롯된다는 것을 인식하는 데 도움이 된다. 물론 고객이 실제로 할 수 없는 일들도 있다. 키가 188cm인 50세 여성은 여자 미국농구협회 농구 선수로 훈련할 수 없을 것이다. 하지만 마음만 먹으면 지역 시니어 농구 리그에 참가할 수는 있다.

실습 12.4

인생은 디테일에 있다

코칭은 부분적으로는 고객의 비전, 가치, 목표와 같은 큰 그림에 관한 것이다. 하지만 큰 그림은 작은 그림, 즉 큰 그림을 뒷받침하거나 뒷받침하지 않는 일상적인 선택과 행동에 달려 있다.

한 사람에 대한 진정한 통찰력을 얻고 싶다면 그 사람이 일상생활의 가장 단순하고 작은 활동을 어떻게 구성하는지 자세히 관찰하라. 옷장을 깔끔하게 정리하는 사람은 직장에서도 정리를 잘할 가능성이 높다. 인권 단체를 지지하는 사람은 노인을 위해 버스에서 자리를 양보할 가능성이 높다. 규칙적으로 운동하는 사람은 자신이 먹는 음식에 세심한 주의를 기울일 가능성이 높다. 하나의 세포 염색체가 인간 전체의 청사진을 제공하는 것처럼, 작은 행동이 그 사람 전체의 모습을 보여 준다.

우리는 고객이 자신의 과정과 선택에 대해 성찰하고 자각하여 매일 시간을 내어 자신과 습관을 관찰하는 연습을 할 수 있도록 코칭한다. 이러한 자각은 삶을 자신의 가치에 더 부합하는 방향으로 이끄는 보다 사려 깊은 선택으로 이어질 수 있다. 작은 선택이 모여 큰 결과를 낳는다. 순간순간의 선택은 중요한 결과를 만들어 내는 기본 요

소이다.

우리가 가장 좋아하는 연습 중 하나인 『인간 존재(Human Being)』(Ellis & Lankowitz, 1996)에서는 고객에게 일상적인 활동을 검토하여 그것이 어떻게 고객의 가치를 반영하고 성실성을 창출하거나 제한하는지 탐구하도록 요청한다. 다음 예시는 한 학생의 설거지라는 일상 업무에 관한 것이다:

1. 나의 일상적인 활동은 다음과 같다: 저녁 식사 후 설거지를 싱크대에 쌓아 두었다가 싱크대가 가득 찼을 때만 설거지를 한다.
2. 이를 통해 내 삶의 다른 측면에 접근하는 방식에 대해 알 수 있다: 하고 싶지 않은 일이 있을 때는 꼭 해야 할 때까지 억지로 하지 않는다. 일이 쌓이게 놔둔다. 그러다가 갑자기 재미도 없고 즐겁지도 않은, 시간이 많이 걸리는 일들이 많아져서 좌절하게 된다.
3. 즉시 변경할 수 있고 변경할 수 있는 간단한 관련 행동(더 큰 변화를 위한 기반을 마련할 수 있는 행동)을 식별하고자 한다. 저녁이 끝나기 전에 설거지를 시작하겠다. 그리고 불쾌한 일이 쌓이기 전에 미리 시작하도록 노력하겠다. 또한 설거지 같은 일을 재미있게 할 수 있는 방법을 찾겠다. 설거지를 하는 동안 음악을 틀고 춤을 추며 설거지를 집안일이라고 생각하지 않겠다.

실습 12.5

약속 만들기 및 지키기

습관을 포함한 우리의 약속은 우리가 어떻게 우리의 가치를 실천하는지 파악하는 데 도움이 된다. 이것이 바로 우리 내면(inside)에서 바라보는 우리의 모습이다. 우리 외부(outside)에서 우리를 아는 사람들은 우리가 하는 말을 통해 우리를 이해한다. 그들은 우리가 약속을 하고 우리의 의도와 결심을 말하는 것을 듣는다. 우리가 다른 사람에게 하는 말은 우리의 핵심 가치를 나타낸다. 따라서 우리는 우리가 하는 약속과 하지 않는 약속에 주의를 기울임으로써 우리 자신을 진정으로 알 수 있다.

성실성을 갖추려면 우리의 말과 행동이 일치해야 한다. 이를 위해 두 가지 방법이 있다. 우리가 하는 일과 우리가 하는 말을 일치시키거나, 우리가 하는 말과 우리가 하는 일을 일치시킬 수 있다. 말과 행동이 일치하면 자유로움과 편안함을 느낄 수 있다.

우리의 주의를 산만하게 할 약속 위반이 없을 때, 우리는 청렴하고 진실하게 살아간다. 약속을 저버렸다고 해서 피할 사람도 없고 피할 일도 없다.

고객이 약속을 꺼리거나 약속을 했다가 어기는 경향이 있다면 약속을 지키고 결과적으로 유지하는 데 도움이 되는 다음 전략 중 몇 가지를 실천하도록 권장할 수 있다.

- **약속을 할 때는 도전적이고 현실적인 목표를 세운다.** 효과적인 약속은 어느 한쪽으로 너무 치우치지 않고, 충분히 하되 너무 많이 하지 않도록 약속한다. 도전적인 약속은 자신의 잠재력을 발휘하도록 요구하지만 실패를 각오하게 하지는 않는다.
- **약속을 어겼을 때는 이를 학습의 기회로 활용한다.** 피드백을 통해 배울 수 있는 결과를 얻을 수 있다. 불필요하게 스스로를 처벌하지 말아야 한다. 이번 일을 교훈 삼아 다음에는 더 효과적인 약속을 하라. 약속을 어긴 의도가 무엇인지 살펴보는 것이 좋다. 그 약속이 본인에게 최선의 이익이었는가? 상대방에게도 최선의 이익이었는가? 이 상황에서 그 약속이 올바른 약속이었는가? 우리는 약속을 어긴 고객이 충분한 사과, 대화 또는 기타 반성하는 행동을 통해 보상을 받는 것이 도움이 될 수 있다고 믿는다. 수정(amend)은 익명의 알코올 중독자 모임(Alcoholics Anonymous)의 핵심 교훈이다. 회원이 일정 기간 금주하고 프로그램에서 탄탄한 기반을 다진 후에는 과거의 잘못된 관습을 되돌아보고 기꺼이 수정할 의향이 있는지를 묻는 질문을 받는다. 만약 그러한 수정으로 인해 아무도 상처받지 않는다면, 회원들은 책임감 있는 삶의 방식을 채택하는 일환으로 그들이 접근하는 사람이 받아들이든 받아들이지 않든 관계없이 수정하도록 권장된다.
- **다른 사람이 당신과의 약속을 어겼을 때, 그들이 배울 수 있는 기회임을 인식하도록 도와준 상대방과 용기 있게 대화하되 원한을 품지 말아야 한다.**
- **약속을 하기 전에, 고려 중인 약속을 하고 지켰을 때 어떤 결과가 초래되는지 살펴본다.** 마음속으로 예행연습을 해 보라. 특히 의도하지 않은 결과가 발생하지 않도록 주의하라. 이러한 약속과 행동이 영향을 미칠 시스템에 대해 생각해 보고, 이러한 약속이 다른 행동의 반응(긍정적 또는 잠재적으로 부정적)을 어떻게 촉발할 수 있는지 파악하라.
- **페르난도 플로레스(Fernando Flores)는 약속을 보는 유용한 방법인 '약속의 주기'를 개발했다**(Spinosa, Flores, & Dreyfus, 1997). 이 방법은 함께 일하는 사람들이 요청부터 요청을 이행하는 계약에 이르기까지 약속의 전체 주기를 살펴보도록 유도한다.

플로레스는 명확한 의사소통이 필요하며, 약속이 깨졌을 때 명확하고 정직하게 재협상을 할 수 있도록 구체적인 시간을 정해야 한다고 강조했다. 약속을 하는 사람이나 다른 사람의 약속을 받는 사람 모두 약속을 어길 수 있다. 이것은 인생의 일부이다. 반면에 우리가 그것을 어떻게 처리하는지는 우리가 어떤 사람인지 보여 주는 척도이다. 약속을 위태롭게 하는 문제가 발생하면, 문제가 예상되는 순간부터 다른 사람들과 일찍 이야기하라. 이를 통해 재조정이 가능하고 다시 정상으로 돌아올 수 있다.

- 약속을 할 때는 기억할 수 있도록 목록에 적어 두라. 이메일이 도움이 될 수 있다. 세부적인 것을 싫어하는 사람이라면 약속을 어떻게 이행할 것인지에 대한 구체적인 실행 계획을 세우는 것이 약속을 지키기 위해 필요할 수 있다. 주요 약속에 대한 할 일 목록과 같이 한 달 동안의 약속 목록을 작성해 두라. 매일 약속을 검토하고 진행 상황을 기록하라. 이러한 차트는 코치와 함께 예상치 못한 장애물을 찾아내는 데 사용할 수 있다. 이로 인해 새로운 시스템이나 습관을 개발해야 할 수도 있다.
- 인간의 삶에서 정말 중요한 약속에는 보통 금전이나 의식이 수반된다. 결혼, 성인식, 그리고 우리가 다른 사람에게 하는 다른 종류의 큰 약속을 생각해 보자. 이러한 약속은 종종 공개적으로 이루어지며, 우리는 이를 기리기 위해 의식을 만든다. 많은 원주민 또는 원주민 문화권에서는 인생의 약속을 위한 의식이 있다. 약속을 지키기 위한 의식이나 의식을 개발하는 것도 고려해 보자. 예를 들어, 기업가의 경우 우수한 사업 연도에 따른 보너스를 기념하는 의식이 될 수 있다.

이 장에서는 우리가 하는 말과 행동이 일치할 때 성실성이 어떻게 발현되는지에 초점을 맞추었다. 모든 내면으로부터의 코칭 챕터에서 강조했듯이, 코치의 업무는 직원들의 머리와 마음을 연결하도록 돕는 것이라고 믿는다. 누군가의 말처럼, 세상에서 가장 먼 거리는 머리와 가슴 사이의 12인치이다. 고객이 이러한 일을 할 때 코치는 성실함의 모델이 된다. 코치와 고객 모두 자신의 이야기를 실천(walking their talk)하는 데 세심한 주의를 기울여야 한다.

제13장

온전히 최선을 다해 플레이하기

PLAY FULL OUT

피터 블록(Peter Block, 1999)의 말처럼 "'아니요'라고 말할 수 없다면 '예'는 아무 의미가 없다."라는 말이 맞다. 아름다운 피아노와 모든 음표가 있는 피아노를 소유하고도 두 음표만 연주할 수 있다면 얼마나 아까운 일인지 상상해 보자. 대부분의 음을 연주할 수는 있겠지만 음악이 풍부하고 울림이 크지 않을 것이다. 피아노의 완전하고 멋진 잠재력을 아는 사람이라면 정말 실망스러울 것이다.

코칭에서 우리는 도구이다. 이는 고객에게도 마찬가지이다. 고객의 삶이 곧 코치의 도구이다. 자신을 하나의 악기로 바라볼 때, 우리는 가능한 한 완전하고 풍부하게 자신을 사용하며 살겠다는 다짐을 하게 된다. 이것이 바로 온전히 최선을 다해 플레이한다는 의미이다(Ellis & Lankowitz, 1995). 우리는 우리 자신을 우리 범위의 절반으로 제한하고 싶지 않다.

최선을 다해 플레이하려면 훌륭한 선택을 하고 그 과정에서 항상 주의를 기울여야 한다. 또한 우리가 내린 선택에 대해 책임을 져야 한다는 의미이기도 한다. 선택의 힘을 행사함으로써 우리는 우리가 원하는 삶을 창조할 수 있다.

선택에서 존재하기

코칭이 직업으로 발전한 초기에 "인생에서 완전한 선택권을 가지라."는 문구가 글과 강의에서 자주 등장하기 시작했다. 코칭에서 우리는 삶에서 완전한 선택권을 갖는다는 것은 ① 자신의 선택을 충분히 검토하고, ② 신중한 선택을 하며, ③ 현재 상황에 반응하는 것이 아니라 능동적으로 대응하는 것을 의미한다고 믿는다. 선택의 기로에 놓였을 때, 우리는 무조건 선택하는 것이 아니다. 결정을 피하는 것은 의식적으로 선택하는 것과는 다르다.

이 질문을 생각해 보자: 우리가 소극적으로 실행하는 상황과 온전히 최선을 다해 실행(play full out)하는 상황에서는 선택이 어떤 역할을 할까?

우리는 놀이(play)라는 단어를 이중적인 의미로 사용한다. 완전히 즐긴다(play full out)는 것은 인생의 게임, 또는 우리가 하는 모든 일을 완전하고 풍성하게 즐긴다는 의미이다. 우리는 모든 노력을 기울인다. 우리는 돌고래처럼 크게 활약한다. 누군가가 말했듯이, 놀이의 대가인 돌고래는 경쟁도, 패자도, 승자도 없는 것처럼 행동하며 모두를 위한 즐거움만을 추구한다.

『모리와 함께한 화요일(Tuesdays with Morrie)』(Albom, 1997)에서 저자의 영어 교수이자 멘토인 모리는 그 역할을 톡톡히 해냈다. 그는 마크 트웨인(Mark Twain)이 인용한 "오늘만 있는 것처럼 살고, 상처받은 적이 없는 것처럼 사랑하고, 아무도 보지 않는 것처럼 춤추라."는 말에서 자신의 철학을 이끌어 냈다. 논다는 것(to play)은 재미있고, 즐겁고, 자신과 타인을 경솔하게 대하지 않는다는 의미이기도 하다. 달라이 라마는 이러한 가벼움과 기쁨의 특성인 유희성(playfulness)을 보여 준다. 중국인들이 달라이 라마의 수도원을 파괴하고 많은 사람을 학살했지만 그는 그들을 용서한다. 그는 밝고 자주 웃기도 한다.

때로는 일상생활과 가족에 대한 책임감으로 인해 놀 수 있는 시간을 빼앗기는 것 같기도 하다. "나는 놀이가 무엇인지 기억하고 일상생활의 일부로 만드는 것이 만족스러운 인간이 되는 데 가장 중요한 요소라는 것을 알게 되었다. 놀이 능력은 행복뿐만 아니라 사회적 관계를 유지하고 창의적이고 혁신적인 사람이 되기 위해서도 매우 중요하다."라고 스튜어트 브라운 박사(Stuart Brown, MD)는 『놀이: 두뇌를 형성하고 상상력을 열어 주고 영혼에 활력을 불어넣는 방법(Play: How It Shapes the Brain, Opens the Imagination and Invigorates the Soul)』(Brown, 2009)에서 말한다. 국립놀이연구소의 설립자인 브라운 박사는 TED 동영상 〈놀이는 재미 그 이상이다(Play Is More than Fun)〉에서 자신의 생각을 더 자세히 설명하고 있다. 북극곰부터 기업 CEO에 이르기까지 다양한 대상의 놀이 습관을 보여 주는 일화를 소개하며 브라운 박사는 모든 연령대의 놀이를 장려하는 동시에 다음과 같이 정의한다: "놀이는 즐거움과 자의식 및 시간 감각의 정지를 제공하는 몰입적이고 겉으로 보기에 목적이 없는 활동이다. 동시에 자기 동기를 부여하고 다시 하고 싶게 만든다." 우리는 놀이의 힘을 과소평가하는 경향이 있다. 게임이나 스포츠뿐만 아니라 영화, 예술, 음악, 유머, 드라마틱한 이야기가 없는 세상을 상상해 보자. 공상도 없고, 놀림도 없고, 유혹도 없다. 놀이는 사람들을 평범한 일상에서 벗어나게 하고 사소한 것에서도 기쁨을 찾을 수 있는 수단을 제공한다. 놀이를 멈추면 성장이 멈추며, 활기찬 노화가 아니라 죽음을 기다리게 된다.

직장에서의 놀이

스포츠, 게임, 가족 활동, 커뮤니티 활동 등 업무 외적인 놀이가 필수적이라는 것은 분명하다. 하지만 직장에서 일하면서 놀아야 할 필요성은 덜 분명하다. 그럼에도 불구하고 일하면서 즐기는 놀이는 활력을 불어넣고, 업무에 집중할 수 있도록 도와준다. 새로운 패턴을 발견하고 호기심을 불러일으키며 아이디어와 혁신을 촉발할 수 있다. 직장에서 어떤 종류의 놀이가 적합할까? 외부에서 팀 빌딩 게임을 할 필요는 없지만, 때때로 도움이 될 수 있다.

놀이와 같은 유쾌한 태도는 사람들에게 감정적 거리를 좁힐 수 있는 기회를 제공한다. 종종 문제가 문제가 아니라 문제에 대응하는 방식이 문제인 경우가 많다. 놀이는 개인이 서로 가까워질 수 있게 해 주는 사회적 윤활유이다. 우리는 놀 때 방어벽을 세우지 않고 다른 사람을 있는 그대로 받아들인다. 우리는 공평하게 플레이할 책임이 있다. 상호작용이 배려를 기반으로 할 때 우리는 다른 사람에게 상처를 주지 않는다. 놀이는 협력적인 사회화를 가능하게 하고 신뢰, 공감, 배려, 나눔을 키운다. 유쾌한 마인드셋을 가진 사람들의 가장 큰 장점 중 하나는 창의력을 자극한다는 것이다. 유쾌함(playfulness)은 상상력, 창의력, 꿈으로 이어져 문제에 대한 새로운 해결책을 생각해 내는 데 도움이 된다. 그리고 사랑과 웃음이 있다면 인생의 중요한 관계도 더욱 활기차게 될 것이다! 이어지는 로즈 이야기는 유쾌함과 즐거움이 모두에게 축복을 가져다준다는 사실을 일깨워 준다.

로즈 이야기

개강 첫날, 교수님이 자신을 소개하며 새로운 사람을 알아 가자고 했다. 나는 부드러운 손길이 내 어깨에 닿았을 때 주위를 둘러보려고 일어섰다. 돌아보니 주름진 작은 할머니 한 분이 온몸을 환하게 비추는 미소를 지으며 나를 바라보고 있었다.

그녀는 "안녕, 잘생겼네요. 제 이름은 로즈입니다. 저는 여든 일곱 살이에요. 안아드려도 될까요?"라고 했다.

나는 웃으며 "물론이죠!"라고 흔쾌히 대답했고, 그녀는 나를 꽉 껴안아 주었다.

"왜 그렇게 어리고 순진한 나이에 대학에 다니고 있죠?"라고 내가 농담처럼 물었다. 그러자 그녀는 농담 반 진담 반으로 "부자 남편을 만나 결혼하고 아이 둘을 낳은 다음 은퇴하고 여행하려고요."라고 대답했다.

"진심이에요?"라고 내가 물었다. 그 나이에 이런 도전에 나서게 된 동기가 무엇인지 궁금했다.

"항상 대학 교육을 받는 것이 꿈이었는데 이제야 대학 교육을 받게 되었어요!"라고 그녀는 말했다.

수업이 끝나고 우리는 학생회관 건물로 걸어가 초콜릿 밀크셰이크를 나눠 마셨다. 우리는 순식간에 친구가 되었다. 그 후 3개월 동안 매일 수업이 끝나면 함께 나가서 쉬지 않고 이야기를 나누었다. 나는 항상 '타임머신'처럼 지혜와 경험을 공유하는 그녀의 이야기를 들으며 넋을 잃고 있었다. 한 해가 지나면서 로즈는 캠퍼스의 아이콘이 되었고 쉽게 친구를 사귀었다. 그녀는 차려입는 것을 좋아했고 다른 학생들이 자신에게 주는 관심을 즐겼다. 그녀는 활기차게 생활했다.

학기 말에는 로즈 선생님을 초청해 풋볼 밴쿠버에서 연설을 들었다. 나는 그녀가 우리에게 가르쳐 준 것을 결코 잊지 못할 것이다. 그녀는 소개를 받고 연단에 올라섰다. 그녀는 준비된 연설을 시작하면서 3×5 카드 3장을 바닥에 떨어뜨렸다. 당황하고 약간 부끄러워하던 그녀는 마이크에 기대어 "너무 떨어서 죄송합니다. 사순절 때문에 맥주를 끊었는데 이 위스키 때문에 죽을 것 같아요! 다시는 연설을 제대로 할 수 없을 것 같으니 제가 아는 것만 말씀드리겠습니다."라고 말했다.

우리가 웃자 그녀는 목을 축이며 말을 이어 갔다.

> 우리는 나이가 들어서 놀기(playing)를 멈추는 것이 아니라 놀기를 멈추기 때문에 늙어 갑니다. 젊음을 유지하는 비결은 단 네 가지입니다. 하나는 행복해지는 것입니다. 또 하나는 성공을 이루는 것입니다. 또한 매일 웃고 유머를 찾아야 합니다. 그리고 꿈을 가져야 합니다. 꿈을 잃으면 죽습니다. 우리 주변에는 죽은 줄도 모르고 걸어 다니는 사람들이 너무 많습니다!
>
> 나이가 드는 것과 성장하는 것에는 큰 차이가 있습니다. 19세인 사람이 1년 동안 침

대에 누워 생산적인 일을 하나도 하지 않으면 20세가 됩니다. 87세인 제가 1년 동안 침대에 누워 아무것도 하지 않으면 88세가 됩니다. 누구나 나이를 먹을 수 있습니다. 재능이나 능력이 없어도 가능합니다. 아이디어는 항상 변화 속에서 기회를 찾아 성장하는 것입니다.

후회하지 마세요. 노인들은 보통 우리가 한 일에 대해 후회하기보다는 우리가 하지 않은 일에 대해 후회합니다. 죽음을 두려워하는 사람은 후회하는 사람뿐입니다.

그녀는 베트 미들러(Bette Midler)가 불러 유명해진 〈장미(The Rose)〉를 용기 있게 부르며 연설을 마무리했다. 그녀는 우리 각자에게 가사를 공부하고 일상생활에서 실천해 보라고 도전했다.

그해 연말, 로즈는 몇 년 전에 시작했던 대학 학위를 마쳤다. 졸업 일주일 후 로즈는 평화롭게 잠든 채로 세상을 떠났다. 2,000명이 넘는 대학생이 장례식에 참석하여 자신이 할 수 있는 모든 것이 되기에는 결코 늦지 않았다는 것을 본보기로 보여 준 멋진 여성에게 경의를 표했다.

나이가 드는 것은 필수이고, 성장하는 것은 선택 사항이라는 점을 기억하라.

일하거나 어슬렁거리는 동안 휘파람 불어 보기

로즈는 테리 벨 코치와 샬롯 워드(1997)가 사용한 용어인 플러크(plurk)에 대해 잘 알고 있었다. 이들은 플러크를 '일하면서 노는 것'이라고 정의한다. 벨은 콘퍼런스에서 "내가 어떻게 플러크하는지 물어보세요!"라고 적힌 버튼을 나눠 주기도 했다. 『백설공주』에서 일곱 난쟁이가 일터로 행진하면서 '일하면서 휘파람을 불어라'를 불렀던 것을 기억하는가? 그렇다, 우리가 하는 모든 일에서 유쾌하고 즐겁게 일할 수 있다고 벨은 말한다. 일만 하는 것이 아니라 즐겁게 놀면(plurk) 우리의 삶은 어떻게 달라질까?

아이들은 뛰어놀기의 달인이며, 아이들을 지켜보거나 직접 참여하는 것은 우리 안에 있는 그런 특성을 끌어낸다. 코치 및 기타 도움을 주는 전문가들은 종종 재미와 놀이가 코치와 고객 모두에게 라이프 밸런스 휠에서 가장 낮은 평가를 받는 두 가지 영역이라고 보고한다. 왜 그럴까? 아마도 많은 전문가의 삶을 업무가 장악하면서 재미와 놀이를 위한 시간이 거의 남지 않았기 때문일 것이다. 우리는 인간의 삶(human beings)이 아닌 인간의 일(human doings)을 하는 존재가 되었다. 또한 사람들이 하는 일의 종류가 사람들의 태도에 광범위한 영향을 미친다고 생각한다. 심리학자, 상담사, 간호사 및 기타 도움을 주는 전문가들은 종종 심각한 상황에 처한 사람들과 매일 함께 일한다. 부처님이 인생의 1만 가지 슬픔이라고 말한 것에 8~10시간을 집중하다 보면, 부처님 말씀의 나머지 절반인 1만 가지 기쁨을 잊어버리기 쉽다.

놀이를 위한 시간을 확보하려면 재미와 놀이 할당량이 적을 경우 '아니요'라고 말할 수 있는 탁월한 능력이 필요하다. '아니요'라고 말하는 것이 더 유익할 수 있음에도 불구하고 '예'라고 대답하는 경우가 있는지 살펴봄으로써 불균형을 해소하라.

놀이와 선택권이 있는 삶에는 적절한 경계가 필요

'거절'하고 싶을 때마다 '예'라고 말하게 되면, 우리는 회복탄력성의 근간이 되는 삶을 가볍게 여기고 즐길 수 있는 능력을 위태롭게 하고 있는 것이다. 그렇게 할 때, 우리는 우리의 경계를 타협하고 거기에 있어서는 안 되는 것들을 우리 삶에 허용하게 한다. 이러한 것들은 우리의 에너지를 약화시키고 우선순위에 대한 우리의 노력을 약화시킨다.

경계(boundaries)는 우리가 설정한 한계, 즉 시간, 생활에 허용하는 사람, 주의와 시간을 할애할 수 있는 활동에 대한 한계로 우리 자신을 둘러싸고 있는 경계이다. 경계는 사람들이 우리에게 얼마나 가까이 다가올 수 있는지, 무엇을 기대할 수 있는지를 알려 주는 상상의 경계선이다. 좋은 경계는 우리의 시간과 에너지를 현명하게 사용할 수 있게 해 준다. 사람, 활동, 음식 등 우리에게 좋지 않은 것에 에너지를 낭비하지 않는다. 경계는 우리 삶에서 허용하는 것을 의식적으로 선택할 수 있게 함으로써 우리에게 책임감을 부여한다.

예를 들어, 우리의 고객인 한 임원은 더 이상 저녁 식사 후에 집에 가서 일을 하지 않기로 결정했다. 대신 그 시간에 자녀의 숙제를 돕고 자녀와 함께 놀면서 시간을 보내고 싶었다. 그녀는 집에서 자유롭고 집중할 수 있도록 사무실에 30분 늦게 출근하기로 결정했다. 그녀는 집으로 업무를 가져가지 않기로 결정하면서 가정생활에 경계를 그어 업무가 가정으로 새어 들어오는 것을 막았다. 그녀는 "네, 힘들긴 했지만 그만한 가치가 있어요."라고 했다.

경계는 안전과 보호를 창출함

경계는 우리를 안전하게 지키고 웰빙을 지원하는 기본적인 도구이다. 우리 모두는 어렸을 때 낯선 사람들에게 싫다고 말하고, 우리에게 부적절하게 접촉하려는 사람들을 외면하고, 수두에 걸렸거나 좋은 놀이 친구가 아닌 아이들과 멀리 떨어져 있는 등 경계를 설정하는 방법을 배웠다. 부모가 잘 양육했다면 우리는 경계를 단단하고 확고하게 설정하고 경계를 침범하는 사람들에게 저항하는 방법을 배웠다. 우리는 스스로를 안전하고 건강하게 지키는 방법을 배웠다.

두 살짜리 아이들은 거절의 힘을 잘 알고 있다. 아이들이 싫어하는 일이 발생하면 즉시 "안 돼!"라고 외친다. '안 돼'라고 말하는 것은 아이들이 힘을 느끼고 한계를 설정하는 데 도움이 되며, 이는 독립을 위한 자연스러운 기초이다. 거절하고 경계를 설정하는 것은 우리에게 힘을 준다.

어른이 되어서 왜 우리는 종종 거절하는 것을 두려워할까? 아마도 부모님에게서 "안 돼!"라는 말을 처음 들었을 때 "당장 그만둬!"라는 뜻이었기 때문일 것이다. '안 돼!'는 현재 우리가 안전하지 않거나 우리가 하고 있는 일과 우리가 되고 있는 모습이 용납할 수 없다는 신호였다. '안 돼'는 거절의 신호였고, 우리가 지금 이대로는 괜찮지 않다는 신호였다. 어렸을 때 거절은 우리를 지탱해 준 사랑과 보살핌으로부터 단절되는 것을 의미했다. 우리가 가진 모든 것을 잃을 수도 있었다.

거절하고 적절한 경계를 유지하는 것은 승인을 포기하는 것이라고 생각할 때 어렵다. 고객을 잃을까 봐, 거절당할까 봐, 싫은 소리를 들을까 봐 거절하는 것을 두려워하게 된다. 우리가 한 번 거절하는 것을 주저하면 그것은 사소한 일처럼 여겨진다. 하지만 그것이 습관이 되면 문제가 생긴다.

엄격한 경계 유지

'아니요'라고 말해야 할 때 '예'라고 말할 때마다 우리는 누군가가 우리의 경계를 침범하도록 허용하는 것이다. 우리는 요청이나 필요를 욕구(demand)로 해석한다. 우리는 거절이나 상실의 위험을 감수할 수 없기 때문에 상황에 대해 선택의 여지가 없다고 스스로에게 말한다.

우리가 욕구에 '예'라고 대답하는 순간, 우리는 우리 자신에게 '아니요'라고 말하는 것이다. 그 순간 우리는 자신보다 상대방을 더 중요하게 여긴다. 더 나쁜 것은 거절하고 싶은 것에 대해 '예'라고 말할 때, 우리는 우리의 말을 경시하게 된다. 이 장의 시작 부분에 인용한 피터 블록의 말처럼, '예'라고 말할 수 있는 능력은 '아니요'라고 말할 수 있는 의지만큼만 훌륭하고 실행 가능한데, 이는 우리가 근거를 가지고 있다는 것을 의미한다. 우리는 우리가 서고자 하는 확고한 근거를 정확히 알고 있으며, 우리가 무엇을 할 것인지에 대해 명확히 알고 있다.

사람들은 보통 근거가 분명하고 명확한 사람을 존중한다. 정중하게 거절하고 그 이유를 설명하면 대부분의 경우 존중을 받을 수 있다. 하지만 다른 사람의 존중을 얻는 것이 절제된 행동이 중요한 이유가 되는 것은 아니다. 가장 중요한 것은 우리 자신에 대한 존중을 되찾는 것이다.

사람들은 항상 명확한 경계를 설정하는 다른 사람들을 존중하지는 않는다. 우리는 주변 사람들이 우리에게 가장 좋은 것이 무엇인지에 대한 우리의 자율적인 선택을 지지하는지, 아니면 자신이 원하는 것을 원하고 그것을 얻는 방법에는 관심이 없는지 주의를 기울일 필요가 있다. 상대방이 원하는 것만 원한다면, 그 상황은 경계를 설정하고 관계를 끊을 수 있는 기회이다. 우리는 이렇게 하기로 선택할 수 있다. 우리에게 도움이 되는 사람과 도움이 되지 않는 상황을 인식하고 적절한 조치를 취하는 것은 우리의 책임이다. 우리는 다른 사람이 우리의 최선의 이익을 위해 온전히 우리를 돌봐 주기를 기대할 수 없으며, 그것이 바로 우리의 일이다. 우리가 하지 않으면 그 일은 이루어지지 않을 것이다.

우리가 스스로 올바른 경계의 필요성을 인식하고 경계를 만들면 다른 사람의 경계를 더 잘 존중할 수 있게 된다. 우리는 새로운 구분법을 터득하고 이를 자신과 타인에게 적용해 왔다. 우리는 우리뿐만 아니라 모든 사람이 경계를 지킬 권리가 있다는 것을 더 잘 인식할 수 있게 되었다.

경계와 관련된 문제에 대해 고객과 작업할 때 우리는 예전에 상담 고객과 사용했던 몇 가지 은유를 사용했다. 한 가지 일반적인 비유는 경계를 성 주변의 성벽과 같다는 것이다. 고객이 누군가와 연결되기를 원하면 성벽을 낮추어 그 사람을 자신의 공간으로 들어오게 한다. 그렇지 않은 경우에는 성으로 통하는 외나무다리를 계속 올리고 성벽이 경계처럼 접근을 막는다. 고객이 자신이 안전하고 자신을 돌봐 주는 환경에 있다는 것을 알게 되었을 때, 은유적으로 말하자면 외나무다리를 계속 내릴 수 있다. 우리가 사용한 다른 은유로는 집에 있는 경보 시스템(개인 경보기는 무엇인가?), 국가 간 관문을 지키는 국경 수비대(당신의 영토에 들어가려면 여권이 필요한가?) 등이 있다.

우리는 이러한 관점에서 고객과 함께 경계에 대한 코칭을 진행한다:

- 경계는 우리에게 가까이 다가올 수 있는 사람과 대상에 대해 우리가 설정한 한계이다. 경계는 우리의 안전 영역을 정의하며, 경계 밖에서 허용되지 않는 것과 허용되는 것, 그리고 경계 안에서 허용되는 것을 구분해 준다.
- 경계는 우리가 누구이며 우리가 어떻게 살아가는지를 정해 준다. 그리고 경계는 우리가 어떤 사람이고 어떤 사람이 아닌지를 규정해 준다.
- 경계가 단단하고 강하면 비슷한 경계를 가진 사람들을 끌어들여 결과적으로 경계를 잘 유지할 수 있다. 경계가 약하면 경계가 약한 사람들을 끌어당긴다. 그들은 우리의 에너지를 고갈시키고 결국 우리를 지치게 하는 어려운 사람들일 수 있다.

관대하게 베풀 수 있으려면 고객은 좋은 경계를 가져야 한다. 경계가 자유를 만든다는 사실을 기억하라. 많은 영성적인 가르침은 베풀기 위해서는 자신이 충분히 충만해야 한다는 진리를 알려 주고 있다. 기부를 파이프나 컵에 비유하는 말이 있다. 파이프처럼 기부하지 말라. 파이프는 양쪽 끝이 열려 있고 항상 가득 찬 상태로 유지되지 않는다. 넘쳐나는 컵처럼 베풀라. 컵은 절대 떨어지지 않지만 넘치면 다른 사람에게 줄 수 있다.

팻 토마스 박사와 로이드 토마스 박사(Dr. Lloyd Thomas)는 그들의 저서『토탈 라이프 코칭(Total Life Coaching)』에서 "건강한 경계를 설정하면 더 안정감을 느낀다. 불안 수준이 낮아지고 자신과 타인, 세상에 대한 신뢰가 강화된다."(Williams & Thomas, 2005, p. 55)라고 했다.

만족스러운 삶을 원하는 고객은 다른 사람이나 사건으로부터 자신을 과잉보호할 필요성을 느끼지 않도록 자유롭고 온전히 선택할 수 있어야 하며, 마음껏 놀(play full out) 수 있어야 한다. 우리는 완전한 선택과 완전한 플레이를 위해서는 다음 세 가지가 모두 관련되어 있으며, ① 좋은 경계, ② 높은 기준, 이것들이 잘 결합되어 행해질 때, ③ 정직성을 창출하는 데 도움이 된다고 믿는다.

경계 만들기 연습

대부분의 고객은 자신이 진정으로 원하는 삶을 만들기 위해 더 엄격한 경계와 더 높은 기준을 설정하여 스스로에게 더 많은 여유, 자유, 선택권을 부여해야 한다. 마음껏 즐긴다(playing full out)는 것은 사람마다 다른 의미를 갖는다. 최선을 다한다는 것은 사람마다 다른 의미이다: 이것은 탁월함을 추구하거나, 긴박감을 느끼거나, 위험을 감수하거나, 관점을 유지하거나, 더 열심히 일하는 대신 더 똑똑하게 일하거나, 의식적으로 놀이의 강도를 선택하는 것을 의미할 수 있다.

일기 질문

- 인생에서 크게 하지 않고 작게 하고 있는 한두 곳은 어디인가? 그것은 무엇 때문인가?
- 일과 놀이에 대해 배운 규칙은 무엇인가?

많은 고객에게 놀이와 업무에 대한 규칙은 서로 연결되어 있다. 예를 들어, 많은 사람이 업무가 끝난 후에만 놀 수 있다고 말한다. 인스턴트 메시징과 휴대폰으로 고객과 계속 연락할 수 있는 24시간 연중무휴 환경에서는 업무가 끝나지 않을 수도 있다. 따라서 고객이 놀 수 있도록 적절한 경계를 설정하는 데 주의를 기울여야 한다.

온전히 최선을 다해 플레이하기(Play Full Out)

다음 연습은 노력과 즐거움의 상호작용을 경험하도록 장려하는 데 사용할 수 있다(Ellis & Lankowitz, 1995, pp. 127-136).

열심히 일하는 것과 열심히 노는 것 사이의 균형을 맞추려면 열심히 놀려면 놓아주는 것이 필요하다는 점을 고려하라. 이를 위해서는 자신의 삶을 돌아보고, 바꿀 수 있는 것은 바꾸고, 바꿀 수 없는 것은 받아들여야 한다. 노는 것은 어느 정도는 흐름을 따라가는 것을 의미한다. 고객이 이기고자 하는 욕구와 패배에 대한 두려움에서 벗어날 수 있다면 마음껏 놀 수 있다. 그들은 치열하게 경쟁할 수 있지만 놀이와 흐름의 정신으로 경쟁할 수 있다.

내려놓음과 가벼워짐을 위해서는 고객이 직장, 가족, 커뮤니티 등 자신의 역할을 점검하고 역할보다 본연의 삶(soul)을 우선시할 것을 약속해야 한다. 즉, 행복은 산업화된 사회에서 사람들이 집착하는 대부분의 것과는 무관할 수 있다. 우리는 우리의 역할, 행동, 은행 계좌, 신용카드, 소유물 그 이상이다.

다음 연습의 첫 번째 부분에서는 고객이 현재의 행복 방정식을 다시 작성하여 현재의 행복을 뛰어넘을 수 있도록 요청하고자 하는 것이다. 소유물이나 역할로 행복을 정의하는 것과 같은 방정식이다. (나의 행복 = 내 차, 나의 행복 = 완벽한 부모가 되는 것) 우리는 고객들이 다음과 같이 방정식을 다시 쓰기를 원한다: 나의 행복 = 나의 행복(my happiness = my happiness). 이 연습은 로베르토 아사지올리의 저서 『심리합성(Psychosynthesis)』(Assagioli, 1965)에서 처음 접했다.

실습 13.1

일기 쓰기 연습(탈동일화)

- 자신에게 중요한 것들의 목록을 작성하라.
- 그런 다음, 다음의 양식을 사용하여 첨부 문서로 문장을 작성하여 보내라:

아름다운 집이 있지만 내 집은 아니다.
나는 메르세데스 차량을 가지고 있지만, 나의 메르세데스는 아니다.
나는 결혼했지만 나의 결혼은 아니다.
나는 아름다운 몸매를 가졌지만 내 몸이 아니다.
나는 과체중이지만 내 몸이 아니다.
나는 훌륭한 직업을 가지고 있지만 내 직업이 아니다.
나는 ________가 있지만, 나는 ________.

이 일기 쓰기 연습을 통해 고객은 제한적인 신념을 발견하고 이를 개선할 수 있다. 이 연습을 통해 자신의 행복이 목록에 달려 있다고 믿었던 것을 깨닫게 된다. 행복은 단순히 선택이라는 것을 알게 된다. 그들은 자신이 가진 모든 것에서 분리하여 행복해지기로 선택할 수 있다. 행복은 존재의 방식이며 소유에 의존하지 않는다.

실습 13.2

위험 감수: 비용과 이점

이 연습에서는 고객에게 자신이 매력을 느꼈던 것, 하고 싶지만 두려움 때문에 하지 않았던 것을 찾아내도록 요청한다. 예를 들어, 자신의 왼발이 둘이라고 느낄 때 춤을 추는 것을 두려워할 수 있다. 모르는 그룹에게 프레젠테이션을 하는 것을 두려워할 수 있다. 옷의 소재와 디자인이 마음에 들더라도 특정 종류의 옷을 입는 것을 두려워할 수 있다. 싱글은 거절당할까 봐 데이트를 두려워할 수 있다.

- 다음 질문에서 가장 먼저 하고 싶은 일이 무엇인지 파악하라. 그런 다음 이 행동을 하지 않을 경우의 이점과 비용을 나열한다. (예: 춤을 추지 않음으로써 얻는 이점은 불편함이나 창피함을 느끼지 않는다는 점일 수 있다. 비용에는 새로운 사람을 만나지 못하고 집에서 지루하게 지내는 것이 포함될 수 있다.)

"내가 취하지 않기로 선택한 행동은……."
"이 조치를 취하지 않음으로써 얻을 수 있는 이점은 다음과 같다."
"이 조치를 취하지 않을 경우의 비용은 다음과 같다."

- 이 조치를 취하는 것이 완전한 플레이를 하는 데 어떤 도움이 될까?

자신의 삶에서 힘을 잃는다고 느끼는 상황이나 사람을 두 가지 찾아보자. 각 상황에 대해 힘을 잃는다(disempowerment)는 느낌의 결과를 파악하라.

상황	힘을 잃는다는 느낌의 이유
1. ____________	1. ____________
2. ____________	2. ____________

경계에 대한 주제로 고객과 함께 작업을 시작하기 좋은 방법은 다음 질문에 대해 생각해 보고 이에 대해 일기(journal)를 쓰도록 하는 것이다.

더 많은 선택의 여지를 만드는 방법 중 하나는 명확한 경계를 설정하는 것이다. 생활에서 더 나은(더 강하고, 더 엄격하고, 더 명확한) 경계를 설정할 필요가 있는 3~5곳을 나열해 보자. 예를 들면, 시간, 건강, 인간관계, 재정, 정신 등이 있을 수 있다. 다른 사람에게 '아니요'라고 말할 수 있는 영역은 스스로에게 '예'라고 말할 수 있는 영역일 수 있다.

1. ______________	1. ______________
2. ______________	2. ______________
3. ______________	3. ______________
4. ______________	4. ______________
5. ______________	5. ______________

실습 13.3

더 엄격한 경계 설정

힘을 잃게 하는 상황 중 하나를 선택하여 다음 연습을 해 보자. 고객과 함께 이 연습을 할 때는 서면 연습이 아닌 라이브 코칭 세션에서 하는 경우 가장 효과적이라는 사실을 발견했다.

- 1단계: 현재 유지하고 있는 경계 중 더 강화할 수 있는 경계의 이름을 정한다.
- 2단계: 더 엄격한 경계는 어떤 모습이며 어떻게 작동할까?
- 3단계: 이 경계를 설정하는 데 필요한 요구 사항과 가치 문제를 검토한다.

낡고 느슨한 경계 뒤에는 어떤 필요가 있을까? 다시 말해, 경계를 느슨하게 유지함으로써 어떤 욕구가 충족되고 있는가? 그 욕구를 충족시킬 수 있는 다른 두 가지 방법은 무엇인가? 경계를 더 엄격하게 설정하면 가치관과 충돌할까, 아니면 가치관에 더 충실할까?

- 4단계: 더 엄격한 경계를 지키기 위해 스스로 어떤 기준을 설정하겠는가?
- 5단계: 이 새로운 표준은 성실성을 유지하는 데 어떤 역할을 하는가?

경계를 엄격하게 유지

경계를 더 엄격하고 명확하게 설정하려는 고객과 다음 가이드라인을 공유하는 것이 좋다.

- 한도를 명확히 정하라. 좋은 경험 법칙은 다음과 같다: 다른 사람이 당신에게 요구하지 못하도록 하라. 사람들이 당신에게 요청을 하거나 도움을 요청하거나 필요한 것을 말할 수 있도록 허용하라. 그러나 타인에게 해를 끼치거나 법을 위반하지 않는 한, 그 누구도 당신에게 요구할 권리가 없다.
- 불편함을 느끼게 하는 요청을 들었을 때, 그 불편함은 내 영역을 침범하려는 시도라는 신호일 가능성이 높다. 상대방은 이를 침입으로 인식하지 못할 수 있지만, 당신은 그것을 알고 있다. 이러한 상황에서는 '예'라고 대답하지 말라. 지금은 진심을 담아 거절해야 할 때이다.
- 선택의 자유를 행사하라. 다른 사람에게 거절하는 것을 선택할 수 없거나 다른 사람의 문제를 떠맡는다면 삶의 어떤 부분에서도 선택의 자유가 없을 것이다. 오늘부터 선택의 근육을 단련하라.
- 경계를 엄격하게 설정하고 훌륭한 사람들을 끌어 모으라. 좋은 경계는 좋은 사람을 끌어들인다는 사실을 기억하라. 엄격한 경계는 지나치게 요구하거나 까다로운 사람들을 차단한다.
- 거절해야 할 때는 거절하라.
- 경계를 강화하기 위해 필요하다면 기꺼이 용기 있는 대화를 나누라. 우리는 종종 우리의 경계를 위반한 사람들과 이러한 대화를 해야 할 때가 있다. 목표는 상대방에게 경계를 존중하도록 알리는 것이다. 경계를 강화하는 핵심 단계에서는 경계를 강화하기 위해 기꺼이 여러 차례 대화를 나누어야 한다.

1. 상대방의 행동이 당신의 경계 또는 한계를 위반하고 있음을 알린다. 그러한 행동은 받아들이기 어렵다고 말한다. 상대방은 자신이 경계를 위반했다는 사실을 전혀 모를 가능성이 높다.
2. 중단을 요청하라. 자신의 욕구 충족을 잊고 다른 대안을 찾도록 유도하라.
3. 계속되는 경우 중단을 요청하라.

4. 경계 위반이 계속되면 관계를 종료하라. 당신의 삶에서 계속해서 경계를 위반하고 존중하지 않는 사람은 필요하지 않다.

정중하게 거절하는 방법에 대한 기본

우리 대부분은 일상에서 거절하고 싶을 때 '예'라고 말함으로써 스스로의 경계를 무너뜨리고 있다. 우리는 자신을 제외한 모든 사람에게 '아니요'라고 말하는 것을 어색해한다.

우리는 정중하게 거절할 수 있다. 아직 정중한 거절의 기술을 숙련하지 못했거나 일관성을 유지하는 데 어려움을 겪고 있다면 이 도움말이 유용할 수 있다:

- 사소한 요청에 대해 거절하는 것은 우리 자신과 우리에게 요청을 하는 다른 사람들 모두에게 '예'라고 응답하는 것보다 더 의미 있다.
- 거절하면 자신과 타인과의 약속을 지키기 위해 좋은 경계를 설정하고 지킬 수 있다.
- 현명하게 거절하는 것은 우리에게 공간과 시간을 만들어 주어 우리가 진정으로 원하는 것을 창조할 수 있는 에너지를 제공한다.

스티븐 코비는 이를 잘 알고 있었다. 그는 "'예'가 더 강할 때 '아니요'라고 말하기가 쉽다."(1989, p. 156)라고 말했다. '아니요'라고 말하는 것은 계획대로 의도적으로 일을 진행하기 위한 핵심이다.

정중하게 '아니요'라고 말하기

'아니요'라고 말할 수 있는 능력을 기른다는 것은 새로운 아이디어에 대한 첫 번째 대답이 '아니요'인 사람이 되는 것과는 다르다. 항상 '아니요'라고 말한다면 우리는 어떤 기회도 잡을 수 없다. 거절을 통해 우리 모두는 자신만의 새로운 아이디어를 창출하고 새로운 존재와 행동 방식을 만들어 낼 수 있는 시간과 자유를 얻게 된다. 우리는 지금 당장 우리에게 최선의 이익이 되지 않는 다른 사람의 요청에 '아니요'라고 말함으로써 이러한 과정을 뒷받침한다.

다음은 예라고 말하기를 바라는 사람과의 관계를 유지하면서 정중하게 거절하는 방법에 대한 몇 가지 제안이다. 고객과 함께 일할 때 적절하다고 생각되는 대로 적용하라. 이 목록은 동료들에게 정중하게 '아니요'라고 말한 경험을 공유해 달라고 요청하여 개발되었다.

다음 자료에서는 이러한 내용을 독자 여러분을 위해 작성했다. 각 섹션에서는 '아니요'가 적절한 상황을 제시하고 그다음에 어떻게 말해야 하는지에 대한 제안을 제시하고 있다.

누군가가 고려하고 싶은 것을 제안할 때 거절하는 방법

응답: "저에게 맞는 것 같지만 지금은 다른 세 가지 우선순위에 충실하기로 약속했습니다. 90일 후에 다시 돌아와서 이 기회를 다시 한 번 살펴볼 기회를 주시겠어요?"

이 방법은 상대방의 관심을 인정하고 현실적으로 완수할 수 있는 것보다 더 많은 일을 맡지 않도록 하기 때문에 효과적이다. 상대방이 정말 관심이 있다면 다시 물어볼 것이다. 진실을 말하라. 당신은 정말로 자신에게 기회가 있다고 생각하고 있다. 요청받은 일을 정말 하고 싶지 않을 때는 이 방법을 사용하지 말라. 두 번 거절해야 할 것이다. 더 나쁜 것은 의도적으로 상대방을 오해하게 만드는 것이다.

적절한 시기가 아닐 때 거절하는 방법

응답: "저도 그러고 싶지만 지금은 그럴 수 없는 상황입니다. 저를 생각해 주셔서 감사합니다."

거절 여부는 요청 시점에 따라 결정된다. 요청자에게 감사를 표하는 것이 이 상황에서 정말 도움이 된다. 진심을 다하라. 고마움을 표시하면 상대방은 비슷한 기회가 생길 때 다시 한번 당신을 떠올릴 것이다. 이번 요청에는 거절했지만 다른 유사한 요청에는 거절을 하지 않았다. 요청자는 향후 다른 요청을 가지고 돌아올 것이다. 이 전략을 사용하기 전에 그런 일이 일어나기를 원하는지 확인하라.

유사한 예로는 다음과 같은 것들이 있다:

> "생각해 줘서 고마운데 지금은 안 될 것 같아요."
> "거절하기 싫지만 이번엔 정말 그래야 해요."
> "지금은 안 되겠어요."

이러한 대답을 한 후에는 반드시 말을 멈춘다. 더 이상 말하지 말라. 정당화하거나 이유를 제시할 필요가 없다.

지금은 시간이 없지만 다음에 '예'라고 대답하고 싶은 경우에는 다음과 같이 말한다:

> "도와드리고 싶지만 시간이 없어서요. 다음에 이런 일이 생기면 알려 주세요. 그때는 우리 일정이 맞을지도 모르니까요."
> "저도 돕고 싶지만 이미 업무가 너무 많아요. 제가 다른 방법으로 어떻게 도와드릴까요?"

다른 우선순위가 있을 때 거절하는 방법

응답: "올해 제 우선순위는 매우 제한적이고 매우 집중되어 있습니다. 이번 일은 도저히 시간을 낼 수 없을 것 같습니다."

우리의 친구이자 동료인 로라 버먼 포트강(Laura Berman Fortgang)은 올바른 방법으로 거절하고 자신의 우선순위를 고수하는 데 단호하다. 그녀는 다른 유명 출판 작가들과 마찬가지로 대중 출연 및 강연 요청을 많이 받는다. 그녀는 자신의 가치관을 나침반으로 삼아 팻 박사의 모델이 되었다. 가치에 기반한 우선순위의 중요성을 강조한다. 첫 번째 책(Berman Fortgang, 1998)이 나온 직후, 그녀는 〈오프라 윈프리 쇼〉에 출연했다. 그녀는 출연 및 연설 요청이 쇄도했지만, 당시에는 북 투어가 우선이었기 때문에 대부분 거절했다. 다른 우선순위가 있기 때문에 정중하게 거절하면 좋은 관계를 유지할 수 있다. 이렇게 말할 수도 있다:

> "지금은 제가 그 일을 하기에는 적절한 시기가 아닙니다. 다른 약속이 있어요. 나중에 시간을 낼 수 있으면 알려 드리겠습니다."

"정말 멋진 초대인데 너무 바빠서 수락할 수 없습니다."

상대방과 우선순위를 공유할 필요는 없다는 점을 기억하라. 실제로 그러지 않는 것이 좋다. 자신의 우선순위가 상대방이 요구하는 것보다 정말 더 중요하거나 가치 있는 것인지에 대해 논쟁을 벌이고 싶지 않을 것이다. 당신은 어떤 명분도 없이 자신의 우선순위에 대한 권리가 있다.

'아니요'라고 말하는 것이 익숙해질 때까지 이러한 정중한 '아니요'라고 말하는 연습을 하는 것이 좋다. 그러면 때가 되면 정중하게 대답할 준비가 될 것이다.

거절하는 기본적인 방법을 익혔다면 '검은 띠(black belt)' 기술을 익힐 준비가 된 것이다. 이를 잘 수행하면 정중한 '아니요'의 달인이 될 수 있다. 다음은 정기적으로 연습할 수 있는 정중하고 세련된 거절 방법의 더 많은 예이다.

뉴욕 스타일로 거절하는 방법

이 방법은 뉴욕의 한 극작가가 자신의 공연에 출연을 요청하는 배우들에게 사용했던 방법에서 유래한 것이다. 이 방법은 끈질기게 당신에게 끝없는 요구를 하는 사람들에게 가장 효과적이다. "이런, 정말 그러고 싶지만…… [조용히 넷까지 세어 본 후] …… 불가능해요."[고개를 천천히 흔든다.]라고 한다.

일반적으로는 이 정도면 충분하며, 특히 다른 말을 하지 않는다면 더욱 그렇다. 하지만 그래도 상대방이 "왜?"라고 묻는다면 이렇게 하라: 말을 시작하듯 입을 벌리고 숨을 들이마신 다음, "음…… [조용히 넷까지 세고, 아래를 내려다본 다음, 거의 숨을 내쉬면서 말하라.] …… 불가능해요. '네'라고 말하고 싶지만 그럴 수 없네요."라고 말한다. [맨 마지막에 있는 사람을 올려다보며 옅은 미소를 짓는다.]

이것이 왜 효과가 있을까? 요청자는 반박할 여지가 없다. 당신은 거짓말을 하지 않았고, 상대방은 당신에게 일어난 끔찍한 일 중 말하기 어려운 것을 말하면서 비워 두었던 부분을 채워 넣을 것이다. 이유를 설명할 필요는 없다는 점을 기억하라. 사실, 보통은 그들이 신경 쓸 일이 아니다. 어차피 '아니요' 이후에는 아무 말도 듣지 못하는 경우가 많다. 우리는 종종 우리의 결정을 스스로에게 정당화하려고 노력한다.

자신의 가치관이나 가치 중심 우선순위에 어긋나는 일을 하라는 요청을 받았을 때 거절하는 방법

가장 좋은 방법은 신속하게 거절하는 것이다. 잠시라도 망설이면 요청을 하는 사람은 당신이 마음을 바꿀 가능성이 있다고 생각할 것이다. 단호하게 거절하라. 안 되는 이유만 말하라.

차선책은, 예를 들어 달성하고자 하는 결과에 대한 노력에 대해 진솔하게 언급하는 것이다:

> "저는 글쓰기에 모든 시간을 할애해야 합니다. 지금 저에게 가장 중요한 것은 글쓰기입니다."

그런 다음 그 사람에 대한 당신의 약속을 재확인하라: "비록 당신의 요청을 거절하지만, 내가 당신을 동료로서 얼마나 소중히 여기는지 알아주셨으면 한다."라고 말하라.

시간이 있다면 상대방과 몇 분 정도 브레인스토밍을 통해 그 필요를 채울 수 있는 다른 방법에 대해 이야기해 보라.

> "죄송합니다. 그렇게 할 수 없습니다."
> "그건 거절해야겠지만 다음 주에 다시 이야기하는 것이 어떨까요?"

이렇게 하면 상대방이 그 필요를 해결할 수 있는 다른 방법을 제안함으로써 창의력을 선물한 셈이 된다.

일반적으로 유료로 하는 일을 무료로 해달라는 요청을 받았을 때 거절하는 방법

당신도 무료로 컨설팅이나 서비스를 제공하거나 강연을 해달라는 요청을 받는 사람 중 한 명일 수 있다. 때로는 그것이 도움이 될 수도 있다. 그렇지 않은 경우에는 다음과 같이 말하도록 한다:

> "저는 한정된 시간 동안만 재능 기부(pro bono) 활동을 하고 있는데, 그 시간은 이미 올해 모두 사용되었습니다. 몇 달 또는 몇 년 후의 대기자 명단에 이름을 올리고 싶으신가요? 그렇게 할 수는 있습니다."

대부분의 사람은 그렇게 멀리까지 미리 계획하지 않는다. 따라서 결국 제안을 거절해야 하는 상황에 처하게 된다.

상대방이 계속해서 무료 서비스를 요청할 때 거절하는 방법

현재 진행 중인 유료 관계가 종료되면 서비스를 중단해야 한다. 계속 서비스를 제공하고 싶지 않다면 다음과 같이 대답할 수 있다:

> "유료 고객에게 불공평하게 대하는 것 같아 이 시점에서 도움을 드리는 것이 부담스럽습니다. 제가 정말 도와드릴 수 있는 일의 목록을 작성하여 함께 일할 수 있는 방법을 찾아봅시다."

이렇게 하면 일반적으로 '무료' 요청이 단번에 종료된다.

실습 13.4

지금 당장 거절해야 할 상황은 무엇인가

삶에서 거절할 필요가 있다고 생각하는 곳이 어디인지 파악하라. 이런 곳은 더 엄격한 경계가 필요한 곳이다. 거절해야 할 '아니요'를 5~10개 정도 찾아보라. 그런 다음, 각각에 대해 "이 경우 내가 기꺼이 '예'라고 말할 수 있는 것은 무엇일까?"라고 자문해 보자. 기꺼이 할 수 있는 일이 있다면 말하라. 현명하게 선택하라. 기꺼이 하고 싶고, 원망하지 않고 기꺼이 할 수 있는 것만 선택하라.

이 장에서는 좋은 경계를 유지하는 것과 그에 따른 선택의 자유 사이의 연관성에 초점을 맞추었다. 선택한다는 것은 최선을 다하고(playing full out), 즐기고, 균형 잡힌 삶을 만들 수 있는 가능성을 만드는 것을 의미한다. 많은 고객이 삶의 균형을 유지하는 데 어려움을 겪으며 코칭을 받으러 온다. 그들은 균형을 이루기 위해 경계를 점검하고 재조정해야 한다.

도움 전문가들은 종종 경계를 치료에서 다룰 수 있다고 생각한다. 실제로 학대나 트라우마와 관련된 가장 심각한 경계 위반 사례는 대개 치료적 개입이 필요하다는 사실이 밝혀졌다. 그러나 인간은 평생 동안 자신의 경계를 재검토하고 재창조할 필요가 있다. 따라서 코치는 경계를 효과적으로 다룰 수 있어야 한다. 또한 고객의 오래된 경계 문제가 충분히 다루어지지 않아 상담이 필요할 수 있는 시점을 인식할 수 있어야 한다. 이럴 때는 상담을 의뢰해야 한다.

제14장

당신은 얼마나 부유한가

HOW WEALTHY ARE YOU?

1980년대와 1990년대 미국의 모토는 "너무 많은 것은 없다."였다. 돈, 시간, 소유물 등 모든 면에서 "많을수록 좋다."라는 말이 유행했다. 이 시기에 "장난감을 가장 많이 가진 사람이 이긴다."라는 범퍼 스티커가 등장했다.

많은 코칭 고객이 그 시절을 정신없이 바쁘게 살다가 이제는 더 단순한 삶을 추구하기 위해 돌아왔다. 삶을 단순화하려고 할 때, 가끔은 어느 정도면 충분하다는 무의식적인 믿음에 부딪히기도 한다.

부(wealth)의 고전적인 정의가 도움이 될 수 있다. 『아메리칸 헤리티지 사전(4판)』에는 여러 부분으로 구성된 정의가 있다. 한 가지 정의는 부유하거나 풍요로운 상태 또는 "교환 또는 사용 측면에서 가치가 있는 모든 재화와 자원"이다. 마지막 정의는 "많은 양, 풍부함, 풍부한 조언"이다. 코치로서 우리는 고객과 협력하여 삶의 부를 단순히 돈으로 환산할 수 있는 수준을 넘어선다는 것을 고객과 함께 확인한다. 많은 양이나 풍요로움이 성취감과 만족감의 원천이 될 때 모든 영역으로 확장된다. 코치들은 고객이 풍부한 시간, 풍부한 기쁨, 풍부한 친구를 갖기를 바란다.

코칭 직업에서 코치들은 어느 정도면 충분한지에 대해 설명하며, 우리는 소유의 상태가 아닌 존재의 상태를 가지고 일한다는 점을 강조하기 위해 충분한 것 이상의 것을 준비(reserve)하고 있는 것으로 정의하고 때로는 준비 중이라고 설명하기도 한다.

개인 준비금

개인 준비금(personal reserve)은 사용하지 않고 유통되지 않는 화폐와 금을 항상 보관하고 있는 뉴욕 연방준비은행의 금 보관소와 비슷한 역할을 한다. 연방준비은행은 사용하지 않고 안전하게 보관되어 있기 때문에 국가의 나머지 화폐가 걱정 없이 자유롭게 유통될 수 있도록 보장한다. 준비 통화는 경제가 변할 때 통화를 안정화시켜 준다.

또 다른 예가 있다. 1960년대와 1970년대에 자동차를 운전해 본 경험이 있다면 폭스바겐 비틀을 소유할 수 있는 행운을 누렸을 것이다. 폭스바겐 비틀에는 휘발유 게이지 표시기 대신 예비 탱크라는 부품이 있었다. 예비 탱크에는 2갤런의 여분의 연료가 들어 있었기 때문에 연료가 부족한 적이 없었다. 항상 다음 주유소까지 갈 수 있는 충분한 양의 기름을 가지고 있었다. 폭스바겐 비틀의 예비 탱크 덕분에 기름이 떨어지거나 어딘가에 멈춰 설 걱정을 하지 않아도 되었다. 사실 비틀을 소유한 우리 대부분은 모아 둔 돈이 많지 않았을 가능성이 높다. 우리는 아마도 대학생이거나 첫 직장을 시작했을 것이다. 하지만 예비 탱크의 교훈은 우리에게 남아 있었다.

진정한 개인적 부의 감각은 우리가 집중하고 있는 자원이 무엇이든 항상 여유가 있다는 것을 아는 데서 비롯된다. 우리는 자원이 부족할까 봐 두려워할 필요가 사라져 다른 일에 집중할 수 있다. 이것은 매슬로의 욕구 위계가 고객의 성취감과 관련하여 어떻게 작용하는지를 보여 주는 또 다른 예이다. 생존 문제가 해결되면 고객은 더 고차원적인 문제에 집중하게 된다. 코치의 역할은 고객과 협력하여 고객이 풍요로움을 느끼지 못하도록 방해하는 결핍 마인드셋(scarcity mind-set)을 살펴보는 것이다.

어느 정도면 충분할까

이 장의 서두에서 언급했듯이, 미국과 같은 국가에 사는 사람들은 풍요로운 삶을 위해 무엇이 정말로 필요한지에 대해 혼란스러워하고 있다. 많은 사람이 "어느 정도면 충분할까?"라는 개인적인 질문을 고려하지 않는다. 소비 중심 사회에서 사람들은 항상 더 많이 축적해야 한다고 생각한다. 이러한 인식은 허리케인, 태풍, 화재, 홍수 등의 재난을 겪으면서 사람들은 많은 재산을 잃고 심각한 적응 과정을 거친 후 손실 이전보다 더 많은 삶과 관계에 대한 감사함을 발견할 수 있다는 사실을 알게 되었다.

풍요로운 세상에 살아가기

많은 영성가는 우리가 우주에서 필요한 모든 것을 풍요(abundance)롭게 갖추고 있지만, 우리의 시각이 어두워 이를 제대로 보지 못한다고 한다. 이처럼 풍요로움을 활용하는 것은 마음가짐의 문제이며, 이는 제15장에서 다룬다. 사람들은 풍요로운 세상을 믿으면서도 필요할 때 풍요를 누릴 수 있도록 자신의 역할을 다하지 않을 수 있다. 이것이 바로 풍요와 가용성이 다를 수 있는 이유 중 하나이다.

영적인 글에 나오는 많은 가르침의 이야기와 비유는 준비와 대비가 중요하다고 강조한다. 성경에 나오는 신랑을 기다리는 여인의 비유가 좋은 예이다. 어둠이 내렸고 일부 여인들은 미리 기름 등불을 준비하지 않았다. 등잔의 기름을 어디서 구할 수 있는지 아는 것만으로는 충분하지 않다. 등잔에 기름을 넣고 심지를 다듬어 우리의 의도를 실천할 준비를 하고 모든 것을 향해 문을 열 수 있어야 한다.

풍요와 결핍의 사고를 통해 세상이 어떻게 변화하는지를 보여 주는 예로, 한 아메리카 원주민 남성이 어린 시절 호숫가에 있는 목조 주택에서 할아버지와 함께 살던 이야기를 들 수 있다. 겨울이면 집의 나무 틈새로 바람이 휘파람을 불었다. 소년의 삶은 그야말로 최고의 모험이었다. 소년은 일상에서 무한한 행복과 기쁨을 경험했다. 소년과 할아버지에게는 필요한 모든 것이 있었다.

그러던 어느 날 한 백인 남성이 할아버지의 집에 들어와 두 사람이 가난하고 도움이 필요하다고 말했다. 그는 그 순간 자신의 젊은 삶(사실 인생 전체)이 바뀌었다고 말했다. 한순간에 풍요로운 마인드셋이 결핍 마인드셋으로 바뀐 것이다. 그 순간, 그의 인생이었던 위대한 모험이 허무하게 느껴지기 시작했다.

어떤 사람들은 백인의 말이 현실을 있는 그대로 묘사한 것일 뿐이라고 주장할 수 있다. 하지만 우리는 동의하지 않는다. 같은 상황에서 우리는 얼어붙은 호수 기슭에 있는 그 집에 발을 들여놓게 되면, 소년과 그의 할아버지가 많은 재산을 소유하고 은행에 많은 돈을 가지고 있거나 집안에 바람이 불지 않는 사람들과 비교하여 이례적으로 풍요롭다고 말할 수 있었을 것이다.

백인은 자신의 관점에서 볼 때 소년과 할아버지는 가난하다고 선언했고, 부자가 된다는 것이 무엇을 의미하는지에 대한 정의는 전혀 제시하지 않았다. 만약 소년이 우리 중 한 명에게 코칭을 받았다면, 우리는 소년에게 다양한 영역에서 무엇을 준비해야 하는지, 즉 자신의 구체적인 필요, 욕구, 욕망을 맥락에 맞게 고려하도록 요청했을 것이다. 구체성이 없으면 우리는 명확하지 않고 맥락 없이 일하기 때문에 항상 가난하다고 느낄 수 있다. 헨리 데이비드 소로(Henry David Thoreau)의 말을 빌리자면: 소년은 달로 가는 다리를 짓기 위해 재료를 모으고, 노인은 그 재료로 나무창고를 짓고 있다. 둘 다 부자이다. 하지만 상황과 의도는 다르다. 그렇다면 각자에게 필요한 목재의 양은 어느 정도일까?

우리는 당신이 고객과 고객의 구체적인 세부 사항을 고려하여 작업하기를 바란다. "천사는 디테일에 있다."라는 말을 종종 듣는다. 당신과 당신의 고객이 준비금에 대한 기준을 알고 있어야 당신과 고객이 필요한 경우 한 번에 한 단계씩 준비금을 만들기 시작할 수 있다.

우리가 원하는 것과 동기화하기

성인이 되어 돈과 부에 대한 생각, 즉 돈이 어떻게 만들어지고 어떻게 작동하는지에 대한 믿음이 더 이상 도움이 되지 않는다면, 돈과 부에 대한 생각을 바꿔야 할 수도 있다. 우리가 충분한 돈을 벌기 위해 고군분투하고, 열심히 일하고, 고통 받고, 자신을 지치게 해야 한다고 믿고 자랐다면, 우리의 신념은 약간의 수정이 필요하다. 사실, 지치고 고갈된 인간은 풍요로움, 여유로움, 개방성을 끌어당기는 것이 아니라 오히려 더 지치고 고갈된 자원을 끌어당기기 때문에 이러한 신념이 우리가 원하는 것을 성취하는 데 방해가 될 수 있다는 사실을 발견해야 한다.

그렇다면 이것이 어떻게 작동할까? 많은 사람이 미국 우주 프로그램의 아버지로 여기는 베르너 폰 브라운 박사(Dr. Wernher von Braun)는 "모든 것의 배후에 신성한 의도가 있어야 한다는 결론을 내리지 않고는 우주의 법칙과 질서에 노출될 수 없다."라는 말을 남겼다(Hill, 1976, p. 2).

끌어당김의 법칙(the law of attraction)의 개념에 따르면, 생명체는 그들이 소통하는 것에 따라 주어진 시간에 자신의 존재에 가장 필요한 것을 끌어당긴다. 아주 간단하게 설명하자면, 우주의 모든 것은 일정한 움직임과 진동 상태에 있다는 것이다. 이 진동에 의해 전달되는 자극은 방출되는 자극과 어떤 식으로든 일치하는 다른 움직이는 진동하는 사물을 끌어들인다. 사람과 다른 생명체는 서로 공명한다. 우리 모두는 전기적 충동과 세포 충동으로 구성되어 있으며, 우리 존재와 같은 것 또는 우리의 생각이 담고 있는 것과 공명한다. 논리적인 사람이 종종 다른 논리적인 사람에게 끌리거나 감정적인 사람이 종종 다른 감정적인 사람에게 끌리는 것처럼 진동이 비슷한 진동을 끌어당긴다고 말할 수 있다. 우리는 심지어 이 현상에 대한 물리학을 반영하는 언어, 즉 두 사람이 같은 파장에 있다고 말하는 경우도 있다. 코치로서 우리는 끌어당김의 법칙을 활용하여 고객이 자신의 의도를 검토하고 다듬는 데 도움을 줄 수 있다.

밥 프록터(Bob Proctor)는 그의 저서 『당신은 부자로 태어났다(Yor Were Born Rich)』(1997)에서 도토리를 예로 들어 끌어당김의 법칙이 어떻게 작동하는지를 설명하고 있다. 단단한 것처럼 보이는 다른 모든 것과 마찬가지로 도토리(우리 인간도 마찬가지이다)는 실제로는 매우 빠른 속도로 진동하는 분자 덩어리이다. 도토리 안에는 도토리가 자라날 결과물을 지배하는 패턴화된 계획이 있다. 도토리가 심기자마자 패턴화된 계획은 힘을 설정하고 동시성 또는 조화롭게 진동하는 모든 것을 끌어당기기 시작한다. 그것은 땅에서 필요한 모든 에너지 입자를 끌어당기고 결합하여 성장하기 시작한다. 확장됨에 따라 작은 새싹이 바닥에서 자라 뿌리를 형성한다. 그들은 위쪽으로 자라기 시작하여 결국 땅을 뚫고 나오게 된다. 그런 다음 이 위쪽 새싹은 대기의 분자를 끌어당기기 시작하여 결국 참나무가 될 때까지 성장을 계속한다.

더 간단한 예로 2개의 자석을 생각해 보자. 자석을 한 방향으로 뒤집으면 서로 밀어낸다. 반대로 뒤집으면 가까이 있을 때 반대 극성이 강한 끌어당기는 성질을 갖게 된다. 그래서 어떤 사람들은 자기적인(magnetic) 성격을 가지고 있다고 말한다. 누군가가 매력적이라고 말할 때 우리는 종종 매력과 외모를 혼동한다. 우리가 정말로 의미하는 것은 사람들이 그들에게 끌린다는 것이다.

끌어당김의 원리는 인간에게도 비슷하게 작용한다. 인체는 전 우주에서 가장 효율적인 전기가 흐르는 신체 기관 중 하나이다. 수년 동안 우리는 뇌(뇌전도)와 심장(심전도)의 전기 자극을 읽어 왔기 때문에 이는 새로운 정보가 아니다. 사실 뇌는 진동하는 악기이다. 에너지는 만질 수 있으며, 우리가 에너지와 접촉할 때 느낄 수 있다. 『감성 지능』(1995)과 『원초적 리더십』(2002)을 비롯한 다니엘 골먼의 저서에는 인간의 신경학이 어떻게 열린 고리를 만들어 서로, 그리고 모든 생명체로부터 영향을 받는지에 대한 훌륭하고 읽기 쉬운 정보가 담겨 있다. 골먼은 우리의 감정이 바이러스처럼 다른 사람에게 전염된다고 말한다.

우리는 모두 좋은 기운, 나쁜 기운, 진동(vibrations)에 대해 이야기하는 것을 들어봤지만 대부분의 사람은 자신의 진동과 자신의 삶에서 만들어지는 것 사이의 연관성을 인식하지 못한다. 나쁜 기운을 가진 사람들이 좋은 결과를 얻기 위해 매우 열심히 노력하는 동시에 부정적인 기운이 온갖 부정적인 사람과 상황을 끌어당기는 것을 보는 것은 매우 흔한 일이다. 화난 사람들로 가득 찬 방에 들어가 본 적이 있다면 그 기운이 어떻게 작용하는지, 그리고 그 기운이 얼마나 강한지 잘 알 것이다. 사람들의 얼굴을 볼 수 없고 등을 마주보고 있어도 분노의 에너지가 느껴지는 것은 분명하다.

인간과 달리 도토리는 진동수를 바꿀 수 있는 능력이 없다. 따라서 도토리는 프로그래밍된 대로 참나무로만 자랄 수 있다. 하지만 우리는 진동수를 바꿀 수 있고, 따라서 우리가 창조하는 것에 대한 선택을 할 수 있는 능력이 있다. 우리는 우리가 상상하는 것, 감정을 억제하는 방법, 명상을 선택하는 방법, 그리고 우리 자신보다 더 큰 무언가와 우리 자신을 동기화하는 방법을 통해 이를 수행할 수 있다.

이것이 순전히 은유적으로 들린다면, 그 원리에 대한 구체적인 연구 결과가 이미 발표되어 있다.

명상, 기도, 영적 수행은 우리의 생각과 신체에 영향을 미치는 방법이며, 이는 우리의 진동 시스템이 작동하는 방식에 영향을 미친다. 닥 차일드레(Doc Childre)의 그룹 하트매스(HeartMath)가 수행한 심장의 진동에 대한 최근 연구는 이러한 주장을 뒷받침하고 있다(www.heartmath.com). 연구에 따르면, 사람의 생각과 시각화는 심장이 뇌와 동기화하는 능력에 영향을 미치며, 동기화가 발생할 때 이러한 것이 다른 사람에게도 나타난다는 것이 연구를 통해 입증되었다. 이러한 동기화는 간단하고 신뢰할 수 있는 바이오피드백 방법을 통해 감지할 수 있다. 그리고 물론 우리는 그것을 느끼는 방식으로 알아차린다. 하트매스가 권장하는 간단한 실습은 심장과 뇌의 동기화를 바꿀 수 있다는 것이다. 하트매스는 인성 함양을 더 높이고 수학 시험과 관련된 스트레스는 줄이며 아이들에게 사랑에 대해 가르치는데, 이와 더불어 하트매스 프로세스를 사용하는 데 중점을 둔 학교용 연구 및 프로그램을 만들었다. 웹사이트는 www.HeartMath.com이다. 최고의 연구 논문 중 하나는 「감사하는 마음: 긍정적인 감정과 최적 기능의 심리생리학(The Appreciative Heart: The Psychophysiology of Positive Emotions and Optimal Functioning)」(McCraty & Childre, 2006)으로, 감사, 칭찬, 기도와 관련된 심장 리듬이 스트레스, 건강, 웰빙에 어떤 영향을 미치는지에 대한 연구를 설명한 논문이다. 이 논문과 다른 연구 논문은 하트매스 사이트에서 전자책으로 다운로드할 수 있다.

하트매스 연구에 따르면, 우리가 의식적으로 다른 사람과 소통하지 않을 때에도 우리의 생리적 시스템은 미묘하고 놀라운 방식으로 상호작용한다는 사실이 밝혀졌다. 심장에서 생성되는 전자기 신호가 주변 사람들의 뇌파에 등록된다는 사실을 알고 있는가? 또는 공감적 상호작용을 하는 동안 당신의 생리적 반응이 배우자의 생리적 반응과 동기화된다는 사실을 알고 있는가? 심장의 전자기장(heart's electromagnetic field)은 신체 내 중앙 동기화 신호, 감정 정보의 중요한 전달자, 사람들 간의 에너지적인 상호작용의 핵심 매개체 역할을 하는 것으로 알려져 있다.

우리가 끊임없이 생각하며 마음속에 심는 목표나 이미지가 우리가 어떤 사람으로 성장할지 결정하는 패턴화된 계획 또는 핵심이라는 것은 놀라운 일이 아니다. 그것은 우리가 무엇을 끌어당기고 무엇을 밀어낼지를 결정한다.

질서 정연한 우주에서는 우연히 일어나는 일은 없다. 고객이 자신의 놀라운 마음에 심는 이미지는 즉시 삶의 구체적인 결과를 의도적으로 만들어 내는 힘을 발휘한다. 즉, 우리는 고객이 인생에서 원하지 않는 것이 아니라 원하는 것과 의도적으로 조화를 이루도록 코칭한다. 이러한 방식으로 고객은 자신이 원하는 것을 창조하기 위해 배워야 할 것을 스스로에게 끌어낸다. 고객들은 종종 이 원리가 마치 칼 융이 광범위하게 언급한 것처럼, 동시성이 작동하는 것처럼 보인다는 것을 발견한다. 동시성(synchronicity)은 고객이 주어진 시간에 필요한 것을 스스로 끌어내기 때문에 작동한다. 때때로 고객들에게 필요한 것이 인생의 특정 시점에 앞으로 나아가는 데 필요한 중요한 학습과 변화를 일으키는 결정적인 경험의 형태로 나타나기도 한다.

실용적으로 만들기

고객이 필요한 것을 충분히 만들어 내어 부족할 염려가 없도록 하려면 어떻게 해야 할까? 고객이 감정이 창의성을 발휘하는 데 방해가 되지 않도록 자신을 관리하는 방법을 배우려면 어떻게 해야 할까? 대부분의 고객에게 가장 큰 어려움은 두려움과 불안에 대한 자기 관리이다. 이러한 두려움과 불안 중 일부는 오래된 학습에 기반을 두고 있으며, 다른 일부는 텔레비전이나 영상 이미지 또는 임박한 공포감을 통해 긴박감을 조성하기 위해 고안된 정치적인 발언의 쏟아지는 메시지에서 비롯될 수 있다.

어떤 작가는 아기는 두 가지 선천적 두려움을 가지고 세상에 태어나는데, 그중 하나는 넘어질 것에 대한 두려움이라고 말했다. 불필요한 두려움 없이 인간은 자유롭게 창조하고 행동하며 탐구할 수 있다. 고객이 불필요한 두려움에서 벗어날 때, 대부분의 고객은 부족감이 단순히 습관적인 마인드셋이라는 것을 이해하게 된다. 부족감은 삶의 여러 영역에서 풍요로움에 대한 감사함을 느낄 수 있는 능력을 고객으로부터 빼앗아 간다. 우리는 고객을 코칭할 때 관계(또는 사랑), 시간, 비전, 돈, 경력, 공헌 등 주요 영역에서 풍요로움, 즉 여유 또는 풍요로움을 느끼는 것의 중요성에 초점을 맞춘다.

코치는 고객에게 이러한 질문에 대한 초기 반응을 고려하고 기록하도록 요청함으로써 고객이 자신의 여유를 다루는 작업을 시작할 수 있도록 도울 수 있다:

- 관계/사랑, 시간, 비전, 돈, 경력, 기여 등 각 영역에 충분한 여유가 있다는 것을 어떻게 알 수 있을까?
- 충분함 이상의 것을 가지고 다른 사람들에게 아낌없이 베풀 수 있으려면 어떤 체계가 마련되어야 할까?

이러한 질문을 고려할 때 비전 설정의 코칭 기술은 고객에게 도움이 될 수 있다. 무엇이 있는지 파악한 후 고객에게 다음 질문에 답하도록 요청할 수 있다:

- 어떻게 다르게 행동하겠는가?
- 이 분야에서 다른 사람들에게 어떻게 베풀 수 있을까?

실습 14.1

여유 검토

고객에게 현장 조사 과제로 이 연습을 완료하도록 요청한다. 코치가 고객의 깊은 신념에 도전하게 될 가능성이 높기 때문에 예비 작업을 수행하기 전에 고객과 이미 강력한 연대감(alliance)을 맺는 것이 가장 좋다.

나를 위한 시간 여유는 이처럼 분명하게 드러날 것이다:

그럼 나는 다른 사람들에게 어떻게 시간을 할애할 것인가:

나를 위한 재무적 여유가 이처럼 분명하게 드러날 것이다:
그럼 나는 다른 사람들에게 어떻게 기부할 것인가:

나에 대한 배려나 사랑의 여유는 이처럼 분명하게 드러날 것이다:
그럼 나는 다른 사람들에게 어떻게 배려나 사랑을 베풀 것인가:

고객이 다음 코칭 세션을 위해 돌아올 때는 연습에서 확인된 주요 영역 중 하나에서 여유(reserve)를 만들기 위한 계획을 세우도록 도와주는 것이 과제이다. 계획에는 구체적인 행동이 포함되어야 하며, 코치는 이번 세션과 다음 세션 사이의 시간 동안 고객에게 행동 중 하나 이상을 완료하도록 요청해야 한다. 때때로 고객은 스스로 진정한 부를 창출하기 위해서는 단순화가 필요하다는 것을 알게 된다. 예를 들어, 시간적 여유를 가지려면 잔디를 깎을 수 있는 작은 마당이 있는 작은 집을 가져야 한다는 것을 알게 될 수도 있다. 이를 위한 계획을 세우려면 한 번 이상의 세션이 필요할 수 있으며, 단기간에 반드시 달성할 수 있는 것은 아니다. 하지만 계획을 세우는 단계를 밟아 나가는 것은 미래의 자유로움을 가져다줄 것이다.

실습 14.2

시간적 여유 만들기

우리는 일반적으로 고객에게 현장 조사를 통해 위기 대응이 아닌 일반적인 주간 반복 활동을 나열하여 시간을 어떻게 보내는지 조사하도록 요청한다. 업무 일정을 검토하고, 배우자와 상의하고, 자녀의 스포츠 일정과 가족 요구 사항을 검토해야 하는 경우가 많다. 고객이 목록을 작성하면 코치는 고객에게 각각의 일반적인 활동을 고려하고 각 활동이 자신의 가치 및 약속과 어느 정도 일치하거나 이를 뒷받침하는지, 또는 핵심 가치 및 신념과 어느 정도 상충되는지 파악하도록 요청한다.

다음 코칭 세션에서 코치는 고객과 협력하여 가치에 부합하지 않는 반복적인 활동을 제거하거나 고객이 이러한 활동을 수행하는 방식을 수정하여 핵심 가치 및 신념에 더 부합하도록 하는 방법을 파악하도록 한다.

실습 14.3

선택과 의무

고객은 타인이 부과한 의무에 시간을 투자하는 대신 시간을 어떻게 보낼지 선택할 때 자신의 시간에 대해 더 강한 여유를 느끼는 경향이 있다. 물론 의무는 인간 삶의 일부이지만, 사람들은 종종 의무를 통제할 수 있는 범위를 잘못 판단하고 최소화하여 결과적으로 자신의 삶에서 더 많은 선택권을 창출할 수 있는 방법을 모색하지 않는다. 고객에게 다음과 같은 질문을 해 보자:

- 현재 시간을 보내는 방식에 만족하나요?
- 선택한 일을 하고 있나요?
- 다른 사람이 부과한 의무에 얼마나 많은 시간을 할애하고 있나요?
- 원하는 것과 현재 하고 있는 일 사이에 일치하는 부분이 얼마나 있나요?
- 본인의 활동을 가치와 비전에 부합하도록 하기 위해 자신이 할 수 있는 가장 중요한 일은 무엇인가요?

앞의 실습을 통해 고객이 시간을 어떻게 보낼지 현명한 결정을 내릴 수 있도록 코칭하라. 예를 들어, 예측 가능한 일정, 잡다한 일, 예상치 못한 일, 휴식 및 기타 자기계발 활동 시간 등을 포함하는 시간 계획 연습을 해 보라고 요청하라. 삶의 목적과 다른 우선순위를 중심으로 시간을 계획하도록 요청하라.

그런 다음 참가자들에게 일주일간의 빈 일정표를 만들라고 요청한다. 현재 직업, 가족 상황 등을 고려하여 일주일 동안 어떻게 시간을 보낼지 결정하면서 이상적인 한 주를 계획하는 것이 과제이다. 이전 계획 연습에서 계획한 일정을 포함할 수 있지만, 계획되지 않은 다른 모든 가용 시간에 대해 의식적으로 결정하여 이상적인 한 주가 될 수 있도록 한다.

실습 14.4

돈의 의미

고객은 자신의 욕망을 방해할 수 있는 돈에 대한 깊은 믿음을 많이 가지고 있다. 디팍 초프라(Deepak Chopra)가 말했듯이, 우리는 돈을 교환 수단 통화(currency)라고 부른다(Chopra, 2005). 따라서 우리가 돈을 벌고, 사용하고, 소비할 때 흐름(flow)이 있어야 한다. 인용된 많은 대가는 돈을 현명하게 사용하면 돈이 우리에게 돌아온다는 풍요의 태도(attitude of abundance)를 설명한다. 반면에 비축은 돈을 오용하는 것이다. 저축은 좋지만 비축은 좋지 않다.

고객에게 돈에 관한 두 가지 목록을 작성하도록 요청하라. 먼저, 돈이란 무엇인가에 대한 자신의 생각을 페이지 한쪽에 나열하도록 요청한다. 그런 다음 다른 쪽에 돈이 아닌 것에 대한 자신의 신념을 나열하도록 요청한다.

다음 코칭 세션에서 목록들을 가지고 이야기를 나누면서 한때는 좋았지만 더 이상은 그렇지 않은, 어린아이처럼 보이는 사고 패턴이 있는지 찾아본다.

예를 들어, 고객이 다음과 같은 신념을 가지고 있다면 인생에서 성취감을 느끼기 어려울 수 있다:

- 돈은 능력의 척도이다.
- 돈은 악의 근원이다.
- 돈은 인생의 모든 문제를 해결하거나 모든 질병을 치료한다.
- 돈은 권력과 통제력의 원천이다.
- 돈은 자신의 가치를 나타내는 지표이다.
- 돈으로 행복을 산다.

돈에 대한 몇 가지 건전한 믿음에는 다음이 포함될 수 있다:

- 돈은 사람과 조직이 관계를 맺는 방식에 영향을 준다.
- 돈은 사람들이 일하고, 행동을 취하고, 봉사하고, 조직과 다른 사람들이 기꺼이 돈을 지불하고 할 수 있는 일을 하도록 촉진한다.
- 돈은 일부 사람들이 물려받는 것이지만, 태어날 때부터 막대한 부를 가지고 태어나는 사람은 극히 드물다.
- 돈은 관리가 필요하며 현명하게 나이를 먹기 위해서는 어느 정도의 책임감이 필요하다.
- 돈은 많은 사람의 삶에서 불필요한 불안과 걱정의 주요 원인이 된다.

• 돈은 시간, 에너지, 기여도의 가치를 측정하는 데 사용할 수 있다.
• 우리가 돈을 어떻게 쓰는지 알아차리는 것은 우리가 무엇을 중요하게 생각하는지 알 수 있는 척도가 될 수 있다.

실습 14.5

돈에 대한 초기 믿음

현장 조사 시 고객에게 돈과 관련된 가장 초기의 기억을 몇 가지 적어 보라고 요청하는 것이 유용하다. 다음과 같은 내용이 포함될 수 있다:

• 가급적이면 초등학교 또는 그 이전의 기억 두 가지
• 초등학교 시절에 큰 영향을 준 부모나 다른 가족 구성원으로부터 돈에 대해 배운 내용
• 그들이 부유하다는 느낌을 받았을 때, 부를 단순한 돈 이상의 것으로 자유롭게 해석하라. 그 시점에서 그들의 삶에는 어떤 일이 일어나고 있었는가?
• 어떤 사람들은 '돈은 인격의 응축체(condensed personality)'라고 믿는다. 이 말이 사실이라면 돈과의 관계는 그 사람에 대해 무엇을 말해 주는가?

예를 들어, 다이앤의 첫 기억 중 하나는 유치원에서 일어났다. 그때는 유치원 1학년이었고 금요일은 은행 날(banking day)이었다. 수업 시간에 아이들은 저축하고 싶은 돈을 가져올 수 있었다. 아이들은 저금통장을 받았고, 저금한 금액은 교사가 통장에 기록했다. 교사는 한 학생에게 은행원 역할을 맡겨 자물쇠가 달린 금속 상자에 돈이 입금되었는지 확인했다. 다이앤은 항상 은행원이 되겠다고 자원했다. 이 일을 통해 다이앤은 유치원 시절 부모로부터 배운 숫자 세는 법을 연습할 수 있었다.

이러한 어린 시절의 기억이 그녀에게 의미하는 바는 저축이 항상 중요하다는 것이다. 무슨 일이 있어도 정기적으로 저축하는 무언가가 있어야 한다. 저축을 하는 것은 그녀에게 기쁨을 준다.

다이앤은 부모로부터 돈을 벌기 위해서는 일을 해야 하고, 일은 항상 놀이보다 우선한다는 것을 배웠다. 다이앤은 스스로 만족스러운 삶을 만들기 위해 후자의 신념을 중심으로 자신을 다시 설정해야 했다.

기타 연습

라이프 코치 교육 연구소(ILCT)에서 사용하는『인간 존재』(Ellis & Lankowitz, 1995, 현재는 절판됨) 교재에서도 학생들에게 다음과 같은 실습 문제를 출제한다:

실습 14.6

돈에 대한 첫걸음 내딛기

다음은 고객들에게 문장의 내용을 채우도록 요청하는 실습 문제이다. 현장 조사 실습으로 사용한 다음 코칭 세션 중에 이 실습을 진행한다.

돈에 관해서, 나는 보통 ______라고 느낀다.
현재 돈과 관련하여 가장 큰 어려움은 ______이다.
내가 돈 관리에서 잘하는 한 가지는 ______이다.
나에게 재정적 성공이란 ______이다.
돈과의 관계에서 가장 바꾸고 싶은 것은 ______이다.
5년 후 내가 갖고 싶은 직업은 ______이다.
5년 후 업무 외 시간에 하고 싶은 일에는 다음과 같은 것들이 있다.
돈과 관련하여 내 인생에서 가장 크게 바꾸고 싶은 것은 ______이다.
돈을 더 효과적으로 관리하면 다음과 같이 변화할 수 있다.

이러한 연습의 다음 단계에서는 고객이 자신의 진술을 검토하고 돈에 대한 태도를 다시 설계하도록 요청하는 것이다.

오류:

돈은 악이다.
돈은 신성한 것이다.
돈은 복잡하다.
돈은 부족하다.
검소함은 재미가 없다.

돈에 대한 어떤 신념을 유지하고 어떤 신념을 버릴지 의식적으로 선택하라. 그런 다음 돈에 대한 새로운 신념을 작성하라.

실습 14.7

가치와 금액 일치

이 연습에서는 고객이 지출을 모니터링하는 것부터 시작하도록 요청한다. 많은 사람이 매일, 매주 또는 매월 지출하는 금액을 모르기 때문에 이 첫 단계는 매우 흥미로울 수 있다.

지난달의 지출을 별도의 카드에 적는다.
기본 가치를 별도의 카드에 기록한다.
각 지출 카드를 가치 카드와 짝을 이루도록 카드를 분류한다.
지출이 가치관에 얼마나 잘 부합하는지 평가한다.
발견 진술("나는 ……을 발견했다.")과 의도 진술("나는 ……을 하려고 한다.")을 작성한다.

실습 14.8

라이프 밸런스 휠과 돈

코치들은 고객이 재정과 돈 외에도 삶의 여러 영역에서 여유(reserve)가 있을 수 있다고 믿는다. 고객에게 라이프 밸런스 휠(Life Balance Wheel)영역을 참조하고 어떤 영역에서 여유가 있다고 느끼는지 표시해 달라고 요청하라. 코치는 고객에게 다음과 같이 추가적으로 고려해야 할 영역의 목록을 제공할 수도 있다:

시간	돈
사랑	관계
공간	자유
연결	가능성
놀이	삶의 질

정신 에너지

그런 다음 코칭 세션에서 고객에게 어떤 원칙이나 관행이 여유(reserve)를 경험하는 영역에서 여유로움을 갖출 수 있게 해 주는지 물어보라. 고객이 준비되지 않은 영역에서 비슷한 관행과 원칙을 적용할 수 있는 기회를 찾아보고, 한 영역에서 충분함 이상의 감각을 갖는 것이 도움이 될 것이라고 믿는다.

이 장의 제목은 '당신은 얼마나 부유한가'이지만, 일반적인 의미의 부를 돈으로만 한정하지 않는다. 더 큰 관점에서 부는 삶의 모든 영역에서 풍요로움을 느끼는 것, 즉 마음의 여유를 갖는 것이다. 부의 감각은 각 개인에게 고유하며 삶의 모든 영역에서 신중하게 만들어질 수 있다.

제15장

마인드셋이 근원이다

MIND-SET IS CAUSATIVE

당신이 경험한 것은 당신이 보는 방식의 결과이며, 당신이 보는 방식은 당신이 경험한 것의 결과이다. 당신의 마인드셋(mind-set), 신념, 신체가 모두 함께 작용한다.

코치가 어떤 마인드셋으로 일하는지 살펴보기 전에 포티아 넬슨(Portia Nelson)의 시 「5개의 짧은 장으로 이루어진 자서전(An Autobiography in Five Short Chapters)」(1993)을 살펴보고 이 시가 고객과의 업무에 대해 어떻게 말하는지 살펴보자. 이 시는 우리가 관찰하고, 설명하고, 이야기를 만들고, 선택에 책임을 지고, 궁극적으로 우리 자신을 위해 새로운 삶을 창조하는 방식을 바꾸는 것의 중요성과 어려움을 단지 다섯 구절로 요약하고 있다.

어떤 상황에 대한 반응은 중재된다. 다시 말해, 어떤 사건이 발생했을 때 우리의 반응, 즉 행동은 ① 신념, 태도, 가정의 결과인 사건에 대한 해석과 ② 그러한 신념, 태도, 가정에 의해 생성된 감정에 의해 형성된다. 이러한 신념, 태도, 가정은 우리가 착용하고 바라보는 기존의 렌즈이며, 이는 사건을 관찰하고 해석하는 방식을 결정하거나 적어도 색을 입힌다. 앞서 추론의 사다리 도구를 고객이 자신의 경험을 풀어 나가는 데 도움이 되는 수단으로 제시하면서 이에 대해 논의했다. 이 장에서는 사고, 감정, 반응의 습관적 패턴인 마인드셋에 초점을 맞춘다. 이러한 습관에 의문을 제기하지 않으면 고객은 큰 방해나 혼란이 없는 한 특정 패턴을 계속할 가능성이 높다. 우리의 기억, 학습, 의식은 모든 세포에 존재하기 때문에 마인드셋의 정의에 신체도 포함된다.

코치의 핵심 역할 중 하나는 고객이 어떻게 세상을 바라보는지 스스로 학습하도록 돕는 것이다. 유명한 비즈니스 컨설턴트이자 저술가인 피터 드러커(Peter Drucker, 2003)는 "우리는 누가 물을 발견했는지는 모르지만 그것이 물고기가 아니었다는 것은 안다."라고 말한 적이 있다. 우리 자신의 생각, 즉 마인드셋은 물고기에게 물처럼 눈에 보이지 않는 경향이 있다. “모르는 것은 모른다.”라는 격언은 우리가 무의식적으로 어떤 일에 대해 무능하다고 생각하는 근거가 된다. 코칭은 이를 돕고 가능성에 대한 대화를 통해 고객이 원하는 것을 만들 수 있도록 도와준다. 우리는 때때로 코칭을 성공 보장 대화(guarantees conversation)가 아닌 가능성에 대한 대화(possibilities conversation)라고 말한다.

자주 인용되는 농구 슛 실험을 포함하여 많은 연구 결과가 마인드셋의 힘을 설명하고 있다. 한 실험자가 농구 선수들을 두 그룹으로 나누었다. 한 그룹은 자유투를 던지는 연습을 하도록 했다. 다른 그룹은 자유투를 던지는 모습을 시각화하도록 했다. 즉, 골대를 보고 자신이 자유투를 쏘는 모습을 상상하게 했다. 그런 다음 각자가 자유투를 연달아 던졌다. 놀랍지 않은 결론은, 많은 스타 운동선수가 말하듯이 시각적으로 연습한 그룹이 실제로 연습한 그룹보다 자유투를 더 많이 넣었다는 것이다. 왜 그럴까? 시각화(visualization), 즉 마인드셋이 실력과 결합하면 더 나은 결과를 낳기 때문이다. 그 반대의 경우도 마찬가지이다. 운동선수가 부정적인 결과를 시각화해서 위기를 맞은 경우를 몇 번이나 보았는가? 그러한 선수는 슈팅을 놓치고, 골프채를 휘두르고, 패스를 놓치는 것을 두려워한다. 그 선수가 상상하고 두려워하는 바로 그 일이 실제로 일어난다. 골프를 치면서 눈앞에 물이 보이기 전까지는 멋진 어프로치 샷을 칠 수 있다는 것을 알고 있는 사람이 얼마나 될까? 당신의 마음가짐은 ‘물에 들어가지 말자, 물에 들어가지 말자.’이다. 물에 대해 반복적으로 스스로에게 말한다. 그러면 당연히 물에만 집중하게 되고 공은 집중한 곳에 정확히 떨어진다.

바로 이 사실 때문에 우리는 마인드셋이 근원(causative)이라고 말한다. 마인드셋을 바꾸려면 두 가지가 필요하다. 변화의 필요성을 인식하는 것과 자신을 관찰하고 부정적인 것에 집중할 때 알아차릴 수 있어야 한다.

코치로서 우리의 주요 임무는 다음과 같다:

- 고객의 마인드셋을 파악하고 이름을 붙인다: “나는 두려움에 사로잡혀 있다.” 또는 “당신은 두려움에 사로잡혀 있다.”와 같은 식으로 한다. 다시 말해, 코치는 고객이 삶을 바라보는 렌즈, 즉 자신이 어떻게 알아차리는지 인지하도록 지원한다.
- 의식적인 선택을 통해 구축한다. 고객에게 물어본다: “그 마인드셋이 원하는 미래를 만드는 데 도움이 되는가?”
- 고객에게 새로운 마인드셋을 선택하도록 하고 항상 그 마인드셋으로 사는 것처럼 행

동하는 연습을 하도록 한다.

다음은 군대에서 성공적으로 복무한 후 상담사가 된 한 라이프 코치 교육 연구소(ILCT) 수업 참가자의 사례이다.

그는 자신의 마인드셋이 어떻게 바뀌었는지 들려주었다. 그는 '내가 주도권을 잡아야 한다.'는 신념을 가지고 있었다. 우리가 이끌고 있던 수업에서 우리는 그에게 그것에 대해 더 이야기해 달라고 요청했다: "그 믿음을 뒷받침하는 이유는 무엇입니까?"라고 물었다. 그는 "내가 주도권을 잡지 못하면 우린 우왕좌왕하게 됩니다!"라고 대답했다.

이와 같은 오랜 신념은 대부분 고객이 너무 많이 생각해 왔기 때문에 뇌의 강력한 신경 경로가 그런 식으로 생각하기 쉽기 때문에 깊이 뿌리내리고 있으며, 이는 뇌의 틀에 박힌 것과 같다. 군대 경력이 있는 한 상담사의 경우, 수업 토론을 통해 새로운 길을 걷기 시작했다. 교사를 코치로 삼아 그는 첫 번째 단계로 통제라는 마인드셋의 만연함과 일상생활에서 자신의 주의가 어디로 향하는지 알아차리는 법을 배우기로 결정했다. 그는 의식적으로 자신을 붙잡고 "좋아, 조(Joe), 너는 지금 통제를 좋아하는 사람이야."라고 가볍게 말하는 법을 배웠다.

인식만으로는 충분하지 않은데, 그는 어떻게 이 패턴을 바꿀 수 있었을까? 그의 코치는 그에게 자신과 다른 마인드셋을 가진 사람들을 주목하라고 요청했다. 그는 그러한 마인드셋이 무엇인지 알아차리고 자신이 그런 마인드셋을 가진다면 어떨지 스스로에게 물어보았다. 그는 스스로에게 "항상 상황이 잘 풀릴 거라고 믿지만, 항상 그렇게 되게 할 필요는 없어."라고 말하는 것을 발견했다. 그는 이 새로운 마인드셋을 몇 주 동안 실험하면서 진지하게 노력했고, 그 결과 어떤 일이 일어나고 있는지 알아차렸다. 그는 이러한 마인드셋을 가졌을 때 '다른 사람들도 자신이 그렇게 하도록 내버려두었기 때문에 스스로 나서서 일을 이루어 냈다'는 사실을 발견했다.

1960년대 실존 심리학의 일부였던 현상학을 공부한 일부 학자들[롤로 메이(Rollo May), R. D. 랭, 빅터 프랭클 등]은 이를 관찰 자아(observing self), 즉 자신이 하는 일을 관찰할 수 있는 능력이라고 했다. 고객이 관찰 자아에 접속하면 순간순간 경험하는 현상을 알아차리고 무엇을 배울 수 있는지 스스로에게 질문하게 된다. 관찰자 자아(observer self)는 마치 외부의 관찰자 관점처럼 고객의 인식을 높여 행동에 대한 선택의 폭을 넓혀 준다.

예를 들어, 팻 박사는 가족 모임에 참석하는 것을 두려워하는 고객들에게 자신이 직접 밖에 앉아 마치 쇼에 참여하는 것처럼 상상해 보라고 가르치곤 했다. 그들은 평소와 같은 패턴이 펼쳐지는지, 즉 평소와 같은 드라마가 진행되는지 살펴보았다. 이러한 제3자의 관점은 중립적인 태도를 취하고 습관적인 감정 패턴에서 벗어나는 데 도움이 되었다. 신경 언어 프로그래밍(NLP)의 전략에서는 이를 '3인칭 시점'이라고 설명한다. 1인칭 시점은 당사자 자신의 눈으로 상황을 바라보는 것이다. 2인칭 시점은 다른 사람의 관점에서 상황을 경험한다. 3인칭 시점은 상황뿐만 아니라 두 사람(또는 모든 사람)을 모두 지켜본다. 3인칭 시점은 관찰뿐만 아니라 자신을 볼 수 있기 때문에 한 단계 더 떨어져서 볼 수 있다.

코치는 고객이 자신과 자신의 습관적인 행동, 생각, 감정을 관찰하는 기술을 개발하도록 돕는다. 고객은 자신의 생각, 감정, 행동에 대해 거리를 두고 관점을 확보하는 방법과 자동화된 행동에서 벗어나는 방법을 알고 있어야 한다.

관찰하는 자아를 알아차리기 위해서는 자신의 경험에서 충분히 분리하여 자신과 타인에게 일어나는 일을 어떻게 보고 설명하는지 알아차려야 한다. 우리의 일상적인 관찰 방식은 어떤 것을 보게 하고 어떤 것은 무시하게 만든다. 결과적으로, 우리의 경험은 우리가 세상을 특징적이고 습관적으로 관찰하고, 머무르고, 설명하는 방식에 의해 형성된다. 우리의 사고 습관, 습관적인 기분, 에너지 사용 습관, 신체를 유지하는 방식, 일어난 일, 일어나고 있는 일, 일어날 일을 설명하기 위해 사용하는 이야기 등 이러한 모든 습관과 행동은 우리가 세상을 보고 경험하는 방식을 형성한다. 이러한 습관은 우리의 세계를 한정하고 우리의 가능성을 제한한다.

우리는 자신의 마인드셋이 받아들이는 것만 알아차리는 경향이 있다. 우울증이 있는 고객(depressed clients)은 스스로 좋은 것만 알아차린다. 그들은 우울증이라는 마인드셋(그리고 신체적 경험)에 너무 빠져서 다른 어떤 것도 인식하지 못한다.

코치가 고객의 마인드셋으로 접근하고 살펴볼 때 고객의 발전 잠재력이 가장 크게 발휘된다. 고객이 무엇을 만들고 싶은지 파악한 후에는 비전을 현실로 만드는 데 필요한 신념, 관점, 에너지의 흐름, 결단력, 끈기 등의 마인드셋을 갖추고 있는지 여부가 중요한 질문이 된다. 만약 고객이 그렇게 하지 못한다면, 코치로서 당신의 도전 과제는 고객이 마인드셋을 바꾸고 자기표현과 성취를 위한 길을 닦을 수 있도록 지원하는 것이다.

마인드셋의 근원은 어떻게 만들어지는가

어떤 마인드셋이 너무 익숙해져 습관화되면, 우리는 그것을 우리가 채택한 것으로 인식하지 못하고 현실로 착각할 수 있다. 이렇게 되면 우리는 선택의 여지가 있다는 사실을 깨닫지 못한 채 외부에 집중하고 "세상은 원래 그런 거야."라고 말할 수 있다. 이런 일이 발생하면 우리는 경험의 맥락에 널리 퍼져 있는 핵심 신념(core beliefs)에 근거하여 행동하게 된다. 핵심 신념은 일반적으로 사고를 지배하고 예측 가능한 행동으로 이어진다. 또한 신념은 우리의 마인드셋이 지각하고 예측할 수 있는 것만 경험할 수 있기 때문에 우리의 삶을 제한한다.

제3장 '발달적 변화 과정으로서의 코칭'에서 의식이 어떻게 발달하는지를 설명하는 한 가지 방법으로 케건의 의식 수준(Kegan's levels of consciousness)을 소개한 바 있다. 각 수준에서는 특정 마인드셋이 지배적일 가능성이 높다. 고객은 코칭을 통해 달성하고자 하는 목표가 이전 의식 수준에서 비롯된 마인드셋에 의해 막혀 있을 때 어려움을 겪는다. 또는 너무 강렬해서 뇌의 틀에 박힌 경험, 즉 습관적인 반응이 고객의 신경 경로에 너무 많이 연결되어 있어 자극이 발생하면 뉴런이 습관적인 순시대로 즉시 발화하는 경우 어려움을 겪는다. 이전 뇌를 대체할 새로운 '뇌 흔적(brain trail)'을 만들려면 여러 번 반복해야 한다.

고객이 성장함에 따라 고객은 종종 서로 다른 수준으로 전환한다. 이때 코치들은 고객이 마인드셋의 문제로 어려움을 겪는 것을 가장 많이 보게 된다.

예를 들어, 제3장에서 살펴본 사례로 돌아가서 당신과 함께 경력 문제를 해결하고 있는 정형외과 의사 조지의 경우를 살펴보자. 그의 계획과 목표는 주로 독립적인 자아 또는 전문가 단계를 반영한다(p. 133 참조). 아마도 그는 익숙한 20년 경력의 직업에서 벗어나 다른 사람들의 기대에서 벗어나는 경력 변화를 원하고 있을 것이다. 그는 다른 사람들로부터 평가받고 분리되는 것에 대한 극심한 두려움이 있는 것으로 보아 아직 전문가 단계로 완전히 전환하지 못했다. 이러한 두려움은 자신을 위해 다른 경력을 쌓을 수 있는 능력에 대한 자신감 부족으로 나타난다.

조지의 두려움은 그가 상황과 자신의 선택을 관찰하고 해석하는 방식을 바꾸지 않으면 현재의 존재 방식과 관찰 방식으로는 그가 원하는 곳으로 갈 수 없다는 신호이다. 이러한 것은 코치가 조지의 마인드셋을 변화시킬 수 있는 도구를 제공함으로써 조지의 발전을 지원할 수 있는 완벽한 기회이다.

코치는 무엇을 하는가? 일부 자기계발서 작가들은 "두려움을 느끼고 어쨌든 실행하라."고 말할 수 있다. 라이프 코치로서 우리는 먼저 고객이 스스로에 대한 예리한 관찰자가 되어 지속적으로 데이터를 수집하는 방식, 즉 알아차리는 것과 무시하는 것, 상황에 대한 판단 방식, 이러한 판단을 내리는 데 사용하는 데이터를 관찰할 것을 권장한다. 두려움을 느끼는 상황에서 몸을 어떻게 잡는지, 호흡은 어떻게 하는지 알아차리도록 요청한다. 또한 내면의 대화를 알아차리고 상황의 어떤 측면을 받아들이고 어떤 측면을 무시하는지 알아차리도록 요청한다.

코치는 정형외과 의사 조지와 협력하여 조지가 자신의 경향을 인식하고 다른 가능한 관점과 옵션을 구별하는 방법을 익히도록 돕는다. 조지가 주의를 기울이고, 구별할 수 있게 되고, "그래, 내가 상황을 이렇게 보고 있구나. 그리고 상황을 관찰하는 다른 방법도 있다는 것을 인정한다."라는 사실을 편안하게 받아들일 수 있게 되면, 그는 유지될 수 있는 변화의 전환을 할 준비가 된 것이다.

고객의 마인드셋은 신체에 대한 인식, 건강, 자기 관리를 고려하는 방식에 따라 눈에 띄게 드러나는 경우가 많다. 탁월한 자기 관리는 고객뿐만 아니라 코치로서 우리에게도 매우 중요하다. 고객을 위해 자기 관리를 장려하지만 정작 우리 자신은 돌보지 않는다면 우리의 성실성은 위태로워진다. 이러한 부분은 누구나 어려움을 겪는 흔한 영역이다. 문제는 고객이 신체, 건강, 자기 관리(또는 다른 영역)에 대해 오래되거나 검증되지 않은 낡은 신념을 때때로 가지고 있다는 것이다.

매튜 버드(Matthew Budd)는 마인드셋을 코칭하는 데 유용할 수 있는 방법(distinction)을 제시했다. 버드와 페르난도 플로레스를 비롯한 다른 철학자들은 인간이 종종 평가와 주장을 혼동한다고 믿는다. 평가(assessment)는 "어떤 행동을 취하기 위해 세상에 대해 내리는 판단"이라고 한다(Budd & Rothstein, 2000, p. 138). 예를 들어, 다이앤이 "오늘은 정말 멋진 날이에요!"라고 말할 수 있다. 다이앤은 봄의 첫날 신시내티에 있고, 몇 주 동안 비와 구름으로 뒤덮인 날씨에 햇살이 내리쬐고 있으며, 바깥 온도는 15도이다. 반면, 팻 박사는 아름다운 날이라는 데 전혀 동의하지 않을 수도 있다. 록키산맥에서 많은 시간을 보내는 팻 박사에게 '아름다운 날'은 계곡 옆 아스펜 나무 숲 사이로 햇살이 비치는 여름날일 수도 있고, 눈이 내리고 해가 뜨고 팻 박사가 스노 슈즈를 신고 숲 속을 걷는 겨울날일 수도 있다. 여기서 중요한 점은 아름다움은 그날 자체에 있는 것이 아니라 아름다움에 대한 특정 기준을 사용하여 판단하는 사람의 시각에 달려 있다는 것이다. 평가는 사실이 아니라 해석과 의견이다. 한때는 사실과 기준에 의해 정보를 얻었을지 모르지만, 평가를 내리는 사람은 더 이상 그 기준을 기억하지 못할 수도 있다.

반면에 주장(assertion)은 증거를 제시할 의사가 있는 진술이며, 증거는 키, 몸무게, 크기, 사건 등 측정할 수 있는 것을 말한다. 좋은 평가는 주장에 근거한다. 평가자는 일반적으로 합의된 기준으로 돌아가 판단을 내릴 수 있다.

우리가 고객에게 신체, 건강, 자기 관리 및 기타 거의 모든 영역에 대해 코칭할 때 가장 먼저 드러나는 것은 고객 스스로가 하는 평가이다. 고객의 평가는 그들의 마인드셋을 들여다볼 수 있는 창(window)이다. 이러한 평가는 인생의 아주 초기에 형성되어 더 이상 조정되지 않았을 수 있다. 이러한 평가는 더 이상 사실(주장)에 근거하지 않고 누군가의 판단을 받았던 기억이나 어떤 것이 어떠해야 한다는 것을 배웠던 기억에 근거할 수 있다. 이는 종종 젊은 여성의 몸무게와 외모에 대한 문화적 평가를 받아들이는 젊은 여성에게도 발생한다. 미국에서는 이로 인해 많은 젊은 여성이 문화와 미디어의 평가를 아무런 고려 없이 자신의 것으로 받아들인다는 사실을 깨닫지 못한 채 자신이 과체중이라고 믿고 있다. 따라서 이 분야의 고객과 함께 일하는 한 가지 방법은 고객에게 신체, 건강, 자기 관리 등에 대한 자신의 신념을 나열하도록 요청하고 이러한 신념의 근원을 발견하도록 돕는 것이다. 어떤 주장과 평가가 신념을 하나로 묶어 주고 있는가?

스스로에게 물어보기:

몸에 대한 마인드셋은 어떠한가? 건강은 어떠한가? 자기 관리는 어떠한가?

윌버의 4사분면 모델을 사용한 관찰 구분하기

제3장에서 개인이 상황을 바라보는 방식을 형성하는 요인을 파악하기 위해 켄 윌버의 4사분면 모델(Ken Wilber's Four Quadrant model)을 소개했다. 사람은 종종 다른 사분면보다 일부 사분면을 더 잘 인식한다. 예를 들어, 많은 의사는 외부-개인 사분면에서는 고도로 능숙한 반면 내부-개인 사분면에서는 훨씬 덜 능숙하다. 왼쪽의 두 사분면인 내부-개인 및 내부-집단은 일반적으로 고객에게 자신의 존재 방식과 세상

을 관찰하는 방식을 관찰하도록 요청하기에 좋은 곳이다. 코치가 조지에게 진행 중인 내면의 대화를 관찰해 달라고 요청할 때, 코치는 조지가 자신의 경험에 대해 마음이 움직이는 설명을 식별해 달라고 요청하는 것이다. 이것이 조지의 경험에 대한 내부-개인(1사분면) 접근 방식이다. 조지는 자신의 내적 대화가 얼마나 비관적인지, 그리고 새로운 가능성을 고려할 때 '안 될 거야!'라는 일반적인 마인드셋이 얼마나 흔한지 발견할 수 있다.

예를 들어, 조지는 자신의 존재 방식과 관찰 방식이 문화적(내부-집단) 사분면에 의해 얼마나 많이 형성되었는지 무시하고 있을 수 있다. 이 사분면의 영향을 조사하려면 누적된 영향을 살펴봐야 한다. 역사상 특정 시기 또는 특정 문화권의 개인에 대한 사건에 대해 알아볼 수 있다. 이 문제를 탐구하기 위해 조지에게 인터넷 사용을 안내할 수도 있다. 물론 주의할 점은 오늘날 인터넷을 검색하면 잘못된 사실과 알고리즘이 '뉴스'의 한 측면만 제공할 수 있다는 것이다. 신뢰할 수 있는 출처를 찾아보도록 한다.

코치는 조지에게 자신의 세대, 가족, 문화적 배경에 대한 마인드셋 목록에 어떤 것들이 포함될 수 있는지 고려해 보라고 요청할 수 있는데, 이러한 모든 요소들이 조지와 그가 경험하고 있는 두려움에 영향을 미치기 때문이다. 제3장에서 처음 소개한 [그림 15-1]에서 내면-개인 사분면은 내면의 영성 지도(spiritual direction)를 포함하여 돕는 직업에서 수행하는 대부분의 일에 초점을 맞추고 있다. 이 사분면은 코칭을

	내부	외부
개인	**나(I)** **의도적** 감정적, 정신적, 영적: 충동, 지각, 감각, 자기, 타인, 세계, 가치, 신념, 기분 등에 대한 신뢰 수준	**그것(It)** **행동적** 육체적, 신경학적, 신체, 뇌, 행동, 사물, 경험, 신경 패턴, 생리학
집단	**우리(We)** **문화적** 관계, 커뮤니티, 봉사, 도덕 및 윤리, 신화, 사회적 기대 및 규칙, 세계관, 출신 국가	**그것의(Its)** **사회적** 시스템 및 제도: 규칙 패턴, 기술

[그림 15-1] 고객과 맥락

위한 풍부한 영역이다. 상담이나 코칭에 에니어그램을 사용한다면, 에니어그램 아홉 가지 유형 각각에 널리 퍼져 있는 마인드셋이 있다고 말할 수 있다. 에니어그램은 아홉 가지 영적-심리적 프레임워크의 전제 조건을 검토하는 고대 시스템이다. 각각의 프레임워크에는 강점이 있는 반면, 각 프레임워크에는 개인이 세상을 온전하게 느끼지 못하게 하는 독특한 방식도 있다.

고객과 협력하여 스스로 관찰할 수 있는 능력을 개발할 때, 우리는 고객에게 자신의 신념이 너무 경직되어 있을 수 있는 부분을 고려하도록 요청할 수 있다. 고객 조지에게 학습된 낙관주의와 비관주의에 대한 개념을 소개함으로써 경직성에 대해 생각해 보도록 유도하는 것이 도움이 될 수 있다. 다음 논문 요약인 '학습된 낙관주의, 학습된 비관주의'를 읽게 한 다음 어떤 패턴(또는 그 변형된 패턴)을 사용하고 있는지 관찰하도록 요청할 수 있다.

학습된 낙관주의, 학습된 비관주의

미국심리학회 회장을 역임한 마틴 셀리그먼은 관찰자가 어떻게 경직되는지 연구하는 데 후기 경력의 대부분을 바쳤다. 셀리그만은 한 강연에서 10대 청소년의 우울증 발병률을 윌버의 4사분면의 혼란으로 거슬러 올라갈 수 있는 마인드셋 패턴과 연결시켰다. 셀리그만의 연구에 따르면, 우울증은 2세대 전보다 10배나 더 흔한 질병이다. 실제로 부유한 국가의 우울증 발병 평균 연령은 29.5세에서 14세로 낮아졌다. 셀리그만(2003)은 이러한 하향의 원인을 세 가지로 꼽았다:

- 나/우리 균형: 우리 조부모들은 연결할 수 있는 더 큰 실체가 있었지만, 우리는 개인주의가 만연해 있다. 우리 조부모들은 신, 공동체, 대가족이라는 풍요롭고 편안한 영적 안식처를 통해 위로받을 수 있었다. 하지만 지금은 무너졌다. 우리 자녀들은 위로 받을 수 있는 안식처가 빈약하다.
- 자존감 회복 운동: 30년 전에는 '할 수 있다는 작은 엔진'이 있었지만, 오늘날에는 무슨 일을 하든 자신에 대해 긍정적으로 생각하라는 책들이 상징적인 역할을 하고 있다.
- 피해자론: 미국에서는 다른 사람을 비난하는 것이 유행처럼 번지고 있다. 셀리그만은 알코올 중독자들이 자신이 끔찍한 사람이라고 생각하지 않고 병에 걸렸다

고 말하고 치료를 받을 수 있게 된 것과 많은 사람이 차별의 피해자라고 밝히면서도 사람들의 능력을 인정한 민권 운동의 사례를 예로 들며 피해자론이 가져온 몇 가지 효과가 있다고 언급했다. 피해자론(victimology)은 사람들이 할 수 있는 일에서 초점을 빼앗고 다른 사람에게만 초점을 맞추기 때문에 사람들의 힘을 약화시킨다. 우리는 빅터 프랭클(1946/2006)의 사례에서 이를 잘 알고 있다. 프랭클은 자신이 원하는 미래에 집중하고 일상적인 고통의 경험을 인간 행동에 대한 학습의 수단으로 삼아 제2차 세계대전 강제 수용소인 아우슈비츠에서 살아남을 수 있었다. 사실 그는 종교적 박해로 인해 수용소에 갇힌 희생자였기 때문에 피해자론을 받아들이기 쉬웠을 것이다. 그는 굴복하지 않고 희생자의 역할을 포기하고 생존자의 역할을 자처했다. 그는 자신의 삶에 대한 책임을 졌다. 셀리그만에 따르면 피해자론의 가장 큰 대가는 책임감의 희생이다.

셀리그만의 학습에 관한 연구에 따르면, 개인은 비관적 또는 낙관적 마인드셋에 따라 비관적 또는 낙관적 설명 스타일을 가지고 있다. 즉, 낙관적인 사람은 사건의 이점을 보는 경향이 있고, 우울증에 빠지는 경향이 비관적인 사람에 비해 절반 정도이며, 더 많은 것을 성취하고, 더 나은 신체적 건강을 누리고, 더 나은 대인관계를 유지하며, 덜 현실적이다. 그 비결은 다음과 같다:

좌절이나 부정적인 경험이 발생했을 때 낙관적인 개인의 사고에는 세 가지 특징이 작용한다. 낙관주의자의 설명 스타일은 비관주의자의 설명 스타일과 대조적으로 사건을 다음과 같이 인식하고 경험한다: ① 영구적이기보다는 일시적인 것으로, ② 만연하기보다는 (해당 사건에) 국한된 것으로, ③ 외부 원인에 기인한 것으로 인식한다. 세 번째 특징은 좀 더 자세히 설명할 필요가 있는데, 낙관주의자는 좌절의 원인을 개인의 행동, 부족함 또는 존재 방식의 탓으로 돌리는 내적 귀인(internal attribution)으로 하지 않고 이와는 달리 외부의 상황을 원인으로 돌리는 외적 귀인(external attribution)을 한다.

반면에 낙관적인 사람은 긍정적인 경험을 할 때 이를 영구적이고 만연한 것으로 여기고 내적 귀인을 하는데, 이는 좌절할 때 비관적인 스타일과 같은 특징이다! 비관적 설명 스타일은 좌절이나 부정적인 사건이 발생했을 때 우울증을 유발하는 주요 원인이다.

모든 비관주의자가 상담을 받는 것은 아니다. 건강, 신체, 관계, 가족 등 삶의 특정 영역에 대해 비관적인 설명 스타일을 사용하는 코칭 고객을 많이 볼 수 있다. 코치로서 우리는 그들의 설명에 이의를 제기하는 것, 즉 그들의 마인드셋에 도전하고 이의를 제기하는 질문을 제기함으로써 도움을 준다. 이는 단순히 다른 존재 방식이나 행동 방식을 긍정하는 것과는 다르다.

이상적으로 코치는 고객이 유연한 낙관주의를 개발하도록 돕는 것을 목표로 한다. 셀리그만은 같은 강연에서 "실패의 비용이 높을 때는 비관론자의 현실주의를 활용하라. 실패 비용이 낮을 때는 낙관론자의 현실주의를 활용하라. 조종사가 낙관주의자의 현실주의로 비행기의 얼음 제거 여부를 결정하는 것은 바람직하지 않다. 낙관주의자의 현실주의로 가족과의 관계를 망칠 수 있는 불륜을 저지를지 여부를 결정하고 싶지 않을 것이다."라고 제안했다.

낙관주의는 중요한 코칭의 초점이 될 수 있다. 레우벤 바 온(Reuven Bar-On, 1997)과 다니엘 골먼(2005)이 수행한 감성 지능에 관한 많은 연구는 낙관주의를 감성 지능의 역량으로 파악하고 있다. 바 온의 자가 평가인 감성 지수 인벤토리(Emotional Quotient Inventory: EQ-I)는 성공과 높은 상관관계가 있는 두 가지 요소, 즉 낙관주의와 행복감을 밝혀냈다. 라이프 코치 교육 연구소(ILCT)에서는 많은 실무 심리학자와 자격을 소지한 상담사를 교육했으며, 그 결과 많은 학생이 심리측정학적으로 유효한 평가를 고객에게 쉽게 사용할 수 있었다. 감성 지수 인벤토리는 특히 고객의 마인드셋을 다루는 코치에게 유용하다(Bar-On, 1997).

이를 어떻게 활용하여 고객을 도울 수 있을까? 셀리그만이 개발한 것과 같은 낙관주의 평가 도구를 사용하여 자기 관찰을 위한 자극으로 활용하자.[1)]

마인드셋 작업하기

다음에서는 고객의 마인드셋이나 신념을 다루는 데 자주 사용되는 코칭 방법에 대해 설명하고자 한다.

1) 셀리그먼의 웹사이트(www.authentichappiness.sas.upenn.edu)에서 낙관주의에 대한 평가를 확인할 수 있다.

신념에 대한 이의 제기

신념을 다루는 데 일반적으로 사용되는 프로세스는 합리적-정서적 행동 치료(Rational-Emotive Behavioral Therapy: REBT)에서 비롯되며, 그중 유명한 학자 중 한 명은 앨버트 엘리스(Albert Ellis)이다. ABC 프레임워크는 활성화 사건(A), 그에 대한 우리의 신념(B), 신념의 인지적-정서적 또는 행동적 결과(C) 사이의 관계를 명확히 하는 데 사용된다.[2] 합리적-정서적 행동 치료는 심리학자가 개발했지만 학교를 포함한 비임상 환경에서 널리 사용되어 왔다. 코치가 앞에서 설명한 통제 지향적 고객에게 이 프레임워크를 사용한다면 다음과 같이 대화가 진행될 수 있다:

- A: 활성화 사건-조(Joe)는 교회 위원회 회의에 참석하여 새 건물을 위한 대규모 기금 모금 활동을 담당하고 있다. 그는 이미 교회의 다른 두 가지 주요 프로젝트를 이끌고 있으며 매우 바쁘게 일하고 있다. 목사가 "누가 이 프로젝트를 이끌 수 있을까요?"라고 묻는다. 조는 자동적으로 '내가 해야 한다. 내가 책임져야 한다. 그렇지 않으면 우린 허우적거릴 것이다.'라고 생각을 하게 된다.
- B: 신념-"내가 반드시 해내야 한다. 내가 책임져야 한다. 내가 하지 않으면, 우리는 실패할 것이다."
- C: 결과-조가 이 과제를 맡게 된다면 아마도 잘 해낼 것이다. 그러나 그는 압도당하고 과부하가 걸리며 아무도 나서지 않는 것 같다는 사실에 짜증을 내고 다소 피해의식을 느낄 것이다.

고객이 신념을 드러내면 코치의 임무는 조가 다른 대안을 찾도록 돕는 것이다. 코치는 조가 이러한 신념에 대비되는 몇 가지 증거를 드러내도록 도와주어 이 신념이 유일한 방법이라는 사실에 대해 이의를 제기할 수 있도록 한다. 코치는 "이것이 항상 옳은 것이 아니라는 어떤 증거가 있습니까?"라고 질문할 수 있다. 조는 아마도 몇 가지 예를 찾기 위해 스스로 노력해야 할 것이다. 이 사례의 경우, 그는 수술 후 8~12주 동안 누워 있었을 때 교회, 가족, 직장이 모두 자신이 없어도 잘 돌아가는 것 같아서 놀

2) 비임상의를 위한 유용한 사이트는 https://counsellingresource.com/therapy/types/rational-emotive 이다.

랐다고 말했다. 코치는 그의 믿음과 모순되는 구체적인 사례를 찾아내고 조가 부재중일 때 다른 사람들이 어떻게 역할을 대신 했는지 논의하도록 도와주었다.

다음 단계는 코칭을 통해 대안을 만들어 내는 것이다. 코치는 "조, 이런 상황에서 스스로에게 할 수 있는 다른 말은 무엇이 있을까요?"라고 질문하여 조가 새로운 대안을 찾도록 도와줄 수 있다. 조는 "옳은 일이 일어날 것이라고 믿고 다른 사람이 나서줄 때까지 기다릴 수 있습니다. 일은 항상 잘 풀리니까요."라고 말할 수 있다. 이 시간은 고객과 함께 이야기를 나누며 고객이 다른 관점을 가질 수 있도록 도와주는 시간이다. 우리는 때때로 고객에게 "로빈 윌리엄스라면 이 상황에서 어떻게 말하거나 행동할까요?"라고 질문하여 고정된 마인드셋에서 벗어나도록 유도하기도 한다. 고객과 함께 객관적인 관찰자라면 이 상황을 어떻게 볼지 물어보면서 몇 가지 다른 대안을 만들어 보도록 한다. 예를 들어, 조의 교회에 있는 다른 사람들은 어떻게 생각할 것 같은가?

다음 단계는 조가 이 새로운 마인드셋에서 성장할 수 있는 다른 행동을 찾아내도록 돕는 것이다. 예를 들어, 코치는 조에게 자원봉사를 하기 전에 최소 3분 정도 기다렸다가 다른 사람이 나설 수 있는 여지를 남겨 두라고 요청할 수 있다. 조는 다른 사람을 지목하거나 교회에서 누군가를 멘토링할 수도 있다. 이러한 선택은 모두 새로운 마음가짐에 기반한다. 고객의 임무는 알아차리고, 드러내고, 실험하고, 적절한 때에 다른 행동을 선택하는 것이다.

물론 어려운 점은 많은 고객이 지금 바꾸려고 하는 마인드셋으로 이미 큰 성공을 거두었다는 것이다. 그들은 종종 이러한 마인드셋이 성공(success)에는 기여하지만 성취감(fulfillment)에는 기여하지 못하기 때문에 코칭을 받으러 온다. 코치는 고객이 다르게 생각함으로써 성공과 성취를 이룰 수 있는 방법을 시각화하도록 도울 수 있다.

긍정적 확언하기

우리 중 많은 사람이 마인드셋의 전환을 위해 긍정적 확언(affirmations)을 사용한다. 우리는 끊임없이 우리의 신념과 가치를 확언하고 생각, 말, 글, 기타 행동을 통해 우리의 의식을 보여 주기 때문에 확언은 고객이 자신이 간직하고, 유지하고, 창조하고, 선언하고자 하는 것을 말 그대로 소신 있게 글로 표현할 수 있는 특별한 기회를 제공한다. 고객과 함께 사용하는 인기 있는 도구는 조안 보리센코의 『기적의 포켓북

(Pocketful of Miracles)』(1994)과 같이 일 년 중 매일 마음을 다잡는 데 도움이 되는 생각이 담긴 일일 일기장을 구입하도록 요청하는 것이다. 이 일기장에는 일 년 중 매일 마음을 다잡을 수 있는 좋은 생각이 담겨 있다. 내면의 지혜에 대한 이러한 작은 문장은 고객들에게 긍정적이고 상호 연결된 보편적인 마인드셋을 확언하는 역할을 한다. 이것이 바로 자기 확언이다.

확언은 일반적으로 사람들이 자신의 새로운 사고방식과 존재 방식으로 채택하고자 하는 하나의 문장으로 자주 반복해서 말하는 것으로 여겨진다. 대부분의 확언은 의도적인 표현이다. 누군가가 무언가를 확언하고 나서 적어도 처음에는 아무 일도 일어나지 않는다는 사실에 놀랄 수도 있다. 확언은 현실에 이의를 제기하기 위해 고안된 것이 아니다. 그 의도가 실현될 가능성을 높이기 위한 의도 진술로 고안된 것이다. 그러나 그것은 또한 마음의 습관이기도 하다. 고객의 마음이 20년 동안 스스로에게 충분하지 않다고 반복해 왔다면, 마음의 습관이 바뀌기까지 대안적인 확언을 여러 번 반복해야 할 것이다. 새로운 신경학적 연결고리가 만들어지면 뇌는 새로운 트랙이 아닌 기존 트랙에서 달리기를 원하게 된다. 확언을 사용하는 사람은 새로운 사고방식이 오래된 사고방식을 추월할 때까지 연습을 계속해야 한다.

팻 박사는 빌 오핸론이 자신의 치료 브랜드를 가능성 상담으로 분류한 것에 대해 오핸론과 이야기했다(개인적 대화, 2001). 오한론은 부정적인 사고와 긍정적인 사고라는 용어를 좋아하지 않는다고 말했다. 대신 그는 가능성이라는 용어(rubric)를 사용하는데, 그 이유는 가능성은 사람의 의도를 통해 원하는 결과를 이끌어 내기 때문이다. 이는 부정적이든 긍정적이든 어떤 일이 일어나지 않을 것이라고 보장하는 것이 아니라 고객의 원하는 의도에 따라 결과를 더 가능성 있게 만들어 줄 뿐이다. 긍정적인 생각을 하도록 가르치는 것만으로는 충분하지 않다. 원하는 가능성을 뒷받침하는 행동이 있어야 하고, 보장이 없다는 것을 이해해야 한다. 이를 '가능성 상담(probability counseling)'이라고 부르는 것이 오히려 더 적절하지 않을까 싶다.

이는 변화나 창조를 위해 설계된 계획을 가지고 목적의식을 가지고 살아가야 한다고 믿으면서도 삶에는 변화가 일어나고 조정이 필요할 수 있다는 점을 인정한다는 점에서 마인드셋에 대한 논의와 연결된다. 때때로 고객들이 규칙적인 확언을 통해 하는 일이 성공할 때도 있다. 어떤 때는 실망스럽게도 새로운 마인드셋이 고객의 삶에 뿌리내리는 데 방해가 되는 경우도 있다.

당신과 고객이 새로운 마인드셋이 뿌리를 내리지 못하고 있는 것을 발견했다면,

지니 마샬(Jeanie Marshall)이 「권한 부여를 위한 다섯 가지 유형의 확언(Five Types of Affirmations for Empowerment)」(Marshall, n.d.)에서 설명한 프로세스를 따르는 것이 좋다. 다섯 가지 유형 중에서 자신에게 맞는 확언의 방법을 선택하면 그 효과의 가능성을 높일 수 있다.

개인 개발을 위한 확언의 다섯 가지 유형

다섯 가지 확언의 유형은 강력한 변화를 이끌어 내는 데 도움이 된다. 모든 유형의 확언의 표현을 동시에 사용할 수도 있으며, 매일 또는 매주 다른 유형에 집중할 수도 있다. 어떤 확언의 말을 선택하든 공명을 불러일으키는 것이 중요하며, 자연스럽고 적절하게 느껴져야 한다. 이러한 공명(resonance)을 경험하려면 여기에 예시로 제시된 확언의 단어들을 바꾸거나, 이러한 단어들을 보고 영감을 얻어 자신이 선호하는 단어를 만들거나, 처음부터 자신만의 확언의 단어를 개발해야 할 수도 있다.

▣ 많이 사용되는 확언의 말

많이 사용되는 확언의 말은 아름답고, 실제로 매우 특별하다. 하지만 믿지 않는다면 쓸모없거나 심지어 역효과가 날 수도 있다. 믿지 않는 확언의 말을 반복해서 말한다고 해서 믿게 되는 것은 아니다. 반복하면 믿지 않으려는 저항이 더 커질 수 있다. 이러한 예를 생각해 보자: 샘(Sam)은 무력감을 느낀다. 그는 자신의 무력감과 무가치함에 대한 자신의 감정과 믿음을 정당화할 수 있는 많은 경험을 해 왔다. "나는 강하다."라고 말하는 것은 "오, 나는 강하지 않아!"라고 하는 단호한 반응을 유도하는 것보다 무력감을 지우는 데 도움이 되지 않는다. 샘이 무력감을 극복하지 못하면 그는 무력감을 그대로 지니게 된다.

이러한 다섯 가지 긍정의 범주를 체계적으로 사용하여 믿고 싶지만 현재는 믿지 않는 확언을 받아들이는 데 도움을 주는 방법을 통해 '권한을 부여하는 과정(empowering process)'이 생겨난다. "나는 강하다."라고 말하고 믿고 싶은 의도와 욕구가 있다면, 무력감에서 벗어나 강해질 수 있는 가능성을 열어 두고, 자신의 힘으로 살아갈 의지와 준비가 되어 있음을 확인하고, 자신의 힘을 주장하고, 강하다는 생각이 삶에 통합되도록 하는 것부터 시작하라.

다음은 다섯 가지 확언 유형에 대해 간략하게 설명하고 각 유형에 대한 몇 가지 예를 들어 설명하고자 한다.

1. 확언에 대한 방출 및 정리하기

확언을 방출하거나 정리하는 목적은 원치 않거나 불필요한 것들을 놓아주는 것이다. 이러한 확언을 통해 당신의 시스템을 정화할 수 있다. 이러한 확언은 부정적인 생각, 억압되거나 억눌린 감정, 오래된 기억, 타인과의 부정적인 유대감, 암담한 합의 현실, 모든 유형의 환상과 같은 독소를 방출하도록 자극한다.

예시:

나는 가난, 금욕, 투쟁, 침묵, 무가치함에 대한 구시대적인 약속을 철회한다.
나는 저항을 내려놓는다.
나는 나를 낡고 오래된 패턴에 갇히게 하는 낡고 오래된 프로그램을 버린다.
나는 원하지 않거나 필요하지 않은 모든 것을 최고의 이익을 위해 내려놓는다.

2. 확언에 대한 수신 및 수락하기

확언을 받거나 받아들이는 목적은 무언가를 허용하는 것이다. 확언은 우리가 우주로부터 선함을 받을 수 있게 해 준다. 또한 에너지의 불균형을 중화시켜 질병이나 다른 불균형을 되돌릴 수 있다. 확언은 얻거나 빼앗는 것과 같은 힘에 의존하는 행동에서 받기, 허용, 수용과 같은 보다 자유로운 개념으로 주의를 전환하는 데 도움이 된다.

예시:

나는 우주로부터 오는 선물에 마음을 열어 놓는다.
나는 나를 통해 풍요로움이 흐르도록 허용한다.
나는 필요할 때 지원을 받아들인다.
내가 이해할 수 있는 방식으로 무엇을 해야 하는지 알려 달라고 절대자에게 요청한다.
내 삶의 모든 측면에서 평화와 기쁨을 받아들인다.

3. 확언에 대한 존재 및 의도하기

확언에 대한 존재 혹은 의도의 목적은 목적, 특히 더 높은 목적에 근거를 두는 것이다. 이러한 확언은 무언가에 대한 의도나 인생의 사명에 대한 의식적 인식을 강화한다. 이러한 확언은 일반적으로 또는 특정 상황에서 자신이 존재하거나 혹은 행동하는 이유에 대한 이해를 깊게 해 준다. 이러한 확언은 모든 행동을 향상시키는 데 사용할 수 있다.

예시:
나는 모두의 이익을 위한 일이라는 것을 잘 알고 있다.
나는 행동의 근원이 되는 의식에 대한 인식이 깊어진다.
나는 나의 사명을 실천하고 있다.
나의 의도는 투쟁, 두려움, 절망에서 벗어나 자유롭게 사는 것이다.
나는 기억한다.

4. 확언에 대한 행동 및 선언하기

확언에 대한 행동 또는 선언을 하는 목적은 무언가를 표현하거나 의도의 에너지를 적절한 표현으로 이끄는 것이다. 이러한 확언은 마음이나 머릿속에 품고 있는 생각을 실제 존재로 가져온다. 또한 이러한 확언은 자신의 힘을 주장하고 관계의 경계를 설정하는 데 도움이 된다.

예시:
나는 높은 의도와 목적의식을 가지고 행동한다.
나는 모든 말과 행동에서 사명을 실천하기 위해 세상에 발을 내딛는다.
나는 지금의 나에게 좋은 것을 요구한다.
나는 모든 행동을 사랑(또는 자유, 숙달, 희망 등)의 실천으로 삼는다.
나는 영향력 있는 사람이다. 나는 가치 있다. 나는 사랑받을 만하다. 나는 자유롭다.

5. 확언에 대한 통합 및 체화하기

확언을 통합 또는 체화하는 목적은 확언의 에너지와 의미가 의식과 합쳐지도록 하는 것이다. 공명하지 않는 확언과 생각은 사라진다. 확언을 통합하거나 체화하면 새로운 정보를 도입하기보다는 배운 것을 통합하여 더 깊이 알 수 있도록 도와준다.

예시:

나는 내 삶의 모든 측면에 신뢰를 통합한다.

나는 내 일과 내 몸, 나의 인간관계에 사랑을 불어넣는다.

삶이 좋다!

오늘은 평화를 위한 기회이다.

나는 풍성한 숨을 들이마시며 온몸으로 그 에너지를 느낀다.

▣ 삶의 방식으로 확언하기

쓰기, 말하기, 읽기, 외우기, 명상하기 등 의도적으로 확언의 힘을 사용하다 보면 확언이 생활의 일부가 될 것이다. 확언은 이미 당신을 위해(또는 당신을 거스르며) 작용하고 있다. 당신이 원하는 확언의 말을 선택하는 것은 당신의 몫이다. 당신은 이미 생각하거나 말할 때마다 확언을 사용하고 있다는 사실을 기억하라. 현재의 확언이 힘을 잃게 한다면, 의도적으로 자신이 원하는 삶을 위한 확언으로 바꿀 수 있다.

기분, 감정 및 신체

확언은 주로 인지적 수준에서 작용한다. 확언은 새로운 생각이다. 뇌에 신경학적 연결을 형성할 수 있을 정도로 충분히 반복될 때까지는 습관적인 사고방식이 되지 않는다.

신체와 감정은 사고방식을 관찰하고 변화시키는 데에도 매우 중요하다. 윌버의 1사분면(내부-개인)을 사용하여 코칭 고객에게 개인의 전반적인 기분을 관찰하고 이를 윌버의 3사분면(내부-집단)의 전반적인 기분과 비교하도록 요청할 수 있다. 예를 들어, 정형외과 의사 조지가 환자의 만성 통증과 불만을 처리하다 보면 사무실 문화에 짜증, 절망, 체념의 분위기가 조성된다는 사실을 알게 되었다고 상상해 보자. 그와 그의 직원들은 매일 쏟아지는 불만 사항을 처리하는 데 체념하고 환자들이 자신에게 미치는 부정적인 영향에서 벗어나는 데 상대적으로 무력감을 느낀다. 조지는 자주 우울하고 무력감을 느끼며 이러한 삶의 방식에 체념하는 자신을 발견한다. 그는 화를 내는 것이 아니라 아무것도 변하지 않을 것이라는 체념을 하고 있을 뿐이다.

우리는 이제 2사분면에 초점을 맞춰 조지에게 체념할 때 어떻게 앉는지, 즉 사무실에서 몸을 어떻게 움직이는지 관찰하고 시연해 보라고 요청한다. 조지는 코치에게 보고할 때 1사분면(내부-개인)에 대한 보고를 하게 된다. 조지는 자신이 긴장을 많이 하고, 몸을 구부리고, 팔뚝과 다리를 움켜쥐는 경향이 있다는 것을 발견한다. 조지는 자신이 몸을 수축시켜 몸을 작게 만든다고 말한다. 조지와 함께 작업할 수 있는 한 가지 방법은 의도적으로 몸을 다른 방식으로 움직이도록 요청하고 그로 인해 조지의 감정과 정서가 바뀌는지 알아보는 것이다. 조지가 개방적이고 유연하며 가벼운 기분이 들 때 어떻게 몸을 움직이는지 파악하고, 그의 사무실이나 체념의 기분이 들 때 그런 식으로 몸을 움직이는 연습을 하고 어떤 일이 일어나는지 알아보는 것도 유용한 현장 조사 과제가 될 수 있다.

판단하는 마음으로 작업하기

고객이 삶을 느끼고 경험하는 데 방해가 될 수 있는 평가하고 판단하는 사고방식의 만성적 경향을 다루거나 이를 넘어서는 데 유용한 많은 실천 방법이 존재한다 (Menendez, 2000).

관리자와 전문가는 판단에 매우 능숙한 사람으로 보수를 받는다: '무엇이 올바른 투자인가?' '무엇이 잘못된 투자인가?' '누가 유능하고 누가 그렇지 않은가?' '올바른 계획은 무엇인가?' '나는 충분히 좋은가, 충분한 능력이 있는가, 충분한 가치가 있는가?' 이러한 생각은 현재의 순간을 경험하는 데 방해가 될 수 있는 계획과 이야기로 머릿속 전체를 가득 채운다. 이것이 바로 마음의 혼란이다.

판단하는 마음(judging mind)에 만성적으로 집착하는 것은 큰 대가를 치른다. 변화의 잠재력, 즉 선택의 순간은 항상 바로 지금, 현재에 있다. 고객이 판단하거나 과거에 집착하거나 미래를 상상하는 데 너무 많은 시간을 할애하면 순간의 아름다움과 강력한 힘을 놓치게 된다. 성취감은 지금 여기에 집중할 때 찾아온다.

초보자의 마음을 발견하는 과정을 통해 판단자의 모습을 내려놓고 내면의 학습자를 포용할 때 고객은 기쁨과 성취감을 경험한다. 이렇게 함으로써 고객의 의식은 '이것만으로는 충분하지 않아, 대신 이렇게 할 수 있어.'라는 생각에서 '지금 여기 있는 것이 가장 적당해.'라는 인식으로 전환된다.

실습 15.1

판단하는 마음 살펴보기

판단하는 마음은 세상을 흑백의 관점에서만 바라본다. 판단하는 마음은 반응적이며 다음과 같은 질문을 던진다:

이 사람 또는 상황에 무엇이 문제인가? 혹은 나에게 무엇이 문제인가?
나는 통제력을 유지하려면 어떻게 해야 할까?
누구에게 책임이 있는가; 누구의 잘못인가?
내가 어떻게 이길 수 있는가?
내가 어떻게 하면 멋지게 보이는가?

매일 오전 6시부터 오후 10시까지 매시간 정각에 알람이 울리도록 디지털시계를 설정하고, 알람이 울리면 그 순간 어떤 생각이 들었는지 구체적으로 적어 보자. 한 주를 마무리할 때, 자신의 마음 습관이 자신에게 어떤 도움이 되는지, 어떻게 제한을 주는지 생각해 보자.

실습 15.2

초보자의 마음 연습하기

초보자의 마음은 새로운 눈으로 세상을 바라보고, 양면성과 모호함을 허용하며, 마주치는 모든 것에 유연하게 반응한다. 초보자의 마음은 다음과 같은 질문을 한다:

여기에서 무엇을 감사할 수 있을까?
나는 무엇을 배울 수 있을까?
어떤 옵션이 있는가?
지금 내가 느끼고 경험하고 있는 것은 무엇인가?

매일 오전 6시부터 오후 10시까지 매시간 정각에 알람이 울리도록 디지털시계를 설정하고, 알람이 울릴 때 초보자의 마음을 사용하라. 자신이 경험한 것을 구체적인 용어로 적어 보라.

실습 15.3

의식적으로 호흡하고 현재에 집중하기

직장에서 한 시간에 한 번씩 4분 명상을 한다. 조용한 곳에 앉아 호흡에 주의를 집중하라. 내면의 가장 깊은 곳에서 완전히 숨을 내쉰다. 오직 호흡에만 집중하라. 방해가 되는 생각이 떠오르면 이를 알아차리고 호흡으로 돌아가라.

실습 15.4

8-4-8 호흡

마음챙김 호흡법(mindful breathing) 중 하나는 숨을 세고 이완을 유도하는 들숨과 날숨의 리듬을 만드는 것이다. 이것은 8까지 세면서 숨을 들이마시고, 4를 세면서 숨을 참았다가, 다시 8까지 세면서 내쉬는 방식으로 할 수 있다. 많은 고객이 숫자 세기를 통해 현재에 주의를 집중하고 보다 의식적이고 개방적인 방식으로 자신이 하고 있는 일에 집중할 수 있다고 말한다.

두려움 대 신뢰

가장 간단한 형태로, 고객의 마인드셋이 두려움에 기반한 것인지 신뢰에 기반한 것인지 물어봄으로써 고객의 마인드셋을 파악할 수 있다. 앞서 자신이 모든 것을 통제하고 일을 이루어야 한다고 믿었던 고객의 예에서, 그의 마인드셋은 아래 4개의 칸으로 이루어진 매트릭스에서 쉽게 확인할 수 있다([그림 15-2] 참조). 가로축 위에는 대부분의 고객에게 긍정적이고 삶에 활력을 주며 지속력을 주는 신념, 즉 신뢰에 기반한 신념을 나타내는 칸이 있다. 가로축 아래에는 두려움을 유발하는 불충분과 위험에 대한 신념이 있다. 왼쪽 열은 자아, 즉 '나'에 대한 신념이다. 오른쪽 열은 타인 또는 세상 전반에 대한 신념이다. 고객은 이 매트릭스를 사용하여 자신과 타인 및 가능성을 판단하는 방식을 관찰하고 핵심 신념을 추적하여 그 신념이 두려움에 뿌리를 두고 있는지 아니면 신뢰에 뿌리를 두고 있는지 알아낼 수 있다.

나는 ________이다. 충분한 가치 있는 유능한	당신은/환경은 ________이다. 지원적인 충분한 풍부한
나는 ________ 하지 않다. 충분한 가치 있는 유능한	당신은/환경은 ________ 하지 않다. 지원적인 충분한 풍부한

[그림 15-2] 신념 매트릭스

조는 자신이 원하는 것을 쉽게 얻지 못하는 다른 사람과 환경 등 외부에 집중하고 있었다. 새로운 마음가짐을 가지게 되자 다른 사람들이 조의 행동을 지지하고 원하는 것을 쉽게 얻을 수 있는 등 다르게 행동하기 시작했다.

또 다른 예로, 한 고객이 "이 사업을 시작하기가 정말 두렵습니다."라고 말한다. 이 말에는 '나는 이 사업을 할 만한 충분한 자격이나 기술이 없다.'는 자기 자신에 대한 믿음이 내포되어 있을 수 있다. 혹은 '이러한 제품을 원하는 사람이 충분하지 않고 경쟁이 너무 심하다.'와 같이 타인과 세상에 대한 믿음이 내포되어 있을 수도 있다.

매트릭스를 사용하여 고객이 두려움을 말로 표현하도록 도울 수 있다. 고객의 말을 경청한 다음 각 진술을 매트릭스의 해당 칸에 배치한다. 핵심 질문은 다음과 같다: "이 믿음이 도움이 되는가?" "이러한 믿음이 당신이 원하는 것을 만드는 데 도움이 되는가?" 그렇지 않다면 어떤 신념이 더 도움이 될지 함께 탐색한 후 고객이 새로운 신념에 발을 들여놓기 시작하려면 무엇이 필요한지 알아보도록 한다.

두려움을 사랑과 신뢰로 바꾸기

판단을 유예하는 법을 배우면 고객은 미래에 집중하고 판단을 내림으로써 마음이 어떻게 불안감을 느끼도록 속이는지 알게 된다. 연구에 따르면, 인간은 본능적으로 떨어지는 것, 높은 곳, 좁은 공간 등 세 가지만 두려워한다고 한다. 판단하는 마음은 '만약(what if)'에 초점을 맞추고 끔찍한 미래를 상상함으로써 두려움을 만든다. 두려움은 근육을 수축시키고 만성적인 긴장을 유발한다. 고객이 위축에 사용하는 에너지는 성장에 투자할 수 있는 에너지이다.

고객이 두려움의 제한적인 힘을 인정하고 놓아줄 수 있을 때, 그들은 바이스(vise)처럼 삶을 옥죄는 긴장감에서 벗어날 수 있다. 자신과 타인, 그리고 일반적인 경험을 신뢰하는 마음을 열게 된다. 다음은 고객이 유용하게 활용할 수 있는 몇 가지 실습 사례이다(Menendez, 2000):

- 인간관계의 에너지를 살펴보라. 주변에서 가장 활력이 넘친다고 느끼는 사람은 누구인가? 가장 차분한 사람은 누구인가? 가장 활력이 없는 사람은 누구인가? 그 사람들에 대해 어떤 이야기를 할 때 활력을 잃게 되는가?
- 다른 사람을 만나 보라. 다른 사람들과 잘 소통하는 데 얼마나 능숙한가? 가까이 있으면서도 마음이 안전하다고 느낄 수 있는가? 오만함이나 불안감을 느끼지 않고 거리를 유지할 수 있는가? 직장 및 가족과의 주요 관계를 1부터 10까지의 척도로 평가하라(1 = 소원함, 5 = 최적, 10 = 원만함). 당신의 패턴은 어떠한가?
- 근원을 찾아보라. 두려움으로 인해 막막함을 느낄 때는 "이 두려움의 원인이 되는 다른 두려움은 무엇일까?"라고 자문해 보라. 고통, 상실 또는 결핍에 대한 두려움, 포기/분리/거부, 가치 없는 존재, 판단 받는 존재, 무의미한 존재에 대한 두려움과 같은 근본적인 두려움을 찾아보라. 근본적인 두려움은 불안, 긴장, 불안정, 집중력 저하 등의 감정을 불러일으킨다. 여기서 비결은 우리의 뇌가 습관적인 생각, 즉 한 가지 두려운 생각을 다른 생각과 연결시킨다는 것이다.
- 사랑의 기회를 찾아보라. 두려움을 유발하는 상황은 사랑의 기회, 즉 다른 사람과의 관계와 연결의 기회이다. 사랑은 두려움을 몰아내기 때문에 누구 또는 무엇과 연결하고 사랑해야 하는지 찾아보라.
- 나의 교사로부터 배우라. 모든 사람과 모든 상황을 교사로 생각하라. "내가 여기서 무엇을 배울 수 있을까?"라고 물어보라.
- 감사하는 마음을 기르라. 삶에 나타나는 모든 것에 대해 감사하는 마음을 기르라. 매일 경이로움, 경외심, 놀라움을 실천하라. 이는 사랑을 표현하는 방법이다. 이러한 감사는 고통을 덜어 주고 우리를 기쁨과 연결시켜 준다. 이번 일주일 동안 매일 감사한 것 열 가지를 나열하며 하루를 마무리하라. 전날에 언급한 것은 또 언급하지 말라.

이 장에서는 고대로부터 내려오는 가장 놀랍도록 단순한 진리 중 하나에 초점을 맞추었다: 당신이 생각하는 것이 당신이 믿는 것을 결정하고, 당신이 믿는 것이 당신의 경험에 영향을 미치며, 심지어 당신의 현실을 만들 수도 있다는 것이다. 이것은 코치가 일할 수 있는 가장 강력한 영역 중 하나이다.

제16장

사랑은 우리에게 필요한 전부

LOVE IS ALL WE NEED

지그문트 프로이트는 인생에서 중요한 것은 사랑하고 일하는 것이라고 말했다. 많은 사람이 사랑하고 사랑받는 것보다 일 잘하는 것이 더 쉽다고 생각한다. 그 이유는 가장 큰 갈등이 자주 일어나는 곳이 친밀감(intimacy)을 보여 주는 인간관계이기 때문일 수 있다. 기본적인 대인관계 성향(Fundamental Interpersonal Relations Orientation)을 측정하는 심리측정 도구인 FIRO-B를 사용한 연구에 따르면, 대부분의 사람이 표현하는 것(즉, 타인에게 제공하는 것)과 원하는 것 사이에 가장 큰 격차가 있는 영역이 친밀감 영역이다.

이 장에서 말하는 사랑은 로맨스나 파트너와의 친밀감 같은 일반적인 의미의 사랑이 아니다. 세계의 주요 영성 전문가들은 진정한 감정은 오직 두 가지, 즉 사랑과 두려움뿐이라고 말한다. 여기서 말하는 사랑은 영성 지도자나 작가들이 말하는 것과 같은 의미이다. 즉, 감정으로서의 사랑은 두려움이 없는 것이다. 사랑은 우리가 경험하고 싶은 잠재력이다. 사랑은 존재의 상태, 즉 고객이 용기와 목적의식을 갖고 자신의 가치와 조화를 이룰 수 있는 사랑의 의식에 접근할 수 있는 상태이다. 사랑은 몸에서도 경험된다. 사랑을 경험하면 우리 몸은 확장된 느낌을 받는다. 우리는 중심이 잡히고, 안정감을 느끼고, 활력이 넘치고, 가용성을 느끼며, 우리 존재 전체와 접촉하는 느낌을 받게 되는데, 이를 행복감이라고 표현하기도 한다. 이 상태는 두려움과는 정반대이다. 두려움을 경험하면 우리 몸은 위축된다. 생리적으로 두려움은 근육을 긴장시키고 도망치거나 싸우거나 얼어붙을 준비를 하게 한다. 연구에 따르면 두려움으로 인해 발생하는 상태는 말 그대로 시야를 좁혀서 좁은 시야를 만들어 터널 비전(tunnel vision)을 유발한다. 우리는 말 그대로 세상을 더 좁고, 더 제한적이며, 더 위협적인 것으로 경험한다. 그래서 우리는 사랑만 있으면 된다고 말한다. 의심스러울 때는 사랑을 센터링 지점으로 삼으라.

일반적인 이해에 따르면, 사랑은 창조 행위이기도 하다. 따라서 사람들이 삶에서 창조를 시도할 때 사랑은 창의력을 발휘할 수 있는 상태이다. 우리는 사람, 지구, 생명 그 자체, 우리 자신보다 더 큰 무언가와 연결함으로써 사랑의 감정을 창조한다. 우리가 진짜로 인식하든 그렇지 않든, 우리는 항상 연결되어 있다. 이러한 연결성을 의식할 때 사랑이 일어날 수 있다. 코칭에서 자주 접하는 기본적인 문제 중 하나는 특히 미국과 같은 산업화된 문화권에서 고객이 고립감을 느낀다는 것이다. 이를 외로움으로 느낄 수도 있다. 우리는 고객들이 서로 연결되어 있다는 사실을 인정하도록 코칭한다. 연결성은 모든 인간의 중요한 삶의 질이며, 우리 자신의 연결성을 인식하지 못하는 것은 사랑을 인식하지 못하는 것과 같다.

인간의 삶은 연결된 삶이기 때문에 가족, 친구, 공동체, 더 높은 차원의 존재, 그리고 나 자신과의 관계의 질에 따라 각 관계의 질이 달라진다. 이러한 관계 중 하나 또는 그 이상이 만족스럽지 못하면 우리의 삶은 만족스럽지 않게 된다.

사랑의 표현에 대하여

제16장의 제목은 비틀즈의 명곡(Lennon & McCartney, 1967)에서 따온 것이다. 이 노래를 방송에서 들어 본 적이 있을 것이다. 기억하기 쉽고 시대를 초월한 심오한 메시지를 담고 있다. 존 레논(John Lennon)과 폴 매카트니(Paul McCartney)가 작곡한 〈All You Need Is Love〉는 노래 내내 제목이 계속해서 반복된다. 이 노래는 듣는 사람을 '당신'이라고 직접 언급하며 사랑이 변화를 위한 필수적이고 강력한 힘이라는 개인적인 메시지를 강조했다. 코치가 고객들에게 다른 사람을 배려하고 감사하며 사랑을 받아들이도록 독려할 때 자주 사용하는 메시지이다.

때때로 사랑은 상처를 가져올 수 있기 때문에 우리를 두렵게 한다. 마더 테레사(Mother Terese)는 상처받지 않고 사랑하는 방법을 묻는 한 기자에게 이 사실을 설명하려고 노력했다. 그녀는 "상처받을 때까지 사랑하면 상처는 없고 더 많은 사랑만 생긴다는 역설을 발견했다."라고 했다. 마틴 루터 킹 주니어 박사 역시 이 역설에 대해 "어둠은 어둠을 몰아낼 수 없고 오직 빛만이 할 수 있다. 미움은 증오를 몰아낼 수 없고 오직 사랑만이 증오를 몰아낼 수 있다."라고 했다.

때때로 부모로서 우리의 역할은 고통스러울 때까지 사랑해야 할 때가 있다. 특히 청소년 자녀를 둔 부모에게 아플 때까지 사랑한다는 것은 힘든 일처럼 보인다. 전국 청소년–성인 건강 종단 연구(National Longitudinal Study of Adolescent to Adult Health)에 따르면, 가정에서의 유대감과 학교에서의 유대감이 자녀의 안녕을 가장 잘 보호하는 두 가지 조건으로 밝혀졌다. 특정 프로그램이나 일련의 행동이 아니라 연결(connection)에 대한 인식 자체가 핵심이었다.

코치와 청소년 부모 모두에게 해리 파머의 사랑에 대한 정의는 좌절감에 빠졌을 때 의지할 수 있는 손을 내밀어 준다: "사랑은 무언가 변화할 수 있는 공간을 만들고자 하는 의지의 표현이다."(1997, p. 18)

어떤 사람들은 친밀함과 사랑이 일종의 감옥처럼 느껴져 거부감을 갖기도 한다. 분리되어 있는 것이 왠지 더 안전하다고 느낀다. 래리 도시(Larry Dossey)는 "우리는 오랫동안 우리 자신을 분리된 인격으로 정의해 왔기 때문에 통합이 아닌 분리가 근본적인 현실이라고 믿는 최면의 주문에 빠졌다."(2006, p. 72)라고 한다.

그러나 진정으로 사랑하는 사람은 자신이 어디에 있든 그 사랑을 가져와 극단적인 분리와 거리의 공간까지도 연결한다. 프리다 베리건(Frida Berrigan)과 케이트 베리건(Kate Berrigan)(2003)은 아버지 필립 베리건(Philip Berrigan) 목사의 장례식에서 추도사를 통해 사랑을 통해 변화할 수 있는 능력에 대해 이야기했다. 필립 베리건은 2002년 12월 6일 79세의 나이로 세상을 떠났다. 백인 가톨릭 사제로 아프리카계 미국인들을 대상으로 사역하면서 인종차별과 사회적 불의에 눈을 뜬 그는 나중에 사제직을 떠났지만 정의, 비폭력, 평화에 대한 신념을 버리지 않았다. 그는 비폭력 운동으로 여러 차례 투옥되었고, 이로 인해 총 11년 동안 감옥에서 복역했다. 작가, 교사, 활동가로서 그는 모두를 위한 사랑의 표현으로서 평화의 본질에 근본적으로 충실해야 한다는 소명으로 많은 사람의 양심을 자극했다. 그의 장례식에서 그의 딸은 이렇게 말했다:

> 수년 동안 우리는 수없이 많은 감옥에 있는 아버지를 면회할 기회가 많았다. 협박과 구타의 공간, 아이들과 웃음, 사랑, 가족을 배척하고 거부하는 공간 등 모든 삭막한 공간에서 우리는 아버지와 함께 시간을 보냈다.
>
> 어떤 가족들은 면회실에 조용히 앉아 있고, 어떤 가족들은 카드놀이를 하고, 어떤 가족들은 싸우기도 했다. 그 가족들과 면회하는 사랑하는 사람들은 감옥에서는 모든 것이 달라지고 삶이 평소와 같지 않다는 생각에 부담을 느끼는 것 같았다. 감옥에서는 마음대로 행동할 자유도, 있는 그대로의 모습이 될 자유도 없다.

하지만 아버지는 그 무게에 전혀 개의치 않으셨다. 감옥에서도, 그 끔찍한 공간에서도 아버지는 자유로웠다. 감옥에서도 바깥세상과 마찬가지로 아버지의 일과 삶은 폭력과 억압에 저항하고, 믿음을 이해하고 그 말대로 살려고 노력하며, 공동체를 건설하고 사람들이 서로 사랑하는 법을 배우도록 돕는 것이었다.

감옥에 계신 아버지를 면회할 때, 우리는 그런 규칙과 무언의 규칙에 신경 쓰지 않고 그곳을 사랑, 가족, 이야기, 웃음으로 가득 채웠다. 그는 감옥에서 자유로웠기 때문에 자유는 몸의 위치나 누가 열쇠를 쥐고 규칙을 정하는 것과는 아무런 관련이 없다는 것을 보여 주었다. 그것은 모두 당신의 마음이 어디에 있느냐와 관련이 있다.

자신을 사랑하는 법 배우기

우리 대부분은 다른 사람을 사랑하는 방법, 즉 다른 사람을 사랑해야 한다는 것은 일찍부터 배웠지만 자신을 사랑하는 방법은 배우지 못했다. 많은 사람이 자신을 사랑하는 것은 잘못이며 심지어 죄라고 배웠다. 그 결과, 중년의 많은 고객이 자신을 전혀 사랑하지 않는다는 사실을 알게 되었다. 우리는 다른 사람을 온전히 사랑할 수 있는 능력을 갖추기 위해 자신을 사랑하는 법을 배워야 한다고 믿는다. 컵의 비유를 떠올려 보자. 컵이 가득 차면 다른 사람에게 줄 수 있는 충분한 여유가 있다. 사람들이 갈등, 스트레스, 걱정으로 하루 종일 잔을 비우기만 하고 잔을 다시 채우는 경험을 하지 않는다면 다른 사람에게 줄 수 있는 것이 아무것도 남지 않게 된다. 집에 도착하면 배우자, 자녀 또는 자신에게 베풀 수 없게 된다. 컵이 비었을 때를 알아차리도록 한다. 스스로 채우기 위해 무엇을 할 수 있는지 생각해 보자.

자신을 사랑하는 것은 부끄러운 것이 아니고 부끄러워할 필요도 없다. 자신을 사랑하면 우리는 더 사랑스러워진다. 또한 자신을 사랑하면 다른 사람을 사랑하고 돌보는 방법을 배우게 되므로 다른 사람을 더 풍성하게 사랑할 수 있다. 때때로 이것이 코칭의 임무이기도 하다. 고객이 사랑할 수 있는 능력을 회복하도록 돕는 것이다. 다른 사람을 온전히 사랑하기 위해서는 먼저 자신을 돌봐야 한다.

누군가와 사랑에 빠지기 전에 우리는 먼저 우리 자신과 사랑에 빠져야 한다. 자신을 사랑하면 사람들이 우리를 끌어당긴다. 자신을 사랑하는 사람은 함께 있는 것이 즐겁다. 자기애가 부족한 사람을 곁에 둔 적이 있다면 그것이 얼마나 괴로운 일인지 잘 알 것이다. 타인의 기대에 맞추려는 얇은 겉모습 아래에는 자기혐오가 자리 잡고 있다. 그런 에너지와 함께 있으면 우리의 에너지가 고갈된다. 자신을 사랑하는 사람은 자연스럽게 타인을 사랑하고 타인과 타인의 행복을 존중한다. 자기 사랑은 더 긍정적인 에너지를 끌어당기는 긍정적인 에너지를 만들어 낸다.

우리 자신과 진정으로 사랑스러운 관계를 맺기 전까지는 다른 관계도 만족스럽지 않을 것이다. 자신을 사랑하지 않을 때 우리는 공허함을 채워 줄 다른 사람을 찾게 되고, 이는 외부 관계에서 에너지를 고갈시킨다. 자신을 사랑하면 욕구를 충족하기 위해 외부를 바라볼 필요가 없으므로 다른 관계를 있는 그대로 받아들일 수 있다. 외부 관계는 우리가 내부에서 놓치고 있는 것을 보상해 줄 필요는 없으며, 오히려 그것을 더할 수 있다. 이것은 다른 사람에 대한 사랑을 더욱 풍요롭게 만들 수 있으며, 케이크 위에 얹어지는 장식과 같은 것이기 때문이다.

자신에 대한 사랑은 사람들이 가지고 있는 조용한 내면의 감각으로, 다른 사람들에게 자신이 사랑받을 만한 사람이고, 가치 있는 사람이며, 사랑을 주고받을 자격이 있는 사람이라는 것을 알려 주는 것이다. 자기애는 정신 건강과 행복에 매우 중요할 뿐만 아니라 정신적 고통과 우울증에 대한 최고의 보험과 같은 예방 방법이다. 자기애가 있는 사람은 인생에서 필연적으로 발생하는 충격과 좌절에 직면하고 대처할 수 있다. 자기애가 없으면 인생의 문제들은 더 어려워진다. 내면에서만 나올 수 있는 무언가가 항상 부족하다.

자기애가 부족한 고객은 자신을 돌보는 것이 어렵다는 것을 알게 된다. 자신을 사랑하는 법을 배우면 자신을 돌볼 의지와 능력이 증가한다(Williams & Davis, 2007, pp. 176-197, 12장).

사랑은 선택이다

사랑은 선택이다. 단순히 또는 항상 이성적인 선택이 아니라 가식 없이 다른 사람에게 온전히 존재(present)하고자 하는 의지이다. 우리는 이 말을 사용하기도 하고 다른 사람들에게 "이 말이 당신에게 어떤 의미가 있는가?"라고 질문하기도 한다. 많은 사람이 존재한다는 것, 즉 진정으로 존재한다는 것이 매우 의미가 있고 어렵지 않게 들린다는 사실에 대해 생각하게 되었다고 한다. 하지만 우리 중 많은 사람에게는 매우 어려운 일이다.

사랑이 선택이라면, 핵심 코칭 질문은 "사랑을 선택하는 데 방해가 되는 것은 무엇인가? 사랑 대신 무엇을 선택하는가?"이다. 우리는 고객에게 일주일 동안 사랑이나 관계 대신 무엇을 선택하는지 알아보는 현장 조사 활동으로 이 질문을 한다. 사람들이 사랑 대신 선택하는 것의 일반적인 예로는 자기 집중, 분노, 판단, 기대, 옳다는 것, 바쁘다는 것, 걱정 등이 있다. 고객이 사랑을 선택하는 데 방해가 되는 요소를 파악한 후에는 다음과 같은 질문을 할 수 있다: "어떻게 사랑 말고 이런 것들을 선택하게 되었는가?" "대신에 사랑을 선택하기 위해 어떻게 스스로를 도울 수 있는가?"

때때로 고객은 사랑을 선택할 수 있는 역량을 키우기 위해 일정한 형태의 연습을 시작해야 한다. 우리가 아는 한 가지는 성취감을 느낀다고 보고하는 많은 사람이 감사(gratitude)와 관련된 연습을 하고 있다는 것이다. 고객이 매일 세 가지 이상의 감사를 기록하는 일기를 쓰는 것은 기쁨을 높이고 우울증 발생률을 낮추는 것과 매우 관련이 있다(Seligman, 2003).

또한 고객과 학생들에게 해리 파머의 명언을 인용하여 실습 자료로 활용할 수 있다: "사랑은 어떤 것이 변화할 수 있는 공간을 만들려는 의지의 표현이다." 그런 다음 고객에게 "사랑에 대한 이러한 관점을 받아들인다면 이번 주에 자신과 다른 사람에게 무엇을 다르게 하겠는가?"라고 질문한다.

우리는 몇 가지 연습을 통해 라이프 코치 교육 연구소(ILCT) 코치와 고객이 선택으로서의 사랑 문제를 다룰 수 있도록 돕는다.

실습 16.1

연민 연습

이 연습은 사람들이 자신에게 솔직할 때 다른 사람에게도 연민(compassion)을 느낄 수 있다는 팔머(Palmer, 1997)의 신념에 기초한다. 즉, 사람들은 자신이 특별한 존재가 아니라 다른 사람들과 마찬가지로 그저 인간이라는 사실을 인식해야 한다. 화를 내는 사람도 인간이다. 이러한 겸손함에는 다른 사람뿐만 아니라 자신에 대한 연민이 따른다. 이 실습은 마음가짐의 강력한 역할과 그것이 고객의 감정과 웰빙에 미치는 영향을 적극적으로 보여 준다. 고객은 실습을 위해 집중할 특정 인물을 선택한 후 다음 다섯 단계를 신중하게 완료하게 된다.

- 1단계. 상대방에게 주의를 기울이면서 스스로에게 반복한다:
  "나와 마찬가지로 이 사람도 인생의 행복을 찾고 있다."
- 2단계. 상대방에게 주의를 기울이면서 스스로에게 반복한다:
  "나처럼 이 사람도 자신의 삶에서 고통을 피하려고 노력하고 있다."
- 3단계. 상대방에게 주의를 기울이면서 스스로에게 반복한다:
  "이 사람도 나처럼 슬픔과 외로움, 절망을 경험한 사람이다."
- 4단계. 상대방에게 주의를 기울이면서 스스로에게 반복한다:
  "나와 마찬가지로 이 사람도 자신의 필요를 충족시키려고 한다."
- 5단계. 상대방에게 주의를 기울이면서 스스로에게 반복한다:
  "나처럼 이 사람도 인생에 대해 배우고 있다."

우리는 이 연습을 고객과 함께 사용하면서 고객이 상대방에게 주의를 집중할 수 있도록 단계를 읽어 주었다. 대부분의 고객은 이 연습을 한 후 감정의 변화를 보고하는데, 보통 이전에는 느끼지 못했던 상대방에 대한 연민을 느끼게 된다. 또한 앞서 설명한 것처럼 사랑의 기초가 되는 연결감을 느낄 수 있다.

자기 관리에 투자하는 시간을 정당화하는 데 어려움을 겪고 있는 한 고객과 함께 이 연습을 변형하여 시도한 적이 있다. 우리는 그녀에게 자신이 존경하고 아끼는 사람, 자신을 대하는 방식이 존경스러운 사람을 찾아보라고 요청했다. 그런 다음 그녀에게 자신이 그 사람처럼 행동하는 모습을 상상하고 그 친구의 눈으로 자신의 얼굴을 바라보면서 5단계를 반복하도록 했다. 이 연습을 통해 이 고객은 개인적으로 큰 평화를 느꼈고 자기 관리의 가능성을 열었다.

실습 16.2

사랑 표현하기

앞서 인간은 자신을 사랑하는 방법보다 타인을 사랑하는 방법을 더 잘 배운다고 했다. 이 실습을 통해 우리는 고객에게 자신을 더 잘 사랑할 수 있는 방법을 스스로 배우도록 요청하고자 한다. 이 연습은 코칭 세션에서 고객이 선택할 수 있는 선택에 대한 인식을 높이는 것이 목적일 때 수행해야 한다.

- **1단계:** 고객에게 "정말 사랑하는 사람을 위해 무엇을 하나요?"라고 질문하라. "그 사람을 위해 또는 그 사람과 함께 무엇을 하나요?"라고 질문하라. 고객이 부탁하지 않아도 아내의 등을 긁어 주거나 다른 사람이 자신의 하루를 이야기할 때 주의를 기울여 경청하는 등 다른 사람이라면 하지 않았을 행동을 한다고 말할 수 있다. 코치로서 고객이 사용하는 특정 단어에 대해 잘 메모하라.
- **2단계:** 고객에게 "당신도 스스로를 위해 상기와 같이 똑같이 하나요?"라고 물어본다. 앞의 고객에게 코치는 "그래서 당신은 아내가 좋아하는 일을 누가 시키지 않아도 스스로 하는군요. 다른 사람이 부탁하거나 시키지 않아도 스스로 일을 하는 경우가 얼마나 되나요?"라고 질문한다. 또는 "당신은 상대방의 말에 정말 귀를 기울이면서 세심한 주의를 기울이는군요. 당신은 얼마나 자주 자신에게 세심한 주의를 기울이고 자신의 말에 귀를 기울이나요?"라고 질문할 수 있다. 대부분의 고객은 사랑을 표현하는 구체적인 방법에서 자신보다 다른 사람에게 더 잘한다고 했다. 이는 다음 질문으로 이어진다.
- **3단계:** "어떻게 하면 자신에게 더 집중할 수 있을까요? 어떻게 하면 자신에게 더 세심하게 주의를 기울이고 자신의 말에 귀 기울일 수 있을까요?" 이 연습은 사랑의 감정에서 우러나오는 행동, 즉 실천에 초점을 맞추고 있다. 1단계에서 구체적인 행동을 파악하여 고객이 스스로 어떤 행동을 할 수 있는지 생각하게 하는 것이 중요하다. 코치들도 알다시피 행동은 태도를 바꿀 수 있다.

실습 16.3

돌봄 표현하기

이 실습은 구조와 의도가 〈실습 16.1〉과 비슷하다. 이 실습은 고객이 구체적으로 집중할 수 있도록 돕기 위해 고안되었다.

- **1단계:** 고객에게 "당신이 소유하고 있고 정말 소중하게 여기고 아끼는 구체적인 것을 생각해 보세요. 그게 무엇인가요?"라고 한다. 그런 다음 고객이 그 물건을 식별할 때까지 기다린다.

  일부 고객 사례에는 2대에 걸친 가족사진 앨범, 피아노, 선물로 받은 몽블랑 펜, 1957년형 쉐보레 콜벳 등이 포함되어 있었다.

- 2단계: "당신은 그것을 어떻게 돌보겠습니까?" 여기에서 고객이 구체적인 조치를 취하도록 하라.
  - 고객은 사진 앨범을 보존하기 위해 빛이 들지 않는 가까운 곳에 보관한다. 또한 화재나 재난이 발생하면 가장 먼저 꺼내 볼 것이라고 말한다.
  - 고객은 매주 피아노의 먼지를 털어 내고 격주로 광택을 내며 건반을 덮어 두고 정기적으로 조율을 받는다고 한다.
  - 고객은 몽블랑 펜이 지갑 속 다른 물건에 긁히지 않도록 특수 가죽 케이스에 보관하겠다고 한다.
  - 고객은 1957년형 쉐보레 콜벳을 차고에 보관하고 날씨가 좋지 않을 때는 차를 꺼내지 않는다. 그는 이 차를 조심스럽게 운전하고 자신이 아는 최고의 정비사에게 정비를 맡긴다. 일상적인 주행에는 사용하지 않고 특별한 날이나 축하 행사를 위해 예약해 둔다고 한다.
- 3단계: 고객에게 "어떻게 하면 자신을 정교하게 돌볼 수 있을까요?"라고 질문한다. 고객의 진술을 일종의 비유로 받아들이고 브레인스토밍을 통해 비슷한 행동을 찾아보자. 이 과정은 코치와 고객 모두에게 새로운 경험이 될 수 있으며 매우 재미있을 수 있다.
  - "그래서 사진 앨범을 보호하고 보존하기 위해 안전한 장소에 보관하고 있군요. 자신을 더 잘 보호하고 보존할 수 있는 방법이 없을까요?"라고 질문한다. 이 고객은 결국 자신이 자신의 피부를 보존하기 위해 아무것도 하지 않았다는 사실에 대해 생각하게 되었다. 그녀는 피부 관리 요법을 시작했다.
  - "피아노를 매우 깨끗하고, 잘 덮고, 광택을 내며, 정기적으로 조율하는군요. 스스로를 위해 할 수 있는 방법이 있을까요?"라고 질문한다. 이 고객은 이 질문이 무리한 질문이라고 생각했지만, 의사에게 정기적으로 검진을 받으러 가지 않고('조율'), 손톱과 손을 더 잘 관리해야 하며('건반을 덮고'), 마사지를 정말 좋아하지만 정기적으로 받지는 않는다는 것을 깨달았다('닦기').
  - "그래서 펜이 긁히지 않도록 특수 가죽 케이스에 보관하는군요. 불필요하게 상처를 입지 않기 위해 당신에게 필요한 방법이 있나요?"라고 질문한다. 이 고객은 자신이 너무 빨리 걷고 움직이는 경향이 있어서 사물에 부딪혀서 항상 긁히거나 멍이 든다는 것을 깨달았다. 이로 인해 자신을 보호하기 위한 방법으로 속도를 늦추고 주의를 기울이는 것에 대한 논의가 이어졌다.

–"그래서 특별한 날을 위해 자동차를 예약하고, 잠재적으로 자동차를 손상시킬 수 있는 상황을 피하고 엔진을 유지 관리하는군요. 어떻게 하면 자신을 위해 위험에 빠지지 않고 신체를 건강하게 유지할 수 있을까요?" 이 고객은 콜레스테롤 검사를 받고 스트레스가 심하고 조직문화가 거친 회사들과 접촉하게 되는 특정 종류의 컨설팅 업무를 그만두기로 결정했다. 그는 자신이 축하할 만한 일을 위해 자신을 충분히 비축하지 못하고 있다고 판단했다. 일을 하는 것이 그렇게 혹독할 필요는 없었다.

용서의 힘

건강한 자기애를 키우려면 다른 사람을 건강하게 사랑하듯이 우리 자신도 원한, 오래된 분노, 용서받지 못한 상처를 용서해야 할 수 있다. 복수가 더 적절해 보일 때 용서를 하기는 어려울 수 있다. 하지만 용서는 사랑에서 비롯되며 삶의 방향을 바꿀 수 있다.

여기에 책임 면제 조항이 있다: 많은 문화권에서는 불만을 경험한 사람들이 쉽게 용서해야 한다고 느낄 정도로 용서를 미화한다. 이는 재니스 아브라함스 스프링(Janis Abrahms Spring)이 값싼 용서(cheap forgiveness)라고 부르는 것을 초래할 수 있다(Spring, 2004). 이러한 행동을 하는 사람들은 자신의 감정을 제대로 다루지 않고 자신의 상처를 받아들이지 않은 채 다른 사람을 쉽게 용서한다. 누군가 자신을 학대할 때 다른 사람을 위해 변명하거나 자신의 잘못으로 돌릴 수 있다.

용서를 거부하는 것도 용서에 대한 건강하지 못한 접근 방식이다. 용서를 거부하는 사람은 자신의 적개심에 갇혀 삶과의 관계를 단호하게 끊어 버린다. 이런 스타일을 채택한 사람은 쉽게 기분을 상하게 하고 원한을 품을 수 있다. 이 반응적이고 경직된 스타일을 통해 그 사람은 원한과 분노 이외의 감정으로부터 단절된다.

우리는 코치가 앞의 두 가지 스타일 중 어느 한쪽에 치우친 고객과 함께 일하는 것을 권장하지 않으며, 두 경우 모두 상담이 필요할 가능성이 높다. 하지만 스프링의 원칙은 상처받은 경험을 극복할 준비가 되어 있고 기꺼이 해결하려는 많은 코칭 고객에게 유용하다. 스프링의 연구는 또한 용서를 위한 두 가지 건강한 옵션, 즉 가해자가 문제를 해결할 능력이나 의지가 없을 때 지속적인 내적 해결을 위해 노력하는 수용과 가해자와 상처받은 당사자가 함께 참여하는 치유 과정인 진정한 용서를 제시하고 있다.

많은 리더가 미안하다고 말하거나 용서를 구하지 못하는 이 시대에, 다음 이야기는 용서의 힘과 지혜를 보여 준다:

> 미국 남북전쟁 중, 로즈웰 매킨타이어(Roswell McIntyre)라는 청년이 뉴욕 기병대에 징집되었다. 전쟁은 잘 풀리지 않았다. 군인들이 절실히 필요했기 때문에 그는 훈련도 거의 받지 않은 채 전투에 투입되었다.
>
> 그러던 중 매킨타이어는 겁에 질려 당황한 나머지 도망쳤다. 그는 나중에 군법 회의에 회부되어 탈영죄로 총살형을 선고받았다. 매킨타이어의 어머니는 링컨 대통령에게 호소했다. 그녀는 아들이 어리고 미숙하니 다시 한번 기회를 달라고 호소했다.
>
> 그러나 장군들은 대통령에게 기강을 확립할 것을 촉구했다. 예외를 두면 이미 수세에 몰린 군대의 기강이 해이해질 수 있다고 그들은 주장했다. 링컨은 생각하고 기원했다. 그러고 나서 그는 유명한 말을 남겼다. "나는 소년에게 총을 쏘는 것이 결코 좋은 일이 아니라는 것을 깨달았다."라고 그는 말했다.
>
> 그런 다음 그는 자필로 다음 편지를 썼다: "이 편지는 로즈웰 매킨타이어가 뉴욕 기병대에 재입대할 것임을 증명하는 것이다. 그가 의무 복무를 마치면 탈영 혐의에서 벗어날 수 있을 것이다."
>
> 대통령이 서명한 이 빛바랜 편지는 의회 도서관에 전시되어 있다. 그 옆에는 "이 편지는 버지니아주 리틀 파이브 포크스 전투에서 전사한 로즈웰 매킨타이어의 유품에서 가져온 것이다."라는 메모가 적혀 있다.
>
> 다시 한번 기회가 주어지자 매킨타이어는 끝까지 싸웠다(Goodier, 2002).

고객에게 이 실화를 생각해 보라고 하면 링컨의 용서가 한 사람의 인생을 바꿨다는 사실을 깨닫는 경우가 많다. 링컨처럼 현명하고 관대하게 용서를 베풀 수 있다면 자신과 다른 사람을 위해 어떤 용서를 베풀 수 있을지 생각해 볼 수 있다.

물지게꾼의 교훈적인 이야기

코칭의 핵심 과제는 다른 사람을 사랑하고 사랑을 받을 수 있도록 자신을 사랑하는 법을 배우는 것이다. 아래의 교훈적인 이야기에서 물지게꾼은 사랑이 어떻게 결점

(flaws)을 수용함으로써 오히려 축복(gifts)으로 바꿀 수 있는지 배운다.

인도의 한 물지게꾼은 목에 걸고 다니는 장대의 양쪽 끝에 2개의 큰 항아리를 매달았다.

항아리 중 하나는 금이 갔지만 다른 항아리는 완벽했고 개울에서 주인의 집까지 먼 길을 걸어가도 항상 물이 가득 찼지만 금이 간 항아리는 물이 반만 찼다.

2년 동안 이 일은 매일 계속되었고, 물지게꾼은 주인의 집에 물 한솥 반만 배달했다. 당연히 완벽한 항아리는 자신의 업적을 자랑스러워했다. 그러나 불완전하고 금이 간 항아리는 자신의 불완전함을 부끄러워했고, 자신이 할 수 있는 일의 절반만 해냈다는 사실에 비참해했다. 2년 동안 쓰라린 실패를 맛본 항아리는 어느 날 시냇가에서 물지게꾼에게 말을 걸었다.

"제 자신이 부끄러워서 당신에게 사과하고 싶습니다."

"왜요?" "뭐가 부끄럽습니까?" 물지게꾼이 물었다.

"지난 2년 동안 저는 옆구리에 금이 가서 주인의 집까지 물이 새는 바람에 제 물량의 절반만 배달할 수 있었습니다. 내 결점 때문에 당신이 이 모든 일을 해야 하고, 당신은 당신의 노력에 대한 완전한 보상을 얻지 못했습니다."라고 항아리가 말했다. 물지게꾼은 낡고 금이 간 항아리가 안쓰러웠다. 그는 "주인의 집으로 돌아갈 때 길을 따라 아름다운 꽃들이 눈에 띄었으면 좋겠어요."라고 말했다.

실제로 언덕을 올라가는 동안 낡고 금이 간 항아리는 길가의 아름다운 야생화를 따뜻하게 데워 주는 햇살을 발견하고 기분이 좋아졌다. 하지만 오솔길의 끝자락에 이르러서는 여전히 물의 절반이 새어나와 기분이 좋지 않았고, 항아리는 다시 한번 물지게꾼에게 자신의 실패에 대해 사과했다.

물지게꾼은 항아리에게 "길에서 당신 쪽에만 꽃이 있고 다른 쪽 화분에는 꽃이 없는 것을 눈치 채셨나요? 그것은 내가 항상 당신의 결점을 알고 있었고 그것을 사용했기 때문입니다. 나는 당신 쪽 길에 꽃씨를 심었고, 우리가 개울에서 돌아오는 동안 매일 물을 주었습니다. 2년 동안 나는 이 아름다운 꽃들을 따서 주인님의 식탁을 장식할 수 있었습니다. 당신이 지금 그대로의 모습 그대로가 아니었다면 이 아름다운 꽃들이 주인의 집을 장식하지 못했을 것입니다."라고 말했다.

우리는 고객과 함께 이 이야기를 통해 우리 각자가 고유한 결점을 가지고 있음을 인식하도록 돕는다. 우리는 모두 금이 간 항아리이다. 하지만 우리가 그것을 허용한다면 우리의 결점은 우리 자신과 다른 사람들의 테이블을 우아하게 만드는 데 사용될 것이다. 우리가 살고 있는 연결된 세상에서는 낭비되는 것은 없다. 우리는 우리의 불완전함과 결점을 두려워할 필요가 없다. 우리가 그것을 인정한다면 우리도 아름다움의 원인이 될 수 있다. 결점 속에서 우리는 강함을 발견할 수 있다.

사랑에 대한 성찰과 새롭게 보기

인도에서 자란 예수회 사제 앤소니 드 멜로(Anthony de Mello)는 명상 수행을 통해 현재에 집중하는 것의 이점을 자신이 하는 모든 일에 적용했다. 그는 그의 가장 유명한 저서 중 하나인『깨어나십시오(Awareness)』(de Mello, 1992)에서 사랑과 마인드셋의 관계에 대해 설득력 있게 서술하고 있다. 그는 우리가 진정으로 사랑하기 위해서는 다른 사람의 인정과 사랑에 대한 욕구를 버려야 한다고 말한다. 그는 약물과 중독이라는 용어를 사용하여 사람들과 어울리고, 다른 사람의 인정을 받고, 바쁘고 정신없이 지내려는 우리의 집착을 표현했다.

여기서 설명하는 교훈은 종종 고객이 코칭에 가져오는 것의 일부가 되기도 하므로『인식』을 읽어 보기 바란다. 고객은 사랑과 욕구, 사랑과 애착의 차이점을 이해할 준비가 되어 있다.

그는 이렇게 말한다: "사랑하고 싶다면 다시 보는 법을 배워야 한다. 그리고 보고 싶다면 '약물(drug)'을 포기하는 법을 배워야 한다. 간단하다. 의존성을 포기하라. 두려움이나 욕망에 의해 흐려지지 않은 명확한 비전으로 마침내 볼 수 있다. 사랑한다는 것이 어떤 의미인지 알게 될 것이다. 그러나 사랑의 땅에 오려면 죽음과 같은 고통을 통과해야 한다. 왜냐하면 사람을 사랑한다는 것은 사람에 대한 욕구에 따라 죽고 완전히 혼자가 되는 것을 의미하기 때문이다."(1992, pp. 171-173)

드 멜로의 글은 인간 삶에서 사랑의 역설적 본질을 이해할 준비가 된 고객에게 훌륭한 현장 조사 질문이 된다. 이 책은 내담자가 결핍 없이 사랑하기 위한 여정에 대한 안내서가 될 수 있는 많은 연습과 성찰을 제공한다.

코치를 위한 사랑에 대한 성찰

2001~2002년 라이프 코치 교육 연구소(ILCT) 교육에 참여했던 마릴린 거스틴(Marilyn Gustin)은 이 장의 기반이 된 수업에 참여했다. 그녀는 남편을 잃은 개인적인 경험과 이후의 사랑의 의미, 사랑받는 것의 의미, 코칭에서 사랑의 위치에 대한 생각을 바탕으로 다음과 같은 인상적인 글을 팻과 다이앤 박사에게 보냈다. 그녀의 허락을 받아 여기에 게재한다.

> 우리 문화는 일반적으로 사랑을 한 사람이 주고 다른 사람이 받는 '어떤 것'으로, 거의 정량화할 수 있다고 가정한다. 특히 일반적으로 심리학을 통해 우리는 사랑이 인간의 완전한 삶에 필수적이며, 심지어 생물학적 생존에 필수적이라는 것을 알고 있다. 우리는 사랑이 마치 음료수 통에 담긴 레모네이드처럼 한 마음에서 다른 마음으로 '부어질' 수 있다고 믿는다. 우리는 어떤 사람이 아이를 사랑하지 않으면 그 아이는 사랑이 없는 삶을 살게 되어 다른 사람에게 사랑을 줄 수 없는 운명이라고 보통 생각한다. 이러한 가정 때문에 우리는 종종 다른 사람들로부터 더 많은 사랑을 받기를 바라며 살아가고, 때로는 아주 엉뚱한 곳에서 사랑을 찾기도 한다.
>
> 그러나 주요 영성 전통의 선지자, 현자, 성인들은 사랑을 그런 식으로 이해하지 않는다. 그들은 보편적으로 사랑은 순수하고 지속되는 우리 자신의 본질적인 본성이라고 말한다. 그들은 이러한 궁극적인 사랑이 모든 인간 마음의 핵심이며, 우리가 항상 그것을 경험하지 못하는 유일한 이유는 그것이 세속적인 현실의 거대한 산(또는 천 개의 베일, 또는 어둠 – 이러한 은유는 전통에 따라 다름)에 의해 가려져 있기 때문이라고 한다. 여기에는 우리의 모든 자기중심적인 욕망과 목표, 감각에 대한 집중, 마음의 잡음 등이 포함된다.
>
> 그들은 사랑은 우리 주변에서 무슨 일이 일어나고 있든, 삶이 우리를 어떻게 대하는 것처럼 보이든 상관없이 끊임없이 존재한다고 말한다. 사랑은 그저 흐르고, 자발적이며, 독립적이다. 사랑은 지속된다. 사랑은 신성한 것이다. 사랑은 결코 부재하지 않는다. 다만 우리가 때때로 그 존재를 인식하지 못하거나 경험의 의미를 오해할 뿐이다.
>
> 사랑에 대한 이러한 진리는 영성적 깨달음의 과정에서 분명해졌다. 이러한 생각은 사랑하는 남편이 죽은 직후에 더욱 분명해졌다. 그때부터 지금까지 존을 생각하면 내 인식 속에서 사랑이 충만하고 아름답게 솟아난다. 남편의 몸, 그의 성품, 내가 그와 관

> 련된 모든 특성이 이 땅에서 사라졌다. 결혼 초기에 나는 그가 나를 사랑하고 자신의 것을 주면서 나에게 사랑을 가르쳐 주었다고 말했을 것이다.
>
> 이제 나는 더 잘 알게 되었다. 즉, 그의 존재의 특질, 내적 사랑에 대한 그의 인식이 내 내면의 사랑에 대한 나 자신의 인식을 불러일으켰다는 것을 알게 되었다. 그것이 지금 견딜 수 있는 이유이다. 사랑은 항상 내 안에 있었고, 나는 그것을 인식하고 그것을 느끼기 위해 다가가기만 하면 되었다. 그것은 여전히 사실이다. 나는 단지 인식하기만 하면 되고, 그것은 음미하고, 쉬고, 무한한 기쁨을 위해 거기에 있다.
>
> 사랑을 잊었는가? 그렇다. 하지만 예전만큼 자주 또는 철저하게 잊지는 않았다. 내가 경험한 사랑이 전부인가? 아니다! 사랑은 무한하다. 우리는 공기 속을 걷고 그 공기가 우리 몸을 가득 채우도록 내버려두는 것처럼 사랑에 빠진 순례자이자 사랑 속으로 순례하는 순례자이다.

이러한 성찰은 사랑이 우리의 본성이며 모든 사람에게 평등하게 깃들어 있다는 현자들의 주장이 옳다는 것을 증명하기 위해 포함시킨 것이 아니다. 오히려 이러한 성찰은 우리가 이러한 거대한 '만약(what-if)'의 질문을 던지도록 자극하기 위한 것이다:

- 만약 사랑이 우리의 진정한 본질이고 따라서 모든 사람이 접근할 수 있다면 어떨까?
- 만약 사랑이 실제로 우리 안에 항상 존재하고 따라서 우리가 항상 인식할 수 있다면 어떨까?

이러한 질문에 대한 답변으로 몇 가지 생각을 정리해 보았다.

- 그 누구도 사랑을 발견하는 데 무력한 사람으로 보이지 않을 것이다. 왜냐하면 사랑의 발견은 다른 사람에게 의존하는 것이 아니라 자신의 내면을 깊이 들여다보고자 하는 자신의 의지에 달려 있기 때문이다.
- 낭만적 사랑과 배우자 사랑은 본질적인 내적 사랑의 특별한 표현으로 재구성될 수 있으며, 이를 통해 '당신이 나를 사랑한다면…….' '당신이 나를 더 사랑해 주었으면 좋겠다.'와 같은 생각에서 벗어나 관계를 해방시킬 수 있다.
- 우리는 다른 사람에게서 '사랑받는다고 느낄 때' 실제로 일어나는 일은 '다른 사

람'의 존재의 특성 중 무언가가 우리 자신의 내적 사랑에 대한 인식을 촉진한다는 것을 인정할 수 있다. 이것은 아마도 '상대방'이 자신의 내면의 사랑을 인식할 때 가장 쉽게 발생한다. 이것은 적어도 순간적으로 우리 자신의 중심에 있는 사랑의 현실을 일깨워 준다.

- 사랑의 경험은 상황과 무관하며, 큰 고통 속에서도 사랑에 도달할 수 있다. 사랑에 집중하는 두 사람은 삶에 엄청난 기쁨을 가져다주지만, 사랑은 다른 사람의 존재를 필요로 하지 않는다.
- 자신이 사랑스러운 사람인지에 대한 의구심도 내면의 사랑이 드러나면 사라진다. 실제로 이러한 의문은 사라진다. 자신의 내면에 흐르는 거대한 사랑이 있기 때문이다. 이러한 경험을 통해 내가 사랑받을 만한 사람인지에 대한 의문도 사라진다. 대신에, 나는 내가 사랑이라는 것을 이해하기 시작한다.

현대 사회에서는 종종 사랑에 대한 정의에 대한 필요성을 느낀다. 우리의 어려움은 영어가 심오한 주제의 뉘앙스를 표현하는 데 가장 적합한 언어가 아니라는 점인 것 같다. 하지만 영어는 많은 사람이 사용하는 언어이다.

우리는 사랑의 유형을 정의하기 위해 그리스어(예: 에로스, 아가페, 필리아)를 사용하고자 한다. 예를 들어, 우리는 자동차에 대한 감정처럼 사랑이 아닌 것을 쉽게 말하곤 한다. 어떤 사람들은 사랑과 육체적 관계가 동등하다고 말하지만, 다른 사람들은 동의하지 않는다.

우리는 사랑을 경이로움, 감사, 아름다움, 다정함, 관심, 흥미, 즐거움, 호감 등 모든 감정의 원천이 되는 힘 또는 능력으로 생각하도록 재구성할 것을 제안한다. 이러한 수많은 경험을 가능하게 하는 무한한 능력으로서 사랑은 어쩌면 정의를 내릴 수 없을지도 모른다. 어쩌면 그게 좋은 일일지도 모른다!

케빈 캐시먼(Kevin Cashman)은 『내면으로부터의 리더십(Leadership from the Inside Out)』에서 사랑은 비즈니스계에서 금기어라고 말할 정도로 우리 사회는 사랑에 대해 혼동하고 있는 것 같다고 했다. 우리가 혼란스러워하는 것은 사실이지만, 어쩌면 우리는 다른 내면의 상태와 사랑을 혼합했을 뿐 필요한 구분을 하지 못하고 있는지도 모른다. 예를 들어, 우리는 사랑과 애착을 혼합하여 '그/그녀/그것을 너무 사랑한다'고 느끼기 때문에 행복하기 위해 삶에서 그것을 가져야 한다고 느낄 수 있다. 우리는 사랑과 육체적 사랑을 혼동하여 많은 사람이 둘의 차이를 구분하지 못한다. 이와 비슷한 경우로 사랑과 집착을 혼동하는 경우가 있다.

사랑이 우리의 모든 긍정적인 경험 밑에 흐르는 능력으로 아름답고 사랑스럽고 소중한 것에 대한 기쁨을 만들어 내는 것이라면, 사랑은 항상 우리 안에 존재하며, 무한한 방식으로 그 다면적인 본성을 우리가 인식할 수 있도록 드러내는데, 이 모든 것이 매우 위대하다. 우리는 그것을 내면의 사랑(inner love)이라고 부를 수 있다.

우리는 레이첼 나오미 레멘(Rachel Naomi Remen)이 그녀의 저서 『내 할아버지의 축복(My Grandfather's Blessings)』(2000)에서 들려준 이야기를 떠올려 보고자 한다. 레멘은 어렸을 때 할아버지가 기부(giving)의 여덟 가지 단계와 그 상대적 가치를 설명해 주었다. 그녀는 항상 '올바르게', 즉 가장 좋은 방법으로 기부를 하겠다고 약속했다. 할아버지의 대답은 "모든 일에는 좋은 점이 너무 많아서 어떤 방식으로든 할 가치가 있다."는 것이었다. 사랑은 바로 이와 같아서, 모든 사랑의 표현이 아무리 뒤섞이거나 '혼란스럽다'고 해도 삶에 포함할 가치가 있는 선한 것이다. 우리가 이러한 사실을 안다면, 꽃을 만지는 것, 로맨스를 경험하는 것, 새로운 소유물을 즐기는 것, 성스러운 존재에게 자신을 헌신하는 것 모두 사랑이라는 내면의 깊은 능력, 즉 우리의 진정한 본성에서 비롯된 것이기 때문에 비슷한 가치를 가질 수 있다.

우리가 사랑을 주고받는 '어떤 것(something)'이라고 상상하는 한, 사랑은 제한되어 있고, 다른 사람에게 의존하며, 심지어 파괴되거나 끝날 수 있다고 생각한다. 다시 말하지만, 선지자들은 이에 동의하지 않는다. 그들은 사랑은 무한하고, 강하고, 꾸준하고, 일정하고, 역동적이며, 항상 접근 가능하다고 주장한다. 그것은 끝나지 않는다. 그것은 다른 사람이나 상황에 의존하지 않는다. 따라서 우리 안에 있는 이 엄청난 사랑을 발견하기 위해 우리가 해야 할 일은 우리 내면의 깊은 곳에 집중하는 것이라고 말한다.

이 모든 것이 사실이라면 코칭에 어떤 의미가 있을까?

- 모든 코치는 어떤 형태로든 '내면으로 들어가기(entering within)'를 실천하는 사람이어야 한다. 가장 일반적인 것은 명상이며, 명상에는 여러 가지 형태가 있다. 마음의 물리적 공간에 집중하며 조용한 시간을 보내는 것만으로도 위대한 내면의 사랑에 대한 인식이 열릴 수 있다(이에 대한 자세한 내용은 다음을 참조하라).
- 코치가 고객과 함께 일하면서 자신의 내면의 사랑을 인식하면 고객도 자신의 내면의 사랑을 경험하게 된다. 이로부터 코치가 최선을 다할 수 있도록 안전, 기쁨,

신뢰, 열망이 생길 수 있다.

- 코치는 내면의 사랑에 대한 경험을 찾아보며 각 세션을 준비할 수 있다. 코치 자신의 삶은 사랑에 대한 이러한 반복적이고 거의 끊임없는 인식으로 인해 헤아릴 수 없을 정도로 풍요로워질 것이다.
- 코치가 사랑을 인식하면 자신에 대해 조언하거나 가르치거나 너무 많은 말을 하고 싶은 유혹을 훨씬 덜 받는다. 사랑에 대한 인식은 가장 자연스러운 과정을 만들어 준다.
- 코치가 자신의 내면의 사랑을 인식하면 직관이 더 강해지고, 명확해지고, 수월하게 자각으로 이어진다. 이는 특정한 코칭 프로세스에 가장 적합한 프로세스나 최적의 타이밍을 아는 것으로 나타날 수 있다.
- 우리가 내면의 사랑과 접촉하면, 그 사랑은 사람, 일, 비전과 목표, 신성한 것 등 우리가 선택한 모든 곳으로 향할 수 있다.
- 고객이 자신이 빠져들고 있는 사랑의 감정이 담겨 있는 수프를 인식하지 못하더라도 움직임이 일어나고 개방이 일어날 것이다. 우리 자신의 내면의 사랑에 대한 인식은 현존하는 가장 창조적인 힘이기 때문에 그렇게 될 수밖에 없다.

내면의 사랑을 알아차리는 방법에는 여러 가지가 있다. 당신은 이미 사랑을 알아차리는 방법을 알고 실천하고 있을 수도 있다. 다음과 같은 방법도 시도해 볼 수 있다:

- 잠시 시간을 내어 자신을 가만히 들여다본다. 가슴과 마음에 집중하라. 마음이 조금 안정될 때까지 잠시 주의를 기울인다. 내면의 움직임을 알아차리도록 한다. 지켜보자. 사랑은 미묘한 실타래처럼, 또는 넘실대는 강물처럼 일어날 수 있다. 그대로 두자. 그것을 알아차리면 거기에 주의를 기울이고 그 힘이 커지는 것을 지켜보자. 가능한 한 오랫동안 즐기라.
- 편안하게 앉아 심호흡을 몇 번 한다. 큰 사랑을 느꼈던 경험이나 큰 사랑을 느꼈던 사람을 떠올려 보자. 가능한 한 그 상황에 다시 온전히 몰입할 수 있도록 한다. 이제 아주 부드럽게, 당신이 느꼈던 사랑으로 주의를 옮기고 사랑의 '대상'이나 그 경험의 계기가 당신의 인식에서 사라지도록 하라. 오직 사랑에만 집중하라. 그것은 당신 자신의 마음속에 있다. 원한다면 그 사랑에 머무르도록 한다. 준비가 되면 부드럽게 돌아가라.

- 다시 한 번, 편안하고 조용한 상태에서 내부에 요청하여 그곳에 있는 사랑을 경험하라. 기다리면 나타날 것이다.
- 사랑이 내 존재의 뿌리이자, 닻이며, 내면의 끊임없는 자양분이고, 언제나 접근할 수 있는 것처럼 '마치 무엇인 것처럼 행동하기(acting as if)'을 연습하라. 이 연습을 하는 동안 자주 멈춰서 자신의 마음을 '확인'하는 것도 좋다.

우리 자신의 내면의 사랑을 알아차리는 연습을 하고, 우리가 기꺼이 주의를 기울일 때마다 그 사랑에 접근하는 것이 그리 어렵지 않다는 것을 알게 되면, 우리는 이 사랑의 경험을 우리가 원하는 곳으로 이끌 수 있다. 우리가 좋아하는 사람과 함께 있다면 내면의 사랑을 인식하고 그 사람에게 사랑을 전달할 수 있다. 코칭을 하고 있다면 고객이 우리의 방향이 된다. 어려운 사람을 상대하고 있다면 내면의 사랑을 그 사람에게 향하게 할 수 있다. 가능성은 사랑만큼이나 무한하다.

이 장을 마치면서 이 책도 완성된다. 이 여정이 즐거웠기를 바라며 코칭 비즈니스를 시작하거나 개선하기 위한 기술, 전략 및 기법을 계속해서 다시 살펴보기를 바란다. 이 책의 마지막을 인사이드 아웃 작업으로 마무리하고 사랑에 초점을 맞춰 마무리하기로 한 것은 사실 사랑이 라이프 코칭의 핵심이기 때문이다. 라이프 코칭은 전인적인 인간(total human beings)으로서 고객의 현재와 미래의 성취를 위한 깊은 배려에서 비롯되는 서비스이다. 내면을 들여다보고 고객뿐만 아니라 우리 자신에 대한 깊은 배려를 통해 우리는 훌륭한 코치뿐만 아니라 훌륭한 인간으로 거듭날 수 있다. 더 나은 코칭은 더 나은 삶을 가져온다.

부록 A

코칭과 팬데믹 이후의 글로벌 스트레스에 대한 성찰

REFLECTIONS ON COACHING AND POST-PANDEMIC GLOBAL STRESS

팬데믹 이후의 삶에서 정신 건강 서비스와 개인 코칭에 대한 수요가 모두 증가했다. 기후 변화로 인한 자연재해, 정치적 격변, 소셜 미디어 광풍, 경제 위기, 변화하는 업무 방식 등 다른 스트레스 요인들도 앞으로 한동안 '뉴노멀(new normal)'의 일부가 될 것으로 예상된다. 애덤 그랜트(Adam Grant, 2021)는 『뉴욕타임스』에 기고한 글에서 우리 대부분이 우울증에 걸리지는 않았지만 활력이 넘치고 번성하지도 못한다는 의미의 '무기력증'에 대해 이야기했다(관련 TED 강연도 발표함). 대부분의 사람이 어느 정도는 힘든 시간을 보내고 있다. 가장 낙관적이고 건강하며 안정된 사람도 슬픔이나 고립감에 빠질 위험에 처해 있다. 따라서 최근에 회사, 인간관계, 심지어 슬픔과 트라우마에 대한 코칭에 대한 수요가 증가하고 있다. 정신 건강 상담도 증가했지만, 많은 사람이 잘 훈련된 코치와의 파트너십과 정직하고 전생애에 걸친 관점을 취할 수 있는 능력(whole-life perspective-taking)을 중요시하는 경향이 두드러지고 있다.

코칭 대화의 일부였던 어려움은 많은 사람에게 영구적인 상황이 된 가상 직장으로의 대규모 전환과 팬데믹 이전으로 돌아가지 못한 사회적 교류, 여행, 대면 회의 등에 대한 제한으로 인해 더욱 커졌다. 이러한 어려움에는 일과 삶의 균형, 일과 가족, 즐거움을 위한 활력이 포함된다. 이 모든 것은 더 많은 사람이 가상으로 일하게 되면서 긍정적인 결과를 가져왔지만, 시간 관리, 비상호출벨, 어린 자녀와 보살핌이 필요한 반려동물과 같은 여러 가지 어려움도 함께 가져왔다. 물론 이러한 목록이 모든 것을 포괄하는 것은 아니다.

가상 코칭으로의 빠른 전환

40년 동안 코칭을 해 오면서 전 세계적으로 고객이 늘어남에 따라 내가 설립한 학교[라이프 코치 교육 연구소(ILCT)]에서 가르치는 코칭과 수업은 대면 방식에서 그룹 또는 개별 코칭의 유선 전화 연결로 전환되었다. 따라서 코로나 19 위기의 팬데믹 영향이 다행히 이러한 활동에 영향을 미치지는 않았다. 하지만 팬데믹으로 인한 가상 회의 플랫폼(예: Zoom 또는 Microsoft Teams)의 인기 상승이 코칭 커뮤니티와 직업에 유익한 영향과 유익하지 않은 영향을 모두 미친다는 것을 관찰했다.

대면 체험형 교육에 의존하던 코칭 학교와 교육 기관은 빠르게 비디오로 강화된 가상 학습으로 전환해야 했고, 이미 전화 연결 수업을 사용하던 학교도 가능한 경우 가상 회의 플랫폼으로 업그레이드했다. 이러한 변화는 많은 사람에게 즐거움과 코칭에 대한 접근성을 높여 주었지만, 나는 직장 및 코치 교육 기관에서 회의, 워크숍, 복도에서의 대화나 식사를 통해 이루어질 수 있는 계획되지 않은 통찰력 있는 공유와 같은 대면 기회가 부족하다는 것을 관찰해 왔다.

나의 기업 고객들은 원격으로 많은 업무를 효율적으로 처리할 수 있지만, 복도나 점심시간, 근처 카페나 식당에서 이루어지는 자연스러운 대화가 사라졌다고 말한다. 직원들은 이제 모든 회의가 '공식적'으로 진행되며, 동료의 문을 두드리거나 질문이나 의견을 제시하는 등 더 이상 자발적이지 않다고 느낀다. 우리 중 많은 사람이 재택근무(또는 식탁, 집무실, 지하실)와 사무실 업무를 혼합하는 하이브리드 업무 환경으로 돌아갔거나 돌아갈 예정이다. 많은 사람은 동료들이 서로의 가족, 반려동물, 자녀를 알게 되어 유익하다고 생각하며, 재택근무 환경(work-from-home environment)에서도 여전히 전문적이면서도 투명하고 진정성 있는 업무가 가능하다고 말한다.

부록 B

코칭에서의 감정

EMOTIONS IN COACHING

감정에 대한 우리의 이해는 오랜 인본주의 심리학의 역사에서 비롯되었다. 우리가 풀리지 않거나, 표현되지 않거나, 잘못 이해된 감정의 힘을 이해하는 것은 매우 중요하다. 신경과학의 발전은 이제 사람들이 자신의 감정을 부정하지 말고 적절한 장소와 시간에 적절한 사람에게 표현해야 하는 이유와 방법에 대한 유용하고 강력한 정보를 제공한다. 감정(E-motion)이란 실제로 움직이는 에너지(energy in motion)이다.

코칭에서 감정을 다루는 것은 특정 도구와 기법을 알고 활용하는 것보다는 코칭 관계에서 감정을 인정할 수 있는 코치의 역량에 관한 것임을 이해하는 것이 중요하다. 억압된 감정은 의도하지 않은 방식으로 드러날 수밖에 없는데, 심리학자들은 이 과정을 감정 누출(emotional leakage)이라고 부른다. 이를 통해 감정이 새로운 인식의 메신저 또는 선구자라는 사실을 인식하고 정서적 유연성과 회복력을 요구한다.

하버드 대학교 심리학자이자 코치인 수잔 데이비드 박사가 저술한 획기적인 책 『정서적 민첩성』은 코치와 고객에게 가치 있고 실용적인 연구로 입증되었다. 예일 대학교의 심리학자이자 연구자인 마크 브래킷(Marc Brackett) 박사가 저술한 『허락된 감정(Permission to Feel)』은 교육 시스템, 특히 초등학교에 정서 지능을 도입하고자 하는 열망에서 영감을 받았다. 예일 대학교 정서 지능 센터는 정서 지능의 다섯 가지 기술[인식하기(Recognizing), 이해하기(Understanding), 분류하기(Labeling), 표현하기(Expressing), 조절하기(Regulating)]의 약어인 RULER 시스템을 개발했다. 이것이 코칭에 어떤 의미가 있는가? 코치와 고객 모두 감정은 모두 좋은 것이지만 일부 감정(슬픔, 분노, 절망, 좌절)은 당장은 기분이 좋지 않을 뿐이라는 것을 이해하기 시작할 수 있다. 그러나 코치로서 헌신적인 경청자와 함께 감정을 표현하고 명확히 하면 에너지가 전환되고 뇌의 다른 부분이 활성화되어 창의적인 통찰력을 얻거나 열정과 희망과 같은 다른 감정을 새롭게 발견하게 되는 경우가 많다.

영국의 연구자 엘레인 콕스(Elaine Cox)와 타티아나 바키로바(Tatiana Bachkirova)는 39명의 영국 코치로부터 어간 문장 설문조사 방식(a stem-sentence questionnaire approach)을 사용하여 데이터를 수집했다. 연구 결과는 다음과 같다: "연구 결과에 따르면, 코치들은 고객과 함께 일할 때 발생하는 어려운 감정적 상황을 처리하는 것과 관련하여 매우 다른 관점을 가질 수 있으며, 다음 네 가지 방법 중 하나로 대처하는 것으로 나타났다: 자기 성찰 또는 슈퍼비전 사용하거나, 고객의 감정으로 간주하여 감정 다루기를 피하거나, 고객과 함께 적극적으로 탐색하거나, 고객 추천 및 마무리하는 것이다. 또한 이들은 자신의 감정을 통제하는 것을 중요하게 여기고 특정 성격 문제를 인식하고 있다."(Cox & Bachkirova, 2007) 콕스와 바키로바는 코치의 교육과 연수에 감정에 대한 이해가 포함될 것을 권장한다. 또한 강력한 슈퍼비전 또는 멘토링이 뛰어난 코치를 육성하는 데 매우 중요하다고 강조했다. (이 핵심 연구에 대한 보다 상세하고 유용한 지식을 얻으려면 논문 전문을 읽어 보기 바란다.)

1990년대 코칭 운동의 초창기에는 많은 사람이 심리 치료의 영역에 발을 들여놓는 것을 원치 않았기 때문에 감정은 코칭에서 오히려 섬세하게 다루어지는 측면이 있었다. 이제 우리는 코칭이 정신 건강 치료나 '심리치료(fixing)', 또는 해결되지 않은 고통을 깊이 파고드는 것이 아니라는 것을 알고 있다. 대신 코칭을 받는 고객은 정신적으로 건강하지만 감성 지능에 대한 이해가 일반적으로 부족할 수 있다. 감정을 코칭에 통합하면 고객과 코치 모두에게 많은 것을 얻을 수 있다. 자신의 삶에서 감정을 더 잘 받아들이고 인식할수록 고객과 더 잘 소통할 수 있다. 코치로서 우리는 마음을 여는 능력의 달인이 되어야 한다는 도전에 직면해 있다. "하지만 다른 사람의 감정을 진정으로 느끼기 위해서는 열린 마음(open heart)이 필요하다. 열린 마음은 내면에서 다른 사람과 직접 연결할 수 있는 공감 에너지를 제공한다."(Scharmer, 2013)

탁월한 코치(masterful coaches)는 자신의 감정적 반응을 두려워하지 않으며, 고객의 어려운 감정을 장애로 보지 않고 정상으로 본다. 이러한 코치는 판단하지 않는 방식으로 고객의 감정 메시지에 새로운 인식을 가져다주며, 이는 종종 고객(또는 코치인 여러분)의 에너지 변화로 이어진다. 캐롤 드웩(Carol Dweck)의 성장 마인드셋에 대한 연구도 여기서 중요한 역할을 한다:

- 고정 마인드셋: "고정 마인드셋(fixed mindset)에서는 사람들은 자신의 지능이나 재능과 같은 기본적인 자질이 단순히 고정된 특성이라고 믿는다. 이들은 자신의

지능이나 재능을 개발하는 대신 이를 문서로 증명하는 데 시간을 소비한다. 또한 노력 없이도 재능만으로 성공할 수 있다고 믿는다."(Dweck, 2015)

- 성장 마인드셋: "성장 마인드셋(growth mindset)에서는 두뇌와 재능은 시작에 불과하며, 헌신과 노력을 통해 가장 기본적인 능력을 개발할 수 있다고 믿으며, 두뇌와 재능은 단지 출발점에 불과하다고 믿는다. 이러한 관점은 탁월한 성취에 필수적인 배움에 대한 애정과 회복탄력성(resilience)을 만들어 낸다."(Dweck, 2015)

트라우마 또는 슬픔 코칭(traumainformed or grief coaching)이라고 불리는 건강 및 웰니스 코칭의 하위 영역도 점점 늘어나고 있다. 여기에는 트라우마나 상실의 사건을 겪었지만 트라우마의 영향이 때때로 무의식적으로 촉발되는 고객에 대한 코칭 접근 방식을 신중하게 유지하는 것이 포함된다. 변혁적 코칭(transformational coaching)은 리더나 자기계발 라이프 코칭을 원하는 사람들을 대상으로 하는데, 수면 위로 끌어올려야 할 필요가 있는 무의식의 생각과 계기를 포함되도록 하여야 한다. 많은 사람이 빙산의 비유를 사용하여 빙산의 일각 아래에 있는 90%의 인식, 즉 알려지지 않은 촉발 요인이나 기회에 대해 이야기한다. 빙산 아래는 차갑고 어두운 곳이지만, 나는 카리브해나 그레이트 배리어 리프에서 스노클링을 하는 비유를 훨씬 더 선호한다. 스쿠버 마스크와 핀을 착용하고 아름다움을 보는 것은 (어떤 사람들에게는 두려운 반응과 함께) 깊은 잠수라기보다는 수면 바로 아래에 있는 아름다움과 신비를 들여다보는 것에 가깝다. 여기서 얻을 수 있는 교훈은 고객의 감정과 에너지 변화(목소리 톤, 심호흡, 무거운 한숨, 새로운 흥분과 환한 얼굴)를 찾아서 알아차리라는 것이다. 코칭 중에 어려운 감정이 생길 때를 대비해 몇 가지 도구나 기법을 추가하고 싶다면 명상, 연상 이미지, 심뇌 공명 운동 등을 코칭 관계에 추가하면 도움이 될 수 있다. 고객의 이야기를 공유하다 보면 코치에게도 감정이 생길 수 있다. 감정을 솔직하게 표현한 다음, 필요하다면 코치 멘토에게 이야기를 나누도록 한다. 이것이 바로 자기 성찰적 연습(self-reflective practice)의 기술이다.

감성 지능(emotional intelligence)은 오랫동안 코치 교육과 코칭에 포함시키고 가르쳐야 할 중요한 측면이었다. 그러나 심리적 안전(psychological safety) 없이는 직장에서 자신의 감정과 관계 유발 요인을 표현할 수 없다. 이 용어는 1999년 하버드 비즈니스 스쿨 교수인 에이미 에드먼슨(Amy Edmondson)이 처음 만든 것으로, "보호받는 취약성 환경(an environment of protected vulnerability), 즉 ① 소속감을 느끼고, ② 배우기에 안전하며, ③ 기여하기에 안전하며, ④ 어떤 식으로든 창피를 당하거나, 소외되거나, 처벌을 받을 염려 없이 현상 유지에 도전하는 것이 안전한 것"을 말한다(Clark, 2020). 이 용어는 2012년 구글(Google)의 효과적인 팀에 대한 유명한 연구(아리스토텔레스 프로젝트)에서 다시 사용되었다. 놀랍게도 연구 데이터에 따르면, 심리적 안전이 성공적인 팀을 위한 최고의 지표라는 사실이 밝혀졌다. 이 발견은 코칭 관계에도 적용될 수 있고 적용되어야 하며, 고객과 코치 모두의 감정을 인식하는 것이 중요하다는 것을 보여 준다.

국제코칭연맹(ICF) 웹사이트에서 다음 블로그를 발견하고 감정, 신경과학, 그리고 그것이 우리가 제공할 수 있는 코칭에 어떻게 영향을 미치는지에 대한 최신 연구와 상당히 관련이 있다고 생각했다.

이레나는 ICF 인증 코치이자 신경과학학교의 설립자이다(https://neuroscienceschool.com).

구성된 감정: 블로그 작성자: 이레나 오브라이언 | 2020년 7월 13일

허가를 받아 재인쇄

일이 잘못되면 내 고객인 마크는 항상 직원 탓을 한다. 그는 시무룩한 얼굴로 사무실을 돌아다니며 종종 화를 낸다. 그리고 그의 직원들은 그가 다음에 화를 내지 않도록 하기 위해 살얼음판을 걷는 법을 배웠다.

우리는 이러한 폭발이 1995년 다니엘 골먼이 『감성 지능: 왜 IQ보다 중요한가(Emotional Intelligence: Why It Can Matter More Than IQ)』라는 저서에서 상황에 맞지 않는 즉각적이고 통제할 수 없는 반응을 설명하기 위해 만든 용어인 '편도체 교란(amygdala hijack)'의 한 예라고 생각하곤 했다.

하지만 리사 펠드먼 바렛 박사(Dr. Lisa Feldman Barrett)의 30년간의 연구에 따르면 우리는 편도체에 휘둘리지 않는다. 오히려 우리는 들어오는 자극을 통해 그 자리에서 감정을 구성한다.

감정 구성의 새로운 이론

펠드먼 바렛 박사는 저서『감정은 어떻게 만들어지는가(How Emotions Are Made)』에서 감정을 "세상에서 일어나는 일과 관련하여 신체 감각이 의미하는 바를 뇌가 만들어내는 것"이라고 정의한다.

이 새로운 이론에 따르면, 우리는 사건 자체와 같은 신체 외부와 심박수, 호흡과 같은 신체 내부에서 들어오는 두 감각을 통해 그 순간 감정을 구성한다. 이러한 감각은 뇌를 통해 걸러지고, 뇌는 그 감각이 무엇을 의미하는지 예측하여 우리 자신의 감정을 만들어 낸다. 경험과 다른 사람의 감정에 대한 우리의 해석에 영향을 미친다. 이는 의식적으로 인식하지 못하는 순간에 발생한다.

우리의 뇌는 일생 동안, 그리고 과거의 경험을 통해 진화해 왔기 때문에 각자의 뇌는 고유하다. 같은 감각이 들어온다고 해도 다른 사람의 감정을 경험하고 해석하는 방식은 저마다 다를 수밖에 없다. 그리고 우리가 자라 온 문화는 과거 경험의 일부이기 때문에 감정은 문화적으로 고유하다.

우리는 편도체의 영향을 받지 않는다

이 새로운 이론이 우리에게 의미하는 바는 우리가 생각보다 감정을 더 잘 통제할 수 있다는 것이다. 우리가 받아들이는 감각은 우리의 고유한 두뇌를 통해 과거 경험을 통해 걸러지지만, 우리는 이를 보다 지혜로운 의미로 재해석할 수 있다.

우리의 뇌가 감정적 경험이나 해석을 한 순간에 만들어 내는 것은 사실이지만, 우리는 이후에도 우리 자신을 포착하고 들어오는 감각을 재해석할 수 있다. 그리고 그렇게 할 때마다 우리는 신경 가소성(neuroplasticity)이라는 것을 통해 과거의 경험과 그에 따른 뇌를 변화시키고 있다. 이렇게 새로운 방식으로 감각을 재해석할수록 뇌가 재구성되었기 때문에 새로운 반응이 더 쉽고 빨라진다. 우리에게 필요한 것은 뇌가 결정하는 감정에 대한 맹신이 아니라 신체적 감각을 인식하여 이를 더 유용한 의미로 해석하는 것이다.

감정은 보편적이지 않다

새로운 이론에 따르면 감정은 보편적인 것이 아니며, 미리 정해진 표정이나 몸짓이 있는 것도 아니다. 표징과 몸짓은 감정에 대한 단서일 뿐이다. 사실 우리는 상대방에게 물어보지 않는 한 상대방의 감정을 결코 확신할 수 없다. 그렇지 않으면 상대방의 경험이 아닌 우리 자신의 경험에 근거한 추측일 뿐이다. 잘 알려진 예로 일부 문화권의 긴장된 미소(nervous smile)를 들 수 있다. 이 미소를 체면을 살리는 것이 아니라 반항하는 것으로 해석한다면 이는 잘못된 것이다.

펠드먼 바렛 박사는 좋은 감성 지능을 위한 신체 예산(body budget)의 중요성을 강조한다. 감정은 또한 우리의 기분에 의해 형성되는데, 이는 단순히 신체 예산의 합계, 즉 뇌가 우리를 생존하고 건강하게 유지하기 위해 우리 몸의 에너지에 얼마나 많은 부분을 할당하는지에 의해 형성된다. 신체 예산을 양호한 상태로 유지하기 위해 우리가 할 수 있는 가장 중요한 일은 건강한 식단을 섭취하고, 운동을 하고, 충분한 수면을 취하는 것이다.

나의 고객인 마크의 이야기로 돌아가 보겠다. 그의 뇌는 어떤 자극적인 사건(예: 직원이 보고서를 늦게 제출한 것)을 내면의 감각(예: 심장이 뛰고, 숨이 가쁘고, 혈압이 오르는 등)과 섞어서 마크의 독특한 뇌를 통해 과거 경험을 통해 실행한 후 그 결합된 감정을 '분노(anger)'라고 불렀다. 어린 시절부터 과거에 여러 번 이러한 결합된 감정이 분노를 의미했고 이제 그의 과거 경험의 일부를 형성했기 때문이다. 그러나 이 감정의 조합을 단순한 짜증, 실망 또는 좌절로 재해석하면 그는 다르게 반응할 것이다.

이 새로운 이론에 따라 감정을 탐색하는 방법

우리는 고객이 부정적인 감정을 유발하는 사건과 신체적 감각이라는 구성 요소 감각으로 가져옴으로써 부정적인 감정을 다룰 수 있도록 도울 수 있습니다. 이후 우리는 고객이 이러한 감각의 조합을 새로운 방식으로 해석하여 더 지혜로운 것을 의미하도록 도울 수 있다. 시간이 지날수록 이 과정은 더 쉽고 빨라질 것이다.

감정을 표현할 때 좀 더 구체적인 다른 단어를 사용하도록 권장할 수 있다. 예를 들어, 화가 난다는 표현 대신 짜증, 실망, 좌절 등의 단어를 사용할 수 있다. 이렇게 하면 감정 경험이 달라진다.

그리고 건강한 라이프 스타일을 유지하도록 장려할 수 있다.

부록 C

전문 코칭 역량의 중요성

THE IMPORTANCE OF PROFESSIONAL COACHING COMPETENCIES

멘토와 함께 일하고 체계적인 프로그램에서 코칭 기술을 배우고 연습하면 라이프 코칭 능력에 대한 역량과 자신감을 얻을 수 있다.

국제코칭연맹(ICF)은 회원 단체이자 인증 기관으로서 코칭 업계에서 '골드 스탠다드(gold standard)'로 인정받고 있다. 이러한 조직으로는 유럽 코칭 협회, 국제 코칭 협회, 자격 인증 및 교육 센터(보드 인증 코치, BCC의 창시자), 유럽 멘토링 및 코칭 위원회(EMCC 글로벌) 등이 있다. 훈련 및 교육 기관은 이 중 하나 또는 모두를 수용하여 직함뿐 아니라 실제로도 전문적으로 코칭하는 숙련된 라이프 코치를 개발하는 데 도움이 되는 강력하고 철저한 훈련 프로그램을 만들 것이다.

다음은 각자의 상황에 가장 적합한 코칭 기관에 대해 자세히 알아볼 수 있는 주요 코칭기관 웹사이트이다. 여기에서 코칭 기술과 역량, 직업윤리에 대해 알아볼 수 있다.

- 국제코칭연맹: www.CoachingFederation.org
- 유럽 멘토링 및 코칭 위원회: www.EMCCGlobal.org
- 코칭협회: www.AssociationforCoaching.com
- 국제코칭협회: https://certifiedcoach.org
- 자격 인증 및 교육 센터(보드 인증 코치): www.CCE-Global.org

참고문헌

Adams, M. (2009). *Change your questions, change your life: 10 powerful toolsfor life and work*. San Francisco: Berrett-Koehler.

Adler, A. (1998). *Understanding human nature*. C. Brett, (Trans.). Center City, MN: Hazelden. (Original work published 1927)

Adrienne, C. (1998). *The purpose of your life: Finding your place in the worldusing synchronicity, intuition, and uncommon sense*. New York: Eagle Brook.

Albom, M. (1997). *Tuesdays with Morrie: An old man, a young man, and life's greatest lesson*. New York: Doubleday.

Anderson, G. (1997). *Living life on purpose*. San Francisco: Harper.

The Arbinger Institute. (2010). *Leadership and self-deception: Getting out of the box*. San Francisco: Berrett-Koehler.

Arloski, M. (2021). *Masterful health & wellness coaching: Deepening your craft*. Duluth, Minnesota: Whole Person Associates.

Armour, J. A. (2007). The little brain on the heart. *Cleveland Clinic Journal ofMedicine*, *74*(1), S48-51.

Assagioli, R. (1965). *Psychosynthesis: A collection of basic writings*. New York: Penguin.

Bachkirova, T. (2009). Cognitive developmental approach to coaching: Aninterview with Robert Kegan. *Coaching: An International Journal of Theory, Research, and Practice*, *2*(1), 10-22.

Barner, R., & Ideus, K. (2017). *Working deeply: Transforming lives through transformational coaching*. Bingley, UK: Emerald Publishing.

Bar-On, R. (1997). *Bar-On emotional quotient inventory technical manual*. New York: Multi-health Systems.

Barrows, S. B. (2006). Retrieved October 2006, from www.quotationspage. com/subjects/integrity/

Belf, T., & Ward, C. (1997). *Simply live it up: Brief solutions*. Bethesda, MD: Purposeful

Press.

Berg, I. K., & Szabó, P. (2005). *Brief coaching for lasting solutions*. New York: W. W. Norton.

Berger, J. G. (2012). *Changing on the job: Developing leaders for a complex world*. Stanford: Stanford University Press.

Berger, J. G., & Atkins, P. W. B. (2009) Mapping complexity of mind: Using the subject-object interview in coaching. *Coaching: An International Journal of Theory, Research, and Practice*, *2*(1), 23-36.

Berman Fortgang, L. (1998). *Take yourself to the top*. New York: Warner.

Berrigan, F., & Berrigan, K. (2003). Fearless and full of hope. *Sojourners Magazine*, March-April, pp. 37-46.

Blanchard, K., & Peale, N. (1988). *The power of ethical management*. New York: William Morrow.

Block, P. (1999). *Flawless consulting: A guide to getting your expertise used*. New York: Jossey-Bass.

Bohm, D. (1996). *On dialogue*. New York: Routledge.

Boroson, M. (2009). *One moment meditation: Stillness for people on the go*. Winter Road Publishing.

Borysenko, J. (1994). *Pocketful of miracles*. New York: Warner Books.

Boyatzis, R., Smith, M., & Van Oosten, E. (2019). *Helping people change*. Harvard Business Review Press.

Brackett, M. (2019). *Permission to feel*. New York: Celadon Books.

Braham, B. (1991). *Finding your purpose: A guide to personal fulfillment*. Los Altos, CA: Crisp Publications.

Braig, N., & Snook, S. (2014). From purpose to impact. *Harvard Business Review*, *92*(5), 104-111.

Bregman, P. (2018). *Leading with emotional courage*. New Jersey: Wiley.

Brehony, K. A. (1997). *Awakening at midlife*. Riverhead Trade.

Brock, V. (2014). *Sourcebook of coaching history* (2nd ed.).

Brown, S. (2009). *Play: How it shapes the brain, opens the imagination and invigorates the soul*. New York: Penguin.

Budd, M., & Rothstein, L. (2000). *You are what you say: The proven program that uses the power of language to combat stress, anger, and depression*. New York: Three Rivers Press.

Cameron, J. (2003). *Walking in this world*. New York: Jeremy P. Tarcher.

Campbell, J. (Ed.) (1971). *The portable Jung*. New York: Viking.

Carlson, R. (2003). *Taming your gremlin: A surprisingly simple method for getting out of your own way*. Fort Mill, SC: Quill.

Cashman, K. (1998). *Leadership from the inside out*. Provo, UT: Executive Excellence Publishers.

Chopra, D. (2005). *The seven laws of spiritual success*. Nashville, TN: Broadman & Holman Publishers.

Christy, M. (1986, September 10). Mayflower Madam tells all. *Boston Globe*, p. 27.

Clark, T. R. (2020). *The 4 stages of psychological safety*. San Francisco: Berrett-Koehler.

Cook-Greuter, S. R. (2004). Making the case for a developmental perspective. *Industrial and Commercial Training*, *36*(7), 1-10.

Courcy, C. (2012). *Save your inner tortoise!: Learn to cross the finish line joyful and satisfied*. Balboa Press.

Covey, S. R. (1989). *The 7 habits of highly effective people: Powerful lessons in personal change*. New York: Simon and Schuster.

Cox, E., & Bachkirova, T. (2007). Coaching: A process of personal and social meaning making. *Coaching Psychology Review*, *2*(2), 191-201.

Csikszentmihalyi, M. (2008). *Flow: The psychology of optimal experience*. New York: HarperCollins.

Dalai Lama. (2002). *How to practice the way to a meaningful life*. New York: Pocket Books.

David, S., & Congleton, C. (2013, November). Emotional agility. *Harvard Business Review*.

David, S. (2016). *Emotional agility*. New York: Penguin Random House.

de Mello, A. (1992). *Awareness*. New York: Doubleday.

de Shazer, S., & Lipchik, E. (1984). Frames and reframing. *Family Therapy Collections*, *11*, 88-97.

Dossey, L. (2006). *The extraordinary healing power of ordinary things: Fourteen natural steps to health and happiness*. New York: Harmony Books.

Drucker, P. (2003). *The essential Drucker: The best of sixty years of Peter Drucker's essential writings on management*. New York: Harper Business.

Ellis, D. (1998). *Life coaching: A manual for helping professionals*. Rapid City, SD: Breakthrough Enterprises.

Ellis, D. (2002). *Falling awake: Creating the life of your dreams*. Rapid City, SC:

Breakthrough Enterprises.

Ellis, D. (2006). *Life coaching: A new career for helping professionals*. Norwalk, CT: Crown House Publishing.

Ellis, D., & Lankowitz, S. (1995). *Human being: A manual for health, wealth, love, and happiness*. Rapid City, SD: Breakthrough Enterprises.

Erhard, W. (2000). Werner Erhard. Retrieved Oct. 7, 2002, from www.working-minds.com/werner.htm

Flaherty, J. (1998). *Coaching: Evoking excellence in others*. Burlington, MA: Butterworth-Heinemann.

Frankl, V. (2006). *Man's search for meaning*. Boston: Beacon Press. (Original work published 1946)

Fredrickson, B. (2009). *Positivity: Top-notch research reveals the 3 to 1 ratio that will change your life*. New York: Harmony.

Fredrickson, B. (2013). *Love 2.0*. Hudson Street Press.

Gallwey, W. T. (2000). *The inner game of work: Focus, learning, pleasure, and mobility in the workplace*. New York: Random House.

Gawain, S. (1997). *Meditations* (Audio CD). Novato, CA: New World Publishers.

Gladwell, M. (2005). *Blink: The power of thinking without thinking*. New York: Little, Brown and Company.

Goldstein, A. (2000, July 3). Paging all parents. *Time*, *3*(47), 1.

Goleman, D. (1995). *Emotional intelligence*. New York: Bantam Books.

Goleman, D. (2002). *Primal leadership: Realizing the power of emotional intelligence*. Boston: Harvard Business School Press.

Goodier, S. (2002, September 27). The Friday morning story. [E-newsletter].

Google. (2012). The Aristotle project. https://rework.withgoogle.com/print/guides/5721312655835136/

Graham, E., & Crossen, C. (1996, March 8). The overloaded American: Toomany things to do, too little time to do them. *Wall Street Journal*, *8*, R1.

Grant, A. (2021, December 3). Feeling blah during the pandemic? It's called languishing. *The New York Times*. https://www.nytimes.com/2021/04/19/well/mind/covid-mental-health-languishing.html

Graves, C. W. (n.d.). Retrieved August 6, 2006, from www.clarewgraves.com/theory_content/quotes.html

Greenstreet, K. (2004). Retrieved March 1, 2022 from https://www.thesuccessalliance.

com/webinar/start-a-mastermind-group/

Haley, J. (1986). *Uncommon therapy: The psychiatric techniques of Milton H. Erickson*. New York: W. W. Norton.

Halpern, B. L., & Lubar, K. (2003) *Leadership presence: Dramatic techniques to reach out, motivate and inspire*. New York: Gotham.

Hargrove, R. (1995). *Masterful coaching*. San Francisco: Pfeiffer.

Hayes, S. C., Strosahl, K. D., & Wilson, K. G. (2012). *Acceptance and commitment therapy: The process and practice of mindful change* (2nd ed.). New York: Guilford Press.

Helgeland, B. (2013). *42*. Warner Bros. Pictures.

Heller, S., & Surrenda, D. (1995). *Retooling on the run*. Berkeley, CA: North Atlantic Books.

Hill, N. (1966). *Think and grow rich* (New and revised edition.). New York: Hawthorn Books. (Original work published 1937)

Hill, H. (1976). *From goo to you by way of the zoo*. Plainfield, NJ: Logos International.

Hirshberg, J. (1998). *The creative priority: Driving innovative business in the real world*. New York: HarperBusiness.

Hoffer, E. (1951). *True believer: Thoughts on the nature of mass movements*. New York: Harper & Row.

Hudson, F. M. (1999). *The adult years: Mastering the art of self-renewal*. San Francisco: Jossey-Bass.

Hudson, F. M. (2002). *Planning on purpose: Discovery guide*. Santa Barbara, CA: The Hudson Institute. (Pamphlet available from www.hudsoninstitute.com).

Hudson, F. M., & McLean, P. D. (2000). *Life launch: A passionate guide to the rest of your life*. Santa Barbara, CA: Hudson Press.

Humbert, P. E. (2001). The innovative professional (TIPS) newsletter. Retrieved December 6, 2001, from www.philiphumbert.com

James, W. (1983). *The principles of psychology* (New edition.) Cambridge, MA: Harvard University Press. (Original work published 1890)

James, W. (1994). *The varieties of religious experience: A study in human nature*. (Modern Library reprint edition.) New York: Random House. (Original work published 1902)

Johnson, B. (1992). *Polarity management: Identifying and managing unsolvable problems*. Amherst, MA: HRD Press.

Johnson, S. (2002). *The one-minute salesperson*. New York: William Morrow.

Johnston, R. K., & Smith, J. (2001). *Life is not work, work is not life: Simple reminders for finding balance in a 24/7 world*. Berkeley, CA: Wildcat Canyon Press.

Joiner, B., & Josephs, S. (2006). *Leadership agility*. San Francisco: Jossey-Bass.

Jones, L. B. (1996). *The path: Creating your mission statement for work and for life*. New York: Hyperion.

Jung, C. G. (1969a). *Man and his symbols*. Garden City, NY: Doubleday.

Jung, C. G. (1969b). *Collected works*, Vol. 9, Part 2. Princeton University Press.

Kaufman, S. B. (2020). *Transcend: The new science of self-actualization*. New York: Tarcher Perigree.

Kegan, R. (1982). *The evolving self: Problem and process in human development*. Cambridge, MA: Harvard University Press.

Kegan, R. (1994). *In over our heads: The mental demands of modern life*. Cambridge, MA: Harvard University Press.

Kegan, R., & Lahey, L. (2009) *Immunity to change: How to overcome it and unlock the potential in yourself and your organization*. Boston: Harvard Business Press.

Kimsey-House, H., Kimsey-House K., Sandahl, P., & Whitworth, W. (2011). *Co-active coaching: Changing business, transforming lives*. Boston: Nicholas Brealey.

Kunzig, R. (2000, August). Antigravity in Pisa. *Discover*, *21*(8).

Laing, R. D. (1983). *Politics of experience*. New York: Pantheon.

Lakoff, G., & Johnson, M. (2003). *Metaphors we live by*. (Updated edition with an afterword by the authors.) Chicago: University of Chicago Press. (Original work published 1980)

Laske, O. (2003). An integrated model of developmental coaching: Researching new ways of coaching and coach education. In Stein, I. & Belsten, L. (Eds.), *Proceedings of the First ICF Coaching Research Symposium* (pp. 52-61).

Leider, R. J. (2005). *The power of purpose*. San Francisco: Berrett-Koehler.

Levinson, D. (1986). *Seasons of a man's life*. New York: Ballantine.

Levoy, G. (1997). *Callings: Finding and following an authentic life*. New York: Random House.

Loevinger, J. (Ed.) (1998). *Technical foundations for measuring ego development*. Mahwah, NJ: Erlbaum.

Lowry, S. & Menendez, D. (1997). *Discovering your best self: Through the art of coaching*. Belmont Books.

Lynch, D., & Kordis, P. (1988). *Strategy of the dolphin*. New York: William Morrow.

Marshall, J. (n.d.). Five Types of Affirmations for Personal Development. http://www.empowering-personal-development.com/types-of-affirmations.html

Maslow, A. H. (1971). *The farther reaches of human nature*. New York: Penguin.

Maslow, A. H. (1998). *Toward a psychology of being* (3rd ed.). New York: John Wiley & Sons.

May, R. (1983). *The discovery of being*. New York: W. W. Norton.

McCraty, R., & Childre, D. (2006). *The appreciative heart: The psychophysiology of positive emotions and optimal functioning*. [E-book]. Boulder Creek, CA: The Institute of HeartMath. https://www.heartmath.org/assets/ uploads/2015/01/appreciative-heart.pdf

McWilliams, J. R., & McWilliams, P. (1992). *Wealth 101: Getting what you want□enjoying what you've got*. Los Angeles: Prelude Press.

Monk, G., Winslade, J., Crocket, K., & Epston, D. (Eds.) (1997). *Narrative therapy in practice: The archaeology of hope*. San Francisco: John Wiley & Sons.

Moore, M., Drake, D., Tschannen-Moran, B., Campone, F., & Kauffman, C. (2006). Relational flow: A theoretical model for the intuitive dance. In F. Campone & J. Bennett (Eds.), *Proceedings of the Third International Coach Research Symposium*, ICF, Lexington, Kentucky.

Mountain Dreamer, O. (1999). *The invitation*. New York: HarperCollins.

Nadler, G., & Hibino, S. (1998). *Breakthrough thinking: The seven principles of creative problem solving*. Roseville, CA: Prima Lifestyles.

National Institute of Business Management (2006, March). 8 keys to leadershipgenius. *Executive Leadership*, p. 1.

Nelson, P. (1993). *There's a hole in my sidewalk: The romance of self-discovery*. Hillsboro, OR: Beyond Words Publishing.

O'Connor, J., & Seymour, J. (2000). *Introducing neuro-linguistic programming: Psychological skills for understanding and influencing people*. London: Thorsons Publishers.

O'Hanlon, B., & Hudson, P. (1995). *Stop blaming, start loving: A solution-oriented approach to improving your relationship*. New York: W. W. Norton.

O'Hanlon, B. (1998). *A guide to possibility land*. New York: W. W. Norton.

Oliver, M. (1986). *Dream work*. New York: Atlantic Monthly Press.

Ortony, A. (2001). Why metaphors are necessary and not just nice. EducationalTheory, 25, 45-53. Reprinted in M. J. Gannon (Ed.), *Cultural metaphors: Readings, research translation, and commentary* (pp. 9-21). Thousand Oaks, CA: Sage Publications.

Palmer, H. (1997). *Resurfacing: Techniques for exploring consciousness*. Los Angeles: Stars End Creations.

Palmer, H. (2014). The forgiveness option. Retrieved March 2, 2022, http://www.whomi.org/adobe/forgiveness(eng).pdf

Patterson, K., Grenny, J., McMillan, R., & Switzler, A. (2011). *Crucial conversations: Tools for talking when stakes are high* (2nd ed.). New York: McGraw Hill.

Perls, F. S. (1969). *Gestalt therapy verbatim*. Lafayette, CA: Real People Press.

Piercy, M. (2003). To be of use. In C. Mauro (Ed.), *Prairie of fertile land*. Seattle, WA: Whit Press.

Prochaska, J. O., Norcross, J. C., & DiClemente, C. C. (2007). *Changing for good: A revolutionary six-stage program for overcoming bad habits and moving your life forward*. New York: Harper Collins.

Proctor, B. (1997). *You were born rich: Now you can discover and develop those riches*. Phoenix, AZ: LifeSuccess Productions.

Quinn, R. E. (1996). *Deep change: Discovering the leader within*. San Francisco: Jossey-Bass.

Remen, R. N. (2000). *My grandfather's blessings: Stories of strength, refuge, and belonging*. New York: Riverhead Books.

Reynolds, M. (2020). *Coach the person, not the problem*. San Francisco: Berrett-Koehler.

Richardson, C. (1998). *Take time for your life: A personal coach's seven-step program for creating the life you want*. New York: Broadway Books.

Rilke, R. M. (1992). *Letters to a young poet*. (J. M. Burnham, Trans.) San Rafael, CA: New World Library. (Original work published 1929)

Rogers, C. (1951). *Client-centered therapy: Its current practice, implications, and theory*. Boston: Houghton Mifflin.

Rooke, D. & Torbert, W. R. (2005, April 4). Seven transformations of leadership. *Harvard Business Review*.

Rotary International. (n.d.). Four-way test. https://my.rotary.org/en/guiding-principles

Ruiz, D. M. (1997). *The four agreements: A practical guide to personal freedom, a Toltec wisdom book*. San Rafael, CA: Amber-Allen Publishing.

Scharmer, O. (2013). Uncovering the blind spot of leadership. [Blog post]. Retrieved on March 23, 2020 from www.dailygood.org/story/450/uncovering-the-blind-spot-of-leadership-c-otto-scharmer/.

Searle, J. R. (1997). *The mystery of consciousness*. New York: The New York Review of Books.

Seligman, M. E. (2002). *Authentic happiness: Using the new positive psychology to realize your potential for lasting fulfillment*. New York: Free Press.

Seligman, M. E. (2003). Using the new positive psychology to realize your potential for lasting fulfillment. [Online class].

Senge, P. M. (1990). *The fifth discipline: The art and practice of the learning organization*. New York: Doubleday/Currency

Sholl, J. (2011) *How to overcome immunity to change*. Experience Life. https://experiencelife.lifetime.life/article/how-to-overcome-immunity-to-change

Siegel, D. (2011). *Mindsight: The new science of transformation*. New York. Random House.

Silsbee, D. (2008). *Presence-based coaching: Cultivating self-generative leaders through mind, body, and spirit*. San Francisco: Jossey Bass.

Simon, S. B. (1972). *Values clarification: A handbook of practical strategies for teachers and students*. New York: Hart Publishing Co.

Snyder, C. R., & Lopez, S. J. (Eds.) (2002b). *Handbook of positive psychology*. Oxford, U.K.: Oxford University Press.

Solomon, R. C., & Flores, F. (2001). *Building trust: In business, politics, relationships, and life*. New York: Oxford University Press.

Spinosa, C., Flores, F., & Dreyfus, H. L. (1997). *Disclosing new worlds: Entrepreneurship, democratic action, and the cultivation of solidarity*. Cambridge, MA: MIT Press.

Spring, J. A. (2004). *How can I forgive you? The courage to forgive, the freedom not to*. New York: HarperCollins.

Strozzi-Heckler, R. (1993). *The anatomy of change: A way to move through life's transitions*. North Atlantic Books.

Strozzi-Heckler, R. (2007). *The leadership dojo: Build your foundation as an exemplary leader*. Berkeley, CA: Frog Books.

Strozzi-Heckler, R. (2014). *The art of somatic coaching: Embodying skillful action, wisdom and compassion*. Berkeley, CA: North Atlantic Books.

Terry, R. (1993). *Authentic leadership*. San Francisco: Jossey-Bass.

Tolle, E. (1999). *The power of now: A guide to spiritual enlightenment*. Novato, CA: New World Library.

Tompkins, P., & Lawley, J. (1997). Less is more: The art of clean language. Retrieved

March 2, 2022, from https://www.cleanlanguage.co.uk/articles/articles/ 109/1/Less-Is-More-The-Art-of-Clean-Language/Page1.html (An introduction to David Grove's questioning technique called Clean Language)

Torbert, W., Cook-Greuter, S., Fisher, D., Foldy, E., Gauthier, A., Keely, J., et al. (2004). *Action inquiry: The secret of timely and transforming leadership*. San Francisco: Berrett-Koehler.

Vanderpool, L. (2019). *A shift in being*. Imaginal Light Publishing

Warren, R. (2002). *The purpose-driven life*. New York: Zondervan.

Weir, P. (1989). *Dead Poets Society*. Touchstone Pictures.

Wells, S. (1998). *Choosing the future*. Burlington, MA: Butterworth-Heinemann.

Wheatley, M. J. (2009). *Turning to one another: Simple conversations to restore hope to the future*. San Francisco: Berrett-Koehler.

White, G. (1998, December 13). Consumed by consumerism. *Atlanta Journal-Constitution*, p. RI.

Whitworth, L., Kimsey-House, H., Sandahl, P., & Whitmore, J. (1998). *Co-active coaching: New skills for coaching people toward success in work and life*. Palo Alto, CA: Davies-Black Publishing.

Wilber, K. (2000). *Integral psychology: Consciousness, spirit, psychology, therapy*. Boston: Shambhala Publications.

Williams, P., & Davis, D. (2007). *Therapist as life coach*. New York: W. W. Norton.

Williams, P., & Thomas, L. (2005). *Total life coaching: 50+ life lessons, skills, and techniques to enhance your practice . . . and your life*. New York: W. W. Norton.

Wind, Y., & Crook, C. (2004). *The power of impossible thinking: Transform the business of your life and the life of your business*. Upper Saddle River, NJ: Wharton School Publishing.

찾아보기

인명

A

Adams, M. 103
Adler, A. 18, 55
Alderman, R. 84
Assagioli, R. 18

B

Bachkirova, T. 432
Bandler, R. 19
Bar-On, R. 395
Barrett, L. F. 434
Bateson, G. 19
Berg, I. K. 20
Bohm, D. 56
Brock, V. 15
Brown, S. 348
Budd, M. 390

C

Cook-Greuter, S. 127
Courcy, C. 249
Covey, S. R. 361
Cox, E. 432
Csikszentmihalyi, M. 22

D

de Shazer, S. 20
Descartes, R. 221
Drucker, P. 385
Dweck, C. 432

E

Edmondson, A. 433
Einstein, A. 119
Ellis, A. 396
Ellis, D. 53
Erhard, W. 20, 339
Erickson, M. 19

F

Flaherty, J. 118
Flores, F. 20, 55, 345, 390
Fortgang, L. B. 363
Frankl, V. 19, 394
Fredrickson, B. 246, 250
Freud, S. 17, 409

G

Gallwey, T. 56
Gladwell, M. 103
Goleman, D. 240, 373, 395, 434
Gottmann, J. 245
Grant, A. 429
Graves, C. 126
Grinder, J. 19

H

Halpern, B. L. 225, 236
Hargrove, R. 168
Hoffer, E. 256
Horney, K. 18
Hudson, F. 155

J

James, W. 17
Joiner, W. 127
Jung, C. 18, 55, 108, 223, 375

K

Kafka, F. 39
Kegan, R. 20, 124, 127, 153

L

Laing, R. D. 124
Lama, D. 262
Leonard, T. 303
Levoy, G. 261
Lewin, K. 18
Lubar, K. 225, 236

M

Maslow, A. 17, 55, 298, 299, 300
Moore, M. 56

O

O'Brien, M. 43
O'Hanlon, B. 19
Ortony, A. 107

P

Palmer, H. 414
Perls, F. 18, 339
Prochaska, J. 113
Proctor, B. 373

Q

Quinn, R. E. 270

R

Reynolds, M. 53
Rogers, C. 17, 39, 55

S

Satir, V. 19
Seligman, M. 20, 170, 246, 259, 393
Senge, P. 140
Siegel, D. 226
Silsbee, D. 231
Skinner, B. F. 17
Socrates 15, 102
Strozzi-Heckler, R. 227

T

Terry, R. 45
Thoreau, H. D. 372
Titchener, E. 16
Tolle, E. 277
Torbert, W. 127

V

von Braun, W. 372

W

Watson, J. 17
Whitworth, L. 41
Wilber, K. 20, 120
Williamson, M. 269
Wundt, W. 16

Z

Zeig, J. 19

내용

1

1단계: 사전 숙고 114

A

ABC 프레임워크 396

D

DISC 136

DISC 성격 프로파일 테스트 79

M

MBTI 79, 136

P

POP 327

R

RULER 시스템 431

S

SAT 82

SOI 방법론 132

ㄱ

가능성 사고하기 185

가능성 상담 398

가능성에 대한 대화 386

가능성의 모델 75

가르치기 177

가상 회의 플랫폼 430

가정 141

가치 313, 314, 315, 341

가치 개발하기 328

가치관 목록 325

가치 규칙 324

가치 실습 319

가치에 집중시키기 89

가치의 렌즈 328

가치 작업 326

가치 확인하기 317

감사 247, 376, 414

감사하기 244

감사하는 마음 374, 407

감성 지능 240, 241, 433, 434

감성 지수 인벤토리 395

감정 75, 240, 431, 436

감정 구성 435

감정 누출 431

감정 목록 244

감정 열기 248

값싼 용서 418

강력하고 생각을 일으키는 질문 100

강력한 질문 95, 99, 100, 101, 209

강점 91

강점에 집중하기 178

강화 요인 229

개인 교류형 147

개인 생태학 97

개인 역량 240

개인 일상 일기 340

개인 일상 일기 쓰기 336

개인적 기준 340

개인 준비금 369

갱신 주기 282

거래적 코칭 27, 28

거절 352
거절하는 방법 362, 363, 364, 365
건강한 경계 355
건축적으로 무결성 331
게슈탈트 관점 226
격차 줄이기 288
결과 로드맵 229
결과 지향적 행동 212
결핍 마인드셋 370
경계 352, 353, 354, 360, 366
경계 문제 발견하기 87
경외감 247
경청 39, 60
경청 템플릿 46
경험하기 319
고객과의 서비스 제공 동의하기 215
고객을 잘못되게 만들지 않기 184
고객의 목표에 맞추어 작업 시작하기 96
고객의 언어 104, 108
고객의 욕구 309
고객의 입장에 서기 180
고객의 존재와 삶을 코칭하기 96
고객의 주의 47
고정 마인드셋 432
공명 318, 373, 399
공유하기 172
관계 동맹 42
관찰 자아 387
관찰자 자아 387
관찰하기 61
국제로타리의 회원 행동 지침서 335
국제코칭연맹 14, 86, 438
국제코칭협회 438
권력과 영향력에 대한 욕구 306
권한을 부여하는 과정 399
그림자 76
그림자 코칭 186
그릿 설문조사 250
긍정성 248
긍정 심리학 21, 91, 246, 259
긍정 심리학 핸드북 24
긍정적 확언 397
긍정적 확언하기 397
기대사항을 명확히 하기 96
기본적인 대인관계 성향 409
기본 코칭 모델 55
기쁨 247
기술 49
기적질문 100, 101, 119
기준 340, 341
기준 프레임 141
끌어당김의 법칙 372
끌어당김의 원리 373

ㄴ

나침반의 진정한 북쪽 326
낙관주의 395
낙관주의자 394
낙관주의 조사 250
내면 344
내면으로 들어가기 425
내면으로부터의 리더십 424
내면으로부터의 코칭 253, 323, 329, 331
내면의 사랑 425, 427
내면의 사랑을 알아차리는 방법 426

내적 귀인 394
내적 자아 147
내적 지향성 301
네 가지 요소 238
네 명의 기수 245
놀이 348
뇌간 225
뇌 흔적 389
뉴노멀 429
능력 49

ㄷ

다원주의자 148
다원주의자형/전략가형 147
단기 목표 목록 324
대뇌 피질 225
대상관계면담 132
대안적인 행동과 선택 만들기 217
대화 55, 85, 86, 176
독립적 자아 134
돈에 대한 몇 가지 건전한 믿음 379
돈의 의미 378
돌봄 표현하기 416
동기화 374
동맹 77, 116
동시성 375
두려움 389, 405, 407
디브리핑 174
디브리핑하기 174
디자인 277

ㄹ

라이프 디자인 275, 286, 289
라이프 디자인 과정 연습 285
라이프 디자인 연습 278
라이프 디자인 프로세스 283
라이프 디자인하기 275
라이프 밸런스 휠 74, 79, 139, 278, 382
라이프 챕터 157
라이프 코치 111, 222, 390
라이프 코치 교육 연구소 14, 65, 77, 78, 85, 257, 279
라이프 코치로서의 치료사 93
라이프 코칭 13, 27, 38, 315, 427
로고테라피 19
리더십 민첩성 151
리더십의 존재감 225
리더십 타임라인 139
리빙 브로슈어 84
리프레이밍 19, 181

ㅁ

마스터마인드 그룹 324
마음 열기 248
마음의 닻 261
마음의 중심을 잡기 97
마음챙김 226, 277
마음챙김 호흡법 405
마음 호흡 239
마인드셋 48, 49, 85, 129, 148, 385, 386, 387, 388, 390, 395, 398
마치 무엇인 것처럼 행동하기 427
만약 406
만약의 질문 423
만족스러운 삶 256, 355
매슬로의 욕구 위계 298, 299
머리 찾아보기 235

메타 뷰 또는 관점 취하기 182
멘토링 80
멘토/코치 92
멘토 코칭 28
면역 지도 156
명상 149, 169, 374
명상 수행 421
명확히 하기 60
목적 선언문 269
목적에 충실한 삶 267
목적 중심 리더십 254
무엇을 듣기 위한 경청 41
묵상 102
문제 명확히 하기 92
미국심리학협회 21
미래로 들어가기 217
미러링 41
미완성 339
민첩성 248

ㅂ

바디스캔 227, 228
발견을 위한 대화 86
발달 심리학자 128
발 찾아보기 235
방어 메커니즘 225
방해 요소 325
배움 목표 58
변연계 241
변연계 폭풍 242
변혁적 코칭 27, 28, 433
변형적 학습 128
변화 120, 124, 128, 280
변화에 대한 면역력 지도 154
변화의 내적-개인적 측면 121
변화의 내적-집단적 측면 122
변화의 외적인 측면 121
변화의 외적-집단적 측면 123
변화의 주기 155
변화 준비 이론 113
복식 호흡 232
부 369
부족감 376
분노 436
분화와 통합의 과정 128
불필요한 두려움 376
비관주의자 394
비언어적 작업 237
비전 268
빅 파이브 46

ㅅ

사고 모델 141
사고의 전환 74
사랑 247, 410, 424
사랑의 기회 407
사랑 표현하기 415
사명 268
사회적 역량 240
삶을 재설계 325
삶의 고통 292
삶의 균형 324
삶의 목적 259, 260, 261, 268, 271
삶의 목적 선언문 272
삶의 목적을 발견하는 방법 263
삶의 목적을 지침으로 삼기 273
삶의 의미 설문지 23, 250
삶의 질 91
상기하기 244
상담 80
상호 약속에 대해 논의하기 88

상호작용 247
새로운 전환 만들기 159
생각 경로 229, 230
생각을 불러일으키는 질문의 기술 73
생활의 걸림돌 292
선언하기 92
선택 347
선택과 의무 378
선택된 가치 314
성공적인 팀 434
성과 목표 58
성숙도 평가 프로파일 132
성스러운 공간 또는 영감을 주는 공간 55
성실성 332, 333, 334, 335, 336, 346
성실성과 정렬성 331
성인 발달 126, 148, 151, 152
성인 발달 심리학 128
성인 발달의 후기 단계 126
성인 성장의 초기 단계 125
성인 의식의 발달 수준 124
성인 학습 124
성장 마인드셋 433
성장하기 위해 알아야 한다 209
성찰 152, 209
성찰질문 102
성취감 목표 58
성취 또는 성취에 대한 욕구 306
성취자 137, 138
성취자 단계 138
센터링 233
소마티코스 221
소크라테스의 탐구 방법 176
손 찾아보기 235
수정 345
숙고 115
순간에 현존하는 법 40
순응주의자 130
숨 돌리기 236
슈퍼비전 432
스파이럴 다이내믹스 126
습관 50, 327
습관의 관료주의 238
시간적 여유 377
시도하기 155
시스템 77
신경 가소성 435
신경과학 238
신경 언어 프로그래밍 388
신경언어학 프로그래밍 276
신념 142, 396, 405, 406
신뢰 405
신성한 자아 149
신체 예산 436
신피질 225
실제처럼 행동하기 216
실존적 인지발달 심리학 128
실행 116
실행의지 검토하기 64
심리적 안전 433
심리 치료 40, 432
심리학 16, 117
심미적 욕구 298
심장 리듬 374
심장의 전자기장 375
심층적 변화 270
심판자 마인드셋 103

ㅇ

아가페 424

아이스 브레이커 87
아픈 질문하기 87
안전에 대한 욕구 305
알아차림 기반 코칭 53
알아차림 키우기 90
암묵적인 가정 74
애착 424
약속 344, 345, 346
양가감정 115
양극단 관리 모델 115
어조 82
업무 삼각형 43
에고중심적 자아 129
에너지 52
에너지 고갈 요인 297
에너지 소모 요인 291
에니어그램 79
에로스 424
여덟 가지 흐름 연습 238
여유 377, 382
연민 414
열린 마음 432
열린 질문 103
영감 247
영감을 주는 공간 39
영성 328
영성 지도 392
영적 수행 149
온몸으로 경청 44
온전히 존재 413
온전히 최선을 다해 실행 348
온전히 최선을 다해 플레이하기 356
올바른 행동 210
옵션 파악하기 64
외교관 130, 131
외부 344
외적 귀인 394
욕구 298, 302, 303, 315, 353
욕구가 있다는 사실 인정하기 304
욕구 수준 301
욕망 304
용서의 힘 418
우울증 388
운영 체제 14
웰니스 326
위임 51
위험 감수 358
윌버의 1사분면 402
윌버의 4사분면 393
유럽 멘토링 및 코칭 위원회 438
유지 관리 116
유쾌함 349
은유 43, 107, 108, 109
의도 47
의도와 원하는 바 발견하기 96
의료적 모델 27
의식 개발 153
의식의 확장 153
의식적인 자아 137
의식적 코칭 281
이너 게임 56
이머전트 지식 105
이야기 59
이야기를 실천 331, 346
인간관계의 에너지 407
인간 발달 117
인간의 삶 352
인간의 일 352
인간 잠재력 운동 26
인본주의 16

인사이드 아웃 253
인생의 수레바퀴 281
인정하고 지지하기 179
인지적 수준 402
인지-행동 심리학 16
일기 358
일기 쓰기 102
일기 쓰기 연습 357
일기 질문 356
일반 행복 척도 250
임파워링 178
임파워먼트 167

ㅈ

자각 57
자격 인증 및 교육 센터 438
자극적인 사건 436
자기 성찰 432
자기 성찰적 연습 433
자기 인식 관찰 212
자기 초월 욕구 298
자부심 247
자비로운 사랑 척도 250
자신을 사랑하는 것 412
자신을 사랑하는 법 412
자신의 편견 141
자아실현 299, 300, 301
자존감 회복 운동 393
작은 전환 157
재능 기부 365
재창조 76
재택근무 환경 430
적극적 경청 41
전경 106, 118
전문가 135
전문 코칭 37
전생애에 걸친 관점을 취할 수 있는 능력 429
전이 45
전인적으로 코칭하기 221
전인적인 고객 중심 접근 방식 14
전인적인 관점 48
전인적인 인간 427
전인적인 접근 방식 56
절충적 118
정렬 성실성 331
정서적 민첩성 248, 431
정서 지능 431
정신 모델 142, 143, 144
제안하기 92
존재감 26, 227
존재 욕구 대 결핍 욕구 19
존재의 욕구 300
존재하기 320
종료 117
좋은 경험 법칙 64
좋은 목적 진술 266
좋은 삶 22
주의 분산하기 244
주장 391
준비 115, 369
준비하기 159
중요한 문제 파악하기 87
즐거움 247
지도 변경 154
지식과 이해 욕구 298
직관으로 경청 44
직장생활 설문지 250
진실 142
진정성 45
진정성 있는 인간이 되는 것이

어떤 것인지 모델링하기 96
진정한 통찰력 343
진정한 행복 259
진정한 행복 목록 23, 250
질문하기 59

ㅊ

창조하기 320
책임감 104
책임감 갖도록 하기 215
책임감 만들기 63
책임감 보장하기 65
철학 117
첫 번째 코칭 세션 95
체화된 삶을 살기 223
초개인주의 16
초보자의 마음 404
촉매자형 147
최면 276
최우선 인식 51
추론의 사다리 144, 146, 147
추론의 사다리 구조 140
치료 동맹 78
친밀감 409
친밀감, 관계, 연결에 대한 욕구 306
침묵 77
침체기 157

ㅋ

컨설팅 80
케건의 의식 수준 389
켄 윌버의 4사분면 모델 391
코치의 질문 74
코칭 40, 80, 113
코칭 대화 55, 57, 84, 107
코칭 대화하기 177
코칭 동맹 21, 78, 79, 81, 82, 84, 93
코칭 만다라 278
코칭 모델의 5단계 59
코칭 세션 준비 워크시트 93, 94
코칭에 대해 교육하기 91
코칭 커뮤니티 430
코칭 현존감 73
코칭협회 438
코쿠닝(잠복기) 158
클리어링하기 175
클린 랭귀지 105
클린 스페이스 105

ㅌ

탁월한 코치 432
탁월한 코칭 168
탈동일화 357
탐색 질문 77, 136
탐색 질문 1 133
탐색 질문 2 134
터널 비전 409
토론 176
토의 176
토의 및 토론하기 176
토탈 라이프 코칭 355
통찰력 74
통합적인 코칭 접근 방식 280
투명한 것 105
투명한 언어 99
트라우마 또는 슬픔 코칭 433

ㅍ

파페즈 회로 242
판단하는 마음 403, 404

편도체 435
편도체 교란 434
편도체 탈취 248
평가 390, 391
평온 247
풀 서클 피드백 114
풍요 371
풍요의 태도 379
프로세스 점검하기 90
프로차스카의 단계 모델 114
플러크 351
피드백 53, 54, 61
피상적인 가치 314, 316
피해자론 393, 394
필리아 424
필요 304

ㅎ

하트매스 374, 375
하트매스 연구소 238
하트매스 웹사이트 239
학습 127, 209
학습된 낙관주의 393
학습된 비관주의 393
학습 조직 141
합리적-정서적 행동 치료 396
해결 중심 치료 119
해결 중심 코칭 53
해결책 42
핵심 가치 314, 317, 318, 321, 324, 325
핵심 신념 389
행동 116
행동과 묵상 센터 150
행동 식별하기 64
행동을 촉진하는 기술 214
행동주의 16
행동 탐구 127, 132, 151
행동하는 가치 인성 강점 설문조사 23, 250
행복 280
현장 작업 210, 211
현재에 집중하기 405
현존감 76
현존하기 231
호기심 76, 103
호흡하기 244
확언 399, 400, 401
확언의 힘 402
확인하기 90
환영 패킷 79, 93, 94
회복탄력 247
회의 준비하기 145
흐름 379
희망 247, 280

저자 소개

패트릭 윌리엄스(Patrick Williams)

패트릭 윌리엄스 박사는 코칭의 초기 개척자 중 한 명으로 꼽히는 뛰어난 작가이자 개인 개발 코치이다. 30년이 넘는 경력을 쌓아 왔고, 코칭 분야에 상당한 공헌을 해 왔으며, 코칭을 존경받는 직업으로 만드는 데 기여했다. MCC 코치(국제코칭연맹)와 BCC(자격인증 및 교육 센터) 자격증을 보유하고 있다. 1990년 콜로라도주 최전방에 위치한 휴렛팩커드, IBM, 코닥 및 기타 기업에서 임원 코칭 경력을 시작했다. 코칭 외에도 1980년부터 심리학자 자격증을 취득했다. PHI BETA KAPPA의 회원이며 1972년 캔자스 대학교를 우등으로 졸업했다. 1975년 웨스트 조지아 대학교에서 인본주의 심리학 석사 학위를 취득하였고, 1977년 노던 콜로라도 대학교에서 초개인적 심리학 박사 학위를 받았다. 그의 논문은 초개인적 심리학과 의식의 진화에 관한 것이었다.

코칭에 대한 열정으로 1996년 Coach U에 합류하게 되었고, 6개월 후 16년간의 상담 치료 업무를 마감하고 전임 코치가 되었다. 1997년부터 1998년까지 Coach U의 수석 트레이너로 일한 후 휴먼 서비스 지향성을 가진 사람들을 전문적으로 교육하는 코치 양성 학교인 라이프 코치 교육 연구소(ILCT)를 설립했다. 1998년부터 ILCT는 전 세계 수천 명의 개인을 교육했다.

저서는 다음과 같다. 『Therapist as Life Coach: Transforming Your Practice (2nd ed.)』(2007), 『Total Life Coaching: 50+ Life Lessons, Skills, and Techniques to Enhance your Practice and Your Life』(2005), 『The Law and Ethics in Coaching: How to Solve and Avoid Difficult Problems in Your Practice』(2006), 『Becoming a Professional Life Coach: Lessons from the Institute for Life Coach Training (2nd ed.)』(2015), 『The Philosophy and Practice of Coaching』(Chapter 1, 2008)

다이앤 S. 메넨데즈(Diane S. Menendez)

다이앤 S. 메넨데즈 박사는 MCC 코치(국제코칭연맹)이며 25년 이상 리더, 팀, 조직을 코칭해 왔다. 인디애나 대학교에서 상담 및 교육 박사 학위를 받았다. 대규모 조직의 임원 코칭, 리더십 개발 및 문화 변화를 전문으로 하고 있다.

역자 소개

김유천(Kim Yu Cheon)

동국대학교 상담코칭학과 코칭전공 심리학 박사

건국대학교 경영학과 인사조직전공 경영학 박사수료

한국코치협회 KPC

전 글로벌 다국적 기업 HR 팀장

역량디자인연구소 대표

현 동국대학교 일반대학원 상담코칭학과 교수

동국대학교 미래융합대학원 융합상담코칭학과 교수

아시아상담코칭학회 학회장

〈저서 및 역서〉

팀 코치 되기: 팀 코칭 가이드(공역, 한국코칭수퍼비전아카데미, 2024)

에니어그램을 알면 진짜 내가 보인다: 사례로 보는 에니어그램(공저, 정민사, 2020)

퀀텀(Quantum)취업: 뛰는 Job 나는 Job(공저, 정민사, 2020)

취업 실전 전략(정민사, 2018)

이송이(Lee Song Yi)

숙명여자대학교 아동복지학과 문학박사

미국 Columbia University Teachers College 행동장애(Behavioral Disorders) 문학 석사

현 동국대학교 일반대학원 상담코칭학과 교수

동국대학교 미래융합대학원 융합상담코칭학과 교수

동국메타융합상담코칭센터 연구소 소장

아시아상담코칭학회 편집위원장

〈저서 및 역서〉

멋진 응원, 코칭 유레카(2판, 공저, 신정, 2024)

팀 코치 되기: 팀 코칭 가이드(공역, 한국코칭수퍼비전아카데미, 2024)

에니어그램을 알면 진짜 내가 보인다: 사례로 보는 에니어그램(공저, 정민사, 2020)

Q 방법론의 이해와 적용(공저, 충남대학교출판문화원, 2020)

라이프 코치 전문가 되기 (원서 3판)
예술과 과학의 전인적 접근 방법 기반

Becoming a Professional Life Coach:
The Art and Science of a Whole-Person Approach (3rd ed.)

2024년 8월 15일 1판 1쇄 인쇄
2024년 8월 20일 1판 1쇄 발행

지은이 • Patrick Williams · Diane S. Menendez
옮긴이 • 김유천 · 이송이
펴낸이 • 김진환
펴낸곳 • ㈜ 학지사
04031 서울특별시 마포구 양화로 15길 20 마인드월드빌딩
대표전화 • 02-330-5114 팩스 • 02-324-2345
등록번호 • 제313-2006-000265호

홈페이지 • http://www.hakjisa.co.kr
인스타그램 • https://www.instagram.com/hakjisabook

ISBN 978-89-997-3174-7 93180

정가 25,000원

역자와의 협약으로 인지는 생략합니다.
파본은 구입처에서 교환해 드립니다.